Die Entwicklungsländer in der Weltwirtschaft

Reihe »Problemorientierte Einführungen«
Herausgeber: Diethard B. Simmert

Editorial

Diese Bücher wollen in die Grundlagen der modernen Theorie und Politik einführen. Dabei geht der Anspruch dieser Lehrbuchreihe »Problemorientierte Einführungen« zum einen dahin, Verständnis zu wecken für die Schwierigkeiten, Probleme und Grenzen der praktischen Politik in den einzelnen Bereichen. Damit müssen »nur theoretische« oder »modellmathematische« Ausführungen, die oftmals ohne erkennbaren Bezug zur wirtschaftlichen und gesellschaftlichen Realität stehen, zwangsläufig in den Hintergrund treten zugunsten einer stärkeren empirischen und praktisch-politischen Orientierung. Zum anderen wird versucht, die – guter deutscher Lehrbuchtradition entsprechende – rein fachdisziplinorientierte Darstellung zu überwinden, indem die Zusammenhänge zwischen Wirtschaft, Gesellschaft und Politik verdeutlicht werden.

Wolfgang Ochel

Die Entwicklungsländer in der Weltwirtschaft

Eine problemorientierte Einführung
mit einem Kompendium entwicklungstheoretischer
und -politischer Begriffe

Bund-Verlag

CIP-Kurztitelaufnahme der Deutschen Bibliothek

Ochel, Wolfgang:
Die Entwicklungsländer in der Weltwirtschaft:
e. problemorientierte Einf. mit e. Kompendium entwicklungstheoret. u. -polit. Begriffe / Wolfgang Ochel. – Köln: Bund-Verlag, 1982.
(Reihe problemorientierte Einführungen)
ISBN 3-7663-0491-7

Lektorat: Hermann Adam
Herstellung: Heinz Biermann
Druck: Buch- und Offsetdruckerei Emil Mühl Bayreuth GmbH
ISBN 3-7663-0491-7
Printed in Germany 1982

Inhaltsverzeichnis

Verzeichnis der Tabellen

Verzeichnis der Schaubilder

Abkürzungsverzeichnis

AASM	(der EG) assoziierte afrikanische Staaten und Madagaskar
AGEH	Arbeitsgemeinschaft für Entwicklungshilfe
AKP	Afrika, Karibik, Pazifik (Entwicklungsländer aus diesem Raum werden als AKP-Länder bezeichnet)
BfA	Bundesstelle für Außenhandelsinformation
BfE	Bundesstelle für Entwicklungshilfe
BIP	Bruttoinlandsprodukt
BMZ	Bundesministerium für wirtschaftliche Zusammenarbeit
BSP	Bruttosozialprodukt
CDG	Carl-Duisberg-Gesellschaft
CDP	Committee on Development Planning (der Vereinten Nationen)
CEPAL	Comision economica para America Latina (Wirtschaftskommission der Vereinten Nationen für Lateinamerika)
DAC	Development Assistance Committee (Entwicklungshilfeausschuß der OECD)
DDR	Deutsche Demokratische Republik
DED	Deutscher Entwicklungsdienst
DEG	Deutsche Gesellschaft für wirtschaftliche Zusammenarbeit (Entwicklungsgesellschaft)
DIE	Deutsches Institut für Entwicklungspolitik
DRS	Debtor Reporting System
DSE	Deutsche Stiftung für Internationale Entwicklung
DÜ	Dienste in Übersee
ECLA	Economic Commission for Latin America
ECOSOC	Economic and Social Council (der Vereinten Nationen)
EEF	Europäischer Entwicklungsfonds
EG	Europäische Gemeinschaft
EIB	Europäische Investitionsbank
EIRENE	Internationaler Christlicher Friedensdienst
EL	Entwicklungsländer
ERE	Europäische Rechnungseinheit
ERS	Expanded Reporting System
FAO	Food and Agriculture Organization
GATT	General Agreement on Tariffs and Trade
GAWI	Deutsche Förderungsgesellschaft für Entwicklungsländer
GTZ	Deutsche Gesellschaft für Technische Zusammenarbeit

IBRD	International Bank for Reconstruction and Development
IDA	International Development Association
ICP	International Comparison Project (der Vereinten Nationen)
IFAD	International Fund for Agricultural Development
IFC	International Finance Corporation
IL	Industrieländer
ILO	International Labour Organisation (Internationales Arbeitsamt)
IMF	International Monetary Fund (Internationaler Währungsfonds)
KfW	Kreditanstalt für Wiederaufbau
KIWZ	Konferenz über internationale wirtschaftliche Zusammenarbeit
kWh	Kilowattstunde
LLC	Land locked countries
LLDC	Least developed countries
MSAC	Most seriously affected countries
ODA	Official development assistance
OECD	Organization for Economic Corporation and Development
OPEC	Organization of Petroleum Exporting Countries
SITC	Standard International Trade Classification
SKE	Steinkohleeinheit
SPD	Sozialdemokratische Partei Deutschlands
STABEX	System zur Stabilisierung der Exporterlöse für Agrarerzeugnisse (der EG)
UN	United Nations
UNCTAD	United Nations Conference on Trade and Development
UNDP	United Nations Development Programme
UNESCO	United Nations Educational, Scientific and Cultural Organization
UNICEF	United Nations Children's Fund
UNIDO	United Nations Industrial Development Organization
UNRISD	United Nations Research Institute for Social Development
WHO	World Health Organization

Vorwort

Während die fünfziger und sechziger Jahre vom Ost-West-Konflikt beherrscht waren, sind seit Beginn der siebziger Jahre die Nord-Süd-Beziehungen in den Vordergrund der wissenschaftlichen und politischen Diskussion der Industrieländer gerückt. Als Folge der Ölpreiserhöhungen, des wachsenden Konkurrenzdrucks und der Forderung nach einer Neuen Weltwirtschaftsordnung werden die Entwicklungsländer zunehmend als Bedrohung empfunden. Analysen der Nord-Süd-Beziehungen werden deshalb primär unter dem Blickwinkel der Interessen der Industrieländer vorgenommen.

Gleichwohl gewann in den letzten Jahren – erneut – die Frage an Bedeutung, inwieweit die Einbeziehung der Entwicklungsländer in die Weltwirtschaft zur Überwindung der Unterentwicklung beiträgt oder vielmehr eine ihrer Ursachen ist. Die traditionelle Wirtschaftswissenschaft vertritt die Auffassung, daß Direktinvestitionen, internationaler Handel und Technologietransfer den Entwicklungsländern nützen, sofern sie nur eine angemessene Wirtschaftspolitik betreiben und sich vorteilhaft in die internationale Arbeitsteilung eingliedern. Demgegenüber bestreiten die Dependenztheorie und die neue marxistische Imperialismustheorie, daß sich mit einer Integrationsstrategie wichtige Ziele wie die Überwindung der absoluten Armut, der Abbau von Arbeitslosigkeit und Unterbeschäftigung und die Reduzierung der wirtschaftlichen Abhängigkeit erreichen lassen. Zwischen den Vertretern dieser beiden Richtungen findet kaum eine Diskussion statt. Das vorliegende Lehrbuch versucht, die verschiedenen Ansätze darzustellen und zu würdigen. Darüber hinaus wird ausführlich auf die Entwicklungspolitik der Industrieländer und die aktuelle Auseinandersetzung um eine Neue Weltwirtschaftsordnung eingegangen.

Die Ausführungen beschränken sich auf die internationalen Wirtschaftsbeziehungen der Entwicklungsländer, d. h. deren Eingliederung in die internationale Arbeitsteilung und deren wirtschaftliche Verflechtung mit den Industrieländern, sowie auf die sich daraus ergebenden Rückwirkungen auf den eigenen Entwicklungsprozeß. Die Bedeutung interner Faktoren (Wirtschafts- und Sozialstrukturen, Wirtschaftspolitik der Entwicklungsländer usw.) für den Entwicklungsprozeß wird weitgehend ausgeklammert. Dies heißt nicht, daß diese Faktoren für die Entwicklung der Dritten Welt unerheblich wären.

Für wertvolle Anregungen und kritische Hinweise danke ich Michael Bohnet, Folker Fröbel, Jürgen Heinrichs, Helmut Helmschrott, Johannes D. Hengstenberg, Otto Kreye, Erich Langmantel, Rigmar Osterkamp, Christian Pollak, Jürgen Riedel, Charles C. Roberts, Udo Ernst Simonis und Manfred Wöhlcke.

Weiterhin schulde ich Christa Kremer für das Schreiben des Manuskripts Dank. Auch dem Ifo-Institut, das durch eine längere Beurlaubung die Anfertigung dieses Buches ermöglichte, sei an dieser Stelle gedankt.

München, im Oktober 1981 Wolfgang Ochel

A Lage der Entwicklungsländer

I Entwicklungsbegriff

1. Ableitung des Entwicklungsbegriffs

In den fünfziger und sechziger Jahren war es weitgehend üblich, Entwicklung mit *wirtschaftlichem Wachstum,* ausgedrückt als Zunahme des Bruttosozialprodukts bzw. als Zunahme des Pro-Kopf-Einkommens, gleichzusetzen. Die Erfahrung, daß die sozialen und politischen Probleme in den Entwicklungsländern trotz wirtschaftlichen Wachstums nicht abnahmen, führte jedoch zunehmend zu einer Infragestellung des Sozialprodukts als Entwicklungsmaßstab.
Es wurden vor allem folgende Schwächen des Sozialprodukt-Konzepts aufgezeigt: Das Sozialprodukt erfaßt die im Subsistenzbereich erfolgende landwirtschaftliche Produktion zum Eigenbedarf nur unzureichend. Die dort produzierten Güter gehen nicht über den Markt und sind deshalb besonders schwer zu erfassen. Ihr Wert für die wirtschaftliche Entwicklung wird damit unterschätzt, d. h. dieser für die Lebensbedingungen der Bevölkerung äußerst wichtige Bereich findet im Sozialprodukt einen zu geringen Niederschlag. Auf der anderen Seite erhält der in vielen Entwicklungsländern aufgeblähte tertiäre Sektor in den Sozialproduktsberechnungen ein Gewicht, das kaum seinem Beitrag zur Verbesserung der Lebensbedingungen entsprechen dürfte. Ein dritter Einwand bezieht sich auf die Angemessenheit der Preise, mit denen die Güter und Dienstleistungen, die in das Sozialprodukt eingehen, gewichtet werden. Die Preise werden von Marktkräften bestimmt, welche die (häufig recht ungleiche) Einkommensverteilung im Inland und die Kaufkraft des Auslandes widerspiegeln. Damit erhalten Güter des gehobenen Bedarfs ein relativ stärkeres Gewicht als die für die breite Masse der Bevölkerung lebensnotwendigen Güter: die Produktion von Luxusgütern erhöht das Sozialprodukt in größerem Maße als die Herstellung einfacher Güter des täglichen Bedarfs. Zu berücksichtigen ist weiterhin, daß der Beitrag des Staates zur Verbesserung der Lebensbedingungen im Sozialprodukt nur unvollkommen erfaßt wird. Für öffentliche Güter existieren keine Marktpreise, sie werden deshalb zu Herstellungskosten bewertet. Ihre soziale Wertschätzung bleibt dagegen unberücksichtigt. Andererseits werden Staatsleistungen, unabhängig davon, ob sie konsumtiven Zwecken dienen oder Vorleistungscharakter für andere ökonomische Aktivitäten haben, im Sozialprodukt erfaßt. Die Einbeziehung der letzteren in das Sozialprodukt bedeutet indes eine Doppelzählung, da ihr Wert bereits in der Wertschöpfung der nachgelagerten Aktivitäten berücksichtigt wird. Abgesehen von Schwierigkeiten bei der Erhebung der verschiedenen Einkommensdaten ist ein grundsätzlicher Mangel des Sozialprodukts als Entwicklungsmaßstab schließlich darin zu sehen, daß es die sozialen und politischen Aspekte des Entwicklungsprozesses nicht erfaßt.

Angesichts dieser (und weiterer) Unzulänglichkeiten des Sozialprodukts als Entwicklungsmaßstab herrscht heute weitgehend Übereinstimmung darüber, daß Entwicklung nicht mit wirtschaftlichem Wachstum, so wie es durch das Sozialprodukt gemessen wird, gleichgesetzt werden darf. Von daher erweist es sich als erforderlich, einen Entwicklungsbegriff zu bestimmen, der – neben wirtschaftlichem Wachstum – die anderen Aspekte von »Entwicklung« angemessen erfaßt.

Nach Seers lassen sich drei Ansätze zur Ermittlung des Entwicklungsbegriffs unterscheiden: seine Herleitung aus dem Modernitätsleitbild entwickelter Gesellschaften, seine induktive Ableitung aus den in Entwicklungsplänen gesetzten Entwicklungszielen und seine Normierung kraft universeller Übereinstimmung.

In den meisten *Modernisierungstheorien* bilden die Industrieländer (explizit oder implizit) das Leitbild von »Entwicklung«. Wenn auch grundsätzlich eine Systemkonkurrenz zwischen den Leitbildern der kapitalistischen und der sozialistischen Wirtschafts- und Gesellschaftsordnung anerkannt wird, so wird Entwicklung doch überwiegend vom Leitbild »moderner« westlicher Gesellschaften her definiert. Auf dem Wege zu dieser »modernen« Gesellschaft hin müßten die »traditionellen« Gesellschaften den Entwicklungsprozeß, den die Industrieländer seit der industriellen Revolution durchlaufen haben, nachvollziehen. Entwicklung bemißt sich demnach durch den Grad der Annäherung an dieses Leitbild. Die Ermittlung eines entwicklungspolitischen Zielsystems aus dem Modernitätsleitbild entwickelter Länder weist eine Reihe von Mängeln auf. Zum einen ist es fraglich, ob der Nachvollzug des Entwicklungsprozesses der Industrieländer angesichts der mit ihm verbundenen sozialen Kosten, seines ordnungspolitischen Rahmens usw. für die Entwicklungsländer überhaupt wünschenswert ist. Zum anderen erscheint es äußerst unwahrscheinlich, daß die Entwicklungsländer den Entwicklungsprozeß der Industrieländer nachvollziehen könnten, selbst wenn sie es wollten. Ein solches Entwicklungsmuster wäre vermutlich nicht nur mit einer übermäßigen Beanspruchung der natürlichen Ressourcen der Welt und der natürlichen Umweltbedingungen verbunden, es ist auch an soziale Voraussetzungen geknüpft, die in vielen Entwicklungsländern nicht vorhanden sind.

Ein anderer Ansatz zur Ermittlung des Entwicklungsbegriffs ist seine Ableitung aus den Zielvorstellungen, so wie sie in den *Entwicklungsplänen* der Entwicklungsländer zum Ausdruck kommen. Sofern diese Ziele die gesellschaftspolitischen Vorstellungen der Mehrheit der Bevölkerung widerspiegelten, wäre hierin ein geeignetes Verfahren zur Bestimmung eines je spezifischen Entwicklungsbegriffs zu sehen. Doch häufig dürfte dies nicht der Fall sein. So wirken an der Aufstellung von Entwicklungsplänen teilweise ausländische Experten und internationale Organisationen maßgeblich mit und bringen selbstverständlich ihre eigenen Wertvorstellungen und Interessen ein. Die inländischen Planungsbehörden und Ministerien wiederum sind mit Vertretern der heimischen Eliten besetzt, die häufig Träger der den Entwicklungsprozeß hemmenden gesellschaftlichen Verhältnisse sind und über die Entwicklungspläne ihre eigenen Interessen durchzusetzen trachten.

Wenn somit auch dieses Verfahren Mängel aufweist, bleibt nach Seers die weitere Möglichkeit, ein *international allgemein anerkanntes entwicklungspolitisches Ziel-*

system zur Richtschnur für Entwicklung zu machen. Grundlage für eine derartige Ableitung von Entwicklungszielen könnten die Deklarationen der Vereinten Nationen sein. Wenn diese auch keinen Konsens über Einzelziele und deren Rangfolge erkennen lassen, so könnte doch eine recht große Übereinstimmung über die wichtigsten Grundziele der Entwicklung vermutet werden.
Aus der Schwierigkeit, einen allgemein oder auch nur länderspezifisch gültigen Entwicklungsbegriff zu bestimmen, folgt nicht, daß Entwicklung nicht konkretisiert werden kann. Die Deklarationen der Vereinten Nationen wie auch die Empfehlungen anderer internationaler Organisationen lassen eine weitgehende Übereinstimmung darin erkennen, daß von Entwicklung nur dann gesprochen werden kann, wenn der wirtschaftliche Wachstumsprozeß auch mit einer Nivellierung der Einkommensverteilung verbunden ist und zu einer Verbesserung der elementaren Lebensbedingungen der Menschen führt. Letztere werden gekennzeichnet durch den Grad der Befriedigung der Grundbedürfnisse, die Überwindung von Arbeislosigkeit und Unterbeschäftigung sowie die Partizipation der Bevölkerung an den politischen und wirtschaftlichen Entscheidungen. In zunehmendem Maße wird auch die wirtschaftliche Unabhängigkeit zu den Grundzielen der Entwicklung gerechnet.

2. *Grundziele der Entwicklung*

Ein entwicklungspolitisches Grundziel bildet die Verwirklichung einer gerechten Einkommensverteilung. Dieses Ziel beinhaltet zum einen den Abbau des *internationalen Einkommensgefälles.* Es bezieht sich zum anderen auf die Nivellierung der personellen *Einkommensverteilung in den Entwicklungsländern.* Das Ziel einer gerechten Einkommensverteilung entspricht religiösen und ethischen Normen und stellt somit ein Eigenziel dar. Andererseits kann die Verminderung der Einkommensdisparitäten in den Entwicklungsländern auch ein Mittel zur Verwirklichung anderer Entwicklungsziele, wie z. B. zur Befriedigung der Grundbedürfnisse, sein.
Das Ziel der *Befriedigung der Grundbedürfnisse* bezieht sich zum einen auf die materiellen Bedürfnisse. Hierzu zählen vor allem Nahrung, Kleidung, Wohnung und Gesundheit. Sie sind Voraussetzung für das Überleben der Menschen und Vorbedingung für eine Teilnahme am Produktionsprozeß. Eine wichtige Rolle unter den immateriellen Grundbedürfnissen spielt die Erziehung. Sie ist zugleich eine Bedingung für die bessere Befriedigung der materiellen Grundbedürfnisse, für die Veränderung traditioneller Einstellungen, für die Erhöhung der Arbeitsproduktivität usw.
Als weiteres Grundziel läßt sich die *Überwindung von Arbeitslosigkeit und Unterbeschäftigung* ansehen. Arbeit kann die Selbstachtung und Selbstentfaltung sowie die soziale Integration des Menschen fördern. Sie ist zugleich ein wichtiges Mittel zur Beseitigung der Armut und zur Verbesserung der Einkommensverteilung.
Einen häufig vernachlässigten Aspekt von Entwicklung stellt die *Partizipation* der Bevölkerung an den politischen und wirtschaftlichen Entscheidungen dar. Partizipation erhöht das Bewußtsein der Bevölkerung für Entwicklungsprobleme, beein-

flußt die Richtung des Entwicklungsprozesses und kann den Beteiligten eine Teilhabe an den Entwicklungsergebnissen sichern. Partizipation bildet eine wichtige Voraussetzung für eine Entwicklung im Interesse der Mehrheit der Bevölkerung.

Die in jüngster Zeit allgemein zunehmende Erkenntnis, daß die Entwicklungsländer mit der durch die Entkolonialisierung erlangten völkerrechtlichen Unabhängigkeit nicht die *wirtschaftliche Unabhängigkeit* erreicht haben, führte zu der Forderung, nationale Unabhängigkeit (bzw. die Reduzierung der Abhängigkeit) zu einem Grundziel der wirtschaftlichen Entwicklung zu machen. Entwicklungsländer sind im allgemeinen aufgrund ihrer historisch gewachsenen, wenig differenzierten Produktionsstruktur, ihrer technologischen Rückständigkeit und der politisch-militärischen Dominanz der Industrienationen in starkem Maße darauf angewiesen, wirtschaftliche Beziehungen zu den Industrieländern zu unterhalten. Dadurch werden ihre eigenen Entscheidungskompetenzen oft erheblich eingeschränkt. Auch sind die Entwicklungsländer den von diesen Beziehungen ausgehenden Rückwirkungen auf den eigenen Entwicklungsprozeß mehr oder weniger ungeschützt ausgesetzt. Eine auf Stärkung der Unabhängigkeit ausgerichtete Entwicklung würde demgegenüber auf die vermehrte Nutzung der eigenen Ressourcen, eine Differenzierung der Produktionsstruktur und die Herstellung eigener Technologien abzielen, wobei nicht eine vollständige Loslösung von den Industrieländern, sondern ein hoher Selbstversorgungsgrad angestrebt wird. Ein solcher Entwicklungsprozeß würde den eigenen Entscheidungsspielraum erweitern.

Die fünf hier aufgeführten Grundziele (Verteilungsgerechtigkeit, Befriedigung der Grundbedürfnisse, Arbeit, Partizipation sowie wirtschaftliche Unabhängigkeit) bilden zusammen mit dem Wachstumsziel den heute weitgehend anerkannten entwicklungspolitischen Zielkatalog. Im Verhältnis zu dem übergeordneten Ziel der Verbesserung der Lebensbedingungen der Menschen weisen diese Ziele Mittelcharakter auf. Eine international verbindliche *Rangordnung* für die einzelnen Grundziele ist nicht erkennbar. Die einzelnen Entwicklungsländer haben je nach ihrer sozio-ökonomischen Situation und dem vorherrschenden Wertsystem unterschiedliche Zielprioritäten.

Es ist denkbar, daß zwischen den einzelnen Grundzielen Harmonie besteht. In diesem Fall ist mit der Verwirklichung eines Zieles gleichzeitig die Realisierung eines anderen Zieles verbunden. Häufig treten jedoch Zielkonflikte auf, d. h. die Annäherung an ein Ziel geht einher mit der Entfernung von einem anderen Ziel. Die Art des Zusammenhangs zwischen Zielen hängt in der Regel von den Mitteln und den sozio-ökonomischen Bedingungen, unter denen sie eingesetzt werden, ab.

Zielharmonie kann z. B. vorliegen, wenn durch die Förderung von Industrie- und Handwerksbetrieben in ländlichen Regionen die dortige Beschäftigung erhöht und damit gleichzeitig die regionale und personelle Einkommensverteilung verbessert werden. Zielharmonie kann auch dann bestehen, wenn durch die Ausweitung der Grunderziehung die Bildungsmöglichkeiten für Frauen sich verbessern, sich damit deren Einstellung über Familiengröße und empfängnisverhütende Mittel ändert, die Kinderzahl abnimmt und die Familien sich besser versorgen können.

Als Beispiel für bestehende *Zielkonflikte* wird häufig der Gegensatz zwischen der Nivellierung der Einkommensverteilung und wirtschaftlichem Wachstum angeführt. Als Begründung für diesen Konflikt werden insbesondere zwei Erklärungen herangezogen. Erstens wird argumentiert, daß eine durch Steuern und Einkommensbeihilfen bewirkte Umverteilung des privaten verfügbaren Einkommens zu einer Senkung der durchschnittlichen Sparquote führen würde, da die Bezieher hoher Einkommen einen größeren Anteil ihres Einkommens sparen als die ärmeren Bevölkerungsgruppen. Damit würde ein geringerer Teil der gesamtwirtschaftlichen Ressourcen für Investitionszwecke zur Verfügung stehen. Die niedrigere Investitionsquote würde ceteris paribus zu einem geringeren Wachstum des Sozialprodukts führen. Gegen die Gültigkeit des geschilderten Zusammenhangs lassen sich einige Einwände erheben. Die Sparquote reicher Bevölkerungsschichten in Entwicklungsländern ist häufig niedriger als die entsprechender Bevölkerungsschichten in den Industrieländern. Die reichen Oberschichten orientieren sich in ihrem Ausgabeverhalten an den Konsummustern der Industrieländer und kaufen teure Importgüter ein. Auch führt ein Teil der Großgrundbesitzer ein feudales Leben mit ausgedehnten Reisen und luxuriösen Stadtaufenthalten und spart daher relativ wenig. Hinzu kommt, daß die Ersparnisse zum Teil ins Ausland fließen und zum Teil unproduktiven Verwendungszwecken wie dem Landerwerb, dem Kauf von Wohnungen usw. zugeführt werden. Hierfür ist auch die in manchen Ländern geringe Funktionsfähigkeit des Bankensystems und des Kapitalmarktes verantwortlich. Weiterhin ist einzuwenden, daß die Vornahme von Investitionen nicht von der Höhe der Ersparnis, sondern von der effektiven Nachfrage abhängt. Diese läßt sich aber gerade durch eine Nivellierung der Einkommensverteilung erhöhen, weil dadurch die Nachfrage nach importierten Luxusgütern reduziert und gleichzeitig die Nachfrage nach im Inland herstellbaren Massenkonsumgütern ausgedehnt wird.

Neben dem obigen Spargument wird zweitens angeführt, daß durch eine Nivellierung der Einkommensverteilung die für das wirtschaftliche Wachstum notwendigen materiellen Leistungsanreize verlorengingen. Dieses Argument mag zutreffen für die Leistungsbereitschaft der Oberschichten. Andererseits dürfte eine stark ungleiche Einkommensverteilung die Leistungsmotivation der Mittel- und Unterschichten eher hemmen. Klassen- und schichtenspezifische Barrieren verwehren ihnen in den meisten Entwicklungsländern weitgehend den sozialen Aufstieg, so daß sie nicht in den Genuß hoher Einkommen kommen können. Festgefügte, über Generationen bestehende Einkommensunterschiede dürften einer Mobilisierung der unterprivilegierten Bevölkerungsgruppen eher abträglich sein.

Die hier nur unvollständig geführte Zieldiskussion läßt eine eindeutige Aussage über das Verhältnis von verteilungs- und wachstumspolitischen Zielsetzungen nicht zu. Empirische Untersuchungen wie die der Weltbank (Chenery, Ahluwalia, Bell, Duloy, Jolly, S. 16ff.) haben gezeigt, daß der Zusammenhang zwischen Einkommensverteilung und Wachstum abhängig ist vom erreichten Entwicklungsstand, vom Tempo des wirtschaftlichen Wachstums und von der Art der verteilungspolitischen Maßnahmen (Steuern oder Agrarreform). Das Verhältnis zwischen den entwicklungspolitischen Zielen läßt sich konkret nur in einem engen Raum-Zeit-Bezug und unter Einbeziehung der verschiedenen Mittel bestimmen.

II Indikatoren der Entwicklung

1. Indikatorensysteme

Um auf der Grundlage eines Entwicklungsbegriffes den Entwicklungsstand eines Landes bestimmen zu können, muß man geeignete Indikatoren finden, die diesen Entwicklungsstand anzuzeigen vermögen. Ihre Bedeutung hängt jeweils von der Funktion ab, die sie erfüllen sollen. Drei *Hauptfunktionen* werden unterschieden: Entwicklungsindikatoren sollen Informationen über den Entwicklungsstand liefern (informative Funktion), sie sollen den Zielerreichungsgrad entwicklungspolitischer Maßnahmen bestimmen (Evaluierungsfunktion), und sie sollen die Grundlage für Voraussagen der sozio-ökonomischen Entwicklung bilden (Prognosefunktion). Im Hinblick auf die erste Funktion können unter Entwicklungsindikatoren Größen verstanden werden, die den Zustand wichtiger gesellschaftlicher Bereiche und die Veränderungen, die sich in ihnen vollziehen, beschreiben. Entwicklungsindikatoren können »objektive« Gegebenheiten (Gesundheit usw.) aber auch »subjektive« Orientierungen (Zufriedenheit mit der Partizipation usw.) anzeigen bzw. beides in sich verbinden.

Bei der *Aufstellung* von Einzelindikatoren (über Gesundheit, Partizipation usw.) in einem System von Indikatoren sind mehrere Schritte zu vollziehen. Zuerst sind diejenigen Bereiche von Wirtschaft und Gesellschaft auszuwählen, die als signifikant für Entwicklung angesehen werden und deren Zustand durch die Indikatoren angezeigt werden soll. In A I waren in einem ersten Schritt mögliche Bereiche mit Hilfe (mehr oder weniger) universell akzeptierter Wertprämissen identifiziert worden. In einem zweiten Schritt sind nun Indikatoren zu bestimmen, die die Situation in jedem dieser Bereiche beschreiben. Unter den möglichen Indikatoren sind dann diejenigen auszuwählen, welche die interessierenden Merkmale der einzelnen Bereiche am besten widerspiegeln. Die Lösung dieses sogenannten Selektionsproblems setzt im Grunde eine Theorie voraus, welche die Indikatoren mit den zu beobachtenden Merkmalen in Beziehung setzt. Da die theoretische Ableitung von Indikatoren jedoch erhebliche Schwierigkeiten bereitet, erfolgt diese Auswahl in der Regel ohne ausformulierte Theorie auf der Grundlage von Plausibilitätsannahmen. Im Anschluß an die Auswahl der Indikatoren stellt sich dann die weitere Frage, ob und bis zu welcher Stufe die Einzelindikatoren zusammengefaßt werden sollen (sogenanntes Aggregationsproblem). Für eine Aggregation spricht, daß sich beispielsweise internationale Rangfolgen des Entwicklungsstandes nur mit Hilfe von Gesamtindikatoren, die allgemein angewendet werden, aufstellen lassen. Gegen eine Aggregation läßt sich einwenden, daß Entwicklung eigentlich ein komplexer, nur durch eine Vielzahl von Einzelindikatoren darstellbarer Prozeß ist. Außerdem ist zu bedenken, daß die Zusammenfassung von Einzelindikatoren zu einem Gesamtindikator eine Gewichtung der einzelnen Teilbereiche erforderlich macht (sogenanntes Gewichtungsproblem). Eine solche Gewichtung bereitet jedoch erhebliche methodische Probleme, da in vielen Fällen der Zusammenhang zwischen den Teilbereichen sowie ihre relative Bedeutung nicht oder nicht ein für allemal oder für alle Länder gleichzeitig geklärt ist (intertemporales bzw. internationales Gewichtungsproblem).

Tabelle 1:
Entwicklungsindikatoren nach Adelman/Morris

A. Soziokulturelle Indikatoren

1. Größe des traditionellen Sektors der Landwirtschaft
2. Ausmaß des Dualismus
3. Ausmaß der Urbanisierung
4. Grundmerkmale des gesellschaftlichen Aufbaus
5. Bedeutung der einheimischen Mittelklasse
6. Ausmaß der sozialen Mobilität
7. Alphabetisierungsrate
8. Verbreitung der Massenkommunikationsmittel
9. Grad der kulturellen und ethnischen Homogenität
10. Grad sozialer Spannungen
11. Geburtenrate
12. Modernisierungsgrad der Einstellungen

B. Politische Indikatoren

1. Grad nationaler Integration und des nationalen Bewußtseins
2. Zentralisierungsgrad politischer Macht
3. Stärke demokratischer Institutionen
4. Grad der Freiheit der politischen Opposition und der Presse
5. Grad des Wettbewerbs zwischen den politischen Parteien
6. Vorherrschende Grundlage des politischen Parteiensystems
7. Stärke der Arbeiterbewegung
8. Politische Bedeutung der traditionellen Elite
9. Politische Bedeutung des Militärs
10. Grad der Effizienz der Verwaltung
11. Einstellung der politischen Führung zum wirtschaftlichen Fortschritt
12. Ausmaß der politischen Stabilität

C. Wirtschaftliche Indikatoren

1. Pro-Kopf-Einkommen
2. Wachstumsrate des Pro-Kopf-Einkommens
3. Vorhandensein natürlicher Ressourcen
4. Brutto-Investitionsrate
5. Modernisierungsgrad der Industrie
6. Veränderung des Industrialisierungsgrades
7. Organisation der landwirtschaftlichen Produktion
8. Modernisierungsgrad der landwirtschaftlichen Produktionsmittel
9. Produktivitätssteigerung in der Landwirtschaft
10. Qualität der materiellen Infrastrukturausstattung
11. Verbesserung der materiellen Infrastrukturausstattung
12. Effizienzgrad des Steuersystems
13. Effizienzsteigerung des Steuersystems
14. Effizienzgrad des Geld- und Kreditwesens
15. Effizienzsteigerung des Geld- und Kreditwesens
16. Erhöhung der Qualität der menschlichen Arbeitskraft
17. Struktur des Außenhandels

Quelle: I. Adelman, C. T. Morris, Society, Politics, and Economic Development: A Quantitative Approach, Baltimore 1967, S. 16f. (eigene Übersetzung)

Angesichts solcher Schwierigkeiten bei der Aufstellung eines Systems von Entwicklungsindikatoren ist es nicht verwunderlich, daß bis heute ein allgemein anerkanntes Indikatorensystem, mit dem Entwicklung beschrieben wird, nicht

Tabelle 2:
Liste der 24 UNRISD – Leitindikatoren

A. Soziale und demographische Indikatoren
1. Lebenserwartung bei der Geburt
2. Geburtenrate
3. Bevölkerung in Städten von 20 000 und mehr Einwohnern in v.H. der Gesamtbevölkerung
4. Sterblichkeitsrate
5. Verbrauch von tierischem Protein pro Kopf und Tag
6. Kalorien aus Getreide und stärkehaltigen Wurzeln in v.H. des gesamten Kalorienverbrauchs
7. Zahl der Primär- und Sekundarschüler in v.H. der Altersgruppe zwischen 5 und 19 Jahren
8. Zahl der Besucher weiterführender Schulen in v.H. der Altersgruppe zwischen 15 und 19 Jahren
9. Personen pro Wohnraum
10. Wohnungen mit Elektrizität (in v.H.)
11. Zeitungen pro 1 000 Einwohner
12. Telefone pro 100 000 Einwohner
13. Radiogeräte pro 1 000 Einwohner

B. Wirtschaftliche Indikatoren
1. Anteil der wirtschaftlich aktiven Bevölkerung in den Bereichen Elektrizität, Gas, Wasser, Sanitäre Dienste, Transport, Handel und Kommunikation
2. Landwirtschaftliche Produktion pro männlicher landwirtschaftlicher Arbeitskraft
3. Anteil der in der Landwirtschaft eingesetzten männlichen Arbeitskräfte in v.H. der gesamten männlichen Arbeitskräfte
4. Elektrizitätsverbrauch pro Kopf (in KWh)
5. Stahlverbrauch pro Kopf (in kg)
6. Energieverbrauch pro Kopf (in kg SKE)
7. Anteil der Verarbeitenden Industrie am BSP
8. Außenhandel (Summe der Importe und Exporte) pro Kopf (in US-$)
9. Lohn- und Gehaltsempfänger in v.H. der gesamten wirtschaftlich aktiven Bevölkerung
10. Produktionsstruktur
11. Ausgaben für Nahrungsmittel in v.H. des gesamten privaten Verbrauchs

Quelle: UNRISD, The Concept of Development and its Measurement, in: International Social Science Review, No. 2, 1970, S. 5 (eigene Übersetzung)

gefunden worden ist. Mit der Erarbeitung solcher Indikatorensysteme ist in den sechziger Jahren begonnen worden. (Eine übersichtliche Zusammenstellung der wichtigsten Ansätze findet sich bei Nohlen/Nuscheler.) Besondere Bedeutung kann man den Arbeiten von Adelman/Morris und des United Nations Research Institute for Social Development (UNRISD) zumessen. *Adelman/Morris* stellten ein System von 41 sozio-kulturellen, politischen und ökonomischen Indikatoren auf, das von den Modernisierungstheorien geprägt ist (vgl. Tabelle 1). Sie befragten Länderexperten über deren Einschätzung der einzelnen Entwicklungsaspekte und ermittelten aus diesen Antworten einen Gesamtindikator für den Entwicklungsstand einzelner Länder. Im Gegensatz zu Adelman/Morris leitet das *UNRISD* seine Indikatoren aus Statistiken ab. In einem ersten Ansatz wurden entsprechend 73 Primärindikatoren entwickelt, die anschließend zu 24 Leitindika-

Tabelle 3:
Ausgewählte Entwicklungsindikatoren nach Nohlen/Nuscheler

1.	Entwicklungspotential und strukturelle Abhängigkeit (3 Indikatoren)
2.	Bevölkerungsentwicklung (4 Indikatoren)
3.	Ethnisch-kulturelle Homogenität/Heterogenität (5 Indikatoren)
4.	Wirtschaftsstruktur/Industrie (7 Indikatoren)
5.	Wirtschaftswachstum – Entwicklungsplanung (7 Indikatoren)
6.	Investitionen – Entwicklungsfinanzierung (9 Indikatoren)
7.	Wirtschaftsordnung – Abhängigkeit
7.1	Anzahl der privaten/staatlichen Unternehmen in einzelnen Branchen
7.2	Konzentrationsgrad: Anteil von Großbetrieben (mit über 1 000 Beschäftigten) am Gesamtumsatz einzelner Branchen (in v. H.)
7.3	Anzahl der ausländischen Unternehmen in einzelnen Branchen
7.4	Anteil der ausländischen Unternehmen am Gesamtumsatz einzelner Branchen (in v. H.)
7.5	Kapitaleinsatz pro Beschäftigte in inländischen/ausländischen Unternehmen
7.6	Regionale Verteilung der ausländischen Investitionen
7.7	Gewinne und Reinvestitionsrate (Verhältnis von Reinvestitionen zu Gewinnen) der ausländischen Unternehmen
8.	Besitzstruktur in der Landwirtschaft – Agrarreform
8.1	Landverteilung (privater/staatlicher/genossenschaftlicher/kommunaler Besitz in v. H.)
8.2	Anteil des Großgrundbesitzes am Boden insgesamt: Anzahl der Betriebseinheiten und durchschnittliche Betriebsgröße in Hektar
8.3	Anteil des Kleinbesitzes am Boden insgesamt: Anzahl der »mini-fundistas« und durchschnittliche Betriebsgröße in Hektar
8.4	Landumverteilung: erfaßte Fläche und Anzahl der begünstigten Familien (oder Personen), neue Organisationsform
9.	Klassenstruktur und soziale Schichtung/Einkommensverteilung
9.1	Prozentualer Anteil der Lohnarbeiter (in Landwirtschaft, Industrie, Handel und Dienstleistungen) an der erwerbstätigen Bevölkerung
9.2	Prozentualer Anteil der Subsistenzbauern bzw. Minifundistas (mit Privat- oder kommunalem Besitz) an der erwerbstätigen Bevölkerung
9.3	Prozentualer Anteil der »Mittelklasse« (Erwerbsbauern, Angestellte, Händler, Freiberufliche, Öffentlicher Dienst, Lehrer) an der erwerbstätigen Bevölkerung
9.4	Prozentualer Anteil der Oberschicht (Großgrundbesitzer, Unternehmer, administrative Führungspositionen) an der erwerbstätigen Bevölkerung
9.5	Arbeitslose offen/versteckt in v. H. der erwerbsfähigen Bevölkerung
9.6	Mindestlohn zum Pro-Kopf-Einkommen in v. H.
9.7	Durchschnittliche Jahreseinkommen von Landarbeitern, industriellen Hilfs-, Facharbeitern, Subsistenzbauern/Minifundistas, sowie den übrigen statistisch erfaßten Einkommensgruppen der Mittel- und Oberschicht
9.8	Sozialer Gradient: Summe der Einkommen der obersten Einkommensgruppen im Verhältnis zur Einkommenssumme der übrigen Bevölkerung
10.	Außenhandel und Abhängigkeit
10.1	Exportquote (prozentualer Anteil der Exporte am BIP)
10.2	Konzentrationsgrad des Exports (prozentualer Anteil der Hauptausfuhrgüter am Gesamtexport)
10.3	Prozentualer Anteil des wichtigsten Exportprodukts an den Devisenerlösen und Staatseinnahmen (Royalties und Steuern)
10.4	Prozentualer Anteil des Handels mit westlichen Ländern (Haupthandelspartner) am gesamten Außenhandel
10.5	Prozentualer Anteil des Handels mit sozialistischen Ländern am gesamten Außenhandel

Tabelle 3 (Fortsetzung):
Ausgewählte Entwicklungsindikatoren nach Nohlen/Nuscheler

10.6	Prozentualer Anteil des Handels mit Entwicklungsländern am gesamten Außenhandel
10.7	Prozentualer Anteil von Halbfertig- und Fertigwaren am Gesamtexport
10.8	Prozentualer Anteil von landwirtschaftlichen Produkten, von Konsumwaren und von Investitionsgütern am Gesamtimport
10.9	Saldo der Handelsbilanz
10.10	Preisentwicklung der Hauptausfuhrgüter/Haupteinfuhrgüter (in Indexwerten)
10.11	Preisentwicklung der Erdölimporte
11.	Zahlungsbilanz und Abhängigkeit
11.1	Saldo der Zahlungsbilanz in US-$
11.2	Kapitalimport: privat/bilateral/multilateral in US-$
11.3	Kapitalexport: transferierte Profite, Lizenzen/Tantiemen, geschätzte Kapitalflucht in US-$
11.4	Nettoverschuldung in US-$
11.5	Durchschnittlicher jährlicher Schuldendienst in US-$
11.6	Verhältnis von Schuldendienst und Exporterlösen
11.7	Verhältnis von Schuldendienst und Kapitalimport
11.8	Hauptgläubiger – Länder
12.	Ernährung und Gesundheit (6 Indikatoren)
13.	Erziehungswesen (9 Indikatoren)
14.	Kommunikation und Transport (5 Indikatoren)
15.	Internationale Beziehungen
15.1	Pro-Kopf-Entwicklungshilfe aus westlichen Ländern in US-$
15.2	Pro-Kopf-Entwicklungshilfe aus sozialistischen Ländern in US-$
15.3	Hauptlieferanten von Rüstung und Militärhilfe (Material und Berater)
15.4	Zahl der im Land tätigen Multinationalen Unternehmen
16.	Politische Strukturmerkmale
16.1	Soziale Rekrutierungsbasis der politischen Führungsgruppen
16.2	Stärke und Rolle des Militärs
16.3	Struktur des Parteiensystems
16.4	Wahlen zu repräsentativen Organen (prozentuale Stimmergebnisse)
16.5	Wahlbeteiligung (in v. H. der Bevölkerung)
16.6	Grad gewerkschaftlicher, genossenschaftlicher und politischer Organisation (Mitgliedschaft in Organisationen)
16.7	Spezialisierung und Effizienz der »Entwicklungsverwaltung«

Quelle: D. Nohlen, F. Nuscheler (Hrsg.), Handbuch der Dritten Welt, Band I: Theorien und Indikatoren von Unterentwicklung und Entwicklung, Hamburg 1974, S. 356ff.

toren zusammengefaßt wurden (vgl. Tabelle 2). Angesichts der Mängel, die Statistiken in Entwicklungsländern aufweisen, bedeutet das methodische Vorgehen von UNRISD, daß bestimmte und möglicherweise wichtige soziale und politische Aspekte der Entwicklung nicht erfaßt werden. Deren Berücksichtigung ebenso wie die Einbeziehung der aus der Abhängigkeit der Entwicklungsländer resultierenden strukturellen Entwicklungshemmnisse war daher das ausdrückliche Ziel des von *Nohlen/Nuscheler* aufgestellten Indikatorensystems. In Tabelle 3 sind aus dem entsprechenden umfangreichen Katalog diejenigen Indikatoren wiedergegeben, die die sozialen und politischen Aspekte der Entwicklung sowie den Grad der Abhängigkeit zu erfassen versuchen.

2. *Einzelindikatoren*

Die dargestellten, in der Literatur vorfindbaren Indikatorensysteme enthalten Indikatoren, mit denen das in A I entwickelte Zielsystem operationalisiert werden kann. Die folgenden Indikatoren sollen die Grundlage für die Analyse der Lage der Entwicklungsländer bilden, die in diesem Kapitel vorgenommen wird:

- Internationales Einkommensgefälle: Bruttosozialprodukt (BSP) in US-$, Pro-Kopf-Einkommen in US-$, durchschnittliche jährliche Wachstumsrate des BSP bzw. des Pro-Kopf-Einkommens;
- Einkommensverteilung in den Entwicklungsländern: Einkommensanteile einzelner Bevölkerungsgruppen, Lorenz-Kurve, Gini-Koeffizient, maximale Umverteilungsrate, Ausmaß absoluter Armut;
- Befriedigung von Grundbedürfnissen:
  - Ernährung: Verbrauch an Nahrungsenergie und Proteinen pro Kopf und Tag;
  - Wasserversorgung und Abwässerbeseitigung: Anteil der Bevölkerung mit Zugang zu einwandfreiem Wasser bzw. mit Anschluß an ein Abwässersystem;
  - Wohnen: Personen pro Wohnraum, Anteil der Wohnungen ohne fließendes Wasser bzw. ohne Elektrizität;
  - Gesundheit: Lebenserwartung bei Geburt, Säuglings- und Kindersterblichkeitsrate, Einwohner je Arzt bzw. je Beschäftigten in der Krankenpflege;
  - Erziehung: Anteil öffentlicher Bildungsausgaben am Bruttosozialprodukt, Zahl der Grundschüler in v. H. ihrer Altersgruppe, Zahl der Besucher weiterführender Schulen in v. H. ihrer Altersgruppe, Anteil der Erwachsenen mit Lese- und Schreibkenntnissen (Alphabeten);
- Arbeitslosigkeit und Unterbeschäftigung: Arbeitslosenquote (offene und versteckte Arbeitslosigkeit), Vollarbeitslosen-Äquivalente (offene und versteckte Unterbeschäftigung);
- Partizipation: (Qualitative Angaben zu) Staatsform und Partizipation; Einfluß des Militärs; Bedeutung von Parlamenten, Gemeinderäten, Parteien, Gewerkschaften, Genossenschaften; betriebliche und überbetriebliche Mitbestimmung, direkte politische Aktionsmöglichkeiten;
- wirtschaftliche Abhängigkeit: Anteil des Produktions- und Investitionsgütersektors an der industriellen Wertschöpfung, Verflechtungsgrad der Wirtschaft; Anteil des Außenhandels am Sozialprodukt; Anteil der Maschinen und Transportausrüstungen an den Gesamtimporten, gütermäßiger und regionaler Konzentrationsgrad der Exporte; Anteil der Ausgaben für Forschung und Entwicklung am Sozialprodukt, Zahl der Wissenschaftler und Ingenieure; öffentliche Auslandsverschuldung, Anteil der Schuldendienstzahlungen an der Ausfuhr von Gütern und Dienstleistungen; Anteil Multinationaler Konzerne am Bruttoinlandsprodukt bzw. an der industriellen Wertschöpfung, Anteil der Ausländer an den Fachkräften nach Wirtschaftszweigen.

Die Analyse der internationalen Entwicklungsunterschiede mit Hilfe der aufgeführten Indikatoren bereitet zum Teil erhebliche Schwierigkeiten. Besondere Probleme werfen internationale Vergleiche der Pro-Kopf-Einkommen auf; einer Erläuterung bedürfen auch die verschiedenen Indikatoren zur Messung der personellen Einkommensverteilung.

Internationale Pro-Kopf-Einkommensvergleiche verfolgen das Ziel, Unterschiede in der Versorgung der Bevölkerung einzelner Länder mit Gütern und Dienstleistungen aufzuzeigen. Dabei werden zunächst das Sozialprodukt und das Pro-Kopf-Einkommen in den betreffenden Ländern ermittelt. Anschließend werden die in nationalen Währungseinheiten ausgewiesenen Pro-Kopf-Einkommenswerte mit Hilfe der Wechselkurse in eine sogenannte Leitwährung (z. B. US-$) umgerechnet. Die so ermittelten Pro-Kopf-Einkommensgrößen können die tatsächlichen Unterschiede in der Güterversorgung einzelner Länder überschätzen. Dies gilt insbesondere für Vergleiche der Pro-Kopf-Einkommen von Industrie- und Entwicklungsländern. Hierfür sind vor allem folgende Gründe verantwortlich:

- Durch das Sozialprodukt wird die Herstellung von Gütern für den Eigenverbrauch (Subsistenzlandwirtschaft, Bau von Häusern usw.) gar nicht oder nur unvollständig erfaßt. Da mit zunehmender wirtschaftlicher Entwicklung und der damit einhergehenden Urbanisierung und Kommerzialisierung der Lebensverhältnisse in der Regel ein größerer Teil der Güterproduktion über den Markt ausgetauscht wird (relative Ausdehnung des monetarisierten Sektors), wird die Güterversorgung der weniger entwickelten Länder nach dem Sozialprodukt-Konzept unterschätzt.
- Die Berücksichtigung staatlicher Leistungen mit Vorleistungscharakter im Sozialprodukt beinhaltet – wie oben ausgeführt wurde – eine Doppelzählung. Da im Zuge des wirtschaftlichen Wachstums in der Regel eine Erhöhung des Anteils öffentlicher Leistungen mit Vorleistungscharakter am Sozialprodukt zu beobachten ist, ergibt sich hieraus, daß die Wertschöpfung in den weiter entwickelten Industrieländern gegenüber der der Entwicklungsländer nach dem Sozialprodukt-Konzept überhöht ausgewiesen wird.
- Mit der Urbanisierung und Kommerzialisierung der Gesellschaft werden in zunehmendem Maße Güter produziert und Leistungen erbracht (und vom Sozialprodukt erfaßt), die das Versorgungsniveau der Bevölkerung nicht entsprechend erhöhen: ursprünglich freie Güter (Wasser, Luft, Boden) werden bewirtschaftet, private Haushalte erbringen zunehmend Vorleistungen zur Durchführung produktiver Tätigkeiten (z. B. Aufwendungen für die Fahrt zum Arbeitsplatz), die Kosten für die Distribution von Waren steigen überproportional an, zur Vermeidung von Umweltschäden werden Umweltschutzmaßnahmen durchgeführt usw.
- Schließlich wird der in den Entwicklungsländern erreichte Lebensstandard durch die Umrechnung der länderspezifischen Pro-Kopf-Einkommensgrößen mit Hilfe der offiziellen Wechselkurse unterschätzt. Um den tatsächlichen Lebensstandard widerzuspiegeln, müßten zur Umrechnung der Pro-Kopf-Einkommen Wechselkurse verwendet werden, die die Kaufkraftunterschiede zwischen den betrachteten Ländern anzeigen. Offizielle Wechselkurse erfüllen diese Forderung nicht. Sieht man von Kapitalbewegungen und außenwirtschaftspolitischen Maßnahmen ab, so hängt der offizielle Wechselkurs von den Mengen und Preisen der exportierten und importierten Güter ab. Keinen Einfluß auf den Wechselkurs üben dagegen die nicht gehandelten Güter und Dienstleistungen aus, die bei einem Kaufkraftvergleich zwischen Ländern aber mit berücksichtigt werden müssen. Hierzu zählen nicht nur Agrarprodukte,

sondern auch eine Vielzahl von Dienstleistungen und fast ohne Einschränkung die öffentlichen Güter. Aus verschiedenen Gründen ist das Preisverhältnis der nicht gehandelten Güter zu den gehandelten Gütern in Entwicklungsländern niedriger als in Industrieländern. Aus diesem Grunde unterschätzt das mit dem offiziellen Wechselkurs umbewertete Pro-Kopf-Einkommen die tatsächliche Güterversorgung und damit den Lebensstandard der Entwicklungsländer.

Das Ausmaß, in dem internationale Pro-Kopf-Einkommensvergleiche die Güterversorgung der Entwicklungsländer unterbewerten, ist von verschiedenen Autoren geschätzt worden. Hagen (S. 14) kam 1958 zu dem Ergebnis, daß die Pro-Kopf-Einkommen der einzelnen Länder, ausgedrückt in US-$, mit den folgenden Faktoren gewichtet werden müssen, damit sie vergleichbar sind:

Länder mit einem jährlichen Pro-Kopf-Einkommen in US-$ von	Faktoren
0 - 125	3,0
126 - 375	2,5
376 - 750	2,0
751 - 1 500	1,5
1 501 und mehr	1,0

In jüngster Zeit wurden vom International Comparison Project (ICP) der Vereinten Nationen unter der Leitung von I. B. Kravis Umrechnungen von Pro-Kopf-Einkommen auf der Basis von Kaufkraftvergleichen durchgeführt. (Bis 1978 wurden die Arbeiten für 16 Länder abgeschlossen, für jedes Land wurden 152 Ausgabekategorien zugrundegelegt). Die nachfolgende Übersicht enthält Beispiele für die Differenzen, die sich aus der Umrechnung der Pro-Kopf-Einkommen in US-$ mit Hilfe offizieller Wechselkurse (1) bzw. der Verwendung der ICP-Methode (2) für 1973 ergeben:

Länder	Pro-Kopf-Einkommen in US-$		Verhältnis
	(1)	(2)	(2) : (1)
Kenia	183	378	2,1
Indien	112	404	3,6
Philippinen	294	763	2,6
Republik Korea	411	932	2,3
Kolumbien	452	1 126	2,5
Malaysia	609	1 185	1,9
Iran	1 156	1 797	1,6
USA	6 224	6 240	1,0

Zur Messung des Konzentrationsgrades der *personellen Einkommensverteilung* sind verschiedene Methoden entwickelt worden. Die gebräuchlichsten Verfahren sollen kurz vorgestellt werden.

Nach Lorenz läßt sich die Ungleichheit der Einkommensverteilung dadurch erfassen, daß man die Einkommensempfänger nach der Höhe ihres Einkommens ordnet und, beginnend mit der niedrigsten Einkommensstufe, Einkommen und Zahl der Einkommensempfänger kumuliert. Damit läßt sich ermitteln, wieviel Prozent des Gesamteinkommens auf einen bestimmten Prozentsatz der Einkommensempfänger entfallen. Zur graphischen Darstellung dieser Verteilung wird die Lorenz-Kurve verwendet. In Schaubild 1 ist die Lorenz-Kurve Brasiliens für das Jahr 1970 wiedergegeben. Sie läßt erkennen, daß die ärmsten 40 v. H. der Bevölkerung nur 10 v. H. des Gesamteinkommens bezogen, während die einkommensstärksten 10 v. H. der Bevölkerung fast 50 v. H. des Einkommens für sich in Anspruch nahmen. Je mehr sich die Lorenz-Kurve der Diagonalen OU nähert,

Schaubild 1:
Die Lorenz-Kurve für Brasilien, 1970

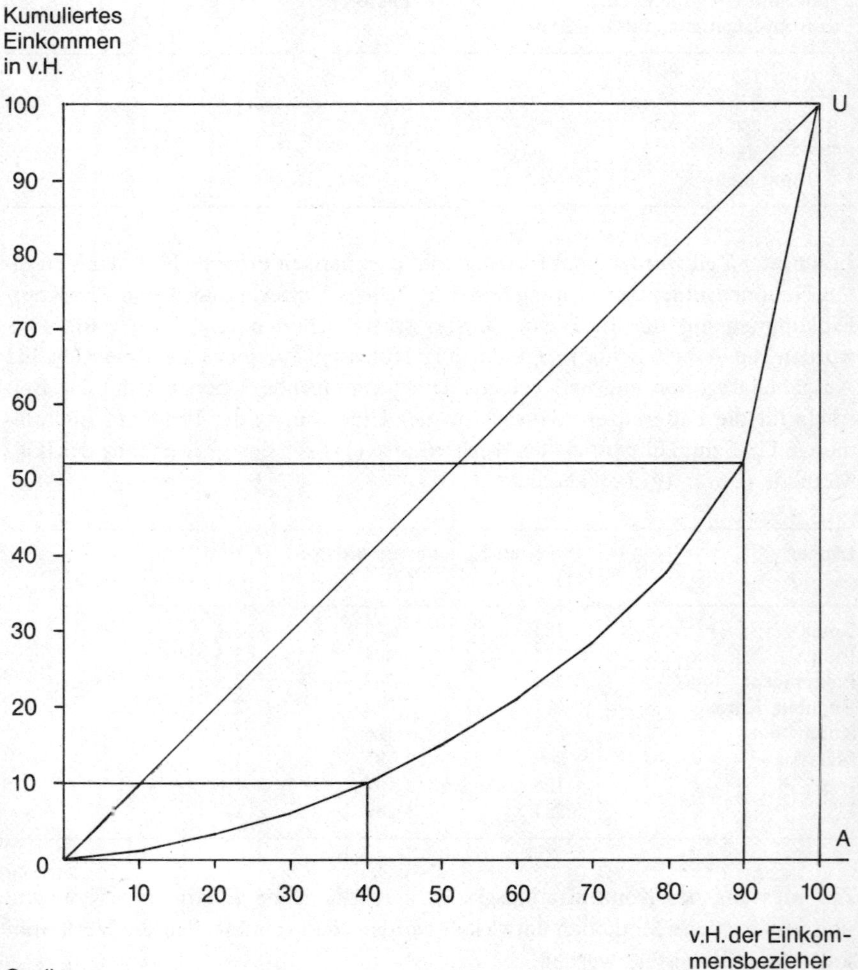

Quelle:
M. Bohnet R. Betz, Einkommensverteilung in Entwicklungsländern, München 1976, S. 102.

desto gleichmäßiger ist die Einkommensverteilung. Deckt sich die Lorenz-Kurve mit der Geraden, so erhalten alle Einkommensempfänger ein gleich hohes Einkommen. Deshalb heißt die Diagonale OU »Gleichverteilungsgerade«. Der rechteckige Winkel OAU bildet die Kurve der absolut ungleichen Verteilung, bei der ein Einkommensbezieher das gesamte Einkommen beansprucht.
Die Messung des Konzentrationsgrades der Einkommen mit Hilfe einer einzigen Kennziffer ermöglicht der Gini-Koeffizient. Er mißt die Abweichung der tatsächlichen Einkommensverteilung von der Gleichverteilung. Der Gini-Koeffizient entspricht dem Verhältnis zwischen der schraffierten Fläche in Schaubild 1 und der Fläche des Gesamtdreiecks OAU. Je gleichmäßiger die Einkommensverteilung, d. h. je kleiner die schraffierte Fläche ist, desto kleiner ist der Gini-Koeffizient. Bei völliger Gleichverteilung nimmt der Gini-Koeffizient den Wert Null an, bei extrem ungleicher Verteilung beträgt er Eins. Es ist zu beachten, daß der Gini-Koeffizient nur den Grad der Abweichung der tatsächlichen Einkommensverteilung von der Gleichverteilung messen kann. Er gibt dagegen nicht an, ob die Einkommen im oberen oder im unteren Einkommensbereich ungleichmäßiger verteilt sind. So können zwei sich schneidende Lorenz-Kurven unterschiedliche Verteilungsmuster wiedergeben, obwohl ihre Gini-Koeffizienten gleich sind.
Die Ungleichheit der Einkommensverteilung kann auch dadurch erfaßt werden, daß der Anteil einzelner Bevölkerungsgruppen am Gesamteinkommen ermittelt wird. Dabei werden die Einkommensempfänger nach der Höhe ihres Einkommens zu Gruppen zusammengefaßt.
Ein weiteres Einkommensverteilungsmaß ist die maximale Umverteilungsrate. Sie gibt den Anteil am Volkseinkommen an, der umverteilt werden müßte, damit jeder Einkommensempfänger ein gleich hohes Einkommen bezieht. Wenn das Volkseinkommen sich z. B. auf fünf gleich große (je 20 v. H.) Bevölkerungsgruppen zu 5 v. H., 10 v. H., 15 v. H., 20 v. H. und 50 v. H. verteilen würde, dann müßte die erste Gruppe 15 v. H., die zweite Gruppe 10 v. H. und die dritte Gruppe 5 v. H. des Volkseinkommens zusätzlich zu Lasten der fünften Gruppe erhalten, damit jede Gruppe einen Anteil von 20 v. H. am Volkseinkommen aufweist. Die maximale Umverteilungsrate betrüge dann 30 v. H.
Während die bisher vorgestellten Verfahren die personelle Verteilung der Einkommen erfassen wollen, stellen die Armutsmaße auf eine bestimmte, jeweils neu festzulegende Einkommenshöhe ab, unterhalb derer absolute Armut herrscht. Die Armutsmaße bezeichnen jenen Prozentsatz der Bevölkerung, der dieses Einkommen nicht erzielt.

III Internationales Einkommensgefälle

1. Nord-Süd-Gefälle

Die Weltwirtschaft ist durch ein starkes Einkommensgefälle zwischen Entwicklungsländern und Industrieländern gekennzeichnet. Während die Industrieländer im Jahre 1976 im Durchschnitt ein Pro-Kopf-Einkommen von 5 970 US-$ erwirtschafteten, erzielten die Entwicklungsländer ein durchschnittliches Pro-Kopf-

Einkommen von 500 US-$. In der Volksrepublik China, der Demokratischen Republik Korea, der Mongolei und der Sozialistischen Republik Vietnam erreichte das Pro-Kopf-Einkommen eine durchschnittliche Höhe von schätzungsweise 360 US-$ (vgl. Tabelle 4. Die hier vorgenommene Abgrenzung von Entwicklungsländern, Industrieländern, Zentralverwaltungsländern und den wenig entwickelten sozialistischen Ländern gilt für das ganze Buch, sofern nichts anderes vermerkt ist.)

Tabelle 4:
Weltbevölkerung, Bruttosozialprodukt und Pro-Kopf-Einkommen nach Regionen, 1960 und 1976

Region	Bevölkerung in Mill. Mitte 1976	BSP in Mill. US-$ 1960[1]	BSP in Mill. US-$ 1976	BSP Durchschnittliche Wachstumsrate in v. H. 1960 – 1976	BSP pro Kopf in US-$ 1960[1]	BSP pro Kopf in US-$ 1976	BSP pro Kopf Durchschnittliche Wachstumsrate in v. H. 1960 – 1976
Entwicklungsländer	1 989	412	997	5,6	305	500	3,1
Lateinamerika	328	152	379	5,9	710	1 150	3,1
Afrika[2]	400	70	146	4,7	270	370	2,0
Naher Osten[3]	119	65	208	7,5	855	1 750	4,6
Ost- u. Südostasien[4]	1 142	125	264	4,8	155	230	2,5
Volksrepublik China[5]	903	...	327	...	...	360	...
Industrieländer[6]	743	2 252	4 432	4,3	3 550	5 970	3,3
Zentralverwaltungswirtschaften[7]	388	...	1 064	...	...	2 740	...
Insgesamt	4 023	...	6 820	...	...	1 700	...

1 In Preisen von 1976;
2 Ohne Südafrika;
3 Einschließlich Türkei, ohne Israel;
4 Ohne Japan und Volksrepublik China u. a., einschließlich Ozeanien (Ausn. Australien, Neuseeland);
5 Volksrepublik China, Demokratische Republik Korea, Mongolei, Sozialistische Republik Vietnam;
6 Nordamerika, Westeuropa, Japan, Australien, Neuseeland, Israel, Südafrika;
7 UdSSR, Polen, DDR, Tschechoslowakei, Ungarn, Rumänien, Bulgarien, Jugoslawien, Albanien.

Quelle: World Bank, 1978 World Bank Atlas; United Nations, Statistical Yearbook 1977, New York 1978, S. 11ff.; eigene Berechnungen.

Seit Beginn der ersten Entwicklungsdekade hat sich das Einkommensgefälle zwischen Entwicklungsländern und Industrieländern (Verhältnis von 1 : 12) nicht verringert. Zwar nahm das Bruttosozialprodukt zwischen 1960 und 1976 in den Entwicklungsländern real um jahresdurchschnittlich 5,6 v. H., in den Industrieländern dagegen nur um 4,3 v. H. zu. Infolge des schnelleren Bevölkerungswachstums in den Entwicklungsländern erhöhte sich aber das Pro-Kopf-Einkommen dort nur um 3,1 v. H., in den Industrieländern dagegen um 3,3 v. H.
Die annähernde Konstanz der relativen Einkommenslücken darf nicht darüber hinwegtäuschen, daß die absoluten Einkommensunterschiede zwischen Entwicklungsländern und Industrieländern weiter erheblich zugenommen haben. Während das Pro-Kopf-Einkommen in Entwicklungsländern seit 1960 im Durchschnitt nur um 195 US-$ anstieg, stand den Bewohnern der Industrieländer im Jahre 1976

Tabelle 5:
Bevölkerung und Pro-Kopf-Einkommen in Entwicklungsländern, 1976

Länder[1]	Bevölkerung		BSP pro Kopf	
	Mill. 1976	Durchschnittl. Wachstumsrate in v. H. 1960 – 1976	US-$ 1976	Durchschnittl. reale Wachstumsrate in v. H. 1960 – 1976
Kuwait	1,0	8,6	13 960	−3,2
Libyen	2,5	4,1	5 970	7,3
Saudi-Arabien	9,2	2,8	4 420	6,5
Singapur	2,3	2,0	2 580	7,5
Venezuela	12,4	3,3	2 540	2,6
Puerto Rico	3,2	1,8	2 310	3,9
Hongkong	4,4	2,3	2 230	6,4
Trinidad und Tobago	1,1	1,5	2 190	1,6
Iran	33,6	2,9	2 060	8,0
Argentinien	25,7	1,4	1 580	2,9
Irak	11,5	3,3	1 390	3,6
Uruguay	2,8	0,5	1 370	0,7
Brasilien	110,1	2,9	1 300	4,8
Panama	1,7	3,1	1 170	3,8
Jamaika	2,1	1,7	1 150	2,5
Costa Rica	2,0	3,1	1 130	3,3
Libanon	3,3	2,7	1 070	...
Mexiko	62,0	3,5	1 060	3,0
Chile	10,4	2,0	1 050	1,1
China (Taiwan)	16,3	3,3	1 050	6,2
Türkei	40,9	2,5	1 010	4,1
Algerien	16,5	3,3	1 010	1,8
Kuba	9,5	1,9	840	1,1
Peru	16,1	3,0	840	2,5
Malaysia	12,7	2,8	830	3,9
Syrien, Arab. Rep.	7,7	3,4	830	2,2
Mongolei	1,5	2,8	830	1,0
Tunesien	5,7	2,2	800	4,2
Dominikan. Rep.	4,8	2,9	790	3,5
Nicaragua	2,3	3,1	770	2,6
Korea, Rep.	35,9	2,3	700	7,3
Guatemala	6,3	2,8	700	2,8
Ecuador	7,3	3,5	700	3,0
Korea, Dem. Rep.	16,2	2,8	670	5,2
Jordanien	2,8	3,3	650	1,6
Elfenbeinküste	7,0	3,8	650	3,3
Paraguay	2,6	2,6	650	2,2
Kolumbien	24,3	2,9	650	2,7
Kongo, Volksrep.	1,4	2,4	530	1,3
Rhodesien	6,5	3,4	530	2,2

Tabelle 5 (Fortsetzung):
Bevölkerung und Pro-Kopf-Einkommen in Entwicklungsländern, 1976

Länder[1]	Bevölkerung		BSP pro Kopf	
	Mill. 1976	Durchschnittl. Wachstumsrate in v. H. 1960 – 1976	US-$ 1976	Durchschnittl. reale Wachstumsrate in v. H. 1960 – 1976
El Salvador	4,1	3,4	530	1,8
Marokko	17,2	2,4	520	2,1
Bolivien	5,8	2,6	510	2,3
Sambia	5,1	2,9	450	1,8
Papua-Neuguinea	2,8	2,4	450	3,5
Philippinen	43,3	3,0	420	2,5
Senegal	5,1	2,7	410	−0,4
Liberia	1,6	3,3	410	1,9
Nigeria	77,1	2,5	400	3,5
Honduras	3,0	2,7	400	1,5
Thailand	43,0	3,1	380	4,6
Ghana	10,3	2,6	370	−0,2
China, Volksrep.	835,8	1,6	370	5,2
Angola	5,9	1,2	310	2,8
Kamerun	7,6	2,0	310	3,0
Jemen, Arab. Rep.	5,4	...	300	...
Ägypten	38,2	2,5	280	1,9
Indonesien	130,9	2,1	280	3,1
Togo	2,3	2,7	270	4,1
Sudan	16,1	2,5	270	−0,0
Jemen, Dem. V. Rep.	1,7	3,2	270	−5,2
Uganda	11,9	2,9	250	1,0
Mauretanien	1,5	2,1	250	3,7
Kenia	13,9	3,3	250	2,6
Zentr. Afr. Rep.	1,8	2,2	240	0,3
Haiti	4,7	1,6	220	−0,1
Lesotho	1,2	2,2	210	5,6
Guinea	4,6	1,3	210	1,4
Madagaskar	9,1	2,8	200	−0,1
Sierra Leone	3,1	2,2	190	1,5
Sri Lanka	13,8	2,1	190	2,0
Pakistan	71,3	2,9	180	3,2
Tansania	15,1	2,9	180	2,6
Afghanistan	14,0	2,2	180	0,0
Benin	3,2	2,8	180	0,0
Vietnam, Soz. Rep.	49,2	...	160	...
Niger	4,7	2,7	150	−1,6
Mosambik	9,4	2,1	150	1,4
Indien	620,4	2,3	140	1,2
Malawi	5,4	2,7	130	3,0

Tabelle 5 (Fortsetzung):
Bevölkerung und Pro-Kopf-Einkommen in Entwicklungsländern, 1976

Länder[1]	Bevölkerung		BSP pro Kopf	
	Mill. 1976	Durchschnittl. Wachstumsrate in v. H. 1960 – 1976	US-$ 1976	Durchschnittl. reale Wachstumsrate in v. H. 1960 – 1976
Zaire	25,4	2,7	130	1,4
Burma	30,8	2,2	120	0,7
Burundi	3,9	2,1	120	2,2
Tschad	4,1	1,9	120	−1,1
Ruanda	4,2	3,1	120	0,8
Somalia	3,6	2,4	110	−0,3
Nepal	12,9	2,1	110	0,2
Obervolta	6,2	2,2	100	0,6
Äthiopien	28,7	2,3	100	1,9
Mali	5,8	2,2	100	0,9
Bangladesh	80,4	2,5	90	−0,4
Laot. Dem. Rep.	3,4	2,4	90	...
Bhutan	1,2	2,3	80	−0,2
Kambodscha	...	...	...	...

1 Länder mit mindestens einer Million Einwohner.

Quelle: World Bank, 1978 World Bank Atlas.

im Durchschnitt ein gegenüber 1960 um 2 420 US-$ höheres Pro-Kopf-Einkommen zur Verfügung (vgl. Tabelle 4).
Derartig hohe Einkommensdisparitäten zwischen Entwicklungsländern und Industrieländern hat es in der Vergangenheit nicht gegeben. Patel hat berechnet, daß das Pro-Kopf-Einkommen in den Entwicklungsländern 1850 etwa 100 US-$ betrug. Die Industrieländer erzielten damals ein Pro-Kopf-Einkommen von ungefähr 170 US-$. Das Einkommensverhältnis belief sich zu der Zeit auf 1 : 1,7. Diese Zahlen verdeutlichen, wie ungleich sich Entwicklungsländer und Industrieländer bis heute entwickelt haben.
Wie in A II ausgeführt wurde, überschätzen die mit Hilfe offizieller Wechselkurse in US-$ umgerechneten Pro-Kopf-Einkommen die tatsächlichen Einkommensunterschiede zwischen Entwicklungsländern und Industrieländern. Berechnungen auf der Grundlage von Kaufkraftvergleichen würden ergeben, daß das Einkommensgefälle zwischen Entwicklungs- und Industrieländern kleiner ist als es oben mit 1 : 12 ausgewiesen wurde. Des weiteren läßt ein Vergleich des durchschnittlichen Pro-Kopf-Einkommens der Entwicklungsländer mit dem der Industrieländer nicht erkennen, welch große Einkommensunterschiede innerhalb der Gruppe der Entwicklungsländer und damit zwischen den ärmsten Entwicklungsländern und den Industrieländern bestehen. So erzielten die Länder des Nahen Ostens, unter denen sich so reiche Länder wie Kuwait und Saudi-Arabien befinden, dank

der Verbesserung ihrer Terms of Trade im Jahre 1976 ein Pro-Kopf-Einkommen von durchschnittlich 1 750 US-$. In Lateinamerika erreichte das Pro-Kopf-Einkommen eine Höhe von 1 150 US-$. Andererseits erwirtschafteten Afrika sowie Ost- und Südostasien nur ein Pro-Kopf-Einkommen von 370 bzw. 230 US-$ (vgl. Tabelle 4). Über eine Milliarde Menschen, d. h. mehr als die Hälfte der Bevölkerung der Entwicklungsländer, wohnt in Ländern, deren Pro-Kopf-Einkommen 280 US-$ und weniger betrug. Hierzu zählen u. a. so bevölkerungsreiche Länder wie Indonesien, Pakistan, Indien und Bangladesh in Asien, die meisten Länder Tropisch-Afrikas sowie Ägypten (vgl. Tabelle 5). Diese Ländergruppe erzielte im Jahre 1976 ein durchschnittliches Pro-Kopf-Einkommen von 162 US-$. Vergleicht man dieses Pro-Kopf-Einkommen mit dem der reichen Industrieländer (ohne Südeuropa und Israel) in Höhe von 6 248 US-$, so ergibt sich ein – allerdings verzerrtes – Einkommensgefälle von 1 : 39.
Der Einkommensunterschied hat sich in den letzten Jahren sowohl relativ als auch absolut vergrößert. Während das Pro-Kopf-Einkommen der ärmsten Entwicklungsländer zwischen 1970 und 1976 real nur um 1,1 v. H. pro Jahr zunahm, erhöhte sich das Pro-Kopf-Einkommen der reichen Industrieländer um durchschnittlich 2,4 v. H. Absolut gesehen stieg das Pro-Kopf-Einkommen in den ärmsten Entwicklungsländern real um 11 US-$, in den reichen Industrieländern dagegen um 835 US-$ an (vgl. Tabelle 6).

Tabelle 6:
Bruttosozialprodukt und Pro-Kopf-Einkommen nach Ländergruppen mit unterschiedlichem Pro-Kopf-Einkommen, 1970 und 1976

Ländergruppen	BSP			BSP pro Kopf		
	in Mill. US-$		Durchschnittliche Wachstumsrate in v. H.	in US-$		Durchschnittliche Wachstumsrate in v. H.
	1970[1]	1976	1970 – 1976	1970[1]	1976	1970 – 1976
Entwicklungsländer mit einem BSP pro Kopf (1976) von						
– 280 US-$ und weniger	163	201	3,5	151	162	1,1
– 281– 550 US-$	70	101	6,3	328	405	3,5
– 551–1135 US-$	181	261	6,3	714	875	3,5
Industrieländer[2]	3 522	4 272	3,2	5 413	6 248	2,4

1 In Preisen von 1976
2 Ohne Südeuropa und Israel

Quelle: World Bank, World Economic and Social Indicators, Report No. 700/79/01, January 1979, S. 15 ff.

2. *Gruppierungen von Entwicklungsländern*

Angesichts des unterschiedlichen Entwicklungsstandes und der damit andersartigen Problemlage, der die Entwicklungspolitik Rechnung tragen muß, sind die Entwicklungsländer in eine Vielzahl von Gruppierungen aufgeteilt worden. So wurde z. B. im Jahre 1971 von den Vereinten Nationen (UN) die Gruppe der *least developed countries* (LLDC), der am wenigsten entwickelten Länder, gebildet. Die Auswahl der LLDC wurde nach folgenden Kriterien vorgenommen:

- Pro-Kopf-Einkommen von 100 US-$ oder weniger,
- Anteil der Verarbeitenden Industrie am Bruttoinlandsprodukt (BIP) von 10 v. H. oder weniger,
- Alphabetisierungsquote in der Altersgruppe über 15 Jahren von 20 v. H. oder weniger.

Zur Gruppe der LLDC zählen seit 1978 30 Länder (vgl. Tabelle 7).
Die im Jahre 1973 einsetzende Weltwirtschaftskrise, die auch die Entwicklungsländer erfaßte, rief Anfang 1974 die Forderung der UN nach einem Sonderprogramm für die *most seriously affected countries* (MSAC), die von der wirtschaftlichen Krise am stärksten betroffenen Länder, hervor. Zur Bestimmung dieser Länder wurden folgende Kriterien festgelegt:

- Niedriges Pro-Kopf-Einkommen,
- drastische Verteuerung der Einfuhr von lebenswichtigen Gütern im Vergleich zu den Exporten,
- hoher Schuldendienst,
- geringe Währungsreserven,
- gestiegene Transport- und Transitkosten,
- relativ große Bedeutung des Außenhandels für den Entwicklungsprozeß,
- Schwierigkeiten, ausreichende Exporterlöse zu erzielen.

Der Gruppe der MSAC gehören zur Zeit 45 Länder an (vgl. Tabelle 7).
Nach rein geographischen Gesichtspunkten ist die Gruppe der *land locked countries* (LLC), der Entwicklungsländer ohne Zugang zum Meer, gebildet worden. Die 20 Länder dieser Gruppe sind überwiegend LLDC (vgl. Tabelle 7).
Vom Bundesministerium für wirtschaftliche Zusammenarbeit (BMZ) wurden 1978 Leitlinien für eine besondere Form der Zusammenarbeit mit *Schwellenländern* erarbeitet. Schwellenländer sind Entwicklungsländer mit einem verhältnismäßig fortgeschrittenen wirtschaftlichen Entwicklungsstand. Hierzu rechnen Länder, die 1976 ein jährliches Pro-Kopf-Einkommen von über 630 US-$ und eine diversifizierte Wirtschaftsstruktur (relativ hoher Industrieanteil am BIP, hoher Energieverbrauch je Einwohner usw.) aufwiesen. Außer einigen südeuropäischen Ländern und Israel umfaßt die Liste der Schwellenländer:

Argentinien	Jamaika	Venezuela	Singapur
Brasilien	Mexiko	Algerien	Syrien
Chile	Nicaragua	Tunesien	Taiwan
Costa Rica	Panama	Korea	Türkei
Dominikanische Republik	Trinidad	Libanon	
Ecuador	Uruguay	Malaysia	

Tabelle 7:
Entwicklungsländergruppen: LLDC, MSAC, LLC

Erdteil/Land	LLDC[1]	MSAC[2]	LLC[3]	Erdteil/Land	LLDC[1]	MSAC[2]	LLC[3]
Afrika				**Lateinamerika**			
Ägypten		X		Bolivien			X
Äthiopien	X	X		El Salvador		X	
Benin	X	X		Guatemala		X	
Botsuana	X		X	Guyana		X	
Burundi	X	X	X	Haiti	X	X	
Elfenbeinküste		X		Honduras		X	
Gambia	X	X		Paraguay			X
Ghana		X					
Guinea	X	X					
Guinea-Bissau		X		**Asien**			
				Afghanistan	X	X	X
Kamerun		X		Bangladesh	X	X	
Kapverd. Rep.	X	X		Bhutan	X		X
Kenia		X		Birma		X	
Komoren	X			Indien		X	
Lesotho	X	X	X				
				Jemen, Arab. Rep.	X	X	
Madagaskar		X		Jemen, Dem. Volksr.	X	X	
Malawi	X		X	Kambodscha		X	
Mali	X	X	X	Laot. Dem. Rep.	X	X	X
Mauretanien		X		Malediven	X		
Mosambik		X					
				Nepal	X	X	X
Niger	X	X	X	Pakistan		X	
Obervolta	X	X	X	Samoa	X	X	
Ruanda	X	X	X	Sikkim			X
Sambia			X	Sri Lanka		X	
Senegal		X					
Sierra Leone		X					
Somalia	X	X					
Sudan	X	X					
Swasiland			X				
Tansania	X	X					
Tschad	X	X	X				
Uganda	X	X	X				
Zentralafrik. Republik	X	X	X				

1 least developed countries (am wenigsten entwickelte Länder)
2 most seriously affected countries (von der Wirtschaftskrise am schwersten betroffene Länder)
3 land locked countries (Entwicklungsländer ohne Zugang zum Meer)

Quelle: Bundesministerium für wirtschaftliche Zusammenarbeit, Vierter Bericht zur Entwicklungspolitik der Bundesregierung, Bonn 1980, S. 55ff.

IV Einkommensverteilung in Entwicklungsländern

1. Personelle Einkommensverteilung

Mit dem Vergleich der durchschnittlichen Pro-Kopf-Einkommen einzelner Länder läßt sich das weltweite Einkommensgefälle noch nicht ausreichend erfassen. Zusätzlich muß die Einkommensverteilung in den Entwicklungsländern berücksichtigt werden.

Die wichtigsten empirischen Arbeiten zur personellen Einkommensverteilung in Entwicklungsländern wurden von Adelman/Morris (1971) und der Weltbank (Chenery, Ahluwalia, Bell, Duloy, Jolly) durchgeführt. In Tabelle 8 sind einige Ergebnisse der *Untersuchung der Weltbank* wiedergegeben, die sich mit denen von

Tabelle 8:
Die personelle Einkommensverteilung in ausgewählten Ländern

Hohe Ungleichheit
Einkommensanteil der untersten 40 v. H. der Bevölkerung niedriger als 12 v. H.

Land	(Jahr)	BIP pro Kopf in US-$	Unterste 40 v. H.	Mittlere 40 v. H.	Oberste 20 v. H.
I. Entwicklungsländer					
Kenia	(1969)	136	10,0	22,0	68,0
Sierra Leone	(1968)	159	9,6	22,4	68,0
Irak	(1956)	200	6,8	25,2	68,0
Philippinen	(1971)	239	11,6	34,6	53,8
Senegal	(1960)	245	10,0	26,0	64,0
Elfenbeinküste	(1970)	247	10,8	32,1	57,1
Rhodesien	(1968)	252	8,2	22,8	69,0
Tunesien	(1970)	255	11,4	53,6	55,0
Honduras	(1968)	265	6,5	28,5	65,0
Ecuador	(1970)	277	6,5	20,0	73,5
El Salvador	(1969)	295	11,2	36,4	52,4
Türkei	(1968)	282	9,3	29,9	60,8
Malaysia	(1970)	330	11,6	32,4	56,0
Kolumbien	(1970)	358	9,0	30,0	61,0
Brasilien	(1970)	390	10,0	28,4	61,5
Peru	(1970)	480	6,5	33,5	60,0
Gabun	(1968)	497	8,8	23,7	67,5
Jamaika	(1958)	510	8,2	30,3	61,5
Costa Rica	(1971)	521	11,5	30,0	58,5
Mexiko	(1969)	645	10,5	25,5	64,0
Panama	(1969)	692	9,4	31,2	59,4
Venezuela	(1970)	1 004	7,9	27,1	65,0
II. Industrieländer					
Südafrika	(1965)	669	6,2	35,8	58,0
Finnland	(1962)	1 599	11,1	39,6	49,3
Frankreich	(1962)	1 913	9,5	36,8	53,7

Tabelle 8 (Fortsetzung):
Die personelle Einkommensverteilung in ausgewählten Ländern

Gemäßigte Ungleichheit
Einkommensanteil der untersten 40 v. H. der Bevölkerung zwischen 12 und 17 v. H.

Land	(Jahr)	BIP pro Kopf in US-$	Unterste 40 v. H.	Mittlere 40 v. H.	Oberste 20 v. H.
I. Entwicklungsländer					
Burma	(1958)	82	16,5	38,7	44,8
Dahomé	(1959)	87	15,5	34,5	50,0
Tansania	(1967)	89	13,0	26,0	61,0
Indien	(1964)	99	16,0	32,0	52,0
Madagaskar	(1960)	120	13,5	25,5	61,0
Sambia	(1959)	230	14,5	28,5	57,0
Dominik. Republik	(1969)	323	12,2	30,3	57,5
Iran	(1968)	332	12,5	33,0	54,5
Libanon	(1960)	508	13,0	26,0	61,0
Guayana	(1956)	550	14,0	40,3	45,7
Uruguay	(1968)	618	16,5	35,5	48,0
Chile	(1968)	744	13,0	30,2	56,8
Argentinien	(1970)	1 079	16,5	36,1	47,4
Puerto Rico	(1968)	1 100	13,7	35,7	50,6
II. Industrieländer					
Niederlande	(1967)	1 990	13,6	37,9	48,5
Norwegen	(1968)	2 010	16,6	42,9	40,5
Bundesrepublik Deutschland	(1964)	2 144	15,4	31,7	52,9
Dänemark	(1968)	2 563	13,6	38,8	47,6
Neuseeland	(1969)	2 859	15,5	42,5	42,0
Schweden	(1963)	2 949	14,0	42,0	44,0

Geringe Ungleichheit
Einkommensanteil der untersten 40 v. H. der Bevölkerung 17 v. H. und mehr.

Land	(Jahr)	BIP pro Kopf in US-$	Unterste 40 v. H.	Mittlere 40 v. H.	Oberste 20 v. H.
I. Entwicklungsländer					
Tschad	(1958)	78	18,0	39,0	43,0
Sri Lanka	(1969)	95	17,0	37,0	46,0
Niger	(1960)	97	18,0	40,0	42,0
Pakistan	(1964)	100	17,5	37,5	45,0
Uganda	(1970)	126	17,1	35,8	47,1
Thailand	(1970)	180	17,0	37,5	45,5
Korea	(1970)	235	18,0	37,0	45,0
Taiwan	(1964)	241	20,4	39,5	40,1
Surinam	(1962)	394	21,7	35,7	42,6

Tabelle 8 (Fortsetzung):
Die personelle Einkommensverteilung in ausgewählten Ländern

Geringe Ungleichheit
Einkommensanteil der untersten 40 v. H. der Bevölkerung 17 v. H. und mehr.

Land	(Jahr)	BIP pro Kopf in US-$	Unterste 40 v. H.	Mittlere 40 v. H.	Oberste 20 v. H.
II. Industrieländer					
Griechenland	(1957)	500	21,0	29,5	49,5
Spanien	(1965)	750	17,6	36,7	45,7
Japan	(1963)	950	20,7	39,3	40,0
Vereinigtes Königreich	(1968)	2 015	18,8	42,2	39,0
Australien	(1968)	2 508	20,0	41,2	38,8
Kanada	(1965)	2 920	20,0	39,8	40,2
Vereinigte Staaten	(1970)	4 850	19,7	41,5	38,8
III. Zentralverwaltungswirtschaften					
Jugoslawien	(1968)	529	18,5	40,0	41,5
Bulgarien	(1962)	530	26,8	40,0	33,2
Polen	(1964)	850	23,4	40,6	36,0
Ungarn	(1969)	1 140	24,0	42,5	33,5
Tschechoslowakei	(1961)	1 150	27,6	41,4	31,0

Quelle: M. S. Ahluwalia, Income Inequality: Some Dimensions of the Problem, in: H. Chenery u. a. (Hrsg.), Redistribution with Growth, London 1974, S. 8f.

Adelman/Morris weitgehend decken. Sie zeigen, daß das Volkseinkommen in Entwicklungsländern äußerst ungleich verteilt ist. In knapp der Hälfte der 45 untersuchten Länder erhalten die ärmsten 40 v. H. der Bevölkerung einen Anteil am Volkseinkommen von weniger als 12 v. H. Die reichsten 20 v. H. beanspruchen dagegen gut 60 v. H. des Volkseinkommens. Nur in 9 der 45 Länder beziehen die untersten 40 v. H. der Bevölkerung 17 v. H. und mehr des Volkseinkommens. Gegenüber den Industrieländern weist die Einkommensverteilung in Entwicklungsländern im Durchschnitt eine höhere Konzentration auf. Noch ungünstiger fällt der Vergleich mit den Zentralverwaltungswirtschaften aus, in denen das Volkseinkommen relativ gleichmäßig verteilt ist.
Zur *Erklärung* der im Verhältnis zu den Industrieländern stärkeren Einkommenskonzentration in Entwicklungsländern ist angeführt worden, daß die Einkommensverteilung vom jeweiligen Entwicklungsstand abhängen würde. Während die ärmsten Länder mit dem niedrigsten Pro-Kopf-Einkommen nur eine relativ geringe Einkommenskonzentration aufwiesen, würde sich mit einsetzendem Entwicklungsprozeß die Einkommensverteilung zunächst verschlechtern. Erst ab einem Pro-Kopf-Einkommen von etwa 300 US-$ in Preisen von 1965 bzw. 500 US-$ in Preisen von 1975 würde die Ungleichheit der Einkommensverteilung wieder abnehmen. Diese zuerst von Kuznets aufgestellte These ist allerdings nicht

unumstritten. Zwar wird die These durch die Querschnittsanalyse, die Paukert auf der Grundlage der von Adelman/Morris (1971) verwendeten Daten für 56 Länder durchgeführt hat, bestätigt. (Aus Tabelle 9 wird ersichtlich, daß mit steigendem Pro-Kopf-Einkommen der Anteil der untersten 40 v. H. der Einkommensbezieher am Volkseinkommen zunächst fällt, ab einem Pro-Kopf-Einkommen von 301 bis 500 US-$ aber wieder ansteigt. Der Anteil der obersten 20 v. H. der Einkommensbezieher am Volkseinkommen nimmt bis zu einem Pro-Kopf-Einkommen von 300 US-$ zu und danach wieder ab. Auch der Gini-Koeffizient und die maximale Umverteilungsrate verzeichnen bis zu einem Pro-Kopf-Einkommen von 300 US-$ einen Anstieg und danach einen Rückgang). Auf der anderen Seite lassen sich aber auch Zeitreihenanalysen für einige Länder anführen, welche die Kuznetssche These nicht stützen (Bohnet, Betz, S. 85ff.; Chenery, Ahluwalia, Bell, Duloy, Jolly, S. 253ff.). Darüber hinaus ist kritisiert worden, daß zur Erklärung der Einkommensverteilung nicht einseitig auf die Höhe des Pro-Kopf-Einkommens abgestellt werden kann, sondern daß eine Vielzahl von Determinanten berücksichtigt werden müssen. Adelman/Morris haben untersucht, welche Einflußgrößen für die Einkommensverteilung in Entwicklungsländern verantwortlich sind. Sie kommen zu dem Ergebnis, daß der Einkommensanteil der untersten 60 v. H. der Einkommensbezieher positiv mit dem Entwicklungspotential eines Landes (Ausstattung mit natürlichen Ressourcen), der Verbreitung der Schulbildung und dem Ausmaß direkter ökonomischer Aktivitäten des Staates korreliert ist. Eine negative Korrelation besteht dagegen mit der Ausprägung des sozio-ökonomischen Dualismus, dem Umfang von Rohstoffvorkommen und deren Ausbeutung, insbesondere durch ausländische Unternehmen, und dem machtpolitischen Einfluß traditioneller Eliten (Adelman/Morris 1973, S. 158ff.).

Tabelle 9:
Die personelle Einkommensverteilung in Ländergruppen mit unterschiedlichem Einkommensniveau (um 1965)

BIP pro Kopf in US-$	Zahl der Länder	Einkommensanteile in v. H.					Gini-Koeffizient	Maximale Umverteilungsrate[1]
		Unterste 20 v. H.	Weitere 20 v. H.	Weitere 20 v. H.	Weitere 20 v. H.	Oberste 20 v. H.		
		der Einkommensbezieher						
unter Hundert	9	7,0	10,0	13,1	19,4	50,5	0,42	31,6
101 - 200	8	5,3	8,6	12,0	17,5	56,5	0,47	37,2
201 - 300	11	4,8	8,0	11,3	18,1	57,7	0,50	38,5
301 - 500	9	4,5	7,9	12,3	18,0	57,4	0,49	37,6
501 - 1 000	6	5,1	8,9	13,9	22,1	50,1	0,44	32,9
1 001 - 2 000	10	4,7	10,5	15,9	22,2	46,6	0,40	29,0
2 001 und mehr	3	5,0	10,9	17,9	24,1	42,7	0,36	26,2

1 Wegen der Durchschnittsbildung für Ländergruppen nicht übereinstimmend mit den Angaben der übrigen Spalten.

Quelle: F. Paukert, La répartition du revenue à différents niveaux de développement: Quelques aspects concrets, in: Revue International du Travail, Vol. 108, Nos. 2-3, Août-Septembre, 1973, S. 125.

2. *Absolute Armut*

Mit der Ungleichheit der Einkommensverteilung ist noch keine Aussage über das Ausmaß der absoluten Armut in Entwicklungsländern gemacht. Absolute Armut heißt, daß das notwendige Einkommen zur Befriedigung der Grundbedürfnisse fehlt. Eine wichtige Studie über das Ausmaß der absoluten Armut in Entwicklungsländern hat das Internationale Arbeitsamt (ILO) erstellt. Die ILO legt zwei *Armutsgrenzen* fest: den Durchschnittsverdienst eines ungelernten Arbeiters in Großbetrieben der Verarbeitenden Industrie in Indien (»ernstlich verarmt«) bzw. ein Einkommen im Gegenwert von einer Rupie pro Tag (»völlig verarmt«). Mit Hilfe der Kosten eines typischen Warenkorbes eines Armen wurden die entsprechenden Einkommenswerte für andere Länder errechnet. Danach galten im Jahre 1972 als »ernstlich verarmt« Menschen mit einem Einkommen von höchstens 500 US-$ in Westeuropa, von 180 US-$ in Lateinamerika, von 115 US-$ in Afrika und von 100 US-$ in Asien. »Völlig verarmt« waren solche Personen, die über ein jährliches Einkommen von weniger als 250 US-$ in Westeuropa, 90 US-$ in Lateinamerika, 59 US-$ in Afrika und 50 US-$ in Asien verfügten. Auf der Grundlage dieser Kriterien hat die ILO errechnet, daß im Jahre 1972 in den Entwicklungsländern etwa 1,2 Mrd. Menschen (67 v.H. der Bevölkerung) »ernstlich verarmt« und davon gut 700 Mill. Menschen (39 v.H. der Bevölkerung) »völlig verarmt« waren. Etwa 70 v.H. der Armen wohnen in Asien. Der Anteil der Armen an der Gesamtbevölkerung ist in Asien und Afrika erheblich höher als in Lateinamerika (vgl. Tabelle 10).

Nach den Schätzungen der ILO erhöhte sich zwischen 1963 und 1972 die Zahl der »ernstlich Verarmten« um 119 Millionen und davon die der »völlig Verarmten« um 43 Millionen. Zwar ging der Anteil jeder einzelnen Gruppe an der Gesamtbevölkerung leicht zurück, doch nahm die absolute Zahl aufgrund des Bevölkerungswachstums weiter zu.

Statistiken über die *Herkunft* der ärmsten Bevölkerungsschichten in Entwicklungsländern liegen nicht vor. Nach Schätzungen der Weltbank (Chenery, Ahluwalia, Bell, Duloy, Jolly, S. 19 u. 116) verdienen zwei Drittel ihren Unterhalt in

Tabelle 10:
Die Zahl der in Armut lebenden Personen in Entwicklungsländern, 1972

Erdteil	Gesamtbevölkerung	ernstlich verarmt		davon völlig verarmt	
	Mill.	Mill.	v. H.	Mill.	v. H.
Lateinamerika	274	118	43	73	27
Afrika	345	239	69	134	39
Asien	1 196	853	71	499	42
Insgesamt[1]	1 815	1 210	67	706	39

1 Marktwirtschaftlich orientierte Entwicklungsländer, ohne Ozeanien.

Quelle: Internationales Arbeitsamt, Beschäftigung, Wachstum und Grundbedürfnisse: Ein weltweites Problem, 1. Aufl., Genf 1976, S. 23.

der Landwirtschaft und ein Drittel in anderen Sektoren. Knapp 85 v.H. der Armen leben in ländlichen Gebieten. Im Vergleich zu diesen Durchschnittswerten kommt in Afrika und Asien der ländlichen Armut und in Lateinamerika der städtischen Armut größere Bedeutung zu. Von der ländlichen Armut sind besonders Kleinbauern und Landarbeiter betroffen. Von der städtischen Bevölkerung leben weniger die Arbeitslosen (»Arme können es sich nicht leisten, arbeitslos zu sein«) als bestimmte Gruppen von Unterbeschäftigten in Armut: Hausierer, Schuhputzer, Friseure und andere im Dienstleistungsbereich selbständig tätige Personen; ungelernte Arbeitskräfte; kürzlich in die Städte gezogene Gelegenheitsarbeiter, bestimmte traditionelle Handwerker usw.

V Befriedigung von Grundbedürfnissen

1. Ernährung

Die in völliger Armut lebenden Bevölkerungsschichten der Entwicklungsländer können ihre Grundbedürfnisse nicht befriedigen. Ihr Einkommen ist zu niedrig, um Nahrung und Kleidung in ausreichendem Maße kaufen und um eine Wohnung unterhalten zu können. Sie leben in Regionen, deren Versorgung mit gesundem Trinkwasser, sanitären Anlagen, Gesundheits- und Bildungseinrichtungen unzureichend ist.

Das wichtigste Grundbedürfnis des Menschen ist die Nahrung. Unter- und Fehlernährung mindern die Initiative und Leistungsfähigkeit des Menschen und behindern die körperliche und geistige Entwicklung von Kindern. Sie reduzieren die Widerstandsfähigkeit gegen Erkrankungen und rufen im Extremfall den Tod hervor. Unter- und Fehlernährung sind auf einen Mangel an Kalorien (Nahrungsenergie), Proteinen, Vitaminen und Mineralien zurückzuführen.

Von besonderer Bedeutung für die Ernährung ist eine ausreichende Energieversorgung. Die Aufnahme von Nahrungsmitteln mit einem den Bedarf deckenden Energiegehalt ist dabei in der Regel mit der erforderlichen Proteinzufuhr verbunden, es sei denn, es handelt sich bei den Hauptnahrungsmitteln um Produkte mit einem extrem niedrigen Proteingehalt wie z. B. stärkehaltige Wurzeln und Knollengewächse (Maniok, Yams) sowie Kochbananen. Ist andererseits die Nahrung zwar proteinhaltig, kann aber von ihrer Menge her den ernährungsphysiologischen Energiebedarf nicht decken, so werden Proteine als Energiequelle genutzt mit der Folge, daß ein Proteinmangel eintreten kann.

Die für ein gesundes Leben erforderliche Mindestaufnahme an Nahrungsenergie ist von der Food and Agriculture Organization (FAO) der Vereinten Nationen auf der Grundlage ernährungsphysiologischer Überlegungen mit dem 1,2-fachen des Stoffwechsel-Grundumsatzes festgelegt worden (FAO, S. 50). Hieraus ergibt sich unter Berücksichtigung der regional unterschiedlichen klimatischen Bedingungen, der Zusammensetzung der Bevölkerung nach Geschlecht, Körpergewicht und Alter usw. ein Bedarf von 2 380 kcal pro Kopf und Tag in Lateinamerika, 2 335 kcal in Afrika, 2 460 kcal im Nahen Osten, 2 220 kcal in Süd- und Südostasien und 2 555 kcal in den Industrieländern.

Über den täglichen Proteinbedarf gehen die Meinungen auseinander (Cassen, Wolfson). Er wird von der FAO mit 38 Gramm pro Kopf angegeben, wobei eine bestimmte Zusammensetzung der Aminosäuren gewährleistet sein muß. Der Proteinbedarf werdender Mütter im letzten Drittel der Schwangerschaft sowie von Säuglingen und Kleinkindern ist höher. Wird er nicht befriedigt, so können, abgesehen von körperlichen Schwächungen und Gefährdungen des Kindes, irreversible Schädigungen des Gehirns eintreten.
Stellt man das Pro-Kopf-Angebot an Nahrungsenergie auf der Welt dem ernährungsphysiologischen Bedarf gegenüber, so errechnet sich für den Zeitraum 1972 bis 1974 ein Verhältnis von 107 v. H. Das Nahrungsmittelangebot war also ausreichend, um alle Menschen zu ernähren. Dennoch traten aufgrund der ungleichen Verteilung der Nahrungsmittelproduktion in einigen Teilen der Entwicklungsländer Versorgungsmängel auf. So erreichte das Pro-Kopf-Angebot an Nahrungsenergie in Tropisch-Afrika nur durchschnittlich 91 v. H. und in Süd- und Südostasien nur 95 v. H. des Bedarfs. Demgegenüber lag der Nahrungsmittelverbrauch in den Industrieländern um 31 v. H. und in den Zentralverwaltungswirtschaften um 35 v. H. über dem Bedarf. Auch im Proteinverbrauch wurden die Entwicklungsländer erheblich von den Industrieländern übertroffen (vgl. Tabelle 11).
Nach Schätzungen der FAO waren im Zeitraum 1972 bis 1974 in den Entwicklungsländern 455 Mill. Menschen, d. h. 25 v. H. der Bevölkerung, unterernährt. Davon lebten knapp 300 Mill. Menschen in Süd- und Südostasien. Unter Unterernährung leiden vor allem die untersten Bevölkerungsschichten: in den Städten insbesondere die neu Zugewanderten, die noch keine feste Arbeit gefunden haben, und in ländlichen Regionen die Landarbeiter ohne eigenen Landbesitz.

Tabelle 11:
Die Energie/Protein-Versorgung nach Regionen, 1972–1974

Region	Tägliches Pro-Kopf-Angebot an Nahrungsenergie		Tägliches Pro-Kopf-Angebot an Proteinen (Gramm)		Menschen mit ungenügender Energieversorgung (weniger als 1,2 GSR)	
	kcal	in v. H. des Bedarfs	insgesamt	tierische	Mill.	v. H.
Lateinamerika	2 540	107	65	25	46	15
Afrika	2 110	91	53	10	83	28
Naher Osten	2 440	100	65	14	20	16
Süd- und Südostasien	2 040	95	49	7	297	29
Entwicklungsländer	2 180	95	54	11	455	25
China u. a.	2 290	97	63	13	…	…
Industrieländer	3 340	131	95	56	…	…
Zentralverwaltungswirtschaften	3 460	135	103	50	…	…
Welt	2 550	107	69	24	…	…

Quelle: FAO, The Fourth World Food Survey, Rome 1977, S. 16, 18 u. 53.

Ernährungsprobleme treten dabei vorrangig in denjenigen landwirtschaftlich unfruchtbaren Gebieten auf, die wegen ihrer unzureichenden Verkehrsanbindung auch von außen her schlecht versorgt werden können. Wie schon erwähnt, wirkt sich die Unter- und Fehlernährung besonders nachteilig auf schwangere Frauen und Kleinkinder aus. Die Unterernährung schwangerer Frauen findet ihren Ausdruck in dem Untergewicht der Neugeborenen. Nach Schätzungen der FAO kommen etwa 22 Mill. Kinder, d. h. ein Sechstel aller Neugeborenen, mit einem Gewicht von weniger als 2 500 Gramm auf die Welt. In den MSAC sind ein Viertel bis die Hälfte der Kinder im Alter bis zu vier Jahren unterernährt. Nach einer Studie der Panamerikanischen Gesundheitsorganisation stellt Unterernährung in 34 v. H. aller Todesfälle von Kindern im Alter bis zu fünf Jahren die Haupt- oder Begleitursache dar (FAO, S. 29–46).

2. *Wasserversorgung und Abwässerbeseitigung*

Ebenso wie die Unterernährung stellen die unzureichende Versorgung der Menschen mit Trinkwasser und die ungenügende Abwässerbeseitigung wesentliche Ursachen für Krankheit und Tod dar. Wenige Entwicklungländer haben es bisher geschafft, für eine ausreichende Wasserversorgung und Abwässerbeseitigung zu sorgen. Im Jahre 1975 hatten etwa 25 v. H. der städtischen und etwa 80 v. H. der in ländlichen Regionen lebenden Bevölkerung keinen Zugang zu einwandfreiem Wasser innerhalb zumutbarer Entfernungen (Hausleitungen, gemeinschaftliche Wasserversorgungseinrichtungen). Ungefähr 75 v. H. aller Menschen hatten keinen Anschluß an ein Abwässersystem (Adler-Karlsson, S. 23ff.; United Nations 1975, S. 223).

3. *Wohnungssituation*

Zur Beurteilung der Wohnungssituation werden primär zwei Kriterien herangezogen: die Belegung sowie die Ausstattung der Wohnungen. Die Belegung städtischer Wohnungen in Entwicklungsländern ist dadurch gekennzeichnet, daß je nach Region sich im Durchschnitt 1,7 bis 3,0 gegenüber 0,9 Personen in den Industrieländern einen Wohnraum teilen (vgl. Tabelle 12). Dieser Durchschnittswert läßt nicht erkennen, wieviele der Wohnungen überbelegt sind, d. h. drei und mehr Personen pro Wohnraum aufnehmen. Nach Angaben des Weltwohnungsberichtes 1974 gibt es auf allen Entwicklungskontinenten Länder, in denen mehr als die Hälfte der Wohnungen überbelegt ist. Die vorhandenen Informationen deuten darauf hin, daß die Überbelegung in ländlichen Gebieten stärker ist als in den Städten.
Das eigentliche Wohnungsproblem stellt in Entwicklungsländern aber nicht die Belegung, sondern die Ausstattung der Wohnungen dar. Ein hoher Prozentsatz von Wohnungen ist gerade noch bewohnbar oder für eine Bewohnung nicht mehr geeignet. Mehr als 60 v. H. der Wohnungen hat keinen Wasseranschluß. Nur etwa die Hälfte der Wohnungen ist mit Elektrizität versorgt (vgl. Tabelle 12). Beson-

ders unzureichend ist die Wohnungsausstattung in den »Slums«, in denen etwa ein Drittel der städtischen Bevölkerung der Entwicklungsländer wohnt und deren Einwohnerzahl sich zur Zeit alle sechs Jahre verdoppelt.

4. Gesundheit

Unter- und Fehlernährung, verunreinigtes Wasser und mangelhafte hygienische Verhältnisse sind zusammen mit der unzureichenden medizinischen Versorgung die Ursachen für die schlechte Gesundheit vieler Menschen in den Entwicklungsländern. Der Gesundheitszustand findet seinen Ausdruck in einer Lebenserwartung, die mit 43,4 Jahren in Tropisch-Afrika, aber auch mit 62,5 Jahren in Lateinamerika weit niedriger ist als mit 72,5 Jahren in den Industrieländern. Hauptursache für die hohen Sterberaten in den Entwicklungsländern sind neben den nach wie vor verbreiteten Infektionskrankheiten (Malaria, Tuberkulose, Filariose, Schistosomiase usw.) die Todesfälle von Säuglingen und Kleinkindern. Von 1 000 Säuglingen im Alter bis zu einem Jahr sterben in Tropisch-Afrika im Durchschnitt 127 und in Südasien 104, in den Industrieländern dagegen nur 15. Von 1 000 Kindern im Alter von einem bis zu vier Jahren sterben in Nordafrika und dem Nahen Osten sechs gegenüber nur einem in den Industrieländern. Dank der Verbesserung der allgemeinen Lebensbedingungen und der hygienischen Verhältnisse für einen Teil der Bevölkerung und dank der Bekämpfung bestimmter Infektionskrankheiten konnte in den letzten zwanzig Jahren die Sterblichkeit in den Entwicklungsländern erheblich gesenkt werden (vgl. Tabelle 12). Damit ist gleichzeitig eine wesentliche Voraussetzung für eine sinkende Fruchtbarkeit geschaffen worden.
Der Rückgang der Sterblichkeit dürfte auch mit dem Ausbau des Gesundheitswesens zusammenhängen. Wie sich aus Tabelle 12 ergibt, konnte die Zahl der Menschen, die im Durchschnitt von einem Arzt bzw. einem Krankenpfleger versorgt wird, seit 1960 beträchtlich reduziert werden. Dennoch sind nach wie vor viele Menschen nur schlecht oder überhaupt nicht medizinisch versorgt. Gesundheitseinrichtungen und ärztliches Angebot konzentrieren sich in den Städten. Dies hat zur Folge, daß in manchen Ländern bis zu 85 v. H. der ländlichen Bevölkerung keinen Zugang zu Gesundheitsdiensten hat. Aber auch die einkommensschwachen städtischen Unterschichten werden medizinisch kaum betreut, insbesondere wenn das Gesundheitswesen privatwirtschaftlich organisiert ist. Hinzu kommt, daß die Gesundheitseinrichtungen in Entwicklungsländern oft nach dem Muster des Gesundheitswesens in den Industrieländern geschaffen worden sind und damit Grundleistungen wie Schutz gegen übertragbare Krankheiten, Unterstützung von Müttern bei Schwangerschaften und Entbindungen, Beratung in Fragen der Familienplanung, Information über Gesundheitsvorsorge und Ernährung, Behandlung einfacher Krankheiten usw. nur schlecht erbringen können.

Tabelle 12:
Ausgewählte Entwicklungsindikatoren nach Regionen

Indikator	Lateinamerika		Nordafrika und Naher Osten		Tropischafrika		Südasien		Ostasien und Pazifik		Industrieländer[1]	
	1960	jüngste Schätzung	1960	jüngste Schätzung	1960	jüngste Schätzung	1960	jüngste Schätzung	1960	jüngste Schätzung	1960	jüngste Schätzung
Wohnen												
– Personen pro Wohnraum (in Städten)	1,9	2,1	1,8	3,0	2,7	1,7	…	…	2,5	2,3	0,8	0,9
– Wohnungen ohne Wasser (in v.H.)	65,5	66,4	62,2	90,5	…	…	…	…	83,7	60,3	7,2	4,3
– Wohnungen mit Elektrizität (in v.H.)	44,4	53,1	40,1	39,1	…	…	…	…	22,6	50,5	97,3	99,1
Gesundheit												
– Lebenserwartung bei der Geburt (Jahre)	55,8	62,5	45,5	52,8	36,9	43,4	40,6	48,1	52,5	61,6	69,5	72,5
– Sterblichkeitsziffern je Tsd.												
– Säuglinge im Alter von 0–1	77,4	56,2	127,8	97,8	153,9	127,5	136,2	104,0	61,2	27,4	27,9	15,0
– Kinder im Alter von 1–4	10,6	6,6	…	6,0	…	…	…	…	…	2,0	1,2	0,8
– Einwohner je Arzt	2 058	1 797	5 691	4 725	31 866	21 617	9 921	7 413	3 429	2 209	895	656
– Einwohner je Beschäftigten in der Krankenpflege	4 542	2 804	3 287	2 383	4 558	2 497	14 566	8 339	3 097	1 466	280	167

Tabelle 12 (Fortsetzung):
Ausgewählte Entwicklungsindikatoren nach Regionen

Indikator	Lateinamerika		Nordafrika und Naher Osten		Tropischafrika		Südasien		Ostasien und Pazifik		Industrieländer[1]	
	1960	jüngste Schätzung	1960	jüngste Schätzung	1960	jüngste Schätzung	1960	jüngste Schätzung	1960	jüngste Schätzung	1960	jüngste Schätzung
Erziehung												
– Zahl der Grundschüler in v. H. ihrer Altersgruppe	85,0	105,1[2]	51,5	80,5	27,7	50,0	36,9	55,2	95,0	110,0[2]	106,7	103,3[2]
– Zahl der Besucher weiterführender Schulen in v. H. ihrer Altersgruppe	15,0	36,0	10,3	22,2	1,9	6,9	9,1	20,0	17,3	51,1	59,5	79,8
– Zahl der weiblichen Grundschüler in v. H. ihrer Altersgruppe	85,6	98,1	30,8	52,3	21,7	43,2	22,2	44,5	88,5	104,7[2]	111,4[2]	104,0[2]
– Anteil der Erwachsenen mit Lese- und Schreibkenntnissen	61,4	75,7	17,7	40,6	9,8	18,4	16,0	21,0	47,7	72,6	98,0	99,0

1 Ohne Südeuropa und Israel.
2 So ausgewiesen.

Quelle: World Bank, World Economic and Social Indicators, Report No. 700/79/01, January 1979.

5. *Erziehung und Ausbildung*

Ein wichtiges immaterielles Grundbedürfnis sind Erziehung und Ausbildung. Sie bilden die Grundlage für die Selbstverwirklichung des Menschen und seine Beteiligung am politischen Leben. Die Hebung des Bildungs- und Ausbildungsniveaus ist darüber hinaus Voraussetzung für die Veränderung entwicklungshemmender Gesellschaftsstrukturen und für die Steigerung der Arbeitsproduktivität. Seit Beginn der ersten Entwicklungsdekade haben die Entwicklungsländer große Anstrengungen beim Ausbau des Bildungswesens unternommen. Der Anteil der öffentlichen Bildungsausgaben am Bruttosozialprodukt stieg nach Angaben der UNESCO von 2,4 v. H. (1960) auf 4,0 v. H. (1975) an. Als Folge dieser Bemühungen konnte die Schuleinschreibung von Kindern erheblich erhöht werden. So besuchen z. B. in Nordafrika und dem Nahen Osten nach jüngsten Schätzungen 80 v. H. der Kinder im Alter von 6 bis 11 Jahren eine Grundschule gegenüber 51 v. H. im Jahre 1960, in Tropisch-Afrika 50 v. H. (28 v. H.) und in Südasien 55 v. H. (37 v. H.). Auch die Einschulungsrate der Mädchen konnte beachtlich gesteigert werden. Gleichfalls zugenommen hat der Besuch weiterführender Schulen. Zwischen 7 v. H. (Tropisch-Afrika) und 51 v. H. (Ostasien und Pazifik) der Jugendlichen im Alter von 12 bis 17 Jahren besuchen nach jüngsten Schätzungen eine weiterführende Schule. Neben der Erhöhung der Einschulungsrate konnte auch der Anteil der Analphabeten unter den Erwachsenen gesenkt werden. Heute können in Lateinamerika 76 v. H., in Ostasien 75 v. H., in Nordafrika und dem Nahen Osten 41 v. H., in Südasien 21 v. H. und in Tropisch-Afrika 18 v. H. der Erwachsenen (15 Jahre und älter) lesen und schreiben (vgl. Tabelle 12).

Der Ausbau des Bildungswesens konnte jedoch nicht verhindern, daß in Folge der Bevölkerungszunahme die Zahl der Kinder, die keine Grundschule besuchen, von 137 Millionen (1960) auf 152 Millionen (1975) und die Zahl der erwachsenen Analphabeten von 735 Millionen (1960) auf 783 Millionen (1970) angewachsen ist. Vom Bildungssystem werden insbesondere die Kinder und Erwachsenen der ländlichen Regionen und der städtischen Unterschichten nicht hinreichend erfaßt. Das Bildungssystem ist zu wenig auf eine umfassende Alphabetisierung der Bevölkerung und eine breite Vermittlung technischer, hauswirtschaftlicher und gesundheitsbezogener Fertigkeiten, die der Absolvent unmittelbar in Beruf, Haushalt und Familie verwenden kann, abgestellt. Es ist vielmehr primär auf den modernen, städtischen Sektor ausgerichtet, der eine lange, zum Teil ein Studium einschließende Ausbildung erfordert. Hierbei wiederum schließt sich an eine allgemeine Schulausbildung häufig ein geistes- und rechtswissenschaftliches Studium an. Vernachlässigt werden demgegenüber die Ausbildung von Facharbeitern, Technikern, Ingenieuren und Betriebswirten, nach denen auf dem Arbeitsmarkt ein besonders hoher Bedarf herrscht (World Bank).

VI Arbeitslosigkeit und Unterbeschäftigung

1. Arbeitslosigkeit

Die Erfassung der Arbeitslosigkeit in Entwicklungsländern und ihr Vergleich mit der Arbeitslosigkeit in den Industrieländern wirft erhebliche Probleme auf. Während z. B. in der Bundesrepublik Deutschland diejenigen Personen als arbeitslos gelten, die als Arbeitnehmer tätig sein wollen, nicht oder nur geringfügig beschäftigt und beim Arbeitsamt registriert sind, ist mit einer solchen Begriffsbestimmung das Beschäftigungsproblem in Entwicklungsländern nicht zu erfassen. Damit bliebe die große Zahl der nicht von den Arbeitsämtern erfaßten Arbeitslosen und der Unterbeschäftigten unberücksichtigt.

Um diesem Problem Rechnung zu tragen, unterscheidet die ILO (1966) folgende *Formen* der Arbeitslosigkeit und Unterbeschäftigung:

- Offene Arbeitslosigkeit: sie liegt dann vor, wenn arbeitslose Personen keine Arbeit finden;
- versteckte Arbeitslosigkeit: sie ist dann gegeben, wenn arbeitslose Personen die Suche nach einem Arbeitsplatz aufgegeben haben, weil sie keine Hoffnung haben, eine Beschäftigung zu finden;
- offene Unterbeschäftigung: hierunter fallen die Personen, die unfreiwillig kürzer arbeiten, als es der normalen Arbeitszeit entspricht;
- versteckte Unterbeschäftigung: als versteckt unterbeschäftigt gelten Beschäftigte,
  - deren Arbeitsproduktivität bzw. Arbeitseinkommen bei normaler Arbeitszeit verhältnismäßig niedrig sind oder
  - deren Kenntnisse und Fähigkeiten durch ihre Tätigkeit nicht voll genutzt werden.

Der Erfassung von Arbeitslosigkeit und Unterbeschäftigung ist in den Entwicklungsländern relativ wenig Aufmerksamkeit gewidmet worden. Während die ersten drei Formen durch Arbeitsmarktstatistiken, Stichprobenerhebungen und Volksbefragungen ermittelt werden können, muß die versteckte Unterbeschäftigung geschätzt werden.

Die *offene Arbeitslosigkeit* ist relativ zuverlässig bestimmt worden. Von den etwa 700 Mill. Erwerbspersonen in den Entwicklungsländern waren 1975 rund 33 Millionen, d. h. 4,7 v. H. als arbeitslos registriert. Die Arbeitslosenquote betrug in Afrika 7,1 v. H., in Lateinamerika 5,1 v. H. und in Asien 3,9 v. H. Wie Tabelle 13 zeigt, war die offene Arbeitslosigkeit in den Städten mit einer durchschnittlichen Arbeitslosenquote von 8,0 v. H. höher als in den ländlichen Gebieten. In einigen städtischen Ballungszentren liegt die Arbeitslosenquote noch erheblich über diesem Durchschnittswert. Von der Arbeitslosigkeit sind insbesondere Jugendliche, die erstmalig eine Arbeit suchen, Frauen und Personen mit verhältnismäßig hohem Bildungsniveau betroffen.

Trotz eines durchschnittlichen jährlichen Wachstums des BIP von 5,1 v. H. (1960 bis 1973) konnte die Arbeitslosigkeit in den Entwicklungsländern nicht reduziert werden. Bei einer Zunahme der Beschäftigung um durchschnittlich 2,0 v. H. und der Erwerbspersonenzahl um 2,1 v. H. erhöhte sich die offene Arbeitslosigkeit

Tabelle 13:
Vorläufige Schätzung der Arbeitslosigkeit und Unterbeschäftigung in Entwicklungsländern nach Regionen, 1975

Region	Arbeitslosigkeit[1]				Unterbeschäftigung[2]				Insgesamt			
	Insgesamt		Städtisch		Insgesamt		Städtisch		Insgesamt		Städtisch	
	Mill.	v. H.	Mill.	v. H.	Mill.	v. H.	Mill.	v. H.	Mill.	v. H.	Mill.	v. H.
Lateinamerika	5	5,1	5	6,5	28	28,9	14	22,8	33	34,0	19	29,3
Afrika	10	7,1	3	10,8	53	37,9	7	25,1	63	45,0	10	35,9
Asien[3]	18	3,9	6	6,9	168	36,4	20	23,2	186	40,3	26	30,1
Ozeanien	—	—	—	—	1	49,0	—	—	1	49,0	—	—
Insgesamt	33	4,7	14	8,0	250	35,7	41	23,3	283	40,4	55	31,3

1 Arbeitssuchende Personen ohne Arbeitsplatz;
2 Personen, deren Arbeitszeit unter der Normalarbeitszeit liegt und die zusätzliche Arbeit suchen oder annehmen würden, sowie Personen mit unzureichendem Arbeitseinkommen;
3 Ohne China u. a.

Quelle: Internationales Arbeitsamt, Beschäftigung, Wachstum und Grundbedürfnisse: Ein weltweites Problem, Genf 1976, S. 19.

im Zeitraum von 1960 bis 1973 um jährlich 3,1 v. H. (Sabolo). Die bis Ende der sechziger Jahre vielfach propagierte Wachstumspolitik konnte das Beschäftigungsproblem nicht lösen.

Die Tatsache, daß die offene Arbeitslosigkeit in Entwicklungsländern kaum stärker ausgeprägt ist als in den meisten westlichen Industrieländern, ist u. a. auf die fehlende Bereitschaft eines Teiles der Arbeitslosen zurückzuführen, sich offiziell registrieren zu lassen. Über das Ausmaß dieser *versteckten Arbeitslosigkeit,* die in Tabelle 13 nicht miterfaßt ist, liegen nur vereinzelte Untersuchungen vor. Nach einer Studie der ILO betrug die versteckte Arbeitslosigkeit im Jahre 1967 in Kolumbien 7 v. H. In Chile waren nach einer anderen Untersuchung 1964 2,7 v. H. der Bevölkerung versteckt arbeitslos (Standing, S. 117).

Die Höhe der versteckten Arbeitslosigkeit variiert insbesondere mit der Nachfrage nach Arbeitskräften. Dabei sind zwei gegenläufige Effekte zu beobachten. Mit dem Rückgang der Beschäftigung werden einige Arbeitslose entmutigt die offizielle Suche nach einem Arbeitsplatz aufgeben (»discouraged worker effect«). Andere dagegen, deren Familienangehörige von der zunehmenden Arbeitslosigkeit betroffen sind, werden, um den Rückgang des Familieneinkommens zu kompensieren, die Arbeitssuche intensivieren und sich offiziell registrieren lassen (»additional worker effect«).

2. *Unterbeschäftigung*

Der wichtigste Aspekt des Beschäftigungsproblems in Entwicklungsländern ist die Unterbeschäftigung. Da es in den Entwicklungsländern überwiegend keine Arbeitslosenunterstützung gibt, sind insbesondere Haushaltsvorstände mit An-

gehörigen nicht in der Lage, lange nach einer vollwertigen Arbeit zu suchen. Sie müssen jede Arbeit annehmen und sind von daher eher unterbeschäftigt als arbeitslos. In Tabelle 13 sind die offene und die versteckte Unterbeschäftigung zusammen in »Vollarbeitslosen-Äquivalenten« ausgewiesen. Dabei entsprechen 100 Arbeitskräfte, die bei einer Mindestarbeitszeit von 40 Stunden nur 20 Stunden arbeiten, 50 Arbeitslosen. Ebenso werden 100 Arbeitskräfte, die im Durchschnitt 75 v. H. des Mindesteinkommens verdienen, 25 Arbeitslosen gleichgesetzt. Die gesamte Unterbeschäftigung umfaßte 1975 250 Mill. Arbeitskräfte, das sind knapp 36 v. H. aller Erwerbspersonen. Im Gegensatz zur offenen Arbeitslosigkeit ist die Unterbeschäftigung hauptsächlich in ländlichen Gebieten verbreitet. Über 80 v. H. der Unterbeschäftigten gehören der Landbevölkerung an. Von den beiden Arten der Unterbeschäftigung kommt der versteckten die größere Bedeutung zu (Turnham, Jaeger, S. 57 ff.).
Faßt man die offene Arbeitslosigkeit und die Unterbeschäftigung zusammen, so ergibt sich, daß 283 Mill. Erwerbspersonen, das sind 40 v. H. der arbeitsfähigen Bevölkerung, ohne Arbeit oder ohne ausreichende Arbeit sind. Geht man davon aus, daß jeder aktive Erwerbstätige etwa zwei Angehörige hat, so entspricht die Gesamtzahl der von Arbeitslosigkeit betroffenen Menschen den in Tabelle 10 ausgewiesenen 700 Millionen völlig verarmten Menschen.

VII Partizipation

1. Anspruch auf Partizipation

Neben der Befriedigung der Grundbedürfnisse, der Verwirklichung des Rechts auf Arbeit usw. stellt die Partizipation der Bevölkerung am sozio-ökonomischen Entwicklungsprozeß ein wichtiges Entwicklungsziel dar. Im Gegensatz zur Politikwissenschaft, die den Begriff in der Regel auf die Teilnahme am politischen Leben beschränkt, wird hier unter Partizipation die Mitwirkung an politischen, gesellschaftlichen und wirtschaftlichen Entscheidungen verstanden. Partizipation trägt zur Selbstverwirklichung des einzelnen bei und ist damit ein Wert in sich. Sie ist gleichzeitig aber auch ein Mittel zur Realisierung anderer Ziele. Durch die Mitwirkung an Planung und Entscheidungsfindung kann die Bevölkerung Einfluß auf die Richtung des Entwicklungsprozesses nehmen. Auch wird dadurch ihre Bereitschaft gefördert, die Durchführung der beschlossenen Maßnahmen zu unterstützen. Für die unterprivilegierten Bevölkerungsschichten ist die Partizipation vielfach eine Voraussetzung dafür, daß ihre Interessen berücksichtigt und damit die gesellschaftlichen und wirtschaftlichen Ungleichheiten abgebaut werden.
Von vielen Autoren wird heute eine Zunahme des Anspruchs auf Partizipation in den Entwicklungsländern konstatiert. Hierfür können verschiedene Einflußgrößen verantwortlich sein. Durch Urbanisierung, elementare Schulbildung, Verbreitung von Massenkommunikationsmitteln usw. werden Veränderungen in den Einstellungen und Werthaltungen hervorgerufen. Insbesondere nimmt die Fähigkeit und Bereitschaft zu, sich in die Lage anderer zu versetzen und sich für deren

Belange einzusetzen (soziale Mobilisierung). Durch eine zunehmende Arbeitsteilung bilden sich neue Berufe und neue soziale Gruppen heraus, die ihre Interessen über eine Partizipation durchsetzen wollen (Wandel der Sozialstruktur). Die Forderung nach vermehrter Partizipation kann durch den Einfluß von Religionsgemeinschaften und der Intelligenz ausgelöst oder verstärkt werden (Einfluß der Eliten). Sie kann schließlich durch die Ausdehnung staatlicher Aktivitäten, welche die Interessen der Bürger berühren, hervorgerufen werden (wachsende Staatstätigkeit).

2. Verwirklichung der Partizipation

Dem allgemein wachsenden Anspruch der Bevölkerung auf Mitwirkung an den politischen, gesellschaftlichen und wirtschaftlichen Entscheidungen entspricht die tatsächlich erreichte Partizipation nicht. In fast allen Entwicklungsländern sind Vertreter verschiedener politischer, ethnischer, religiöser und anderer Gruppen von der Mitwirkung an politischen Entscheidungen ausgeschlossen. Von einer eigentlichen politischen Partizipation der Gesamtbevölkerung kann nur in wenigen Ländern gesprochen werden. Eine wirtschaftliche Mitbestimmung auf betrieblicher und überbetrieblicher Ebene ist bisher kaum oder nur beschränkt auf wenige Organisationsformen (Genossenschaften) durchgesetzt worden.
Die Ursachen für die geringe Partizipation sind vielschichtig und konkret nur aus der historischen Entwicklung heraus zu erklären. Sie können darin begründet sein, daß sich bis heute traditionelle Monarchien erhalten haben, die zwar einzelnen Stämmen gewisse Mitwirkungsrechte einräumen, großen Teilen der Bevölkerung das Recht auf Partizipation aber vorenthalten (Saudi-Arabien, Scheichtümer am Arabisch-Persischen Golf). Andere Länder haben zwar formaldemokratische Systeme eingeführt, die herrschenden Eliten (Großgrundbesitzer, inländische Kapitalbesitzer usw.) sichern sich jedoch eine Monopolstellung im politischen Prozeß. Dank ihrer Macht nutzen sie die staatliche Gewalt für ihre eigenen Interessen und halten sie von der Durchführung entwicklungspolitisch relevanter, breiten Bevölkerungsschichten dienenden Maßnahmen ab (Myrdal). In den Ländern Tropisch-Afrikas konnten darüber hinaus die ethnisch meist heterogenen Bevölkerungsgruppen oft nur durch autoritäre Einparteienregime zusammengehalten werden.
Doch selbst wenn eine breite Partizipation der Bevölkerung durch die herrschenden Kräfte nicht behindert wird, stößt sie häufig auf Schwierigkeiten. Die politischen Institutionen (Parlamente, Gemeinderäte, Parteien, Gewerkschaften, Genossenschaften), über welche die Bevölkerung ihre Interessen artikulieren kann, werden, wenn sie von außen übernommen sind, von Teilen der Bevölkerung nicht akzeptiert. Auch herrscht über die Regeln des institutionengebundenen politischen Prozesses häufig kein Konsens. Die Institutionen werden mehr als Vehikel der Interessenbefriedigung der Amtsinhaber und ihrer Klientel (Korruption) denn als Forum betrachtet, in dem die Bevölkerung ihre Interessen wirksam vertreten kann und in dem Konflikte gelöst werden.

Die wichtigste Ursache für die geringe politische Partizipation liegt wohl aber in der zunehmenden Militarisierung der Entwicklungsländer. Seit der Unabhängigkeit griff das Militär in Lateinamerika in allen, im Nahen Osten und in Asien in den meisten und in Afrika (in einem relativ kurzen Zeitraum) in fast der Hälfte der Länder mit einem Staatsstreich in die Politik ein (Büttner, Lindenberg, Reuke, Sielaff, S. 37). Die Militarisierung wiederum muß im Zusammenhang mit den Wirtschafts- und Gesellschaftsstrukturen in der Dritten Welt, die durch ihre Integration in das Weltwirtschaftssystem geprägt wurden, gesehen werden. Diese Strukturen erklären die brüchigen Klassenkonstellationen und die politische Krisenanfälligkeit, die das Militär zu Interventionen veranlassen (Senghaas, S. 249ff.).

VIII Wirtschaftliche Abhängigkeit

1. Begriff der wirtschaftlichen Abhängigkeit

In den letzten Jahren hat in den Entwicklungsländern die Forderung nach Unabhängigkeit von den Industrieländern an Bedeutung gewonnen. Das Unabhängigkeitsziel umfaßt verschiedene Aspekte: die wirtschaftliche, politische, militärische, kulturelle und die Kommunikationsunabhängigkeit (Galtung, S. 55). Wirtschaftliche Unabhängigkeit, mit der wir uns im folgenden vor allem befassen wollen, wird aus verschiedenen Gründen angestrebt. Sie soll dazu beitragen, daß die Entwicklungsländer ihre außenwirtschaftlichen Beziehungen stärker zum eigenen Vorteil gestalten können. Die Erträge der im Inland tätigen Unternehmen sollen vermehrt Inländern zufließen. Weiterhin soll wirtschaftliche Unabhängigkeit die staatliche Steuerung der wirtschaftlichen Entwicklung erleichtern. Schließlich soll sie zur Veränderung der politischen Machtverhältnisse im Inland beitragen (Green, S. 51ff.).
Die Forderung nach Unabhängigkeit erfährt ihre Aktualität aus der wirtschaftlichen Abhängigkeit der Entwicklungsländer. Der Begriff der wirtschaftlichen Abhängigkeit ist unterschiedlich definiert worden. Häufig werden nur bestimmte Erscheinungsformen von Abhängigkeit beschrieben (Evers, v. Wogau, S. 421ff.). Man kann wirtschaftliche Abhängigkeit als einen Zustand bezeichnen, in dem die Fähigkeit und/oder die Macht nationaler Institutionen (Staat, Unternehmen usw.), wirtschaftliche Entscheidungen zu treffen und durchzuführen, durch frühere und/oder heutige Einflüsse von außen eingeschränkt sind. Die Einengung des wirtschaftlichen Handlungsspielraums durch historische Einflüsse – wie die Einbeziehung der Entwicklungsländer in das von den Industrieländern dominierte Weltwirtschaftssystem – erfolgt mittelbar. Durch diesen Prozeß wurden Deformationen der Wirtschafts- und Sozialstrukturen der Entwicklungsländer hervorgerufen, die sie zwingen, bestimmte außenwirtschaftliche Beziehungen einzugehen (vgl. B II 2). Auch können die Entwicklungsländer aufgrund dieser Strukturen gewissen Einflüssen von außen kaum ausweichen. Die Fähigkeit, sich autonom zu entwickeln, wird dadurch begrenzt. Darüber hinaus kann wirtschaftliche Abhängigkeit ihre Ursache darin haben, daß die inländischen Institutionen über weniger

Macht als die ausländischen Institutionen (Regierungen, internationale Organisationen, Multinationale Konzerne) verfügen und daher bestimmte Einflüsse aus dem Ausland nicht verhindern können.
Unsere Definition von Abhängigkeit schließt ein, daß es verschiedene Abstufungen von Abhängigkeit gibt und daß auch die Industrieländer nicht unabhängig sind. Allerdings weist die Abhängigkeit der Entwicklungsländer nach Senghaas eine andere Qualität als die der Industrieländer auf. Erstere hat ihre Ursache in den einseitigen Produktionsstrukturen dieser Länder, die insbesondere durch eine unzureichende Entwicklung des Produktionsmittelsektors gekennzeichnet sind. Aufgrund der einseitigen Produktionsstrukturen sind die Entwicklungsländer gezwungen, die für die Reproduktion ihrer Wirtschaften notwendigen Produktionsmittel aus den Industrieländern zu importieren (vgl. B II 2). Deshalb wird in diesem Fall auch von struktureller Abhängigkeit gesprochen. In den Industrieländern haben sich dagegen kohärente Produktionsstrukturen herausgebildet, die eine autonome Reproduktion dieser Wirtschaften erlauben. Die Industrieländer sind nur auf Energie- und Rohstoffimporte angewiesen. Die diesbezügliche Abhängigkeit sei mit der strukturellen Abhängigkeit der Entwicklungsländer nicht vergleichbar (Senghaas, S. 48f.).

2. *Wirtschaftsstruktur und Abhängigkeit*

Der Grad der wirtschaftlichen Abhängigkeit hängt von verschiedenen Faktoren ab. Sieht man von dem im Vergleich zu den Industrieländern allgemein geringen Niveau der wirtschaftlichen Entwicklung ab (vgl. A III), so wird die Abhängigkeit der Entwicklungsländer vor allem durch ihre Wirtschaftsstruktur, das geringe technologische Potential, die Auslandsverschuldung und den Einfluß ausländischer Konzerne und Fachkräfte bestimmt.
Die *Wirtschaftsstruktur* der Entwicklungsländer ist in mehr oder weniger starker Weise dadurch gekennzeichnet, daß die Produktion der Struktur der heimischen Nachfrage nur unzureichend entspricht. Insbesondere ist der Produktions- und Investitionsgütersektor kaum entwickelt. Ein Indiz hierfür bietet der geringe Anteil der Metallverarbeitung, die u. a. den Maschinenbau umfaßt, an der industriellen Wertschöpfung. Während dieser Anteil in den Industrieländern im Jahre 1970 bei 35,6 v.H. lag, erreichte er in den Entwicklungsländern nur 12,6 v.H. (vgl. Tabelle 14). Demgegenüber kommt bestimmten exportorientierten Wirtschaftssektoren – wie dem Bergbau und Teilen der Landwirtschaft – unverhältnismäßig große Bedeutung zu.
Diese unausgewogene Produktionsstruktur findet ihren Ausdruck in einer relativ geringen Verflechtung der Wirtschaftssektoren untereinander (interne Arbeitsteilung). Der Verflechtungsgrad einer Volkswirtschaft läßt sich mit Hilfe von Input-Output-Tabellen bestimmen. Setzt man die nationalen, über alle Sektoren gebildeten Durchschnittswerte der von den einzelnen Wirtschaftsbereichen ausgehenden »forward bzw. backward linkages« (gesamte Zwischennachfrage) in Beziehung zur Gesamtproduktion (Gesamtnachfrage) einer Wirtschaft, so erhält man ein Maß für die Arbeitsteilung eines Landes. Aus Tabelle 15 läßt sich ersehen, daß

Tabelle 14:
Struktur der industriellen Wertschöpfung nach Industriezweigen und Regionen, 1970 (in v. H.)

Industriezweige	ISIC	Entwicklungsländer	Industrieländer	Zentralverwaltungswirtschaften	Welt[1]
Bergbau	2	23,6	4,9	7,9	7,4
Nahrungs- und Genußmittelindustrie	31	16,1	9,7	12,6	11,1
Textil-, Bekleidungs- und Schuhindustrie	321 bis 324	13,5	7,5	8,1	8,2
Holzverarbeitung	33	2,4	3,5	3,2	3,3
Papierherstellung und -verarbeitung	34	3,3	7,0	2,1	5,3
Chemische Industrie und Mineralölverarbeitung	35	13,4	12,2	9,5	11,5
Verarbeitung von Steinen und Erden	36	3,7	3,5	5,8	4,2
Metallerzeugung	37	4,2	7,3	7,2	7,0
Metallverarbeitung	38	12,6	35,6	38,1	34,2
Sonstige	39	1,3	1,7	2,7	2,0
Elektrizität, Gas und Wasser	4	5,9	7,1	2,8	5,8
Industrie insgesamt	2–4	100,0	100,0	100,0	100,0

1 Ohne Albanien, Volksrepublik China, Demokratische Republik Korea, Mongolei, Sozialistische Republik Vietnam.

Quelle: United Nations, Yearbook of Industrial Statistics, 1976 Edition, Vol. I: General Industrial Statistics, New York 1978.

die gesamtwirtschaftliche Verflechtung in Entwicklungsländern geringer ist als in den Industrieländern.

Der niedrige Grad der wirtschaftlichen Verflechtung der Entwicklungsländer ist oft mit einem relativ hohen Anteil des Außenhandels am Sozialprodukt verbunden; allerdings bestehen von Land zu Land erhebliche Unterschiede. Während die OPEC-Länder und Rohstoffexport-Länder wie Malaysia, Sambia, Zaire und exportorientierte Stadtstaaten wie Hongkong und Singapur zum Teil extrem hohe Exportquoten aufweisen, exportieren große Länder wie Brasilien und Indien nur einen geringen Teil ihres Bruttosozialprodukts. Was die Importe betrifft, so ist die Struktur des Außenhandels der Entwicklungsländer dadurch gekennzeichnet, daß Maschinen und Transportausrüstungen einen hohen Anteil (36,2 v. H., 1978) erreichen. Daneben importieren eine Reihe von Entwicklungsländern in erheblichem Umfang Halbfertigerzeugnisse und Brennstoffe. Die Exporte der Entwicklungsländer bestehen insgesamt zu 75 v. H. aus Primärgütern und zu 25 v. H. aus industriellen Halb- und Fertigwaren (1978). In vielen Ländern konzentrieren sich die Exporte auf nur ein bis zwei Primärgüter (vgl. C IV 2). Neben der einseitigen

Tabelle 15:
Ländereinstufung nach gewogenen »forward and backward linkages« für die Gesamtwirtschaft

Entwicklungsländer	Madagaskar 1966 Singapur 1967 Sambia 1967	Indien 1963 Kenia 1967 Kolumbien 1966 Philippinen 1961 Sambia 1969 Sri Lanka 1970 Tansania 1969	Indien 1965 Iran 1965 Korea, Rep. 1966 Malaysia 1965 Mexiko 1960	Chile 1962 Indonesien 1969 Korea, Rep. 1970 Pakistan 1964 Philippinen 1965 China (Taiwan) 1969 Türkei 1963	Argentinien 1963 Peru 1968	Argentinien 1970
Industrieländer					Bundesrepublik Deutschland 1966	Japan 1965
	0,20	0,25	0,30	0,35	0,40	0,45 w^+

Quelle: S. Schultz, Intersektoraler Strukturvergleich zur Ermittlung von Schlüsselsektoren. Empirische Ergebnisse für asiatische Entwicklungsländer anhand einheitlich aggregierter Input-Output-Tabellen, DIW, Beiträge zur Strukturforschung, Heft 30, Berlin 1974, S. 16; S. Schultz, D. Schumacher, Interindustrial Linkages in Developing Countries. A Comparative Analysis of Backward and Forward Linkages, in: Konjunkturpolitik, Heft 25, 1977, S. 388.

Warenstruktur ist der Außenhandel der meisten Entwicklungsländer durch eine regionale Konzentration auf jeweils wenige Industrieländer gekennzeichnet. Für diese wiederum ist der Handel mit den einzelnen Entwicklungsländern von relativ geringer Bedeutung.

Ein zweites Strukturmerkmal der Entwicklungsländer ist ihr geringes *technologisches Potential.* Im Jahre 1973 entfielen nur 3 v. H. aller in der Welt getätigten Ausgaben für Forschung und Entwicklung auf die Entwicklungsländer. Damit wandten diese Länder etwa 0,3 v. H. ihres Bruttosozialprodukts für Forschung und Entwicklung auf (vgl. C III 1). Das geringe technologische Potential der Entwicklungsländer findet seinen Ausdruck in verschiedenen anderen Indikatoren: Die Zahl der für die Entwicklung von Technologien qualifizierten Wissenschaftler und Ingenieure ist niedrig; der Investitionsgütersektor ist unterentwikkelt; nur etwa 1 v. H. aller Patente auf der Welt sind im Besitz der Entwicklungsländer. Hieraus folgt, daß die Entwicklungsländer auf die Importe von Investitionsgütern, auf die Nutzung ausländischer Patente und Lizenzen und auf Direktinvestitionen angewiesen sind.

Ein drittes Strukturmerkmal der Entwicklungsländer ist der hohe externe Finanzbedarf. Angesichts des geringen Wachstums der Exporterlöse, des hohen Import-

bedarfs usw. verzeichnen die meisten Entwicklungsländer einen Devisenmangel. Wichtige Entwicklungsprojekte können häufig nur durch ausländische Kapitalgeber finanziert werden. Die öffentliche *Auslandsverschuldung* von 84 von der Weltbank erfaßten Entwicklungsländern hatte 1978 eine Höhe von 261 Mrd. US-$ erreicht. Damit hat sich die Auslandsverschuldung gegenüber 1969 verneunfacht. In einer Reihe von Entwicklungsländern (Mexiko, Bolivien, Uruguay, Panama, Chile, Zaire und Peru) hat der Schuldendienst im Jahre 1978 einen Anteil von mehr als 30 v.H. der Ausfuhr von Waren und Dienstleistungen erreicht. Ein erheblicher Teil der Zuflüsse an »öffentlichen« Auslandsmitteln dient der Verzinsung und Rückzahlung von Auslandsschulden. Diese wenigen Zahlen verdeutlichen, daß die Entwicklungsländer quasi »gezwungen« sind, zur Finanzierung von Entwicklungsprojekten und zur Begleichung von Auslandsschulden neue Darlehen im Ausland aufzunehmen, es sei denn, sie würden ihre Importe drastisch reduzieren (vgl. C I 3).
Ein viertes Strukturmerkmal der Entwicklungsländer ist die starke Präsenz *Multinationaler Konzerne* und ausländischer Fachkräfte in Wirtschaft und Staat. Aufgrund des Devisenmangels, des geringen technologischen Potentials, des fehlenden Zugangs zu ausländischen Absatzmärkten usw. sind viele Entwicklungsländer auf ausländische Investitionen angewiesen. Auch Multinationale Konzerne haben ein Interesse an Investitionen in Entwicklungsländern, wenn sie dadurch Rohstoffvorkommen ausbeuten, Absatzmärkte sichern oder die billigen Arbeitskräfte dieser Länder nutzen können. Über den Anteil ausländischer Unternehmen am Wirtschaftsprozeß der Entwicklungsländer liegen keine umfassenden und verläßlichen Statistiken vor. Nach einer Zusammenstellung der Vereinten Nationen vereinigten Multinationale Konzerne Anfang der siebziger Jahre in Brasilien 37 v.H. und in Mexiko 32 v.H. der industriellen Wertschöpfung auf sich. Ihr Anteil am Umsatz der Verarbeitenden Industrie erreichte in Ghana 50 v.H., in Peru 46 v.H., in Argentinien 31 v.H., in Indien 13 v.H. und in Südkorea 11 v.H. (United Nations, S. 263f.).

3. Formen der wirtschaftlichen Abhängigkeit

Die wirtschaftliche Abhängigkeit der Entwicklungsländer nimmt verschiedene Formen an. Aus dem geringen Niveau der wirtschaftlichen Entwicklung und der einseitigen Außenhandelsspezialisierung resultiert die *Handelsabhängigkeit.* Sie bedeutet zunächst, daß Fähigkeit und Macht der Entwicklungsländer, die Außenhandelsbeziehungen möglichst vorteilhaft zu gestalten, eingeschränkt sind. Aufgrund der unzureichenden Entwicklung des Investitionsgütersektors und des geringen technologischen Potentials sind die Entwicklungsländer auf den Import von Investitionsgütern angewiesen. Die Möglichkeiten der Importsubstitution sind begrenzt. Die Verhandlungsmacht gegenüber Exporteuren ist von daher eingeschränkt. Auch als Anbieter auf dem Weltmarkt weisen die Entwicklungsländer – sieht man einmal vom Rohöl ab – keine starke Handelsposition auf. Sie bieten vornehmlich Produkte an, für welche die Einkommenselastizität der Nachfrage in den Industrieländern eher gering ist. Auch ist die Palette der Exportprodukte in den meisten Ländern begrenzt. Jedes einzelne Exportprodukt stellt daher eine wichtige Devisenquelle dar, auf die wegen des hohen Importbedarfs nicht verzichtet wird. Ein Ausweichen auf andere Produkte ist häufig nicht möglich. Entweder sind die Entwicklungsländer für diese Waren international nicht wettbewerbsfähig oder die Industrieländer verhindern den Marktzugang durch Einfuhrbeschränkungen.

In einem weiteren Sinne bezeichnet Handelsabhängigkeit die vom Außenhandel auf die Binnenwirtschaft ausgehenden Effekte und die damit verbundene Einschränkung der Fähigkeit des betroffenen Landes, seinen Entwicklungsprozeß autonom zu steuern. Je höher der Außenhandelsanteil am Sozialprodukt und je stärker die regionale Konzentration des Außenhandels ist, desto spürbarer werden wirtschaftliche Veränderungen vom Lande des Handelspartners übertragen. Je ausgeprägter die gütermäßige Konzentration des Außenhandels ist, desto stärker beeinflussen Angebots- und Nachfrageschwankungen auf den Import- und Exportmärkten den Wirtschaftsablauf im Entwicklungsland und schränken den staatlichen Handlungsspielraum ein.

Eine andere wichtige Form der wirtschaftlichen Abhängigkeit ist die *technologische Abhängigkeit.* Sie hat ihre Ursache in dem geringen technologischen Potential der Entwicklungsländer. Während der »traditionelle« Sektor die überlieferten Technologien nutzen kann, ist der »moderne« Sektor weitgehend auf den Transfer von Technologien aus den Industrieländern angewiesen. Das Ausmaß der technologischen Abhängigkeit ist um so größer, je höher der Anteil der ausländischen an den insgesamt eingesetzten Technologien ist, je stärker die Bezugsquellen der Technologien konzentriert sind, je weniger die ausländischen Technologien durch die Entwicklung eigener Technologien substituiert werden können und je einseitiger sich der Austausch von Technologien mit den Industrieländern vollzieht. Die technologische Abhängigkeit hat für die Entwicklungsländer nachteilige Konsequenzen. Sie ist verantwortlich für die schwache Verhandlungsposition beim Erwerb von Technologien und damit indirekt für die häufig überhöhten Preise. Sie hat weiterhin zur Folge, daß die Entwicklungsländer Technologien aus den Industrieländern übernehmen müssen, die für die Bedürfnisse der Industrieländer entwickelt worden sind, den natürlichen, wirtschaftlichen und sozialen Gegebenheiten der Entwicklungsländer (Klima, Faktorausstattung, Verfügbarkeit von natürlichen Ressourcen, Marktgröße, Nachfragestruktur) aber nicht oder nur unvollkommen entsprechen. Sie gestattet darüber hinaus den Technologiegebern, den Transfer von Technologien an Bedingungen hinsichtlich ihrer Nutzung zu knüpfen, die den Entscheidungs- und Handlungsspielraum des Technologieempfängers einschränken. So können z. B. Patent- und Lizenzüberlassungsverträge den Bezug von Rohstoffen, Zwischenprodukten usw. vom Patent- oder Lizenzgeber vorschreiben, Menge und Preise der mit der übertragenen Technologie erzeugten Produkte festlegen, ihren Export untersagen, die Verwendung von konkurrierenden Technologien verbieten, die aus der Technologie entwickelten Erfindungen dem Lieferanten übertragen usw. Mit der Einschränkung ihres Handlungsspielraums aber sind den Entwicklungsländern die Möglichkeiten beschnitten, das eigene technologische Potential zu erweitern und damit die technologische Abhängigkeit von den Industrieländern zu vermindern (Stewart, S. 114ff.).

Aus dem hohen externen Finanzbedarf resultiert die *finanzielle Abhängigkeit* der Entwicklungsländer. Es kann davon ausgegangen werden, daß, je höher der Grad der Auslandsverschuldung ist, desto notwendiger eine weitere externe Finanzierung und desto schwächer die Verhandlungsposition des kreditsuchenden Landes ist. Kreditgeber (Regierungen, internationale Organisationen, Banken usw.) knüpfen bei einer hohen Auslandsverschuldung die Kreditvergabe an wirtschaftliche und zum Teil auch politische Auflagen. So verlangt z. B. der Internationale Währungsfonds (IMF) bei der Gewährung von Zahlungsbilanzhilfen häufig, daß das betreffende Land eine Stabilisierungspolitik einleitet, die eine Kreditverknappung, eine Handelsliberalisierung oder eine Reduzierung des Staatsinterventionismus usw. beinhaltet. Dadurch wird grundsätzlich der Entscheidungs- und Handlungsspielraum des kreditnehmenden Landes eingeschränkt, die Entwicklung des Landes wird von Entscheidungen ausländischer Institutionen beeinflußt.
Eine andere Form der wirtschaftlichen Abhängigkeit ist die direkte *Abhängigkeit* der Entwicklungsländer *von* den im Inland tätigen *Multinationalen Konzernen* und ausländischen Fachkräften. Wichtige Investitions- und Produktionsentscheidungen werden von Ausländern gefällt und sind von den Regierungen, Institutionen und heimischen Fachkräften nicht oder nur schwer zu beeinflussen. Der Autonomieverlust der Entwicklungsländer geht dabei oft über den von den ausländischen Unternehmen direkt kontrollierten Wirtschaftsbereich hinaus. Auch die mit den Multinationalen Unternehmen wirtschaftlich verflochtenen einheimischen Firmen (Zulieferer, Vertriebsgesellschaften usw.) werden ihre betrieblichen Entscheidungen in Abstimmung mit ihren ausländischen Partnern vornehmen und im Gefolge davon möglicherweise die Interessen der Multinationalen Konzerne in der gesellschaftspolitischen Auseinandersetzung vertreten. Schließlich wird auch die Wirtschaftspolitik des Entwicklungslandes auf vielfältige Weise durch die ausländischen Konzerne beeinflußt.
Das Ausmaß, in dem die wirtschaftliche Entscheidungs- und Handlungsfähigkeit der Entwicklungsländer eingeschränkt wird, hängt von dem Anteil der Multinationalen Konzerne und der mit ihnen verflochtenen inländischen Unternehmen am Bruttoinlandsprodukt und von der Macht der Multinationalen Konzerne ab, die wirtschaftspolitischen Steuerungsmaßnahmen des Entwicklungslandes zu unterlaufen oder im eigenen Interesse zu verändern. Die diesbezügliche Macht der Multinationalen Konzerne ist bei Investitionen im Rohstoffbereich überwiegend geringer als bei Investitionen in der Verarbeitenden Industrie und im Dienstleistungssektor, weil hier die ausländischen Unternehmen an den Ort der Lagerstätten gebunden sind und eine Standortverlagerung in andere Länder nicht als Druckmittel auf die Regierung des Gastlandes einsetzen können. Dies gilt allerdings nur dann, wenn die Rohstoffe nur in wenigen Ländern vorhanden sind und wenn sie nicht substituiert werden können. Die Macht absatzorientierter Unternehmen ist je nach der Größe des Entwicklungslandes, d. h. seines Marktpotentials, unterschiedlich. Die Verhandlungsposition Multinationaler Unternehmen gegenüber den Entwicklungsländern hängt darüber hinaus aber auch von der Funktionsfähigkeit der Verwaltungen der Entwicklungsländer wie auch von dem Investitionsschutz ab, den die Mutterländer ihnen gewähren, da dadurch das Risiko der Enteignung erheblich vermindert wird (Kebschull).

Literatur zum Kapitel A

(Die Literaturhinweise im Text beziehen sich auf die zu den einzelnen Abschnitten angegebene Literatur).

I Entwicklungsbegriff

Blum, R., Das Sozialprodukt als Entwicklungsindikator, in: Priebe, H. (Hrsg.), Beiträge zur Beurteilung von Entwicklungsstrategien, Berlin 1974, S. 27–48

Chenery, H. B., Ahluwalia, M. S., Bell, C. L. G., Duloy, J. H., Jolly, R., Redistribution with Growth, London 1974

Menck, K. W., Naini, A., Nottelmann, A., Elemente einer internationalen Strategie für die dritte Entwicklungsdekade, Hamburg 1980, Kap. 3

Nohlen, D., Nuscheler, F. (Hrsg.), Handbuch der Dritten Welt, Band 1, Hamburg 1974

Seers, D., Was heißt »Entwicklung«?, in: Senghaas, D. (Hrsg.), Peripherer Kapitalismus, Analysen über Abhängigkeit und Unterentwicklung, Frankfurt am Main 1974, S. 39–67

II Indikatoren der Entwicklung

Adelman, I., Morris, C. T., Society, Politics and Economic Development, A Quantitative Approach, Baltimore 1967

Hagen, E. E., The Economics of Development, Homewood, Nobleton 1968, Kap. 1

Hesse, H., Sautter, H., Entwicklungstheorie und -politik, Band 1: Entwicklungstheorie, Tübingen, Düsseldorf 1977, Kap. 1 und 6

Journal of Development Studies, Bd. 8, 1971/72, Special Issue on Development Indicators

Kravis, I. B., Heston, A., Summers, R., International Comparisons of Real Product and Purchasing Power, Baltimore, London 1978

Morris, M. D., Measuring the Condition of the World's Poor. The Physical Quality of Life Index, New York 1979

Nohlen, D., Nuscheler, F. (Hrsg.), Handbuch der Dritten Welt, Band 1, Hamburg 1974

Sen, A. K., Ökonomische Ungleichheit, Frankfurt, New York 1975

Simonis, U. E., Sozialindikatoren als methodische Innovation, Erwartungen und Grenzen, in: Wirtschaftsdienst, 1977, Nr. III, S. 151–160

UNRISD, The Concept of Development and its Measurement, in: International Social Science Review, No. 2, 1970

UNRISD, Contents and Measurement of Socio-Economic Development, Report No. 70.10, Geneva 1970

III Internationales Einkommensgefälle

Kuznets, S., Economic Growth of Nations, Total Output and Production Structure, Cambridge Mass. 1971

Patel, S. J., The Economic Distance between Nations: Its Origin, Measurement and Outlook, in: The Economic Journal, No. 293, March 1964, Vol. LXXIV, S. 119–131

IV Einkommensverteilung in Entwicklungsländern

Adelman, I., Morris, C. T., An Anatomy of Income Distribution Patterns in Developing Countries, in: Development Digest, Vol. 9, 1971

Adelman, I., Morris, C. T., Economic Growth and Social Equity in Developing Countries, Stanford 1973

Bohnet, M., Betz, R., Einkommensverteilung in Entwicklungsländern, München 1976
Chenery, H. B., Ahluwalia, M. S., Bell, C. L. G., Duloy, J. H., Jolly, R., Redistribution with Growth, London 1974, Kap. 1
Cline, W. R., Distribution and Development, A Survey of Literature, in: Journal of Development Economics, Vol. 1, No. 4, Febr. 1975, S. 359–400
Internationales Arbeitsamt, Beschäftigung, Wachstum und Grundbedürfnisse: Ein weltweites Problem, 1. Aufl., Genf 1976
Kuznets, S., Economic Growth and Income Inequality, in: The American Economic Review, Vol. 65, No. 1, March 1955, S. 1–28
Paukert, F., La répartition du revenu à différents niveaux de développement: Quelques aspects concrets, in: Revue Internationale du Travail, Vol. 108, Nos. 2–3, Août-Septembre 1973, S. 103–134

V Befriedigung von Grundbedürfnissen

Adler-Karlsson, G., Der Kampf gegen die absolute Armut, Frankfurt am Main 1978, Kap. II
Bundesministerium für wirtschaftliche Zusammenarbeit, Dritter Bericht zur Entwicklungspolitik der Bundesregierung, Bonn 1977
Cassen, R., Wolfson, M. (Eds.), Planning for Growing Populations, Paris 1978
FAO, The Fourth World Food Survey, Rome 1977
Fröbel, F., Heinrichs, J., Kreye, O. (Hrsg.), Die Armut des Volkes – Verelendung in den unterentwickelten Ländern. Auszüge aus Dokumenten der Vereinten Nationen, Reinbek 1974
Schwefel, D., Grundbedürfnisse und Entwicklungspolitik, Baden-Baden 1978
United Nations, 1974 Report on the World Social Situation, New York 1975
United Nations, World Housing Survey 1974, An Overview of the State of Housing, Building and Planning within Human Settlements, New York 1976
Weltbank, Weltentwicklungsbericht 1978, Washington, D. C. 1978
World Bank, Sector Working Paper: Education, Washington, D. C. 1974

VI Arbeitslosigkeit und Unterbeschäftigung

Hesse, H., Sautter, H., Entwicklungstheorie und -politik, Band 1: Entwicklungstheorie, Tübingen, Düsseldorf 1977, Kap. 7
Internationales Arbeitsamt, Beschäftigung, Wachstum und Grundbedürfnisse: Ein weltweites Problem, 1. Aufl., Genf 1976
International Labour Office: Länderstudien über Kolumbien (1970), Ceylon (1971), Kenia (1972), Iran (1973), Philippinen (1974), Sudan (1975)
International Labour Organisation (ILO), Measurement of Underemployment, Concepts and Methods, Geneva 1966
Sabolo, Y., Emploi et chômage, 1960–1990, in: Revue Internationale du Travail, Vol. 112, No. 6, Décembre 1975, S. 443–459
Standing, G., Labour Force Participation and Development, Geneva 1978
Turnham, D., Jaeger, I., The Employment Problem in Less Developed Countries, A Review of Evidence, Paris 1971

VII Partizipation

Berg-Schlosser, D. (Hrsg.), Die politischen Probleme der Dritten Welt, Hamburg 1972, Kap. III
Büttner, F., Lindenberg, K., Reuke, L., Sielaff, R., Reform in Uniform? Militärherrschaft und Entwicklung in der Dritten Welt, Bonn-Bad Godesberg 1976, S. 15–56

Myrdal, G., Asian Drama, New York 1968, S. 885–900
Park, S. J., Entwicklungsplanung und politische Entwicklung in der Dritten Welt, Frankfurt am Main, New York 1980
Senghaas, D., Weltwirtschaftsordnung und Entwicklungspolitik, Plädoyer für Dissoziation, Frankfurt am Main 1977, Kap. 9
Tibi, B., Militär und Sozialismus in der Dritten Welt, Frankfurt am Main 1973

VIII Wirtschaftliche Abhängigkeit

Cohen, B. J., The Question of Imperialism, The Political Economy of Dominance and Dependence, New York 1973, Kap. VI
Evers, T. T., Wogau, P. v., »dependencia«: Lateinamerikanische Beiträge zur Theorie der Unterentwicklung, in: Das Argument, Nr. 79, Juni 1973, S. 404–454
Galtung, J., Eine strukturelle Theorie des Imperialismus, in: Senghaas, D. (Hrsg.), Imperialismus und strukturelle Gewalt, Analysen über abhängige Reproduktion, Frankfurt am Main 1972, S. 29–104
Green, R. H., Economic Independence and Economic Co-operation, in: Ghai, D. (Ed.), Economic Independence in Africa, Nairobi, Kampala 1973, S. 45–87
Kebschull, D., Die ökonomische und politische Macht multinationaler Unternehmen, in: Schneider, H. K., Watrin, Ch. (Hrsg.), Macht und ökonomisches Gesetz, Schriften des Vereins für Socialpolitik, N. F., Band 74/II, S. 763–790
Senghaas, D., Weltwirtschaftsordnung und Entwicklungspolitik, Plädoyer für Dissoziation, Frankfurt am Main 1977
Stewart, F., Technology and Underdevelopment, London, Basingstoke 1977, Kap. 5
Szentes, T., Politische Ökonomie der Entwicklungsländer, Budapest, Frankfurt am Main 1974
United Nations, Transnational Corporations in World Development: A Re-Examination, New York 1978

B Theorien der Unterentwicklung

I Traditionelle Entwicklungstheorien

1. Unzureichende Faktorausstattung als Wachstumshindernis

Als nach dem Zweiten Weltkrieg die Sozialwissenschaften ihr Interesse an den Problemen der Unterentwicklung entdeckten, konnten sie, abgesehen von der keynsianischen Theorie, auf zwei einander gegenüberstehende Theorierichtungen zurückgreifen: die neoklassische Theorie und die marxistische politische Ökonomie. Diese bilden zusammen mit der strukturalistischen Theorie, die in den Nachkriegsjahren in Lateinamerika entwickelt wurde, die Grundlage für die drei Hauptansätze, die heute zur Erklärung der Unterentwicklung der Länder der Dritten Welt herangezogen werden: die (primär neoklassische) traditionelle Entwicklungstheorie, die von der strukturalistischen und der marxistischen Theorie geprägte Dependenztheorie und die moderne marxistische Imperialismustheorie.

Die traditionelle Entwicklungstheorie, die in den fünziger und sechziger Jahren entwickelt wurde, hat die Entwicklungspolitik lange Zeit entscheidend geprägt. Die in dem 1969 der Weltbank vorgelegten Pearson-Bericht kodifizierte Denkweise befürwortet ein rasches wirtschaftliches Wachstum der Entwicklungsländer, das insbesondere durch eine hohe Kapitalbildung innerhalb der Entwicklungsländer sowie durch Direktinvestitionen, Kapitalhilfe und Technologietransfer aus den Industrieländern gefördert werden soll. Ausbreitungseffekte würden gewährleisten, daß das wirtschaftliche Wachstum auch den einkommensschwachen Bevölkerungsschichten und den zurückgebliebenen Regionen zugutekäme.

Grundgedanke der traditionellen Entwicklungstheorie ist – mit Ausnahme der in B I 5 vorgestellten Theorien – die Vorstellung, daß die Entwicklungsländer sich im Übergang von einer traditionellen, wenig produktiven zu einer modernen, wirtschaftlich entwickelten Gesellschaft befinden. Als historische Nachzügler würden sie dabei den Entwicklungspfad nachvollziehen, den die heutigen Industrieländer in der Vergangenheit beschritten haben. Entwicklung wird dabei in erster Linie als eine Frage des Wirtschaftswachstums angesehen. Durch eine Gegenüberstellung der sozio-ökonomischen Strukturen der Entwicklungsländer mit denen der Industrieländer werden jeweils partielle Faktoren identifiziert, die den Wachstumsprozeß der Entwicklungsländer behindern würden und durch deren Abbau der Übergang zu einer modernen Gesellschaft beschleunigt werden könnte. Je nachdem, auf welchem Wachstumsengpaß die Betonung gelegt wird, können verschiedene Theorieansätze unterschieden werden. Sie lassen sich in mehreren Gruppen zusammenfassen: in Theorien, welche Unterentwicklung aus der unzureichenden Ausstattung mit materiellen Faktoren, insbesondere aus dem Kapitalmangel, heraus erklären, in sozialpsychologische Theorien und in Stufentheorien. Letztere gehen davon aus, daß der Wachstumsprozeß der Industrieländer in verschiedenen Wirtschaftsstufen erfolgt und daß deren Abfolge durch eine bestimmte Veränderung gesellschaftlicher und wirtschaftlicher Strukturen gekennzeichnet sei. Durch Einleitung eines »entwicklungsadäquaten« Strukturwandels könnten die Entwicklungsländer ihren Entwicklungsprozeß beschleunigen. Nach Auffassung einer weiteren Gruppe von Theorien, den Dualismustheorien, die von dem Nebeneinander eines traditionellen und eines modernen Sektors ausgehen, würde der Strukturwandel sich so vollziehen, daß durch Ausdehnung des modernen Sektors der traditionelle Bereich kontinuierlich zurückgedrängt wird. Voraussetzung für eine Modernisierung der Gesellschaft sei die Zuführung von Kapital, Technologien und Unternehmern aus den Industrieländern. (Die traditionellen Theorien werden aufgrund ihrer strategischen Implikationen auch als Modernisierungstheorien bezeichnet).

Ein Teil derjenigen theoretischen Ansätze, die Unterentwicklung mit der unzureichenden Faktorausstattung erklären, verweisen – wie die klassische Entwicklungstheorie – auf die *natürlichen Ressourcen* (Rohstoffvorkommen, Bodenbeschaffenheit und klimatische Bedingungen) als Wachstumshindernis. Länder mit einer geringen *Rohstoffbasis* könnten keine, auf der Rohstoffgewinnung aufbauende Verarbeitende Industrie errichten oder Rohstoffe zur Erzielung von Deviseneinnahmen exportieren. Zu dieser Argumentation läßt sich anführen, daß Rohstoffvorkommen als Wachstumsgrundlage nicht überbewertet werden sollten. Länder wie Dänemark, Holland, Schweiz und Japan, aber auch Taiwan, Hongkong und Singapur haben gezeigt, daß auch ohne größere mineralische Rohstoffvorkommen ein relativ hohes Sozialprodukt erwirtschaftet werden kann. Auch ist zu berücksichtigen, daß die Entwicklungsländer mit mineralischen Rohstoffen nicht schlechter ausgestattet sind als die Industrieländer. In der zweiten Hälfte der siebziger Jahre verfügten sie (einschließlich China u. a.) über knapp 80 v. H. der Weltrohölreserven, 45 v. H. der Welterdgasreserven und 32 v. H. der Weltsteinkohlereserven sowie über einen beträchtlichen Anteil der Weltreserven an mineralischen Rohstoffen (ohne Energierohstoffe) (vgl. Tabellen 16 und 17). Eine Reihe von Entwicklungsländern, insbesondere im südasiatischen Raum, besitzt allerdings kaum nennenswerte Rohstoffvorräte.

Eine andere These lautet, daß die Entwicklungsländer nur in geringem Umfang fruchtbaren *Boden* besäßen und von daher die landwirtschaftliche Entwicklung behindert würde. Auch diese These trifft nur in geringem Maße zu. Natürliche Grenzen für die Agrarentwicklung sind nur insoweit gegeben, als durch extreme Hitze und Feuchtigkeit die Bodenqualität beeinträchtigt wird. Die eigentliche Ursache für die unzureichende Agrarproduktion liegt aber in der ineffizienten Bodennutzung. Durch eine übermäßige Ausdehnung der Anbauflächen, die Nichteinhaltung von Brachzeiten, die unzureichende Abstimmung der Bepflanzungsfolgen usw. wird die Fruchtbarkeit des Bodens gemindert. Die vorherrschende Bodenbesitzstruktur, die für die Landwirtschaft ungünstigen Terms of Trade, der damit verbundene Kapitalabfluß aus dem Agrarsektor usw. verhindern darüber hinaus häufig eine intensive Bodenbewirtschaftung und eine Steierung der landwirtschaftlichen Erträge durch Einsatz von Düngemitteln, Maschinen und Geräten sowie durch die Anlage von Bewässerungssystemen.

Tabelle 16:
Die Weltreserven an mineralischen Energierohstoffen

Rohstoff	(Jahr)	Einheit	Welt insgesamt[1]	Industrieländer	Entwicklungsländer[1]	Zentralverwaltungswirtschaften	Wichtigste Reserveländer unter den Entwicklungsländern					
Steinkohle	(var.)	Mill. t	1 076 661	532 994	338 878	204 598	China	300 000	Indien	21 365	Mexiko	5 316
		v. H.	100,0	49,5	31,5	19,0		27,9		2,0		0,5
Braunkohle	(var.)	Mill. t	340 387	154 415	7 368	178 604	Türkei	2 702	Indonesien	1 960	Indien	1 795
		v. H.	100,0	45,3	2,2	52,5		0,8		0,6		0,5
Rohöl	(1977)	Mill. t	74 587	7 542	58 728	8 317	Saudi-Arabien	18 527	Kuwait	10 277	Iran	6 407
		v. H.	100,0	10,1	78,7	11,2		20,8		13,8		8,6
Erdgas	(1977)	Mrd. m^3	63 108	12 314	28 308	22 486	Iran	10 574	Algerien	3 468	Saudi-Arabien	1 860
		v. H.	100,0	19,5	44,9	35,6		16,8		5,5		2,9
Uran[2]	(1978)	t	1 647 300	1 350 100	292 700	4 500	Niger	160 000	Indien	29 800	Algerien	28 000
		v. H.	100,0	81,9	17,8	0,3		9,7		1,8		1,7

1 Einschließlich China, Volksrepublik Korea, Demokratische Volksrepublik Vietnam, Mongolei.
2 Ohne die unter 1 aufgeführten Länder und ohne Zentralverwaltungswirtschaften (Ausnahme: Jugoslawien).

Quelle: United Nations, Statistical Yearbook 1978, New York 1979, S. 183ff.

Tabelle 17:
Die Weltreserven an mineralischen Rohstoffen (ohne Energierohstoffe), 1979

Rohstoffe	Insgesamt 1000 t	Anteil an den Weltreserven in v.H.		
		Industrieländer	Entwicklungsländer	Zentralverwaltungswirtschaften[1]
Antimon	4 290	17,3	75,3	7,4
Asbest	145 300	62,6	6,1	31,3
Baryt	97 976	36,1	51,9	12,0
Bauxit	17 284 000	30,8	67,3	1,9
Blei	174 900	60,8	22,0	17,2
Chromit	3 341 000	68,7	30,7	0,6
Eisen	93 077 000	33,1	34,9	32,0
Flußspat	103 700	50,0	41,4	8,6
Kobalt	3 665	10,2	84,3	5,5
Kupfer	456 300	30,2	58,7	11,1
Mangan	1 826 700	52,7	9,8	37,5
Molybdän	7 856	50,8	40,5	8,7
Nickel	82 030	19,4	69,3	11,3
Phosphat	25 820 000	26,1	71,0	2,9
Vanadium	9 698	21,9	3,3	74,8
Wolfram	2 033	22,5	66,9	10,9
Zinn	10 000	8,8	85,1	6,1
Zink	185 260	65,4	20,0	14,6

1 Einschließlich China, Volksrepublik Korea, Dem. Volksrepublik Vietnam, Mongolei.

Quelle: Bundesanstalt für Geowissenschaften und Rohstoffe, zitiert nach: BMZ, Vierter Bericht zur Entwicklungspolitik der Bundesregierung, Bonn 1980, S. 91.

Als Ursache für die Unterentwicklung werden schließlich die *klimatischen Bedingungen* der Entwicklungsländer, die überwiegend in den tropischen und subtropischen Zonen liegen, angeführt. Während die These, daß das Klima der Entwicklungsländer die Leistungsbereitschaft und die Arbeitsfähigkeit der Menschen mindert, bestritten wird (Lee), werden die negativen Auswirkungen des Klimas auf Ackerbau und Viehzucht in bestimmten Bereichen anerkannt (Lambert, S. 50). Allerdings wird betont, daß durch eine Anpassung der Anbaumethoden an die klimatischen Bedingungen die ungünstigen Einflüsse weitgehend vermieden werden können.
Als eine der wichtigsten Ursachen der Unterentwicklung wird häufig das *Bevölkerungswachstum* in Entwicklungsländern angesehen. Seit 1920, insbesondere aber seit Anfang der fünfziger Jahre, beschleunigte sich das Bevölkerungswachstum in den Entwicklungsländern rasch. Diese Entwicklung war die Folge eines durch die Anwendung der medizinischen und hygienischen Kenntnisse der Industrieländer bedingten Rückgangs der Sterberaten, während die Geburtenhäufigkeit – oder genauer gesagt, die Fruchtbarkeit – noch auf einem hohen Niveau verharrte. Zwischen 1970 und 1975 wuchs die Bevölkerung der Entwicklungsländer um jährlich 2,6 v. H. (bzw. 2,3 v. H. einschließlich China u. a.). Demgegenüber betrug die jährliche Wachstumsrate der Bevölkerung in Europa nur 0,6 v. H. und in

Nordamerika 0,7 v. H. (United Nations 1977, S. 110ff.). Bis zum Jahre 2000 wird die Bevölkerung von 4 Mrd. (1975) auf etwa 6,5 Mrd. Menschen ansteigen, von denen knapp 80 v. H. in den Entwicklungsländern leben werden (World Bank, S. 8).

Über die Bedeutung des Bevölkerungswachstums für den Entwicklungsprozeß bestehen weitreichende Meinungsverschiedenheiten. Sicherlich kann die rasche Bevölkerungszunahme in den Entwicklungsländern nicht als die Hauptursache oder eine der wichtigsten Ursachen der heutigen Unterentwicklung der Länder der Dritten Welt gelten. Der Prozeß der Unterentwicklung setzte weit vor dem Zeitpunkt ein, zu dem sich das Bevölkerungswachstum der Entwicklungsländer beschleunigte. Auch bliebe zu erklären, warum der Bevölkerungsanstieg in den Industrieländern nach der industriellen Revolution die wirtschaftliche Entwicklung dort nicht entsprechend behinderte. Auf der anderen Seite kann kaum bestritten werden, daß die »Bevölkerungsexplosion« in vielen Entwicklungsländern den Entwicklungsprozeß ungünstig beeinflußt. Das Sozialprodukt verteilt sich nicht nur auf mehr Menschen, auch das wirtschaftliche Wachstum wird beeinträchtigt. Länder mit einer hohen Geburtenrate weisen eine Altersstruktur auf, in der viele Kinder und Jugendliche einem relativ kleinen Arbeitspotential (Bevölkerung im erwerbsfähigen Alter) gegenüberstehen. Die demographisch bedingte Versorgungslast der Gesellschaft ist höher als in Ländern mit einer niedrigeren Geburtenrate. Durch die hierdurch gebundenen Ressourcen wird die Möglichkeit zur Kapitalbildung reduziert.

Neben dem Wachstumsziel wird auch die Realisierung anderer entwicklungspolitischer Ziele durch ein schnelles Bevölkerungswachstum in Mitleidenschaft gezogen. Da die einzelnen Familien einen höheren Anteil ihrer Einkünfte für den Unterhalt der Kinder aufwenden müssen, können sie ihren Kindern häufig nur eine kurze oder gar keine Ausbildung zukommen lassen. Auch der Staat, der seine Ausgaben auf mehr Menschen verteilen muß, wird Umfang und Qualität seiner Infrastrukturleistungen (Gesundheitsversorgung, Ausbildung usw.) pro Kopf der Bevölkerung einschränken. Mit dem raschen Bevölkerungswachstum vergrößern sich weiterhin die Beschäftigungsprobleme. Darüber hinaus nimmt der Bedarf an Nahrungsmitteln zu. Die pro Kopf der Bevölkerung zur Verfügung stehende Ackernutzfläche vermindert sich und reicht in den bevölkerungsreichen Ländern nicht mehr aus, um die Nahrungsmittelversorgung zu gewährleisten. Die Landflucht nimmt zu. Von den negativen Auswirkungen des raschen Bevölkerungswachstums sind vor allem die ärmsten Bevölkerungsschichten betroffen (World Bank, S. 23ff.).

Als das entscheidende Wachstumshindernis gilt in der traditionellen Entwicklungstheorie der *Kapitalmangel.* Als Kapital bezeichnet man in diesem Zusammenhang jenen Teil des Produktionsergebnisses früherer Perioden, der zur Produktionserstellung in der betrachteten Periode beiträgt. Insofern ist Kapital der Oberbegriff aller produzierten Produktionsmittel. Ohne vermehrten Kapitaleinsatz läßt sich wirtschaftliches Wachstum schwer vorstellen. Durch die Kapitalakkumulation wird der Produktionsapparat erweitert und damit die Voraussetzung für eine Produktionsausdehnung geschaffen. Während bis Ende der fünfziger Jahre wirtschaftliches Wachstum vor allem auf die Erweiterung des direkt produktiven Sachkapitals, d.h. der Produktionsanlagen der Wirtschaft, zurückgeführt wurde, wird seitdem die Bedeutung des Humankapitals und der Infrastrukturausstattung für den Wachstums- und Entwicklungsprozeß zunehmend betont (Schultz; Hirschman; Jochimsen 1966). Der Begriff Humankapital bezeichnet die physische und geistige Leistungsfähigkeit, den Bildungs- und Ausbildungsstand sowie das durch »learning by doing« erworbene Know-how der Erwerbsbevölkerung. Unter der Infrastruktur werden diejenigen öffentlichen Einrichtungen verstanden, die Vorleistungen für die direkt produktiven Aktivitäten erbringen und ohne die eine funktionsfähige Wirtschaft nicht denkbar ist. Hierzu zählen das Verkehrs- und Nachrichtenwesen, die Energie- und Wasserversorgung, Be- und Entwässerungsanlagen, das Ausbildungs- und Forschungs- sowie das Gesundheitswesen. Alle Kapitalarten sind in Entwicklungsländern überwiegend knapp. Besonders hervorstechend ist aber der Mangel an qualifizierten Arbeitskräften (Facharbeitern, Ingenieuren, Managern usw.). Auch die Infrastrukturausstattung ist weitgehend unzureichend (vgl. AV sowie Kebschull, Fasbender, Naini, S. 54ff.).

Zur Erklärung des Kapitalmangels in Entwicklungsländern sind verschiedene Ursachen angeführt worden. Im Vordergrund steht die mit dem Namen von Nurkse verbundene Ursachenkonstellation, die nach dem Prinzip der zirkulären Verursachung wirkt. Zirkuläre Verursachung bedeutet, daß bestimmte ökonomische Größen sich in wechselseitiger Abhängigkeit derart beeinflussen, daß das Ergebnis der Verursachung auf die Ursachen zurückwirkt. Die unzureichende Kapitalbildung in Entwicklungsländern wird mit den beiden folgenden »circuli vitiosi« (Teufelskreise) erklärt:

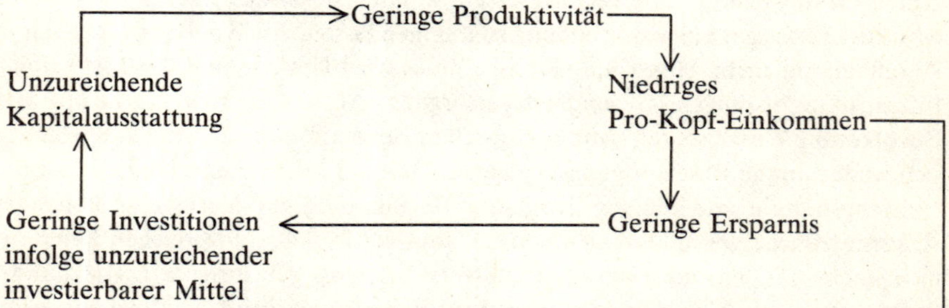

Als Folge des niedrigen Pro-Kopf-Einkommens wird zum einen wenig gespart. Die Investitionsmittel sind knapp. Von daher ist die Möglichkeit, durch eine stärkere Kapitalbildung die Produktivität zu steigern und damit das Pro-Kopf-Einkommen zu erhöhen, begrenzt. Das niedrigere Pro-Kopf-Einkommen hat zum anderen zur Konsequenz, daß die Nachfrage gering ist. Durch die Enge der Märkte bieten sich nur wenig profitable Investitionsmöglichkeiten. Auch aus diesem Grunde unterbleiben produktivitäts- und einkommenssteigernde Investitionen.

Der von Nurkse angeführte Begründungszusammenhang reicht zur Erklärung der Kapitalknappheit in Entwicklungsländern aus mehreren Gründen nicht aus:

- Das Pro-Kopf-Einkommen ist zwar eine wichtige Determinante der Sparfähigkeit, andere Einflußgrößen sind aber für die tatsächliche Höhe der Kapitalbildung ebenfalls von Bedeutung. Hierzu zählen u.a. die personelle Einkommensverteilung, das Konsumverhalten der einzelnen Bevölkerungsschichten (feudaler Lebensstil der Landoligarchie, Nachahmung des Konsumstils der Industrieländer durch die Oberschichten), der Ausbau der finanziellen Infrastruktur, insbesondere in ländlichen Regionen, sowie – für die Höhe der öffentlichen Ersparnis – das Steuersystem und das Niveau der staatlichen Konsumausgaben. Der Einfluß dieser Determinanten auf die Kapitalbildung wird von Hemmer (S. 141ff.) und Hesse/Sautter (S. 44 ff.) untersucht.
- Darüber hinaus geht Nurkse vom Modell einer geschlossenen Wirtschaft aus. Er berücksichtigt nicht, daß ein Teil des im Inland gebildeten Kapitals ins Ausland abfließt und daß andererseits ausländisches Kapital zufließt. Das zur Verfügung stehende Kapitalangebot hängt somit nicht unwesentlich von den internationalen Kapitalbewegungen ab.
- Mit der Kapitalnachfrage wird zwar eine wichtige Determinante der Kapitalbildung berücksichtigt. Die Größe des Binnenmarktes, die die Kapitalrentabilität und damit die Investitionsbereitschaft bestimmt, kann aber nicht allein mit der Höhe des Pro-Kopf-Einkommens erklärt werden, sondern hängt auch von der Einkommensverteilung und damit der Konsumstruktur sowie vom Verflechtungsgrad der Wirtschaft ab (Hesse, Sautter, S. 50ff.). Außerden werden die in einem Land vorhandenen Investitionsmöglichkeiten nicht nur von der Größe der Binnenmärkte, sondern auch von der Wettbewerbsfähigkeit auf den Exportmärkten bestimmt.
- Der wichtigste Kritikpunkt richtet sich gegen die Teufelskreisargumentation, nach der die mangelnde Kapitalbildung auf das niedrige Pro-Kopf-Einkommen zurückgeführt wird, gleichzeitig aber die Höhe des Pro-Kopf-Einkommens bestimmt. Hier wird ein mechanistischer Wirkungszusammenhang unterstellt, der keine endogenen Veränderungen der makro-ökonomischen Größen zuläßt. Ein Ausbruch aus dem »circulus vitiosus« kann somit nur von außen (z.B. durch Entwicklungshilfe) herbeigeführt werden. Ein solch starrer Wirkungszusammenhang widerspricht den zu beobachtenden Abläufen sozio-ökonomischer Prozesse. Sie weisen weder einen stationären, noch einen stetigen, spiralförmig nach oben gerichteten Verlauf auf, wie er eintreten müßte, wenn der Teufelskreis erst einmal durch Kapitalzufuhr von außen durchbrochen wäre. Die Teufelskreistheorie kann nicht erklären, wieso es den Industrieländern gelungen ist, ihren »circulus vitiosus« zu durchbrechen, während die Entwicklungsländer nach wie vor auf einem relativen niedrigen Niveau des Pro-Kopf-Einkommens verharren.

2. Sozialpsychologische Theorien

Gegenstand der bisher vorgestellten Theorieansätze waren die natürlichen Bedingungen und die Ausstattung der Entwicklungsländer mit Produktionsfaktoren.

Den Einfluß sozialer Strukturen und individueller bzw. gruppenspezifischer Verhaltensnormen auf den Entwicklungsprozeß analysiert die Entwicklungssoziologie (Zapf). Aus dem breiten Spektrum der Entwicklungssoziologoie sollen die Arbeiten von Hoselitz und McClelland, die zur Erklärung der Unterentwicklung häufig herangezogen werden, kurz vorgestellt werden. Entsprechend dem Grundgedanken der traditionellen Entwicklungstheorie vergleichen sie die sozialen Strukturen und Verhaltensmuster der Entwicklungsländer mit denen der Industrieländer und machen Abweichungen für die Unterentwicklung verantwortlich. Übereinstimmend halten sie den Mangel an schöpferischen Persönlichkeiten in Entwicklungsländern für das größte Entwicklungshemmnis. Sie stehen damit in der Tradition von M. Weber und Schumpeter, die den dynamischen Unternehmer als den Motor der wirtschaftlichen Entwicklung erachten.

Hoselitz' Theorie der sozialen Abweichung versucht, gestützt auf Parsons, die Grundfunktionen von Sozialsystem mit alternativen Verhaltensmustern zu erklären. Er beschränkt sich dabei auf abweichendes Verhalten in den Bereichen, die für die Produktion und Verteilung von Gütern und Dienstleistungen relevant sind. Das Sozialverhalten in Entwicklungsländern ist nach Hoselitz geprägt durch traditionell vorgegebene Rollenzuweisungen (z.B. Stellenbesetzung nach Maßgabe des sozialen Standes einer Person, nicht aber nach Leistungskriterien), durch partikularistische Normen (z.B. Zuweisung öffentlicher Mittel an Verwandte, nicht an durch Leistung ausgewiesene Empfänger) und durch funktionelle Diffusität (z.B. geringen Grad der Arbeitsteilung). Demgegenüber herrschten in den Industrieländern Leistungsnormen, Universalismus und funktionale Spezifizität vor. Dadurch hätten diese Länder einen hohen Stand der wirtschaftlichen Entwicklung erreicht. Wirtschaftliche Entwicklung in den Entwicklungsländern setzt nach Hoselitz eine Änderung des Sozialverhaltens voraus. Diese könne insbesondere durch den kapitalistischen Unternehmer ausgelöst werden. Als Prototyp des sozialen Abweichlers bricht der Unternehmer in gewissem Sinne mit der bestehenden Ordnung und läuft den vorherrschenden sozialen Wertvorstellungen zuwider. Dadurch wiederum ruft er Veränderungen der Verhaltensweisen anderer gesellschaftlicher Gruppen hervor und leitet einen sozialen Wandel ein (Hoselitz, S. 36ff.).

Gegen den theoretischen Ansatz von Hoselitz lassen sich erhebliche Einwände vorbringen. Wie Frank gezeigt hat, traf man die für die Entwicklungsländer typischen Verhaltensweisen auch in den Industrieländern an und findet sie zum Teil noch heute vor. Die Annahme, daß Gesellschaften in Bezug auf die obigen Verhaltensweisen homogen seien, läßt sich damit nicht aufrechterhalten. Darüber hinaus werden die Verhaltensweisen ohne Berücksichtigung der wirtschaftlichen, sozialen und politischen Strukturen analysiert. Schließlich wird nicht erklärt, wie Unternehmerpersönlichkeiten entstanden sind bzw. entstehen. Damit aber sind entwicklungsfördernde Maßnahmen aus dem Ansatz von Hoselitz nicht ableitbar.

Anders als Hoselitz interessierte sich *McClelland* nicht für soziale Verhaltensmuster, sondern für die psychologischen Determinanten des individuellen Handelns. Seine zentrale These lautet, daß die Höhe des wirtschaftlichen Wachstums mit der Leistungsmotivation der Individuen in einer Gesellschaft korreliert ist. Das Leistungsbedürfnis resultiert dabei nicht aus dem Streben nach sozialer Anerkennung, sondern aus dem Wunsch, durch Leistung die eigene Zufriedenheit zu erhöhen. Auch das unternehmerische Verhalten wird nicht durch Profitstreben bestimmt, sondern ist intrinsisch motiviert. Die individuelle Leistungsmotivation hängt nach McClelland von der Erziehung zur Selbständigkeit in der Kindheit ab.

Der theoretische Ansatz von McClelland ist zur Erklärung der Unterentwicklung der Länder der Dritten Welt weitgehend ungeeignet. Zwar kann nicht geleugnet werden, daß zwischen Leistungsmotivation und wirtschaftlichem Wachstum ein Zusammenhang besteht. Die Bedeutung von Motivationen für die Entwicklung wird aber überbetont. Die eigentlichen Wachstumsdeterminanten, die Wirtschafts- und Sozialstruktur der Entwicklungsländer, die unvorteilhafte Einordnung in die weltwirtschaftliche Arbeitsteilung usw. werden demgegenüber vernachlässigt. Darüber hinaus wird das Leistungsstreben selbst nur unzureichend erklärt. Es kann nicht allein auf die Kindererziehung zurückgeführt werden, sondern muß aus einer Vielzahl wirtschaftlicher, sozialer, politischer und kultureller Faktoren abgeleitet werden. Außerdem wird nicht dargelegt, wodurch die dem wirtschaftlichen Wachstum vorausgehende Änderung der Erziehungspraktiken ausgelöst wird. Ebenso wie Hoselitz bietet McClelland kaum Ansatzpunkte für entwicklungspolitische Maßnahmen. Veränderungsstrategien, die den Status quo überwinden könnten, werden nicht entwickelt. Insgesamt gesehen erfüllt die Theorie McClellands die ideologische Funktion, die Entwicklungsunterschiede zwischen Entwicklungsländern und Industrieländern als moralisch – durch Leistungsunterschiede – gerechtfertigt erscheinen zu lassen und gleichzeitig von den ökonomischen und politischen Ursachen der Unterentwicklung abzulenken (Hauck, S. 47ff.).

3. Stufentheorien

Stufentheoretische Ansätze zur Erklärung von Entwicklungsprozessen innerhalb der wirtschaftshistorischen Forschung haben eine lange Tradition. Ihre größte Bedeutung erreichten sie im 19. Jahrhundert durch die deutsche historische Schule. In jüngerer Zeit haben sie Eingang in die Entwicklungsländerforschung gefunden. Die meiste Aufmerksamkeit hat die Arbeit von Rostow erlangt.

Rostow analysiert den historischen Verlauf des Entwicklungsprozesses der heutigen Industrieländer und teilt ihn in idealtypische Wirtschaftsstufen ein. Der Übergang von einer Wirtschaftsstufe zur anderen ist dabei durch die Veränderung entwicklungsrelevanter sozio-ökonomischer Strukturen gekennzeichnet. Rostow geht von der Annahme aus, daß die Gesetzmäßigkeiten, die den Entwicklungsprozeß der Industrieländer bestimmt haben, auch für die einsetzende Entwicklung der Entwicklungsländer Gültigkeit hätten. Die Länder der Dritten Welt würden den Entwicklungspfad nachvollziehen, den die Industrieländer vor ihnen beschritten haben. Der Entwicklungspolitik käme dabei die Aufgabe zu, die Entwicklungshemmnisse, die den Übergang zur nächsten Wirtschaftsstufe behinderten, zu beseitigen.

Rostow unterteilt den Entwicklungsprozeß in fünf Wachstumsstadien:

- die traditionelle Gesellschaft;
- die Übergangsperiode;
- die Phase des wirtschaftlichen Aufstiegs (»take-off«);
- die Entwicklung zum Reifestadium;
- das Zeitalter des Massenkonsums.

Mit einer dieser fünf Wachstumsstadien läßt sich nach Rostow die sozio-ökonomische Lage jeder Gesellschaft charakterisieren.
Die traditionelle Gesellschaft ist dadurch gekennzeichnet, daß nur überlieferte technische und wirtschaftliche Verfahren (die sogenannten Vornewtonsche Wissenschaft und Technik) Anwendung finden. Die Außenwelt wird nicht systematisch erforscht. Moderne Techniken sind entweder nicht bekannt oder werden nicht genutzt. Die Produktivität stößt von daher an eine Obergrenze. In diesen Gesellschaften dominiert der Agrarsektor. Die politische Macht liegt in den Händen der Grundbesitzer. In der hierarchischen Sozialstruktur spielen Familien- und Stammesverbindungen die zentrale Rolle. Das Wertsystem ist durch Fatalismus geprägt.
In der Übergangsperiode werden die Voraussetzungen für den wirtschaftlichen Aufschwung geschaffen. Die traditionellen sozio-ökonomischen Strukturen und Verhaltensweisen werden durch externe Einflüsse aufgebrochen. Wirtschaftlicher Fortschritt und die Anwendung moderner Techniken werden zunehmend befürwortet. Es entsteht ein neuer Unternehmertypus, der bereit ist, Ersparnisse anzulegen und Risiken zu tragen, um Gewinne zu erzielen. Wirtschaftlicher Strukturwandel setzt ein. Banken werden errichtet, Industriebetriebe entstehen, die Infrastruktur wird ausgebaut und der Handel erweitert. Gleichzeitig wird ein zentral regierter Nationalstaat aufgebaut. Trotz dieser Veränderungen sind die traditionellen Strukturen und Wertvorstellungen noch vorherrschend.
In der sich anschließenden Phase des wirtschaftlichen Aufstiegs (»take-off«) vollzieht sich der Durchbruch zur modernen Gesellschaft. Die traditionellen Kräfte werden zurückgedrängt. Wirtschaftliche und gesellschaftliche Veränderungen schaffen die Voraussetzungen für ein stetiges Wirtschaftswachstum. Die Investitions- und Sparquoten steigen von bisher 5 v. H. auf 10 v. H. und mehr an. Es entstehen neue Industrien mit hohen Wachstumsraten, die wiederum wirtschaftliches Wachstum in anderen Sektoren induzieren. Neue Techniken werden sowohl in der Industrie als auch in der Landwirtschaft eingesetzt und erhöhen die Produktivität. Mit dem Ausbau der materiellen, personalen und institutionellen Infrastruktur und insbesondere der für die Mobilisierung inländischer Kapitalmittel notwendigen finanziellen Infrastruktur werden die Voraussetzungen für ein kontinuierliches Wirtschaftswachstum geschaffen.
Während der Entwicklung zum Reifestadium wird die moderne Technik auf alle wirtschaftlichen Aktivitäten ausgedehnt. Etwa 10 bis 20 v. H. des Volkseinkommens werden investiert. Das Pro-Kopf-Einkommen steigt ständig. Neue Techniken werden entwickelt, weitere Industrien wachsen heran. Der Außenhandel wird ausgedehnt. Ungefähr 50 Jahre nach dem Beginn der »take-off«-Periode bzw. 40 Jahre nach ihrem Abschluß wird das Reifestadium erreicht.

Das letzte Wachstumsstadium ist das Zeitalter des Massenkonsums. Das reale Pro-Kopf-Einkommen hat ein Niveau erreicht, das es der Masse der Bevölkerung gestattet, über den täglichen Grundbedarf hinaus dauerhafte Konsumgüter und Dienstleistungen zu kaufen. Es werden vermehrt Mittel für soziale Wohlfahrt und Sicherheit bereitgestellt. Die Entwicklung zum Wohlfahrtsstaat hat eingesetzt.

Die Rostow'sche Stufentheorie hat die entwicklungspolitische Konzeption der Industrieländer über viele Jahre geprägt. Durch internationale Kapitalhilfe und private Direktinvestitionen sollte der »take-off« der Entwicklungsländer herbeigeführt werden. Die Theorie wurde aber auch heftig kritisiert. Gegenstand der *Kritik* sind zum einen die Kriterien, mit denen Rostow die einzelen Wachstumsstadien charakterisiert. Die Kriterien sind mit Ausnahme der Investitionsquote weder empirisch überprüfbar noch eindeutig definiert. Sie lassen eine genaue Abgrenzung der jeweiligen Wachstumsstufen und die Zuordnung einzelner Länder zu bestimmten Stadien nicht zu (Kuznets, S. 24). Damit aber läßt sich nicht feststellen, ob die Entwicklungsverläufe der Industrieländer den zugrundegelegten Stufenabfolgen entsprechen. Des weiteren ist der postulierte Determinismus der Wirtschaftsabläufe zu kritisieren. Es ist nicht einzusehen, daß sowohl sozialistische wie kapitalistische Wirtschaften und daß Länder mit unterschiedlicher Wirtschaftspolitik den gleichen Entwicklungspfad durchlaufen müssen. Insbesondere Gerschenkron hat diese Auffassung kritisiert und betont, daß Spätentwickler z.B. durch einen staatlich initiierten »big push« das Wachstumstempo beschleunigen könnten.

Der Haupteinwand aber richtet sich dagegen, daß Rostow die Lehren, die er aus dem Entwicklungsprozeß der Industrieländer zieht, auf die Entwicklungsländer überträgt und folgert, daß letztere sich entsprechend dem Muster der Industrieländer entwickeln werden. Abgesehen von dem sich darin ausdrückenden Ethnozentrismus verkennt Rostow, daß die heutige Situation der Entwicklungsländer eine andere ist als die der Industrieländer zu Beginn ihres Aufschwungs. Das Pro-Kopf-Einkommen vieler Entwicklungsländer ist um mehr als die Hälfte niedriger als das der Industrieländer vor ihrem »take-off«. Die Landwirtschaft weist eine geringere Produktivität auf. Die Bevölkerung wächst weitaus schneller. Viele Länder müssen sich als Nationalstaaten noch konsolidieren usw. (Meier, S. 112ff.; Myrdal 1972, S. 20ff.). Darüber hinaus sind die Entwicklungsländer – anders als die Industrieländer früher – den Einflüssen bedeutend weiter entwickelter Länder ausgesetzt, wodurch die Art ihres Entwicklungsprozesses verändert wird. Die Koexistenz von stärker entwickelten und weniger entwickelten Ländern ermöglicht es letzteren, das technische Wissen, die finanziellen Mittel usw. der weiter entwickelten Länder zu ihrem Vorteil zu nutzen. Auf der anderen Seite sind sie Impulsen ausgesetzt, die ihren Entwicklungsprozeß negativ berühren. Hierzu zählen u.a. die Übertragung ungeeigneter Technologien und Institutionen, die Verdrängung heimischer Handwerksbetriebe durch ausländische Direktinvestitionen, der »brain-drain«, die Kapitalflucht usw. (Streeten, S. 3ff.). Je größer der Abstand im Entwicklungsniveau und je stärker die Interdependenzen zwischen den Entwicklungsländern und den Industrieländern sind, desto weniger lassen sich die historischen »Gesetzmäßigkeiten« des Entwicklungsprozesses der Industrieländer auf die Entwicklungsländer übertragen und Schlußfolgerungen für die Entwicklungspolitik ziehen.

Nach Auffassung der Dualismustheorien sind die in den Entwicklungsländern zu beobachtenden dualistischen Wirtschafts- und Gesellschaftsstrukturen die wichtigste Ursache der Unterentwicklung. Diese Strukturen haben sich im Zuge des historischen Entwicklungsprozesses herausgebildet, indem der traditionelle Sektor durch einen modernen, von außen auf die Entwicklungsländer übertragenen Bereich zurückgedrängt wurde. Der Begriff des Dualismus bezieht sich auf eine Reihe sozio-kultureller und ökonomischer Erscheinungsformen. Im traditionellen Bereich herrscht die Großfamilie als Produktionseinheit vor. Die Produktion erfolgt überwiegend für den Eigenbedarf. Es werden Nahrungsmittel und einfache Gebrauchsgüter hergestellt. Die Arbeitsteilung ist wenig entwickelt. Einfache Produktionstechniken erfordern eine geringe Kapitalausstattung. Entsprechend niedrig ist die Arbeitsproduktivität. Die Bedürfnisse des einzelnen sind durch die Normen der Großfamilie geprägt. Sein Arbeitseinsatz dient der Befriedigung des Grundbedarfs der Großfamilie. Die Entlohnung entspricht der der anderen Familienmitglieder. Im Gegensatz dazu ist der moderne Sektor, der die Mittel- und Großbetriebe der Verarbeitenden Industrie, den Bergbau und die exportorientierte Landwirtschaft umfaßt, durch eine starke Arbeitsteilung gekennzeichnet. Moderne, kapitalintensive Produktionstechniken haben eine hohe Arbeitsproduktivität zur Folge. Es herrscht Lohnarbeit vor. Der Grad der Bedürfnisbefriedigung hängt von der Höhe des individuellen Arbeitseinkommens ab. Die Entlohnung entspricht dem wertmäßigen Grenzprodukt der Arbeitskräfte.
Je nachdem, welche Erklärungsansätze betont werden, kann zwischen dem soziokulturellen und dem wirtschaftlichen (technologischen) Dualismus unterschieden werden. Sofern wirtschaftsräumliche Aspekte im Vordergrund stehen, spricht man vom regionalen Dualismus.
Als erster entwickelte 1953 der Niederländer *Boeke,* seine Erfahrungen als Beamter in Indonesien verallgemeinernd, eine Theorie des *sozio-kulturellen Dualismus* für die Entwicklungsländer. Unter sozio-kulturellem Dualismus versteht Boeke die Existenz zweier Sozialsysteme, die sich insbesondere durch die sozialen Wertvorstellungen und die bestehenden Organisationsformen unterscheiden, innerhalb einer Gesellschaft. Das Sozialsystem des traditionellen Sektors ist u. a. durch folgende Eigenschaften gekennzeichnet: von der Gemeinschaft geprägte, begrenzte Bedürfnisse, mangelnden Geschäftsgeist, Fatalismus, fallende Angebotskurven der Wirtschaftssubjekte, einfache Tauschwirtschaft, Produktion überwiegend für den Eigenbedarf, niedriger Stand der Arbeitsteilung. Der moderne Sektor weist die entgegengesetzten Verhaltensweisen und Organisationsformen auf.
Der sozio-kulturelle Dualismus entsteht nach Boeke durch das Eindringen des westlichen Kapitalismus in die vorkapitalistischen Länder. Das importierte Sozialsystem wird aber von der traditionellen Gesellschaft nicht übernommen. Vielmehr wirken sich die Einflüsse des modernen Sektors negativ auf die Sozialstruktur der traditionellen Gesellschaft aus und führen zu einer Zerstörung der Dorfgemeinschaft. Die Folge ist eine dauerhafte soziale Desintegration und eine Verschlechterung der Lebensbedingungen im traditionellen Sektor. Boeke schlägt von daher

eine Politik vor, welche u.a. die negativen Einflüsse des modernen Sektors unterbindet, ohne daß sie die bestehenden dualistischen Strukturen und damit die Unterentwicklung des traditionellen Sektors überwinden könne.

Innerhalb der Theorie des *wirtschaftlichen Dualismus* sind verschiedene Erklärungsansätze entwickelt worden. Besondere Aufmerksamkeit hat der technologische Dualismus, d.h. die Aufspaltung der Wirtschaft in einen technologisch fortschrittlichen und einen technologisch rückständigen Sektor, gefunden. Während der moderne Sektor kapitalintensive Produktionstechniken aufweist und durch relativ fixe Produktionskoeffizienten charakterisiert ist, sind die Produktionsverfahren im traditionellen Bereich durch eine hohe Arbeitsintensität und variable Produktionskoeffizienten gekennzeichnet. Nach Higgins, einem Vertreter dieses Ansatzes, erklärt sich die hohe Kapitalintensität des modernen Sektors daraus, daß dieser aus Gründen der internationalen Wettbewerbsfähigkeit gezwungen ist, arbeitssparende Technologien aus den Industrieländern zu übernehmen. Dies hat zur Folge, daß im modernen Sektor trotz Produktionsausdehnung nur wenig zusätzliche Arbeitsplätze geschaffen werden. Der Anteil dieses Sektors an der Gesamtbeschäftigung sinkt. Infolge des Bevölkerungsanstiegs nehmen Arbeitslosigkeit und Unterbeschäftigung zu. Neben der technologischen Rigidität der Produktionsprozesse im modernen Sektor sind als weitere Ursachen des wirtschaftlichen Dualismus die institutionelle Unvollkommenheit der Faktormärkte, die oligopolistischen Strukturen der Produktmärkte und die Struktur der Konsumgüternachfrage als Folge der ungleichen Einkommensverteilung angeführt worden. Nach Jochimsen (1968) schließen sich diese Erklärungsansätze nicht aus, sondern lassen sich im Gegenteil zu einem Muster dualistischer Effekte des Wachstums zusammenfassen.

Vom Dualismus gehen unerwünschte entwicklungspolitische Folgen aus. Die zur Verfügung stehenden Produktionsfaktoren werden nicht effizient eingesetzt. Ein Ausgleich des wertmäßigen Grenzprodukts der Produktionsfaktoren zwischen den beiden Sektoren findet nicht statt. Für homogene Leistungen der Produktionsfaktoren werden nicht die gleichen Entgelte gezahlt. Das Sozialprodukt erreicht von daher nicht die Höhe, die bei Pareto-optimaler Ressourcenallokation möglich wäre. Neben der Beeinträchtigung des wirtschaftlichen Wachstums wirkt sich der wirtschaftliche Dualismus auch auf Beschäftigung und Einkommensverteilung negativ aus (Hemmer, S. 215ff.).

Die *Möglichkeit der Überwindung* des wirtschaftlichen Dualismus hängt von der Art der Beziehungen zwischen dem modernen und dem traditionellen Sektor ab. Während Boeke, aber auch (in bezug auf den regionalen Dualismus) Myrdal (1959) eine Verstärkung der dualistischen Spaltung der Wirtschaft im Entwicklungsprozeß unterstellen, halten die Theoretiker des wirtschaftlichen Dualismus es für wahrscheinlich, daß der Dualismus sich selbst aufhebt bzw. durch staatliche Maßnahmen abgebaut werden kann. Nach dem Modell von Lewis führt der Aufbau von Industrien im modernen Sektor zu einer Abwanderung von Arbeitskräften aus dem traditionellen Bereich. Wegen des Überangebots an Arbeitskräften werden die Industriearbeiter mit dem Existenzminimum entlohnt. Die Profite im modernen Sektor sind dementsprechend hoch. Durch eine rasche Kapitalakkumulation und den Aufbau weiterer Industrien werden zusätzliche Arbeitskräfte aus dem traditionellen Sektor abgezogen usw. Ab einer bestimmten Grenze wird durch die Landflucht die Produktivität im Agrarbereich erhöht. Diese Tatsache führt zur Kapitalbildung in der Landwirtschaft, zur Produktion zusätzlicher Nahrungsmittel und zur Entstehung von Märkten für Industrieerzeugnisse. Einen ähnlichen Verlauf des Entwicklungsprozesses unterstellt Higgins. Er betont jedoch, daß Arbeitsplätze im modernen Sektor nur durch den massiven Einsatz ausländischen Kapitals (»big push«-Strategie) geschaffen werden könnten. Im Gegensatz zu dem angebotsorientierten Ansatz von Lewis und Higgins hält Jochimsen (1968) nicht die Ausdehnung der Zahl industrieller Arbeitsplätze, sondern die Erhöhung des durchschnittlichen Realeinkommens im traditionellen Bereich und damit die Erweiterung der Nachfrage nach lebensnotwendigen Verbrauchsgütern für das auslösende Moment der Überwindung des Dualismus. Nicht der Industriesektor, sondern der Agrarsektor müßte primär gefördert werden. Der Übergang von Produktionsfaktoren aus der traditionellen Landwirtschaft in die Industrie ist danach Folge, nicht aber Ursache der Agrarmodernisierung.

Den Dualismustheorien kommt das Verdienst zu, für die Erklärung der Unterentwicklung die »strukturellen Brüche«, welche die Entwicklungsländer kennzeichnen, heranzuziehen. Andererseits weisen die Dualismustheorien eine Reihe von *Schwächen* auf. Indem sie die Unvollkommenheit der Märkte zur Ursache des dualistischen Entwicklungsprozesses erklären und sein Ergebnis an dem Paretooptimalen Gleichgewichtszustand messen, machen sie das realitätsferne und ideologiebehaftete Denksystem der neoklassischen Theorie zur Grundlage ihrer Analyse (Martinelli). Hieraus erklärt sich auch die weitgehende Ausklammerung von Macht- und Herrschaftsstrukturen in den Dualismustheorien. Darüber hinaus werden die zwischen dem modernen und dem traditionellen Sektor bestehenden Beziehungen nur unzureichend analysiert. Entweder gehen die Theorien von einer weitgehenden Isolation der Bereiche aus oder es wird – sieht man von Jochimsen (1968) ab – nur ein Transfermechanismus, wie insbesondere die Arbeitskräftewanderungen, berücksichtigt. Damit bleiben wichtige Beziehungen wie der Kapitaltransfer, der Güteraustausch usw. ausgeklammert. Hinzu kommt, daß mit Ausnahme von Boeke von der These ausgegangen wird, nach der die Förderung des modernen Sektors die Entwicklung des traditionellen Bereiches nach sich zieht. Vom modernen Sektor gehen aber nicht nur positive, sondern insbesondere auch negative Effekte aus. Kapital fließt aus dem traditionellen Sektor ab. Die am besten ausgebildeten Bevölkerungsgruppen wandern ab. Industriegüter des modernen Sektors verdrängen die Produkte der Kleinindustrie und des traditionellen Handwerks, usw. Angesichts der unzureichenden analytischen Erfassung der Wechselbeziehungen zwischen den Sektoren verwundert es kaum, daß die von der Dualismustheorie befürwortete einseitige Förderung der Industrie, die bis in die siebziger Jahre hinein die Entwicklungspolitik prägte, die Entwicklung der traditionellen Landwirtschaft nicht stimulierte. Ein weiterer wichtiger Einwand gegenüber den Dualismustheorien ist schließlich, sieht man von wenigen Ausnahmen wie z.B. Singer ab, darin zu sehen, daß die Einbeziehung der Entwicklungsländer in die internationale Arbeitsteilung von den Dualismustheorien vernachlässigt wird. Zwar wird anerkannt, daß der moderne Sektor von außen »übertragen« wurde, seine Funktionsweise wird aber weitgehend endogen erklärt. Völlig unberücksichtigt bleibt, daß auch der sogenannte traditionelle Sektor der Entwicklungsländer seit dem 16. Jahrhundert von den westeuropäischen Nationen in die sich herausbildende Weltwirtschaft einbezogen und auf die Bedürfnisse der dominierenden Wirtschaften ausgerichtet wurde. Hieraus folgt, daß Niveau und Struktur des Entwicklungsprozesses eines Landes nur adäquat analysiert werden können, wenn die außenwirtschaftlichen Beziehungen der einzelnen Wirtschaftsbereiche mit erfaßt werden.

5. Unterentwicklung und internationale Wirtschaftsbeziehungen

Innerhalb der traditionellen Entwicklungstheorien blieben bis gegen Ende der sechziger Jahre die außenwirtschaftlichen Beziehungen bei der Erklärung der Unterentwicklung weitgehend außer Betracht. Die Einbeziehung der Entwicklungsländer in die internationale Arbeitsteilung wurde, ausgehend von der neoklassischen Außenhandelstheorie als entwicklungsfördernd erachtet. Internationaler Freihandel führt nach dieser Theorie – zumindest in ihrer gröbsten Version – zu einem Faktorpreis – und damit Einkommensausgleich unter den Handelspartnern. Nur einige Autoren, wie u. a. Perroux, Prebisch und Myrdal, stellten schon damals die traditionelle Außenhandelstheorie in ihrer Gültigkeit für die Beziehungen zwischen Industrie- und Entwicklungsländern in Frage. Erst seitdem deutlich wurde, daß das internationale Entwicklungsgefälle trotz der Integration der Entwicklungsländer in die Weltwirtschaft sich vergrößerte, werden die Nachteile der internationalen Wirtschaftsbeziehungen für die Entwicklungsländer intensiver diskutiert. Ein Beispiel für die neuere entwicklungstheoretische Diskussion ist die Arbeit von Singer/Ansari.

Perroux versucht in seiner »Theorie der dominierenden Wirtschaft« die Benachteiligung der Entwicklungsländer beim Handel mit den Industrieländern auf die unterschiedlichen Machtpositionen zurückzuführen. Inwieweit eine Volkswirtschaft über eine stärkere Machtposition als eine andere Volkswirtschaft verfügt, wird durch die relative Größe ihres Weltmarktanteils sowie die Art ihrer wirtschaftlichen Aktivitäten, d. h. ihre Wirtschaftsstrukturen, bestimmt.

Vormachtstellungen begründen einen asymmetrischen, irreversiblen Einfluß auf die Art der Handelsbeziehungen. Sie können auf Unternehmensebene, auf staatlicher Ebene und zwischen diesen Ebenen auftreten. So können Unternehmen, die eine Monopolstellung einnehmen, ihren Monopolpreis gegenüber Nachfragern durchsetzen, oder der Staat macht seine Machtpositition bei der Festsetzung von Zolltarifen und Wechselkursen geltend. Indem die Industrieländer als dominierende Wirtschaftseinheiten »Vormachteffekte« ausüben, ziehen sie die wesentlichen Vorteile aus der internationalen Arbeitsteilung, während den Entwicklungsländern mögliche Außenhandelsgewinne entgehen. Gleichzeitig rufen sie über die Vormachteffekte Ungleichgewichte in den internationalen Wirtschaftsbeziehungen hervor. Der von der traditionellen Außenhandelstheorie unterstellte Zahlungsbilanzausgleichsmechanismus (Einkommens-, Wechselkurs- und Preismechanismus) wird von den dominierenden Wirtschaften außer Kraft gesetzt. Die

Zahlungsfähigkeit der Entwicklungsländer muß deshalb durch Entwicklungshilfe und Zahlungsbilanzhilfen aufrechterhalten werden (Perroux).
Gegen Perroux' Analyse der Macht in den internationalen Wirtschaftsbeziehungen lassen sich einige Einwände erheben. Perroux entwickelt keine Theorie im engeren Sinne, sondern liefert eher eine Beschreibung des Einflusses von Machtbeziehungen auf internationale Wirtschaftsabläufe. Der Begriff der Macht wird zu allgemein definiert. Die Ursachen von Machtveränderungen werden nicht hinreichend analysiert. Eine empirische Überprüfung der Theorie erfolgt nicht. Trotz dieser Einwände kommt Perroux das Verdienst zu, das in der Realität zu beobachtende Phänomen der politischen und wirtschaftlichen Macht und insbesondere die Fähigkeit des Staates, die Rahmenbedingungen des Außenhandels zu bestimmen, in die Analyse der Wirtschaftsbeziehungen zwischen Industrie- und Entwicklungsländer eingeführt zu haben (Jeck).
Der wohl bekannteste Versuch, die Unterentwicklung der Dritten Welt aus den internationalen Wirtschaftsbeziehungen abzuleiten, stammt von *Prebisch,* dem ehemaligen Generalsekretär der Economic Commission for Latin America (ECLA). Seine im Jahre 1950 zum ersten Mal veröffentlichte Theorie bildet noch heute eine wichtige Grundlage für die Forderungen der Entwicklungsländer nach einer neuen Weltwirtschaftsordnung. Ebenso wie Perroux bestreitet Prebisch die Gültigkeit der traditionellen Außenhandelstheorie für die Erklärung der Wohlstandseffekte des internationalen Handels. Er stellt die These von der säkularen Verschlechterung der Terms of Trade zu Ungunsten der Entwicklungsländer auf und belegt sie mit dem Verlauf der Commodity Terms of Trade Englands, dessen Exportstruktur er als komplementär zu derjenigen der Entwicklungsländer ansieht, zwischen 1876 und 1946. Mit der Verschlechterung der Terms of Trade ist ein Realeinkommenstransfer von den Entwicklungsländern nach den Industrieländern verbunden.
Bei der Begründung seiner These geht Prebisch von folgender internationaler Arbeitsteilung aus: die Entwicklungsländer bieten Nahrungsmittel und Rohstoffe an und fragen Industriegüter nach; die Industrieländer treten auf dem Weltmarkt demgegenüber als Produzenten von Industriegütern und Nachfragern von Primärerzeugnissen auf. Zwei strukturelle Unterschiede sind für die ungünstigen Terms of Trade der Entwicklungsländer verantwortlich: auf der Nachfrageseite die Disparität der Einkommenselastizitäten für Nahrungsmittel und Rohstoffe einerseits sowie für Industriegüter andererseits und auf der Angebotsseite die sektoral unterschiedliche Rate des technischen Fortschritts.
Die Ursache für die niedrige Einkommenselastizität der Nachfrage nach Primärerzeugnissen in den Industrieländern sieht Prebisch in der Wirksamkeit des Engelschen Gesetzes, wonach mit steigendem Einkommen die Ausgaben für Nahrungsmittel relativ abnehmen, in der Substitution von natürlichen Rohstoffen durch synthetische Produkte als Folge des technischen Fortschritts und in der protektionistischen Handelspolitik der Industrieländer. Umgekehrt ist die Einkommenselastizität der Nachfrage nach Industriegütern in den Entwicklungsländern hoch, da insbesondere Investitionsgüter für die Industrialisierung benötigt werden.
Ergänzt wird diese Erklärung durch die Annahme, daß die Rate des technischen Fortschritts im Industriegüterbereich größer ist als bei der Primärgütererzeugung.

Nach der klassischen Außenhandelstheorie, der zufolge Produktivitätssteigerungen zu Preissenkungen führen, hätten sich von daher die Terms of Trade zugunsten der Entwicklungsländer verändern müssen. Das Gegenteil ist aber der Fall. Prebisch führt dies darauf zurück, daß in den Industrieländern mächtige Gewerkschaften Lohnerhöhungen durchsetzen, die gemeinsam mit der zunehmenden Monopolisierung der Gütermärkte trotz der Produktivitätsfortschritte Preiserhöhungen zur Folge haben. In Entwicklungsländern schlagen sich dagegen Produktivitätssteigerungen wegen der strukturellen Arbeitslosigkeit und der schwachen Gewerkschaften nicht in entsprechenden Lohnerhöhungen nieder. Ein relativ starker Wettbewerbsdruck in den Exportgüterindustrien sorgt dafür, daß Kostensenkungen über die Preise an die Nachfrager weitergegeben werden. Während somit die Industrieländer die Früchte des technischen Fortschritts behalten, transferieren die Entwicklungsländer Teile davon als Realeinkommen an die Industrieländer.
Die ungünstige Entwicklung der Terms of Trade hat für die Entwicklungsländer zur Folge, daß sich bei gleichen Umsätzen ihre Importkapazität laufend verringert. Mit einem bestimmten Primärgütervolumen können sie eine immer geringere Menge an Importgütern aus den Industrieländern beziehen. Der Rückgang der Primärgüterexportpreise hat außerdem zur Folge bzw. ist darauf zurückzuführen, daß sich die Arbeitseinkommen im Exportgütersektor nicht proportional zum Produktivitätswachstum erhöhen. Der Exportgütersektor leistet somit nicht den theoretisch möglichen Beitrag zur Wohlstandssteigerung (Sieber, S. 9f.).
Die Theorie von Prebisch hat einen großen Einfluß auf die Wirtschaftspolitik der Entwicklungsländer ausgeübt. Sie empfiehlt den einzelnen Ländern, den Industrialisierungsprozeß auf der Grundlage der Importsubstitution zu forcieren. Die hierfür erforderliche Ausdehnung des Binnenmarktes soll durch Agrarreformen, Steuerreformen und die Schaffung von Freihandelszonen und gemeinsamen Märkten erreicht werden. Darüber hinaus bildet Prebischs Theorie eine wichtige Grundlage für die handels- und rohstoffpolitischen sowie finanziellen Forderungen der Entwicklungsländer an die Industrieländer.
Aufgrund ihrer weitreichenden Konsequenzen für die Entwicklungspolitik ist die Prebisch-These eingehend diskutiert worden. Abgesehen von dem ungenügenden empirischen Nachweis (vgl. C IV 3) setzt die Kritik an der theoretischen Beweisführung an. Zweifel sind an dem von Prebisch unterstellten Zusammenhang zwischen dem unterschiedlichen Monopolgrad der nationalen Wirtschaften und der Terms of Trade-Verschlechterung der Entwicklungsländer angemeldet worden. Prebisch erklärt nicht, warum der Monopolgrad in der Industriegüterproduktion höher ist als in der Primärgütererzeugung und weshalb sich der Unterschied im Zeitablauf weiter vergrößert. Darüber hinaus ist die Lohndruckthese kritisiert worden. Die Güterpreise und damit die Terms of Trade könnten nicht über die Struktur der Faktormärkte, sondern nur über die der Gütermärkte erklärt werden. Die Überwälzbarkeit von Lohnerhöhungen auf die Exportpreise hinge von der Angebotsmacht auf den Gütermärkten ab. Diese sei um so größer, je flexibler ein Land seine Ressourcen einsetzen und damit einem sich abzeichnenden Preisverfall (u.a. als Folge sich herausbildender Nachfragemonopole) ausweichen kann (Kindleberger, S. 247ff.).

Während Perroux und Prebisch den Handel zwischen Industrie- und Entwicklungsländern zum Gegenstand ihrer theoretischen Überlegungen machen, erfassen die Theorien von Myrdal und Singer/Ansari die Beziehungen zwischen Industrie- und Entwicklungsländern in ihrer Gesamtheit. *Myrdal* (1959) erklärt das internationale Entwicklungsgefälle im wesentlichen mit der kolonialen Herrschaft, welche die bestehende Arbeitsteilung erzwungen hat. Die internationalen Ungleichheiten werden aber nach der politischen Unabhängigkeit der Entwicklungsländer noch weiter verstärkt, da sozio-ökonomische Entwicklungsprozesse sich nicht auf ein Gleichgewicht hinbewegen, sondern nach dem Prinzip der zirkularen und kumulativen Verursachung von Gleichgewichtszustand entfernen. Der kumulative Expansionsprozeß in den Industrieländern wird durch Multiplikator/Akzelerator-Mechanismen, durch Kapitalbewegungen und Arbeitskräftewanderungen aus den Entwicklungsländern in die Industrieländer sowie durch eine Zunahme der Wettbewerbsfähigkeit der Industrieländer im internationalen Handel ausgelöst. In den Entwicklungsländern rufen dagegen »Kontereffekte« einen kumulativen Kontraktionsprozeß hervor.
Singer/Ansari stellen die technologische Lücke zwischen Industrie- und Entwicklungsländern in den Mittelpunkt ihrer Erklärung der internationalen Entwicklungsunterschiede. Sie betonen, daß technologische Entwicklungen hauptsächlich von Multinationalen Konzernen durchgeführt werden, die wiederum ihren Sitz in den Industrieländern haben. Demgegenüber verfügen die Entwicklungsländer über kein relevantes technologisches Potential und sind von den Industrieländern technologisch abhängig. Nach Singer/Ansari ist die technologische Lücke die entscheidende Determinante für die derzeitige internationale Arbeitsteilung, nach der die Entwicklungsländer Primärerzeugnisse und technologisch einfache Industriegüter erzeugen, während sich die Industrieländer auf technologisch höherwertige Erzeugnisse spezialisieren. Indem dadurch die internationalen Einkommensunterschiede zunehmen, werden Kapitalbewegungen und Arbeitskräftewanderungen in die Industrieländer ausgelöst, die den ursprünglichen Prozeß noch verstärken. Darüber hinaus verschafft die technologische Überlegenheit den Multinationalen Konzernen eine starke Position gegenüber den Entwicklungsländern bei der Aushandlung der Handels- und Investitionsbedingungen. Schließlich bedeutet die technologische Abhängigkeit, daß die Entwicklungsländer darauf angewiesen sind, Technologien aus den Industrieländern zu übernehmen, die für sie ungeeignet und der Verwirklichung ihrer beschäftigungs- und verteilungspolitischen Ziele abträglich sind.
Indem die in dem letzten Abschnitt vorgestellten Theorien den Zusammenhang zwischen außenwirtschaftlichen Beziehungen und Entwicklungsprozeß in den Mittelpunkt ihrer Analyse stellen, gelangen sie – nach unserer Meinung – zu einer zutreffenderen Erklärung der Unterentwicklung als die Mehrzahl der in den ersten Abschnitten beschriebenen traditionellen Entwicklungstheorien, deren Erklärungsansätze sich auf endogene Faktoren beschränken. Damit ähneln diese Theorien in gewisser Weise der Dependenztheorie und den modernen marxistischen Imperialismustheorien, die ebenfalls die Beziehungen zwischen Industrie- und Entwicklungsländern für die Unterentwicklung verantwortlich machen.

II Dependenztheorie

1. Entstehungsgeschichte

Die Dependenztheorie entstand Mitte der sechziger Jahre in Lateinamerika. Sie stellt eine Antwort auf das weitgehende Versagen der in Lateinamerika verfolgten Entwicklungspolitik dar. Die Dependenztheorie liefert eine gegenüber der neoklassischen bzw. strukturalistischen traditionellen Entwicklungstheorie alternative Erklärung der Unterentwicklung. Die Tatsache, daß die Dependenztheorie in Lateinamerika entwickelt wurde, verwundert nicht. Lateinamerika war im Gegensatz zu Asien und Afrika seit einhundertvierzig Jahren politisch unabhängig. Seine Unterentwicklung konnte von daher nicht allein auf den Kolonialismus zurückgeführt werden, sondern mußte mit seinen außenwirtschaftlichen Beziehungen, seiner Wirtschaftsstruktur und der verfolgten Wirtschaftspolitik erklärt werden.

Bis 1929 hatte Lateinamerika eine nach außen gerichtete *Entwicklungsstrategie* verfolgt, die als desarrollo hacia afuera bezeichnet wurde. Die Weltwirtschaftskrise, die zu einem erheblichen Rückgang der Exporteinnahmen Lateinamerikas führte, setzte dieser Strategie ein Ende. Sie mußte durch eine nach innen gerichtete Entwicklungsstrategie, ein desarrollo hacia adentro, ersetzt werden. Eine Konzeption hierfür wurde nach dem Zweiten Weltkrieg von der Wirtschaftskommission der Vereinten Nationen für Lateinamerika (CEPAL) in Santiago de Chile unter Leitung von Prebisch entwickelt. Anders als die von ihr kritisierte neoklassische Theorie führte die CEPAL die Unterentwicklung Lateinamerikas auf eine Reihe externer und interner struktureller Entwicklungshemmnisse zurück (strukturalistische Theorie). Zu den externen Hindernissen zählt sie u.a. die im Vergleich zur Einkommenselastizität der lateinamerikanischen Industriegüternachfrage niedrige Einkommenselastizität der ausländischen Nachfrage nach lateinamerikanischen Nahrungs- und Rohstoffexporten, die im Industriegütersektor höhere Quote des technischen Fortschritts und die größere Macht der Gewerkschaften in den Industrieländern. Diese Faktoren hätten eine Verschlechterung der Terms of Trade der rohstoffexportierenden Entwicklungsländer zur Folge (vgl. A I 5). Aus diesem Grunde sollte sich Lateinamerika nicht länger als Anbieter von Nahrungsmitteln und Rohstoffen entsprechend dem Theorem der komparativen Kostenvorteile in die internationale Arbeitsteilung eingliedern, sondern eine nach innen gerichtete Entwicklung betreiben und eigene Industrien aufbauen. Träger dieser Entwicklung sollte das nationale Unternehmertum sein. Als Voraussetzung für eine solche Industrialisierung durch Importsubstitution wurde die Beseitigung interner entwicklungshemmender Strukturen (wie der ländlichen Feudalstrukturen) und der ungleichen Einkommensverteilung durch Reformmaßnahmen angesehen. Dadurch würden die Binnenmärkte erweitert.

Mit der binnenmarktorientierten Industrialisierung wurden u. a. eine Verringerung der Abhängigkeit vom Außenhandel, die nationale Kontrolle der Wirtschaft, eine stärkere Integration der ländlichen Bevölkerung in die Gesellschaft, eine Einschränkung der Macht der traditionellen Oligarchien und die Demokratisierung der Gesellschaft angestrebt. Mitte der sechziger Jahre wurde deutlich, daß

das Entwicklungskonzept der CEPAL gescheitert war. Die wirtschaftliche Abhängigkeit war nicht verringert worden. Konsumgüterimporte wurden durch Investitionsgüterimporte substituiert. Der Industrialisierungsprozeß wurde durch ausländische Unternehmen getragen, die die heimische Industrie verdrängten. Kapitalintensive Produktionsverfahren führten zusammen mit der Bevölkerungsexplosion zu einer Erhöhung der Arbeitslosigkeit. Große Teile der Bevölkerung blieben marginalisiert. Agrarreformen wurden von den traditionellen Oligarchien vielerorts verhindert oder verwässert. In vielen Ländern übernahm das Militär anstelle von zivilen Regierungen die Macht (Evers, v. Wogau, S. 408ff.).
Das Scheitern der als »desarrollismo« bezeichneten Entwicklungsstrategie der CEPAL machte es erforderlich, die sie tragenden Theorien zu kritisieren und neue Erklärungsansätze für die fortdauernde Unterentwicklung zu entwickeln. Insbesondere war es nötig, die Einbeziehung Lateinamerikas in das Weltwirtschaftssystem, die sich u. a. in dem Eindringen Multinationaler Unternehmen zeigte, bei der Analyse zu berücksichtigen. Die Diskussion um die entwicklungspolitische Bedeutung der Abhängigkeit Lateinamerikas setzte ein.
Die Dependenztheorie geht, sieht man von früheren Untersuchungen lateinamerikanischer Historiker über die Abhängigkeit ihres Kontinents ab (Valenzuela, Valenzuela, S. 43), im wesentlichen von *zwei Traditionssträngen* aus. Der eine ist die *strukturalistische Theorie,* die das Entwicklungskonzept der CEPAL prägte. Hieran knüpfen vor allem die Vertreter der »bürgerlich-nationalen« Richtung der Dependenztheorie an, zu der Furtado, Jaguaribe, Sunkel u.a. gerechnet werden. Sie übernehmen aber auch einzelne Begriffe und Theoreme der marxistischen Theorie. Die andere Traditionslinie ist die *marxistische Theorie* der Unterentwicklung. Sie beeinflußt vor allem die »marxistische« Richtung der Dependenztheorie, zu der Cardoso, Córdova, Dos Santos, Frank, Ianni, Marini, Quijano, Stavenhagen u .a. zählen. Aber auch diese Richtung übernimmt wesentliche Gedanken der strukturalistischen Theorie. Insbesondere in der Anfangsphase der Dependenzdiskussion ist der Bezug zur strukturalistischen Theorie größer als zur marxistischen Theorie, wie das grundlegende Werk von Cardoso/Faletto zeigt.
Die Dependenztheorie konnte auf eine marxistische Analyse der lateinamerikanischen Gesellschaften kaum zurückgreifen. Die kommunistischen Parteien Lateinamerikas gingen noch weitgehend von einer starren Abfolge von Produktionsweisen und Gesellschaftsformationen aus, ohne die Ursachen der Unterentwicklung wirklich zu untersuchen (Evers/v. Wogau, S. 408ff.). Daher mußte die Dependenztheorie an die zu Beginn dieses Jahrhunderts entwickelten klassischen Imperialismustheorien anknüpfen. Gegenstand der klassischen Imperialismustheorien war die Expansion des europäischen Kapitalismus in der Zeit von 1880 bis 1914. Von den zahlreichen Erklärungsansätzen beeinflußten die Theorien Rosa Luxemburgs und Lenins die Dependenztheorie am nachhaltigsten. Ausgehend von den Marxschen Schemata der erweiterten Reproduktion des Kapitals versuchte *Rosa Luxemburg* nachzuweisen, daß in einem geschlossenen kapitalistischen System die Realisierung des Mehrwerts und damit die Kapitalakkumulation ihre Grenze an der Konsumtionsfähigkeit finden (Unterkonsumtionsthese). Von daher sei der Kapitalismus gezwungen, Absatzmärkte in Gebieten zu suchen, die noch nicht

Teil des kapitalistischen Systems sind. Die vorkapitalistischen Bereiche der Entwicklungsländer hätten die Funktion, den drohenden Zusammenbruch des kapitalistischen Systems aufzuhalten.
Im Gegensatz zu Rosa Luxemburg knüpft *Lenin* nicht an die Theorie der Reproduktionsbedingungen, sondern an die Konzentrationstheorie von Marx an. Er begreift den Imperialismus als das monopolistische Stadium der kapitalistischen Entwicklung, das durch fünf grundlegende Merkmale gekennzeichnet sei: Konzentration der Produktion und des Kapitals, die eine so hohe Entwicklungsstufe erreicht hat, daß sie Monopole schafft, die im Wirtschaftsleben die entscheidende Rolle spielen; Verschmelzung des Bankkapitals mit dem Industriekapital und Entstehung einer Finanzoligarchie auf der Basis dieses »Finanzkapitals«; der Kapitalexport, zum Unterschied von Warenexport, gewinnt besonders wichtige Bedeutung; es bilden sich internationale monopolistische Kapitalistenverbände, die die Welt unter sich teilen, und die territoriale Aufteilung der Erde unter die kapitalistischen Großmächte ist beendet. Die Phase des Monopolkapitalismus ist für Lenin entscheidend durch den Kapitalexport aus den Industrieländern in die Entwicklungsländer gekennzeichnet. Die Notwendigkeit des Kapitalexports ergibt sich für das Monopolkapital aus dem tendenziellen Fall der Profitrate in den Industrieländern (bei günstigen Kapitalverwertungsbedingungen in den Entwicklungsländern) und aus dem Bedarf an Rohstoffen, der mit fortschreitender Kapitalakkumulation ständig wächst. Um günstige Investitionsbedingungen in den unterentwickelten Gebieten zu schaffen, teilen die kapitalistischen Großmächte die Welt territorial unter sich auf (O'Connor, S. 134ff.).
Für Rosa Luxemburg und Lenin sind die Entwicklungsländer der auswärtige Markt bzw. die Anlagesphäre für Kapitalexporte, die nur im Hinblick auf die Reproduktion des kapitalistischen Systems in den Industrieländern untersucht werden. Die Auswirkungen der Waren- und Kapitalströme in den Entwicklungsländern wurden dagegen nicht analysiert. Dieser Fragestellung widmet sich die Dependenztheorie.

2. Grundstruktur der Dependenztheorie

Die Dependenztheorie stellt keine begrifflich und logisch geschlossene Theorie dar, sondern ist ein Sammelbegriff für verschiedene Ansätze zur Erklärung von Unterentwicklung (Palma, S. 898ff.). Bei der Mehrzahl dieser Ansätze handelt es sich um Hypothesen auf hoher Abstraktionsebene, die den Bezugsrahmen für die Ableitung von Hypothesen »mittlerer Reichweite« abgeben, mit denen der Entwicklungsprozeß einzelner Länder erklärt werden soll. Die Nützlichkeit des Bezugsrahmens hängt davon ab, inwieweit er heterogene Phänomene in einen systematischen Zusammenhang stellen kann. Die Vertreter dieser Richtung der Dependenztheorie, wie z.B. Cardoso, machen keine generellen Aussagen über den Entwicklungsprozeß der Entwicklungsländer und entwickeln keine allgemeingültigen Strategien zur Überwindung der Unterentwicklung, sondern versuchen über konkrete Länderstudien länderspezifische Entwicklungsstrategien zu formulieren.

Von einem höheren Anspruch geht die andere Richtung der Dependenztheorie aus. Sie versucht, eine Theorie des peripheren Kapitalismus zu entwickeln. Die Abhängigkeit peripherer Gesellschaften wird verknüpft mit generellen Aussagen über die Art des Entwicklungsprozesses. Den Entwicklungsländern wird die Dissoziation vom kapitalistischen Weltwirtschaftssystem und eine autozentrierte Entwicklungsstrategie empfohlen. Zu dieser Richtung zählen u. a. Frank, der die Theorie von der »Entwicklung der Unterentwicklung« aufstellte, sowie Amin und Senghaas, die verschiedene Elemente des Dependenzansatzes zu einer Theorie des peripheren Kapitalismus zusammenfassen.

Den verschiedenen Ansätzen der Dependenztheorie sind einige *Grundgedanken* gemeinsam, die sie insbesondere von der traditionellen Entwicklungstheorie abheben:

- Während Unterentwicklung von der traditionellen Entwicklungstheorie auf primär endogene Faktoren zurückgeführt wird, resultiert sie nach Auffassung der Dependenztheorie aus der Eingliederung der Entwicklungsländer in das kapitalistische Weltwirtschaftssystem. Entwicklung und Unterentwicklung werden als historisch gleichzeitige, funktional aufeinander bezogenen Seiten desselben weltwirtschaftlichen Entwicklungsprozesses angesehen (Sunkel, Paz, S. 6). Nach Auffassung der Dependenztheorie hat dieser Prozeß die Industrieländer systematisch bevorzugt, die Entwicklungsländer dagegen benachteiligt.
- Im Gegensatz zur traditionellen Entwicklungstheorie versteht die Dependenztheorie Unterentwicklung als das Ergebnis des historischen Prozesses, den die Entwicklungsländer durchlaufen haben. Dabei handelt es sich allerdings nicht um autonome, jeweils eigenen Gesetzen entsprechende Prozesse. Vielmehr wird der Entwicklungsprozeß eines Landes als Teil der Entwicklung des weltwirtschaftlichen Systems und durch dessen Funktionsmechanismen bedingt betrachtet.
- Ein weiteres Merkmal der Dependenztheorie ist sein struktureller Ansatz. Die wirtschaftlichen, sozialen und politischen Strukturen eines Landes werden als wichtige Determinanten seines Entwicklungsprozesses angesehen. Auf zwei Ausprägungen der Wirtschafts- und Sozialstruktur stellt die Dependenztheorie besonders ab: die einseitige Produktionsstruktur und die daraus resultierende weltmarktabhängige Reproduktion der peripheren Gesellschaften und die strukturelle Heterogenität ihrer Gesellschaftsformationen (Evers, S. 19). Wie später noch näher dargelegt wird, haben die im Zuge der internationalen Arbeitsteilung geschaffenen einseitigen Produktionsstrukturen peripherer Länder (Fehlen eines Investitionsgütersektors, unzureichende Entwicklung des Konsumgütersektors) zur Folge, daß Produktion und Reproduktion ihrer Wirtschaften über den Weltmarkt vermittelt sind. Periphere Länder sind gezwungen, ihre Produkte, d. h. insbesondere mineralische und landwirtschaftliche Rohstoffe, auf dem Weltmarkt zu verkaufen, um die für die Reproduktion ihrer Wirtschaften unabdingbaren Maschinen, Ausrüstungsgegenstände und Konsumgüter aus den Industrieländern importieren zu können. Strukturelle Heterogenität bezeichnet die gleichzeitige Existenz kapitalistischer und nicht kapitalistischer Produktionsweisen innerhalb einer Gesellschaftsformation.

Die Wirtschafts- und Sozialstrukturen peripherer Gesellschaften sind nach Auffassung der Dependenztheorie nicht primär endogen gewachsen, sondern in starkem Maße durch exogene Kräfte bestimmt. Diese wirkten allerdings nicht mechanistisch auf die internen Strukturen ein. Art und Ergebnis der Einwirkungen wurden und werden vielmehr von den internen sozio-ökonomischen Verhältnissen sowie den sozialen und politischen Auseinandersetzungen mitbestimmt (Cardoso, Faletto, S. 215ff.). Indem exogene Faktoren nicht bloße Rahmenbedingungen für den Entwicklungsprozeß sind, sondern im Zuge der über mehrere Jahrhunderte erfolgten Eingliederung der Entwicklungsländer in das von den Industrieländern beherrschte Weltwirtschaftssystem zu konstitutiven Bestandteilen der internen Strukturen geworden sind, läßt sich Abhängigkeit nicht allein durch »Abkoppelung« der Entwicklungsländer überwinden.
Der strukturelle Ansatz beinhaltet, daß das menschliche Verhalten durch die jeweiligen ökonomischen, sozialen und politischen Strukturen bestimmt wird und durch deren Wandel, wie insbesondere durch die Auflösung bestimmter Abhängigkeitsbeziehungen, verändert werden kann. Die traditionelle Entwicklungstheorie geht demgegenüber davon aus, daß soziale Verhaltensmuster bzw. psychologische Determinanten (weitgehend unabhängig von gesellschaftlichen Strukturen) das individuelle Verhalten festlegen (vgl. B I 2). Durch eine Veränderung der Wertvorstellungen könne ein »entwicklungskonformes« Verhalten ausgelöst werden.

- Während die traditionelle Theorie partielle ökonomische, soziale oder politische Faktoren für die Unterentwicklung verantwortlich macht, geht die Dependenztheorie von einem totalen, die Gesellschaft als Ganzes erfassenden Ansatz aus. Dies bedeutet die Abkehr von einzeldisziplinären Erklärungsversuchen und die Hinwendung zu interdisziplinären Forschungen.

Die Herausbildung der spezifischen Wirtschafts- und Sozialstrukturen der Peripherien und ihre daraus resultierende strukturelle Abhängigkeit wird von der Dependenztheorie aus ihrer Eingliederung in den von den Metropolen beherrschten Weltmarkt abgeleitet. Die einzelnen *Phasen der außenorientierten und fremdbestimmten Entwicklung* sollen am Beispiel Lateinamerikas dargelegt werden. Sie sind eng verknüpft mit den Etappen der Entfaltung des Kapitalismus in den europäischen Metropolen. Im wesentlichen werden vier Phasen unterschieden (Evers/v. Wogau, S. 436ff.):

- Die erste Phase umfaßt die Kolonialzeit und reicht von der Eroberung Lateinamerikas durch Spanien und Portugal bis etwa 1810. Ihr entspricht die Etappe des Merkantilismus und des einsetzenden Konkurrenzkapitalismus in Europa. Diese Phase ist durch den direkten Raub des akkumulierten Reichtums der eroberten Völker und durch die gewaltsame Ausbeutung der natürlichen Reichtümer (insbesondere der Edelmetalle) und der Arbeitskräfte mittels Tribut und Zwangsarbeit gekennzeichnet (Stavenhagen, S. 280ff.). Die Plünderung Lateinamerikas beschleunigte die Akkumulation des Handels- und Geldkapitals in Europa und schuf günstige Bedingungen für den Ausbruch der industriellen Revolution.
- Die zweite, nach außen gerichtete Entwicklungsphase erstreckt sich von der Erlangung der formalen Unabhängigkeit (zwischen 1810 und 1825) bis zur

Weltwirtschaftskrise von 1929. Das dominierende Land ist jetzt England, die vorherrschende Gesellschaftsformation der Konkurrenzkapitalismus und später der Monopolkapitalismus. Handelsbeziehungen lösen die gewaltsame Ausbeutung ab. Lateinamerika liefert landwirtschaftliche Erzeugnisse und mineralische Rohstoffe und bezieht dafür Fertigprodukte aus England und den anderen Industrieländern. Diese klassische internationale Arbeitsteilung entspricht den Interessen des sich industrialisierenden Europas, das billige Nahrungsmittel für die Industriearbeiterschaft und Rohstoffe für die Industrie benötigte. Sie erlaubte Europa eine rasche Spezialisierung auf die Herstellung von Industriegütern (Marini, S. 100ff.). Europa kann diese Arbeitsteilung durchsetzen, da die traditionellen Oberschichten Lateinamerikas (die den Agrarsektor beherrschenden Großgrundbesitzer und die städtische Oligarchie) an ihren Vorteilen beteiligt werden, indem sie entweder die Exportsektoren kontrollieren oder von den Steuerzahlungen ausländischer Exportunternehmen profitieren (Cardoso, Faletto, S. 40ff.). Es bilden sich Exportenklaven mit kapitalistischer Produktionsweise heraus.

- Die dritte Phase reicht von der Weltwirtschaftskrise bis zur Mitte der fünfziger Jahre. Im Zuge der Weltwirtschaftskrise und des Zweiten Weltkrieges nehmen die traditionellen Exportmöglichkeiten Lateinamerikas ab. Der ausländische Einfluß geht zurück. Eine binnenmarktorientierte Industrialisierung wird notwendig und möglich. Sie ist primär auf die Herstellung von Konsumgütern des täglichen Bedarfs gerichtet, die bisher importiert wurden (vgl. B II 1). Diese von nationalen Unternehmern getragene Importsubstitutionsindustrialisierung war anfänglich erfolgreich, stieß jedoch zunehmend an Grenzen wie die Aufnahmefähigkeit des Binnenmarktes und die eigenen Devisenreserven, die durch den Import von Investitionsgütern, Zwischenprodukten und lokal nicht vorhandenen Rohstoffen stark beansprucht wurden, also an Grenzen, die die Abhängigkeit setzte.
- Die vierte, bis heute reichende Phase ist durch das Aufkommen Multinationaler Konzerne gekennzeichnet, die weltweit operieren und ständig neue Absatzmärkte und kostengünstige Produktionsstandorte suchen. Umfangreiche Investitionen dieser Konzerne führen in Lateinamerika zur Errichtung eines Industriesektors, der die nationalen Industrien zum Teil verdrängt und neben kurz- auch langlebige Konsumgüter sowie zum Teil auch Grundstoff- und Investitionsgüter für den Binnenmarkt herstellt. Auch exportorientierte Produktionsstätten werden in manchen Ländern errichtet. Es entsteht eine neue internationale Arbeitsteilung, bei der Lateinamerika Investitionsgüter, Technologien und bestimmte Rohstoffe aus den Industrieländern importiert und selbst die traditionellen Rohstoffe sowie primär arbeitsintensive Konsumgüter exportiert.

Durch die Einbeziehung der Entwicklungsländer in das internationale kapitalistische System, die sich in Afrika und Asien ähnlich wie in Lateinamerika, wenn auch mit zeitlichen Verzögerungen, vollzog, wurde die Produktionsstruktur dieser Länder entscheidend geprägt. Es bildete sich ein international integrierter Bereich heraus, dem die exportorientierte Landwirtschaft, der Bergbau, die auf den Binnenmarkt gerichtete Herstellung von »Luxuskonsumgütern« sowie in jüngster Zeit die weltmarktorientierte Industrie angehören (assoziierter Sektor). Dieser

Bereich erfährt seine Wachstumsimpulse aus der Reproduktionsdynamik der metropolitanen Ökonomien. Er wächst in der Regel schnell und weist relativ hohe Produktivitätssteigerungen auf. Die für eine eigenständige Entwicklung konstitutiven Wirtschaftsbereiche stagnieren dagegen oder fehlen völlig. Die Produktivität der für den Binnenmarkt produzierenden landwirtschaftlichen Betriebe ist niedrig. Aufgrund der Enge des Binnenmarktes weist die Herstellung industrieller Massenkonsumgüter keine oder nur geringe Zuwachsraten auf. Einige Grundstoffindustrien und die Investitionsgüterindustrie sind in den meisten Entwicklungsländern kaum entwickelt. Das technologische Potential ist unbedeutend.

Die einseitige, außenorientierte Wirtschaftsstruktur der Entwicklungsländer weicht nicht unerheblich von der Struktur ab, die sich mit der Entwicklung des Kapitalismus in Europa herausgebildet hat. Letztere ist gekennzeichnet:

- durch eine der industriellen Revolution vorausgehende und diese begleitende Produktivitätssteigerung des landwirtschaftlichen Sektors,
- durch die Entwicklung eines industriellen Konsumgütersektors für die Produktion von Massenkonsumgütern und
- durch die Herausbildung eines Investitionsgütersektors (Senghaas, S. 33f.).

Mit der parallelen Entwicklung des Massenkonsumgütersektors und des Investitionsgütersektors (Produktionsmittelsektors) sind die wesentlichen Bedingungen für eine autonome Reproduktion der metropolitanen Ökonomien vorhanden. Die

Tabelle 18:
Sektoralisierung des industriellen Produktionsapparates

Sektor	Produktivsektion	Aktivitäten[1]
1. Produktionsmittel	1a) Produktionsmittel für Produktionsmittel	Werkzeugmaschinen, Computer, Telekommunikation, Steuer- und Regeltechnik
	1b) Produktionsmittel für Zwischenprodukte	Schwerer Maschinenbau, Turbinen, Steuer- und Regeltechnik
	1c) Produktionsmittel für Konsumgüter	Motoren, Leichter Maschinenbau
2. Zwischenprodukte	2a) Zwischenprodukte für Produktionsmittel	Eisen/Stahlindustrie: Spezialstähle und Profileisen, Energie, NE-Metalle
	2b) Zwischenprodukte für Konsumgüter	Eisen/Stahlindustrie: Bleche, Petrochemie: Chemie, Energie, Transport
3. Konsumgüter	3a) Konsumgüter für kollektiven Konsum	Baugewerbe, Gesundheit
	3b) Massenkonsumgüter[2]	Automobile, Elektrische Haushaltsgeräte, Plastik, Parachemie, Textil, Leder, Schuhe

1 Die Übersetzung wirft besondere Probleme auf, da sich die Untergliederungen in der Studie des französischen Industrieministeriums weder an die übliche französische noch deutsche Branchensystematik halten. Auch kann die Zuordnung der einzelnen Sektoren nicht in jedem Fall überzeugen.

2 Die hier unter dem Begriff Massenkonsumgüter aufgeführten Produkte müssen in Entwicklungsländern zum Teil als Luxuskonsumgüter eingestuft werden (Automobile, elektrische Haushaltsgeräte, gewisse Plastikwaren und chemische Produkte).

Quelle: Ministère de l'Industrie et de la Recherche (Frankreich), La division internationale du travail, Vol. I, Paris 1976, S. 92; nach: Wirtschaftsdienst, Nr. 7, 1976, S. 362.

Komplementarität zwischen der Herstellung von Konsumgütern und Produktionsmitteln ist darüber hinaus von Bedeutung für die Erweiterung des Binnenmarktes und die Herausbildung einer differenzierten kohärenten Produktionsstruktur. Durch die Ausdehnung der Erzeugung von Produktionsmitteln und deren Einsatz im Produktionsprozeß werden Produktivitätssteigerungen hervorgerufen. Je nach der Knappheit der Arbeitskräfte, ihrer gewerkschaftlichen Organisation usw. führen diese zu Reallohnsteigerungen und damit zur Ausdehnung der Konsumgüternachfrage bzw. zu Mehrwerterhöhungen und damit zur Kapitalakkumulation, die wiederum die Herstellung von Produktionsmitteln erforderlich macht, usw. Indem metropolitane Ökonomien Produktionsmittel herstellen und neue Technologien entwickeln, können sie weiterhin auf Produktionsverfahren zurückgreifen, die ihrer Faktorausstattung, ihren natürlichen Ressourcen, ihrer Marktgröße, ihrer Produktstruktur usw. entsprechen. Sie verfügen schließlich, wenn man, wie das französische Industrieministerium, eine Hierarchisierung des industriellen Produktionsapparates akzeptiert (vgl. Tabelle 18), über eine Spitzenstellung in der internationalen Arbeitsteilung.

Im Gegensatz zur autozentrierten ist die abhängige Entwicklung durch eine Verbindung des Exportsektors mit dem industriellen Luxuskonsumgütersektor gekennzeichnet (Amin 1974, S. 72):

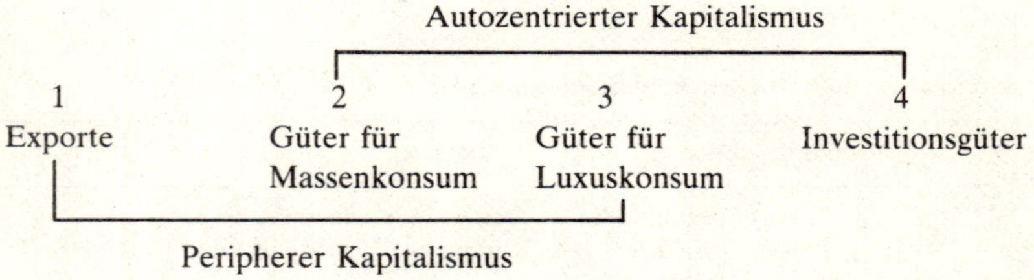

Das weitgehende Fehlen eines Investitionsgütersektors und die unzureichende Entwicklung eines Massenkonsumgütersektors haben zur Folge, daß periphere Länder gezwungen sind, die für die Reproduktion ihrer Wirtschaften notwendigen Produktionsmittel und Konsumgüter aus den Industrieländern zu importieren *(weltmarktabhängige Reproduktion)*. Durch die einseitige Produktionsstruktur wird darüber hinaus die Erweiterung des Binnenmarktes behindert. Die in den Exportsektoren entstehenden, aufgrund moderner Technologien relativ hohen Einkommen führen zu einer vergleichsweise bedeutenden Nachfrage nach Luxuskonsumgütern, während die Nachfrage nach Massenkonsumgütern – aus noch zu erläuternden Gründen – weitgehend stagniert. Die Investitionsgüternachfrage kommt vor allem den Industrieländern zugute. Indem periphere Länder Produktionsmittel und Technologien importieren müssen, sind sie gezwungen, Produktionsverfahren anzuwenden, die ihren natürlichen und ökonomischen Bedingungen nicht entsprechen. Aufgrund der geringen sektoralen Kohärenz ihres Produktionsapparates und insbesondere des Mangels an Produktionsmittelsektoren kommt den peripheren Ländern zudem eine untergeordnete Stellung in der internationalen Arbeitsteilung zu.

Die neben den sektoral einseitigen Produktionsstrukturen zweite grundlegende Ausprägung der Wirtschafts- und Sozialstrukturen peripherer Gesellschaftsformationen ist deren *strukturelle Heterogenität.* Der Begriff strukturelle Heterogenität bezeichnet die Existenz kapitalistischer und nicht kapitalistischer Produktionsweisen innerhalb einer Gesellschaft (Cordova, S. 26 u. 63). Jede Produktionsweise ist durch besondere Produktionsverhältnisse und einen bestimmten Stand der Produktivkräfte gekennzeichnet. Produktionsverhältnisse sind die Beziehungen, die die Menschen untereinander im Produktions- und Verteilungsprozeß eingehen, und beruhen auf den Eigentumsverhältnissen an den Produktionsmitteln. Die Produktivkräfte umfassen die Gesamtheit der Fertigkeiten der Menschen, die technischen Eigenschaften der Produktionsmittel und die wissenschaftlichen Kenntnisse. Die kapitalistische Produktionsweise ist durch Warenproduktion definiert. Für die von ihren Produktionsmitteln getrennten Arbeiter (unmittelbare Produzenten) ist die Arbeitskraft zur Ware geworden (Herausbildung der Lohnarbeit). Das Eigentum an den Produktionsmitteln haben die Kapitalisten. Die Produktivkräfte erfahren eine schnelle Entwicklung. Bei der nicht kapitalistischen Produktionsweise liegt keine Warenproduktion vor. Die unmittelbaren Produzenten verkaufen ihre Arbeitskraft nicht als Ware. Je nach den Eigentumsverhältnissen werden die Urgemeinschaft, die Sklavenhaltergesellschaft, der Feudalismus und das System der einfachen Warenproduzenten unterschieden (Amin 1975, S. 11f.). Der Stand der Produktivkräfte ist relativ niedrig.
Während mit der Ausdehnung des Kapitalismus die kapitalistische Produktionsweise in den Industrieländern sämtliche Sektoren durchdrang und zu einer Vereinheitlichung des sektoralen Produktivitäts- und Lohnniveaus führte, fand eine solche »Durchkapitalisierung« in den peripheren Ländern nicht statt. Zwar wurden im Laufe der Expansion der kapitalistischen Produktionsweise die nicht kapitalistischen Produktionsweisen zurückgedrängt, blieben jedoch weitgehend, wenn auch in veränderter Form, erhalten. Strukturelle Heterogenität kennzeichnet in der Regel alle Wirtschaftssektoren. Nicht kapitalistische Produktionsweisen sind in der Landwirtschaft noch am stärksten verbreitet. Auch konnte sich die kapitalistische Produktionsweise in ländlichen Regionen weniger durchsetzen als in den Städten.
Strukturelle Heterogenität hat große Produktivitäts- und Einkommensunterschiede zwischen Wirtschaftsbereichen mit unterschiedlicher Produktionsweise zur Folge (vgl. Tabelle 19). Sie drückt sich weiterhin in einem heterogenen Klassensystem aus. Es finden sich Vertreter des internationalen Finanzkapitals neben konkurrenzkapitalistischen Einzelunternehmern, moderne Agrarkapitalisten neben traditionellen Großgrundbesitzern usw. Außer der freien Lohnarbeit existieren Formen persönlich abhängiger Arbeit. Ein großer Teil der Bevölkerung ist marginalisiert (Evers, S. 28). Die Heterogenität der Produktionsweisen und der Klassenstruktur prägt schließlich auch das Rechtssystem, das politische Bewußtsein und die Kultur.
Das Verhältnis zwischen den Wirtschaftsbereichen mit kapitalistischer und nicht kapitalistischer Produktionsweise kann nicht als weitgehend beziehungsloser Dualismus aufgefaßt werden. Es sind gerade die Interdependenzen zwischen den von außen hereingetragenen, verschiedenen historischen Phasen der kapitalistischen

Tabelle 19:
Durchschnittliche Arbeitsproduktivität in Lateinamerika nach Wirtschaftssektoren und deren Subsektoren, Ende der sechziger Jahre

	Insgesamt			»Moderner Subsektor«		»Übergangssektor«		»Primitiver Subsektor«		
	Anteil der Beschäftigten in v. H.		Durchschnittl. Produktivität in US-$[1]	v. H. der Beschäftigten	Durchschnittl. Produktivität in US-$[1]	v. H. der Beschäftigten	Durchschnittl. Produktivität in US-$[1]	v. H. der Beschäftigten	Durchschnittl. Produktivität in US-$[1]	Relation zwischen der Produktivität des »modernen« und der des »primitiven« Sektors
Insgesamt	100	100	1 371	12,4	5 909	47,4	1 194	34,3	203	29
Landwirtschaft	42,2	100	694	6,8	4 830	27,7	830	65,5	205	24
Bergbau	1,0	100	6 484	38,0	15 606	34,2	1 420	27,8	246	63
Verarbeitende Industrie	13,8	100	2 517	17,5	8 938	64,9	1 400	17,6	220	41
a) industrielle Fertigung	7,7	100	4 168	28,1	9 800	71,9	1 960	—	—	—
b) handwerkl. Fertigung	6,1	100	419	4,1	1 760	55,9	470	40,0	220	8
Bausektor	4,5	100	1 116	24,8	2 322	64,9	800	10,3	203	11
Grunddienstleistungen	5,5	100	2 174	25,0	4 276	71,6	1 530	3,4	220	19
Handel	10,1	100	2 731	14,0	8 990	76,1	1 990	9,9	340	26
übrige Dienstleistungen	17,3	100	1 283	16,2	2 713	70,5	940	13,3	160	17

1 Umrechnung zum Dollarkurs von 1960.

Quelle: A. Pinto, A. di Filippo, Notas sobre la estrategia de la distribución y la redistribución del ingreso en América Latina, in: El Trimestre Económico, Nr. 162 (April–Juni), 1974, S. 357ff.

Entwicklung zugehörenden Elemente der kapitalistischen Produktionsweise und den bestehenden Produktionsweisen, die strukturell heterogene Gesellschaftsformationen prägen. Die Art der Beziehungen wird von den jeweils hegemonialen Wirtschaftssektoren bestimmt. Eine Hegemonialstellung erlangen diejenigen Wirtschaftsbereiche, die im Zuge einer Veränderung der internationalen Arbeitsteilung vom ausländischen Kapital neu in den peripheren Ländern errichtet werden. Sie verwenden fortgeschrittene Technologien und erzielen die höchste Arbeitsproduktivität. Zu diesen Bereichen zählen heute u. a. das »Agrobusiness«, die Produktion dauerhafter Konsumgüter für den Binnenmarkt sowie die Herstellung rohstoff- und arbeitsintensiver Fertigwaren für den Weltmarkt. Daneben können diejenigen schon bestehenden hegemonialen Wirtschaftssektoren ihre Vorrangstellung erhalten, die die neuesten, in den Industrieländern entwickelten Technologien übernehmen und damit ihre Wettbewerbsfähigkeit sichern. Das Entstehen neuer hegemonialer Sektoren löst einen Prozeß aus, bei dem die bestehenden Wirtschaftsbereiche ihre bisherige Rangstellung innerhalb der Wirtschaftsstruktur einbüßen, eine Neubestimmung ihrer Funktion erfahren und neue Merkmale erhalten. Eine völlige Beseitigung älterer Produktionsweisen erfolgt nach Auffassung der Dependenztheorie deshalb nicht, weil die Entstehung der hegemonialen Sektoren nicht im Wirken der Konkurrenz oder in umwälzenden technologischen Entwicklungen im Inneren der jeweiligen Gesellschaft begründet ist, sondern das Ergebnis ausländischer Penetration ist, im Zuge derer die Ergebnisse der sich in den Metropolen entfaltenden »wissenschaftlich-technischen Revolution« eingeführt werden (Quijano, S. 301ff.). Im Zuge dieses Prozesses werden ältere kapitalistische Produktionsbereiche an den Rand des modernen Wirtschaftsgeschehens gedrängt und stagnieren auf einem zunehmend obsoleten Stand der Entwicklung der Produktivkräfte. Nicht kapitalistische Produktionsformen werden erhalten und zum Teil neu geschaffen (Evers, S. 30f.). Es bildet sich eine neue Hierarchie der Wirtschaftsstruktur heraus, die in der Regel durch eine veränderte Funktions- und Rollenteilung der Aktivitäten des internationalen und nationalen Kapitals gekennzeichnet ist (Senghaas 1977, S. 44ff.). Im Verlauf der historischen Entwicklung nimmt die strukturelle Heterogenität, die sich in sektoralen Produktivitätsdifferenzen ausdrückt, zu. So ist die heutige Kluft zwischen der Subsistenzlandwirtschaft und den modernen Agrarbetrieben Multinationaler Konzerne größer als das Gefälle zwischen Subsistenzlandwirtschaft und exportorientierter Landwirtschaft im 19. Jahrhundert. Das gleiche gilt für die Produktivitätsdifferenz zwischen dem lokalen Handwerk und den nationalen Importsubstitutionsindustrien der dreißiger Jahre bzw. den Produktionsbetrieben Multinationaler Konzerne der siebziger Jahre. Die Vertiefung der strukurellen Heterogenität ist häufig mit einer Veränderung der regionalen Wirtschaftsstruktur verbunden. Konkrete Aussagen über den diesbezüglichen Diversifizierungsprozeß lassen sich nur nach Epochen, Sektoren und Regionen differenziert machen.
Die Wirtschafts- und Sozialstrukturen der Entwicklungsländer bilden die Grundlage für ihre wirtschaftliche *Abhängigkeit* (vgl. A VIII 1). Nach dem Selbstverständnis der Dependenztheorie kann Abhängigkeit nicht als Unterordnung der Entwicklungsländer unter die äußere Herrschaft der Industrieländer verstanden, sondern nur vom Innern der Wirtschaftsstruktur her als *strukturelle* erfaßt werden.

Aufgrund ihrer einseitigen Produktionsstruktur und ihres geringen technologischen Potentials sind die Entwicklungsländer nicht in der Lage, die für die Reproduktion ihrer Wirtschaften notwendigen Produktionsmittel und Konsumgüter selbst herzustellen. Sie sind gezwungen, Produktionsmittel, technisches Knowhow und einen Teil der Konsumgüter aus den Industrieländern zu importieren und dafür vor allem landwirtschaftliche und mineralische Rohstoffe zu exportieren. Indem sie von ihrer Wirtschaftsstruktur her auf außenwirtschaftliche Beziehungen angewiesen sind, können sie sich außenwirtschaftlichen Einflüssen nur schwer entziehen. Der eigene Handlungsspielraum wird dadurch eingeschränkt. Der nationale Entwicklungsprozeß wird zum Reflex der von den Industrieländern dominierten weltwirtschaftlichen Entwicklung (Dos Santos, S. 243ff.).

3. Strukturelle Abhängigkeit und Entwicklung

Die Entwicklungsmöglichkeiten strukturell abhängiger Gesellschaften werden innerhalb der Dependenztheorie unterschiedlich eingeschätzt. Während die einen eine kapitalistische Entwicklung für strukturell unmöglich halten und sogar von der »Entwicklung der Unterentwicklung« sprechen, schließt nach Auffassung anderer strukturelle Abhängigkeit kapitalistische Entwicklung nicht aus. Die Vertreter der ersten Gruppe, zu der u. a. Frank, Marini und Dos Santos zu rechnen sind, leiten die *These der strukturellen Unterentwicklung* aus der Dekapitalisierung peripherer Gesellschaften und der strukturellen Beschränkung ihrer Binnenmärkte ab. Die Dekapitalisierung wird als Folge der zunehmenden Entnationalisierung der Industrie angesehen. Das ausländische Kapital würde in Einklang mit den Interessen der Muttergesellschaften den überwiegenden Teil der Profite an die Muttergesellschaften überweisen und nur einen geringen Teil im Gastland akkumulieren. Dadurch würden das industrielle Wachstum und die Entwicklung der Produktivkräfte behindert. Die Beschränkung der Binnenmärkte wird auf die Überausbeutung der Arbeitskraft, die Marginalisierung von Teilen der Bevölkerung, die archaischen Produktionsverhältnisse im »traditionellen« Agrarsektor und die starke Einkommenskonzentration zurückgeführt. Infolge der Marktenge würden die Agrarproduktion und insbesondere die Industrialisierung stagnieren.

Die These der strukturellen Unmöglichkeit kapitalistischer Entwicklung in peripheren Ländern ist von verschiedener Seite, am systematischsten aber von Cardoso kritisiert worden. Nach Cardoso stellt diese These nur eine Wiederholung der Auffassung der russischen Volkstümler dar, die bereits von Lenin bezweifelt wurde. Von einer Beschränkung des Binnenmarktes könne nicht ausgegangen werden. In bestimmten Entwicklungsphasen sei zwar eine Überausbeutung der Arbeitskraft möglich. Der Tendenz nach würde aber der kapitalistische Akkumulationsprozeß auch in seiner abhängigen Form zu einer Erhöhung der Reallöhne und damit zur Markterweiterung führen. Außerdem müßten der Luxuskonsum der Unternehmer und die Investitionsgüternachfrage als Nachfrageelemente berücksichtigt werden. Auch in peripheren Ländern sei ein von Multinationalen Unternehmen, dem Staat und der einheimischen Unternehmerschaft getragener kapitalistischer Akkumulationsprozeß möglich. Allerdings würden die allgemeinen kapitalistischen Gesetzmäßigkeiten sich in abhängigen Gesellschaften nur modifiziert durchsetzen. Daher sei von einem Prozeß der abhängigen Entwicklung zu sprechen (Hurtienne).

Angesichts der Entwicklung, die die Länder der Dritten Welt während der letzten Dekaden verzeichnen konnten (vgl. A III 1), läßt sich die These von der Unmöglichkeit kapitalistischer Entwicklung in peripheren Ländern nicht aufrechterhalten. Nicht Stagnation, sondern *ungleiche kapitalistische Entwicklung* kennzeichnet den Entwicklungsprozeß der meisten Länder. Während die in den Weltmarkt integrierten Sektoren und bestimmte Agglomerationszentren rasch wachsen, nimmt die Bedeutung anderer Wirtschaftsbereiche und Regionen relativ und/oder absolut ab. Die Zunahme des Reichtums eines relativ kleinen Teiles der Bevölkerung ist begleitet von einer Verelendung der übrigen Bevölkerung. Im folgenden sollen die Mechanismen aufgezeigt werden, die nach Auffassung der Dependenztheorie den Prozeß der ungleichen Entwicklung bedingen. Dabei wird auf die Behandlung der verschiedenen Formen der Dekapitalisierung peripherer Gesellschaften und der damit verbundenen Behinderung des Akkumulationsprozesses an dieser Stelle verzichtet, da sie im wesentlichen von der Imperialismustheorie entwickelt worden sind (vgl. B III 3) und von den Dependenztheoretikern nur ergänzend zur Erklärung der Unterentwicklung herangezogen werden.

Der Entwicklungsprozeß peripherer Gesellschaften ist durch zwei sich ungleich entwickelnde Wirtschaftsbereiche gekennzeichnet: den in das internationale kapitalistische Wirtschaftssystem integrierten Sektor und den desintegrierten Sektor. Der integrierte Sektor oder auch *assoziierte Sektor* erfährt seine Entwicklungsimpulse unmittelbar aus den Veränderungen der internationalen Arbeitsteilung. Ihm gehören heute im wesentlichen die exportorientierte Landwirtschaft, der Bergbau, die auf den Binnenmarkt gerichtete Herstellung von »Luxuskonsumgütern«, die weltmarktorientierte Produktion von rohstoff- und arbeitsintensiven Industriegütern und Teile des Banken-, Versicherungs- und Handelssektors an. Die Bedeutung der einzelnen Sektoren ist von Land zu Land unterschiedlich. Sieht man von den »standortgebundenen« Wirtschaftsbereichen ab (Landwirtschaft, Bergbau und bestimmte rohstoffverarbeitende Industrien), so ist der assoziierte Sektor in wenigen, meist küstennahen Agglomerationszentren konzentriert. Er wird in der Regel vom ausländischen Kapital, d. h. den Multinationalen Konzernen, beherrscht. Das nationale Kapital ist überwiegend auf die untergeordneten Wirtschaftsbereiche dieses Sektors abgedrängt. Außer der heimischen Unternehmerschaft sind Teile der Ober- und Mittelschicht wie auch Teile der Arbeiterschaft mit dem internationalisierten Sektor verbunden und partizipieren an seiner Entwicklung.

Im assoziierten Sektor hat sich die kapitalistische Produktionsweise durchgesetzt. Es werden moderne, in den Industrieländern entwickelte Technologien eingesetzt. Die Arbeitsproduktivität ist hoch. Wegen des Fehlens eines eigenen Investitionsgütersektors sind sowohl die ausländischen als auch die inländischen Unternehmer auf den Import von Technologien angewiesen. Aber auch aus Gründen der Wettbewerbsfähigkeit erweist sich die Anwendung der fortgeschrittensten Technologien nicht selten als unumgänglich. Die übertragenen Produktionstech-

nologien sind – gemessen an der Faktorausstattung der Entwicklungsländer – kapitalintensiv und in der Regel für große Serienfertigungen geschaffen worden. Die Möglichkeit, zwischen Produktionsverfahren mit unterschiedlichen Faktoreinsatzverhältnissen zu wählen, ist nur teilweise gegeben. Aber auch dann werden häufig die kapitalintensiveren Produktionstechniken bevorzugt (vgl. C III).
Aufgrund der Verwendung kapitalintensiver Technologien gehen von der Produktion im assoziierten Sektor nur geringe Beschäftigungseffekte aus. Nur ein kleiner Teil der ins erwerbsfähige Alter kommenden bzw. der aus dem desintegrierten Sektor abwandernden Bevölkerung kann hier einen Arbeitsplatz finden. Je nach der Faktorenintensität der importierten Technologien sind die Beschäftigungseffekte von Wirtschaftsbereich zu Wirtschaftsbereich unterschiedlich (Bekleidungsindustrie – Erdölindustrie).
Neben dem geringen Beschäftigungseffekt hat die Verwendung moderner Technologien aus den Industrieländern die Herausbildung einer Nachfragestruktur zur Folge, die den Binnenmarkt begrenzt und insbesondere dem desintegrierten Sektor nur wenig zugute kommt. So führt der Einsatz fortgeschrittener Technologien zum einen zu einer intermediären Nachfrage des assoziierten Sektors, die hohe Anforderungen an die Qualität der nachgefragten Produkte stellt. Diesen Ansprüchen kann die inländische Produktion häufig nicht genügen, so daß die benötigten Zwischenprodukte importiert werden müssen. Zum anderen sind kapitalintensive Produktionstechniken mit einer die Gewinne begünstigenden funktionalen Einkommensverteilung und demzufolge mit einer Endnachfrage verbunden, die ebenfalls relativ importintensiv ist. Die Verwendung der Gewinne zur Nachfrage nach Investitionsgütern und Luxuskonsumgütern führt wegen der einseitigen Produktionsstruktur peripherer Gesellschaften vornehmlich zur Erhöhung der Importe und nur begrenzt zu einer Ausdehnung der Produktion von Luxuskonsumgütern. Die Nachfrage nach Produkten des »traditionellen« Sektors ist unbedeutend. Die Konsumgüternachfrage der im integrierten Sektor beschäftigten Arbeitnehmer entfällt teils auf Luxuskonsumgüter und teils auf Massenkonsumgüter. Die hochqualifizierten Arbeitskräfte und insbesondere die Ausländer beziehen hohe Gehälter und fragen vornehmlich Luxuskonsumgüter nach. Aufgrund des »internationalen Demonstrationseffektes« haben sie eine Vorliebe für ausländische Erzeugnisse. Die angelernten und ungelernten Arbeitskräfte erhalten wegen des hohen Arbeitskräfteangebots im Vergleich dazu niedrige Löhne, auch wenn diese die in den anderen Wirtschaftsbereichen erzielten Einkommen erheblich übertreffen. Sie fragen Massenkonsumgüter nach, die vom desintegrierten Sektor hergestellt werden.
Ebenso wie der »assoziierte Sektor« durch eine von außen induzierte Dynamik gekennzeichnet ist, entwickeln sich die übrigen Sektoren in Abhängigkeit vom »assoziierten Sektor«. Dem *nicht assoziierten Sektor* gehören an: die binnenmarktorientierte Landwirtschaft (Herstellung landwirtschaftlicher Güter für den städtischen Markt, Subsistenzlandwirtschaft), die Kleinindustrie und das Handwerk, die Konsumgüter für einkommensschwache Bevölkerungsschichten herstellen (Massenkonsumgüter), der Kleinhandel, bestimmte Dienstleistungsbereiche usw. Neben kapitalistisch produzierenden Wirtschaftsbereichen wie der Kleinindustrie existieren Bereiche mit nicht kapitalistischen Produktionsweisen wie die

kleinbäuerliche Subsistenzlandwirtschaft oder die feudalen landwirtschaftlichen Großbetriebe. Der desintegrierte Sektor befindet sich überwiegend in einheimischer Hand. Neben importierten Technologien, die insbesondere in den landwirtschaftlichen Großbetrieben und in der Kleinindustrie eingesetzt werden, finden überlieferte Produktionstechniken Anwendung. Die von außen eingeführten Technologien entsprechen häufig nicht dem letzten Stand der technologischen Entwicklung und sind weniger komplex als die im assoziierten Sektor verwendeten Produktionsmittel. Die Arbeitsproduktivität ist im Durchschnitt erheblich niedriger als im integrierten Sektor. Die Beschäftigungseffekte sind dementsprechend größer.

Die *Beziehungen* zwischen dem *assoziierten Sektor* und den *übrigen Sektoren* sind nach Auffassung der Dependenztheorie dadurch gekennzeichnet, daß vom assoziierten Sektor zwar Ausbreitungseffekte ausgehen können, in der Regel jedoch die Kontereffekte überwiegen. Dabei wird die wirtschaftliche Entwicklung des nicht assoziierten Sektors durch verschiedene Mechanismen behindert:

- Zum einen werden ihm Ressourcen durch den assoziierten Sektor entzogen. So kann sich die exportorientierte Landwirtschaft häufig die besten Böden sichern. Die der Selbstversorgung dienende und für den Binnenmarkt bestimmte landwirtschaftliche Produktion wird dadurch auf weniger fruchtbare Böden zurückgedrängt und in ihren Ertragsmöglichkeiten eingeschränkt.

  Weiterhin zieht der assoziierte Sektor aufgrund seiner vergleichsweise hohen Einkommen die jungen, am besten ausgebildeteten Arbeitskräfte aus den übrigen Sektoren ab. Damit gehen die beruflich qualifiziertesten Arbeitskräfte diesen Sektoren verloren.

  Schließlich findet ein Kapitaltransfer zwischen dem nicht integrierten und dem integrierten Sektor statt. Der Kapitalabzug kann direkt erfolgen, indem der nicht integrierte Sektor einen Teil seines Mehrprodukts (bzw. seiner Ersparnis) dem integrierten Sektor zur Verfügung stellt. Dies geschieht in der Regel derart, daß der nicht integrierte Sektor seine Ersparnisse auf Bankkonten anlegt und die Banken Kredite an Unternehmen des »modernen« Sektors vergeben. Indirekt kann ein Kapitaltransfer dadurch hervorgerufen werden, daß der »traditionelle« Agrarsektor dem integrierten Sektor billige Arbeitskraft liefert. Indem der »traditionelle« Sektor teilweise die Kosten für die Reproduktion der zukünftigen Arbeitskraft (die Aufzucht der Kinder) sowie die Kosten für die Erhaltung der Arbeitskraft in Zeiten der Nicht-Beschäftigung (Krankheit, Arbeitslosigkeit, Alter) übernimmt, kann der integrierte Sektor diese Kosten, die sonst über den Lohn abgedeckt werden müßten, einsparen. Seine Profite erhöhen sich entsprechend. Die Zunahme des Akkumulationsfonds des integrierten Sektors erfolgt somit zu Lasten des »traditionellen« Agrarsektors (Meillassoux). Ein Entzug von Akkumulationsfonds erfolgt des weiteren dann, wenn – abweichend von einem äquivalenten Warenaustausch – der nicht integrierte Sektor nur relativ niedrige Preise für seine Erzeugnisse erzielen, der integrierte Sektor dagegen relativ hohe Preise für seine Produkte durchsetzen kann.
- Der nicht assoziierte Sektor wird in seiner Entwicklung darüber hinaus dadurch behindert, daß ein Teil seiner Betriebe durch die Konkurrenz von Unternehmen des assoziierten Sektors vom Markt verdrängt wird.

- Auch die Enge des Binnenmarktes und insbesondere die relativ geringe Nachfrage nach landwirtschaftlichen und industriellen Massenkonsumgütern stehen einer Ausdehnung der Produktion des nicht assoziierten Sektors entgegen.
- Schließlich benachteiligt häufig auch die staatliche Wirtschaftspolitik die Entwicklung des nicht assoziierten Sektors. Dies kann dadurch geschehen, daß vornehmlich die Infrastruktureinrichtungen der großen Agglomerationszentren ausgebaut, die zurückgebliebenen Regionen dagegen vernachlässigt werden. In die gleiche Richtung zielt eine wachstumsorientierte Industrialisierungspolitik, die auf eine primäre Förderung des modernen Industriesektors gerichtet ist unter Vernachlässigung der übrigen Wirtschaftsbereiche. Auch die unter dem Schlagwort der »Grünen Revolution« angestrebte Modernisierung des Agrarsektors führt häufig zur Verdrängung kleinbäuerlicher Betriebe.

Mit der Darlegung von Mechanismen, die eine ungleiche Entwicklung hervorrufen, bietet die Dependenztheorie einen Ansatz zur Erklärung des heute in vielen Ländern der Dritten Welt anzutreffenden *Entwicklungsmusters*. Das wirtschaftliche Wachstum ist weitgehend auf den assoziierten Sektor beschränkt. Unter Anwendung fortgeschrittener Technologien aus den Industrieländern werden dort relativ hohe Pro-Kopf-Einkommen erwirtschaftet, die jedoch nur einem geringen Teil der Bevölkerung zugute kommen. Durch die von außen induzierte Entfaltung des assoziierten Sektors wird gleichzeitig die Entwicklung des nicht assoziierten Sektors behindert. Die Produktion stagniert überwiegend und geht in einigen Bereichen sogar zurück. Der Agrarsektor kann die Bevölkerung zum Teil nicht ausreichend mit Nahrungsmitteln versorgen. Importe von Grundnahrungsmitteln aus den Industrieländern werden dadurch erforderlich. Sieht man von den Großgrundbesitzern ab, so sind die Pro-Kopf-Einkommen im desintegrierten Sektor, verglichen mit denen im integrierten Sektor, sehr niedrig. Eine äußerst ungleiche Einkommensverteilung ist die Folge. Ein Teil der Bevölkerung lebt in absoluter Armut. Er kann seine Grundbedürfnisse nicht befriedigen. Bei stagnierender Produktion nimmt darüber hinaus die Beschäftigung ab. Ein Teil der Arbeitskräfte wird unterbeschäftigt, andere werden arbeitslos. Neu ins Erwerbsleben eintretende Jugendliche finden keinen Arbeitsplatz. Mit der Verschlechterung der Lebensbedingungen in ländlichen Regionen erhöht sich die Landflucht, ohne daß der integrierte Sektor in den Agglomerationszentren in hinreichendem Umfang neue Arbeitsplätze bieten könnte. Erhöhung der städtischen Arbeitslosigkeit, Slumbildung usw. sind die Folge.

Die sozialen Konsequenzen der abhängigen Entwicklung werden von der Dependenztheorie mit dem Begriff der *Marginalität* erfaßt. Der Marginalitätsbegriff wird dabei entweder auf die Beschäftigungsmöglichkeiten oder die Einkommenssituation eines Teiles der Bevölkerung bezogen. Nach Quijano sind diejenigen Arbeitskräfte marginalisiert, die, bezogen auf den Arbeitskräftebedarf des assoziierten Sektors, überflüssig sind. In den übrigen Sektoren können sie dagegen eine Beschäftigung (oder »Unterbeschäftigung«) finden. Die marginalisierte Arbeitskraft kann nicht mit der »industriellen Reservearmee« gleichgesetzt werden. Sie ist dauerhaft von der Produktion im weltmarktintegrierten Industriesektor ausgeschlossen, während die »industrielle Reservearmee« nur vorübergehend arbeitslos ist und in Zeiten des Konjunkturaufschwungs wieder beschäftigt wird. Außerdem ist sie aufgrund ihrer unzureichenden Qualifikation nicht in der Lage, die im assoziierten Sektor beschäftigten Arbeiter zu ersetzen und damit einen Druck auf das dortige Lohnniveau auszuüben, eine Funktion, die der »industriellen Reservearmee« durchaus zukommt. Bezogen auf die Einkommenssituation bezeichnet Marginalität diejenigen Bevölkerungsgruppen, die infolge ihrer Armut ihre Grundbedürfnisse nicht befriedigen können und von der Nutzung der Infrastruktureinrichtungen (Schulen, Krankenhäuser usw.) faktisch weitgehend ausgeschlossen sind. Da die Einkommensverhältnisse weitgehend von der Beschäftigungssituation abhängen, decken sich die beiden, nach unterschiedlichen Kriterien abgegrenzten Bevölkerungsgruppen weitgehend. Die marginalisierte Bevölkerung umfaßt im wesentlichen die in der Subsistenzlandwirtschaft beschäftigten Arbeitskräfte, Saison- und Wanderarbeiter, bestimmte traditionelle Handwerker, städtische Gelegenheitsarbeiter und ungelernte Arbeitskräfte sowie die im niederen Dienstleistungsbereich tätigen Arbeitskräfte einschließlich ihrer Angehörigen. Das Einkommen der marginalisierten Bevölkerung fließt äußerst unregelmäßig und unterschreitet oft das physische Existenzminimum. Das Überleben muß deshalb durch illegale Arbeitsverhältnisse, Kinderarbeit, Prostitution, Kriminalität, Bettelei, Verwertung von Abfällen, nachbarschaftliche Nothilfe und ähnliches mehr gesichert werden (Wöhlcke, v. Wogau, S. 20f.).

4. Kritische Würdigung

Durch die Entwicklung der Dependenztheorie seit Mitte der sechziger Jahre erfuhr die entwicklungspolitische Diskussion, die bis dahin weitgehend von der traditionellen Entwicklungstheorie beherrscht wurde, wichtige Impulse. Die Bedeutung der Dependenztheorie liegt zum einen darin, daß sie die traditionelle Entwicklungstheorie einer umfassenden Kritik unterzog. Zum anderen leistet sie einen wesentlichen Beitrag zur Erklärung der Unterentwicklung, indem sie diese auf den historischen Prozeß der Eingliederung der Entwicklungsländer in das kapitalistische Weltwirtschaftssystem zurückführt. Im Zuge dieses Prozesses bildeten sich einseitige Produktionsstrukturen und strukturell heterogene Gesellschaftsformationen heraus, aus denen die den Entwicklungsprozeß behindernde strukturelle Abhängigkeit der Entwicklungsländer resultiert.
Die Dependenztheorie ist von verschiedenen Seiten kritisiert worden. Die *traditionelle Entwicklungstheorie* (Modernisierungstheorie) hat im wesentlichen zwei Einwände vorgebracht. Wissenschaftstheoretisch begründet ist der Hinweis, daß die Dependenztheorie keine empirisch falsifizierbaren Hypothesen aufstellt (Sautter, S. 67). Dieser Einwand ist weitgehend richtig, trifft jedoch die Dependenztheorie nicht, da diese sich nicht als Theorie im strengen sozialwissenschaftlichen Sinne versteht, sondern als Paradigma auf hoher Abstraktionsebene. Dieses bildet den Bezugsrahmen zur Ableitung von Hypothesen »mittlerer Reichweite« für die historische Analyse von Entwicklungsprozessen. Der zweite von seiten der Modernisierungstheorie vorgetragene Einwand bezieht sich auf die Bewertung der außenwirtschaftlichen Einflüsse auf den Entwicklungsprozeß. Nach Auffassung der Modernisierungstheorie hat die Einbeziehung der Entwicklungsländer in die

internationale Arbeitsteilung den Entwicklungsprozeß bis heute nicht behindert, sondern ihn überwiegend gefördert. Sofern von Teilen der Dependenztheorie der entwicklungsfördernde Beitrag außenwirtschaftlicher Beziehungen bestritten und von der strukturellen Unmöglichkeit kapitalistischer Entwicklung in peripheren Ländern ausgegangen wird, ist die Kritik berechtigt. Auf der anderen Seite verkennt die Modernisierungstheorie, daß Entwicklung und Unterentwicklung in kapitalistischen Wirtschaften parallele, einander bedingende Prozesse sind. Mit der Ausdehnung des assoziierten Sektors sind Effekte verbunden, die per Saldo die Entwicklung des nicht assoziierten Sektors behindern (Wöhlcke, v. Wogau, S. 22ff.).

Einer *immanenten Kritik* ist die Dependenztheorie von ihren Anhängern unterzogen worden. Sie bezieht sich einmal auf die begriffliche Unschärfe, mit der die Dependenzdebatte geführt wird und die sich insbesondere in der unterschiedlichen Bestimmung des Abhängigkeitsbegriffs äußert. Weitgehend beliebig werden Kategorien der marxistischen politischen Ökonomie und der strukturalistischen Theorie verwendet. Die Nachvollziehbarkeit der auf hohem Abstraktionsniveau geäußerten Gedankengänge wird dadurch erschwert. Die begriffliche Unklarheit läßt eine theoretische Unsicherheit erkennen, die sich zum Teil aus dem »Piuniercharakter« der Dependenzdiskussion erklärt. Darüber hinaus ist die Dependenztheorie zu Recht dahingehend kritisiert worden, daß sie sich auf eine Untersuchung der Wirtschaftsstruktur beschränkt, dagegen keine Analysen der Klassen- und Schichtenverhältnisse sowie der Funktion des Staates in peripheren Gesellschaften vornimmt. Der Mangel einer Klassenanalyse äußert sich u. a. in der Marginalitätsdiskussion. Marginalisierte Arbeitskräfte sind dadurch gekennzeichnet, daß sie für den kapitalistisch organisierten assoziierten Sektor überflüssig sind. Inwieweit sie aber gemeinsame ökonomische Interessen und politische Perspektiven haben, d. h. potentiell revolutionäre Kraft oder Lumpenproletariat sind, bleibt ausgeklammert. Auch die Funktion des Staates wird – sieht man von Evers ab – keiner eingehenden Analyse unterzogen. Dabei ist die Kenntnis der Rolle des Staates im Entwicklungsprozeß und insbesondere seines Handlungsspielraums gegenüber ausländischen Unternehmen von grundlegender Bedeutung sowohl für die Einschätzung der Entwicklungsmöglichkeiten im Rahmen der bestehenden Wirtschaftsordnung als auch für eine Strategie zur Überwindung der strukturellen Abhängigkeit. Weiterhin wird in Frage gestellt, ob mit den von der Dependenztheorie benutzten strukturellen Kategorien der Entwicklungsprozeß so heterogener Entwicklungsländer wie Brasilien und Honduras, Nigeria und Tschad, Indien und Taiwan hinreichend erfaßt werden kann. Sicherlich kennzeichnen abhängige Reproduktion und strukturelle Heterogenität fast alle Entwicklungsländer, auch wenn Länder wie Brasilien und Indien im Begriff sind, Investitionsgüter und Massenkonsumgüter herzustellen. Auf der anderen Seite macht die Unterschiedlichkeit der einzelnen Länder es erforderlich, weitere ökonomische, soziale, politische und kulturelle Faktoren bei der Analyse konkreter Entwicklungsprozesse zu berücksichtigen. Ein vierter Einwand bezieht sich auf den Mangel an empirischen Untersuchungen über die ökonomischen und politischen Prozesse strukturell abhängiger Gesellschaften. Solche Analysen würden der theoretischen Diskussion Impulse geben und sie zu einer Präzisierung ihrer

Aussagen veranlassen. Sie könnten darüber hinaus zu konkreten Vorschlägen für die Entwicklungsstrategien einzelner Länder führen. Der Vorwurf mangelnder empirischer Arbeit läßt sich heute nicht mehr aufrechterhalten, nachdem seit Mitte der siebziger Jahre Studien über die abhängige Entwicklung einzelner Länder erstellt worden sind.

Eine grundsätzliche Kritik an der Dependenztheorie ist von Vertretern der marxistischen *Imperialismustheorie* und insbesondere des *Weltsystemansatzes* vorgetragen worden. Sie setzt an der nationalstaatlichen Betrachtungsweise der Dependenztheorie an. Danach hängt der Entwicklungsprozeß eines Landes vom Grad der Kohärenz seiner Produktionsstruktur ab. Für Länder des autozentrierten Kapitalismus gelten andere Entwicklungsgesetze als für Länder des peripheren Kapitalismus. Entsprechend der Theorie der produktiven Kräfte von Friedrich List setzt die Überwindung der Unterentwicklung den Aufbau kohärenter Produktionsstrukturen in den peripheren Ökonomien voraus. Angesichts der fortschreitenden Internationalisierung der Produktion, deren Träger die Multinationalen Konzerne sind, hängt nach Auffassung der Imperialismustheorie und des Weltsystemansatzes die Entwicklung eines Landes zunehmend weniger von der Kohärenz seiner Produktionsstruktur ab. Größere Bedeutung erlangt die Frage, inwieweit ein Land günstige Standortbedingungen für bestimmte Produktionsbereiche (horizontale Arbeitsteilung) und für gewisse Fertigungsstufen innerhalb einzelner Produktionsbereiche (vertikale Arbeitsteilung) aufweist. Hierüber entscheiden die Multinationalen Konzerne im Rahmen ihrer auf langfristige Gewinnmaximierung gerichteten weltweiten Investitions- und Produktionsstrategien. Die Gesetzmäßigkeiten, welche die weltwirtschaftliche Arbeitsteilung bestimmen (vgl. B III 2), werden zu immer wichtigeren Determinanten der nationalen Entwicklung (Wallerstein, S. 2). Unter den vielfältigen Standortbedingungen ist die Produktionsstruktur eines Landes nur ein Faktor. Auch Länder mit weitgehend kohärenten Produktionsstrukturen bleiben von den Entscheidungen der Multinationalen Konzerne abhängig. Eng verknüpft mit dem ersten ist ein zweiter Einwand. Mit der Internationalisierung der Produktion hängt die Entwicklung eines Landes von den Gesetzmäßigkeiten der internationalen Kapitalakkumulation und damit von den Konjunkturzyklen des Weltwirtschaftssystems ab. Diese bei der Analyse des Entwicklungsprozesses peripherer Länder zu vernachlässigen, wird der Dependenztheorie seit dem Einsetzen der weltwirtschaftlichen Krise in der ersten Hälfte der siebziger Jahre vorgeworfen. Notwendig sei die Erfassung des kapitalistischen Weltwirtschaftssystems insgesamt (Frank 1977, S. 357).

Kritik haben schließlich die von der Dependenztheorie vorgeschlagenen Strategien zur Überwindung der Unterentwicklung auf seiten der *Politikberatung* hervorgerufen. In der Bundesrepublik Deutschland haben insbesondere Elsenhans und Senghaas die Dissoziation, d. h. die Abkoppelung der Entwicklungsländer von der internationalen kapitalistischen Wirtschaft und den Aufbau kohärenter Produktionsstrukturen in diesen Ländern propagiert. Eine eingehende Behandlung dieser auch als Self-Reliance bezeichneten Strategie erfolgt in E VI. An dieser Stelle sollen nur drei grundsätzliche Einwände wiedergegeben werden. Der erste beinhaltet die mangelnde Präzisierung der Strategie, insbesondere hinsichtlich der außenwirtschaftlichen Maßnahmen, der Errichtung kohärenter Produktionsstrukturen und der Rolle, welche die einzelnen gesellschaftlichen Gruppen bei der Durchsetzung der Strategie spielen sollen. Zweitens wird kritisiert, daß kein Versuch unternommen wird, die Kosten und Erträge dieser Strategie zu bestimmen. Gerade für kleine Länder dürfte der Aufbau kohärenter Produktionsstrukturen mit so hohen Kosten verbunden sein, daß der Bevölkerung unzumutbare Opfer auferlegt werden müßten. Drittens wird die Durchsetzbarkeit der Strategie in Frage gestellt. Dissoziation sei ohne Revolution gegen die prokapitalistischen Führungsgruppen in den Entwicklungsländern nicht durchzusetzen. Antikapitalistische Bewegungen hätten aber in letzter Zeit – zumindest in Lateinamerika – an Bedeutung verloren. Wichtiger sei von daher die Entwicklung länderbezogener Strategien »kleiner Schritte« unterhalb der Systemgrenze (Eßer, S. 13ff.).

III Moderne marxistische Imperialismustheorien

1. Einführung

Abgesehen von Ansätzen zu einer theoretischen Erfassung imperialistischer Expansionsprozesse bei der klassischen Nationalökonomie sowie bei Marx und Engels wurde eine systematische Theorie des Imperialismus erstmals im Jahre 1902 von Hobson vorgelegt. In den folgenden zwanzig Jahren erreichte die Imperialismusdiskussion mit den Arbeiten von Hilferding, Lenin und Luxemburg ihren Höhepunkt. Anschließend wurden Begriff und Realität des Imperialismus jahrzehntelang aus Wissenschaft und allgemeinem politischen Bewußtsein weitgehend verdrängt. Erst Mitte der sechziger Jahre wurde die Imperialismusforschung wieder intensiviert.

Im Verlauf der Imperialismusdiskussion hat der *Imperialismusbegriff* eine Vielzahl unterschiedlicher Bestimmungen erfahren (Krippendorf). Auch heute besteht über die Bedeutung des Imperialismus kein Einverständnis. Gewisse Merkmale des Imperialismus finden sich jedoch in der Mehrzahl der Imperialismusdefinitionen wieder und werden von dem folgenden allgemeinen Begriff abgedeckt. Danach bezeichnet Imperialismus die sowohl direkte als auch indirekte politische oder ökonomische Herrschaft bzw. Kontrolle einer Nation über eine andere (Cohen, S. 16). Das Hauptgewicht wird dabei auf die asymmetrischen Beziehungen zwischen den kapitalistischen Metropolen und den peripheren Ländern gelegt. Über die politischen und ökonomischen Beziehungen hinaus werden teilweise auch die militärischen, die kulturellen und die Kommunikationsbeziehungen zu den Bestandteilen des Imperialismus gerechnet (Galtung, S. 55ff.). Neben der inhaltlichen Bestimmung hat die Abgrenzung der Epoche des Imperialismus Veränderungen erfahren. Während die klassische Imperialismustheorie die Periode der europäischen Expansion von 1880 bis 1914/18 als Imperialismus bezeichnete, gilt Imperialismus heute als ein Prozeß, der seinen Anfang mit der Begründung der älteren Kolonialreiche seit dem frühen sechzehnten Jahrhundert genommen hat und bis in die Gegenwart reicht (Mommsen, S. 85).

Marxistische Imperialismustheorien deuten den Imperialismus als notwendiges Produkt der *kapitalistischen Entwicklung*. Diese wiederum wird von der Verwertung und Akkumulation des Kapitals bestimmt. Die Kapitalverwertung kann verschiedene Formen annehmen. Das Kapital kann sich einen Teil oder das ganze Mehrprodukt von Sklavenarbeit, Fronarbeit usw. aufgrund nicht-ökonomischen Zwangs aneignen. Oder es beutet die im Prozeß der ursprünglichen Akkumulation erzeugte, freie Lohnarbeiterschaft aus. Die Kapitalakkumulation erfolgt in dem Fall auf der Grundlage spezifisch kapitalistischer Produktionsverhältnisse (Fröbel, Heinrichs, Kreye, S. 42ff.). Das treibende Moment der kapitalistischen Entwicklung ist die Konkurrenz. Sie zwingt die Einzelkapitale, eine möglichst hohe Kapitalverwertung zu erzielen. Abgesehen von der Verlängerung des Arbeitstages und der Intensivierung der Arbeit läßt sich eine Steigerung der Profitrate durch eine Ausdehnung der Absatzmärkte, durch den Import billiger Rohstoffe und Lebensmittel und durch die Verwendung niedrig entlohnter Arbeitskräfte in den peripheren Ländern erreichen. Die Nutzung des Arbeitskräftepotentials der Entwicklungsländer setzt – sieht man von Arbeitskräftewanderungen ab – Kapitalexporte in Form von Portofolioinvestitionen oder Direktinvestitionen voraus.
Die Entwicklung des Kapitalismus erfolgt in mehreren Etappen. Sie prägen die ökonomischen und politischen Beziehungen zwischen Industrieländern und Entwicklungsländern in unterschiedlicher Weise. Die in der zweiten Hälfte des 15. Jahrhunderts in Europa einsetzende Transformation des Feudalismus in eine kapitalistische Gesellschaft (Wallerstein 1974) leitet die merkantile Phase des Kapitalismus ein. Seit der Entdeckung Amerikas und der Auffindung des Seewegs nach Ostindien werden weite Teile der Dritten Welt erobert und kolonisiert. Mit militärischer Gewalt rauben die Kolonialmächte die besetzten Gebiete aus. Arbeitskräfte werden mittels Zwangsarbeit in Bergwerken und beim Bau von Straßen und Eisenbahnen ausgebeutet. Der Sklavenhandel nimmt einen gewaltigen Aufschwung. Die direkte Aneignung von Gütern und Arbeitskraft wird ergänzt durch den Zwangshandel (Gewürze, Seidenwaren usw. gegen Edelmetalle). Die Plünderung und Ausbeutung der Kolonien führt zur Ansammlung von Handels- und Geldkapital in Europa und schafft günstige Bedingungen für den Ausbruch der industriellen Revolution. Mit dieser setzt die Phase des Konkurrenzkapitalismus ein. Der staatlich erzwungene Handel wird ersetzt durch den Freihandel. Dessen Ausdehnung auf noch nicht erschlossene Gebiete wird allerdings durch diplomatischen Druck oder offene Gewaltanwendung erzwungen, so daß diese sich bis 1880 erstreckende Periode auch als Freihandelsimperialismus bezeichnet wird. Fertigwaren aus den sich industrialisierenden Ländern werden gegen Agrarprodukte und bergbauliche Rohstoffe getauscht. In dieser Epoche entsteht die »klassische« internationale Arbeitsteilung zwischen Industrie- und Entwicklungsländern (Amin 1971, S. 6ff.).
Die im letzten Drittel des 19. Jahrhunderts zunehmende Konzentration und Zentralisation des Kapitals leitet über in die Phase des Monopolkapitalismus (1881–1914/18). Kapitalüberschüsse in den Industrieländern führen zu einer Ausdehnung der Kapitalexporte in die Kolonien. Die Erzielung kolonialer Extraprofite soll dem Absinken der Durchschnittsprofitrate in den Industrieländern ent-

gegenwirken. Außerdem dienen die Kapitalexporte der Sicherung von Rohstoffquellen. Im politischen Bereich verschärft sich der Konkurrenzkampf der Großmächte um den Erwerb kolonialer Territorien und imperialistischer Einflußsphären. Formen indirekter Herrschaft werden von Kolonialverwaltungen abgelöst, die alle gesellschaftlichen Bereiche kontrollieren. Der sich anschließende Zeitraum zwischen den beiden Weltkriegen ist dadurch gekennzeichnet, daß die kolonialen Imperien zwar nicht weiter ausgedehnt, den Kolonialvölkern aber auch keine Selbstbestimmungsrechte – wie proklamiert – zugestanden werden. Erst nach dem Zweiten Weltkrieg setzt die Dekolonisation ein. Die direkte Herrschaft der Kolonialmächte über die Dritte Welt wird damit beendet. Allerdings versuchen die westlichen Industrienationen, ihren Einfluß in den Entwicklungsländern durch indirekte Mittel, wie z. B. die Gewährung von Kapital- und Militärhilfe, zu sichern, um damit u. a. der Ausdehnung des Sozialismus zu begegnen. Sie werden dabei unterstützt durch die Oberschichten der Entwicklungsländer, die an der Erhaltung des gesellschaftspolitischen Status quo interessiert sind. Der formale Kolonialismus wird damit durch einen »inneren Kolonialismus« ersetzt. Das Bestreben der westlichen Industrieländer, die Entwicklungsländer unter politischer und militärischer Kontrolle zu halten, liegt im Interesse der Multinationalen Konzerne, die Investitionen und Produktion in weltweitem Maßstab planen und die Entwicklungsländer in ihre unternehmensinterne internationale Arbeitsteilung einbeziehen.

Die *marxistischen Imperialismustheorien* knüpfen an die jeweils aktuellen Phasen der kapitalistischen Entwicklung an. Gegenstand der theoretischen Überlegungen von Marx und Engels sind die Plünderung der Kolonien, der Sklavenhandel und der internationale Warenaustausch. Die klassische Imperialismustheorie, und hier insbesondere Lenin, richtet ihre Analyse auf die Monopolisierung der Wirtschaft, die Kapitalexporte in die Peripherien und die Sicherung des Rohstoffangebots aus diesen Ländern. Die moderne marxistische Imperialismustheorie behandelt im wesentlichen drei Themenkomplexe:

- die von den Multinationalen Konzernen getragene Internationalisierung der Produktion und die damit verbundene Herausbildung einer neuen internationalen Arbeitsteilung,
- die mit internationalen Kapitalbewegungen und insbesondere Direktinvestitionen in Entwicklungsländern verbundene Einkommensumverteilung zwischen Industrie- und Entwicklungsländern und
- den ungleichen Tausch (Sutcliffe, S. 172).

Bevor die moderne marxistische Imperialismustheorie näher dargelegt wird, soll der in jüngerer Zeit entwickelte *Weltsystemansatz* kurz skizziert werden. Dieser im wesentlichen von Wallerstein konzipierte marxistische Ansatz weist viele Ähnlichkeiten mit der marxistischen Imperialismustheorie auf, unterscheidet sich aber von dieser in einigen Punkten. Er ist nicht eurozentriert wie die älteren Imperialismustheorien, unterstellt nicht die Zweiteilung der Welt in asymmetrisch verbundene Metropolen und Peripherien und geht nicht von der Herrschaft der Metropolen über die Peripherien aus. Der Weltsystemansatz basiert auf der Annahme, daß die Welt aus einer einzigen kapitalistischen Weltwirtschaft mit einer weltweiten Arbeitsteilung besteht. Innerhalb dieser Arbeitsteilung erfüllen die einzelnen Länder unterschiedliche Funktionen. Je nach ihrer Funktion gehören sie dem Zentrum, der Peripherie oder der Halbperipherie an. Die einzelnen Länder können ihre Stellung innerhalb der internationalen Arbeitsteilung verändern, wie der Abstieg Englands und der Aufstieg Brasiliens in die Gruppe halbperipherer Länder belegen. Die Positionsänderung ist nur zu Gunsten bzw. auf Kosten anderer Länder möglich. Die nationalen Staatsapparate versuchen, den Weltmarkt zu Gunsten ihrer Länder zu beeinflussen. Dies gelingt den mächtigeren Staaten des Zentrums eher als denen der Peripherie. Der Weltsystemansatz versucht, die langfristigen strukturellen und konjunkturellen Entwicklungstendenzen der kapitalistischen Weltökonomie zu erklären. Er konnte bisher nur den Rahmen für diesbezügliche Untersuchungen entwickeln (Wallerstein 1975; Research Working Group).

2. Neue internationale Arbeitsteilung

Über mehrere Jahrhunderte war die internationale Arbeitsteilung dadurch gekennzeichnet, daß die Entwicklungsländer als Anbieter landwirtschaftlicher und bergbaulicher Rohstoffe in die Weltwirtschaft einbezogen waren, während die Herstellung von Fertigwaren den Industrieländern vorbehalten blieb. Diese »klassische« internationale Arbeitsteilung wurde auch durch die 1930 in Lateinamerika einsetzende und später ebenfalls in den anderen Entwicklungskontinenten verfolgte importsubstituierende Industrialisierung nicht wesentlich verändert, zumal diese binnenmarktorientierte Entwicklungsstrategie relativ schnell an die Grenzen der geringen inländischen Kaufkraft stieß. Erst seit den sechziger Jahren trieben Veränderungen der Kapitalverwertungsbedingungen die Internationalisierung der Produktion, d. h. den Erwerb oder die Errichtung von Produktionsstätten durch ein Unternehmen in mehr als einem Land verstärkt voran und machten insbesondere die Entwicklungsländer zu profitablen Standorten weltmarktorientierter verarbeitender Industrie. Hierdurch wurde ein Prozeß der weltweiten Verlagerung der industriellen Produktion ausgelöst, der als neue internationale Arbeitsteilung bezeichnet wird. Diese Arbeitsteilung beinhaltet eine neue horizontale Spezialisierung zwischen verschiedenen Produktionsbereichen der Verarbeitenden Industrie. Sie ist jedoch von einer die Entwicklungsländer benachteiligenden vertikalen Arbeitsteilung sowohl innerhalb der einzelnen Produktionsbereiche als auch zwischen den verschiedenen Ebenen betrieblicher Leistungserstellung begleitet.

Nach Fröbel, Heinrichs, Kreye sind folgende Bedingungen für die *Internationalisierung der Produktion* und die Herausbildung einer neuen internationalen Arbeitsteilung bestimmend:

- Die Existenz eines praktisch unerschöpflichen Arbeitskräftepotentials in den Entwicklungsländern. Diese Arbeitskräfte sind sehr billig. Aufgrund weitverbreiteter Schicht-, Nacht- und Feiertagsarbeit können sie zu praktisch allen Stunden des Jahres eingesetzt werden, was eine intensive Nutzung des fixen Kapitals erlaubt. Ihre Arbeitsproduktivität entspricht nach einer kurzen Anlernung in vielen Fällen derjenigen in vergleichbaren Produktionen der traditionellen Industrieländer. Die Arbeitskräfte können hohen Arbeitsbelastungen ausgesetzt werden, da sie bei Verschleiß durch unverbrauchte Arbeitskräfte ersetzt werden können. Angesichts des Überangebots an Arbeitskräften können die jeweils besonders geeigneten Arbeitskräfte ausgewählt werden (nach Alter, Geschlecht, Qualifikation, Disziplin usw.).

- Die Entwicklung einer Technologie und Arbeitsorganisation, die es ermöglichen, komplexe Produktionsprozesse in elementare Einheiten zu zerlegen, so daß ungelernte Arbeitskräfte nach kurzer Anlernzeit die fragmentierten Arbeitsvorgänge auszuüben vermögen. Dadurch können höher qualifizierte, teure Arbeitskräfte durch wenig, für den einzelnen Arbeitsvorgang gerade noch hinreichend qualifizierte, billige Arbeitskräfte ersetzt werden.
- Technologische Entwicklungen, die industrielle Standortwahl und Steuerung der Produktion zunehmend weniger von geographischen Entfernungen abhängig machen. Hierzu gehören Transporttechnologien, die einen schnellen und billigen Transport zwischen den Orten der Produktion und den Orten der Konsumtion möglich machen (Massengutfrachten, Container, Luftfracht), sowie Organisations- und Kommunikationssysteme, die eine zentrale Steuerung der weltweiten Produktion und Distribution erlauben.

Angesichts dieser technologischen Entwicklungen ist die Verarbeitende Industrie heute bestrebt, ihre Produktion weltweit zu organisieren. Die Produktionsprozesse werden in geeigneter Weise in verschiedene Teilfertigungen zergliedert. Für die einzelnen Elemente der Fertigungsprozesse werden die kostengünstigsten Produktionsstandorte gesucht. Im Rahmen dieses Prozesses werden Teilbereiche der industriellen Produktion in die Entwicklungsländer verlagert, sofern diese insbesondere aufgrund ihrer billigen und jederzeit verfügbaren Arbeitskräfte hierfür günstige Standortbedingungen bieten. Dem Trend zur Verlagerung industrieller Produktionsbereiche in Entwicklungsländer stehen allerdings eine Reihe von Hindernissen entgegen. Dazu gehören u. a. die Kosten für Betriebsstillegungen an alten Standorten, der größere administrative Aufwand, höhere Transportkosten, Zölle sowie das Investitionsrisiko in politisch instabilen Ländern. Außerdem wird dem Verlagerungsprozeß durch Rationalisierungsmaßnahmen der Unternehmer sowie durch Protektionsmaßnahmen der traditionellen Industriestaaten entgegengewirkt. Es hat jedoch den Anschein, daß die Herausbildung einer neuen internationalen Arbeitsteilung durch diese Hindernisse nur verlangsamt, nicht aber grundsätzlich aufgehalten werden kann (Fröbel, Heinrichs, Kreye, S. 51ff.).

Träger der Internationalisierung der Produktion sind definitionsgemäß die Multinationalen Konzerne, d. h. Unternehmen, die Produktionsstätten und/oder Verkaufsniederlassungen in mehr als einem Land kontrollieren. Multinationale Konzerne sind in der Regel große, durch Konzentration und Zentralisation des Kapitals, d. h. die Erweiterung bzw. Zusammenfassung bestehender Einzelkapitale entstandene Unternehmen. Sie weisen eine breite Produktionspalette auf, die mehrere Produktionsbereiche (horizontale Integration) und verschiedene Produktionsstufen (vertikale Integration) umfaßt.

Die Internationalisierung der Produktion ist mit der Entwicklung internationaler Geld- und Kapitalmärkte verbunden (Hymer 1974). Sie führt darüber hinaus zu

einem Funktionsverlust von Nationalstaaten. Zwar können diese eine Reihe von Funktionen zugunsten der Auslandsaktivitäten des über die nationalen Grenzen hinaus expandierenden Kapitals übernehmen. Beispiele hierfür sind die Sicherung von Auslandsinvestitionen gegen Verstaatlichungen usw., die Gewährung von Steuervorteilen und die Androhung von Sanktionen (Entzug der Entwicklungshilfe u.a.) gegenüber ausländischen Staaten für den Fall einer Diskriminierung der expandierenden Unternehmen. Zunehmend wird jedoch die nationale durch eine internationale Ausübung der staatlichen Funktionen ersetzt. Dies hängt damit zusammen, daß mit der fortschreitenden Internationalisierung der Produktion das Interesse des expandierenden Kapitals an einer internationalen Wahrnehmung staatlicher Funktionen zunimmt und gleichzeitig sich der Handlungsspielraum der Nationalstaaten zur Unterstützung der inländischen Unternehmen verringert (Murray). Grundlage der internationalen Wirtschaftspolitik können bilaterale Verträge (Investitionsförderungsverträge, Doppelbesteuerungsabkommen usw.) und multilaterale Abkommen (Zoll-, Handels- und Währungsabkommen, militärische Kooperation usw.) sein.
Die Einbeziehung der Entwicklungsländer in die internationale Arbeitsteilung kann nach Auffassung der modernen marxistischen Imperialismustheorie nur verstanden werden, wenn die Multinationalen Konzerne als Träger dieses Prozesses in den Mittelpunkt der Analyse gestellt werden. Die *konzerninterne Arbeitsteilung* erklärt sich aus der Struktur der Multinationalen Konzerne. Diese ist durch eine Aufteilung ihrer Tätigkeiten in eine Reihe von Funktionsbereichen gekennzeichnet, die u. a. Planung, Finanzierung, Marketing, Forschung und Entwicklung, Kontrolle und Produktion umfassen. Diese wiederum sind verschiedenen Ebenen der Unternehmenshierarchie zugeordnet. In der Konzernzentrale sind die Abteilungen Planung, Finanzierung, Forschung und Entwicklung, Kontrolle und Teile des Marketings angesiedelt. Die untere Ebene bilden die Produktionsbetriebe, die auch bestimmte Marketingaufgaben erfüllen. Die mittlere Ebene ist für die Koordination der Produktionsbereiche verantwortlich und stellt das Verbindungsglied zwischen der oberen und der unteren Ebene dar. Die hierarchische Struktur spiegelt sich in der räumlichen Spezialisierung der Konzerne wider. Die Leitung der Multinationalen Konzerne hat ihren Sitz in den Hauptzentren der Industrieländer, wo ein guter Zugang zu Kapitalmarkt, Arbeitsmarkt, Medien usw. besteht und sich persönliche Kontakte zu Regierungsvertretern und Direktoren anderer Multinationaler Konzerne leicht herstellen lassen. Die mittleren Koordinationsorgane haben ihre Niederlassungen in den wichtigsten Großstädten der Entwicklungsländer. Von hier aus betreuen sie die Betriebe in den umliegenden Ländern. Die Produktionsbetriebe werden weltweit verstreut an denjenigen Standorten errichtet, die für die jeweiligen Fertigungsbereiche die günstigsten Bedingungen aufweisen (Hymer 1972, S. 218ff.).
Mit fortschreitender Internationalisierung der Produktion entspricht die *weltwirtschaftliche Arbeitsteilung* zunehmend der internen Arbeitsteilung Multinationaler Konzerne. Hieraus folgt, daß die Entwicklungsländer nicht nur als Anbieter von Rohstoffen, sondern auch als Hersteller von bestimmten weltmarktorientierten industriellen Produktionen in die internationale Arbeitsteilung einbezogen werden. Nicht allein mehr oder weniger arbeitsintensive, sondern auch rohstoff- und

energieintensive, umweltbelastende sowie sogar sachkapitalintensive Produktionsbereiche werden an Standorte billiger Arbeitskraft transferiert, sofern diese Standorte eine vorteilhafte Kombination von Produktionsbedingungen aufweisen. Lediglich technologisch anspruchsvolle Fertigungsbereiche, die den Einsatz qualifizierter Arbeitskräfte erfordern, werden nicht in Entwicklungsländer verlagert. Innerhalb der industriellen Produktion wird somit die horizontale Arbeitsteilung zwischen Industrie- und Entwicklungsländern durch eine vertikale, nach dem Fertigungsgrad bzw. dem technologischen Anspruchsniveau der Produktion differenzierte Arbeitsteilung überlagert. Neben der produktionsbezogenen Spezialisierung bildet sich eine den betrieblichen Funktionsbereichen entsprechende internationale Arbeitsteilung heraus. Während die Entwicklungsländer bestimmte Produktions- und Marketingaufgaben übernehmen, bleiben ihnen die wichtigen Unternehmensbereiche wie insbesondere Planung, Finanzierung sowie Forschung und Entwicklung weiterhin vorenthalten.

Die *Auswirkungen* der weltmarktorientierten Industrialisierung *auf die sozioökonomische Entwicklung* der Länder der Dritten Welt lassen sich wie folgt zusammenfassen:

- Mit der Errichtung exportorientierter Industrien ist die Schaffung zahlreicher Arbeitsplätze (bei gleichzeitiger Zunahme der strukturellen Arbeitslosigkeit in den Industrieländern) verbunden, ohne daß dadurch – bis auf Ausnahme weniger Länder – das Problem der Arbeitslosigkeit gelöst werden könnte. Eine Beschäftigung finden vor allem junge Arbeitskräfte. Die Beschäftigung unterliegt entsprechend den jeweiligen Weltmarktbedingungen starken Schwankungen.
- Durch die neue internationale Arbeitsteilung werden die Einkommensunterschiede zwischen Industrie- und Entwicklungsländern nicht abgebaut. Diejenigen Unternehmens- und Produktionsbereiche, welche die größte Arbeitsproduktivität aufweisen und die höchsten Löhne und Gehälter zahlen, haben ihren Standort weiterhin in den Industrieländern. Demgegenüber werden in den ausgelagerten Produktionsbereichen relativ niedrige Löhne und Gehälter gezahlt, auch wenn diese das durchschnittliche Einkommensniveau der Entwicklungsländer übertreffen.
- Von der weltmarktorientierten Produktion gehen nur geringe Ausbildungseffekte aus. Die Zerlegung komplexer Produktionsprozesse in ihre einzelnen Bestandteile führt dazu, daß überwiegend ungelernte Arbeitskräfte Elementartätigkeiten ausführen, die kaum Qualifikationswirkungen hervorrufen. Anspruchsvollere Arbeitsplätze werden selten angeboten. Erfahrungen im Bereich der Entwicklung moderner Produkt- und Prozeßtechnologien können nicht erworben werden, da die Forschungs- und Entwicklungsabteilungen ihren Sitz in den Industrieländern haben. Auch der Zugang zu modernen Technologien wird über die weltmarktorientierte Verarbeitende Industrie kaum eröffnet, da in den Weltmarktfabriken nur Teiloperationen ausgeführt werden und auch hier die Kontrolle über die Technologien in der Regel in ausländischer Hand bleibt (Fröbel, Heinrichs, Kreye, S. 552ff.).
- Die Errichtung exportorientierter Industriebetriebe durch Multinationale Konzerne führt nicht zum Aufbau komplexer Industriestrukturen in den einzelnen

Entwicklungsländern. Die Produktion dieser Betriebe ist über die Konzerne vertikal in den Weltmarkt integriert. Art und Umfang der Produktion werden von den Kapitalverwertungsbedürfnissen der Konzerne, nicht dagegen von den jeweiligen nationalen Bedarfs- oder Kapazitätsstrukturen her bestimmt. Mit der nationalen Volkswirtschaft sind die Betriebe im wesentlichen nur durch den Verbrauch von Arbeitskraft, teilweise von Rohstoffen sowie durch die Nutzung von Infrastruktureinrichtungen verbunden. Transnationale Integration und nationale Desintegration entsprechen einander, auch wenn auf lange Sicht nicht auszuschließen ist, daß die Errichtung vertikal integrierter Betriebe unterschiedlicher Wirtschaftszweige zu »teilkomplexen«, die horizontale Integration verstärkenden Industriestrukturen führt (Sunkel).

- Die wirtschaftliche Abhängigkeit der Entwicklungsländer wird durch die neue internationale Arbeitsteilung nicht vermindert. Die industriellen Investitionsentscheidungen werden in den Zentralen der Multinationalen Konzerne getroffen. Weiterhin wird der Handlungsspielraum der Entwicklungsländer dadurch eingeschränkt, daß die Multinationalen Konzerne die wirtschaftspolitischen Steuerungsmaßnahmen unterlaufen oder im eigenen Interesse beeinflussen können. Darüber hinaus läßt die weltmarktorientierte Industrialisierung weder eine weltmarktunabhängige Produktionsstruktur noch ein technologisches Potential entstehen, das die Abhängigkeit von ausländischen Technologien, Managementtechniken usw. reduzieren würde.

3. Ausländische Direktinvestitionen und internationale Einkommensverteilung

Nach Auffassung der modernen marxistischen Imperialismustheorie wird der Entwicklungsprozeß in den Ländern der Dritten Welt nicht nur durch die unvorteilhafte Einbeziehung in die internationale Arbeitsteilung, sondern auch durch die ökonomische Ausbeutung als Folge von Kapitalexporten aus den Industrieländern behindert. *Imperialistische Ausbeutung* wird dabei unterschiedlich charakterisiert. Ausgehend von der marxistischen Arbeitswertlehre wird einmal argumentiert, daß die unentgeltliche Aneignung heimischer Arbeit durch ausländisches Kapital das Kennzeichen imperialistischer Ausbeutung sei. Diese Bestimmung ist jedoch unzureichend, da die Erzielung von Profiten und auch »Surplusprofiten« (Mandel, S. 470) ein allgemeines Merkmal des Kapitalismus ist und noch nichts über die zwischenstaatliche ökonomische Ausbeutung aussagt. Um diese zu erfassen, ist es, worauf schon Hilferding zu Recht hinwies, erforderlich, den Kapitalexporten aus den Industrieländern die retransferierten Profite gegenüberzustellen (Bärtschi, S. 116). Sofern der Gewinntransfer die Kapitalexporte übersteigt, fließt Einkommen aus den Entwicklungsländern ab. Der Akkumulationsfonds der Entwicklungsländer wird, sieht man von sekundären Effekten ab, vermindert, der Devisenbestand nimmt ab (Szentes, S. 100ff.).
In ihren Untersuchungen über die internationale Ausbeutung der Entwicklungsländer beschränkt sich die moderne marxistische Imperialismustheorie auf die ausländischen Direktinvestitionen und die über sie erwirtschafteten und retrans-

ferierten Profite. Andere Formen internationaler Kapitalbewegungen (Portofolio-Investitionen, Exportkredite) werden aus der Analyse ausgeklammert.

Bei der Erfassung der durch ausländische Direktinvestitionen hervorgerufenen Ausbeutung der Entwicklungsländer ist folgendes zu beachten:

- Ausländische Direktinvestitionen setzen sich zusammen aus dem Nettozufluß direkt investierten Kapitals und den reinvestierten Gewinnen. Zur Ermittlung der internationalen Ausbeutung sind somit die transferierten Gewinne nicht den Direktinvestitionen insgesamt, sondern nur den aus dem Ausland zufließenden Investitionsmitteln gegenüberzustellen. Zu demselben Ergebnis gelangt man, indem man die Differenz aus den Gewinnen ausländischer Direktinvestitionen (transferierte + reinvestierte Gewinne) und den Direktinvestitionen (Nettozufluß direkt investierten Kapitals + reinvestierte Gewinne) bildet.
- Beim Vergleich von Gewinn-Direktinvestitions-Relationen verschiedener Länder ist zu berücksichtigen, wie hoch der jeweilige Bestand an investiertem Kapital zu Beginn des Betrachtungszeitraums ist und ob die Neuzugänge an Direktinvestitionen in den jeweiligen Ländern steigende oder fallende Tendenz haben (vgl. C I 3).
- Mit dem *Transfer ausgewiesener Gewinne* ist nicht der gesamte Gewinntransfer aus den Entwicklungsländern in die Industrieländer erfaßt. Multinationale Konzerne haben die Möglichkeit, die Transferpreise (Verrechnungspreise) für den Waren- und Dienstleistungsaustausch zwischen ihren Filialen so zu gestalten, daß die Gewinne nicht in den Entwicklungsländern, sondern in den Industrieländern anfallen. Neben dem Transfer deklarierter Gewinne in Form von Dividendenzahlungen stehen den Multinationalen Konzernen damit weitere Kanäle des *(indirekten) Profittransfers* zur Verfügung. Hierzu zählen insbesondere
  - Preise für Interfilialverkäufe von Gütern,
  - Lizenzgebühren für Technologie, die an Filialen verkauft wird,
  - Provisionen und Gebühren für Interfilialverkäufe von Dienstleistungen und Zuweisung von Gemeinkosten sowie
  - Zinszahlungen auf konzerninterne Kredite.

Die Höhe des indirekten (oder versteckten) Profittransfers ergibt sich aus den Abweichungen der Transferpreise von den Marktpreisen im konzerninternen Handel. Mit der Festlegung der Transferpreise entscheiden die Multinationalen Konzerne darüber, inwieweit sie ihre Gewinne direkt oder indirekt transferieren. Bei dieser Entscheidung müssen die Unternehmen eine Reihe wirtschaftspolitischer Rahmenbedingungen berücksichtigen: die internationalen Unterschiede der Gewinnsteuersätze, die Zollabgaben für die von Auslandsfilialen importierten Produkte, die Wechselkursentwicklung, Beschränkungen der Profitrepatriierung, die Beteiligung lokaler Partner an ihren Auslandsfilialen usw. Auch unternehmensstrategische Überlegungen gehen in diese Entscheidungen ein. Das ist z. B. der Fall, wenn Gewinne in den Ländern ausgewiesen werden, in denen die Kreditwürdigkeit gesteigert werden soll oder in denen hohe Gewinne keinen politischen oder gewerkschaftlichen Druck hervorrufen, der die langfristigen Unternehmensziele gefährden könnte (Vaitsos, S. 96ff.).

Untersuchungen über das Ausmaß des indirekten Gewinntransfers sind bisher wegen politischer Widerstände, methodischer Probleme und Schwierigkeiten bei der Datenbeschaffung kaum durchgeführt worden. Die von Vaitsos erstellte Analyse über mehrere von ausländischen Unternehmen beherrschte Industriezweige in vier Andenländern zeigt aber, daß die in den Statistiken üblicherweise ausgewiesenen Gewinnüberweisungen wegen ihrer Vernachlässigung des indirekten Gewinntransfers den Umfang der gesamten Gewinntransfers aus den Entwicklungsländern in die Industrieländer unterschätzen (vgl. C I 3).
Mit der Thematisierung des durch ausländische Direktinvestitionen hervorgerufenen Einkommensabflusses aus Entwicklungsländern leistet die moderne marxistische Imperialismustheorie einen wichtigen Beitrag zur Erklärung der Unterentwicklung. Sie wird jedoch der Bedeutung ausländischer Direktinvestitionen für den Entwicklungsprozeß nicht gerecht. Ausländische Direktinvestitionen bestehen nicht nur aus Kapitalzuflüssen, sondern sind mit der Bereitstellung ausländischer Technologie, ausländischen Managements usw. verbunden. Sie rufen nicht nur Kapitalabflüsse hervor, sondern haben umfangreiche gesamtwirtschaftliche Kosten und Erträge zur Folge, die bei einer Bewertung der Direktinvestitionen berücksichtigt werden müssen (vgl. C I 1).

4. Ungleicher Tausch

Neben den Direktinvestitionen führen nach Auffassung der modernen marxistischen Imperialismustheorie auch die Handelsbeziehungen zu einem andauernden Werttransfer aus den Entwicklungsländern in die Industrieländer. Dadurch werde die Kapitalakkumulation in den Entwicklungsländern behindert, in den Industrieländern dagegen beschleunigt. Der Werttransfer wird auf einen ungleichen Tausch zurückgeführt. Ungleicher Tausch bzw. nicht-äquivalenter Tausch ist dann gegeben, wenn Waren nicht entsprechend der Menge gesellschaftlich notwendiger Arbeit, die in ihnen enthalten ist, ausgetauscht werden. Er liegt dann vor, wenn die Preise der auf dem Weltmarkt ausgetauschten Waren nicht mit den Arbeitswerten übereinstimmen.
Die Theorie des ungleichen Tausches verfolgt eine andere Zielsetzung als die neoklassische Außenhandelstheorie. Letztere ist bestrebt, den Nachweis zu erbringen, daß eine internationale Spezialisierung entsprechend den relativen Produktivitäts- und Kostenvorteilen zu einem globalen Allokationsoptimum führt und jedem der auf dieser Grundlage am internationalen Handel partizipierenden Ländern einen Vorteil verschafft. (In welchem Ausmaß die einzelnen Handelspartner am Spezialisierungsgewinn teilhaben, gibt die neoklassische Außenhandelstheorie allerdings nicht an.) Die Theorie des ungleichen Tausches versucht demgegenüber aufzuzeigen, daß auch bei einer dem komparativen Kostentheorem entsprechenden internationalen Arbeitsteilung nicht allen Ländern Vorteile aus dem internationalen Handel erwachsen. Vielmehr würden einige Länder eine größere Menge ihrer nationalen Arbeit gegen eine kleinere Menge fremder Arbeit austauschen. Länder, die ihre Waren unter dem Wert verkaufen (müssen), würden zugunsten derjenigen Länder benachteiligt, die ihre Waren zu Preisen

verkaufen, die über ihrem Wert liegen. Die Weltproduktion würde nicht entsprechend den von den einzelnen Ländern aufgewandten Arbeitsleistungen verteilt. Zu derart unterschiedlichen Ergebnissen können die neoklassische Außenhandelstheorie und die Theorie des ungleichen Tausches deshalb gelangen, weil die eine die Außenhandelsströme in Preisen der jeweiligen Länder oder in Weltmarktpreisen mißt, während die andere auf die gesellschaftliche Arbeitszeit zurückgreift.

Innerhalb der Theorie des ungleichen Tausches lassen sich verschiedene Ansätze unterscheiden, deren gemeinsames Ziel es ist, eine Benachteiligung der Entwicklungsländer durch den internationalen Handel nachzuweisen. Die Ansätze gehen von unterschiedlichen Interpretationen der Wirkungsweise des Wertgesetzes auf dem Weltmarkt aus. Um die Ansätze besser verstehen zu können, sollen die Mechanismen des *Wertbildungsprozesses im nationalen Rahmen* kurz dargestellt werden. Der Wert einer Ware bemißt sich durch die zu ihrer Herstellung gesellschaftlich notwendige Arbeit. Diese wiederum wird bestimmt durch die gesellschaftlichen Durchschnittsbedingungen der Produktion, die Durchschnittsintensität und die Durchschnittsgeschicklichkeit der Arbeit. (Gesellschaftlich notwendig ist die individuell aufgewendete Arbeit aber auch nur dann, wenn sie auf ein gesellschaftliches Bedürfnis trifft.) Nicht alle Produzenten einer Ware verfügen über die gleichen Produktionsbedingungen, d. h. sie wenden unterschiedliche Arbeitsquanten für die Herstellung ein und derselben Ware auf. Bei Produzenten mit unterdurchschnittlichem Arbeitseinsatz liegt der individuelle Wert der von ihnen hergestellten Waren unter dem Marktwert. Verfügt nun ein Produzent über bessere Produktionsbedingungen, als sie in der Branche üblich sind, so benötigt er zwar weniger Arbeit zur Erzeugung seiner Waren, aber nichts hindert ihn daran, sein Erzeugnis zum herrschenden Marktpreis zu verkaufen. Er erzielt einen Extramehrwert. Da sich unterschiedliche Produktionsbedingungen aufgrund der Konkurrenzverhältnisse innerhalb einer Branche im Zeitablauf einander angleichen, kann der Extramehrwert allerdings nur vorübergehend realisiert werden.

Ein weiterer wichtiger Aspekt des kapitalistischen Austauschprozesses ist der Einfluß unterschiedlicher Produktionstechniken in den einzelnen Branchen. Sie bewirken, daß die Waren der verschiedenen Produktionszweige nicht zu ihren Werten getauscht werden können. Da die organische Zusammensetzung des Kapitals, d. h. das Verhältnis zwischen konstantem und variablem Kapital, in den verschiedenen Produktionszweigen aufgrund ihrer jeweils anderen Produktionstechnik unterschiedlich ist, ergäben sich bei gleicher Mehrwertrate ungleiche Branchenprofitraten, wenn entsprechend den Warenwerten ausgetauscht würde. Dies aber würde das Kapital veranlassen, aus Branchen mit überdurchschnittlicher organischer Zusammensetzung des Kapitals und niedriger Profitrate in Branchen mit unterdurchschnittlicher organischer Zusammensetzung des Kapitals und hoher Profitrate abzuwandern. Hierdurch würden Preiserhöhungen bzw. -senkungen in den einzelnen Branchen ausgelöst. Dieser Prozeß käme erst zum Stillstand, wenn die Branchenprofitraten sich angeglichen hätten. Im Gleichgewicht tauschen sich die Waren zu ihren Produktionspreisen (Kostpreisen + Durchschnittsprofit) und nicht mehr zu den durch die Arbeitszeit bestimmten Werten. Über die Produktionspreise erfolgt ein Werttransfer aus Branchen mit unterdurchschnittlicher organischer Zusammensetzung des Kapitals in Branchen mit überdurchschnittlicher organischer Zusammensetzung des Kapitals. Am Markt kommt dieser Prozeß dadurch zustande, daß die Branchen mit unterdurchschnittlicher organischer Zusammensetzung des Kapitals, d. h. die arbeitsintensiv produzierenden Wirtschaftsbereiche, ständig ein Überangebot an Waren auf den Markt bringen, das permanent die Preise drückt. Der Austausch zu Produktionspreisen bewirkt also einen ungleichen Tausch zwischen der Branchengruppe mit überdurchschnittlicher und derjenigen mit unterdurchschnittlicher organischer Zusammensetzung. Die erstere muß weniger, die zweite mehr gesellschaftlich notwendige Arbeit einbringen.

Die verschiedenen Ansätze zur Erklärung des ungleichen Tausches im internationalen Rahmen lassen sich in zwei Gruppen einteilen. Die eine Gruppe geht von der (relativen) internationalen Immobilität der Produktionsfaktoren Arbeit und Kapital aus und vermag deshalb keine Tendenz zum internationalen Profitratenausgleich erkennen. Sie schließt daraus, daß Waren auf dem Weltmarkt zu Preisen getauscht werden, die ihrem internationalen Wert entsprechen. Länder mit überdurchschnittlicher Arbeitsproduktivität (niedrigem nationalen Wert der Waren) erzielen Vorteile im internationalen Handel zu Lasten der Länder mit unterdurchschnittlicher Arbeitsproduktivität (hohem nationalen Wert der Waren). Zu dieser Gruppe von Ansätzen, die bei der Erklärung den Mechanismus des Extramehrwerts zugrunde legen, zählen die Arbeiten von Altvater, Blanke, Busch, Kohlmey, Mandel, Neusüß, Schöller und Seelow. Die zweite Gruppe geht von der Prämisse internationaler Mobilität des Kapitals bei fortdauernder Immobilität der Arbeitskräfte aus. Daraus folgt, daß sich die Profitrate international ausgleicht. Die Waren tauschen sich auf dem Weltmarkt zu den Produktionspreisen aus. Damit wäre ein Werttransfer aus den Entwicklungsländern in die Industrieländer verbunden. Dieser Erklärungsansatz wird von Amin, Emmanuel und Palloix vertreten.

Von der ersten Gruppe der Theorien ungleichen Tausches sollen im folgenden die Ausführungen *Kohlmeys* dargestellt werden, der die Marxsche *Theorie der internationalen Werte* als erster weiterentwickelt hat. Nach Kohlmey werden Waren auf dem Weltmarkt zu einem Preis getauscht, der ihrem internationalen Wert entspricht. Dieser wiederum ergibt sich als gewogener Durchschnitt der nationalen Werte der jeweiligen Waren. Je nach den Arbeitsproduktivitätsniveaus – gemessen als produzierte Menge je Arbeitsstunde – der am Welthandel beteiligten Länder weichen die nationalen von den internationalen Werten ab. Die Industrieländer wenden aufgrund ihrer überdurchschnittlich hohen Arbeitsproduktivität weniger Arbeit für die Herstellung der gehandelten Waren auf als die Entwicklungsländer mit ihrer unterdurchschnittlichen Arbeitsproduktivität. Sie erhalten von daher über den internationalen Handel mehr Arbeitsquanten als sie selbst aufwenden. Es findet ein ungleicher Tausch von Arbeitsquanten statt.

Dieser produktivitätsbedingte ungleiche Tausch wird noch dadurch verstärkt, daß die Weltmarktpreise in der Regel von den internationalen Werten abweichen (Kohlmey 1962, S. 56ff.). Aufgrund iher Monopolmacht können die Industrieländer auf denjenigen Märkten, auf denen sie primär als Anbieter bzw. Nachfrager

auftreten, höhere bzw. niedrigere Preise durchsetzen. Damit verändern sie die Struktur der Weltmarktpreise zu ihren Gunsten.
Die Abweichung der Weltmarktpreise von den internationalen und den nationalen Werten kennzeichnet nach Kohlmey die beiden Komponenten des ungleichen Tausches: die Preiskomponente und die Produktivitätskomponente. Dabei stellt die Kategorie des internationalen Wertes eine gedankliche Hilfsgröße dar, um die beiden Komponenten des nicht-äquivalenten Tausches voneinander zu trennen.
Gegenüber dem Kohlmeyschen Ansatz zur Erklärung des ungleichen Tausches lassen sich einige Einwände vorbringen. Kohlmey bezieht sich in seinem Modell auf den Austausch identischer Güter, d. h. den Bereich des internationalen Handels, der durch substitutive Arbeitsteilung gekennzeichnet ist. Es fragt sich jedoch, inwieweit Kohlmeys Modell auf die den Handel zwischen Industrie- und Entwicklungsländern dominierende komplementäre Arbeitsteilung, d. h. den Austausch nicht-identischer, jeweils nur von einem Handelspartner angebotener Waren, übertragen werden kann. Es ist davon auszugehen, daß sich trotz der von Kohlmey unterstellten absoluten Produktivitätsvorteile der Industrieländer bei der Mehrzahl (oder auch allen) gehandelten Gütern eine komplementäre Arbeitsteilung deshalb herausbildet, weil über den Wechselkursmechanismus (und/oder Inflationsprozesse) jedes Land bei denjenigen Waren Wettbewerbsvorteile erlangt, bei denen es über komparative Kostenvorteile verfügt. Der Wechselkursmechanismus beinhaltet, daß Länder mit niedriger Arbeitsproduktivität gezwungen sind, ihre Währungen abzuwerten, wollen sie konkurrenzfähig werden. Dadurch werden ihre hohen nationalen Warenpreise in niedrigere internationale Preise transformiert. Umgekehrt werden die niedrigen nationalen Warenpreise der Industrienationen durch die Aufwertung ihrer Währungen in höhere internationale Preise umgewandelt. Als Folge dieses Prozesses bildet sich eine internationale Arbeitsteilung heraus, bei der jedes Land diejenigen Waren exportiert, bei denen es komparative Kostenvorteile besitzt. Aus Kohlmeys Modell kann nicht ohne weiteres ersehen werden, ob ein Warenaustausch auf der Basis des Theorems der komparativen Kosten einen ungleichen Tausch impliziert.
Ein zweiter Einwand gegenüber dem Kohlmeyschen Erklärungsansatz bezieht sich auf die Prämisse des im Vergleich zu den Industrieländern niedrigeren Arbeitsproduktivitätsniveaus in Entwicklungsländern. Diese Annahme ist zwar für die meisten Wirtschaftsbereiche und insbesondere den Industriegütersektor zutreffend, gilt aber nicht für den exportintensiven Bergbau und die Plantagenwirtschaft, zwei wichtigen Exportsektoren der Entwicklungsländer (Amin 1975, S. 115).
Schließlich ist die Annahme international immobiler Produktionsfaktoren zu kritisieren. Angesichts der Zunahme internationaler Kapitalbewegungen läßt sich diese Prämisse nicht weiter aufrechterhalten. Auch steht sie im Widerspruch zur Tradition der Imperialismustheorie, die den ökonomischen Imperialismus gerade an den internationalen Kapitalbewegungen festmacht (Emmanuel 1969, S. 50ff.).
Die Annahme international immobiler Produktionsfaktoren wird, zumindest für den Faktor Kapital, von der zweiten Gruppe der Theorien ungleichen Tausches aufgegeben. Die folgenden Ausführungen stützen sich auf die Darlegungen

Emmanuels, der neben Amin und Palloix der bedeutendste Vertreter dieser Theorierichtung ist. *Emmanuel* geht von der Prämisse der internationalen Mobilität des Kapitals aus, woraus sich die Tendenz eines weltweiten Profitratenausgleichs ableitet. Demgegenüber hält er an der Immobilität der Arbeitskraft fest. Zur Ableitung des ungleichen Tausches überträgt Emmanuel die Marxsche Methode der Transformation der Warenwerte in Produktionspreise von der nationalen auf die internationale Ebene. Eine solche Transformation wird erforderlich, wenn die Bedingungen für den äquivalenten Tausch: gleiche organische Zusammensetzung des Kapitals, gleiche Mehrwertraten und gleiches Reallohnniveau bei den Handelspartnern nicht gegeben sind. Emmanuel unterscheidet zwei Fälle.

Im ersten Fall sind die Mehrwertrate und die Reallöhne international gleich, aber die organische Zusammensetzung des Kapitals ist in den Industrieländern höher als in den Entwicklungsländern. Im Zuge des durch Kapitalabflüsse in die Entwicklungsländer bewirkten Profitratenausgleichs steigen die Produktionspreise in der Exportgüterindustrie der Industrieländer über den Wert der Waren, sinken dagegen in den Entwicklungsländern unter ihren Wert. Über den Preisbildungsprozeß erfolgt ein Werttransfer aus den Entwicklungsländern in die Industrieländer. Da ungleiche Austauschbeziehungen wie in diesem Fall auch die Beziehungen innerhalb einer nationalen Volkswirtschaft kennzeichnen, betrachtet Emmanuel diesen Tausch – unverständlicherweise – nicht als ungleichen Tausch.

Die Argumentation von Emmanuel gründet sich auf den Fall, in dem die organische Zusammensetzung des Kapitals, d. h. die Produktionstechniken in den Exportgütersektoren, gleich, die Mehrwertraten als Folge unterschiedlichen Reallohnniveaus dagegen in den Entwicklungsländern höher sind als in den Industrieländern. Der internationale Profitratenausgleich bedingt in diesem Fall, daß sich die Produktionspreise der Exportwaren, d. h. die Commodity Terms of Trade, zu Gunsten der Industrieländer verschieben. Dies bedeutet, daß die Entwicklungsländer im internationalen Austausch pro Gesamtmenge gleicher Arbeit von gleicher Produktivität eine geringere Produktmenge erhalten als die Industrieländer.

Die entscheidende Ursache für den ungleichen Tausch ist nach Emmanuel der Unterschied in den Reallöhnen zwischen Industrie- und Entwicklungsländern. Emmanuel führt diesen Unterschied auf die ungleiche Macht der Arbeiterbewegung zurück. Während sich die Arbeiterbewegung in den Industrieländern seit dem 19. Jahrhundert entwickeln konnte, wurde sie in den Entwicklungsländern weitgehend unterdrückt. Indem die Arbeitskräfte der Industrieländer durch ihre Gewerkschaften hohe Reallöhne durchsetzen, schränken sie über die Veränderung der Terms of Trade zu Lasten der Exportwirtschaft der Entwicklungsländer den Lohnspielraum für die dortigen Arbeitskräfte ein. Daher besteht nach Emmanuel zwischen den Arbeitnehmern in Industrieländern und denen in Entwicklungsländern ein Interessengegensatz. Die Überwindung des so begründeten ungleichen Tausches setzt nach Emmanuel Lohnsteigerungen in den Entwicklungsländern voraus. Diese würden darüber hinaus die Einführung produktivitätssteigender Produktionstechniken fördern sowie zu einer Ausweitung des Binnenmarktes führen und damit den Entwicklungsprozeß beschleunigen.

Das Modell des ungleichen Tausches von Emmanuel hat eine lebhafte Diskussion ausgelöst und ist in einer Reihe von Punkten kritisiert worden. Gegenstand der Kritik ist zum einen die Annahme internationaler Mobilität des Kapitals. Zu Recht wird darauf hingewiesen, daß der von Emmanuel zur Begründung der Kapitalmobilität angeführte empirische Nachweis gleich hoher Profitraten in Industrie- und Entwicklungsländern unzureichend und angesichts des vorhandenen statistischen Materials wohl nur schwer zu erbringen ist. Auch ist zu berücksichtigen, daß die Kapitalmobilität durch Kapitalverkehrskontrollen, Handelsbeschränkungen, die unzureichende Entwicklung des internationalen Kapitalmarktes sowie die ungleiche Bereitstellung infrastruktureller Vorleistungen eingeschränkt wird. Auf der anderen Seite haben technologische Entwicklungen insbesondere im Transport- und Kommunikationswesen die Internationalisierung der Produktion gefördert, eine Tatsache, die sich in der Ausdehnung Multinationaler Konzerne äußert. Wenn somit die internationale Mobilität des Kapitals heute noch nicht vollkommen gegeben ist, so nimmt sie doch tendenziell zu. In ähnlicher Weise läßt sich die Annahme der Immobilität der Arbeitskräfte aufrechterhalten. Zwar nimmt die internationale Mobilität der Arbeitskräfte zu, doch sind die meisten Arbeitskräfte – zumindest international – noch immobil.
Neben der Kritik an den Grundprämissen bezieht sich eine zweite Gruppe von Einwänden darauf, daß aus den Annahmen des Modells nicht die erforderlichen Schlußfolgerungen gezogen werden. Dies ist zutreffend. Wenn schon vollkommene internationale Kapitalmobilität unterstellt wird, dann dürfen die Kapitalexporte nicht nur im Hinblick auf den Profitratenausgleich analysiert werden, sondern müssen auch in ihrer Funktion für die Entwicklung der Arbeitsproduktivität und der Löhne in das Modell einbezogen werden. Ebenso reicht es nicht aus, die Höhe der Reallöhne allein auf die Macht der Gewerkschaften zurückzuführen und wichtige Determinanten wie die nationale Entwicklung der Produktivkräfte und die strukturelle Heterogenität der Gesellschaftsformation in Entwicklungsländern auszuklammern (Brown, S. 18ff.).
Der Haupteinwand gegenüber Emmanuels Modell besteht darin, daß die Bedingungen, unter denen er ungleichen Tausch für gegeben hält, den tatsächlichen Handels- und Wirtschaftsbeziehungen zwischen Industrie- und Entwicklungsländern nicht entsprechen. Gleiche Produktionsbedingungen, d. h. gleiche Arbeitsproduktivität in den Exportsektoren, aber unterschiedlich hohe Reallohnniveaus hätten Produktionsverlagerungen und damit Kapitalexporte größeren Umfangs aus den Industrieländern in die profitableren Entwicklungsländer zur Folge. Die Kapitalexporte würden zu einer Steigerung der Produktivkraft in Entwicklungsländern führen und damit – unter bestimmten Bedingungen – zur Überwindung der Unterentwicklung beitragen. In Wirklichkeit ist aber die Arbeitsproduktivität mit Ausnahme weniger Wirtschaftsbereiche (z.B Plantagenwirtschaft, Bergbau, Erdölindustrie) in Industrieländern höher als in Entwicklungsländern. Außerdem ist ein relativer Rückgang der Direktinvestitionen in Entwicklungsländern zu verzeichnen. Schließlich kann von einer Überwindung der Unterentwicklung nicht die Rede sein. Angesichts dieser Einwände sind die Bedingungen für einen ungleichen Tausch neu formuliert worden. Danach tritt ein ungleicher Tausch dann ein, wenn die zwischen Industrie- und Entwicklungsländern bestehenden

Unterschiede in der Arbeitsproduktivität durch Reallohnunterschiede übertroffen werden und wenn des weiteren die Arbeitsteilung zwischen Industrie- und Entwicklungsländern durch eine bestimmte, auch von nicht-ökonomischen Faktoren geprägte Spezialisierungsstruktur gekennzeichnet ist (Amin 1975, S. 111f.). Inwieweit damit hinreichende und realistische Bedingungen für einen ungleichen Tausch gegeben sind, ist in der Diskussion um den ungleichen Tausch umtritten (Evans, S. 149ff.; Brown, S. 10).

Ein weiterer Einwand bezieht sich auf die wirtschaftspolitischen Schlußfolgerungen Emmanuels. Eine Erhöhung der Reallöhne in Entwicklungsländern – wie Emmanuel sie fordert – würde ceteris paribus zwar zu Preissteigerungen bei den Exportwaren der Entwicklungsländer und damit zu einer Einschränkung des Werttransfers in die Industrieländer führen, gleichzeitig aber die Wettbewerbsfähigkeit der Entwicklungsländer mindern. Bestimmte Produktionsbereiche würde als Folge dieser Maßnahme in die Industrieländer verlagert, ihre Wertschöpfung ginge den Entwicklungsländern verloren. Eine Reduzierung der Wettbewerbsfähigkeit träte nur dann nicht ein, wenn die Reallohnerhöhung von einer solchen Zunahme der Arbeitsproduktivität begleitet wäre, daß der durchschnittliche Stücklohn (Reallohn/Arbeitsproduktivität) in Entwicklungsländern nicht stärker zunähme als in den Industrieländern. Dies aber zeigt, daß eine Verbesserung der Einkommenssituation eine Steigerung der Arbeitsproduktivität voraussetzt. Nicht die Erhöhung der Löhne als solche, sondern die Förderung der Produktivkraftentwicklung (als Voraussetzung für eine Steigerung des Reallohnniveaus) bildet die vorrangige Aufgabe der Entwicklungspolitik.

Mit dieser Leitlinie ist auch diejenige Ursache für ungleichen Tausch angesprochen, die in der unterschiedlichen organischen Zusammensetzung des Kapitals begründet ist und die von großer empirischer Bedeutung für den Handel zwischen Industrie- und Entwicklungsländern sein dürfte. Allerdings führt eine auf Steigerung der Arbeitsproduktivität in den Entwicklungsländern gerichtete Entwicklungspolitik in ein grundsätzliches Dilemma. Eine Erhöhung der Arbeitsproduktivität ist gleichbedeutend mit einer Reduzierung der Arbeitsintensität der Produktion. Sie hat zur Folge, daß die Entwicklungsländer ceteris paribus weniger Arbeit für die Exporte in die Industrieländer aufwenden müssen als sie durch ihre Importe zurückerhalten. Der ungleiche Tausch wird somit vermindert. Auf der anderen Seite bedeutet eine niedrige Arbeitsintensität der Produktion, daß nur wenig Arbeitsplätze geschaffen werden. Einer Reduzierung des ungleichen Tausches steht somit eine Erhöhung der Arbeitslosigkeit gegenüber.

Sieht man von methodischen Unterschieden ab, so werden zur Ableitung des ungleichen Tausches folgende Variable herangezogen: Weltmarktpreise, Arbeitsproduktivitätsniveaus, Reallöhne und Monopolgrad jeweils für die Exportgütersektoren der Industrie- und Entwicklungsländer. Es sind dies die gleichen volkswirtschaftlichen Größen, auf die Prebisch seine Erklärung der ökonomischen Ausbeutung der Entwicklungsländer durch die Industrieländer aufbaut. Zusätzlich zieht er zur Erklärung der Entwicklung der Exportgüterpreise die unterschiedlichen Einkommenselastizitäten der Nachfrage heran. Bei seinen *empirischen Untersuchungen* beschränkt sich Prebisch allerdings auf den Verlauf der Commodity Terms of Trade, d. h. die relativen Veränderungen der Import- und

Exportgüterpreise. Absolute nationale Produktivitäts- und/oder Preisniveauunterschiede erfaßt er nicht. Eine Ermittlung dieser den ungleichen Tausch konstituierenden absoluten Produktivitäts- und Preisunterschiede ist bisher nicht erfolgt. Wohl aber sind, wenn auch nur vereinzelt, die Double Factoral Terms of Trade bestimmt worden. Sie stellen der Exportgüterpreisentwicklung des In- und Auslandes die jeweiligen Wachstumsraten der Arbeitsproduktivität gegenüber. Ergänzt man die Entwicklung der Double Factoral Terms of Trade durch Angaben über das Verhältnis von Arbeitsproduktivitätswachstum und Reallohnsteigerungen in den Exportgüterbranchen, so wäre damit ein Maß gefunden, um den ungleichen Tausch – zumindest annäherungsweise – empirisch zu erfassen (vgl. C IV 3).

Mit der Theorie des ungleichen Tausches sind die drei Ansätze der *modernen marxistischen Imperialismustheorie* zur Erklärung der Unterentwicklung vorgestellt worden. Im Mittelpunkt dieser Theorien stehen die Beziehungen zwischen Industrie- und Entwicklungsländern. Unterentwicklung wird im wesentlichen zurückgeführt auf die für die Entwicklungsländer ungünstige Einbeziehung in die internationale Arbeitsteilung und auf den Realeinkommenstransfer aus den Entwicklungsländern in die Industrieländer als Folge der ausländischen Direktinvestitionen und des ungleichen Tausches. Indem die moderne marxistische Imperialismustheorie den Entwicklungsprozeß peripherer Länder mit der kapitalistischen Entwicklung in den Industrieländern verknüpft, leistet sie einen wichtigen Beitrag zur Erklärung der Unterentwicklung.

Andererseits ist die moderne marxistische Imperialismustheorie nicht frei von Mängeln. Wichtige Ebenen der wirtschaftlichen Beziehungen zwischen Industrie- und Entwicklungsländern wie die Portofolioinvestitionen, die Arbeitskräftewanderungen, der Technologietransfer und die Währungsbeziehungen werden aus der Analyse weitgehend ausgeklammert. Direktinvestitionen und Handelsbeziehungen werden einseitig unter dem Gesichtspunkt des Realeinkommenstransfers analysiert und können damit in ihren vielfältigen Auswirkungen auf den Entwicklungsprozeß nicht angemessen erfaßt werden. Die einzelnen Erklärungsansätze der Imperialismustheorie stehen weitgehend isoliert nebeneinander. Ihre Prämissen und Schlußfolgerungen sind nicht aufeinander abgestimmt und widersprechen sich teilweise. Nur selten werden die theoretischen Aussagen empirisch fundiert. (Eine Ausnahme bildet die Untersuchung über die neue internationale Arbeitsteilung.) Die entwicklungspolitischen Schlußfolgerungen schließlich beschränken sich weitgehend auf die Forderung nach revolutionären Veränderungen bzw. auf die damit verknüpfte Forderung nach Abkoppelung der Entwicklungsländer von den Industrieländern. Über die ökonomischen und politischen Voraussetzungen für diese Schritte besteht dabei kein Einverständnis. Auch werden ihre Konsequenzen nur selten aufgezeigt.

Literatur zum Kapitel B

(Die Literaturhinweise im Text beziehen sich auf die zu den einzelnen Abschnitten angegebene Literatur)

I Traditionelle Entwicklungstheorien

Hemmer, H.-R., Wirtschaftsprobleme der Entwicklungsländer, Eine Einführung, München 1978, Kap. D

Hesse, H., Sautter, H., Entwicklungstheorie und -politik, Band 1: Entwicklungstheorie, Tübingen, Düsseldorf 1977, Kap. 3

Hirschman, A. O., Die Strategie der wirtschaftlichen Entwicklung, Stuttgart 1967

Jochimsen, R., Theorie der Infrastruktur, Grundlagen der marktwirtschaftlichen Entwicklung, Tübingen 1966

Kebschull, D., Fasbender, K., Naini, A., Entwicklungspolitik, Eine Einführung, Zweite überarbeitete und erweiterte Auflage, Opladen 1975

Lambert, D.-C., Les économies du Tiers-Monde, Paris 1974

Lee, D. H. K., Climate and Economic Development in the Tropics, New York 1957

Nurkse, R., Problems of Capital Formation in Underdeveloped Countries, Oxford 1953

Pearson, L. B. (Vorsitzender), Bericht der Kommission für internationale Entwicklung, Der Pearson-Bericht, Bestandsaufnahme und Vorschläge zur Entwicklungspolitik, Wien, München, Zürich 1959

Schultz, T. W., Investment in Human Capital, in: American Economic Review, Vol. 51, 1961, S. 1–17

United Nations, The Population Debate: Dimensions and Perspectives, Papers of the World Population Conference Bucharest 1974, New York 1975

United Nations, World Population Prospects as Assessed in 1973, Population Studies, No. 60, New York 1977

Wander, H. (Hrsg.), Bedingungen und Möglichkeiten der Integrierung bevölkerungspolitischer Programme in die nationale und internationale Entwicklungspolitik, Frankfurt a. M. 1980

World Bank, Population Policies and Economic Development, Baltimore, London 1974

Frank, A. G., Sociology of Development and Underdevelopment of Sociology, in: Frank, A. G., Latin America: Underdevelopment or Revolution, Essays on the Development and Underdevelopment and the Immediate Enemy, New York, London 1969, S. 21–94

Hauck, G., Das Elend der bürgerlichen Entwicklungstheorie, in: Tibi, B., Brandes, V. (Hrsg.), Handbuch 2: Unterentwicklung, Frankfurt am Main, Köln 1975, S. 36–63

Hoselitz, B. F., Wirtschaftliches Wachstum und sozialer Wandel, Berlin 1969

Mc Clelland, D. C., Die Leistungsgesellschaft, Psychologische Analysen der Voraussetzungen wirtschaftlicher Entwicklung, Stuttgart 1966

Zapf, W. (Hrsg.), Theorien des sozialen Wandels, Köln, Berlin 1969

Kuznets, S., Notes on the Take-Off, in: Rostow, W. W. (Ed.), The Economics of Take-Off into Sustained Growth, Proceedings of a Conference held by the International Economic Association, London 1963, S. 22–43

Meier, G. M. (Ed.), Leading Issues in Economic Development, Second Edition, Singapore 1971, S. 112–118

Myrdal, G., Politisches Manifest über die Armut in der Welt, Frankfurt am Main 1972, Kap. 2

Nafziger, E. W., A Critique of Development Economics in the U.S., in: The Journal of Development Studies, Vol. 13, No. 1, October 1976, S. 18–34

Rostow, W. W., Stadien wirtschaftlichen Wachstums, Eine Alternative zur marxistischen Entwicklungstheorie, 2. Aufl., Göttingen 1967

Streeten, P., The Frontiers of Development Studies, Some Issues of Development Policy, in: Journal of Development Studies, Vol. 4, No. 1, October 1967, S. 2–24
Szentes, T., The Political Economy of Underdevelopment, Budapest 1971, Teil 1, Kap. V

Boeke, J. H., Economics and Economic Policy of Dual Societies, New York 1953
Hemmer, H. R., Wirtschaftsprobleme der Entwicklungsländer, Eine Einführung, München 1978, Kap. F
Higgins, B., Economic Development, Principles, Problems and Policies, Revised Edition, London 1968
Jochimsen, R., Dualismus als Problem der wirtschaftlichen Entwicklung, in: Fritsch, B. (Hrsg.), Entwicklungsländer, Köln, Berlin 1968, S. 65–80
Lewis, W. A., Economic Development with Unlimited Supplies of Labour, in: The Manchester School of Economic and Social Studies, Vol. 22, 1954, S. 139–191
Martinelli, A., Dualismus und Abhängigkeit, Zur Kritik herrschender Theorien, in: Senghaas, D. (Hrsg.), Imperialismus und strukturelle Gewalt, Analysen über abhängige Reproduktion, Frankfurt am Main 1972, S. 356–378
Myrdal, G., Ökonomische Theorie und unterentwickelte Regionen, Stuttgart 1959
Singer, H. W., Dualism Revisited: A New Approach to the Problems of the Dual Society in Developing Countries, in: Cairncross, A., Puri, M. (Eds.), The Strategy of International Development, Essays in Economics of Backwardness, London, Basingstoke 1975, S. 67–90
Stavenhagen, R., Sieben Trugschlüsse über Lateinamerika, in: Feder, E. (Hrsg.), Gewalt und Ausbeutung, Lateinamerikas Landwirtschaft, Hamburg 1973, S. 43–64

Grimm, K., Theorien der Unterentwicklung und Entwicklungsstrategien, Opladen 1979
Jeck, U., Die Theorie der Domination von François Perroux, Berlin 1968
Kindleberger, Ch. P., The Terms of Trade, A European Case Study, New York, London 1956
Myrdal, G., Ökonomische Theorie und unterentwickelte Regionen, Stuttgart 1959
Perroux, F., Entwurf einer Theorie der dominierenden Wirtschaft, in: Zeitschrift für Nationalökonomie, Bd. 13, 1952, S. 1–18
Prebisch, R., Commercial Policy in Underdeveloped Countries, in: American Economic Review, Papers and Proceedings, Vol. 49, 1959, S. 251–273
Prebisch, R., Für eine bessere Zukunft der Entwicklungsländer, Berlin 1968, S. 7–70
Sieber, H., Die realen Austauschverhältnisse zwischen Entwicklungsländern und Industrieländern, Eine Verifizierung der These Prebischs, Tübingen, Zürich 1968
Singer, H. W., Ansari, J. A., Rich and Poor Countries, Baltimore, London 1977

II Dependenztheorie

Amin, S., Die ungleiche Entwicklung, Hamburg 1975
Amin, S., Zur Theorie von Akkumulation und Entwicklung in der gegenwärtigen Weltgesellschaft, in: Senghaas, D. (Hrsg.), Peripherer Kapitalismus, Analysen über Abhängigkeit und Unterentwicklung, Frankfurt am Main 1974, S. 71–97
Bagú, S., Economia de la sociedad colonial, Buenos Aires 1949
Cardoso, F. H., The Contradiction of Associated Development, in: Current Theses on Latin American Development and Dependency; III Scandinavian Research Conference on Latin America, Bergen, 17 – 19 June 1976
Cardoso, F. H., Faletto, E., Abhängigkeit und Entwicklung in Lateinamerika, Frankfurt am Main 1976
Cordova, A., Strukturelle Heterogenität und wirtschaftliches Wachstum, Frankfurt am Main 1973
Dos Santos, Th., Über die Struktur der Abhängigkeit, in: Senghaas, D. (Hrsg.), Imperialismus und strukturelle Gewalt, Analysen über abhängige Reproduktion, Frankfurt am Main 1972, S. 243–257

Elsenhans, H., Die Überwindung von Unterentwicklung, in: Nohlen, D., Nuscheler, F. (Hrsg.), Handbuch der Dritten Welt, Bd. 1, Hamburg 1974, S. 162–189

Eßer, K., Lateinamerika, Industrialisierungsstrategie und Entwicklung, Frankfurt am Main 1979

Evers, T. T., Bürgerliche Herrschaft in der Dritten Welt, Zur Theorie des Staates in ökonomisch unterentwickelten Gesellschaftsformationen, Köln, Frankfurt am Main 1977

Evers, T. T., Wogau, P. v., »dependencia«: Lateinamerikanische Beiträge zur Theorie der Unterentwicklung, in: Das Argument, Nr. 79, Juni 1973, S. 404–454

Frank, A. G., Dependence is Dead, Long Live Dependence and the Class Structure: An Answer to Critics, in: World Development, 1977, Vol. 5, No. 4, S. 355–370

Frank, A. G., Kapitalismus und Unterentwicklung in Lateinamerika, Frankfurt am Main 1968

Hurtienne, Th., Zur Ideologiekritik der lateinamerikanischen Theorien der Unterentwicklung und Abhängigkeit, in: Probleme des Klassenkampfes, Nr. 14/15, 1974, S. 213–283

Lall, S., Is »Dependence« a Useful Concept in Analysing Underdevelopment, in: World Development, 1975, Vol. 3, Nos. 11 and 12, S. 799–810

Lenin, W. I., Der Imperialismus als höchstes Stadium des Kapitalismus, Gemeinverständlicher Abriß (1916), in: Ders., Werke, Bd. 22, Ost-Berlin 1960, S. 18–71

Luxemburg, R., Die Akkumulation des Kapitals, Ein Beitrag zur ökonomischen Erklärung des Imperialismus, Leipzig 1921

Marini, M., Dialektik der Abhängigkeit, in: Senghaas, D. (Hrsg.), Peripherer Kapitalismus, Analysen über Abhängigkeit und Unterentwicklung, Frankfurt am Main 1974, S. 98–136

Meillassoux, C., »Die wilden Früchte der Frau«, Über häusliche Reproduktion und kapitalistische Wirtschaft, Frankfurt am Main 1976

O' Brien, Ph. J., Zur Kritik lateinamerikanischer Dependencia-Theorien, in: Puhle, H.-J., (Hrsg.), Lateinamerika, Historische Realität und Dependencia-Theorien, Hamburg 1977, S. 33–60

O'Connor, J., Die Bedeutung des ökonomischen Imperialismus, in: Senghaas, D. (Hrsg.), Imperialismus und strukturelle Gewalt, Analysen über die abhängige Reproduktion, Frankfurt am Main 1972, S. 123–186

Palma, G., Dependency: A Formal Theory of Underdevelopment or a Methodology for the Analysis of Concrete Situations of Underdevelopment?, in: World Development, Vol. 6, 1978, S. 881–924

Quijano, A., Marginaler Pol der Wirtschaft und marginalisierte Arbeitskraft, in: Senghaas, D. (Hrsg.), Peripherer Kapitalismus, Analysen über Abhängigkeit und Unterentwicklung, Frankfurt am Main 1974, S. 298–341

Sautter, H., Unterentwicklung und Abhängigkeit als Ergebnisse außenwirtschaftlicher Verflechtung, Zum ökonomischen Aussagewert der Dependencia-Theorie, in: Puhle, H.-J. (Hrsg.), Lateinamerika, Historische Realität und Dependencia-Theorien, Hamburg 1977, S. 61–101

Senghaas, D., Weltwirtschaftsordnung und Entwicklungspolitik, Plädoyer für Dissoziation, Frankfurt am Main 1977

Stavenhagen, R., Agrarische Strukturen und Unterentwicklung in Afrika und Lateinamerika, in: Senghaas, D. (Hrsg.), Peripherer Kapitalismus, Analysen über Abhängigkeit und Unterentwicklung, Frankfurt am Main 1974, S. 276–297

Sunkel, O., Paz, P., El subdesarrollo latinoamericano y la teoria del desarrollo, Mexico 1970

Valenzuela, J. S., Valenzuela, A., Modernization and Dependence: Alternative Perspectives in the Study of Latin America Underdevelopment, in: Villamil, J. J. (Ed.), Transnational Capitalism and National Development, New Perspectives on Dependence, Hassocks 1979, S. 31–65

Wallerstein, I., Dependence in an Interdependent World: The Limited Possibilities of Transformation within the Capitalist World Economy, in: African Studies Review, Vol. XVII, No. 1, April 1974, S. 1–26

Williams, G., Imperialism and Development: A Critique, in: World Development, Bd. 6, 1978, S. 925–936

Wöhlcke, M., Wogau, P. v., Die neuere entwicklungstheoretische Diskussion, Eine einführende Darstellung und ausgewählte Bibliografie, Frankfurt am Main 1977

III Moderne marxistische Imperialismustheorien

Amin, S., Der internationale Handel und die internationalen Kapitalbewegungen, in: Amin, S., Palloix, Ch., Neuere Beiträge zur Imperialismustheorie, Bd. I, München 1971, S. 5–33
Amin, S., Die ungleiche Entwicklung, Hamburg 1975
Bärtschi, W., Ausbeutung und Einkommensumverteilung in den internationalen Wirtschaftsbeziehungen, Berlin 1976
Bärtschi, W., Jacobsen, H. -D., Kritische Einführung in die Außenhandelstheorie, Reinbek 1976
Barret Brown, M., The Economics of Imperialism, Harmondsworth 1974
Brown, R., The Theory of Unequal Exchange: The End of the Debate? The Hague 1978
Busch, K., Die multinationalen Konzerne, Zur Analyse der Weltmarktbewegung des Kapitals, Frankfurt am Main 1974
Cohen, B. J., The Question of Imperialism, The Policital Economy of Dominance and Dependence, New York 1973
Emmanuel, A., L'échange inégal, Paris 1969
Emmanuel, A., Unequal Exchange Revisited, IDS Discussion Paper No. 7, August 1975
Evans, D., Unequal Exchange and Economic Policies, Some Implications of Neo-Ricardian Critique of the Theory of Comparative Advantage, in: Economic and Political Weekly, Vol. XI, Nos. 5–7, Annual Number, February 1976, S. 143–158
Fröbel, F., Heinrichs, J., Kreye, O., Die neue internationale Arbeitsteilung, Strukturelle Arbeitslosigkeit in den Industrieländern und die Industrialisierung der Entwicklungsländer, Reinbek 1977
Galtung, J., Eine strukturelle Theorie des Imperialismus, in: Senghaas, D. (Hrsg.), Imperialismus und strukturelle Gewalt, Analysen über abhängige Reproduktion, Frankfurt am Main 1972, S. 29–104
Hymer, S., Die Internationalisierung des Kapitals, in: Kreye, O. (Hrsg.), Multinationale Konzerne, Entwicklungstendenzen im kapitalistischen System, München 1974, S. 11–39
Hymer, S., Multinationale Konzerne und das Gesetz der ungleichen Entwicklung, in: Senghaas, D. (Hrsg.), Imperialismus und strukturelle Gewalt, Analysen über abhängige Reproduktion, Frankfurt am Main 1972, S. 201–239
Kohlmey, G., Karl Marx' Außenhandelstheorie und Probleme der außenwirtschaftlichen Beziehungen zwischen sozialistischen Staaten, in: Wirtschaftswissenschaft, 15. Jg., 1967, Heft 8, S. 1233–1259
Kohlmey, G., Karl Marx' Theorie von den internationalen Werten mit einigen Schlußfolgerungen für die Preisbildung im Außenhandel zwischen sozialistischen Staaten, in: Probleme der politischen Ökonomie, Bd. 5 des Jahrbuchs des Instituts für Wirtschaftswissenschaften der Deutschen Akademie der Wissenschaften zu Berlin, Berlin 1962
Krippendorf, E., Zum Imperialismus-Begriff, in: Krippendorf, E. (Hrsg.), Probleme der internationalen Beziehungen, Frankfurt am Main 1972, S. 177–203
Mandel, E., Marxistische Wirtschaftstheorie, Frankfurt am Main 1968
Mommsen, W. J., Imperialismus, in: Handwörterbuch der Wirtschaftswissenschaften, Bd. 4, Stuttgart u. a. 1978, S. 85–98
Murray, R., Der Nationalstaat und die Internationalisierung des Kapitals, in: Kreye, O. (Hrsg.), Multinationale Konzerne, Entwicklungstendenzen im kapitalistischen System, München 1974, S. 40–80
Research Working Group on Cyclical Rhythms and Secular Trends, Cyclical Rhythms and Secular Trends of the Capitalist World-Economy: Some Premises, Hypotheses, and Questions, in: Review, II, 4, Spring 1979, S. 483–500
Richter, P., Die Theorie des ungleichen Tausches und das Wertgesetz, in: Vierteljahresberichte Nr. 65, 1976, S. 189–200

Schmidt, A., Internationale Arbeitsteilung oder ungleicher Tausch, Kontroversen über den Handel zwischen Industrie- und Entwicklungsländern, Frankfurt am Main 1979

Senghaas, D. (Hrsg.), Kapitalistische Weltökonomie, Kontroversen über ihren Ursprung und ihre Entwicklungsdynamik, Frankfurt am Main 1979

Sunkel, O., Transnationale kapitalistische Integration und nationale Desintegration: Der Fall Lateinamerika, in: Senghaas, D. (Hrsg.), Imperialismus und strukturelle Gewalt, Analysen über abhängige Reproduktion, Frankfurt am Main 1972, S. 258–315

Sutcliffe, B., Imperialism and Industrialisation in the Third World, in: Owen, R., Sutcliffe, B. (Eds.), Studies in the Theory of Imperialism, Bristol 1972, S. 171–192

Szentes, T., Politische Ökonomie der Entwicklungsländer, Frankfurt, Köln 1974

Vaitsos, C. V., Intercountry Income Distribution and Transnational Enterprises, Oxford 1974

Wallerstein, I., The Modern World System, Capitalist Agriculture and the Origins of the European World-Economy in the Sixteenth Century, New York, San Francisco, London 1974

Wallerstein, I., The Present State of the Debate on World Inequality, in: Wallerstein, I., (Ed.), World Inequality, Origins and Perspectives on the World System, Montreal 1975, S. 12–28

C Wirtschaftliche Beziehungen zwischen Industrieländern und Entwicklungsländern

I Private Kapitalbewegungen

1. Direktinvestitionen

Ein wichtiges Element der wirtschaftlichen Beziehungen zwischen Industrieländern und Entwicklungsländern stellen die Kapitalbewegungen dar. Internationale Kapitalbewegungen lassen sich als Übertragung finanzieller Mittel von einem Land ins andere bezeichnen. Sie sind, sieht man von Schenkungen ab, vom Kapitalgeber her gesehen mit einer Erhöhung der Forderungen (bzw. einer Abnahme der Verbindlichkeiten) gegenüber dem Ausland verbunden. Forderungen, deren Laufzeit mehr als ein Jahr beträgt, rechnet man zum langfristigen Kapitalverkehr. Im kurzfristigen Kapitalverkehr sind demgemäß Forderungen mit einer Laufzeit bis zu einem Jahr enthalten.

Die OECD, die die Kapitalleistungen der dem Development Assistance Committee (DAC) angehörenden Länder an die Entwicklungsländer erfaßt, zählt die öffentliche Entwicklungshilfe, die sonstigen öffentlichen Nettoleistungen, die privaten Leistungen zu marktüblichen Bedingungen und die Zuschüsse privater Hilfsorganisationen zu den »Finanziellen Leistungen an die Entwicklungsländer« (OECD 1978 III, S. 413). Im Gegensatz zur »Standard Presentation« der nationalen Zahlungsbilanzen durch den IMF rechnet die OECD kurzfristige Transaktionen nicht zu den Kapitalbewegungen. Ebenso werden bestimmte Kapitaltransaktionen, wie insbesondere die Finanzierung des Kaufs von Rüstungsgütern, nicht einbezogen (OECD 1978 II). Auf der anderen Seite umfassen die »Finanziellen Leistungen an die Entwicklungsländer« Zuschüsse des Staates und privater Hilfsorganisationen, die in der Zahlungsbilanzstatistik nicht in der Kapitalbilanz, sondern in der Bilanz der unentgeltlichen Übertragungen enthalten sind (vgl. Tabelle 20).

Es wird zwischen öffentlichen und privaten Kapitalbewegungen unterschieden. Für die Aufgliederung ist maßgebend, welchem der beiden Sektoren die kapitalgebende inländische Stelle angehört. Öffentliche Kapitalleistungen werden vom öffentlichen Sektor (Regierungen, Gebietskörperschaften) gewährt (vgl. D I 1). Bei den privaten Kapitalleistungen treten private Haushalte, Unternehmen und Banken als Kapitalgeber auf. Für die Unterscheidung zwischen öffentlichen und privaten Kapitalbewegungen ist es ohne Bedeutung, welchem Sektor der Kapitalnehmer zuzurechnen ist.

Die privaten Kapitalleistungen zu marktüblichen Bedingungen bestehen im wesentlichen aus Direktinvestitionen, Portofolioinvestitionen, privaten Exportkrediten und internationalen Bankkrediten. Als Direktinvestitionen werden solche Kapitalanlagen bezeichnet, die vom Investor in der Absicht vorgenommen werden, einen unmittelbaren Einfluß auf die Geschäftstätigkeit des kapitalneh-

Tabelle 20:
Zusammensetzung der finanziellen Leistungen an Entwicklungsländer[1] und Multilaterale Stellen, Nettoauszahlungen (in Mill. US-$)

		Durchschnitt 1964–1966	Durchschnitt 1970–1972	1973	1974	1975	1976	1977	1978
A.	DAC-Länder								
I + II	Öffentliche Gesamtleistungen	6 147	8 975	11 814	13 500	16 611	16 979	18 008	25 096
III	Zuschüsse privater Hilfsorganisationen	...	935	1 364	1 217	1 342	1 392	1 489	1 663
IV	Private Leistungen zu marktüblichen Bedingungen	3 928	7 805	11 450	13 266	22 428	22 180	31 228	44 611
	– Direktinvestitionen	2 068	3 883	6 711	7 060	10 494	7 824	9 499	11 439
	– Wertpapierinvestitionen[2]	948	1 782	3 543	3 725	7 792	8 330	13 392	23 485
	– Private Exportkredite	912	2 140	1 196	2 481	4 142	6 026	8 337	9 687
V	Gesamtleistungen (I–IV)	10 075	17 715	24 628	27 983	40 381	40 551	50 725	71 371
B.	Internationale Bankkredite	...	1 900	8 500	8 000	9 500	13 700	17 800	22 200
C.	Öffentliche Gesamtleistungen der OPEC-Länder	...	...	1 746	5 889	8 169	8 139	7 592	5 296
D.	Gesamte Nettoleistungen der Zentralverwaltungswirtschaften und der Volksrepublik China	...	1 000	1 365	1 205	970	900	730	905

1 Zu den Entwicklungsländern zählt der DAC zusätzlich zu den von der UN-Klassifikation berücksichtigten Ländern Gibraltar, Griechenland, Jugoslawien, Malta, Portugal, Spanien, Zypern sowie Israel und Vietnam.

2 Wertpapierinvestitionen, Aktienerwerb (soweit es sich nicht um Direktinvestitionen handelt), private Unternehmenskredite und Immobilientransaktionen.

Quelle: OECD, Zusammenarbeit im Dienste der Entwicklung, Politik und Leistungen der Mitglieder des Ausschusses für Entwicklungshilfe, verschiedene Jahresprüfungen.

menden Unternehmens zu gewinnen oder einem Unternehmen, an dem der Investor bereits maßgebend beteiligt ist, neue Mittel zuzuführen. Es lassen sich zwei Formen von Direktinvestitionen unterscheiden: die Gründung von Tochtergesellschaften durch ausländische Unternehmen und die Errichtung gemeinsamer Unternehmen bei gleichzeitiger Beteiligung einheimischer und ausländischer Kapitalgeber (»joint ventures«).

Träger der Direktinvestitionen sind die *Multinationalen Konzerne.* Der Begriff des Multinationalen (oder Transnationalen) Konzerns wird unterschiedlich verwandt (United Nations 1973, S. 18ff.; United Nations 1978, S. 158ff.). Ganz allgemein bezeichnet er ein Unternehmen, das Produktionsstätten und/oder Verkaufsniederlassungen u. ä. in mehr als einem Land kontrolliert (United Nations 1973, S. 5). Im Jahre 1973 gab es etwa 10 000 Multinationale Konzerne auf der Welt. Hiervon verfügten 45 v. H. über Niederlassungen in nur einem anderen Industrie- bzw. Entwicklungsland, während weniger als 4 v. H. der Konzerne Niederlassungen in mehr als 20 Ländern hatten. Bei den Konzernen mit weit gestreuten Aktivitäten handelt es sich um Großunternehmen, denen innerhalb der Gruppe der Multinationalen Konzerne eine überragende Bedeutung zukommt. Einen Umsatz von jeweils mehr als 1 Mrd. US-$ erzielten im Jahre 1976 422 (fast ausschließlich multinational tätige) Industrieunternehmen. 17 Unternehmen konnten sogar mehr als 10 Mrd. US-$ umsetzen. Auch im Dienstleistungsbereich (Banken, Handel, Versicherungen) sind Großunternehmen vorherrschend. Für die großen Multinationalen Konzerne hat die Auslandstätigkeit eine erhebliche Bedeutung erlangt. Von 381 der 422 größten Industrieunternehmen tätigten 153 Unternehmen mehr als 25 v. H. ihres Umsatzes über ihre ausländischen Filialen (ohne Intraunternehmenshandel). Die 17 größten Industrieunternehmen der Welt setzten im Jahre 1976 zwischen 24 und 72 v. H. ihrer Produktion im Ausland ab, verdienten dort zwischen 22 und 64 v. H. ihrer Gewinne und beschäftigten dort zwischen 13 und 78 v. H. ihrer Arbeitnehmer. Die Multinationalen Konzerne haben ihren Sitz fast ausschließlich in den Industrieländern. Von den 422 größten Industrieunternehmen stammen nur 10 aus Entwicklungsländern. Unter den 50 größten Banken der Welt hat nur die Banco do Brasil ihren Sitz in einem Entwicklungsland (United Nations 1978, S. 211ff.).

Für die Durchführung von Direktinvestitionen können verschiedene *Bestimmungsgründe* verantwortlich sein. Geht man davon aus, daß Investitionen mit dem Ziel einer langfristigen Gewinnmaximierung getätigt werden, so sind Direktinvestitionen an zwei Bedingungen geknüpft. Die Gewinnerwartungen müssen bei Direktinvestitionen höher sein als bei vergleichbaren heimischen Investitionen. Außerdem müssen die direkt investierenden Unternehmen sich Wettbewerbsvorteile gegenüber ihren ausländischen Konkurrenten schaffen können, denn sonst könnten sie sich nicht auf den Auslandsmärkten behaupten (Kindleberger, S. 7ff.).

Die höheren Gewinnerwartungen ausländischer Direktinvestitionen können sowohl vom Absatzmarkt als auch vom Beschaffungsmarkt her begründet sein. Absatzorientierte Direktinvestitionen werden vorgenommen, um Auslandsmärkte zu erschließen bzw. schon errungene Marktpositionen im Ausland zu sichern oder auszubauen. Direktinvestitionen werden dann erforderlich, wenn die

Belieferung ausländischer Märkte von inländischen Produktionsstätten aus durch Handelshemmnisse erschwert wird. Sie können sich auch dann als notwendig erweisen, wenn andere Exporteure oder marktansässige Unternehmen die Marktstellung des exportierenden Unternehmens gefährden, so daß es sich gezwungen sieht, seinen Absatzmarkt durch lokale Produktion zu verteidigen. Ein weiteres Motiv für die Vornahme von Direktinvestitionen kann darin liegen, daß sich auf dem Inlandsmarkt oligopolistische Strukturen entwickelt haben. Von daher kann es sich für ein Unternehmen als vorteilhaft erweisen, nicht im Inland, sondern durch Auslandsinvestitionen zu expandieren, weil seine Bemühungen um einen höheren Marktanteil auf dem Inlandsmarkt unerwünschte Reaktionen anderer Oligopolisten auslösen würde.
Beschaffungsorientierte Direktinvestitionen werden mit der Absicht getätigt, die Rohstoffversorgung für die eigene Produktion sicherzustellen oder den heimischen Markt mit Produkten zu beliefern, die im Inland zwar nachgefragt, aber nicht oder nicht wirtschaftlich hergestellt werden können. Die Selbstversorgung mit Rohstoffen über Direktinvestitionen bietet gegenüber dem Kauf von Rohstoffen auf dem Weltmarkt den Vorteil, von Schwankungen und monopolistischen Manipulationen der Rohstoffpreise unabhängig zu sein. Sie gewährt darüber hinaus – sieht man von Ausfuhrsperren oder Enteignungen der Rohstoffvorkommen ab – Sicherheit und Beständigkeit in der Rohstoffversorgung. Beschaffungsorientierte Direktinvestitionen werden des weiteren in der Absicht vorgenommen, Produktionsvorteile im Ausland auszunutzen. Entwicklungsländer können solche Vorteile dadurch bieten, daß infolge des reichlichen Angebots an Arbeitskräften die Löhne und Lohnnebenkosten deutlich niedriger sind als in den Industrieländern. Auch geringere Boden- und Energiepreise sowie das weitgehende Fehlen von Umweltschutzauflagen können bei bestimmten Produktionen zu Standortvorteilen gegenüber den Industrieländern führen. Die Nutzung solcher Produktionskostenvorteile wird dadurch ermöglicht, daß moderne Transport- und Kommunikationstechnologien sowie die Fähigkeit, komplexe Produktionsprozesse in elementare Einheiten zu zerlegen, es gestatten, die einzelnen Teilbereiche des Fertigungsprozesses an die jeweils kostengünstigsten Produktionsstandorte zu verlagern (vgl. B III 2). Aber auch die mit zunehmendem Reifegrad eines Produktes einhergehende Standardisierung ursprünglich technologieintensiver Produktionsprozesse begünstigt ihre Verlagerung in Entwicklungsländer (Produkt-Zyklus-Theorie von Hufbauer, Vernon und Hirsch).
Neben den genannten Bestimmungsgründen fördern staatliche Maßnahmen die Vornahme von Direktinvestitionen in Entwicklungsländern. So gewähren die Entwicklungsländer häufig Steuernachlässe, direkte Subventionen, Zollschutz, verbilligte Kredite usw. Diesen Anreizen stehen allerdings nicht selten »Disincentives« gegenüber wie die Beschränkung des Produktionsvolumens, der Höhe der ausländischen Kapitalbeteiligung, der Gewinnrepatriierung usw. Häufig werden auch bestimmte Anforderungen an Art und Ausmaß der Exporte gestellt (Agarwal, S. 179ff.). Zahlreiche Industrieländer fördern ihre Direktinvestitionen in Entwicklungsländern durch Investitionsgarantien, Steuererleichterungen, verbilligte Kredite, Informationsprogramme, öffentlich geförderte Investitionsgesellschaften usw. Auch durch die Einräumung von Handelspräferenzen für Entwick-

lungsländer können Produzenten der Industrieländer veranlaßt werden, ihre Produktionsanlagen in die Entwicklungsländer zu verlagern (OECD 1978 I).

Niveau und Struktur der Direktinvestitionen werden durch zwei Quellen ausgewiesen. Zum einen erfassen die wichtigsten Industrieländer – allerdings nach unterschiedlichen Methoden – ihre ausländischen Direktinvestitionen. In der Regel werden dabei sowohl die Investitionsbestände als auch die jährlichen Nettokapitalabflüsse angegeben. Das diesbezügliche Datenmaterial stellt das HWWA-Institut in seiner regelmäßigen Berichterstattung zur Auslandsinvestitionstätigkeit zusammen (Krägenau). Zum anderen ermittelt die OECD die Direktinvestitionen der im DAC zusammengeschlossenen, hochentwickelten Industrieländer in die Entwicklungsländer. Auch die OECD weist sowohl die Investitionsbestände als auch die jährlichen Nettoauszahlungen für Direktinvestitionen aus.

Die Entwicklung der Direktinvestitionsströme aus den Industrieländern ist durch eine starke Konzentration auf die entwickelten Volkswirtschaften gekennzeichnet. Im Jahre 1975 erreichte der Anteil der Investitionen in Entwicklungsländern an den Gesamtinvestitionsbeständen wichtiger Anlegerstaaten (USA, Bundesrepublik Deutschland, Großbritannien, Kanada, Schweden, Japan, Niederlande) nur 25 v. H. Anfang der fünfziger Jahre lag der Anteil noch wesentlich höher, nahm dann allerdings bis Anfang der siebziger Jahre zuerst deutlich, später leicht ab. Seitdem hat sich der Entwicklungsländer-Anteil an den gesamten Auslandsinvestitionen der Industrieländer bei etwa 25 v. H. stabilisiert (Krägenau, S. 39ff.).

Absolut gesehen haben die Direktinvestitionen in Entwicklungsländern zugenommen. Sie erhöhten sich von 2,1 Mrd. US-$ im Durchschnitt der Jahre 1964 bis 1966 auf 11,4 Mrd. US-$ im Jahre 1978, d. h. um durchschnittlich 14 v. H. pro Jahr (vgl. Tabelle 20). Allerdings werden die Direktinvestitionen mit ihrem nominellen Wert ausgewiesen. Ihre reale Wachstumsrate dürfte wesentlich niedriger sein. Etwa die Hälfte aller Direktinvestitionen in Entwicklungsländern wird von den USA getätigt. Die Bundesrepublik Deutschland, Großbritannien und Japan vereinigen jeweils etwa 10 v. H. der gesamten Direktinvestitionen auf sich (Durchschnitt 1973 bis 1978), wobei die Bundesrepublik Deutschland und Japan ihren Länderanteil gegenüber den sechziger Jahren deutlich erhöhen konnten. Demgegenüber zeigt der Anteil Frankreichs eine stark abnehmende Tendenz und erreicht im Durchschnitt der Jahre 1973 bis 1978 nur noch eine Höhe von ungefähr 3 v. H. Insgesamt gesehen werden etwa 85 v. H. aller Direktinvestitionen in den Entwicklungsländern von diesen fünf Industrieländern vorgenommen (OECD 1978 III und lfd. Jahrgänge).

Auf seiten der Anlageländer konzentrieren sich die Direktinvestitionen – gemessen an ihrem Bestand – ebenfalls auf wenige Länder. Ende 1977 vereinigten nur zehn Entwicklungsländer über 50 v. H. der Direktinvestitionen der DAC-Länder auf sich. Drei Gruppen von Anlageländern werden von den Multinationalen Konzernen bei ihren Direktinvestitionen bevorzugt. Die erste Gruppe setzt sich zusammen aus Ländern mit einem großen Binnenmarkt und schon relativ fortgeschrittener Industrialisierung. Es sind dies Brasilien, Indonesien, Spanien, Mexiko, Venezuela, Argentinien und Indien. Direktinvestitionen in diesen Ländern sind vor allem absatzorientiert. Bei der zweiten Gruppe handelt es sich um Länder, die günstige Standortbedingungen für eine exportorientierte Industrialisierung bieten. Hierzu zählen Malaysia, Hongkong, Taiwan, Singapur und die Republik Korea. Die dritte Gruppe bilden die Steuerparadiese Bermuda, Panama, Niederländische Antillen, Bahamas sowie Trinidad und Tobago. Der Großteil der Direktinvestitionen in diesen Ländern dürfte in Holdinggesellschaften angelegt sein, die ihrerseits nur als Gewinnsammel- und als Verteilerstellen dienen. Im Gegensatz zu den aufgeführten Ländergruppen sind die weniger entwickelten Länder für ausländische Direktinvestitionen unattraktiv (vgl. Tabelle 21).

Tabelle 21:
Bestand an privaten ausländischen Direktinvestitionen in ausgewählten Entwicklungsländern, Ende 1977

Land	Mill. US-$	v. H.	Land	Mill. US-$	v. H.
Brasilien	10 700	12,6	Philippinen	1 620	1,9
Indonesien	5 160	6,1	Singapur	1 500	1,8
Spanien	5 114	6,0	Bahamas	1 470	1,7
Mexiko	5 070	6,0	Kolumbien	1 410	1,7
Bermuda	4 065	4,8	Korea (Rep.)	1 280	1,5
Venezuela	3 300	3,9	Trinidad und Tobago	1 260	1,5
			Chile	1 215	1,4
Argentinien	2 850	3,4	Zaire	1 110	1,3
Panama	2 750	3,2	Nigeria	1 040	1,2
Malaysia	2 700	3,2	Liberia	1 035	1,2
Indien	2 450	2,9	Iran	1 000	1,2
Antillen (Niederländisch)	2 000	2,4	Sonstige Entwicklungsländer	19 517	22,8
Peru	1 930	2,3			
Hongkong	1 730	2,0			
Taiwan	1 720	2,0	insgesamt	84 996	100,0

Quelle: OECD, Development Co-operation, Efforts and Policies of the Members of the Development Assistance Committee, 1979 Review, Paris 1979, S. 254ff.

Die sektorale Struktur der Direktinvestitionen in Entwicklungsländern weist je nach Herkunftsland erhebliche Unterschiede auf. Der Investitionsbestand der USA verteilte sich im Jahre 1976 zu 18 v.H. auf den Bergbau/Erdöl-Sektor, zu 39 v.H. auf die Verarbeitende Industrie und zu 43 v.H. auf den Dienstleistungssektor. Auffällig ist der starke Rückgang der Erdölinvestitionen von 44 v.H. (1971) auf 10 v.H. (1976), der auf die Verstaatlichungsmaßnahmen der OPEC-Länder und die Entwicklung neuer Kooperationsformen mit diesen Ländern zurückzuführen sein dürfte. Bei den britischen Investitionen (ohne Berücksichtigung des regional nicht aufgeschlüsselten Bestandes an Investitionen im Erdölsektor) kommt den Dienstleistungsinvestitionen (Handel, Banken und Versicherungen) ein relativ starkes Gewicht zu. Die deutschen Auslandsinvestitionen sind eindeutig auf die Verarbeitende Industrie gerichtet, die im Jahre 1976 61 v.H. aller Direktinvestitionen auf sich vereinigte. Auffällig niedrig sind die deutschen Rohstoffinvestitionen. Bei den japanischen Direktinvestitionen wiederum sind die Rohstoffinvestitionen von großer Bedeutung, wenn auch in den letzten Jahren die Investitionen in die Verarbeitende Industrie relativ zugenommen haben (vgl. Tabelle 22).

Tabelle 22:
Die Direktinvestitionen ausgewählter Industrieländer in Entwicklungsländern nach Branchen, 1971 und 1976 (in v. H. des Investitionsbestandes)

Land	Jahr	Bergbau	Erdöl-industrie	Ver-arbeitende Industrie	Dienst-leistungs-sektor	Insgesamt
USA	1971	10,5	33,9	29,1	26,5	100,0
	1976	7,9	10,0	39,1	43,0	100,0
Großbritannien	1971	7,2	...	41,1	51,7	100,0
	1976	4,1	...	47,6	48,3	100,0
Bundesrepublik	1971	1,8	3,5	72,7	22,0	100,0
Deutschland	1976	1,0	6,0	61,2	31,8	100,0
Japan	1971	42,1		36,1	21,8	100,0
	1976	30,6		46,9	22,5	100,0

Quelle: H. Krägenau, Internationale Direktinvestitionen, Ergänzungsband 1978/79, Hamburg 1979, S. 74.

Der *Beitrag* ausländischer Direktinvestitionen *zur Entwicklung* der Dritten Welt wird von den Anhängern der verschiedenen Entwicklungstheorien äußerst unterschiedlich beurteilt. Von seiten der traditionellen Entwicklungstheorie werden Direktinvestitionen befürwortet, da sie den Kapitalmangel der Entwicklungsländer als das entscheidende Wachstumshindernis reduzieren würden. Auch würden Direktinvestitionen die Wohlfahrt der Entwicklungsländer erhöhen, sofern sie diese in eine nach dem Prinzip komparativer Kostenvorteile strukturierte internationale Arbeitsteilung einbezögen. Demgegenüber stehen die Dependenztheorie und die marxistische Imperialismustheorie ausländischen Direktinvestitionen kritisch bis ablehnend gegenüber. Nach Auffassung der Dependenztheorie werden durch Direktinvestitionen einseitige, den Entwicklungsprozeß hemmende Produktionsstrukturen in den Entwicklungsländern geschaffen. Die Imperialismustheorie betont, daß Direktinvestitionen die ungleiche internationale Arbeitsteilung aufrechterhielten und daß sie mit einem Kapitalabfluß aus den Entwicklungsländern verbunden seien.
In den letzten Jahren ist der Versuch gemacht worden, die gesamtwirtschaftlichen Effekte ausländischer Direktinvestitionen in Entwicklungsländern näher zu erfassen. Solche empirischen Untersuchungen sind mit drei grundsätzlichen Problemen verbunden. Erstens stellt sich die Frage, mit welcher alternativen Situation die Vornahme von Direktinvestitionen zu vergleichen ist. Im Extremfall können Auslandsinvestitionen zu den Investitionen der Entwicklungsländer additiv hinzutreten oder aber die sonst von Inländern vorgenommenen Investitionen ersetzen.

Größere Wahrscheinlichkeit haben allerdings Varianten, die zwischen diesen beiden Extrempositionen liegen. Zweitens hängt die Erfassung der Wirkungen von Direktinvestitionen davon ab, ob nur die Primäreffekte oder auch die Sekundäreffekte (z. B. Produktions- und Beschäftigungseffekte in vor- und nachgelagerten Unternehmen) berücksichtigt werden. Drittens werden die Ergebnisse solcher Untersuchungen von ihrer Methodik geprägt. Es finden sich Modellansätze mit einer makroökonomischen Produktionsfunktion, Verhaltensannahmen und meist relativ einfachen Beziehungszusammenhängen zwischen ausgewählten Makrogrößen, Kosten-Nutzen-Analysen, deren für einzelne Projekte gewonnene Ergebnisse durch Addition zum volkswirtschaftlichen Gesamteffekt aggregiert werden, sowie deskriptiv-analytische Vorgehensweisen, die mit Hilfe von Plausibilitätsüberlegungen, Befragungen und der Auswertung der relevanten Sekundärdaten die Effekte abschätzen (Kebschull, Fasbender, Geisler, Menck, Orlowski, Schwarz, S. 47ff.).
Die vorliegenden Untersuchungen über die Wirkungen von Direktinvestitionen in Entwicklungsländern zeigen, daß diese unterschiedliche Effekte hervorrufen je nach dem Bereich, in dem die Investitionen getätigt werden (Rohstoffgewinnung, Importsubstitutionsindustrie, Exportindustrie), nach der Größe und Wirtschaftsstruktur des Gastlandes sowie nach dessen Politik gegenüber Auslandsinvestitionen (Wohlmuth, S. 83ff.). Gegenstand der Politik gegenüber Multinationalen Konzernen können u. a. die nationale Beteiligung an den Tochtergesellschaften (»joint ventures«), Bestimmungen über die Transferierung der Gewinne, die Inanspruchnahme lokaler Kapitalmärkte und Ressourcen, der Import von Vorleistungen und der Export der Produktion sein. Die Macht der Gastländer, wirtschaftspolitische Steuerungsmaßnahmen gegenüber Multinationalen Konzernen durchzusetzen, hängt entscheidend von der Verfügungsgewalt über natürliche Ressourcen und deren Knappheitsgrad (im Fall von Rohstoffinvestitionen), von Entwicklungsstand und -fähigkeit des Landes (im Fall von binnenmarktorientierten Investitionen) und von der Funktionsfähigkeit der Verwaltung ab (vgl. A VIII 3 sowie Jonas, Tietzel, S. 170ff.).
Im folgenden soll der Beitrag ausländischer Direktinvestitionen zu den wichtigsten entwicklungspolitischen Zielen gewürdigt werden. (Eine ausführliche Diskussion der Wirkungen von Direktinvestitionen in Entwicklungsländern findet sich bei Kebschull, Fasbender, Geisler, Menck, Orlowski, Schwarz.) Überwiegend positiv wirken sich ausländische Investitionen auf das wirtschaftliche Wachstum der Entwicklungsländer aus. Indem ausländische Investitionsvorhaben die Inlandsersparnis nur in relativ geringem Maße beanspruchen, erhöhen sie die Investitionsquote und damit den Kapitalstock des Gastlandes. Der mit Direktinvestitionen verbundene Transfer moderner Technologien (Produktionsverfahren, Planungs- und Organisationskenntnisse usw.) sichert ausländischen Projekten eine überdurchschnittlich hohe Kapitalproduktivität. Neben diesem direkten Beitrag erhöhen Direktinvestitionen das Bruttoinlandsprodukt indirekt durch die von ihnen ausgehenden Linkage-Effekte, Multiplikatoreffekte und die durch Steuereinnahmen ermöglichte Ausdehnung der Staatsausgaben für Entwicklungsprojekte. Diesen, mit den Investitionen Multinationaler Konzerne unmittelbar verbundenen positiven Wachstumseffekten stehen negative Wachstumseffekte gegenüber. Sie

resultieren daher, daß Multinationale Konzerne der heimischen Wirtschaft Ressourcen entziehen und – insbesondere im Fall einer binnenmarktorientierten Industrialisierung – heimische Betriebe vom Markt verdrängen (vgl. B II 3). Per Saldo dürften aber die positiven die negativen Wachstumseffekte übertreffen.
Aus der Tatsache, daß Direktinvestitionen unmittelbar zum Wachstum des Bruttoinlandsproduktes beitragen, darf jedoch nicht gefolgert werden, daß sie auch die Bedingungen für ein eigenständiges, nicht von außen getragenes wirtschaftliches Wachstum der Entwicklungsländer verbessern. Einer wirklichen Übertragung technischen Wissens an die heimische Bevölkerung im Rahmen von Direktinvestitionen stehen zahlreiche Hindernisse entgegen. Auch ist der mit Direktinvestitionen anfänglich verbundene Kapitalzufluß in die Entwicklungsländer in späteren Jahren mit einem offenen und versteckten Gewinntransfer verbunden, der per Saldo zu einem Kapitalabfluß aus den Entwicklungsländern führt und deren Produktivvermögen reduziert (vgl. C I 3). Schließlich verfestigen die Investitionen Multinationaler Konzerne häufig die in den Entwicklungsländern vorherrschenden einseitigen Produktionsstrukturen und behindern damit eine Ausdehnung des Binnenmarktes (vgl. B II 3).
Neben den dargelegten Wachstumseffekten rufen ausländische Direktinvestitionen Einkommenswirkungen hervor, welche die Ungleichheit der personellen Einkommensverteilung in den Entwicklungsländern verstärken dürften. Direktinvestitionen sind in der Regel mit der Übertragung moderner und – gemessen an der Faktorausstattung der Entwicklungsländer – kapitalintensiver Technologien verbunden. Dementsprechend sind in dem von ausländischen Unternehmen getragenen modernen Sektor Arbeitsproduktivität sowie Gewinne und Arbeitseinkommen im Vergleich zur übrigen Wirtschaft hoch. Allerdings kommen diese überdurchschnittlich hohen Einkommen nur einer relativ kleinen Zahl von Einkommensbeziehern zugute. Die übrigen Wirtschaftssektoren können mit der Einkommensentwicklung des modernen Sektors in der Regel nicht Schritt halten. Teilweise werden dort Arbeitsplätze durch die vom modernen Sektor ausgehenden negativen Rückwirkungen vernichtet. Die Einkommensverteilung dürfte sich damit zugunsten der Bezieher hoher Einkommen verändern.
Der Beitrag ausländischer Direktinvestitionen zu den beschäftigungspolitischen Zielen der Entwicklungsländer ist bisher nur grob bestimmt worden. Nach Schätzungen der ILO beschäftigten die Multinationalen Unternehmen in Entwicklungsländern Mitte der siebziger Jahre etwa 2 Millionen Arbeitskräfte (Internationales Arbeitsamt, S. 179). Die Vereinten Nationen gehen von 3 bis 4 Millionen Beschäftigten aus (United Nations 1978, S. 91). Stellt man diese Beschäftigtenzahlen der Zahl der Erwerbspersonen in Höhe von 700 Millionen gegenüber, so zeigt sich, daß die Multinationalen Konzerne nur unwesentlich zur Lösung des Beschäftigungsproblems in Entwicklungsländern beitragen. In den vorliegenden Schätzungen bleiben allerdings die indirekten Beschäftigungseffekte unberücksichtigt. So wird die Beschäftigung durch die von Multinationalen Unternehmen ausgehende Nachfrage nach inländischen Vorleistungen und durch Multiplikatoreffekte positiv beeinflußt. Beschäftigungseinbußen sind dagegen mit der Verdrängung heimischer Industrie- und Handwerksbetriebe verbunden. Umfassende empirische Untersuchungen über die indirekten Beschäftigungseffekte liegen bisher nicht

vor. Die Beschäftigungswirkungen ausländischer Direktinvestitionen sind von Sektor zu Sektor überaus verschieden. So rufen insbesondere Investitionen in der Exportgüterindustrie größere Beschäftigungseffekte hervor als binnenmarktorientierte Direktinvestitionen, da im ersten Fall in der Regel arbeitsintensivere Produktionsverfahren verwendet werden und die Verdrängungseffekte weitaus geringer sind.

Neben den genannten Effekten schränkt die Tätigkeit Multinationaler Konzerne die wirtschaftliche Unabhängigkeit der Entwicklungsländer ein. Wichtige, die Gastländer betreffende Produktions- und Investitionsentscheidungen werden in den ausländischen Konzernzentralen getroffen und sind von der Regierung des Gastlandes nur schwer zu beeinflussen, auch wenn in den letzten Jahren die Bemühungen der Entwicklungsländer, die Tätigkeit ausländischer Konzerne zu kontrollieren, zugenommen haben. Über die Unternehmensentscheidungen hinaus wirken die Multinationalen Unternehmen in vielfältiger Weise auf die Wirtschaftspolitik der Gastländer ein. Zum Teil werden sie dabei von den Regierungen ihrer Heimatländer unterstützt (United Nations 1973, S. 46ff.; United Nations 1978, S. 74ff.).

2. Sonstige private Kapitalbewegungen

Neben den Direktinvestitionen stellen die langfristigen Kredite die zweite wichtige Form des privaten Kapitalexports in die Entwicklungsländer dar. Es handelt sich dabei um Portofolioinvestitionen, private Exportkredite und internationale Bankkredite. Private Kredite werden zu marktüblichen Bedingungen vergeben. Sie weisen wesentlich ungünstigere Konditionen als öffentliche Kredite auf. Während die Standardkonditionen für öffentliche Kredite einen Zinssatz von 2 v. H. und eine Laufzeit von 30 Jahren vorsehen, sind das Zinsniveau privater Kredite wesentlich höher und die Laufzeiten beträchtlich kürzer. In den harten Konditionen der privaten Kredite und dem wachsenden Anteil der privaten Kredite an den gesamten Kapitalzuflüssen aus den Industrieländern ist eine wesentliche Ursache der Verschuldung der Entwicklungsländer zu sehen.

Unter *Portofolioinvestitionen* wird der Erwerb fungibler (d. h. börsengängiger) ausländischer Wertpapiere verstanden. Dabei unterscheidet man zwischen Aktien und festverzinslichen Wertpapieren (Anleihen). Beim Kauf von Aktien handelt es sich jedoch nur dann um eine Portofolioinvestition, wenn der Investor die Aktien nicht in der Absicht erwirbt, Einfluß auf die Geschäftstätigkeit des kapitalnehmenden Unternehmens zu gewinnen. Ansonsten stellt der Aktienerwerb eine Direktinvestition dar. Um diese rein theoretische Abgrenzung zwischen Portofolio- und Direktinvestitionen für statistische Zwecke zu operationalisieren, gehen z. B. die DAC-Länder davon aus, daß ein bestimmter Beteiligungsanteil am Kapital eines ausländischen Unternehmens (je nach DAC-Land zwischen 10 und 51 v. H.) genügt, um einen Einfluß auf die Geschäftstätigkeit auszuüben.

Den größten Teil der Portofolioinvestitionen in den Entwicklungsländern machen internationale Anleihen aus. Unter einer internationalen Anleihe ist eine Anleihe zu verstehen, die von einem Ausländer im Inland aufgelegt wird. Emittenten sind vor allem einzelne Entwicklungsländer oder internationale Organisationen wie die Weltbank, die Europäische Investitionsbank und einige regionale Entwicklungsbanken. Man unterscheidet Euro-Anleihen und Auslandsanleihen (bzw. traditionelle Anleihen). Euro-Anleihen werden gleichzeitig in mehreren Ländern plaziert und lauten auf eine sowohl für den Emittenten wie den Käufer fremde Währung. Auslandsanleihen werden demgegenüber in nur einem Land aufgelegt und lauten auf die inländische Währung.

Die Anleihen der Entwicklungsländer auf den Wertpapiermärkten der Industrieländer sind von geringer Bedeutung. Als größerer Emittent von Anleihen tritt allerdings »stellvertretend« für die Entwicklungsländer insbesondere die Weltbank auf, die vor allem Landwirtschafts- und Infrastrukturprojekte in der Dritten Welt finanziert. In den Jahren 1976 bis 1978 wurden Euro-Anleihen in Höhe von 50,7 Mrd. US-$ untergebracht. Davon entfielen 7,2 Mrd. US-$ (14,2 v.H.) auf die Entwicklungsländer. Zu fast zwei Dritteln konzentrieren sich die von den Entwicklungsländern aufgelegten Anleihen auf die Länder Mexiko, Brasilien, Algerien, Spanien und Venezuela. Entwicklungsländer der unteren und mittleren Einkommenskategorie kamen dagegen auf dem Euro-Anleihenmarkt entweder überhaupt nicht oder nur in bescheidenem Ausmaß zum Zuge. Die Weltbank hatte einen Anteil von 4,6 v.H. an den gesamten Emissionen. Noch geringer als auf dem Euro-Anleihen-Markt war die Bedeutung der Entwicklungsländer auf dem Markt für Auslandsanleihen. Mit Auslandsanleihen in Höhe von 5,2 Mrd. US-$ (1976–1978) erreichten die Entwicklungsländer einen Anteil von 9,2 v.H. am gesamten Emissionsvolumen von 56,3 Mrd. US-$. Ein Großteil der von den Entwicklungsländern aufgelegten Auslandsanleihen entfiel auf einige wenige Schwellenländer. Mexiko, Israel, Brasilien, Venezuela, Spanien und die Philippinen vereinigten mehr als 80 v.H. aller Emissionen der Entwicklungsländer auf sich. Mit 18,7 v.H. konnte sich die Weltbank einen weitaus größeren Anteil an den gesamten Auslandsanleihen sichern als die Entwicklungsländer (Weltbank 1979, S. 145ff.).

Die bisher genannten Zahlen beziehen sich auf den Bruttowert der Emissionen. Die Ablösung von Anleihen wird dabei nicht berücksichtigt. Den mit Portofolioinvestitionen verbundenen Nettotransfer finanzieller Mittel weist die OECD in ihren Jahresprüfungen aus. Allerdings werden unter der Rubrik Wertpapierinvestitionen außer den bilateralen und multilateralen Wertpapierinvestitionen noch der Aktienerwerb (soweit es sich nicht um Direktinvestitionen handelt), private Unternehmenskredite und Immobilientransaktionen erfaßt. Danach stiegen die Portofolioinvestitionen von 0,9 Mrd. US-$ (Durchschnitt 1964–1966) auf 23,5 Mrd. US-$ (1978) an. Ihr Anteil an den privaten Leistungen zu marktüblichen Bedingungen erhöhte sich im selben Zeitraum von 24,1 v.H. auf 52,6 v.H. (vgl. Tabelle 20).

Für die unzureichenden Finanzierungsmöglichkeiten der Entwicklungsländer auf den Kapitalmärkten sind verschiedene Ursachen verantwortlich. Die Kreditbeschaffung auf diesen Märkten wird durch bestimmte Regelungen erschwert. So wird der Markt für Auslandsanleihen in allen wichtigen Kapitalmarktländern von deren wirtschaftspolitischen Instanzen gesteuert. Diese Steuerung erfolgt – von Land zu Land unterschiedlich – mittels Genehmigung von Auslandsanleihen,

Festlegung von Höchstgrenzen für Emissionen, Anforderungen für die Börsenzulassung der Wertpapiere, Beschränkungen auf institutionelle Anleger usw. (Joint Ministerial Committee, S. 13ff.). Mit diesen Eingriffen verbindet sich die Absicht, die jeweilige nationale Wirtschaftspolitik zu unterstützen, den inländischen Emittenten (häufig die öffentliche Hand) günstige Marktbedingungen zu sichern und den Anleger zu schützen. In der Regel erfahren Emittenten aus Entwicklungsländern dabei die gleiche Behandlung wie die übrigen ausländischen Emittenten.
Im Gegensatz zum Markt für Auslandsanleihen erfolgt die Anleiheemission auf dem Markt für Euro-Anleihen relativ frei von beschränkenden Vorschriften. Der Zugang der Entwicklungsländer zu diesem Markt wird aber dadurch erschwert, daß einige Industrieländer die Verwendung ihrer Währungen als internationales Reservemittel durch die Entwicklungsländer nicht gerne sehen und Euro-Anleihen, die auf ihre Währungen lauten, nicht genehmigen (Ahmad, S. 27). Darüber hinaus wird die Kreditbeschaffung der Entwicklungsländer dadurch behindert, daß die Anleger über die wirtschaftliche Situation der Entwicklungsländer teilweise nur unzureichend informiert sind und dazu neigen, die Kreditwürdigkeit dieser Länder gering einzuschätzen.
Eine weitere Form privater Kredite an die Entwicklungsländer stellen die Exportkredite dar. *Private Exportkredite* werden im Zusammenhang mit internationalen Handelsgeschäften vergeben. Kreditgeber kann sowohl der Lieferant als auch der Abnehmer sein. Beim Lieferantenkredit erfolgt die Bezahlung erst eine bestimmte vereinbarte Frist nach Erhalt der Waren. Beim Abnehmerkredit zahlt der Importeur vor Erhalt der Waren. Bei den kreditierten Mitteln kann es sich um Eigenmittel der miteinander handelnden Unternehmen oder aber um Kredite inländischer und ausländischer Banken handeln. Aufgrund der großen Anbieterkonkurrenz auf den Weltmärkten und des Kapitalmangels in vielen Abnehmerländern kommt dem Lieferantenkredit heute große Bedeutung zu.
Die privaten Exportkredite an die Entwicklungsländer werden in der Regel durch öffentliche Ausfuhrgarantien abgesichert. Dadurch werden die Exportkredite gegen kommerzielle und überwiegend auch nichtkommerzielle Risiken geschützt. Die Ausgestaltung des öffentlichen Ausfuhrgarantiesystems (Selbstbehalt, Höchstlaufzeit versicherungsfähiger Kredite, Versicherungsprämien usw.) variiert in den einzelnen OECD-Ländern (OECD 1976). Bemühungen um eine Harmonisierung des Ausfuhrgarantiesystems innerhalb der Industrieländer haben nur in wenigen Teilbereichen zum Erfolg geführt.
Über die Absicherung durch öffentliche Ausfuhrgarantien hinaus werden private Exportkredite in vielen Ländern dadurch öffentlich gefördert, daß sie mit staatlichen Mitteln zu Mischkrediten kombiniert werden, die günstigere Konditionen als normale Exportkredite aufweisen. Um eine Verzerrung des internationalen Wettbewerbs durch staatlich geförderte Exportkredite zu vermeiden, haben die OECD-Staaten ein »Übereinkommen über Leitlinien für öffentlich geförderte Exportkredite« abgeschlossen, das am 1. April 1978 in Kraft getreten ist. Danach werden die Höchstlaufzeiten der Kredite auf fünf bis zehn Jahre beschränkt, je nachdem, zu welcher Einkommensgruppe das betreffende Empfängerland gehört. Außerdem werden die Mindestzinssätze je nach der Einkommensgruppe auf 7,25 bis 8 v.H. festgesetzt (OECD 1978 III, S. 263).

In den DAC-Statistiken werden im wesentlichen nur die staatlich garantierten Exportkredite (einschließlich ihres nichtgarantierten Teiles) ausgewiesen, da Informationen über die nicht garantierten Exportkredite in den meisten DAC-Ländern nicht verfügbar sind. Bei den Angaben handelt es sich wiederum um Nettoleistungen, d. h. von den neu gewährten Exportkrediten werden die in dem betreffenden Jahr erfolgenden Tilgungszahlungen abgezogen. Wie aus Tabelle 20 zu ersehen ist, erhöhten sich die privaten Exportkredite an die Entwicklungsländer von 0,9 Mrd. US-$ (Durchschnitt 1964–1966) auf 9,7 Mrd. US-$ (1978). Ihr Anteil an den privaten Leistungen zu marktüblichen Bedingungen verminderte sich im selben Zeitraum von 23,2 v. H. auf 21,7 v. H. Über Exportkredite finanzieren die DAC-Länder etwa 10 v. H. ihrer Ausfuhren in die Entwicklungsländer. Die wichtigsten Kreditgeber sind die Vereinigten Staaten, Frankreich, die Bundesrepublik Deutschland, Italien und Japan. Die Hauptkreditempfänger sind Brasilien, Indonesien, Korea, Mexiko und Taiwan.

Neben internationalen Anleihen und privaten Exportkrediten sind in den letzten Jahren *internationale Bankkredite* zu einer wichtigen Finanzierungsquelle für die Entwicklungsländer geworden. Diese vielfach als Euro-Kredite bezeichneten Kredite werden von Kreditinstituten an Nichtbanken in einer Währung vergeben, die sowohl für den Kreditgeber als auch für den Kreditnehmer eine fremde Währung ist. Die Transaktionen am Euro-Kreditmarkt werden vor allem in US-Dollar abgewickelt, weshalb der Euro-Kreditmarkt häufig auch als Euro-Dollar-Markt bezeichnet wird.

In den Jahren 1976 bis 1978 nahmen die Entwicklungsländer Euro-Kredite in Höhe von insgesamt 75,5 Mrd. US-$ auf. Mit einem Anteil von 56 v. H. an den gesamten Euro-Krediten waren sie der bedeutendste Kreditnehmer auf diesem Markt. Die Euro-Kredite verteilten sich allerdings sehr ungleich auf die einzelnen Entwicklungsländer. Sie kamen fast ausschließlich den wichtigsten Schwellenländern und einigen OPEC-Ländern zugute (Weltbank 1979, S. 149 ff.). Während die Weltbank die Bruttokreditaufnahmen ausweist, beziehen sich die Angaben der OECD auf die Höhe der Nettokredite. Danach erhöhten sich die den Entwicklungsländern gewährten internationalen Bankkredite von 1,9 Mrd. US-$ (Durchschnitt 1970–1972) auf 22,2 Mrd. US-$ (1978) (vgl. Tabelle 20).

Der Euro-Kreditmarkt stellt eine problematische Finanzierungsquelle für Entwicklungsländer dar. Die relativ kurzen Laufzeiten der Euro-Kredite (etwa 5 bis 7 Jahre) entsprechen nicht dem Bedarf dieser Länder an langfristigem Kapital für den wirtschaftlichen Aufbau. Das vergleichsweise hohe Zinsniveau bringt darüber hinaus umfangreiche Schuldendienstverpflichtungen mit sich. Schließlich wird befürchtet, daß die Entwicklungsländer in Zeiten allgemeiner Hochkonjunktur von den Industrieländern vom Euro-Kreditmarkt verdrängt werden.

3. Bilanz der Kapitalbewegungen

Die in den DAC-Statistiken ausgewiesenen finanziellen Leistungen an die Entwicklungsländer vermitteln den Eindruck, daß der Kapitaltransfer der Industrieländer in die Entwicklungsländer seit Mitte der sechziger Jahre erheblich zugenommen hat. Danach erhöhten sich in besonders starkem Maße die privaten Leistungen zu marktüblichen Bedingungen und die internationalen Bankkredite. Weniger deutlich stiegen die öffentlichen Kapitalleistungen der DAC-Länder an. Sie wurden allerdings in den letzten Jahren durch umfangreiche öffentliche Leistungen der OPEC-Länder ergänzt, während die Leistungen der Zentralverwaltungswirtschaften auf einem niedrigen Niveau verharrten (vgl. Tabelle 20).

Der Umfang der Kapitalleistungen an die Entwicklungsländer wird in den DAC-Statistiken allerdings unzutreffend wiedergegeben. Die Kapitalübertragungen werden jeweils zu ihren nominellen Werten ausgewiesen. Bei einem Anstieg der Preise der Leistungen an die Entwicklungsländer von etwa 10 v.H. pro Jahr (OECD 1978 III, S. 410) ist der reale Kapitaltransfer an die Entwicklungsländer erheblich geringer als der nominelle. Darüber hinaus stellen die vom DAC angegebenen »Nettoauszahlungen« keine echten Nettoleistungen an die Entwicklungsländer dar. So werden reinvestierte Gewinne als Teil der Direktinvestitionen zu den »Nettoauszahlungen« gerechnet, obwohl kein Zufluß an Investitionsmitteln aus dem Ausland erfolgt. Andererseits wird der mit Direktinvestitionen in Entwicklungsländern verbundene Gewinntransfer in die Industrieländer nicht als Kapitalrückfluß bei der Ermittlung der »Nettoauszahlungen« berücksichtigt. Schließlich werden von den Krediten, die den Entwicklungsländern gewährt werden, nur die Tilgungszahlungen, nicht aber die Zinszahlungen in Abzug gebracht. Um den tatsächlichen Kapitaltransfer zwischen Industrie- und Entwicklungsländern zu ermitteln, müssen deshalb von den in den DAC-Statistiken ausgewiesenen »Nettoauszahlungen« der Transfer deklarierter Gewinne, der durch Manipulation unternehmensinterner Verrechnungspreise bewirkte indirekte (oder versteckte) Gewinntransfer und die Zinszahlungen der Entwicklungsländer an die Industrieländer abgezogen werden.

Die Identifizierung der Kapitalrückflüsse aus den Entwicklungsländern bereitet erhebliche Schwierigkeiten. Systematisch werden nur die Zinszahlungen der Entwicklungsländer erfaßt. Der offene Gewinntransfer kann nur für einen Teil der Entwicklungsländer ermittelt, der versteckte Gewinntransfer muß geschätzt werden. Grundlage für die Berechnung des *Transfers ausgewiesener Gewinne* bilden die Zahlungsbilanzstatistiken des IMF. Eine Auswertung dieses Materials für den Zeitraum 1965 bis 1973 hat die UNCTAD vorgenommen. Sie faßt den Gewinntransfer von 45 Entwicklungsländern zusammen. Eine nach Ländern aufgeschlüsselte Zusammenstellung des Gewinntransfers hat in jüngerer Zeit die Weltbank vorgelegt (World Bank 1976). Nach der Untersuchung der UNCTAD hat sich der offene Gewinntransfer von 3,4 Mrd. US-$ im Jahre 1965 auf 11,7 Mrd. US-$ im Jahre 1973 erhöht. Da es sich bei den 45 erfaßten Entwicklungsländern nur um einen Teil der Länder der Dritten Welt handelt, muß der gesamte Gewinntransfer aus den Entwicklungsländern noch höher angesetzt werden. Der Gewinntransfer geht eindeutig zu Lasten der Erdölländer, aus denen z. B. im Jahre 1973 Gewinne in Höhe von 9,9 Mrd. US-$, d. h. etwa 85 v.H. des Gewinntransfers der gesamten 45 Entwicklungsländer, ausgeführt wurden (vgl. Tabelle 23). Der hohe Gewinntransfer aus diesen Ländern ist auf die außergewöhnlichen Gewinnraten der Erdölkonzerne in den OPEC-Ländern und die fehlenden Wiederanlagemöglichkeiten dieser Gelder zurückzuführen. Angesichts der seit 1973 veränderten Erdöl-

Tabelle 23:
Der Gewinn- und Zinstransfer aus ausgewählten Entwicklungsländern, 1965, 1969–1975, (in Mrd. US-$)

	1965	1969	1970	1971	1972	1973	1974	1975
	A. Offener Gewinntransfer[1]							
36 Nicht-Erdölländer	0,8	1,6	1,5	1,3	1,4	1,8	...	...
9 Erdölländer	2,6	3,9	4,2	5,5	6,5	9,9	...	...
45 Länder insgesamt	3,4	5,5	5,7	6,8	7,9	11,7	...	...
	B. Versteckter Gewinntransfer[2]							
Entwicklungsländer insgesamt (ohne Erdölländer)								
Verluste durch overpricing der Importe MNK	1,7	2,3	2,6	2,9	3,2	4,5	6,3	7,0
Verluste durch underpricing der Exporte MNK	6,4	8,6	9,7	10,1	12,1	17,7	27,0	25,9
Gesamtverluste	8,1	10,9	12,3	13,0	15,3	22,2	33,3	32,9
Entwicklungsländer insgesamt Lizenzzahlungen	0,9	1,8	2,2	2,6	3,1	3,7	4,5	5,4
	C. Zinstransfer[3]							
75 Nicht-Erdölländer	...	1,3	1,6	1,8	2,1	2,7	3,5	4,7
9 Erdölländer	...	0,2	0,2	0,3	0,4	0,5	0,8	0,9
84 Länder insgesamt	...	1,5	1,8	2,1	2,5	3,2	4,3	5,6

Quelle:
1 UNCTAD, The Flow of Financial Resources, Financial Flows to and from Developing Countries: Recent Developments, Geneva 1975, (TD/B/C. 3/125), S. 24;
2 P. Richter, Der Kapitaltransfer in die unterentwickelten Länder, Theoretische und empirische Analyse seiner Wohlstandswirkungen, Berlin 1979, S. 187;
UNCTAD, Major Issues Arising from the Transfer of Technology to Developing Countries, New York 1975, S. 24;
3 World Bank, World Debt Tables, Vol. I, 1977 (EC-167/77), S. 90.

politik der OPEC-Länder erscheint es fraglich, ob der Gewinntransfer aus den Erdölländern auch nach 1973 das Ausmaß früherer Jahre erreicht hat.
Eine weitere Komponente der »Kapitalrückflüsse« aus Entwicklungsländern ist der *versteckte Gewinntransfer*. Ein solcher Transfer ist dann gegeben, wenn Multinationale Konzerne die Verrechnungspreise für den Waren- und Dienstleistungsaustausch zwischen ihren Filialen abweichend von den Marktpreisen so festlegen, daß die Gewinne nicht in den Entwicklungsländern, sondern in den Industrieländern anfallen. Die Gründe für einen indirekten Transfer der Gewinne sind in Abschnitt B III 3 dargelegt worden (vgl. auch UNCTAD 1978, S. 6ff.). Möglichkeiten für einen versteckten Gewinntransfer bietet vor allem der konzerninterne Warenhandel der Multinationalen Unternehmen. Durch eine künstliche Verteuerung der Güter, die die Muttergesellschaft und andere Tochtergesellschaften in den Industrieländern an die Konzernfilialen in Entwicklungsländern liefern (overpricing), können Gewinne ebenso transferiert werden wie durch eine künstliche Verbilligung der Exporte von Konzernfilialen in Entwicklungsländern an die

Muttergesellschaft und andere Tochtergesellschaften in den Industrieländern (underpricing).

Das Ausmaß des versteckten Gewinntransfers wird bestimmt durch die Höhe des konzerninternen Handels zwischen Industrie- und Entwicklungsländern und das durchschnittliche over- bzw. underpricing. Eine umfassende Erhebung des konzerninternen Handels Multinationaler Konzerne liegt nicht vor. Nur regional begrenzte Ausschnitte dieses Handels sind empirisch untersucht worden (UNCTAD 1978, S. 13ff.; United Nations 1978, S. 41ff.; G. K. Helleiner, S. 162ff.). Aus den Ergebnissen dieser Arbeiten läßt sich als Richtgröße ableiten, daß der Handel zwischen Industrie- und Entwicklungsländern zu etwa einem Drittel aus dem konzerninternen Handel Multinationaler Unternehmen besteht. Ebenso wie der konzerninterne Handel sind das over- und underpricing bisher kaum erfaßt worden. In der wohl detailliertesten Untersuchung des overpricing kommt Vaitsos zum Ergebnis, daß die Importpreise Multinationaler Unternehmen in Kolumbien im Zeitraum von 1967 bis 1970 je nach Branche unterschiedlich zwischen 16 v. H. und 155 v. H. über den durchschnittlichen Weltmarktpreisen lagen. Andere Untersuchungen aus dem lateinamerikanischen und asiatischen Raum bestätigen die Existenz eines erheblichen overpricing (UNCTAD 1978, S. 20ff.). Bezüglich des underpricing kommen Müller/Morgenstern in ihrer ökonometrischen Analyse der Verarbeitenden Industrie Lateinamerikas zu dem Ergebnis, daß die Preise konzerninterner Exporte im Durchschnitt um 40 v. H. niedriger sind als die der übrigen Exporte. Auf der Grundlage dieser äußerst schmalen empirischen Basis hat Richter eine Schätzung des versteckten Gewinntransfers aus den Entwicklungsländern (ohne Erdölländer) für die Jahre 1965 bis 1975 vorgenommen. Er geht dabei von der Annahme aus, daß jeweils 33 v. H. der Warenimporte bzw. -exporte der Entwicklungsländer konzernintern durchgeführt werden. Außerdem unterstellt er ein overpricing von 16 v. H. und ein underpricing von 40 v. H., jeweils bezogen auf die Marktpreise der importierten bzw. exportierten Waren. Richter kommt zum Ergebnis, daß der über den konzerninternen Warenhandel erfolgte versteckte Gewinntransfer aus den Entwicklungsländern beträchtliche Größenordnungen erreicht. Mit über 22 Mrd. US-$ im Jahre 1973 war er z. B. fast doppelt so groß wie der offene Gewinntransfer (vgl. Tabelle 23).

Ein weiterer Kanal für den versteckten Gewinntransfer bilden die Lizenzzahlungen von Konzernfilialen in Entwicklungsländern an ihre Muttergesellschaft und andere Tochtergesellschaften in den Industrieländern. Bei den Zahlungen handelt es sich in dem Maße um einen versteckten Gewinntransfer, in dem sie die Ausgaben, die bei einem marktmäßigen Erwerb der Lizenzen erforderlich gewesen wären, übertreffen. Eine Erfassung der konzerninternen Lizenzzahlungen ist bisher nicht erfolgt. Stellvertretend können jedoch die Schätzungen der UNCTAD über die Gesamtsumme der Lizenzzahlungen von Entwicklungsländern an Industrieländer herangezogen werden. Da ein großer Teil der gesamten Lizenzzahlungen erfahrungsgemäß innerhalb von Multinationalen Konzernen erfolgt, so werden damit die konzerninternen Lizenzzahlungen nur geringfügig überhöht ausgewiesen (vgl. Tabelle 23).

Die dritte Komponente der in den DAC-Statistiken nicht erfaßten »Kapitalrückflüsse« bilden die *Zinszahlungen* der Entwicklungsländer. Ihre Bedeutung hat in den letzten Jahren als Folge der wachsenden Verschuldung der Entwicklungsländer zugenommen. Zusammen mit den Amortisationszahlungen stellen die Zinszahlungen ein drückendes Problem für die Entwicklungsländer dar, da sie die Höhe der Nettokapitalimporte reduzieren. Bei unzureichenden Deviseneinnahmen aus Warenexporten sind die Entwicklungsländer damit gezwungen, die Kreditaufnahme im Ausland zu erhöhen, wollen sie einen bestimmten Kapitalbedarf befriedigen. Dies wiederum hat eine weitere Erhöhung der Verschuldung und wachsende Schuldendienstzahlungen zur Folge.

Verschuldung und Zinszahlungen der Entwicklungsländer werden von der Weltbank und vom DAC erfaßt. Das »Debtor Reporting System« (DRS) der Weltbank beruht auf den Informationen von 84 Entwicklungsländern. Das »Expanded Reporting System« (ERS) des DAC stellt eine Art Kontrollrechnung dar aufgrund von Angaben der DAC-Mitgliedsländer. Das ERS unterscheidet sich vom DRS durch die Zahl der einbezogenen Länder und die Erfassung der Verschuldung (World Bank 1977, S. 49f.).

Die Weltbank berücksichtigt bei ihrer Erhebung der Verschuldung der Entwicklungsländer nur solche Schulden, die entweder eine direkte Verbindlichkeit einer öffentlichen Körperschaft im Kreditnehmerland darstellen oder deren Rückzahlung von einer solchen garantiert ist. Sie spricht daher auch von öffentlichen Auslandsschulden. Es ist zu beachten, daß diese Schulden sowohl aus privaten als auch öffentlichen Krediten im Sinne der DAC-Statistik resultieren (vgl. C I 1). Von 45 Mrd. US-$ im Jahre 1969 erhöhte sich die öffentliche Auslandsverschuldung der Entwicklungsländer auf 121 Mrd. US-$ im Jahre 1975 und 261 Mrd. US-$ im Jahre 1978. Hauptschuldnerländer im Jahre 1978 waren Brasilien, Mexiko, Indien, Algerien, Indonesien und Südkorea. Die Summe der nicht-garantierten Schulden der Entwicklungsländer wird auf rd. 20 Mrd. US-$ (1976) geschätzt (World Bank 1977, S. 47 u. 78; Weltbank 1980, S. 172f.). Neben der Auslandsverschuldung bestimmt die Höhe des Zinssatzes den Umfang der Zinszahlungen der Entwicklungsländer. Nach Angaben der Weltbank zeigte der kombinierte Zinssatz für private und öffentliche Kredite in der ersten Hälfte der siebziger Jahre eine ansteigende Tendenz. Diese Entwicklung ist auf die Umschichtung der Verschuldung zugunsten privater Kredite mit naturgemäß höheren Zinssätzen sowie auf eine Verteuerung der privaten Kredite zurückzuführen (World Bank 1977, S. 32 u. 39).

Die stetig wachsende Verschuldung, der ansteigende Anteil der privaten Kredite sowie deren Verteuerung hatten zur Folge, daß die Zinszahlungen der Entwicklungsländer von 1,5 Mrd. US-$ (1969) auf 5,6 Mrd. US-$ (1975) und 13,0 Mrd. US-$ (1978) anstiegen. Damit haben sich die Zinszahlungen der Entwicklungsländer innerhalb von neun Jahren fast verneunfacht (vgl. Tabelle 23 und Weltbank 1980, S. 168f.).

Nach der Identifizierung der Kapitalrückströme läßt sich eine *Bilanz der internationalen Kapitalübertragungen* für die Entwicklungsländer aufstellen. Dabei bleibt allerdings unberücksichtigt, daß die einzelnen Kapitalleistungen unterschiedlichen Gruppen von Herkunfts- und Empfängerländern zugeordnet und damit nicht voll kompatibel sind. Stellt man den gesamten Nettokapitalleistungen (»Nettoauszahlungen«) der »entwickelten« Länder, zu denen hier die DAC- und die OPEC-

Länder ebenso wie die Zentralverwaltungswirtschaften und China gerechnet werden, den – statistisch erfaßten – offenen Gewinntransfer, die Lizenzzahlungen und die Zinszahlungen gegenüber, so ergibt sich für die untersuchten Jahre zwischen 1965 und 1975 ein Nettotransfer an Kapital in die Entwicklungsländer, der knapp die Hälfte der Leistungen ausmacht, die in den DAC-Statistiken als Nettokapitalleistungen ausgewiesen werden (vgl. Tabelle 24). Zu berücksichtigen ist dabei noch, daß die Kapitalleistungen der OPEC-Länder und Chinas im Grunde genommen nicht, wie es hier geschehen ist, zu den Leistungen der entwickelten Länder gerechnet werden dürfen.
Ein grundlegend anderes Bild ergibt sich, wenn von den Nettokapitalleistungen der »entwickelten« Länder zusätzlich zu den statistisch abgesicherten Kapitalrückflüssen der geschätzte versteckte Gewinntransfer als Folge der Manipulation der Verrechnungspreise im konzerninternen Handel abgezogen wird. In diesem Fall ergibt sich per Saldo, mit Ausnahme des Jahres 1975, ein Abfluß von Kapital aus den Entwicklungsländern in die Industrieländer. Die Hauptquelle dieses Kapitalverlustes sind die mit Direktinvestitionen in Entwicklungsländern verbundenen Kapitalabflüsse (vgl. Tabelle 24).

II Internationale Wanderungen

1. Wanderungen von »Gastarbeitern«

Ein wichtiges Merkmal der internationalen Wirtschaftsbeziehungen waren in den letzten drei Jahrzehnten die internationalen Wanderungen von Arbeitskräften. Hiermit ist der Tatbestand gemeint, daß Arbeitskräfte ihren Wohnsitz in ein anderes Land verlegen, um dort vorübergehend oder auf Dauer ihren Lebensunterhalt zu verdienen. Die internationalen Arbeitskräftewanderungen nehmen im wesentlichen zwei Formen an: die Wanderungen von »Gastarbeitern« und den »brain drain«. Während es sich im ersten Fall um die Wanderungen von wenig qualifizierten Arbeitskräften handelt, bezeichnet der »brain drain« die Wanderungen von hochqualifizierten Arbeitskräften aus den Entwicklungsländern in die Industrieländer.
Internationale Wanderungen von »Gastarbeitern« finden in fast allen Teilen der Welt statt. Ein größeres *Ausmaß* erreichen sie jedoch nur in bestimmten Regionen. Innerhalb der Entwicklungsländer zählen hierzu die Wanderungen in Westafrika, die hauptsächlich aus Obervolta, Mali, Guinea und Togo zur Elfenbeinküste, nach Ghana und Senegal erfolgen, sowie die Wanderungen aus den ärmeren islamischen Ländern nach den ölexportierenden Ländern des Nahen Ostens und Nordafrikas. Von noch größerer Bedeutung sind die Wanderungen aus Entwicklungsländern in Industrieländer. Eines der wichtigen Gastländer ist Südafrika. Im Jahre 1975 arbeiteten etwa 400 000 Arbeitskräfte aus Botswana, Lesotho, Malawi, Mozambique und Swasiland in den südafrikanischen Bergwerken und in der Landwirtschaft. Ein weiteres wichtiges Einwanderungsgebiet ist Nordamerika. Die Zahl der zugewanderten Arbeitskräfte läßt sich allerdings nicht genau angeben, da neben den legalen – meist unbefristeten – Einwanderern viele Arbeits-

Tabelle 24:
Der Kapitalzu- und -abfluß der Entwicklungsländer (in Mrd. US-$)

	Durchschnitt 1964–1966 bzw. 1965	Durchschnitt 1970–1972 bzw. 1971	1973	1974	1975
1. Kapitalleistungen der DAC-Länder[1]	10,1	19,6	33,1	36,0	49,9
2. davon: Direktinvestitionen	2,1	3,9	6,7	7,1	10,5
3. Kapitalleistungen der OPEC-Länder	...	...	1,7	5,9	8,2
4. Kapitalleistungen der Zentralverwaltungswirtschaften	...	1,0	1,4	1,2	1,0
5. Gesamte Leistungen (1 + 3 + 4)	10,1	20,6	36,2	43,1	59,1
6. Offener Gewinntransfer	3,4	6,8	11,7	30,1[2]	10,9[2]
7. Versteckter Gewinntransfer					
a) Over- und underpricing der Warenlieferungen	8,1	13,0	22,2	33,3	32,9
b) Lizenzzahlungen	0,9	2,6	3,7	4,5	5,4
8. Zinszahlungen	1,0[2]	2,1	3,2	4,3	5,6
9. Zwischensumme (6 + 7 + 8)	13,4	24,5	40,8	72,2	54,8
10. Nettotransfer der »entwickelten« Länder					
a) 5–9 (ohne 7a)	4,8	9,1	17,6	4,2	37,2
b) 5–9	– 3,3	– 3,9	– 4,8	– 29,1	4,3

1 Einschließlich: Internationale Bankkredite.
2 Schätzungen von P. Richter, Der Kapitaltransfer in unterentwickelte Länder, Berlin 1979, S. 189.

Quelle: Tabellen 20 und 23.

kräfte illegal – und damit in der Regel befristet – nach Nordamerika einwandern. Schätzungen der Weltbank gehen davon aus, daß sich im Jahre 1975 mindestens 4 Mill. ausländische Arbeitskräfte zeitlich befristet in Nordamerika aufgehalten haben. Die Mehrzahl dieser Erwerbspersonen stammt aus Mexiko (Ecevit, Zachariah, S. 33).

Das bedeutendste Einwanderungsgebiet ist Nord- und Westeuropa. Die dort angesiedelten ausländischen Arbeitskräfte kommen hauptsächlich aus den südeuropäischen, nicht zur Dritten Welt zählenden Ländern sowie aus den Maghreb-Ländern und der Türkei. Die Arbeitskräftewanderungen nach Nord- und Westeuropa setzten in den fünfziger Jahren ein und erreichten ihren Höhepunkt Ende der sechziger Jahre, als pro Jahr mehr als 800 000 Arbeitskräfte zuwanderten. Seitdem, insbesondere aber seit 1974, als die internationale Wirtschaftskrise auch Europa erfaßte und in den meisten Ländern eine Einwanderungsbeschränkung verhängt wurde, nahm der Zustrom ausländischer Arbeitskräfte drastisch ab. Der Bestand an ausländischen Arbeitskräften erreichte mit annähernd 7,5 Mill. amtlich gemeldeten Erwerbspersonen im Jahre 1973 seinen Höhepunkt und ging bis 1976 auf 5,9 Mill. zurück (vgl. Tabelle 25).

Diese Abnahme wäre noch höher ausgefallen, wenn nicht viele Arbeitskräfte trotz Arbeitslosigkeit in den Gastländern geblieben wären. Hierin kommt zum Ausdruck, daß für Arbeitskräfte aus Nicht-EG-Ländern eine Rückkehr in die Heimatländer irreversibel ist. Außerdem deutet dieses Verhalten darauf hin, daß ein Teil der ausländischen Arbeitskräfte sich auf Dauer in Nord- und Westeuropa niederlassen möchte (OECD 1978, S. 8ff.).

Zur *Erklärung* von Arbeitskräftewanderungen werden häufig sogenannte Push-Pull-Modelle verwendet, die die Wanderungen auf unterschiedliche abstoßende und anziehende Kräfte im Herkunfts- und Gastland zurückführen. Einen noch umfassenderen allgemeinen Erklärungsansatz liefert Lee's »Theorie der Wanderungen«. Lee unterscheidet vier Kategorien von Faktoren, die die Wanderungsentscheidung des Individuums beeinflussen:

- Faktoren, die in Verbindung mit dem Herkunftsland stehen,
- Faktoren, die in Verbindung mit dem Zielland stehen,
- persönliche Faktoren und
- intervenierende Hindernisse.

Die einzelnen Faktoren der beiden zuerst genannten Kategorien können sich positiv, negativ oder neutral auf die Wanderungsentscheidung auswirken. Welche Faktoren per Saldo das Übergewicht haben, hängt nicht unwesentlich von der individuellen Einschätzung der Faktoren und damit vom Informationsstand sowie von persönlichen Merkmalen des Entscheidenden (Alter, Ausbildung, berufliche Stellung, Geschlecht usw.) ab. Große Bedeutung für den Wanderungsprozeß haben schließlich die sogenannten intervenierenden Hindernisse wie z. B. administrative Beschränkungen (restriktive Einwanderungsgesetze u. ä.) oder die räumliche Distanz zwischen Herkunfts- und Zielregion, die Raumüberwindungs- und Informationsgewinnungskosten hervorruft.

Auf der Grundlage des Lee'schen Analyserahmens sind eine Reihe von Hypothesen bezüglich der Ursachen der Arbeitskräftewanderungen formuliert und getestet worden. Die Untersuchungen, die überwiegend die Wanderungen nach Nord- und Westeuropa zum Gegenstand haben, kommen zum Ergebnis, daß folgende Faktoren das Wanderungsverhalten entscheidend bestimmen:

- Die beiden wichtigsten Ursachen für internationale Wanderungen sind die Unterschiede in den realen Pro-Kopf-Einkommen und in den Beschäftigungsaussichten zwischen Herkunfts- und Zielländern. Ein Teil der Arbeitskräfte wandert deshalb ins Ausland, weil er dort – selbst unter Berücksichtigung zusätzlicher Reise- und Lebenshaltungskosten – mehr verdienen kann als in der Heimat. Andere sind aus Gründen der bloßen Existenzsicherung gezwungen, dorthin zu wandern, wo sie eine Beschäftigung finden können. Dabei gilt, daß um so mehr Arbeitskräfte auswandern, je höher die Arbeitslosigkeit im Herkunftsland ist und je größer der Arbeitskräftebedarf im Bestimmungsland ist.

Tabelle 25:
Ausländische Arbeitskräfte in Nord- und Westeuropa nach Herkunfts- und Gastländern, 1976 (in Tausend)

Herkunftsland	Gastland									
	Österreich	Schweiz	Bundesrepublik Deutschland	Frankreich	Belgien	Luxemburg	Niederlande	Schweden	Großbritannien	Insgesamt
Marokko	—	—	15,6	152,3	28,0	—	29,1	0,5	0,5	226,0
Algerien	—	—	1,4	331,1	3,5	—	—	0,2	0,5	336,7
Tunesien	—	—	12,0	73,0	2,0	—	1,0	0,3	—	88,3
Türkei	24,6	15,2	527,5	31,2	16,0	—	38,2	3,8	41,5	698,0
Portugal	—	4,1	63,6	360,7	6,0	12,5	5,0	1,1	3,0	456,0
Spanien	0,2	68,9	111,0	204,0	30,0	1,9	16,0	1,9	24,0	457,9
Italien	1,7	261,6	276,4	199,2	96,0	10,7	10,1	3,0	56,5	915,2
Jugoslawien	120,5	24,1	390,1	42,2	3,0	0,6	9,5	27,0	8,5	625,5
Griechenland	—	5,2	178,8	—	10,0	—	2,2	9,0	10,5	215,7
Österreich	—	20,4	76,0	—	1,0	—	—	3,1	3,0	103,5
Finnland	—	—	—	—	—	—	—	105,0	1,0	106,0
Sonstige	24,7	116,5	296,1	190,6	121,3	21,1	70,0	80,6	753,5[1]	1 674,4
Insgesamt	171,7	516,0	1 948,5	1 584,3	316,8	46,8	181,1	235,5	902,5	5 903,2

1 Davon 293,5 Iren.

Quelle: OECD, Direktorium für Soziale Fragen, Arbeitskräfte und Bildung, SOPEMI, Fortsetzung der Berichterstattung über Wanderungen 1977.

- Voraussetzung dafür, daß die in Form von Einkommens- und Beschäftigungsunterschieden bestehenden Ungleichgewichte zwischen den nationalen Arbeitsmärkten wanderungsauslösend wirken, ist u. a. eine ausreichende Information der potentiellen Emigranten über die Situation auf dem ausländischen Arbeitsmarkt. Ein wichtiger Informationsträger sind die bereits im Ausland lebenden Verwandten und Bekannten. Je größer der Bestand dieser Emigranten im Vergleich zur Bevölkerung der Heimatländer ist, desto weniger wird die Auswanderung durch etwaige Informationsmängel behindert.
- Eine weitere Voraussetzung für internationale Wanderungen besteht darin, daß Auswanderungs- und Einwanderungsbestimmungen Wanderungen überhaupt zulassen. Während Auswanderungen nur selten reglementiert werden, unterliegen Einwanderungen in vielen Ländern starken Restriktionen. So ergriffen auch die meisten nord- und westeuropäischen Länder, die bis dahin eine liberale Haltung gegenüber dem Zustrom ausländischer Arbeitskräfte eingenommen hatten, in den Jahren 1973 bis 1975 Maßnahmen zur Einschränkung der Ausländerbeschäftigung. Diese Maßnahmen stellten eine Antwort auf den damals einsetzenden Rückgang der Arbeitskräftenachfrage und auf die spürbarer gewordenen sozialen Kosten dar, die mit längerer Verweildauer ausländischer Arbeitskräfte und ihrer Familien einhergehen (OECD 1979, S. 20ff.).

Internationale Arbeitskräftewanderungen haben weitreichende *Auswirkungen* sowohl für den einzelnen Emigranten (private Nutzen und Kosten) als auch für die Gast- und Herkunftsländer (soziale Nutzen und Kosten). Die Auswirkungen sind von Land zu Land unterschiedlich. Sie hängen u. a. von der Zahl, der Beschäftigung und dem Beruf der Aus- bzw. Zuwanderer, von der zeitlichen Dauer der Auswanderung, von der Wirtschaftsstruktur des Herkunfts- bzw. Gastlandes und von der jeweiligen Wirtschaftspolitik ab.

Für den einzelnen Arbeitnehmer verbessern sich mit der Auswanderung in der Regel seine Verdienst- und Beschäftigungsmöglichkeiten. Einige Arbeitskräfte können auch neue, ihre berufliche Qualifikation erhöhende Kenntnisse erwerben. Für die meisten Arbeitnehmer gilt dies jedoch nicht. Sie werden als ungelernte oder angelernte Arbeitskräfte beschäftigt. Berufsbildende, über die betriebliche Anlernung hinausgehende Maßnahmen erfassen sie kaum. Die im industriellen Produktionsprozeß gesammelten Erfahrungen können sie zudem bei ihrer Rückkehr in die Heimatländer nur selten nutzen.

Die Auswirkungen des Zustroms ausländischer Arbeitskräfte auf die Gastländer sind – zumindest in Zeiten einer Arbeitskräfteknappheit – überwiegend positiv. Unter der Prämisse eines Arbeitskräftemangels tragen ausländische Arbeitnehmer zu einer Erhöhung des Bruttoinlandsprodukts bei. (Die damit verbundene Einkommenserhöhung dürfte aufgrund des Lohndrucks, den die ausländischen Arbeitskräfte ausüben, in stärkerem Maße den Unternehmern als den Arbeitnehmern zugute kommen.) Dieser gesamtwirtschaftliche Vorteil ist jedoch mit gewissen sozialen Kosten verbunden: der Abhängigkeit von ausländischen Arbeitskräften in bestimmten Wirtschaftsbereichen, einer zusätzlichen, durch ausländische Arbeitnehmer hervorgerufenen Nachfrage nach sozialen Leistungen der öffentlichen Hand und möglicherweise mit sozialen Spannungen in Gebieten mit hohem Ausländeranteil (vgl. Tabelle 26).

Tabelle 26:
Private und soziale Nutzen und Kosten einer zeitlich befristeten Auswanderung

	Nutzen		Kosten	
	Private	Soziale	Private	Soziale
Herkunftsland	1. Verbesserte Verdienst- und Beschäftigungsmöglichkeiten 2. (Ausbildungseffekt) 3. (Kulturelle Erfahrungen)	1. (Zunahme des Humankapitals der Rückwanderer) 2. Erhöhung des Devisenbestandes durch Gastarbeiterübertragungen; Beitrag zur Kapitalbildung 3. Abnahme der Arbeitslosigkeit; Steigerung des Pro-Kopf-Einkommens 4. Abnahme öffentlicher Sozialausgaben	1. Reisekosten 2. Erhöhte Lebenshaltungskosten 3. Trennung von Verwandten und Freunden	1. Verlust an öffentlichen Ausbildungsinvestitionen 2. Verlust an qualifizierten Arbeitskräften 3. (Behinderung der Entwicklungsplanung durch Ungewißheit der Gastarbeiterübertragungen) 4. (Soziale Spannungen aufgrund des erhöhten Anspruchsniveaus der Rückwanderer) 5. (Belastung der Handelsbilanz durch Veränderung der Konsumstruktur) 6. (Inflationsdruck durch Gastarbeiterübertragungen)
Gastland	1. (Kulturelle Erfahrungen)	1. Höheres wirtschaftliches Wachstum bei geringerer Inflationsrate 2. Steigerung der Arbeitskräftemobilität und geringere Lohnstückkosten 3. Erhöhtes Pro-Kopf-Einkommen für einheimische Arbeitskräfte	1. Erhöhte Konkurrenz auf bestimmten Arbeitsmärkten	1. (Abhängigkeit von ausländischen Arbeitskräften in bestimmten Wirtschaftsbereichen) 2. Zusätzliche Nachfrage nach sozialen Leistungen der öffentlichen Hand 3. (Soziale Spannungen in Gebieten mit hohem Ausländeranteil)

( ) Ungewisse Auswirkungen

Quelle: OECD, Migration, Growth and Development, Paris 1979, S. 31.

Ebenso wie für die Gastländer ergeben sich für die Herkunftsländer aus der Auswanderung von Arbeitskräften eine Reihe von Vor- und Nachteilen, von denen die wichtigsten kurz diskutiert werden sollen:

- Mit der Abnahme der Erwerbspersonenzahl kann eine Entlastung des Arbeitsmarktes im Herkunftsland eintreten. Dies ist der Fall, wenn arbeitslose oder angelernte, leicht zu ersetzende Arbeitskräfte das Land verlassen. Handelt es sich aber bei den Auswanderern um beschäftigte Facharbeiter, die nicht sogleich zu ersetzen sind, so treten Verknappungserscheinungen auf dem Arbeitsmarkt auf. Wachstumseinbußen oder ein Produktionsrückgang können die Folge sein. Dadurch wird die durch die Auswanderung hervorgerufene Steigerung des Pro-Kopf-Einkommens zum Teil wieder kompensiert oder in ihr Gegenteil verkehrt.
- Weiterhin gehen von der Emigration nachhaltige Auswirkungen auf die Zahlungsbilanz der Herkunftsländer aus. Die Überweisungen ausländischer

Arbeitskräfte stellen für die Heimatländer eine wesentliche Devisenquelle dar. In den Maghreb-Ländern und der Türkei machten z. B. im Jahre 1975 die Gastarbeiterübertragungen zwischen 11 v. H. (Algerien) und 94 v. H. (Türkei) des Wertes der Warenausfuhr aus. Der positive Zahlungsbilanzeffekt wird allerdings zum Teil dadurch wieder wettgemacht, daß mit dem Anstieg der Übertragungen Einfuhrerhöhungen einhergehen. In die gleiche Richtung dürfte sich die Veränderung der Konsumstruktur, die durch das erhöhte Anspruchsniveau der Rückwanderer hervorgerufen wird, auswirken.

- Der Beitrag der Übertragungen zur wirtschaftlichen Entwicklung der Herkunftsländer hängt von ihrer Verwendung ab. Wie Untersuchungen ergeben haben, wird der Hauptanteil der Überweisungen – durch die Familie des Arbeiters in der Heimat und durch ihn selbst bei seiner Rückkehr – für Konsumgüter und Wohnungen ausgegeben. Produktiven Investitionen wird demgegenüber nur ein kleiner Teil der Überweisungen zugeführt (vgl. Tabelle 26).

Die für die Herkunftsländer nachteiligen Folgen der Auswanderung von Arbeitskräften lassen sich durch verschiedene *Maßnahmen* reduzieren. Dem Verlust von Fachkräften, die für den eigenen Entwicklungsprozeß benötigt werden, läßt sich dadurch begegnen, daß diese Kräfte z. B. vom staatlich geförderten Auswanderungsprogramm ausgeschlossen werden und daß gleichzeitig versucht wird, ihnen Arbeitsplätze anzubieten, die ihren Fähigkeiten entsprechen. Darüber hinaus könnten qualifizierten Arbeitskräften, die sich im Ausland aufhalten, Anreize (Wohnungen, sichere Arbeitsplätze, Ausbildungsprogramme, Reintegrationsbeihilfen) geboten werden, damit sie in ihre Heimat zurückkehren. Um die produktive Verwendung der überwiesenen Gelder zu fördern, könnten Dorfentwicklungsgenossenschaften, Arbeitnehmergesellschaften usw. gegründet werden, die von den Arbeitskräften im Ausland finanziert werden und in den Heimatländern Betriebe gründen, welche den zurückkehrenden Arbeitskräften einen Arbeitsplatz bieten (OECD 1977; OECD 1978, S. 26).
Die grundsätzliche Alternative zu den internationalen Wanderungen bildet die Beschäftigung der Arbeitskräfte in ihren Heimatländern. Dies würde bedeuten, daß »das Kapital zur Arbeit und nicht die Arbeit zum Kapital geht«.

2. *»Brain drain«*

Ein wichtiges Problem stellt für viele Entwicklungsländer der »brain drain« dar, auch wenn er zahlenmäßig von weitaus geringerer Bedeutung als die »Gastarbeiterwanderungen« ist. Der *Umfang* des »brain drain« läßt sich nur ungenau angeben, da nur einige, wenn auch die am stärksten betroffenen Industrieländer die Einwanderung hochqualifizierter Arbeitskräfte aus den Entwicklungsländern erfassen. Aber auch die vorhandenen Daten weisen einige Unvollkommenheiten auf. Die Definitionen und Kategorien, nach denen die Einwanderer in den einzelnen Ländern registriert werden, sind uneinheitlich und erschweren von daher internationale Vergleiche. Des weiteren wird fast ausschließlich der Zustrom, nicht dagegen die Rückwanderung von Arbeitskräften festgehalten. Die damit verbundene Überschätzung des »brain drain« wird aber dadurch kompensiert, daß Immigranten in der Regel nicht nach ihrer Nationalität, sondern ihrem letzten Wohnsitz erfaßt werden. Damit bleibt z. B. ein Philippine, der über die Niederlande in die USA einwandert, aus den amerikanischen Statistiken über den »brain drain« ausgeklammert. Gleichfalls werden Fachkräfte, die als »Verwandte« oder »Flüchtlinge« erfaßt werden, ebenso wie illegale Einwanderer nicht berücksichtigt (Bhagwati 1976 I, S. 693f.).

Der »brain drain« erreichte sein größtes Ausmaß in den sechziger und frühen siebziger Jahren, nachdem in den englischsprachigen Industrieländern die Einwanderungsgesetze liberalisiert worden waren. Von 1961 bis 1972 wanderten etwa 230 000 hochqualifizierte Arbeitskräfte aus Entwicklungsländern in die Vereinigten Staaten, nach Kanada und nach Großbritannien ein. Berücksichtigt man auch die übrigen Industrieländer Westeuropas und Australien, so erhöht sich die Zahl auf etwa 300 000. Die Einwanderer kamen zu mehr als 50 v. H. aus Asien und hier insbesondere aus Indien und von den Philippinen. Das Hauptkontingent stellten Ingenieure (25 v. H.), Ärzte (20 v. H.) und Naturwissenschaftler (10 v. H.). In den Jahren 1971 und 1972 (dem Höhepunkt der Einwanderungswelle) waren 51 v. H. der in den USA neu zugelassenen Ärzte, 26 v. H. der neuen Ingenieure und 11 v. H. der neuen Naturwissenschaftler Einwanderer aus Entwicklungsländern (UNCTAD, S. 8ff.).

Seit 1973 geht der »brain drain« zurück, ohne daß diese Entwicklung mit Zahlen, die alle Länder umfassen, belegt werden kann. Die Ursachen hierfür liegen in der mit der Wirtschaftskrise einhergehenden Reduzierung der Nachfrage nach hochqualifizierten Arbeitskräften, in dem erhöhten Angebot an Universitätsabsolventen und in der neuerlichen Verschärfung der Einwanderungsgesetze in den Industrieländern sowie in der konkurrierenden Arbeitskräftenachfrage der OPEC-Länder.

Für die Entscheidung hochqualifizierter Arbeitskräfte aus den Entwicklungsländern, in die Industrieländer auszuwandern, können eine Vielzahl von *Ursachen* maßgeblich sein (Guha, S. 4ff.). Die wichtigsten Gründe dürften in den besseren Verdienstmöglichkeiten und in den günstigeren Arbeits- und Forschungsbedingungen der Industrieländer liegen. Aber auch das Überangebot an Hochschulabsolventen in einer Reihe von Entwicklungsländern dürfte Akademiker veranlassen, einen Arbeitsplatz in den Industrieländern zu suchen. Die Beschäftigung von Arbeitskräften aus den Entwicklungsländern in den Industrieländern setzt voraus, daß diese eine internationalen Qualifikationsnormen entsprechende Ausbildung erhalten haben. Diese Bedingung ist dann gegeben, wenn das Studium in den Industrieländern absolviert wurde. Aber auch die Ausbildung an den Universitäten der Entwicklungsländer erfüllt vielfach diese Voraussetzung, da die Lehrinhalte häufig von den Industrieländern übernommen und von ausländischen Dozenten vermittelt werden.

Vom »brain drain« können sowohl positive als auch negative *Auswirkungen* auf die Entwicklungsländer ausgehen. Auswanderer erhöhen durch Übertragungen das Einkommen der zurückbleibenden Familienmitglieder. Bei einer Rückkehr in die Heimatländer können sie die erworbenen Kenntnisse zum Nutzen ihrer Länder einsetzen. Im Vergleich zu diesen günstigen Effekten überwiegen aber bei

weitem die nachteiligen Auswirkungen auf die Entwicklungsländer. Der »brain drain« stellt einen Ressourcentransfer aus den Entwicklungsländern in die Industrieländer dar. Dieser Ressourcentransfer kann gemessen werden durch den Nutzenzuwachs bzw. die Kostenersparnis der Industrieländer oder den Nutzenverlust bzw. die Kostenbelastungen der Entwicklungsländer als Folge des »brain drain«. Eine Bewertung des durch die Zuwanderung hochqualifizierter Arbeitskräfte ausgelösten Nutzenzuwachses in den Industrieländern hat die UNCTAD vorgenommen. Als Indikator für den Nutzenzuwachs wird die durch den »brain drain« induzierte Einkommenserhöhung verwendet. Diese setzt sich zusammen aus dem Gegenwartswert der zu erwartenden Lebenseinkommen der Immigranten und der durch die Zuwanderung induzierten Einkommensveränderung bei der heimischen Bevölkerung. Nach den Schätzungen der UNCTAD entsprach dem »brain drain« in die USA, Großbritannien und Kanada während des Zeitraums 1961 bis 1972 ein Einkommenszuwachs von 51 Mrd. US-$. (Zum Vergleich wird angeführt, daß die Nettoauszahlungen an öffentlicher Entwicklungshilfe dieser drei Länder sich im genannten Zeitraum auf 46 Mrd. US-$ beliefen.) (UNCTAD, S. 16ff.) Mit dem durch den »brain drain« ausgelösten Einkommenszuwachs in den Industrieländern geht ein Einkommensverlust in den Entwicklungsländern einher, der jedoch nur ausnahmsweise die gleiche Höhe erreicht. Darüber hinaus ruft der »brain drain« nachteilige Auswirkungen auf den Entwicklungsprozeß der Länder der Dritten Welt dadurch hervor, daß den Entwicklungsländern gerade diejenigen Arbeitskräfte verlorengehen, die den wirtschaftlichen, sozialen und politischen Entwicklungsprozeß voranbringen könnten.
In der Diskussion über den »brain drain« sind eine Reihe von *Maßnahmen* vorgeschlagen worden, die entweder eine Reduzierung des »brain drain« oder eine Verminderung seiner für die Entwicklungsländer nachteiligen Konsequenzen zum Ziel haben. Eine Verringerung des »brain drain« kann zum einen dadurch erreicht werden, daß von seiten der Entwicklungsländer die Ausreise hochqualifizierter Arbeitskräfte erschwert bzw. verhindert wird (z. B. durch die Verweigerung eines Passes) oder zeitlich hinausgeschoben wird (z. B. durch die Verpflichtung von Universitätsabsolventen, nach dem Examen eine bestimmte Zeitdauer im Inland zu arbeiten). Diese Maßnahmen haben allerdings den Nachteil, daß sie von den einflußreichen Personenkreisen umgangen werden können und auf die Betroffenen demoralisierend wirken. Eine weitere Möglichkeit zur Reduzierung des »brain drain« besteht darin, durch »Incentives« wie die Anhebung der Gehälter und die Verbesserung der Arbeitsbedingungen der auswanderungswilligen Berufsgruppen das Bleiben im Heimatland attraktiver zu machen. Es ist jedoch sehr fraglich, ob die bestehenden Unterschiede in den Gehältern und den Arbeitsbedingungen zwischen Industrie- und Entwicklungsländern tatsächlich abgebaut werden können, abgesehen von den nachteiligen Auswirkungen derartiger Maßnahmen auf die Einkommensverteilung in den Entwicklungsländern. Einen dritten Ansatzpunkt zur Behinderung des »brain drain« bieten »Desincentives«, durch welche die Vorteile einer Auswanderung vermindert werden. Zu denken ist hierbei an die Erhebung einer einmaligen Auswanderungssteuer durch die Entwicklungsländer oder an eine Extrasteuer auf das Einkommen der Auswanderer in den Industrieländern. Die Extrasteuer würde durch die Steuerbehör-

den der Industrieländer erhoben und unter Aufsicht der UN an die Regierungen der Herkunftsländer der Immigranten überführt. Eine solche Extraeinkommenssteuer müßte sehr hoch sein, damit sie die gewünschte Wirkung erzielt. Ihre Erhebung und Überführung an die Entwicklungsländer wäre außerdem mit rechtlichen Problemen und einem erheblichen Verwaltungsaufwand verbunden. Ein letzter Vorschlag zur Reduzierung des »brain drain« beinhaltet schließlich, die Ausbildungsinhalte an den Universitäten ebenso wie die Tätigkeitsmerkmale von Akademikern in den Entwicklungsländern stärker auf die Bedürfnisse der breiten Bevölkerungsschichten dieser Länder auszurichten. Damit könnten diese Arbeitskräfte einen größeren Beitrag zur Befriedigung der Grundbedürfnisse in ihren Ländern leisten und würden andererseits den beruflichen Anforderungen in den Industrieländern weniger entsprechen.
Eine Verminderung der für die Entwicklungsländer nachteiligen Folgen des »brain drain« kann zum einen durch Kompensationszahlungen der Industrieländer an die Entwicklungsländer erreicht werden. Das Hauptproblem bei der Realisierung dieses Vorschlags besteht darin, daß sowohl die begünstigten als auch die benachteiligten Länder sich auf ein Verfahren einigen, nach dem die Verluste der Entwicklungsländer, für die die Zahlungen geleistet werden sollen, berechnet werden. Zum anderen können die Industrieländer als Ausgleich für den »brain drain« technische Hilfe an die betroffenen Entwicklungsländer gewähren (Bhagwati 1976 I, S. 719ff.; Godfrey, S. 182ff.).

III Technologietransfer

1. Technologische Abhängigkeit der Entwicklungsländer

Neben der Übertragung von Kapital und der Wanderung von Arbeitskräften stellt der Technologietransfer ein weiteres wichtiges Element in den Beziehungen zwischen Industrie- und Entwicklungsländern dar. Technologie sei hier als das Wissen über die Eigenschaften und Einsatzbedingungen einer Technik definiert. Dieses Wissen wird in einem Innovationsprozeß gewonnen, der die Stufen Forschung, Entwicklung und Anwendung umfaßt. Der Technologiebegriff beinhaltet außer dem Wissen über Produktionstechniken das Wissen über Management- und Marketingtechniken, auch wenn in der Diskussion um den Technologietransfer die Produktionstechniken im Vordergrund stehen. Jede Technik ist durch verschiedene Merkmale gekennzeichnet. Hierzu zählen die Art des Produktes, das mit der betreffenden Technik hergestellt wird, Art und Umfang der eingesetzten Produktionsfaktoren, der für eine rationelle Fertigung notwendige Mindestausstoß usw. Von ihren Merkmalen hängt es ab, ob die Übertragung einer bestimmten Technik in ein Entwicklungsland möglich und wünschenswert ist.
Seit den Ursprüngen der Menschheit ist technologisches Wissen vom Menschen zur Verbesserung seiner Lebensbedingungen eingesetzt worden. Über lange Zeit wurden Technologien aus der Erfahrung gewonnen. Noch heute herrschen solche Technologien im traditionellen Sektor der Entwicklungsländer vor. Erst seit der Entstehung der systematischen Naturwissenschaften werden Technologien auf der

Grundlage wissenschaftlicher Forschung entwickelt. Die auf der Wissenschaft basierende Technologie hat in mehreren Teilen der Welt materiell hochentwikkelte Gesellschaften (Industrieländer) entstehen lassen, während sie für die Entwicklungsländer bisher von geringem Nutzen war. Ökonometrische Untersuchungen, die das Produktionswachstum mit dem Wachstum des Kapitalstocks, dem des Arbeitskräftepotentials und dem der Totalproduktivität der Produktionsfaktoren statistisch zu erklären versuchen, zeigen, daß auch in jüngster Zeit der technische Fortschritt der Motor des wirtschaftlichen Wachstums in den Industrieländern war, während das Wachstum der Entwicklungsländer seine Ursache primär in der Ausweitung des Bestandes an Produktionsfaktoren hatte. So ließ sich von Anfang der fünfziger Jahre bis Mitte der sechziger Jahre das wirtschaftliche Wachstum von 13 Industrieländern im Durchschnitt zu 55 v.H. auf Fortschritte in der Totalproduktivität zurückführen, während bei 21 Entwicklungsländern der entsprechende Beitrag nur 9 v.H. betrug (Griffin, S. 5).
Wissenschaftliche Forschung und Entwicklung haben bisher fast ausschließlich in den entwickelten Ländern stattgefunden. Im Jahre 1973 bestritten die marktwirtschaftlich orientierten Industrieländer gut 66 v.H. und die Zentralverwaltungswirtschaften etwa 31 v.H. aller Ausgaben für Forschung und Entwicklung in der Welt. Die beiden Ländergruppen tätigten pro Beschäftigten diesbezügliche Ausgaben in Höhe von 194 US-$ bzw. 160 US-$ und wandten 1,9 v.H. bzw. 3,8 v.H. ihres Bruttosozialprodukts für Forschung und Entwicklung auf. Hinzu kommen noch Ausgaben für die Anwendung der erzielten Forschungsergebnisse. Insgesamt waren in den Industrieländern knapp 1,3 Mill. und in den Zentralverwaltungswirtschaften etwa 0,7 Mill. Wissenschaftler und Techniker im Bereich Forschung und Entwicklung tätig, d. h. jeweils 0,4 v.H. der Beschäftigten insgesamt (vgl. Tabelle 27).
Im Gegensatz zu den Industrieländern und den Zentralverwaltungswirtschaften ist das technologische Potential der Entwicklungsländer gering. Im Jahre 1973 entfielen nur 3 v.H. aller in der Welt getätigten Ausgaben für Forschung und Entwicklung auf die Entwicklungsländer. Bezogen auf die Zahl der dort insgesamt Beschäftigten beliefen sich diese Ausgaben auf 3 US-$. Damit wandten diese Länder etwa 0,3 v.H. ihres Bruttosozialprodukts für Forschung und Entwicklung auf. In den Entwicklungsländern waren knapp 0,3 Mill. Wissenschaftler und Techniker, d. h. 0,03 v.H. der Beschäftigten insgesamt, im Bereich Forschung und Entwicklung tätig (vgl. Tabelle 27).
Aus dem geringen technologischen Potential der Entwicklungsländer resultiert ihre technologische Abhängigkeit von den Industrieländern. Während der »traditionelle« Sektor die überlieferten Technologien nutzt, ist der moderne Sektor weitgehend auf den Transfer von Technologien aus den Industrieländern angewiesen. Damit aber müssen die Entwicklungsländer Technologien übernehmen, die primär für den Einsatz in den Industrieländern bestimmt sind.
Die *Charakteristika* der in den Industrieländern entwickelten Technologien hängen von verschiedenen Determinanten ab. Sie werden zum einen bestimmt vom jeweiligen Stand des wissenschaftlichen Fortschritts. Inwieweit neue wissenschaftliche Erkenntnisse weiterentwickelt werden und schließlich zur Anwendung gelangen, d. h. technische Umstellungen in der Produktion hervorrufen, wird

Tabelle 27:
Ausgaben und Wissenschaftler im Bereich Forschung und Entwicklung in der Welt, 1973

Region	Forschungs- und Entwicklungsausgaben				Wissenschaftler und Techniker in Forschung und Entwicklung		
	Mill. US-$	in v. H. der Gesamtausgaben in der Welt	pro Beschäftigten in US-$	in v. H. des BSP	in Tausend	in v. H. des Gesamtbestandes der Welt	pro Mill. Beschäftigte
Entwicklungsländer	2 770	2,9	3,0	0,35	288	12,6	307
Afrika[1]	298	0,31	2,8	0,34	28	1,2	271
Lateinamerika	902	0,94	9,0	0,37	46	2,0	461
Asien	1 571	1,63	2,1	0,34	214	9,4	292
Industrieländer	64 139	66,5	194,5	1,93	1 260	55,4	3 822
Westeuropa[2]	21 418	22,2	135,1	1,55	387	17,0	2 441
Nordamerika	33 716	35,0	331,1	2,35	548	24,1	5 386
Sonstige[3]	9 005	9,3	129,8	1,76	325	14,3	4 687
Zentralverwaltungswirtschaften	29 509	30,6	160,0	3,82	730	32,0	3 958
Welt insgesamt	96 418	100,0	66,4	1,97	2 279	100,0	1 570

1 Ohne Südafrika.
2 Einschließlich Israel und Türkei.
3 Australien, Japan, Neuseeland, Südafrika.

Quelle: Vorläufige Daten aus: OECD, World R u. D Survey (1978); zitiert nach: UNIDO, Industry 2000 New Perspectives, New York 1979, S. 181.

darüber hinaus von den Zielsetzungen des Innovators bestimmt. Die meisten Technologien in den Industrieländern werden von privaten, gewinnorientierten Unternehmen entwickelt. Diese Unternehmen bringen nur solche Technologien hervor, die bei den jeweils herrschenden sozio-ökonomischen Rahmenbedingungen zu einer Senkung der Kosten und/oder einer Ausweitung der Absatzmärkte führen.

Nach Stewart lassen sich die sozio-ökonomischen Rahmenbedingungen, welche die technologische Entwicklung beeinflussen, in drei Kategorien einteilen:

- Zum einen hängen die Eigenschaften von Technologien von der Betriebsgrößenstruktur des Landes ab, für das sie entwickelt werden. Technologien für kleine Familienbetriebe unterscheiden sich von Technologien, die für den Einsatz in Großbetrieben vorgesehen sind. Letztere sind auf große Serienfertigungen ausgerichtet, sehen einen arbeitsteiligen Produktionsprozeß vor und erfordern andere Managementtechniken als Technologien für Kleinbetriebe.
- Darüber hinaus sind die Merkmale von Technologien eine Funktion des erreichten Pro-Kopf-Einkommens. Mit einem hohen Pro-Kopf-Einkommen ist eine hohe Ersparnis pro Kopf der Bevölkerung verbunden. Bei einem reichlichen Kapitalangebot wiederum lassen sich Produktionstechniken einsetzen, die hohe Investitionskosten pro Arbeitsplatz bedingen, d. h. sachkapitalintensiv sind. Mit steigendem Pro-Kopf-Einkommen nehmen des weiteren die Ausgaben für

die Aus- und Weiterbildung zu, so daß die Arbeitskräfte relativ qualifiziert sind. Die reichliche Ausstattung mit Ausbildungskapital wiederum erlaubt die Entwicklung und Anwendung ausbildungskapitalintensiver Technologien.
Neben der Faktorausstattung beeinflußt die Höhe des Pro-Kopf-Einkommens auch die Nachfragestruktur einer Gesellschaft. Mit steigendem Pro-Kopf-Einkommen werden andere und qualitativ höherwertige Produkte nachgefragt, die wiederum den Einsatz neuer Technologien bedingen.

- Schließlich hängen die Charakteristika von Technologien von den klimatischen Bedingungen, der Verfügbarkeit natürlicher Ressourcen sowie der materiellen, personellen und institutionellen Infrastrukturausstattung des Landes ab, für das sie entwickelt werden. Auch muß der mit dem Einsatz der Technologien verbundene Bedarf an Vorleistungen in der erforderlichen Qualität und Spezifikation zu befriedigen sein. Des weiteren müssen sich mit den Technologien Produkte herstellen lassen, die, sofern sie intermediär nachgefragt werden, den qualitativen und technischen Anforderungen anderer Wirtschaftssektoren genügen (Stewart 1977, S. 4ff.).

Technologische Entwicklungen werden nicht einseitig von den genannten sozioökonomischen Rahmenbedingungen beeinflußt, sondern wirken ihrerseits auf die Rahmenbedingungen ein. So können technologische Entwicklungen z. B. Veränderungen der Betriebsgrößenstruktur hervorrufen oder Produktivitätssteigerungen und damit Erhöhungen des Pro-Kopf-Einkommens zur Folge haben.
Die in den Industrieländern entwickelten Technologien weisen folgende Eigenschaften auf:

- Sie sind überwiegend für große Serienfertigungen geschaffen worden, um angesichts der Größe der Märkte die Vorteile steigender Skalenerträge zu nutzen.
- In Übereinstimmung mit der Faktorausstattung und dem Faktorpreisverhältnis der Industrieländer weisen sie eine hohe Sachkapitalintensität auf, d. h. ihr Einsatz ist mit hohen Investitionskosten pro Arbeitsplatz verbunden.
- Darüber hinaus setzt ihre Anwendung voraus, daß ein relativ hoch qualifiziertes Arbeitskräftepotential vorhanden ist. Es handelt sich somit um ausbildungskapitalintensive Technologien.
- Der Einsatz der Technologien ist mit einer relativ hohen Arbeitsproduktivität verbunden, welche die Zahlung hoher Löhne erlaubt.
- Die Technologien sind auf die Herstellung von Produkten gerichtet, die der Nachfragestruktur der Industrieländer und den dort vorherrschenden Qualitätsanforderungen entsprechen.
- Schließlich stellen die Technologien auf die klimatischen Bedingungen und die Verfügbarkeit von natürlichen Ressourcen in den Industrieländern ab. So stehen z. B. hochentwickelte Produktionstechniken zur Weiterverarbeitung von Eisen und Stahl zur Verfügung, während die technischen Möglichkeiten der industriellen Verwertung traditioneller Materialien wie etwa Bambus kaum untersucht worden sind. Hinzu kommt, daß angesichts einer gewissen Rohstoffknappheit der technische Fortschritt in den Industrieländern in einem nicht unerheblichen Maße rohstoffsparend ist (Stewart 1974, S. 19ff.).

2. Determinanten und Formen des Technologietransfers

Mit dem Begriff des Technologietransfers wird die Übertragung von Technologien aus den Industrieländern in die Entwicklungsländer bezeichnet. Empfänger der transferierten Technologien können dabei sowohl heimische als auch ausländische Unternehmen sein, die ihren Standort in einem Entwicklungsland haben.
Der Technologietransfer wird von verschiedenen Angebots- und Nachfragefaktoren bestimmt. Zu den wichtigsten *Determinanten* auf der Angebotsseite zählen die in den Industrieländern vorhandenen Technologien und die Fähigkeit der Entwicklungsländer, diese Technologien den eigenen Bedingungen anzupassen. Die Nachfrage nach Technologie hängt im wesentlichen von den Zielsetzungen der Entscheidungsträger in den Entwicklungsländern, ihrem Informationsstand und den gesamtwirtschaftlichen Rahmenbedingungen (Faktorpreise, Marktgröße usw.) ab, unter denen über den Einsatz von Technologien entschieden wird. Über das Spektrum der in den Industrieländern vorhandenen Technologien gehen die Meinungen auseinander. Die neoklassische Auffassung unterstellt, daß für die Herstellung eines Gutes jeweils eine Vielzahl alternativer Technologien mit unterschiedlichen Eigenschaften zur Verfügung stehen. Die Auswahl ungeeigneter Technologien durch die Entwicklungsländer wird daher vornehmlich auf Nachfragefaktoren (insbesondere die verzerrten Faktorpreise) zurückgeführt. Demgegenüber geht der »deterministische« Ansatz davon aus, daß es jeweils nur eine Technologie gibt, um ein bestimmtes Produkt herzustellen. Den Nachfragefaktoren kommt daher bei der Auswahl von Technologien nur geringe Bedeutung zu. Die Wirklichkeit dürfte zwischen diesen beiden extremen Positionen liegen und je nach Produktionsbereich unterschiedlich ausfallen. Während in einigen Wirtschaftsbereichen (wie z. B. der petrochemischen Industrie) die Bandbreite der eingesetzten Technologien relativ gering ist, finden in anderen Bereichen für die Herstellung der gleichen Produkte eine Reihe alternativer Produktionsverfahren Anwendung, die sich durch ihre Sach- und Humankapitalintensität, den spezifischen Rohstoff- und Energieverbrauch und die Seriengröße voneinander unterscheiden. Hierbei handelt es sich um das Nebeneinander von älteren (aber noch nicht veralteten) und neueren Produktionsverfahren sowie von zeitlich parallel, aber für unterschiedliche Verwendungszwecke (z. B. den Einsatz in Groß- bzw. Kleinbetrieben) entwickelten Technologien.
Das technologische Angebot läßt sich durch die Anpassung der in den Industrieländern vorhandenen Technologien an die Bedingungen der Entwicklungsländer erweitern. Gegenstand der Anpassung können die eigentlichen Produktionstechniken, Randbereiche des Produktionsprozesses wie der innerbetriebliche Transport, Lagerhaltung und Verpackung sowie die Qualität der Produkte (und damit indirekt der Produktionsverfahren) sein. Die Anpassung von Technologien setzt eine ausreichende Forschungs- und Entwicklungskapazität »vor Ort«, d. h. in den Entwicklungsländern, voraus, da diese Anpassung in den Industrieländern nur unzureichend erfolgen kann (Singer, S. 7 u. 51ff.).
Zusammenfassend kann festgehalten werden, daß es in den meisten Produktionsbereichen ein gewisses Spektrum an alternativen Technologien gibt. Nicht alle Technologien sind allerdings auch gleichermaßen effizient in dem Sinne, daß sie

mit einer hohen Produktivität des Kapitals, des in Entwicklungsländern knappen Produktionsfaktors, verbunden sind, selbst wenn verschiedene Untersuchungen zeigen, daß ein Konflikt zwischen den Beschäftigungs- und Wachstumseffekten bei einer Vielzahl vergleichbarer Produktionsverfahren nicht gegeben ist (Agarwal, S. 50ff.; Morawetz, S. 524ff.). Auch ist das technologische Spektrum nicht so breit, daß sich allein schon durch den Einsatz der jeweils arbeitsintensivsten Techniken das Beschäftigungsproblem in den Entwicklungsländern auch nur annähernd lösen ließe.

Häufig werden aus dem technologischen Angebot der Industrieländer aber nicht die den Entwicklungsländern angemessensten Technologien, wie z. B. arbeitsintensive Produktionsverfahren, ausgewählt, sondern die dem neuesten Stand entsprechenden Technologien bevorzugt. Hierfür sind eine Reihe von Nachfragefaktoren verantwortlich. Zum einen verfolgen die einzelnen Entscheidungsträger in den Entwicklungsländern bei der Auswahl von Technologien unterschiedliche Zielsetzungen. Während private Unternehmen die Erwirtschaftung möglichst hoher Gewinne anstreben, ohne in der Regel die externen Effekte, die vom Einsatz der Technologien ausgehen, zu berücksichtigen, verfolgen öffentliche Unternehmen gerade das Ziel, die gesamtwirtschaftlichen Auswirkungen in ihre technologischen Entscheidungen einzubeziehen. In jedem Fall dürften die ausländischen Consulting-Firmen, auf deren Beratung private und staatliche Unternehmen in Entwicklungsländern sehr stark angewiesen sind, sowie die technischen Führungskräfte der inländischen Unternehmen, die häufig in den Industrieländern ausgebildet worden sind, zum Einsatz der jeweils modernsten Techniken neigen.

Eine zweite Ursache für die Auswahl ungeeigneter Technologien liegt in dem unzureichenden Informationsstand der Entwicklungsländer über das Angebot an Technologien. Während der Informationsstand von Filialen Multinationaler Konzerne und von heimischen Großunternehmen noch gut ist, sind mittlere Industrie- und Agrarbetriebe schon relativ schlecht über technologische Alternativen informiert. Ihnen fehlen häufig die personellen und finanziellen Mittel, um Ausschreibungen durchführen, Messen besuchen oder Fachzeitschriften auswerten zu können. Wenden sie sich direkt an einzelne Anlagenhersteller, so erhalten sie nur firmenspezifische Informationen. Äußerst unzureichend sind schließlich die Kleinindustrie und kleine landwirtschaftliche Betriebe informiert, die häufig noch nicht einmal von staatlichen Beratungsdiensten erreicht werden.

Ein dritter Grund für die Übertragung ungeeigneter Technologien aus den Industrieländern ist in den gesamtwirtschaftlichen Rahmenbedingungen zu sehen, unter denen in den Entwicklungsländern über den Einsatz von Technologien entschieden wird. Aus neoklassischer Sicht führen insbesondere die verzerrten, den Knappheitsverhältnissen der Produktionsfaktoren nicht entsprechenden Faktorpreisrelationen zum Einsatz von relativ kapitalintensiven Produktionstechniken. In vielen Entwicklungsländern werden die Arbeitskräfte im modernen Sektor verhältnismäßig gut entlohnt und durch Sozialversicherungs- und Kündigungsschutzgesetzgebung zusätzlich verteuert. Gleichzeitig wird das relativ knappe Sachkapital durch staatliche Maßnahmen häufig verbilligt. Insbesondere im Rahmen einer auf Importsubstitution gerichteten Industrialisierungspolitik erleichtern Zollvergünstigungen und eine Überbewertung der heimischen Währung die Ein-

fuhr von Anlagegütern. Darüber hinaus wird der Kapitaleinsatz durch Finanzierungskredite zu Vorzugsbedingungen und Steuervergünstigungen (Abschreibungserleichterungen u. a.) gefördert. Bei verzerrten Faktorpreisen ist es – worauf der neoklassische Ansatz zu Recht hinweist – für die Unternehmen lohnend, kapitalintensiver zu produzieren, als es aufgrund der Faktorausstattung wünschenswert wäre. Allerdings werden von neoklassischer Seite die Bedeutung der Faktorpreise bei der Auswahl von Technologien überbetont und andere Einflußgrößen vernachlässigt. So übernehmen die Filialen Multinationaler Unternehmen häufig die in ihren Betrieben in den Industrieländern erprobten Produktionstechniken, selbst wenn sie relativ kapitalintensiv sind. Auch kann die Verwendung von verhältnismäßig arbeitsintensiven, aber schon älteren Anlagen neben dem Ersatzteilproblem die Notwendigkeit umfangreicher Wartung der Maschinen mit sich bringen. Hierfür sind qualifizierte Arbeitskräfte ebenso erforderlich wie für die Beaufsichtigung der bei arbeitsintensiven Produktionsverfahren besonders großen Zahl an unqualifizierten Arbeitskräften. Die Knappheit an qualifizierten Arbeitskräften in Entwicklungsländern kann daher ein Hindernis für den Einsatz arbeitsintensiver Produktionstechniken bilden. Im Falle öffentlicher Arbeiten kann schließlich der Einsatz kapitalintensiver Technologien häufig deshalb vorteilhaft sein, weil er einen schnelleren Abschluß der Projekte erlaubt (Singer, S. 21ff.).
Neben den Faktorpreisen bildet die Einkommensverteilung eine wichtige Determinante für die Art der eingesetzten Technologien. Bei der für viele Entwicklungsländer charakteristischen ungleichen Einkommensverteilung erreichen die Bezieher hoher Einkommen ein Einkommensniveau, das dem Durchschnittseinkommen der Industrieländer entspricht oder darüber liegt. Sie fragen deshalb Konsumgüter von einer Qualität nach, wie sie in den Industrieländern üblich ist. Derart hochwertige Güter, die entweder importiert oder im modernen Sektor der Entwicklungsländer produziert werden, lassen sich wiederum nur mit relativ kapitalintensiven, dem neuesten Stand der Technik entsprechenden Produktionsverfahren herstellen (ILO, S. 133ff.).
Darüber hinaus wird die Bandbreite der nachgefragten Technologien dadurch eingeschränkt, daß nicht für alle vorhandenen Technologien in den Entwicklungsländern die Voraussetzungen gegeben sind, die ihr Einsatz erfordert. Solche Voraussetzungen können die Verfügbarkeit natürlicher Ressourcen, Arbeitskräfte bestimmter Qualifikation, materielle Vorleistungen, die gewisse Spezifikationen erfüllen, ein ausreichendes Angebot an infrastrukturellen Leistungen usw. sein. Sofern mit den Technologien Zwischenprodukte hergestellt werden sollen, muß das Produktionsverfahren gewährleisten, daß die Güter den qualitativen und technischen Anforderungen der anderen Wirtschaftssektoren genügen. Häufig lassen sich die genannten Voraussetzungen nur dadurch erfüllen, daß die erforderlichen »inputs« importiert oder von der Regierung bereitgestellt werden. Falls die damit verbundenen Kosten aber das Produktionsverfahren zu sehr verteuern oder die finanziellen Möglichkeiten des jeweiligen Entwicklungslandes übersteigen, werden bestimmte Technologien nicht nachgefragt (Stewart 1977, S. 6ff. u. 81ff.).
Zu den gesamtwirtschaftlichen, die Auswahl von Technologien beeinflussenden Rahmenbedingungen ist schließlich auch die Wirtschaftspolitik der Entwicklungsländer zu rechnen. So stellt z. B. eine exportorientierte Industrialisierungspolitik,

welche die Produzenten dem internationalen Wettbewerb aussetzt, andere Anforderungen an die Qualität der Erzeugnisse und damit an die Produktionsverfahren als eine auf Importsubstitution gerichtete Industrialisierungspolitik.
Zwischen den gesamtwirtschaftlichen Rahmenbedingungen und den eingesetzten Technologien besteht kein einseitiger Kausalzusammenhang. Vielmehr wirken die übertragenen Technologien auf erstere zurück. Dies soll an zwei Beispielen dargelegt werden. Wie oben ausgeführt, werden als Folge der beschriebenen Rahmenbedingungen vornehmlich fortgeschrittene, kapitalintensive Technologien in die Entwicklungsländer transferiert. Diese im modernen Sektor eingesetzten Technologien sind mit einer hohen Arbeitsproduktivität verbunden und haben zur Konsequenz, daß die dort beschäftigten Arbeitskräfte relativ gut bezahlt werden. Die Verzerrung der Faktorpreise, die zur Auswahl kapitalintensiver Technologien führt, ist somit ihrerseits zum Teil durch diese Technologien bedingt. Neben hohen Löhnen werden im modernen Sektor – verglichen mit dem traditionellen Sektor – hohe Gewinne erzielt. Die daraus resultierende ungleiche Einkommensverteilung, die es den Beziehern hoher Einkommen erlaubt, hochwertige, nur mit den neuesten Technologien herstellbare Produkte zu kaufen, ist somit ebenfalls auf die eingesetzten Technologien zurückzuführen. Der zirkuläre Zusammenhang zwischen den gesamtwirtschaftlichen Rahmenbedingungen und den übertragenen Technologien erschwert es den Regierungen der Entwicklungsländer, die Rahmenbedingungen zu verändern (Entzerrung der Faktorpreise, Nivellierung der Einkommensverteilung), um dadurch die Einfuhr geeigneterer Technologien zu fördern.
Die Übertragung von Technologien aus Industrieländern in Entwicklungsländer nimmt verschiedene *Formen* an. Nur ein Teil dieser Formen ist primär zum Zweck des Technologietransfers geschaffen worden. Bei anderen, wie z. B. den Direktinvestitionen, stellt der Technologietransfer nur einen Nebeneffekt dar. Es lassen sich folgende Formen des Technologietransfers unterscheiden (Cooper, Sercovitch, S. 32ff.):
- Informationsaustausch zwischen Wissenschaftlern und Technikern aus Industrie- und Entwicklungsländern durch Bücher, Zeitschriften und andere, jedermann zugängliche Unterlagen;
- Vergabe von Lizenzen für die Nutzung von patentiertem und nicht patentiertem technischen Wissen, Handelsmarken und Gebrauchsmustern;
- Wissensübertragung durch Ausbildungs-, Beratungs- und Managementleistungen;
- Übernahme des unternehmerischen Risikos von Projekten in Entwicklungsländern ohne Kapitalbeteiligung unter Einbringung von Technologie (anzutreffen im Bergbau und Erdölsektor);
- Gründung von Tochtergesellschaften und »joint ventures« in Entwicklungsländern durch Multinationale Konzerne;
- Export von Kapitalausrüstungen, Teilfabrikaten und Zwischenprodukten, in denen Technologie inkorporiert ist; Verkauf von schlüssel- bzw. produktionsfertigen Anlagen.

Der Informationsaustausch zwischen Wissenschaftlern und Technikern aus Industrie- und Entwicklungsländern kann durch Bücher und Fachzeitschriften, auf

Tagungen, Ausstellungen und internationalen Fachmessen sowie im Rahmen von Hochschulpartnerschaften erfolgen. In der Regel bieten diese Formen des Technologietransfers nur einzelne Informationen, die eine unmittelbare Anwendung des übertragenen technischen Wissens nicht zulassen.

Eine zweite Form des Technologietransfer bildet der Lizenzvertrag. Durch einen Lizenzvertrag erhält der Lizenznehmer das Recht, technisches Wissen, Handelsmarken und Gebrauchsmuster des Lizenzgebers für die Herstellung oder den Verkauf von Produkten zu nutzen. Bei Patentlizenzen bezieht sich das Nutzungsrecht auf Patente, bei reinen Know-how-Lizenzen auf nicht patentiertes technisches Wissen. Gemischte Lizenzen schließen beide Formen technischen Wissens ein. Lizenzverträge werden häufig mit anderen Mechanismen des Technologietransfers (Ausbildung, Beratung usw.) kombiniert. Sie sind in der Regel mit bestimmten Auflagen für den Lizenznehmer verbunden. Hierzu zählen u. a. die Beschränkung von Produktionsmengen, Qualitätsnormen, die Begrenzung der Absatzgebiete und die Benutzung bestimmter Produktionsmittel. Lizenzverträge stellen für den Lizenzgeber eine Alternative zu Direktinvestitionen dar. Für Direktinvestitionen werden sich Unternehmen u. a. dann entscheiden, wenn sie die notwendigen finanziellen Mittel aufbringen können und einen technologischen Vorsprung haben, den sie nicht preisgeben wollen. Demgegenüber werden Lizenzverträge u. a. dann vorgezogen, wenn der sogenannte Produktzyklus kurz ist und die Auslandsmärkte klein sind.

Einen wichtigen Beitrag zum Technologietransfer leisten Ausbildung, Beratung und die Übernahme von Managementfunktionen in Unternehmen der Entwicklungsländer. Die Leistungen der Industrieländer im Bereich der Ausbildung erstrecken sich von der landwirtschaftlichen und technisch-gewerblichen Ausbildung in Entwicklungsländern über das »on-the-job-training« in Unternehmen der Industrie- und Entwicklungsländer bis hin zur Ausbildung von Studenten und Praktikanten aus Entwicklungsländern in den Industrieländern. Ebenso vielfältig ist das Spektrum der Beratungsleistungen, das von der Erstellung von Feasibility-Studien über die Planung von Produktionsanlagen bis hin zur Lösung betriebswirtschaftlicher und technischer Probleme in Unternehmen der Entwicklungsländer reicht. Beratungsfunktionen werden von Consulting-Firmen, einzelnen Experten, aber auch von Produktionsunternehmen der Industrieländer erbracht. Während bei Beratungsverträgen die volle Entscheidungskompetenz bei dem Auftraggeber verbleibt, werden bei einem Managementvertrag Managementfunktionen einschließlich der damit verbundenen Entscheidungskompetenzen gegen Entgelt einem ausländischen Unternehmen übertragen. Das ausländische Unternehmen übernimmt dabei weder eine Kapitalbeteiligung noch haftet es für den Fall eines Mißerfolges seiner Tätigkeit.

Ein Technologietransfer findet auch im Rahmen von Förderverträgen auf Erfolgsbasis statt, die zum Zweck von Rohstoffexplorationen abgeschlossen werden. Anders als bei den Managementverträgen stellt hier das ausländische Unternehmen außer technischem Wissen das Kapital bereit, das für die Exploration und gegebenenfalls für die Förderung der Rohstoffe notwendig ist. Eigentumsrechte an den Rohstoffen erhält das ausländische Unternehmen jedoch nicht. Im Falle einer erfolgreichen Exploration und anschließender Förderung kann das ausländi-

sche Unternehmen als »Erfolgsprämie« eine bestimmte, nach den erbrachten Leistungen bemessene Rohstoffmenge zu einem Vorzugspreis erwerben (operation risk contract) oder einen bestimmten Anteil der Produktion auf eigene Rechnung verkaufen (production sharing contract) (United Nations, S. 107ff.).
Einen wichtigen Beitrag zum Technologietransfer wird den Direktinvestitionen von Multinationalen Konzernen in Entwicklungsländern zugemessen. Direktinvestitionen können getätigt werden, indem Tochtergesellschaften oder »joint ventures« in Entwicklungsländern gegründet werden. Bei »joint ventures« handelt es sich um Unternehmen, an denen einheimische und ausländische Kapitalgeber beteiligt sind. Ein Vorteil des mittels Direktinvestitionen erfolgenden Technologietransfers liegt darin, daß mit dem technischen Wissen zugleich Kapital übertragen wird. Da sich das benötigte technische Wissen in einer Hand befindet, kann es zudem schnell transferiert und bei Bedarf ergänzt werden. Das Ausmaß des mit Direktinvestitionen verbundenen Technologietransfers ist je nach Investitionsvorhaben unterschiedlich. Ein nur geringer Technologietransfer ist mit der Errichtung weltmarktorientierter Betriebe, in denen elementare Teilfertigungen im Rahmen einer weltweiten konzerninternen Arbeitsteilung ausgeführt werden, verbunden. Die Ausbildungseffekte für die dort beschäftigten Arbeitskräfte sind gering. Eine Vermittlung von technischem Wissen, welches die Gesamtheit der produktionstechnischen Tätigkeiten auf Konzernebene umfassen würde, findet nicht statt (vgl. B III 2). Ein stärkerer Technologietransfer ist dann gegeben, wenn in den Tochtergesellschaften komplexe Technologien verwendet werden wie bei der binnenmarktorientierten Automobilproduktion oder bei der exportorientierten Chemieproduktion in den OPEC-Ländern. Aber auch hier erhalten die Entwicklungsländer keinen vollen Zugang zur technologischen Entwicklung, da die Schlüsselpositionen in den Tochtergesellschaften überwiegend den Ausländern vorbehalten sind und die Forschungs- und Entwicklungsabteilungen der Multinationalen Konzerne ihren Sitz in den Industrieländern beibehalten.
Die letzte Form des Technologietransfers bildet der Export von Kapitalausrüstungen, Teilfabrikaten und Zwischenprodukten sowie die Errichtung schlüssel- bzw. produktionsfertiger Anlagen in den Entwicklungsländern. Der internationale Handel mit Investitionsgütern beinhaltet insofern einen Technologietransfer als in den Investitionsgütern technisches Wissen inkorporiert ist. Der Gebrauch der importierten Investitionsgüter setzt ein bestimmtes Fachwissen voraus, das eine fachgerechte Montage und Bedienung der Maschinen gewährleistet. Häufig muß diese Voraussetzung durch Ausbildungs- und Beratungsleistungen von seiten des Anlagenherstellers erst geschaffen werden. Aufgrund der Schwierigkeiten, größere Betriebe selbst zu errichten, gingen einige Entwicklungsländer dazu über, schlüsselfertige Anlagen zu bestellen (turnkey-contracts). Hierbei übernimmt der ausländische Partner die Planung des Projektes, Kauf und Installation der Anlagen sowie Auswahl und Überwachung der Lieferfirmen. Da wegen der unzureichenden Ausbildung der Arbeitskräfte und der geringen Erfahrung des einheimischen Managements, mit der Errichtung schlüsselfertiger Anlagen ein reibungsloser Betrieb häufig noch nicht gewährleistet ist, wird bei der Ausschreibung von Großprojekten vereinzelt die Errichtung produktionsfertiger Anlagen verlangt (product-in-hand-contracts). Hierbei müssen neben der Lieferung fertiger

Betriebe Arbeitskräfte ausgebildet und die Produktion während einer bestimmten Zeitdauer überwacht werden. Auch werden in manchen Kooperationsverträgen die ausländischen Partner verpflichtet, die ursprünglich übertragenen Technologien neuen Entwicklungen anzupassen. Darüber hinaus zeichnet sich die Tendenz ab, solche Unternehmen zu bevorzugen, die neben der Lieferung von Produktionsanlagen auch den Absatz der Produkte auf dem Weltmarkt übernehmen.
Die Übertragung von Technologien aus den Industrie- in die Entwicklungsländer geht meistens in Form einer Kombination mehrerer der erwähnten Mechanismen vonstatten. Eine Quantifizierung der relativen Beiträge der einzelnen Transferformen zur technologischen Entwicklung der Entwicklungsländer ist nicht möglich.

3. Technologietransfer und wirtschaftliche Entwicklung

Die Auswirkungen des Technologietransfers auf die wirtschaftliche Entwicklung der Dritten Welt werden unter zwei Gesichtspunkten diskutiert. Der eine bezieht sich auf Ausmaß und Kosten der Übertragung von Technologien, der andere auf die Eignung der transferierten Technologien im Hinblick auf die wirtschaftlichen und sozialen Gegebenheiten der Entwicklungsländer.
Ein Hindernis für die wirtschaftliche Entwicklung der Dritten Welt stellt das geringe *Ausmaß* des Technologietransfers dar. Hierfür sind verschiedene Ursachen verantwortlich.
Die Entwicklung von Technologien in den Industrieländern findet vornehmlich in privaten Unternehmen statt. Diese sind Eigentümer der Technologien und verfolgen mit deren Nutzung ein kommerzielles Interesse. Die Nutzung erfolgt entweder auf dem Wege der eigenen Produktion oder durch Verkauf der Technologien. Die Entwicklungsländer können somit im Prinzip diese Technologien gegen Zahlung erwerben. Die Möglichkeiten des Technologieerwerbs sind tatsächlich jedoch aufgrund der geringen Zahlungsfähigkeit der Entwicklungsländer eingeschränkt.
Für eine erfolgreiche Übertragung von Technologien ist aber auch eine bestimmte Absorptionskapazität erforderlich. Diese ist durch die geringe Forschungs- und Entwicklungskapazität, den Mangel an Ingenieuren und Technikern und die unzureichende Infrastrukturausstattung dieser Länder begrenzt. Ohne diese komplementären Faktoren können aber die transferierten Technologien nicht nutzbringend eingesetzt werden.
Schließlich kann die Übertragung von Technologien durch die staatliche Kontrolle und Steuerung des Technologietransfers in den Entwicklungsländern behindert werden. So werden in den meisten Entwicklungsländern die Direktinvestitionen ausländischer Unternehmen bestimmten Auflagen unterworfen. Diese betreffen die Beteiligung inländischen Kapitals an den ausländischen Niederlassungen, den Kapital- und Gewinntransfer, die steuerliche Behandlung der ausländischen Investoren usw. Darüber hinaus werden in einigen Entwicklungsländern Lizenzverträge einer staatlichen Kontrolle unterzogen. Auch ein unzureichender Patentschutz kann dazu beitragen, daß ausländische Unternehmen ihr patentiertes technisches Wissen nicht in die Entwicklungsländer vermitteln.

Neben dem unzureichenden Zugang der Entwicklungsländer zu den Technologien der Industrieländer behindern die hohen *Kosten,* die mit dem Technologietransfer verbunden sind, die wirtschaftliche Entwicklung der Dritten Welt. Indem die Entwicklungsländer einen erheblichen Teil ihrer Deviseneinnahmen für den Import von technischem Wissen aufwenden müssen, sind sie gezwungen, auf die Einfuhr anderer wichtiger Güter zu verzichten. Die hohen Preise für importierte Technologien sind auf die Unvollkommenheit der Technologiemärkte und die technologische Abhängigkeit der Entwicklungsländer zurückzuführen.
Die Technologiemärkte sind in der Regel dadurch gekennzeichnet, daß zahlreichen Nachfragern nur ein Anbieter oder eine geringe Zahl von Anbietern gegenüberstehen. Häufig sind die angebotenen Technologien nicht vergleichbar, sei es, weil sie »technische« Unterschiede aufweisen, sei es, weil sie als Paket zusammen mit Zwischenprodukten, Maschinen, Fachpersonal usw. verkauft werden. Auch liefern die Anbieter kaum detaillierte Informationen über ihre Technologien, um sie nicht schon auf diesem Wege unentgeltlich zugänglich zu machen und um einen eventuell vorhandenen technischen Vorsprung nicht preiszugeben. Damit sichern sie sich ebenso eine monopolartige Marktstellung wie durch den gesetzlichen Schutz ihrer technischen Entwicklungen. Die Unvollkommenheit der Technologiemärkte resultiert des weiteren aus der häufig unzureichenden Markttransparenz und dem Mangel an technisch qualifizierten Fachkräften auf seiten der Entwicklungsländer, der es ihnen nicht erlaubt, eine hinreichende Zahl von Angeboten mit der nötigen Kompetenz zu bewerten. Die Entwicklungsländer treten daher in der Regel nur mit einem bzw. wenigen Anbietern in Verhandlungen über den Erwerb bestimmter Technologien ein. Auf diese Weise ergibt sich, ähnlich wie im bilateralen Monopol, ein breiter Spielraum für die Preisbildung, über die in erster Linie die »bargaining power« der Kontrahenten entscheidet. Die Preisuntergrenze, die der Anbieter bereit ist zu akzeptieren, hängt – angesichts der niedrigen Grenzkosten schon entwickelter Technologien – von den Kosten der Übertragung der Technologie sowie von den Umsatzeinbußen ab, die der Anbieter mittelbar durch den Verkauf der Technologie erleiden würde. Solche Umsatzeinbußen können sich dadurch ergeben, daß dem Anbieter auf den Produktmärkten Konkurrenz durch den Käufer der Technologie erwächst und daß er einen Preisrückgang bei einem nochmaligen Verkauf der Technologie hinnehmen muß. Die Preisobergrenze, die der Käufer bereit ist zu akzeptieren, hängt von dem Nutzen, den sich der Käufer von der Technologie verspricht, von den Kosten einer etwaigen eigenen Entwicklung dieser Technologie und von den Kosten des Erwerbs der »nächstbesten« Technologie ab.
Die Preisunter- und die Preisobergrenze sind um so höher und die Verhandlungsmacht des Technologieanbieters ist um so größer, je stärker der Grad der technologischen Abhängigkeit des nachfragenden Entwicklungslandes ist. Diesen Zusammenhang begründet Stewart wie folgt (vgl. auch Schaubild 2): Je technologisch abhängiger ein Entwicklungsland ist, desto mehr Ausbildungs- und Beratungsleistungen muß der Anbieter erbringen, um die Technologie zu transferieren, und desto höher sind seine Übertragungskosten ($Ü Ü^i$). Auch die Umsatzeinbußen ($-\triangle U$), die mit dem Verkauf einer Technologie indirekt verbunden sind, nehmen mit steigender technologischer Abhängigkeit des Käufers zu. Während

Schaubild 2:
Preisunter- und -obergrenze auf Technologiemärkten

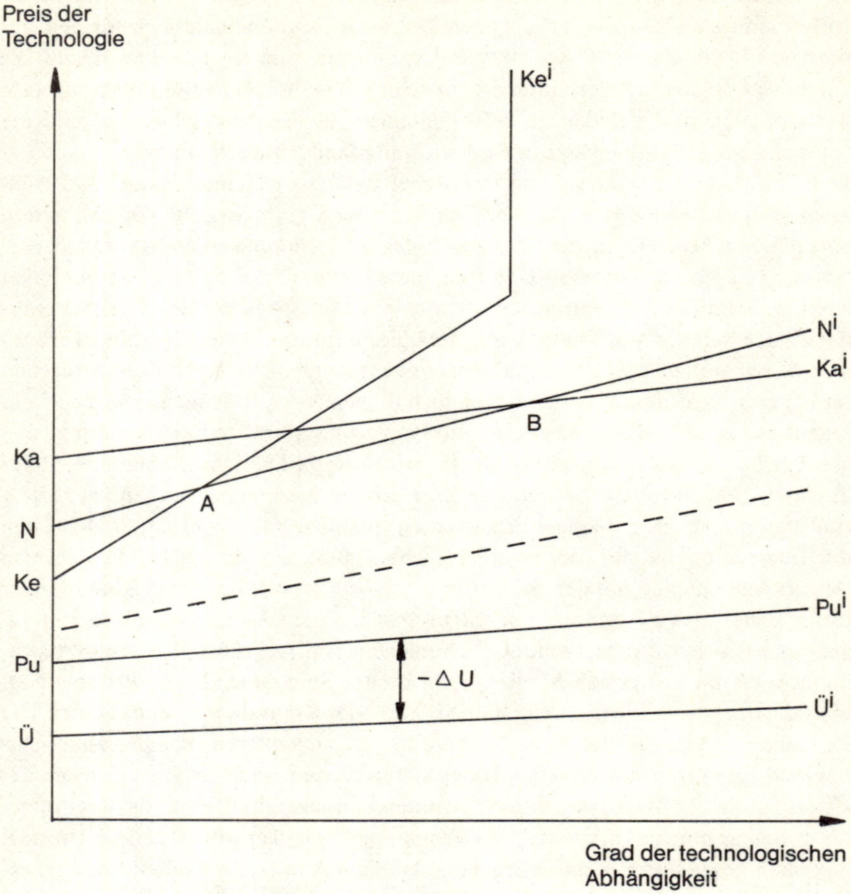

weniger abhängige Länder auch ohne Technologietransfer dem Anbieter Konkurrenz auf den Gütermärkten machen können, sind Länder mit einer geringeren technologischen Kapazität hierzu nur dann in der Lage, wenn sie die erforderlichen Technologien aus dem Ausland beziehen. (Ebenso denkbar ist allerdings auch der umgekehrte Zusammenhang.) Hieraus folgt, daß die Preisuntergrenze einer Technologie (Pu Pu^i) mit dem Grad der technologischen Abhängigkeit des nachfragenden Entwicklungslandes ansteigt.

Ein ähnlicher Zusammenhang wird für die Preisobergrenze unterstellt. Mit zunehmender technologischer Abhängigkeit neigen Entwicklungsländer dazu, den Nutzen ausländischer Technologien (N N^i) zu überschätzen. Sie sind daher bereit, einen höheren Preis für diese Technologien zu zahlen als weniger abhängige Länder. Je geringer das technologische Potential eines Landes ist, desto höher sind darüber hinaus die Kosten, die mit der eigenen Entwicklung von Technologien verbunden sind ($Ke\,Ke^{i}$), sofern die Innovationsfähigkeit überhaupt ausreichend ist. Eine ebenfalls steigende Tendenz weisen die Kosten auf, die mit einem Erwerb der Technologie bei anderen Anbietern verbunden sind ($Ka\,Ka^{i}$). Je geringer die Zahl seiner technischen Fachkräfte und je niedriger ihr Ausbildungsstand, desto mehr Zeit benötigt ein Land für die Informationsbeschaffung und die Bewertung der Angebote anderer Hersteller. Die Preisobergrenze wird durch die niedrigsten Strecken der drei Kurven gebildet, in unserem Beispiel durch $Ke\,A\,B\,Ka^{i}$. In technologisch weniger abhängigen Ländern bilden die Kosten der eigenen Entwicklung der betreffenden Technologie (Ke A) die Preisobergrenze, in stärker abhängigen Ländern der erwartete Nutzen der Technologie (A B) und in den technologisch am stärksten abhängigen Ländern die Kosten eines anderweitigen Erwerbs der Technologie ($B\,Ka^{i}$).

Preisunter- und -obergrenze stecken den Spielraum ab, innerhalb dessen der Preis auf dem Verhandlungswege ermittelt wird. Auch hier dürfte gelten, daß die Fähigkeit der Entwicklungsländer, solche Verhandlungen zu führen, und die Macht, eigene Interessen durchzusetzen, um so geringer sind, je größer die technologische Abhängigkeit ist. Länder mit einem geringen technologischen Potential müssen daher höhere Preise für Technologien zahlen als technologisch fortgeschrittenere Entwicklungsländer (Stewart 1977, S. 123ff.).

Die Datenbasis zur Erfassung der mit dem Technologietransfer verbundenen Kosten ist äußerst unzureichend. Angaben sind nur für diejenigen Transferformen verfügbar, mit denen ausschließlich Technologie übertragen wird. Hierzu zählen die Vergabe von Lizenzen sowie Ausbildungs- und Beratungsleistungen. Die UNCTAD, die diesbezügliche Erhebungen vorgenommen hat, bezeichnet die hierfür geleisteten Zahlungen als direkte Kosten des Technologietransfers. Die mit Direktinvestitionen verbundene Übertragung technischen Wissens und die in importierten Anlagegütern inkorporierte Technologie werden als solche nicht erfaßt. Die vorliegenden Angaben beziehen sich vielmehr auf die mit Direktinvestitionen insgesamt einhergehende Gewinnrepatriierung bzw. den Marktpreis der Anlagegüter. Kosten, die mit diesen Transferformen in Zusammenhang stehen, bezeichnet die UNCTAD als indirekte Kosten des Technologietransfers (UNCTAD 1972, S. 24ff.).

Die Devisenausgaben der Entwicklungsländer für Lizenzen und Ausbildungs- und Beratungsleistungen sind von der UNCTAD in 15 Entwicklungsländern erhoben und auf dieser Grundlage für alle Entwicklungsländer zusammengenommen geschätzt worden. Danach beliefen sich die direkten Technologiezahlungen der Entwicklungsländer im Jahre 1968 auf etwa 1 500 Mill. US-$, ein Betrag, der 5 v. H. der Exporterlöse (ohne Erdöl) und 56 v. H. der ausländischen Direktinvestitionen dieses Jahres entspricht. Gemessen an den Exporterlösen wurden Länder wie Mexiko (15,9 v. H.), Pakistan (15,7 v. H.) und die Türkei (9,9 v. H.) besonders stark durch direkte Technologiezahlungen belastet. Hauptempfänger der Zahlungen waren die Vereinigten Staaten (UNCTAD 1975, S. 25ff.).

Um die Zahlungen der Entwicklungsländer für den mit Direktinvestitionen verbundenen Technologietransfer zu erfassen, ist es erforderlich, die von ausländischen Unternehmen transferierten Gewinne zu unterteilen in Gewinne, die sich auf die kapitalisierten Kosten des Technologietransfers beziehen, und Gewinne, die als Zinsen, Amortisationen und Wagniszuschläge auf das investierte Kapital entfallen. Darüber hinaus ist zu berücksichtigen, daß auch ein Teil der zuletzt genannten Gewinne unter Umständen auf den Technologietransfer zurückzuführen ist. Dies ist der Fall, wenn ausländische Unternehmen eine technologiebedingte Monopolstellung auf dem Inlandsmarkt einnehmen und dadurch einen Monopolgewinn erzielen. Ein Teil der übertragenen Gewinne auf das investierte Kapital ist dann als Kosten des Technologietransfers zu erfassen. Aufgrund des statistischen Materials ist eine solche Aufteilung der Gewinne nicht möglich. Daher kann nur der gesamte Gewinntransfer als Richtgröße für die Kosten der mit Direktinvestitionen verbundenen Übertragung von Technologie herangezogen werden. Dabei ist außer dem offenen auch der versteckte Gewinntransfer zu berücksichtigen (vgl. C I 3).

Ähnliche Probleme wie bei den Direktinvestitionen bestehen bei der Erfassung des mit dem Import von Kapitalausrüstungen und Zwischenprodukten verbundenen Technologietransfers. Auch hier lassen sich die Technologie- und die Sachkapitalkomponente nicht voneinander trennen. Die in den internationalen Handelsstatistiken enthaltene Gesamthöhe der Importe von chemischen Erzeugnissen sowie Maschinen und Nutzfahrzeugen (SITC-Gruppe 5 + 7 ohne PkW), die z. B. die UNCTAD zur Erfassung der diesbezüglichen Warenimporte heranzieht, weist somit die Kosten dieser Form des Technologietransfers zu hoch aus.

Mit den obigen Angaben werden die Kosten des Technologietransfers für die Entwicklungsländer nur unvollkommen wiedergegeben. Abgesehen von der Veralterung des Datenmaterials werden nicht alle Formen des Technologietransfers kostenmäßig erfaßt. Unberücksichtigt bleiben zudem diejenigen Kosten, die den Entwicklungsländern aufgrund von Auflagen entstehen, welche die Technologiegeber in die Verträge über den Technologietransfer aufnehmen. So werden die Entwicklungsländer relativ häufig durch Ausschließlichkeitsklauseln verpflichtet, die für die Anwendung der betreffenden Technologie benötigten Kapitalgüter und Zwischenprodukte von dem Anbieter der Technologie zu beziehen. Derartige Importbindungen pflegen, ähnlich wie die liefergebundene Entwicklungshilfe, die Preise der importierten Güter über das Weltmarktpreisniveau hinaus zu erhöhen. Eine weitere Form restriktiver Geschäftspraktiken besteht darin, den Export der mit den übertragenen Technologien hergestellten Produkte zu beschränken. Darüber hinaus werden inländische Unternehmen teilweise von ihren Technologielieferanten veranlaßt, ein bestimmtes Kontingent an ausländischen Fachkräften zu beschäftigen. Schließlich finden sich in den Verträgen über den Technologietransfer Auflagen, welche die Regierungen der Entwicklungsländer verpflichten, die Technologielieferanten steuerlich zu begünstigen, die Filialbetriebe ausländischer Unternehmen mit heimischen Rohstoffen preisgünstig zu beliefern, usw.

Der zweite Gesichtspunkt, unter dem die Auswirkungen des Technologietransfers auf die wirtschaftliche Entwicklung der Dritten Welt diskutiert werden, bezieht sich auf die *Eignung* des übertragenen technischen Wissens. Technologien sind dann für die Entwicklungsländer geeignet, wenn sie einen möglichst großen Beitrag zur Erreichung der Entwicklungsziele dieser Länder leisten. Dies setzt voraus, daß die Technologien den natürlichen, ökonomischen und sozialen Gegebenheiten der Entwicklungsländer entsprechen. Diesen Anspruch erfüllen die in

den Industrieländern entwickelten Technologien großenteils nicht. Sie sind primär für den Einsatz in den Industrieländern bestimmt und stellen auf die dortigen sozio-ökonomischen Bedingungen ab (vgl. B III 1).
Die Technologien sind überwiegend für Großbetriebe und große Serienfertigungen geschaffen worden. Werden sie in Entwicklungsländern angewendet, übersteigen sie oft deren Marktgröße. Die Folge sind unausgelastete Kapazitäten und überhöhte Produktionskosten. Auch begünstigen die hohen Losgrößen der Produktion die Bildung oligopolistischer Strukturen auf den Gütermärkten. Technologien für Großbetriebe sehen einen arbeitsteiligen Produktionsprozeß vor und erfordern den Einsatz »fortgeschrittener« Managementtechniken. Die in den Entwicklungsländern vorherrschenden kleinen Familienbetriebe können den damit verbundenen Anforderungen häufig nicht entsprechen.
Die in den Industrieländern entwickelten Technologien sind des weiteren durch eine dem Kapitalangebot dieser Länder entsprechende hohe Sachkapitalintensität gekennzeichnet. Der Einsatz dieser Technologien ist mit geringen Beschäftigungseffekten je Kapitaleinheit verbunden. Angesichts der Kapitalknappheit in den Entwicklungsländern werden mit den übertragenen Technologien nur relativ wenig Arbeitsplätze im modernen Sektor geschaffen. Gleichzeitig hat der hohe Investitionsmittelbedarf des modernen Sektors zur Folge, daß Kapital aus dem »traditionellen« Sektor abgezogen und arbeitsintensive Investitionen dort verhindert werden. Darüber hinaus resultiert aus der Verwendung moderner sachkapitalintensiver Produktionstechniken in den Entwicklungsländern eine Nachfragestruktur, die den Binnenmarkt begrenzt und insbesondere den traditionellen Sektor in seiner Entwicklung einschränkt. Moderne Technologien stellen hohe Anforderungen an die Qualität der Vorleistungen, denen häufig nur importierte Produkte genügen können. Sie sind des weiteren mit einer ungleichen personellen Einkommensverteilung und demzufolge einer Endnachfrage verbunden, in der landwirtschaftliche und industrielle Massenkonsumgüter, die auch vom traditionellen Sektor hergestellt werden können, eine untergeordnete Rolle spielen. Die Folge ist eine ungleiche Entwicklung. Während der moderne Sektor unter Anwendung fortgeschrittener Technologien hohe Pro-Kopf-Einkommen erwirtschaftet, stagniert die Produktion im traditionellen Sektor (vgl. B II 3).
Der Einsatz moderner Technologien ist weiterhin mit einem relativ hohen Bedarf an qualifizierten Arbeitskräften verbunden, den die Entwicklungsländer auf folgende Weise decken können: Entweder sie beschäftigen teure ausländische Experten, oder sie bilden mit beträchtlichen finanziellen Aufwendungen einheimische Arbeitskräfte für den modernen Sektor aus. In beiden Fällen werden erhebliche finanzielle Mittel gebunden, die anderen Entwicklungsprojekten verlorengehen.
Ein weiteres Merkmal transferierter Technologien besteht darin, daß mit ihnen Produkte hergestellt werden, deren Eigenschaften den Qualitätsansprüchen von Durchschnittsverdienern in den Industrieländern entsprechen. Güter, die in den Industrieländern zum Massenbedarf gehören, stellen in den Entwicklungsländern angesichts des wesentlich niedrigeren Realeinkommensniveaus für die Masse der Bevölkerung kaum erreichbare Luxusgüter dar. Nur eine kleine, von der ungleichen Einkommensverteilung begünstigte Bevölkerungsschicht kann sich diese

Güter leisten. Zur Befriedigung der Grundbedürfnisse breiter Bevölkerungsschichten können diese Produkte jedoch in der Regel nicht beitragen.
Nicht alle Produktionstechniken, die für das gemäßigte Klima der Industrieländer entwickelt worden sind, eignen sich schließlich für einen Einsatz im tropischen oder subtropischen Klima der Entwicklungsländer. Dies gilt insbesondere für die Agrartechniken. Manche Produktionsverfahren tragen zudem der Ausstattung der Entwicklungsländer mit Rohstoffen nur unzureichend Rechnung. Auch verlangen die eingeführten Technologien häufig Vorleistungen bestimmter Qualität und Spezifikation, welche die Entwicklungsländer beim Stand der vorhandenen Technik nicht erstellen können. In diesem Fall müssen entweder die Vorleistungen oder die zu ihrer Herstellung im Entwicklungsland erforderlichen Technologien importiert werden. Dadurch werden zusätzlich Devisen in Anspruch genommen und inländische Ressourcen im modernen Sektor gebunden (Stewart 1977, S. 60ff.).
Indem die Technologien der Industrieländer Eigenschaften aufweisen, die den Gegebenheiten der Entwicklungsländer in der Regel nicht entsprechen, leistet der Technologietransfer einen zwiespältigen Beitrag zur wirtschaftlichen Entwicklung der Dritten Welt. Im folgenden sollen die Auswirkungen des Technologietransfers auf den Entwicklungsprozeß kurz dargelegt werden. Dabei ist zu berücksichtigen, daß derart generalisierende Aussagen den Besonderheiten einzelner Transferformen und einzelner Empfängerländer nicht gerecht werden können:
- Der Technologietransfer leistet einen positiven Beitrag zum wirtschaftlichen Wachstum der Entwicklungsländer. Mit den übertragenen Technologien läßt sich eine hohe Arbeitsproduktivität erzielen, auch wenn der Wachstumseffekt durch Faktoren wie die häufig unzureichende Kapazitätsauslastung der Betriebe sowie den Mangel an qualifizierten Arbeitskräften, an komplementären Produktionsbetrieben und Infrastruktureinrichtungen gemindert wird. Das wirtschaftliche Wachstum erfaßt in der Regel nur wenige Agglomerationszentren, während das Wachstum in den übrigen Regionen stagniert oder rückläufig ist.
- Die Übertragung kapitalintensiver Technologien verstärkt tendenziell die Ungleichheit der Einkommensverteilung. Die daraus resultierende Nachfragestruktur behindert die Entwicklung des traditionellen Sektors.
- Ein großer Teil der mit ausländischen Technologien hergestellten Produkte ist kaum geeignet, zur Befriedigung der Grundbedürfnisse breiter Bevölkerungsschichten beizutragen.
- Der Einsatz von Technologien aus den Industrieländern ruft wegen ihrer hohen Kapitalintensität nur geringe direkte Beschäftigungseffekte im modernen Sektor hervor. Indem der moderne Sektor Kapital und qualifizierte Arbeitskräfte aus dem traditionellen Sektor abzieht und den Betrieben dort Konkurrenz macht, löst er teilweise negative indirekte Beschäftigungswirkungen aus.
- Der Technologietransfer kann die technologische Abhängigkeit der Entwicklungsländer verstärken, sie aber auch vermindern. Welche Wirkung per Saldo eintritt, kann nicht eindeutig gesagt werden. Auf der einen Seite macht der Technologietransfer eigene Anstrengungen der Entwicklungsländer zur Entwicklung und Anwendung von Technologien überflüssig und wirkt daher lähmend. Auf der anderen Seite ist mit dem Technologietransfer eine Erhöhung

des technologischen Potentials der Entwicklungsländer verbunden. Inwieweit im Rahmen des Technologietransfers der einheimischen Bevölkerung technisches Wissen vermittelt wird, hängt dabei von dem einzelnen Transfervorhaben ab, d. h. von den Zielsetzungen, die mit dem Vorhaben verfolgt werden, der Form des Technologietransfers und den vertraglich vorgesehenen Leistungen (Ausbildungsmaßnahmen, Förderung der lokalen Forschung und Entwicklung durch den Technologiegeber usw.).

IV Handelsbeziehungen

1. Handel und Entwicklung

Die Frage, welchen Beitrag der Außenhandel der Entwicklungsländer zu ihrer Entwicklung leistet, ist in der entwicklungstheoretischen und -politischen Diskussion umstritten. Es lassen sich die Positionen der neoklassischen, der strukturalistischen und der Dependenztheorie unterscheiden.
Nach Auffassung der *neoklassischen Außenhandelstheorie* steigert der internationale Warenaustausch den Wohlstand aller am Handel beteiligten Länder. Die Eingliederung der Entwicklungsländer in die internationale Arbeitsteilung bedeutet, daß sich die Entwicklungsländer auf die Erzeugung solcher Güter spezialisieren können, die sie zu geringeren realen Kosten als das Ausland herzustellen vermögen. Der internationale Handel ermöglicht es ihnen, im Austausch gegen diese Güter andere Produkte zu beziehen, die im Ausland zu geringeren Kosten als im eigenen Lande erzeugt werden können. Wie Ricardo nachgewiesen hat, setzt das Zustandekommen eines solchen beiderseitig vorteilhaften Güteraustausches voraus, daß sich jeder der Tauschpartner auf den Produktionsbereich spezialisiert, in dem er komparative (nicht absolute) Kostenvorteile besitzt (Rose, S. 221 ff.). Die Existenz komparativer Kostendifferenzen führte Ricardo auf Produktivitätsunterschiede zurück, die durch unterschiedliche natürliche Gegebenheiten in den einzelnen Ländern bedingt seien. Nach der Heckscher-Ohlin-Version dieser Theorie resultieren komparative Kostenvorteile für die Herstellung bestimmter Produkte daraus, daß die einzelnen Länder in einem unterschiedlichen Verhältnis mit Produktionsfaktoren (insbesondere Arbeit und Kapital) ausgestattet sind. Daher wird dieser Erklärungsansatz auch als Faktorproportionentheorie bezeichnet. Aus der allgemeinen Vorteilhaftigkeit des internationalen Handels leitet die neoklassische Außenhandelstheorie die Forderung nach einem Abbau tarifärer und nicht-tarifärer Handelshemmnisse ab.
Die neoklassische Außenhandelstheorie ist, insbesondere in Form der Faktorproportionentheorie, auf erhebliche Kritik gestoßen. Gegenstand dieser Kritik sind zum einen die unrealistischen Annahmen, die (den einfachen Modellversionen) der Theorie zugrunde liegen. Hierzu zählen u. a.: linear-homogene, in allen Ländern identische Produktionsfunktionen, strenge Hierarchie der Faktorintensitäten der Güter, internationale Immobilität und nationale Mobilität der Produktionsfaktoren, vollständige Konkurrenz auf allen Güter- und Faktorenmärkten, Vollbeschäftigung sowie das Fehlen von Handelshemmnissen (Lemper, S. 57 ff.).

Kritik muß des weiteren an dem statischen, Veränderungen der Technologie und der Präferenzstrukturen meist nicht mitberücksichtigenden Charakter der Theorie geübt werden. Auch kann die Ausstattung mit Produktionsfaktoren nicht als unabhängige Determinante des Außenhandels aufgefaßt werden, da sie selbst ein Resultat der bisherigen Außenhandelsentwicklung ist. Schließlich haben sich einige Ableitungen aus der Faktorproportionentheorie als unzutreffend erwiesen. Weder hat der Handel zwischen Industrie- und Entwicklungsländern – was als Folge der größeren Unterschiede in der Faktorausstattung plausibel gewesen wäre – sich schneller ausgedehnt als der Handel zwischen den Industrieländern. Noch ist es zu einem Ausgleich der Faktorpreise zwischen Industrie- und Entwicklungsländern gekommen, wobei auch die Tendenz dahin bisher kaum beobachtet werden kann.

Obwohl somit die modelltheoretischen Prämissen für die allseitige Vorteilhaftigkeit einer durch Freihandel arbeitsteilig geordneten Weltwirtschaft in der Realität nicht annähernd erfüllt sind, wird in der entwicklungspolitischen Diskussion das Postulat einer stärkeren Integration der Entwicklungsländer in den weltwirtschaftlichen Warenaustausch überwiegend aufrechterhalten. Hierfür dürften zum einen die negativen Erfahrungen verantwortlich sein, welche die Entwicklungsländer seit Anfang der fünfziger Jahre mit ihrer auf Importsubstitution gerichteten Industrialisierung gemacht haben. In den meisten Ländern hatte diese Strategie nur in der ersten Phase deutliche Erfolge zu verzeichnen. Später aber traten ein Rückgang des wirtschaftlichen Wachstums, Zahlungsbilanzdefizite und unzureichende Beschäftigungseffekte ein (Giersch, Haas; Little, Scitovsky, Scott; National Bureau of Economic Research). Zum anderen wird die Forderung nach einer exportorientierten Entwicklungsstrategie aus bestimmten, zum Teil empirisch untermauerten Plausibilitätsüberlegungen abgeleitet. Danach fördert der internationale Handel eine produktivitätssteigernde Spezialisierung der einzelnen Länder. Des weiteren bilden Exporte die wichtigste Quelle für dringend benötigte Deviseneinnahmen. Sie tragen zur Ausnutzung bisher nicht ausgeschöpfter Ressourcen bei und lösen wachstumsstimulierende Effekte in den vor- und nachgelagerten Wirtschaftssektoren aus. Außerdem bildet der internationale Wettbewerb einen Anreiz zur Erhöhung der Produktivität (Borrmann, Vogelsang, Grimm, Künne, Schams, S. 71ff.).

Im Gegensatz zur neoklassischen gelangt die *strukturalistische Außenhandelstheorie* zu der Auffassung, daß der internationale Handel zwar für jedes Land eine Erhöhung des Wohlstands bedeutet, die Handelsvorteile aber sehr ungleich verteilt sind und vornehmlich den Industrieländern zugute kommen. Diese Einschätzung wird nicht aus statischen Allokationsüberlegungen abgeleitet, sondern resultiert aus Analysen historischer Entwicklungsprozesse. Die Entstehung einseitiger Handelsvorteile wird auf Unterschiede in der Wirtschaftsstruktur zwischen Industrie- und Entwicklungsländern zurückgeführt. Hauptvertreter dieses theoretischen Ansatzes sind Myrdal, Prebisch, Singer und Vernon.

Innerhalb der strukturalistischen Außenhandelstheorie sind zwei Richtungen zu unterscheiden. Die eine begründet die einseitige Verteilung der Wohlstandseffekte des internationalen Handels mit der Verschlechterung der Terms of Trade zuungunsten der Entwicklungsländer. Diese Richtung geht auf Prebisch zurück.

Dessen Erklärung der Terms of Trade-Entwicklung ist in B I 5 wiedergegeben. Eine empirische Überprüfung seiner These erfolgt in C IV 3. Die andere Richtung geht von der technologischen Lücke zwischen Industrie- und Entwicklungsländern aus, die zur Folge hat, daß Produktinnovationen fast ausschließlich in den Industrieländern stattfinden. Erst wenn die Produkte standardisiert worden sind, d. h. ihren Zyklus von der Neueinführung bis zur Ausreifung durchlaufen haben und auch mit Arbeitskräften geringerer Qualifikation und einfacheren Maschinen hergestellt werden können, sind die Entwicklungsländer in der Lage, ihre Herstellung zu übernehmen (Hirsch; Vernon). Hieraus ergibt sich eine internationale Arbeitsteilung, nach der die Industrieländer sich auf technologisch hochstehende Produkte spezialisieren, während die Entwicklungsländer neben Primärerzeugnissen technologisch einfache Industriegüter anbieten. Unter der plausiblen Annahme, daß sich mit der Herstellung neu entwickelter Produkte eine höhere Profitrate erzielen läßt als mit ausgereiften Produkten, begünstigt diese Arbeitsteilung die Industrieländer.
Die strukturalistische Außenhandelstheorie bildet die Grundlage für die Forderungen der Entwicklungsländer nach einer Reform der internationalen Handelsordnung. Diese Forderungen sind – wie sich dem integrierten Rohstoffprogramm der UNCTAD entnehmen läßt – auf eine Verbesserung der Terms of Trade der Entwicklungsländer und eine Stabilisierung ihrer Exporterlöse gerichtet. Darüber hinaus streben die Entwicklungsländer einen einseitigen Abbau der tarifären und nicht-tarifären Handelshemmnisse der Industrieländer zu ihren Gunsten an.
Die *Dependenztheorie,* die keine Außenhandelstheorie im engeren Sinne darstellt, kommt aufgrund ihrer Analyse der historischen Eingliederung der Entwicklungsländer in das Weltwirtschaftssystem zu dem Ergebnis, daß ein weitgehend liberalisierter Welthandel die wirtschaftliche Entwicklung der Dritten Welt behindern würde. Zum einen wären die Entwicklungsländer bei einer weltmarktorientierten Entwicklung aufgrund ihrer begrenzten internationalen Wettbewerbsfähigkeit nur in der Lage, Primärerzeugnisse und arbeitsintensive Industriegüter anzubieten. Für diese Produkte aber sei die Aufnahmefähigkeit des Weltmarktes begrenzt. Die Industrieländer würden zudem ihre Märkte mit Ausnahme unverarbeiteter Rohstoffe durch Handelshemmnisse schützen. Der Weltmarkt könne sich somit für die Entwicklungsländer als Sackgasse erweisen (Senghaas, S. 155ff.). Die Kehrseite dieser Strategie sei zum anderen, daß die Herstellung von ausbildungs- und sachkapitalintensiven Industriegütern und damit auch von Investitionsgütern den Industrieländern vorbehalten bliebe. Neue Produkte und Produktionstechniken würden fast ausschließlich in den Industrieländern entwickelt. Die Entwicklungsländer wären gezwungen, die benötigten Technologien aus den Industrieländern zu beziehen. Ausmaß und Kosten des Technologietransfers sowie die geringe Eignung der übertragenen Technologien würden die wirtschaftliche Entwicklung der Dritten Welt behindern (vgl. C III 3).
Indem die Dependenztheorie eine exportorientierte Entwicklungsstrategie ablehnt, redet sie nicht der während der letzten Jahrzehnte in vielen Ländern verfolgten Importsubstitutionspolitik das Wort. Diese war fast ausschließlich auf die Substitution der Importe von Konsumgütern und bestimmten Grundstoffen gerichtet, konnte damit aber die technologische Abhängigkeit der Entwicklungs-

länder von den Industrieländern nicht überwinden. Außerdem stieß diese Strategie, unter anderem weil Maßnahmen zur Einkommensumverteilung selten ergriffen wurden, schnell an die Grenze der Binnenmärkte der einzelnen Länder. Die Wachstums-, Zahlungsbilanz- und Beschäftigungseffekte waren dementsprechend unbefriedigend. Ausgehend von diesen Erfahrungen befürwortet die Dependenztheorie eine länderübergreifende Strategie des Self-Reliance, die u. a. den Aufbau kohärenter Produktionsstrukturen (einschließlich einer Investitionsgüterindustrie), die Förderung der ländlichen Entwicklung, Maßnahmen zur Einkommensnivellierung und eine stärkere wirtschaftliche Zusammenarbeit der Entwicklungsländer beinhaltet (vgl. E VI 1).

2. *Außenhandelsstruktur der Entwicklungsländer*

Die weltwirtschaftliche Entwicklung der letzten zwanzig Jahre ist durch eine rasche Ausdehnung des Welthandels gekennzeichnet. Von 1960 bis 1978 erhöhte sich der Welthandel (ohne Zentralverwaltungswirtschaften) nach Angaben der Vereinten Nationen im Jahresdurchschnitt um real 7,0 v. H. In den letzten Jahren ist allerdings eine Abschwächung des Wachstums festzustellen. Während das Welthandelsvolumen zwischen 1960 und 1973 um durchschnittlich 8,2 v. H. pro Jahr zunahm, betrug die Zuwachsrate zwischen 1973 und 1978 nur noch 4,1 v. H. pro Jahr.

Im Jahre 1978 vereinigten die Industrieländer 67,4 v. H., die Entwicklungsländer 23,1 v. H. und die Zentralverwaltungswirtschaften 9,5 v. H. des Welthandels (einschließlich Zentralverwaltungswirtschaften) auf sich. Haupthandelspartner der Entwicklungsländer sind die Industrieländer. Die Exporte der Entwicklungsländer in die Industrieländer erreichten 16,5 v. H. des Welthandels. Demgegenüber beliefen sich die Ausfuhren in die Entwicklungsländer auf nur 5,6 v. H. und in die Zentralverwaltungswirtschaften auf 1,0 v. H. des Welthandels. Der *Anteil* der Entwicklungsländer *am Welthandel* reduzierte sich in den sechziger Jahren von 21,4 v. H. (1960) auf 17,6 v. H. (1970), stieg in den siebziger Jahren jedoch wieder auf 23,1 v. H. (1978) an (vgl. Tabelle 28). Hierbei ist allerdings die nominale Entwicklung des Welthandels zugrundegelegt. Die Zunahme des Welthandelsanteils der Entwicklungsländer in den siebziger Jahren spiegelt im wesentlichen die starken Preiserhöhungen für Rohöl wider. Dies wird dadurch verdeutlicht, daß der Anteil der OPEC-Länder am Welthandel von 5,7 v. H. (1970) auf 11,1 v. H. (1978) anstieg, während der Anteil der übrigen Entwicklungsländer stagnierte (1970: 11,9 v. H.; 1978: 12,0 v. H.). Real gesehen nimmt der Anteil der Entwicklungsländer am Welthandel sowohl in den sechziger als auch in den siebziger Jahren ab. Während das Außenhandelsvolumen der Industrieländer sich zwischen 1960 und 1978 um 7,6 v. H. im Jahresdurchschnitt erhöhte, nahm das der Entwicklungsländer nur um durchschnittlich 5,9 v. H. zu. Es fand somit eine leichte Desintegration der Entwicklungsländer aus dem Welthandel statt.

Die Warenstruktur des Außenhandels der Entwicklungsländer weist sowohl auf der Export- als auch auf der Importseite bestimmte typische Merkmale auf. Die *Exportstruktur* der Entwicklungsländer ist dadurch gekennzeichnet, daß 75 v. H.

Tabelle 28:
Die Regionalstruktur des Welthandels, 1960–1978 (in v. H.)

Exportländer	Importländer	Industrieländer	Entwicklungsländer	Zentralverwaltungswirtschaften[1]	Welt
Industrieländer	1960	47,4	17,2	2,3	66,9
	1970	55,6	13,5	2,7	71,8
	1978	48,0	16,1	3,3	67,4
Entwicklungsländer	1960	15,6	4,8	1,0	21,4
	1970	12,9	3,7	1,0	17,6
	1978	16,5	5,6	1,0	23,1
Zentralverwaltungswirtschaften[1]	1960	2,2	1,0	8,5	11,7
	1970	2,6	1,6	6,4	10,6
	1978	2,6	1,6	5,3	9,5
Welt	1960	65,2	23,0	11,8	100,0
	1970	71,1	18,8	10,1	100,0
	1978	67,1	23,3	9,6	100,0

1 Einschließlich China, Mongolei, Nordkorea, Nordvietnam.

Quelle: UNCTAD, Handbook of International Trade and Development Statistics 1969, New York 1969, S. 38; UN, Yearbook of International Trade Statistics 1978, Vol. I, New York 1979, S. 28.

der Exporte aus Primärgütern, den gemäß der »UN Standard International Trade Classification (= SITC)« untergliederten Hauptwarengruppen 0–4, und nur 25 v. H. aus industriellen Halb- und Fertigwaren (SITC 5–8) bestehen. Dabei sind in der Gruppe der industriellen Erzeugnisse noch Rohstoffe enthalten, die nur in relativ geringem Umfang verarbeitet sind, wie die NE-Metalle (SITC 68). Demgegenüber exportierten die Industrieländer im Jahre 1978 zu 78 v. H. Industrieprodukte und nur zu 22 v. H. Primärgüter. Die Konzentration der Ausfuhr der Entwicklungsländer auf Primärgüter hat in den letzten Jahren abgenommen. Dieser Rückgang wäre weitaus stärker ausgefallen, wenn nicht der Wert der Erdölexporte stark angestiegen wäre (vgl. Tabelle 29).

Die einseitige Exportstruktur läßt sich nicht damit erklären, daß die Entwicklungsländer im Vergleich zu den Industrieländern besonders reichlich mit natürlichen Ressourcen ausgestattet sind. Dies ist nur bei einigen mineralischen Rohstoffen wie Erdöl, Kupfer und Zinn und bei tropischen Agrarprodukten der Fall, bei denen die Entwicklungsländer natürliche Produktionsvorteile besitzen. Wären die Entwicklungsländer besonders reichlich mit natürlichen Ressourcen ausgestattet, dann müßten sie auch überdurchschnittlich hohe Weltmarktanteile für Primärerzeugnisse aufweisen, was aber, mit Ausnahme der Warengruppe Erdöl und andere Brennstoffe (SITC 3), nicht der Fall ist (vgl. Tabelle 29). Der hohe Primärgüteranteil an den Exporten ist vielmehr auf den geringen Industrialisierungsgrad dieser Länder zurückzuführen.

Der hohe Anteil der Nahrungs- und Genußmittel und der Rohstoffe an den Exporten stellt für die Entwicklungsländer einen Nachteil dar, da die Exportaus-

Tabelle 29:
Außenhandelsstruktur der Industrie- und Entwicklungsländer, 1960 und 1978 (in v. H.)

SITC-Warengruppen		Exportstruktur				Weltmarktanteile				Jahresdurchschnittliche Zuwachsrate des Welthandels
		Industrieländer		Entwicklungsländer		Industrieländer		Entwicklungsländer		
		1960	1978	1960	1978	1960	1978	1960	1978	1978/60
0 – 1	Nahrungs- und Genußmittel	13,9	10,5	29,5	15,2	53,1	62,5	36,2	30,3	11,0
2 + 4	Rohstoffe	13,2	6,6	27,9	9,3	52,8	61,0	35,8	28,7	8,6
3	Erdöl und andere Brennstoffe	4,0	4,6	28,0	50,7	26,6	18,9	60,5	69,9	16,9
5	Chemische Erzeugnisse	7,6	9,6	1,1	1,6	87,1	89,0	3,9	5,0	15,1
7	Maschinen und Fahrzeuge	28,0	37,3	0,7	4,6	85,9	86,5	0,7	3,5	15,6
6 + 8	Sonstige Fertigwaren	31,8	30,0	12,2	17,1	78,4	77,3	9,7	14,6	13,5
0 – 9	Exporte insgesamt	100,0	100,0	100,0	100,0	66,8	67,8	21,5	22,6	13,7

Quelle: UN, Monthly Bulletin of Statistics, Vol. XX, No. 3, March 1966, S. XVI; UN, Monthly Bulletin of Statistics, Vol. XXXIV, No. 5, May 1980, S. XXXIVff.

sichten für diese Warengruppen relativ schlecht sind. Hierfür sind verschiedene Ursachen verantwortlich: die geringe Einkommenselastizität der Nachfrage in den Industrieländern nach den meisten dieser Primärgüter, der steigende Selbstversorgungsgrad der Industrieländer bei Nahrungsmitteln und agrarischen Rohstoffen, die Handelsschranken für landwirtschaftliche Produkte in diesen Ländern sowie die zunehmende internationale Wettbewerbsfähigkeit der dortigen Agrarwirtschaft (Hesse, Sautter, S. 67ff.).

Eine zunehmende Bedeutung im Exportsortiment der Entwicklungsländer haben in den letzten Jahren die industriellen Erzeugnisse erlangt. Insbesondere bei den Sonstigen Fertigwaren (SITC 6 + 8) konnten die Entwicklungsländer ihre internationale Wettbewerbsfähigkeit erhöhen, während sie mit chemischen Erzeugnissen (SITC 5) sowie mit Maschinen und Fahrzeugen (SITC 7) trotz gewisser Erfolge nach wie vor international kaum konkurrieren können (vgl. Tabelle 29). Dabei vermochten die Entwicklungsländer auch Zugang zu den Märkten der Industrieländer zu erlangen. Die ursprünglich komplementäre Arbeitsteilung zwischen Industrie- und Entwicklungsländern, bei der Erzeugnisse gehandelt wurden, die der Partner selbst gar nicht oder nicht in der gewünschten Qualität herstellen konnte, wurde zunehmend ergänzt durch einen substitutiven Warenaustausch, bei dem die gehandelten Güter einander ähnlich sind und sich gegenseitig zu ersetzen vermögen. Bei den Sonstigen Fertigwaren handelt es sich überwiegend um roh-

stoff- und/oder arbeitsintensive Produkte, bei deren Herstellung die Entwicklungsländer aufgrund ihrer Ausstattung mit Rohstoffen und (ungelernten) Arbeitskräften komparative Vorteile haben. Hierzu zählen Textilien, Schuhe, Lederwaren, Holz- und Papierwaren, elektronische Schaltelemente usw. Dieses Angebot an sogenannten Ricardo- und Heckscher-Ohlin-Gütern wurde in den letzten Jahren durch die Herstellung sogenannter Produktzyklus-Güter wie z. B. feinmechanische und optische Erzeugnisse ergänzt (Donges, Riedel, S. 58ff; Hirsch 1974, S. 70ff.). Neben der Verlagerung ganzer Produktionsbereiche erlangt die Ausgliederung bestimmter Teilbereiche des Produktionsprozesses durch Multinationale Konzerne in die Entwicklungsländer, sofern diese insbesondere wegen ihrer billigen Arbeitskräfte hierfür im weltweiten Vergleich günstige Standortbedingungen bieten, zunehmende Bedeutung (vgl. B III 2). Die Ausdehnung der Industriegüterexporte der Entwicklungsländer darf allerdings nicht darüber hinwegtäuschen, daß bisher nur wenige dieser Länder als Anbieter industrieller Halb- und Fertigwaren auf dem Weltmarkt auftreten. Hierzu zählen insbesondere Hongkong, Taiwan, Südkorea, Singapur, Indien, Pakistan sowie Brasilien und Mexiko.
Das wesentliche Merkmal der *Importstruktur* der Entwicklungsländer ist darin zu sehen, daß der Importanteil von Maschinen und Fahrzeugen, also typischen Investitionsgütern, mit 36,2 v. H. im Jahre 1978 wesentlich höher ist als in den Industrieländern (vgl. Tabelle 30). Der hohe Anteil der Investitionsgüterimporte ist auf die unzureichende Entwicklung des Investitionsgütersektors in den Entwicklungsländern zurückzuführen.
Ein weiteres, jedoch nicht die ölproduzierenden Entwicklungsländer betreffendes Kennzeichen der Importstruktur ist der hohe Anteil der Energieimporte. Viele Entwicklungsländer sind in starkem Maße bei ihrer Energieversorgung vom Erdöl abhängig. Als Folge des steilen Anstiegs der Ölpreise seit Ende 1973 erhöhten sich die Ausgaben der nicht-ölproduzierenden Entwicklungsländer für Ölimporte von 5,2 Mrd. US-$ (1973) auf etwa 40 Mrd. US-$ (1979) und belasteten damit die Zahlungsbilanzen dieser Länder erheblich.
Eine Einfuhrkategorie, die in den internationalen Handelsstatistiken nicht ausgewiesen wird, bilden die Rüstungsimporte. In den letzten zwanzig Jahren sind die

Tabelle 30:
Struktur der Importe der Industrie- und Entwicklungsländer, 1960 und 1978 (in v. H.)

SITC-Warengruppen		Industrieländer		Entwicklungsländer	
		1960	1978	1960	1978
0 + 1	Nahrungs- und Genußmittel	18,9	11,4	16,4	10,2
2 + 4	Rohstoffe	20,9	8,0	7,5	5,2
3	Erdöl und andere Brennstoffe	10,2	18,8	10,2	12,3
5	Chemische Erzeugnisse	5,5	7,2	7,7	7,7
7	Maschinen und Fahrzeuge	18,1	25,8	28,2	36,2
6 + 8	Sonstige Fertigwaren	26,4	27,3	28,4	24,1
0 – 9	Importe insgesamt	100,0	100,0	100,0	100,0

Quelle: UN, Monthly Bulletin of Statistics, Vol. XX, No. 3, March 1966, S. XVII; UN, Monthly Bulletin of Statistics, Vol. XXXIV, No. 5, May 1980, S. XXXIVff.

Rüstungsimporte der Entwicklungsländer laufend angestiegen. Im Zeitraum von 1973 bis 1977 erreichten sie nach Zusammenstellungen der U. S. Arms Control and Disarmament Agency einen Wert von 52 Mrd. US-$. Dies entsprach einem Anteil an den Gesamtimporten der Entwicklungsländer von 5,8 v. H. Überdurchschnittlich hohe Importanteile verzeichneten die Rüstungsimporte in Ländern wie Ägypten, Iran, Irak, Libyen, Saudi-Arabien, Südkorea, Syrien, Taiwan und Türkei. Die hohen Rüstungsimporte wirken sich negativ auf die wirtschaftliche Entwicklung der Länder der Dritten Welt aus, da sie die Importkapazitäten reduzieren und heimische Ressourcen absorbieren (Wulf, S. 197 ff.).

Neben der Regional- und der Warenstruktur kennzeichnet die *Marktstruktur* die Handelsbeziehungen der Entwicklungsländer. Unter den vielen Merkmalen der Marktstruktur ist zwei Aspekten vermehrte Aufmerksamkeit gewidmet worden: dem Intra-Unternehmens-Handel im Vergleich zum Handel zwischen voneinander unabhängigen Marktpartnern und der Marktform der internationalen Warenmärkte (Konkurrenztypen, Grad der Offenheit der Märkte).

Beim Intra-Unternehmens-Handel werden Menge und Preis der gehandelten Waren von einzelnen Unternehmen entsprechend ihren Interessen festgelegt und nicht von unabhängigen Marktteilnehmern ausgehandelt. Die Unternehmensentscheidungen wirken sich damit unmittelbar auf das Außenhandelsvolumen, die Terms of Trade, die Stabilität der Exporterlöse usw. der Entwicklungsländer aus (vgl. C I 3). Das Ausmaß des Intra-Unternehmens-Handels wird bisher nur in den USA systematisch erfaßt. Im Jahre 1977 entfielen 43 v. H. der Warenexporte der Entwicklungsländer in die USA auf den Intra-Unternehmens-Handel. Hierbei ist nur der Handel zwischen kapitalmäßig verflochtenen Unternehmen berücksichtigt, nicht jedoch der Handel zwischen Unternehmen, die durch sonstige Kooperationsverträge eng verbunden sind. Obwohl weniger zuverlässig erhoben, dürfte dem Intra-Unternehmens-Handel bei den Warenimporten der Entwicklungsländer aus den USA eine gleich große Bedeutung zukommen. Berücksichtigt man, daß der Intra-Unternehmens-Handel beim Handel der Entwicklungsländer mit anderen Industrieländern eine geringere Rolle spielt, so dürfte er – grob geschätzt – etwa ein Drittel des Handels zwischen Industrie- und Entwicklungsländern ausmachen (vgl. C I 3; Helleiner 1979 II).

Der Intra-Unternehmens-Handel ist von sektoral unterschiedlicher Bedeutung. So wird der Handel der Entwicklungsländer mit Primärgütern in stärkerem Maße von Multinationalen Konzernen kontrolliert als der Handel mit Industriegütern. In den letzten Jahren konnten die Entwicklungsländer den Einfluß der Multinationalen Konzerne im Rohstoffbereich vermindern. Zunehmend fördern und verkaufen sie ihre Rohstoffe in eigener Regie. Auf der anderen Seite werden die Industriegüterexporte der Entwicklungsländer in steigendem Maße innerhalb von Multinationalen Konzernen durchgeführt. Diese Tendenz entspricht der beobachteten Internationalisierung der Produktion im industriellen Bereich durch die Multinationalen Konzerne (Helleiner 1979 I).

Die Marktform der internationalen Warenmärkte weist ebenfalls sektorale Unterschiede auf. Die Märkte für Erdöl und mineralische Rohstoffe sind durch oligopolistische Marktformen gekennzeichnet. In der Erdölindustrie hielten lange Zeit 7, im Kupferbergbau 10, im Nickelbergbau 4 und in der Aluminiumproduktion

6 Multinationale Unternehmen den größten Teil der Produktion unter ihrer Kontrolle. Auch in den übrigen Zweigen der Rohstoffproduktion ist die Unternehmenskonzentration erheblich. Im letzten Jahrzehnt ist die Marktstellung dieser Oligopole allerdings durch den Eintritt neuer »unabhängiger« Unternehmen und durch Verstaatlichungs- und Kontrollmaßnahmen der rohstofffördernden Entwicklungsländer geschwächt worden. Die internationalen Märkte für landwirtschaftliche Erzeugnisse werden nicht von den Produzenten, sondern teilweise von großen Handelsunternehmen beherrscht. Auf nur wenige Firmen konzentriert sich der Handel mit Bananen, Kakao, Kaffee, Tee, Pflanzen-Öl, Naturkautschuk und einigen anderen Produkten. Im Gegensatz zu den genannten Märkten sind die Industriegütermärkte durch einen relativ starken Wettbewerb gekennzeichnet (Helleiner 1979 III).

3. *Entwicklung der Terms of Trade*

Die im Jahre 1950 von Prebisch aufgestellte These von den sinkenden Terms of Trade der Entwicklungsländer (vgl. B I 5) erfüllt in der entwicklungspolitischen Diskussion zwei Funktionen. Sie dient zur Erklärung der Benachteiligung der Entwicklungsländer durch den internationalen Handel und bildet eine Grundlage für die handelspolitischen Forderungen der Entwicklungsländer. Bevor die These im folgenden empirisch überprüft wird, sollen einige *Terms of Trade-Begriffe* geklärt werden.

Die *Commodity Terms of Trade* (CToT) sind definiert als das Verhältnis aus dem Index der Exportgüterpreise (Px) und dem Index der Importgüterpreise (Pm):

$$\text{CToT} = \frac{\text{Px}}{\text{Pm}}$$

Die Preisindices können entweder nach der Methode von Laspeyres, der die in den Index eingehenden Preise mit der Güterstruktur der Basisperiode 0 gewichtet, oder nach der Methode von Paasche, der die Güterstruktur der Berichtsperiode 1 als Gewichtung verwendet, ermittelt werden. Man erhält die Ausdrücke:

$${}_LP_{01} = \frac{\sum_{1}^{n} p_{i1}\, q_{i0}}{\sum_{1}^{n} p_{i0}\, q_{i0}} \quad \text{bzw.} \quad {}_PP_{01} = \frac{\sum_{1}^{n} p_{i1}\, q_{i1}}{\sum_{1}^{n} p_{i0}\, q_{i1}}$$

Preisindex nach Laspeyres — Preisindex nach Paasche

wobei p_{ij} den Preis des i-ten Gutes im Zeitraum j und q_{ij} die Menge des i-ten Gutes im Zeitraum j bezeichnet.

Die Commodity Terms of Trade geben an, in welchem Maße die importierten Gütermengen, die gegen eine Einheit an Exportgütern eingetauscht werden, innerhalb eines bestimmten Zeitraums ab- bzw. zugenommen haben. Steigen die Commodity Terms of Trade eines Landes im Zeitablauf, so besagt dies, daß das

Land für eine Einheit an Exportgütern eine größere Menge an Importgütern erhalten hat. Oder anders ausgedrückt: das reale Austauschverhältnis hat sich verbessert.
Der Kehrwert der Commodity Terms of Trade wird als Net Barter Terms of Trade bezeichnet. Dieser Index ist definiert als das Verhältnis aus dem Importgüterpreisindex und dem Exportgüterpreisindex. Er ist nicht zu verwechseln mit den Gross Barter Terms of Trade, die den Importmengenindex mit dem Exportmengenindex in Beziehung setzen.
Die Commodity Terms of Trade geben keinen Aufschluß darüber, ob sich das Importgütervolumen, das ein Land mit seinen Exporterlösen kaufen kann, zugenommen hat oder nicht. So kann es sein, daß ein relativer Preisverfall der Exportgüter durch eine Ausdehnung der Exportmengen überkompensiert und dadurch die Importkapazität erhöht wird. Einen Maßstab für die Veränderung der Importkapazität bilden die *Income Terms of Trade* (IToT). Man erhält diesen Index, indem man die Commodity Terms of Trade mit dem Exportmengenindex (Qx) multipliziert:

$$\text{IToT} = \frac{\text{Px Qx}}{\text{Pm}}$$

Dieser Ausdruck entspricht dem Verhältnis aus dem Index der Exporterlöse und dem Index der Importpreise.
Die Aussagefähigkeit der Commodity Terms of Trade ist des weiteren dadurch begrenzt, daß sie sich ausschließlich auf den Warenaustausch beziehen. Die Frage, inwieweit ein Land seine Außenhandelssituation durch eine Steigerung der Faktorproduktivität im Exportgütersektor verbessert hat, beantworten sie nicht. Einen in dieser Hinsicht aussagefähigen Indikator bilden die *Single Factoral Terms of Trade* (SFToT). Sie verknüpfen die Commodity Terms of Trade mit einem Produktivitätsindex für die im inländischen Exportgütersektor eingesetzten Produktionsfaktoren (Fx):

$$\text{SFToT} = \frac{\text{Px Fx}}{\text{Pm}}$$

Ein Anstieg dieser Kennziffer bedeutet, daß ein Land mit einer inländischen Faktoreinheit (vereinfacht: mit einer im Exportsektor geleisteten Arbeitsstunde) eine größere Menge an Importgütern erworben hat als zuvor. Eine Verbesserung der Single Factoral Terms of Trade kann das Ergebnis einer gleichgerichteten Erhöhung der Commodity Terms of Trade und der Faktorproduktivität sein. Sie kann aber auch bei sinkenden Commodity Terms of Trade eintreten, wenn nur der Produktivitätsanstieg in der Exportwirtschaft hinreichend groß ist.
Sofern neben der Produktivitätsentwicklung im inländischen Exportgütersektor auch die Produktivitätsveränderung im ausländischen Exportgütersektor (Fm), aus dem die Importgüter bezogen werden, berücksichtigt werden soll, müssen die *Double Factoral Terms of Trade* (DFToT) berechnet werden:

$$\text{DFToT} = \frac{\text{Px Fx}}{\text{Pm Fm}}$$

Sie geben an, ob mit einer im inländischen Exportsektor eingesetzten Faktoreinheit mehr oder weniger ausländische, in den Importgütern enthaltene Faktoreinheiten getauscht werden als in der Vorperiode. Die Double Factoral Terms of Trade bilden einen Indikator für die Veränderung der relativen Einkommensposition eines Landes.

Die Berechnung von Terms of Trade-Veränderungen ist mit einer Reihe *statistischer und methodischer Probleme* verbunden, die bei einer Interpretation von Terms of Trade-Entwicklungen berücksichtigt werden sollten. Neben der Wahl eines geeigneten Basisjahres hängt das Ergebnis von Terms of Trade-Ermittlungen von der Bildung der Preisindizes ab. Grundlage für die Berechnung von Außenhandelspreisindizes sind entweder Marktpreise oder – was häufiger ist – Durchschnittswerte der Ein- und Ausfuhren, wie sie sich aus den offiziellen Außenhandelsstatistiken ergeben. Die Zahlen der offiziellen Außenhandelsstatistiken beruhen auf den Export- und Importwerten, wie sie den Zollbehörden deklariert werden. Sie können fehlerhaft und unvollständig sein. Auch werden bei der Berechnung von Preisindizes, je nach Land unterschiedlich, nicht alle Positionen der Außenhandelsstatistik berücksichtigt. Darüber hinaus führen Strukturwandlungen im Außenhandel, je nachdem, ob die Güterstruktur der Basisperiode oder die der Berichtsperiode als Gewichtungsschema verwendet wird, zu unterschiedlichen Preisindizes. Schließlich werden Änderungen in der Qualität der gehandelten Güter durch die Preisindizes nicht berücksichtigt. Da Qualitätsverbesserungen bei den Fertigerzeugnissen, die Entwicklungsländer überwiegend importieren, häufiger sind als bei Rohstoffen und sonstigen Primärgütern, aus denen der größte Teil der Exporte dieser Länder besteht, folgt hieraus, daß nicht jede ausgewiesene Verschlechterung der Commodity Terms of Trade der Entwicklungsländer eine tatsächliche Verschlechterung darstellt (Sieber, S. 38ff.).

Zum Beleg für seine These von den sinkenden Terms of Trade der Entwicklungsländer zieht *Prebisch* den Verlauf der Commodity Terms of Trade Englands zwischen 1876 und 1946 heran. Nach seiner Auffassung ist die Exportstruktur Englands komplementär zu derjenigen der Entwicklungsländer. Der beobachtete Anstieg der englischen Terms of Trade um 45,6 v.H. ist daher gleichbedeutend mit einer entsprechenden Verschlechterung der Terms of Trade der Entwicklungsländer. Die empirische Beweisführung von Prebisch ist aus mehreren Gründen zu kritisieren. Zum einen weist seine Berechnung der Commodity Terms of Trade Englands die schon angesprochenen Mängel von Terms of Trade-Ermittlungen auf. Prebisch erfaßt Strukturveränderungen im Außenhandel nur unzureichend und stellt Qualitätsverbesserungen der Fertigprodukte nicht in Rechnung. Darüber hinaus werden Transportkosten nur bei der Ermittlung der Importgüterpreise, nicht aber bei derjenigen der Exportgüterpreise berücksichtigt. Der wichtigste Einwand besteht darin, daß die Struktur des britischen Außenhandels keineswegs als repräsentativ für den Handel zwischen Industrie- und Entwicklungsländern angesehen werden kann. So sind z. B. die Nahrungsmittelimporte Englands, die sich zum größten Teil aus Getreide und Milchprodukten zusammensetzten, nicht gleichzusetzen mit den Nahrungsmittelexporten der Entwicklungsländer, in denen diese Güter kaum, dafür aber der in England wenig beliebte Kaffee, in starkem Maße vertreten waren.

Schaubild 3:
Die Commandity Terms of Trade der Industrie- und Entwicklungsländer 1950 – 1978 (1963 = 100)

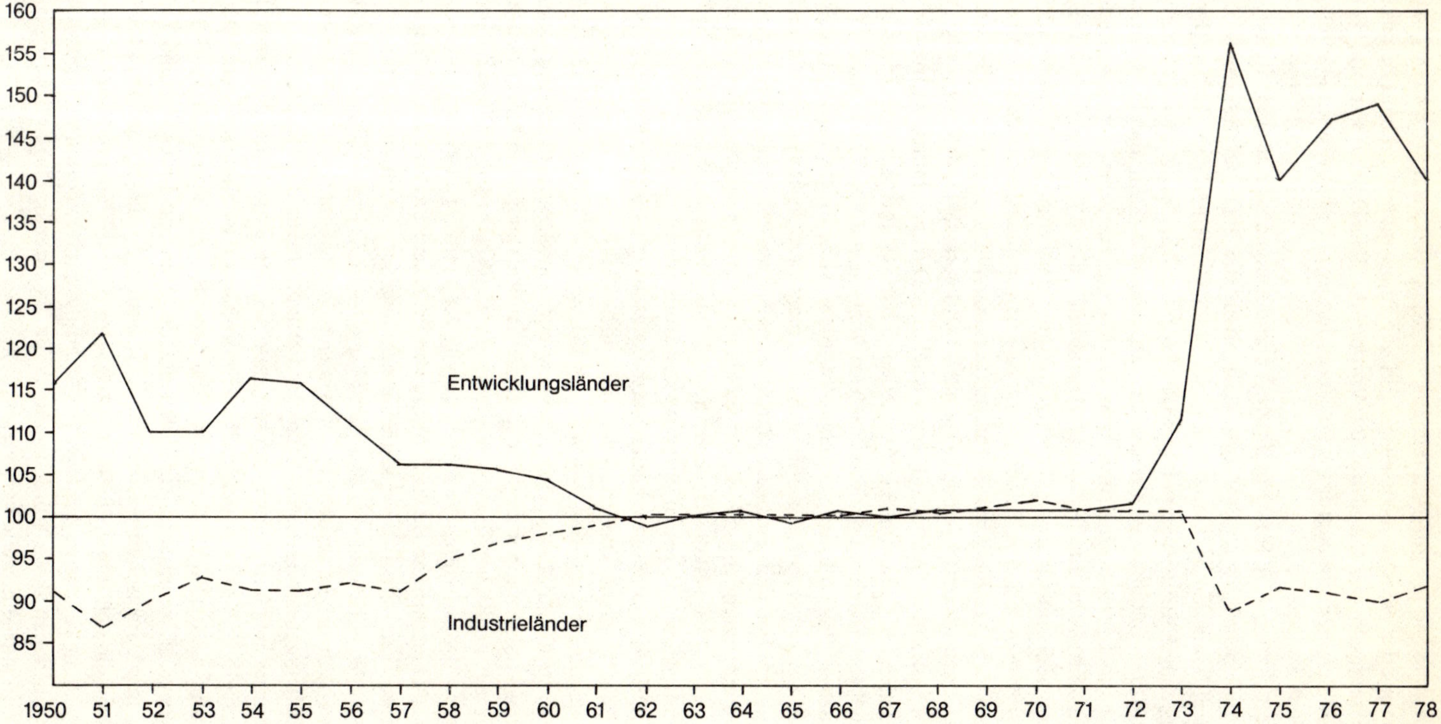

Quelle:
United Nations, Monthly Bulletin of Statistics, versch. Jahrgänge

Während Prebisch bei dem Beleg seiner These auf statistisch unbefriedigendes Datenmaterial rekurrieren mußte, liegen heute zuverlässige Zahlenreihen über die Entwicklung der Terms of Trade der Entwicklungsländer vor. Sie beziehen sich auf die Nachkriegszeit und lassen eine trendmäßige Verschlechterung der *Commodity Terms of Trade* der Entwicklungsländer nicht erkennen. Wie Schaubild 3 zeigt, sanken die Commodity Terms of Trade in der dem Korea-Boom des Jahres 1951 folgenden Phase bis 1962 ab. Dem schloß sich ein Jahrzehnt stabiler Terms of Trade an. Im Jahre 1972 setzte eine drastische Verbesserung der Terms of Trade zugunsten der Entwicklungsländer ein. Seit 1974 verharren die Terms of Trade der Entwicklungsländer auf einem hohen Niveau. Die deutliche Erhöhung des realen Austauschverhältnisses der Entwicklungsländer in der ersten Hälfte der siebziger Jahre war auf den starken Anstieg des Ölpreises zurückzuführen. Hierdurch wurden ausschließlich die ölexportierenden Entwicklungsländer begünstigt, deren Commodity Terms of Trade von 100 im Jahre 1970 auf 335 im Jahre 1974 anstiegen. Entwicklungsländer, die kein Öl exportieren, und Industrieländer mußten demgegenüber eine leichte Verschlechterung ihrer Terms of Trade hinnehmen (vgl. Tabelle 31).
Die Commodity Terms of Trade sagen für sich genommen nichts über den Nutzen aus, den die Entwicklungsländer aus dem internationalen Güteraustausch gezogen haben. Sie lassen z. B. nicht erkennen, wie sich die Kaufkraft der Exporte oder – was dasselbe besagt – die Importkapazität verändert hat. Hierüber geben die *Income Terms of Trade* Aufschluß. Deren Entwicklung zeigt, daß von 1960 bis 1978 nicht nur die Importkapazität der ölexportierenden, sondern auch die der nicht-ölexportierenden Entwicklungsländer eine Ausdehnung erfahren hat. Innerhalb der letzteren Gruppe konnten insbesondere diejenigen Entwicklungsländer, die in hohem Maße verarbeitete Produkte exportieren, ihre Importkapazität erhöhen. Obwohl ihre Commodity Terms of Trade sich verschlechterten, konnten sie dank einer kräftigen Ausweitung der Exportmengen ihre Importkapazität zwischen 1970 und 1978 verdoppeln. In den übrigen Entwicklungsländern hat sich die Importkapazität allerdings nur geringfügig verbessert. In den am wenigsten entwickelten Ländern war sie im Jahre 1978 sogar 16 v. H. niedriger als im Jahre 1970 (vgl. Tabelle 31).
Mit der dargelegten Entwicklung der Commodity und der Income Terms of Trade ist noch keine Aussage darüber gemacht, ob sich die relative Einkommensposition der Entwicklungsländer verbessert oder verschlechtert hat. Hierüber können die *Double Factoral Terms of Trade* Auskunft geben. Mit Ausnahme von Kindlebergers »schematic impression« regionaler Double Factoral Terms of Trade-Verläufe für die Periode von 1872 bis 1952 sind Berechnungen von Double Factoral Terms of Trade wegen der unzureichenden statistischen Basis, insbesondere für die Entwicklung der Faktorproduktivität in den Entwicklungsländern, nicht durchgeführt worden. Einen Ausweg aus diesem Dilemma versucht Bärtschi dadurch zu finden, daß er die Arbeitsproduktivitätsentwicklung mit Hilfe des Wachstums des Pro-Kopf-Bruttoinlandsprodukts zu konstanten Marktpreisen abschätzt. Er kommt für die Nachkriegszeit zu dem plausiblen Ergebnis, daß die Industrieländer wegen des hohen Anteils ihres Industriesektors am Bruttoinlandsprodukt höhere Produktivitätsfortschritte erzielt haben als die Entwicklungsländer, bei denen der

Tabelle 31:
Die Commodity und die Income Terms of Trade der Entwicklungsländer, 1960–1978 (1970 = 100)

Ländergruppe	1960	1965	1970	1973	1974	1975	1976	1977	1978
				Commodity Terms of Trade					
Entwicklungsländer ohne ölexportierende Länder	95	91	100	96	93	87	88	91	86
Entwicklungsländer insgesamt	100	94	100	105	172	164	170	170	151
darunter: ölexportierende Länder[1]	113	103	100	123	335	341	362	361	324
Fertigwaren exportierende Länder[2]	90	93	100	101	89	85	87	97	91
am wenigsten entwickelte Länder[3]	110	95	100	97	93	89	104	106	95
sonstige Länder	94	89	100	93	96	89	88	88	83
Industrieländer	96	98	100	99	87	90	89	89	91
				Income Terms of Trade					
Entwicklungsländer ohne ölexportierende Länder	59	72	100	124	123	113	134	145	148
Entwicklungsländer insgesamt	58	72	100	137	199	176	211	220	204
darunter: ölexportierende Länder[1]	54	73	100	163	374	318	382	380	323
Fertigwaren exportierende Länder[2]	51	63	100	153	139	129	162	184	201
am wenigsten entwickelte Länder[3]	70	85	100	85	76	70	87	97	84
sonstige Länder	59	73	100	113	116	108	122	129	128
Industrieländer	42	62	100	130	122	121	133	139	150

1 Algerien, Angola, Bahrain, Brunei, Ecuador, Gabun, Indonesien, Iran, Irak, Katar, Kuwait, Libyen, Nigeria, Oman, Saudi-Arabien, Trinidad und Tobago, Venezuela, Vereinigte Arabische Emirate.
2 Argentinien, Brasilien, Hongkong, Mexiko, Südkorea, Singapur.
3 Äthiopien, Arabische Republik Jemen, Afghanistan, Bangladesch, Benin, Bhutan, Botswana, Burundi, Gambia, Guinea, Haiti, Kapverdische Inseln, Komoren, Laos, Lesotho, Malawi, Malediven, Mali, Nepal, Niger, Obervolta, Ruanda, Samoa, Somalia, Sudan, Tansania, Tschad, Uganda, Volksrepublik Jemen, Zentralafrikanische Republik.

Quelle: UNCTAD, zitiert nach: Sachverständigenrat zur Begutachtung der gesamtwirtschaftlichen Entwicklung, Jahresgutachten 1979/80, Bundestagsdrucksache 8/3420, S. 175 und 176.

Primärsektor dominiert (Bärtschi, S. 65ff.). Unter Berücksichtigung des Verlaufs der Commodity Terms of Trade folgt hieraus, daß die Double Factoral Terms of Trade der nicht-ölexportierenden Entwicklungsländer in den Nachkriegsjahren gesunken, die der Industrieländer gestiegen und die der ölexportierenden Entwicklungsländer bis 1972 vermutlich gefallen, seitdem jedoch ebenfalls gestiegen sind.

Die bisherigen Ausführungen lassen folgende Schlußfolgerungen zu. Für die Nachkriegszeit kann eine tendenzielle Verschlechterung der Commodity Terms of

Trade der Entwicklungsländer insgesamt nicht festgestellt werden. Nur die nichtölexportierenden Entwicklungsländer mußten ein leichtes Sinken ihrer Terms of Trade verzeichnen. Während innerhalb dieser Gruppe die Fertigwaren exportierenden Länder (auch Schwellenländer genannt) und die sonstigen Länder den relativen Preisverfall durch eine Ausdehnung der Exportmengen überkompensieren konnten, mußten die am wenigsten entwickelten Länder auch einen Rückgang ihrer Importkapazität hinnehmen. Diese Ländergruppe weist als einzige eine Verschlechterung aller drei Terms of Trade-Indikatoren aus. Eine länderspezifische Analyse würde zeigen, daß insbesondere einige Länder kaum in der Lage sind, ihre Produktion vorteilhaft zu diversifizieren, ihre Exporte auszudehnen und Produktivitätsfortschritte im Exportsektor zu erzielen. Sie stehen angesichts ihrer Terms of Trade-Entwicklung vor ernsthaften Entwicklungsproblemen.

4. Instabilität der Exporterlöse

Neben den einseitigen Außenhandelsstrukturen und der Verschlechterung der Terms of Trade in den am wenigsten entwickelten Ländern stellt die Instabilität der Exporterlöse von Primärgütern für die Entwicklungsländer ein Problem dar. Gegenstand der folgenden Ausführungen sind Ursache, Ausmaß und Auswirkungen kurzfristiger Exporterlösschwankungen. Langfristige Preis- und Erlösschwankungen bleiben hier ausgeklammert. Exporterlösschwankungen werden definiert als durchschnittliche prozentuale Abweichung der Exporterlöse von ihrem Trend. Sie werden üblicherweise als Abweichung der Monatswerte vom jährlichen Trend oder der Jahreswerte vom gleitenden Fünfjahresdurchschnitt ausgewiesen.
Die *Ursachen* für die Exporterlösschwankungen liegen in den niedrigen Preiselastizitäten von Angebot und Nachfrage nach Primärgütern und in den Schwankungen der angebotenen und nachgefragten Mengen begründet (Mac Bean, S. 23ff.).
Die geringe kurzfristige Preiselastizität des Angebots von agrarischen Rohstoffen ist im wesentlichen auf produktionstechnische Zusammenhänge zurückzuführen. Zwischen der Produktionsentscheidung und der Ausdehnung der Produktion liegt eine relativ lange Zeitspanne. Sie beträgt z. B. für:

Bananen	12–15	Monate
Baumwolle	6,5–7,5	Monate
Hartfasern (Sisal)	4	Jahre
Jute	6–8	Monate
Kaffee	3	Jahre
Kakao	4–6	Jahre
Kautschuk	6	Jahre
Palmöl	10	Jahre
Rindfleisch	3–4	Jahre
Rohrzucker	12	Monate
Rübenzucker	7–8	Monate
Sojabohnen	7–12	Monate
Tee	3–5	Jahre

Auch für mineralische Rohstoffe ist eine niedrige Produktionselastizität charakteristisch. Vom Beginn der Exploration der Rohstoffvorkommen bis zur Errichtung der Gruben- sowie der Hüttenkapazität vergehen häufig zehn Jahre. Hinzu kommt, daß der Bergbau auch aus betriebswirtschaftlichen Gründen seine Produktion kurzfristigen Preisschwankungen in der Regel nicht anpaßt, da die Schließung und Eröffnung von Bergwerken mit sehr hohen Kosten verbunden ist.

Bei den nicht lagerfähigen agrarischen Rohstoffen resultiert aus der niedrigen Produktionselastizität auch eine niedrige Angebotselastizität, da in diesem Fall das Rohstoffangebot nicht durch Lagerbestandsänderungen variiert werden kann. Allerdings gilt dieser Zusammenhang primär in expansiver, weniger dagegen in kontraktiver Richtung, da eine Angebotsverringerung nicht nur über eine Aufstockung von Lagern, sondern auch über eine Vernichtung von Teilen der Produktion möglich ist. Demgegenüber ist bei lagerfähigen agrarischen und mineralischen Rohstoffen eine kurzfristig niedrige Angebotselastizität nur dann gegeben, wenn die Rohstoffe nicht in ausreichenden Mengen gelagert werden.

Ebenso wie das Exportangebot der Entwicklungsländer ist die Weltmarktnachfrage nach Primärgütern durch eine kurzfristig niedrige Preiselastizität gekennzeichnet. Die Nachfrage nach Agrarprodukten hängt in starkem Maße von den Gewohnheiten der Verbraucher ab und reagiert – zumindest in den Industrieländern – kaum auf Preisänderungen. Die Nachfrage nach mineralischen Rohstoffen stellt eine intermediäre, von der Nachfrage nach industriellen Fertigerzeugnissen abgeleitete Nachfrage dar. Da die Rohstoffkosten nur einen Bruchteil der Gesamtkosten des Fertigprodukts ausmachen, beeinflussen Änderungen der Rohstoffpreise die Rohstoffnachfrage kaum. Diese Aussage gilt allerdings nur für die Weltmarktnachfrage, nicht jedoch für die Nachfrage nach Rohstoffen einzelner Entwicklungsländer, die häufig in starker Konkurrenz zueinander stehen. Steigt der Rohstoffpreis eines Landes bei Konstanz der Preise der übrigen Länder, so geht die Nachfrage nach dem Rohstoff dieses Landes stark zurück. Trotz einer relativ preisunelastischen Weltmarktnachfrage ist die Nachfrage nach den Erzeugnissen eines einzelnen Landes häufig sehr preiselastisch. Auslösendes Moment für Preis- und damit in der Regel auch Erlösschwankungen sind zum einen Änderungen des Rohstoffangebots. Angebotsbedingte Preisschwankungen sind charakteristisch für agrarische Rohstoffe wie Bananen, Kaffee, Kakao, Palmöl, Sojabohnen, Rindfleisch und Zucker (Ausnahme Tee), für die industriellen Rohstoffe auf agrarischer Basis Baumwolle, Jute und (mit Einschränkungen) Sisal sowie für Phosphat und Zinn (Baron, Glismann, Stecher, S. 22ff.). Angebotsänderungen sind häufig auf Witterungseinflüsse, Schädlingsbefall, Naturkatastrophen sowie Streiks und politische Ereignisse zurückzuführen, können jedoch auch das Ergebnis verzögerter Angebotsanpassungen an Preisveränderungen früherer Jahre sein. Sie rufen bei unveränderter Nachfragekurve Preisveränderungen hervor. Inwieweit diese wiederum zu gleichgerichteten Erlösschwankungen führen oder nicht, hängt von der jeweiligen Preiselastizität der Nachfrage ab. Bieten viele (oder die Gesamtheit der) Entwicklungsländer z. B. eine geringere Menge eines bestimmten Rohstoffs an, so steht dem verminderten Weltrohstoffangebot die Weltmarktnachfrage gegenüber. Deren Preiselastizität ist in der Regel kleiner als Eins, so daß die durch den Angebotsrückgang ausgelösten Preissteigerungen mit einem Anstieg der Exporterlöse für die Gesamtheit der anbietenden Entwicklungsländer verbunden sind. Reduziert dagegen nur ein Land sein Rohstoffangebot, so steht diesem verringerten Angebot eine Nachfrage gegenüber, deren Preiselastizität in der Regel größer als Eins ist. Preiserhöhungen führen in diesem Fall zu einem Rückgang der Exporterlöse dieses Landes (vgl. Schaubild 4).

Preis- und damit Erlösschwankungen können zum anderen durch Veränderungen der Rohstoffnachfrage hervorgerufen werden. Nachfragebedingte Preisschwankungen sind kennzeichnend für Eisenerz, die Mehrzahl der NE-Metalle (Aluminium, Kupfer usw.), Kautschuk und Tee. Verschiebungen in der Weltnachfrage nach diesen Produkten (Ausnahme Tee) sind eng verknüpft mit Schwankungen der Weltindustrieproduktion und daher mit den Konjunkturverläufen in den Industrieländern. Auch Rohstoffspekulationen und politische Faktoren können Nachfrageveränderungen auslösen. Bei niedriger Preiselastizität des Rohstoffangebots induzieren Nachfrageveränderungen starke Preisfluktuationen. Sie sind von gleichgerichteten Mengen- und Erlösveränderungen begleitet. Unterschiede zwischen der Gesamtheit der Entwicklungsländer und einzelnen Rohstoffländern bestehen dabei nicht (vgl. Schaubild 5).

Das *Ausmaß* der Preisinstabilität auf den Weltrohstoffmärkten läßt sich Tabelle 32 entnehmen. Im Zeitraum von 1955 bis 1976 unterlagen 17 Rohstoffe, die zusammen mit über einem Drittel zu den Rohstoffexporten (ohne Brennstoffe) der Entwicklungsländer beitrugen, jährlichen Preisfluktuationen von mehr als 10 v. H. Hierbei handelt es sich um Durchschnittswerte. In einzelnen Jahren können die

Tabelle 32:
Der Grad der Preisinstabilität ausgewählter Rohstoffe

Index der Instabilität[1]							
0–5 v. H.		5–10 v. H.		10–15 v. H.		über 15 v. H.	
Tee	1,3	Kaffee	6,5	Zucker	13,9	Kupfer	5,0
Bananen	1,2	Baumwolle	4,0	Kautschuk	3,5	Kakao	2,6
		Eisenerz	3,6	Phosphat	2,6	Zink	0,7
		Mais	2,3	Reis	1,6	Fischmehl	0,5
		Baumstämme	2,2	Palmöl	1,4	Kopra	0,4
		Tabak	1,9	Rindfleisch	0,7	Sisal	0,2
		Zinn	1,7	Wolle	0,6		
		Orangen	1,4	Kokosnußöl	0,5		
		Sojabohnenmehl	0,8	Erdnußöl	0,4		
				Blei	0,4		
		Bauxit	0,7	Zitronen	0,2		
		Manganerz	0,6				
		Getreide	0,6				
		Sorghum	0,5				
		Erdnüsse	0,5				
		Jute	0,2				
Insgesamt	2,5	Insgesamt	27,5	Insgesamt	25,8	Insgesamt	9,4

1 Dem Index liegt ein gleitender Fünfjahresdurchschnitt aus den Preisen im Zeitraum von 1955 bis 1976 zugrunde. Er mißt die durchschnittliche prozentuale Abweichung des jährlichen Preisindex vom gleitenden Fünfjahresdurchschnitt.
Die den Produkten zugeordneten Zahlen bezeichnen ihren prozentualen Anteil an der Gesamtausfuhr von Rohstoffen (ohne Brennstoffe) der Entwicklungsländer im Jahre 1975.

Quelle: Weltbank, Weltentwicklungsbericht 1978, Washington, D.C., 1978, S. 23.

Schaubild 4:
Angebotsbedingte Erlösschwankungen auf Rohstoffmärkten

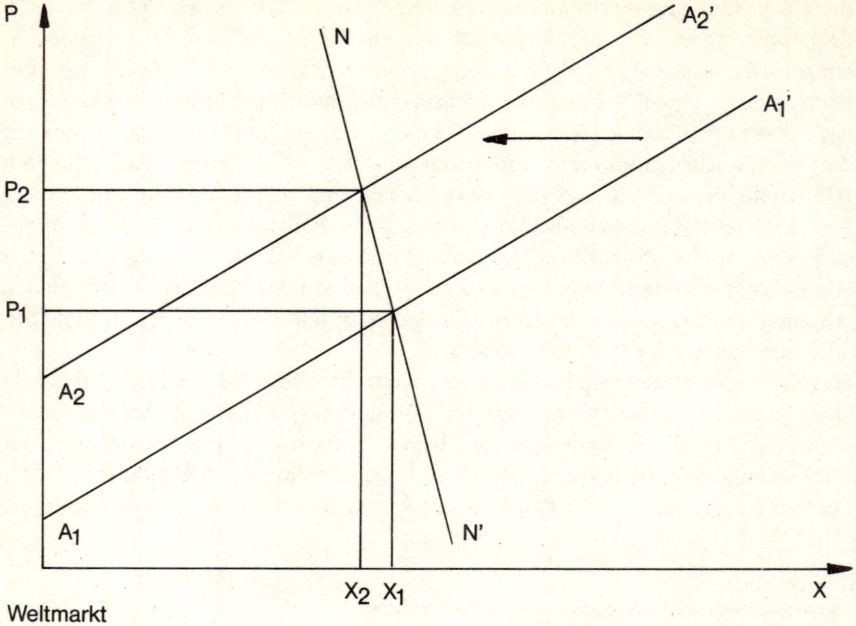

Weltmarkt

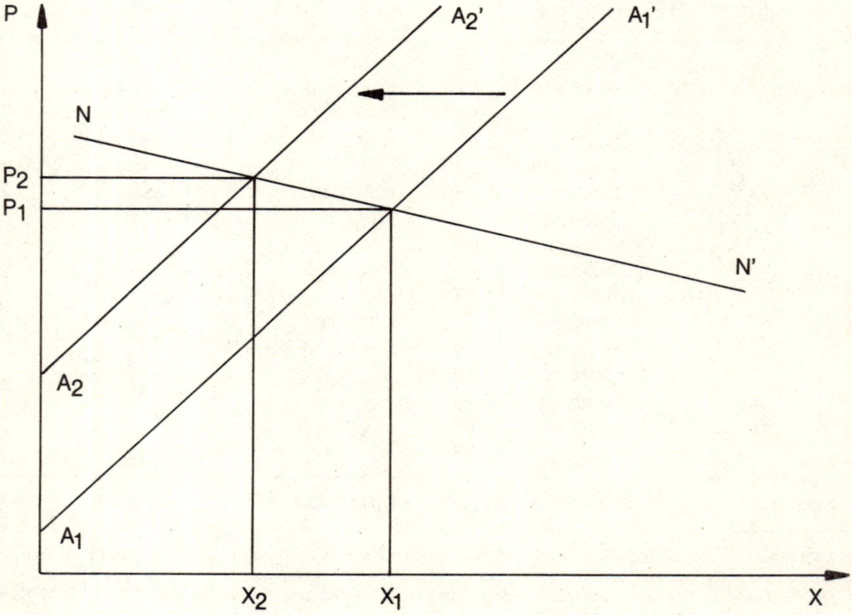

Markt eines einzelnen Entwicklungslandes

Schaubild 5:
Nachfragebedingte Erlösschwankungen auf Rohstoffmärkten

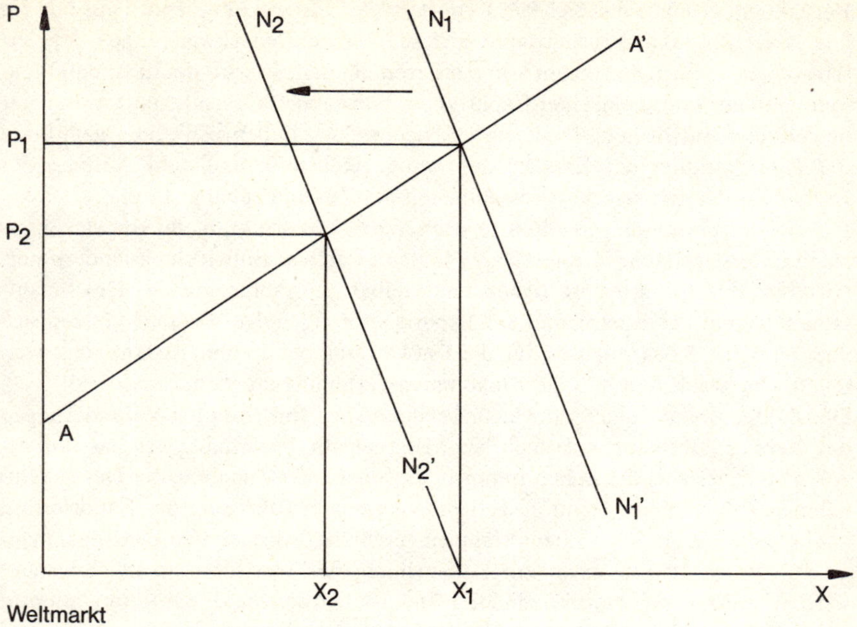

Weltmarkt

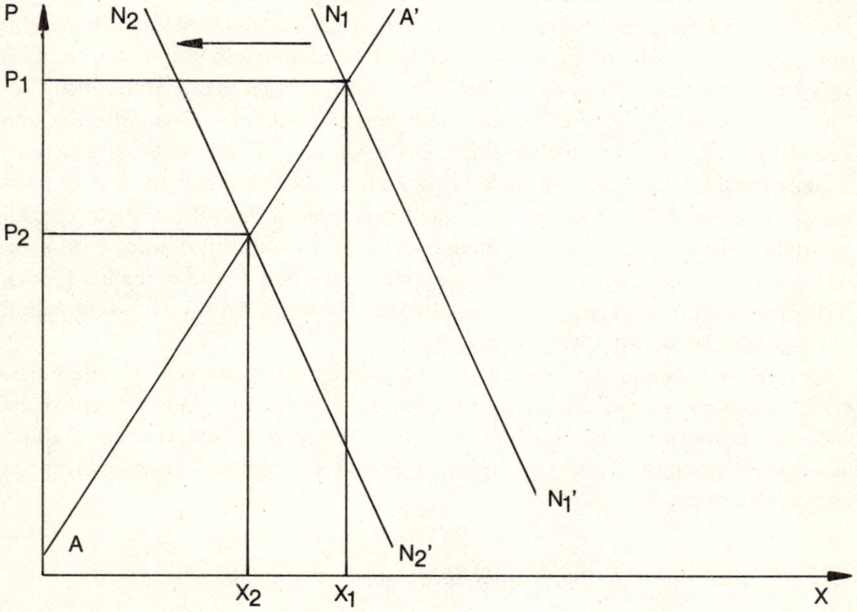

Markt eines einzelnen Entwicklungslandes

Preisausschläge weitaus höher gewesen sein. Die im Durchschnitt größten Preisschwankungen wiesen Kupfer, Kakao, Zink, Fischmehl, Kopra und Sisal auf. Berücksichtigt man, daß sich die Exporte vieler Entwicklungsländer auf nur ein oder zwei Produkte konzentrieren und sich daher Preisschwankungen der verschiedenen Exportgüter kaum kompensieren können, so wird deutlich, daß Fluktuationen der Preise einzelner Exportgüter in instabilen Gesamtexporterlösen der betroffenen Entwicklungsländer ihren Niederschlag finden. Zwischen dem Grad der Konzentration der Exporte auf wenige Rohstoffe und dem Ausmaß der Instabilität der Exporterlöse besteht somit ein Zusammenhang (Love).

Exporterlösschwankungen rufen je nach Wirtschaftsstruktur und Entwicklungsstand unterschiedliche *Auswirkungen* in den einzelnen Entwicklungsländern hervor. Instabile Exporterlöse haben unmittelbar Schwankungen des Devisenaufkommens und der Einkommen im Exportsektor zur Folge. Hieraus können sich unerwünschte Konsequenzen für die Entwicklung der Zahlungsbilanz, das wirtschaftliche Wachstum und die Einkommensverteilung ergeben.

Die Zahlungsbilanz eines Entwicklungslandes wird von abrupten Veränderungen des Devisenaufkommens deshalb langfristig negativ beeinflußt, weil das Importvolumen angesichts des hohen Importbedarfs bei einer Zunahme der Deviseneinnahmen meist entsprechend ausgedehnt, bei einem Rückgang der Exporterlöse häufig jedoch nicht in gleichem Maße eingeschränkt wird. Indem Deviseneinnahmen in guten Jahren kaum zur Aufstockung der Devisenreserven verwendet werden, müssen exporterlösbedingte Handelsbilanzdefizite durch Kapitalimporte ausgeglichen werden. Die Auslandsverschuldung nimmt zu.

Fluktuationen der Exporterlöse können des weiteren das wirtschaftliche Wachstum der Entwicklungsländer behindern. Sie können kostspielige Investitionszyklen in der Exportwirtschaft hervorrufen. Auch der Staat, dessen Steuereinnahmen mit den Einkommensschwankungen im Exportsektor fluktuieren, muß sich unter Umständen prozyklisch verhalten. Unvorhergesehene Änderungen der Staatseinnahmen stellen die Durchführung von Entwicklungsplänen in Frage und können die Effizienz staatlichen Handelns verringern. Die vom Staat gesetzten Rahmenbedingungen können sich rasch ändern. Beschränkungen der Importkapazität können des weiteren zur Folge haben, daß dringend benötigte Investitionsgüter, Ersatzteile und Zwischenprodukte nicht importiert werden können und damit Produktionskapazitäten unausgelastet bleiben. Darüber hinaus können Exporterlösschwankungen das Investitionsklima beeinträchtigen. Die Rentabilität von Investitionen wird schwer kalkulierbar.

Exporterlösschwankungen können des weiteren zu unerwünschten Verteilungseffekten führen, welche die soziale und politische Stabilität gefährden. Plötzliche Erlössteigerungen können das Einkommen einzelner Gruppen erhöhen, die daraus resultierenden inflatorischen Wirkungen das Einkommen anderer Gruppen aber real senken.

5. *Tarifäre und nicht-tarifäre Handelshemmnisse in den Industrieländern*

Die Entwicklung des internationalen Handelssystems in der Nachkriegszeit ist durch zwei unterschiedliche Phasen gekennzeichnet. In den fünfziger und sechziger Jahren gelang es, in mehreren multilateralen Verhandlungsrunden des Allgemeinen Zoll- und Handelsabkommens (GATT), die traditionellen Handelshemmnisse stufenweise abzubauen. Besonders große Erfolge konnten bei der Senkung der Importzölle erzielt werden. Die nicht-tarifären Handelshemmnisse ließen sich dagegen kaum beseitigen, spielten allerdings auch noch nicht die heutige Rolle. In der ersten Hälfte der siebziger Jahre wurde die Phase der Liberalisierung des internationalen Handelssystems abgelöst von einer bis heute andauernden Phase zunehmenden Protektionismus. Durch die Errichtung nicht-tarifärer Handelshemmnisse für sensible Wirtschaftszweige versuchen die Industrieländer, den Zugang von Anbietern aus Japan und den Entwicklungsländern zu ihren Märkten zu erschweren.

Die Exporte der Entwicklungsländer in die Industrieländer werden nach wie vor von erheblichen Handelsschranken behindert. Dies soll am Beispiel der bestehenden Handelshemmnisse der Europäischen Gemeinschaft (EG) dargelegt werden. Generell haben Anbieter aus Drittländern (d. h. alle Nicht-EG-Länder) bei ihren Ausfuhren in die EG bestimmte Zollschranken zu überwinden. Hierbei handelt es sich um die im Gemeinsamen Zolltarif der EG festgelegten Zollsätze. Zusätzlich bestehen nicht-tarifäre Handelshemmnisse, die von allen Mitgliedsländern gemeinsam oder von einzelnen Ländern angewendet werden. Abweichend von dieser allgemeinen Regelung werden Anbietern aus Entwicklungsländern besondere Handelserleichterungen gewährt. Grundlage hierfür bilden das allgemeine Zollpräferenzsystem der EG, das alle Entwicklungsländer begünstigt, das Lomé-Abkommen (nur für die AKP-Länder) und die Assoziierungs- und Kooperationsabkommen mit den Mittelmeerländern.

Mit der Errichtung von *Handelsschranken gegenüber Drittländern* verfolgt die EG das Ziel, inländische Produzenten vor ausländischer Konkurrenz zu schützen. Das traditionelle Mittel hierfür bildet die Erhebung von Importzöllen. Deren Protektionswirkung läßt sich nicht aus den nominalen Zollsätzen ersehen. Nominalzölle geben an, um welchen Prozentsatz ein bestimmtes Erzeugnis im Inland teurer sein kann als im Ausland. Sie sagen aber nichts darüber aus, in welchem Maße die Wertschöpfung inländischer Produzenten dank des Zollschutzes höher sein kann als die Wertschöpfung ausländischer Konkurrenten. Diese tatsächliche Schutzwirkung von Zöllen wird durch die *effektive Zollprotektion* angezeigt. Sie wird gemessen als der Prozentsatz, um den die inländische Wertschöpfung aufgrund von Nominalzöllen über der Wertschöpfung liegt, die sich bei einer Bewertung der Output- und Inputmengen zu Weltmarktpreisen ergibt. Die Höhe der effektiven Zollprotektion hängt ab von der Höhe der nominalen Zölle auf das Enderzeugnis, von der Höhe der nominalen Zölle auf die importierten Vor- und Zwischenprodukte und vom Anteil der Wertschöpfung am Umsatz. Während der Nominalzoll auf importierte Enderzeugnisse wie eine Subventionierung der betreffenden heimischen Branche wirkt, kommt ein Nominalzoll auf die importierten Vor- und Zwischenprodukte einer indirekten Besteuerung dieser Branche gleich. Um den tatsächlichen Protektionsgrad für einzelne Branchen zu ermitteln, müssen deshalb Subventions- und Besteuerungseffekt der Zölle saldiert werden. Bei niedrigeren Zöllen auf Vor- und Zwischenprodukte als auf das daraus hergestellte Enderzeugnis genießen inländische Produzenten effektiv einen höheren Zollschutz, als im

Nominalzoll für das Enderzeugnis zum Ausdruck kommt. Es ergibt sich ein Eskalationseffekt. Er wird gemessen als Differenz zwischen Effektivzoll und Nominalzoll, bezogen auf den Nominalzoll. Im umgekehrten Fall ist der effektive Zollschutz niedriger als der nominale. Die Folge ist ein Re-Eskalationseffekt (Donges, Fels, Neu, S. 16ff.).

Die dargelegten Zusammenhänge können durch folgendes Zahlenbeispiel erläutert werden: Es sei angenommen, daß ein bestimmtes Produkt am Weltmarkt zu einem Preis von 100 DM gehandelt wird, wobei in diesem Preis 60 DM für Rohstoffe und eine Wertschöpfung von 40 DM enthalten sind. Für den Import des Produkts werde ein Zoll in Höhe von 20 v. H. und für den Import der Rohstoffe ein Zoll in Höhe von 10 v. H. erhoben. Inländische Produzenten haben die Möglichkeit, ihre Preise für dieses Produkt auf 120 DM anzuheben, ohne von ausländischen Anbietern unterboten zu werden. Ihr Wertschöpfungsspielraum beträgt 54 DM (120 DM – [60 DM + 6 DM]). Daraus errechnet sich eine effektive Protektionsrate von 35 v. H. ([54 DM – 40 DM] / 40 DM). Sie entspricht dem Subventionseffekt der Zölle auf das Endprodukt in Höhe von 50 v. H. (20 DM / 40 DM) abzüglich dem Besteuerungseffekt der Zölle auf importierte Rohstoffe in Höhe von 15 v. H. (6 DM / 40 DM) der Wertschöpfung. Die effektive Protektionsrate ist um 75 v. H. höher als der nominale Zollsatz auf das Endprodukt (Eskalationseffekt). Wäre in unserem Beispiel die Einfuhr von Rohstoffen mit einem Zoll von 30 v. H. belastet, so betrüge der Wertschöpfungsspielraum der inländischen Produzenten 42 DM (120 DM – [60 DM + 18 DM]). Es ergäbe sich eine effektive Protektionsrate von 5 v. H. ([42 DM – 40 DM] / 40 DM) und ein Re-Eskalationseffekt von –75 v. H.

Eine Analyse der Protektion, die der *Industriesektor* der Bundesrepublik Deutschland aufgrund des Gemeinsamen Zolltarifs der EG im Jahre 1972 erfahren hat, ist vom Institut für Weltwirtschaft durchgeführt worden (Donges, Fels, Neu). Diese Studie kommt zu dem Ergebnis, daß die Industrie insgesamt mit einem Satz von 10 v. H. einen effektiven Zollschutz genießt, der rund ein Drittel über dem nominalen Zollschutz liegt. Diese Differenz beruht auf dem Eskalationseffekt des Zollsystems. Rohstoffe und wenig verarbeitete Vor- und Zwischenprodukte können entweder zollfrei eingeführt werden oder sind mit einem niedrigeren Nominalzoll belastet als Endprodukte.

Zwischen den einzelnen Industriezweigen bestehen erhebliche Unterschiede in der Höhe der effektiven Protektion. Bergbau, Schiffbau und Luftfahrzeugbau erhalten keinen effektiven Zollschutz. Sie werden aber in starkem Maße durch Subventionen vor der Auslandskonkurrenz geschützt. Einen nur geringen effektiven Zollschutz in Höhe von 4 v. H. genießt der Investitionsgütersektor. Hierzu zählen exportintensive Branchen wie der Maschinenbau, der Straßenfahrzeugbau und die Elektronische Industrie. Einen relativ hohen effektiven Zollschutz erhalten die Grundstoff- und Produktionsgüterindustrien mit einer effektiven Zollrate von 13,9 v. H. und die Verbrauchsgüterindustrien (15,6 v. H.). Besonders stark werden einige arbeits- und rohstoffintensive Branchen im Metallbereich, im Holz- und Zellstoffbereich sowie im Textilbereich geschützt. Hierzu zählen:

- die NE-Metallgießerei (23,0 v. H.), die NE-Metallerzeugung (22,0 v. H.), die Eisen- und Stahlerzeugung (17,0 v. H.);

– die Holzschliff-, Zellstoff-, Papier- und Pappeerzeugung (29,6 v. H.), die Papier- und Pappeverarbeitung (19,6 v. H.);
– die Textilindustrie (20,8 v. H.) und die Bekleidungsindustrie (20,7 v. H.) (vgl. Tabelle 33).

Es handelt sich hierbei um Branchen, für die Entwicklungsländer relativ günstige Standortbedingungen aufweisen. Der hohe Zollschutz hat für Anbieter aus Entwicklungsländern zur Konsequenz, daß sie ihre Erzeugnisse, abgesehen von Transportkosten, um die effektive Protektionsrate billiger produzieren müssen, um auf dem deutschen Markt wettbewerbsfähig zu sein.

In weitaus stärkerem Maße als den Industriesektor schützt die EG ihren *Agrarsektor* von Einfuhren aus Drittländern. Der Agrarprotektionismus steht in engem Zusammenhang mit dem Prinzip der europäischen Agrarpolitik, landwirtschaft-

Tabelle 33:
Nominaler und effektiver Zollschutz[1] der Industriezweige der Bundesrepublik Deutschland gegenüber Einfuhren aus Drittländern, 1972 (in v. H.)

Industriezweig	Nominaler Zollschutz	Effektiver Zollschutz
Bergbau	0,1	– 1,4
Steinkohlenbergbau, Kokerei	0,0	– 1,4
Braun- und Pechkohlenbergbau	0,0	– 1,9
Erdöl, Erdgas und bituminöse Gesteine	0,0	– 9,2
Sonstiger Bergbau	1,1	– 0,1
Grundstoff- und Produktionsgüterindustrien	6,8	13,9
Steine und Erden	3,3	3,7
Eisen- und Stahlerzeugung	4,5	17,0
Eisen-, Stahl- und Tempergießereien	7,7	12,1
Ziehereien und Kaltwalzwerke	7,5	5,6
NE-Metallerzeugung	5,5	22,0
NE-Metallgießerei	8,6	23,0
Mineralölverarbeitung	3,8	6,5
Chemische Industrie	11,2	14,4
Säge- und Holzbearbeitungswerke	6,1	13,7
Holzschliff-, Zellstoff-, Papier- und Pappeerzeugung	9,4	29,6
Gummi- und Asbestverarbeitung	7,7	8,7
Investitionsgüterindustrien	6,9	4,0
Stahl- und Leichtmetallbau	4,0	1,4
Stahlverformung	7,7	8,9
Maschinenbau	6,2	2,5
Straßenfahrzeugbau	8,6	5,8
Schiffbau	0,4	(– 10,1)[2]
Luftfahrzeugbau	3,2	(– 0,9)[2]
Elektrotechnik	7,2	4,5
Feinmechanik, Optik (ohne Uhren)	8,4	5,2
Uhrenindustrie	7,3	3,7
Eisen-, Blech- und Metallwarenindustrie	7,2	5,6

Tabelle 33 (Fortsetzung):
Nominaler und effektiver Zollschutz[1] der Industriezweige der Bundesrepublik Deutschland gegenüber Einfuhren aus Drittländern, 1972 (in v. H.)

Industriezweig	Nominaler Zollschutz	Effektiver Zollschutz
Verbrauchsgüterindustrien	10,4	15,6
Feinkeramik	9,4	9,9
Glasindustrie	9,5	11,1
Holzverarbeitung	8,0	9,9
Musikinstrumente, Sport- und Spielwaren etc.	9,3	6,9
Papier- und Pappeverarbeitung	13,2	19,9
Druckerei und Vervielfältigung	6,1	5,3
Kunststoffverarbeitung	14,3	9,8
Ledererzeugung	6,7	11,1
Lederverarbeitung	8,5	9,6
Schuhindustrie	7,3	9,0
Textilindustrie	10,3	20,8
Bekleidungsindustrie	14,0	20,7
Industrie insgesamt[3]	7,3	10,0

1 Unter Zugrundelegung des Gemeinsamen Zolltarifs für das Jahr 1972 sowie der Input-Output-Matrix des Ifo-Instituts für das Jahr 1964. Vgl. G. Gehring u. Mitarb., Ergebnisse der Input-Output-Rechnung 1964. T. 1: Ergebnisse in laufenden Preisen für Sektoren und Produktgruppen der Produktsbereiche Industrie, Nichtindustrie und Ausland. (Input Output Studien, 9.), München 1969.
2 Wegen Sonderfaktoren nicht mit den übrigen Industriezweigen vergleichbar.
3 Ohne Nahrungs- und Genußmittelindustrien.

Quelle: J. B. Donges, G. Fels, A. D. Neu, Protektion und Branchenstruktur der westdeutschen Wirtschaft, Tübingen 1973, S. 26.

liche Einkommen über Eingriffe in die Marktpreisbildung zu subventionieren. Um die zum Einkommenstransfer für nötig erachteten Agrarpreise aufrechterhalten zu können, muß der Binnenmarkt der EG vor den billigeren Produkten aus Drittländern geschützt werden. Dies geschieht weniger durch Zölle, sondern in erster Linie durch Abschöpfungen, auch Ausgleichsabgaben genannt. Im Rahmen der EG-Marktordnungen werden landwirtschaftliche Grunderzeugnisse aus Drittländern, wie Rind-, Kalb- und Schweinefleisch, Reis, Getreide, Zucker, Wein, Tabak, Milch und Milcherzeugnisse (Marktordnungsgüter) einer Abschöpfung unterworfen. Durch die Abschöpfung, die sich als Differenz zwischen dem von der EG festgesetzten Schwellenpreis und dem (niedrigeren) Weltmarktpreis ergibt, werden alle Marktordnungsgüter aus Drittländern auf das Preisniveau der EG angehoben.

Das Ausmaß der Agrarprotektion der EG wird ersichtlich aus einer Untersuchung von Sampson und Yeats für das Jahr 1974. Von den 30 ausgewählten – volumenmäßig wichtigsten – Agrarprodukten waren alle durch Zölle und 24 außerdem noch durch Abschöpfungen gegenüber Importen aus Drittländern geschützt. Sie unterlagen im Durchschnitt einem nominalen Zollsatz von 18,2 v. H. und einer nominalen Abschöpfungsrate von 56,1 v. H. Die effektive Zollprotektionsrate betrug 49,3 v. H. und die effektive Protektionsrate durch Abschöpfungen

134,1 v. H. Die gesamte Protektionsrate erreichte eine durchschnittliche Höhe von 158,1 v. H. (bezogen auf 30 Produkte, während die angegebenen Protektionsraten durch Abschöpfungen Durchschnittswerte für 24 Produkte sind). Einzelne Produkte wie insbesondere Butter, kondensierte Milch, Weizenmehl, Käse, Rindfleisch und Hafer wurden noch weitaus stärker geschützt (Sampson, Yeats, S. 104).

Neben den Zöllen behindern *nicht-tarifäre Handelshemmnisse* den Zugang der Entwicklungsländer zu den Märkten der Industrieländer. Als nicht-tarifäre Handelshemmnisse werden alle Gesetze, Verwaltungsvorschriften und -praktiken bezeichnet, welche (neben den Zöllen) die Einfuhr beeinträchtigen. Restriktive Geschäftspraktiken der Privatwirtschaft sind darin nicht eingeschlossen. Die folgende Bestandsaufnahme der von der EG bzw. der Bundesrepublik errichteten nicht-tarifären Handelshemmnisse beschränkt sich auf die wichtigsten Kategorien:

- Die größte Bedeutung innerhalb der nicht-tarifären Handelshemmnisse kommt den mengenmäßigen Einfuhrbeschränkungen zu. Quantitativen Restriktionen und Genehmigungsvorschriften unterliegt nach dem Außenwirtschaftsgesetz der Bundesrepublik vor allem der Import von Produkten der Textil- und Bekleidungsindustrie aus Entwicklungsländern. Neben diesen einseitig festgelegten Importkontingenten werden in zunehmendem Maße Selbstbeschränkungsabkommen zwischen Im- und Exportländern ausgehandelt. Häufig werden solche Selbstbeschränkungsabkommen den Entwicklungsländern unter Berufung auf die Schutzklauseln des GATT abverlangt, die mengenmäßige Handelsbeschränkungen bei drohenden oder bereits aufgetretenen Schädigungen der Wirtschaft des Importlandes zulassen. Durch derartige Abkommen verpflichten sich die Entwicklungsländer, ihre Ausfuhren in bestimmte Länder zu beschränken. Als Beispiel für ein Selbstbeschränkungsabkommen sei das Baumwolltextil-Abkommen aus dem Jahre 1962 erwähnt, das 1974 durch das 1981 auslaufende Welttextilabkommen (Multi-Fibre Agreement) ersetzt wurde.
- Ein weiteres Handelshemmnis bilden Subventionen, durch die bestimmte Wirtschaftszweige speziell begünstigt werden. Subventioniert werden in der Bundesrepublik insbesondere der Bergbau, die Mineralölwirtschaft, der Schiffbau, der Luftfahrzeugbau sowie die Elektrotechnik. Die Landwirtschaft wird durch die Produktbeihilfen der EG unterstützt.
- Inländische Produzenten werden des weiteren durch Antidumping- und Ausgleichszölle, die zu den nicht-tarifären Handelshemmnissen gerechnet werden, vor ausländischer Konkurrenz geschützt. Nach den GATT-Bestimmungen können solche Maßnahmen ergriffen werden, wenn ausländische Handelspartner das Importland zu Dumpingpreisen beliefern oder ihre Exporte subventionieren und wenn dies zu einer bedeutenden Schädigung von Wirtschaftszweigen im Importland führt. Einen Nettoschutz für die betroffenen Industriezweige rufen solche Zölle nur dann hervor, wenn sie das Dumping bzw. die Subventionierung überkompensieren.
- Werden bei der Vergabe öffentlicher Aufträge einheimische Bewerber bevorzugt, dann werden dadurch die Einfuhren zwar nicht direkt beschränkt; die vorrangige Heranziehung heimischer Anbieter verhindert aber alle Importe, die ohne Diskriminierung zustande gekommen wären.

- Der Warenimport kann auch durch sogenannte paratarifäre mit der Verzollung von Waren zusammenhängende Handelshemmnisse behindert werden. Sie können entstehen bei der Tarifierung der Waren (z.B. durch Einordnung der importierten Ware in eine Tarifposition mit besonders hohen Zollsätzen), bei der Zollwertermittlung und bei der Zollabfertigung (durch Gebühren, Formalitäten usw.).
- Schließlich wird der Handel durch bestimmte Vorschriften behindert, die unter dem Begriff Standards oder auch technische Handelshemmnisse zusammengefaßt werden. Hierzu zählen Bestimmungen zum Schutz der menschlichen Gesundheit, der öffentlichen Sicherheit, der Umwelt und der Tier- und Pflanzenwelt. Auch Industrienormen können bewirken, daß ausländische Erzeugnisse entweder ganz vom Inlandsmarkt ausgeschlossen werden oder nur nach kostspieligen Anpassungen Zugang finden (Donges, Fels, Neu, S. 39ff.; Hasenpflug 1977).

Die allgemeinen Handelsschranken der EG gegenüber Drittländern finden auf Entwicklungsländer nicht die gleiche Anwendung wie auf die anderen Drittländer. Die EG gewährt den Entwicklungsländern Handelserleichterungen im Rahmen ihres allgemeinen Zollpräferenzsystems, des Abkommens von Lomé mit den AKP-Ländern und der Assoziierungs- und Kooperationsabkommen mit Mittelmeerländern.

Das *allgemeine Zollpräferenzsystem der EG* vom Jahre 1971 räumt Halb- und Fertigwaren aus Entwicklungsländern besondere, nicht reziproke und nicht dem Meistbegünstigungsprinzip unterworfene Handelspräferenzen ein. Zum Kreis der begünstigten Länder zählten im Jahre 1978 115 selbständige Staaten und 27 abhängige Länder und Gebiete. Aus diesen Ländern können grundsätzlich alle *industriellen Halb- und Fertigwaren* zollfrei in die EG eingeführt werden, jedoch nur in Höhe eines bestimmten Plafonds. Die mengenmäßigen Beschränkungen werden dabei nach Liefer- und Empfängerländern sowie nach Produkten (sensible, quasi-sensible und nicht sensible Güter) differenziert angewandt. Die den Plafonds übersteigenden Einfuhren können mit einem Zoll entsprechend dem Gemeinsamen Zolltarif belastet werden. Der Plafonds wird jedes Jahr neu berechnet und setzt sich zusammen aus einem Grundbetrag, der die Summe der Einfuhren des betreffenden Gutes in einem Basiszeitraum aus Entwicklungsländern angibt und einem Zusatzbetrag in Höhe von 5 v.H. der EG-Einfuhren aus anderen Ländern. Zur Wahrung der Interessen exportschwacher Entwicklungsländer werden Höchstanteile am Plafonds (Butoirs) festgelegt, die von einem einzelnen Lieferland nicht überschritten werden dürfen. Sie liegen in der Regel bei 50 v.H. Darüber hinaus werden für sensible Produkte, durch welche die Industrie der EG einem relativ starken Wettbewerbsdruck ausgesetzt wird, Länderkontingente, d. h. Anteile einzelner EG-Länder am Plafonds, festgelegt, nach denen sich die Präferenzimporte auf die einzelnen EG-Länder verteilen. Diese Regelung dient einer gleichmäßigen Belastung der EG-Länder durch die Importe sensibler Produkte. Inwieweit bei Erreichen der Butoirs oder der Länderkontingente der Meistbegünstigungszollsatz erhoben wird, hängt von der Art der Güter ab. Bei sensiblen Gütern wird der Zollsatz automatisch wieder eingeführt, bei quasi-sensiblen Gütern entscheidet die Kommission über die Anwendung des

Zolltarifs und bei nicht-sensiblen Gütern wird in der Regel von der Erhebung eines Zolls abgesehen.
Im Gegensatz zu den industriellen Halb- und Fertigwaren können *Agrarprodukte* in der Regel nicht zollfrei, sondern nur zu einem ermäßigten Zollsatz eingeführt werden. Die meisten Marktordnungsgüter sind von der allgemeinen Präferenzregelung ausgenommen. Mengenmäßige Beschränkungen der Importe sind bei der überwiegenden Zahl der Produkte nicht vorgesehen (Borrmann, Borrmann, Stegger, S. 21ff.).
Das allgemeine Zollpräferenzsystem der EG stellt den quantitativ größten handelspolitischen Liberalisierungsbeitrag dar, den die Industrieländer zugunsten der Entwicklungsländer jemals geleistet haben. Indem die Zollpräferenzen zu einer Reduzierung des effektiven Zollschutzes der EG geführt haben, dürften sie die Ausdehnung der Importe aus Entwicklungsländern gefördert haben. Gleichwohl darf die tatsächliche Begünstigung der Entwicklungsländerimporte nicht überschätzt werden. Die Einfuhr von Rohstoffen unterlag schon immer keinen nennenswerten Handelshemmnissen und kann somit auch kaum begünstigt werden. Für agrarische Grunderzeugnisse aber bietet das EG-Zollpräferenzsystem keine und für verarbeitete Agrarerzeugnisse nur begrenzte Zollvorteile. Die prinzipielle Zollfreiheit für industrielle Halb- und Fertigwaren gilt wiederum nur innerhalb der durch die Plafonds gesetzten engen Grenzen. Diese sind besonders knapp bemessen für diejenigen Industrieerzeugnisse, in denen die Entwicklungsländer besonders wettbewerbsfähig sind (Textilien, Schuhe, Bekleidung). Wenn man weiterhin berücksichtigt, daß die Ausnutzung der Plafonds viele Entwicklungsländer vor administrative Probleme stellt und nicht-tarifäre Handelshemmnisse durch das Präferenzsystem nicht beseitigt werden, so wird deutlich, daß die Entwicklungsländer trotz des Präferenzsystems bei vielen ihrer Exportprodukte nach wie vor erhebliche Handelsbarrieren überwinden müssen.
Größere Handelserleichterungen als durch das allgemeine Zollpräferenzsystem werden 58 Entwicklungsländern Afrikas, der Karibik und des Pazifiks (sogenannte AKP-Staaten) durch das *Abkommen von Lomé* gewährt. Dieses Abkommen trat 1975 in Kraft und wurde 1980 um weitere fünf Jahre verlängert. Unter Verzicht auf Reziprozität räumt die EG den AKP-Staaten darin einen weitgehend freien Zugang zum Markt der Gemeinschaft ein. Die AKP-Staaten verpflichten sich demgegenüber lediglich, der EG die Meistbegünstigung zu gewähren, d. h. Importe aus der EG nicht schlechter zu behandeln als Importe aus anderen Industrieländern. Das Prinzip des freien Marktzugangs gilt uneingeschränkt für Industriewaren, die zollfrei und ohne mengenmäßige Beschränkungen in die EG eingeführt werden können. Für Agrarerzeugnisse gelten demgegenüber differenzierte Zugangsbedingungen. Waren, für die lediglich Zölle vorgesehen sind, sind zollfrei zur Einfuhr zugelassen. Agrarprodukte, die unter die gemeinsame Agrarpolitik der EG fallen (Marktordnungsgüter), unterliegen demgegenüber bestimmten, von Produkt zu Produkt unterschiedlichen Regelungen. Diese beinhalten die Gewährung besonderer Zoll- und Abschöpfungsvorteile und begünstigen dadurch die Agrarimporte aus AKP-Ländern gegenüber Importen der EG aus sonstigen Drittländern. Trotz der Handelshemmnisse im Agrarbereich und einer restriktiven Schutzklausel gewährt das Lomé-Abkommen den AKP-Ländern die günstig-

sten Bedingungen, die Entwicklungsländer heute beim Zugang zu den Märkten der Industrieländer haben. Die AKP-Staaten können jedoch diese relativen Handelsvorteile aufgrund ihrer geringen Wettbewerbsfähigkeit insbesondere im industriellen Bereich nur in begrenztem Maße ausnutzen.
Außer den AKP-Staaten werden den meisten *Mittelmeerländern* durch *Assoziierungs- und Kooperationsabkommen* Erleichterungen beim Handel mit der EG eingeräumt. So können z. B. aus den Maghreb- und Maschrekländern Rohstoffe und Industrieprodukte weitgehend zollfrei und ohne mengenmäßige Beschränkungen in die EG eingeführt werden. Für Agrarerzeugnisse werden Zollpräferenzen gewährt, die jedoch durch ein nach Ländern und Produkten differenzierendes System von nicht-tarifären Handelshemmnissen eingeschränkt werden. Die Abkommen enthalten Schutzklauseln, die Einfuhrbeschränkungen bei ernsten Störungen in bestimmten Wirtschaftszweigen zulassen (Hasenpflug 1979, S. 255ff. u. 295ff.).

Literatur zum Kapital C

(Die Literaturhinweise im Text beziehen sich auf die zu den einzelnen Abschnitten angegebene Literatur)

I Private Kapitalbewegungen

Agarwal, J. P., Bedeutung und Determinanten ausländischer Direktinvestitionen in Entwicklungsländern, in: Giersch, H. (Hrsg.), Die Weltwirtschaft, 1976, Heft 1, S. 174–190

Ahmad, M. M., Die Entwicklungsländer und ihr Zugang zu den Kapitalmärkten, in: Finanzierung und Entwicklung, Nr. 4,1976, S. 26–30

The Economist Intelligence Unit, Ten Years of Multinational Business, EIU Special Report, No. 79, London 1980

Helleiner, G. K., Transnational Corporations and Trade Structure: The Role of Intra-Firm Trade, in: Giersch, H. (Ed.), On the Economics of Intra-Industry Trade, Tübingen 1979, S. 159–181

Internationales Arbeitsamt, Beschäftigung, Wachstum und Grundbedürfnisse: Ein weltweites Problem, 1. Aufl., Genf 1976

Joint Ministerial Committee of the Board of Govenors of the Bank and the Fund on the Transfer of Real Resources to Developing Countries (Development Committee), Developing Countries Access to Capital Markets, Washington 1978

Jonas, R., Tietzel, M., Die multinationalen Unternehmen und die Neuordnung der Weltwirtschaft, in: Jonas, R., Tietzel, M. (Hrsg.), Die Neuordnung der Weltwirtschaft, Bonn-Bad Godesberg 1976, S. 166–183

Kebschull, D., Fasbender, K., Geisler, P., Menck, K. W., Orlowski, D., Schwarz, R. E., Wirkungen von Privatinvestitionen in Entwicklungsländern, Baden-Baden 1980

Kindleberger, Ch. P., American Business Abroad, Six Lectures on Direct Investment, New Haven, London 1969

Krägenau, H., Internationale Direktinvestitionen, Ergänzungsband 1978/79, Hamburg 1979

Müller, R., Morgenstern, R. D., Multinational Corporations and Balance of Payments Impact in LDCs: An Econometric Analysis of Export Pricing Behaviour, in: Kyklos, Vol. XXVII, 1974, S. 304–321

OECD, The Export Credit Financing System in OECD Member Countries, Paris 1976

OECD, Investing in Developing Countries, OECD/DAC Member Countries' Policies with Regard to Private Direct Investment in Developing Countries, Fourth Revised Edition, Paris 1978 (I)

OECD, DAC, Statistical Reporting Directives, (DAC (78) 1), Paris 1978 (II)

OECD, DAC, Zusammenarbeit im Dienste der Entwicklung, Politik und Leistungen der Mitglieder des Ausschusses für Entwicklungshilfe, Jahresprüfung 1978, Paris 1978 (III)

Reuber, G. L. with Crookell, H., Emerson, M., Gallais-Hamonno, G., Private Foreign Investment in Development, Oxford 1973

Richter, P., Der Kapitaltransfer in die unterentwickelten Länder, Theoretische und empirische Analyse seiner Wohlstandswirkungen, Berlin 1979

UNCTAD, Dominant Positions of Market Power of Transnational Corporations, Use of the Transfer Pricing Mechanism, (TD/B/C.2/167), New York 1978

UNCTAD, The Flow of Financial Resources, Financial Flows to and from Developing Countries: Recent Developments, (TD/B/C.3/125), Geneva 1975

United Nations, Multinational Corporations in World Development, New York 1973

United Nations, Transnational Corporations in World Development: A Re-Examination, New York 1978

Vaitsos, C. V., Intercountry Income Distribution and Transnational Enterprises, Oxford 1974

Weltbank, Jahresbericht 1979, Washington 1979

Weltbank, Weltentwicklungsbericht 1980, Washington 1980

Wohlmuth, K., Multinationale Konzerne, nationaler Markt und Unterentwicklung, in: Senghaas, D., Menzel, U. (Hrsg.), Multinationale Konzerne und Dritte Welt, Opladen 1976, S. 67–101

World Bank, World Debt Tables, External Public Debt of Developing Countries, (EC-167/77), Vol. I, Washington 1977

World Bank, World Tables 1976, New York 1976

II Internationale Wanderungen

Bhagwati J., The Brain Drain, in: International Social Science Journal, Vol. XXVIII, 1976, No. 4, S. 691–729 (I)

Bhagwati, J. (Ed.), The Brain Drain and Taxation: Theoretical and Empirical Analysis, Amsterdam 1976 (II)

Ecevit, Z., Zachariah, K. C., Internationale Wanderung von Arbeitskräften, in: Finanzierung und Entwicklung, 15. Jgg., Dez. 1978, Nr. 4, S. 32–37

Godfrey, M., Beyond the Brain Drain: Redifining the Professions, in: Intereconomics, 1977, No. 7/8, S. 182–186

Guha, B. A., Brain Drain Issue and Indicators on Brain Drain, in: International Migration, Vol. XV, 1977, No. 1, S. 3–20

Internationales Arbeitsamt, Beschäftigung, Wachstum und Grundbedürfnisse: Ein weltweites Problem, 1. Aufl., Genf 1976

Lee, E. S., Eine Theorie der Wanderung, in: Széll, G. (Hrsg.), Regionale Mobilität, München 1972, S. 115–129

Nikolinakos, M., Politische Ökonomie der Gastarbeiterfrage, Migration und Kapitalismus, Reinbek bei Hamburg 1973

OECD, Migration, Growth and Development, Paris 1979

OECD, The Migratory Chain, Paris 1978

OECD, Return Migration and Reintegration Services, Paris 1977

UNCTAD, The Reverse Transfer of Technology: Its Dimensions, Economic Effects and Policy Implications (TD/B/C.6/7), Geneva 1975

III Technologietransfer

Agarwal, J. P., Donges, J. B., Horn, E. J., Neu, A. D., Übertragung von Technologien an Entwicklungsländer, Tübingen 1975

Cooper, Ch., Sercovitch, S., The Channels and Mechanism for the Transfer of Technology from Developed to Developing Countries, (UNCTAD TD/B/AC 11/5), Geneva 1971

Eckaus, R. S., Appropriate Technologies for Developing Countries, Washington 1977

Ernst, D. (Ed.), The New International Division of Labour, Technology and Underdevelopment, Consequences for the Third World, Frankfurt am Main 1980

Griffin, K., The International Transmission of Inequality, in: World Development, Vol. 2, 1974, No. 3, S. 3–15

International Labour Organisation (ILO), Employment, Incomes and Equality, A Strategy for Increasing Productive Employment in Kenya, Geneva 1972

Morawetz, D., Employment Implications of Industrialisation in Developing Countries: A Survey, in: The Economic Journal, Vol. 84, Sept. 1974, S. 491–542

Rhee, Y. W., Westphal, L., Choice of Technology: Criteria, Search and Interdependence, in: Giersch, H. (Ed.), International Economic Development and Resource Transfer, Workshop 1978, Tübingen 1979, S. 521–546

Schumacher, E. F., Die Rückkehr zum menschlichen Maß, Alternativen für Wirtschaft und Technik, Reinbek 1977

Singer H., Technologies for Basic Needs, Geneva 1977

Stewart, F., Technology and Employment in LDCs, in: World Development, Vol. 2, 1974, No. 3, S. 17–46

Stewart, F., Technology and Underdevelopment, London, Basingstoke 1977

UNCTAD, Guidelines for the Study of the Transfer of Technology to Developing Countries, (TD/B/AC 11/9), New York 1972

UNCTAD, Major Issues Arising from the Transfer of Technology to Developing Countries, (TD/B/AC. 11/10), New York 1975

UNIDO, Industry 2000, New Perspectives, New York 1979 (I)

UNIDO, World Industry since 1960: Progress and Prospects, Special Issue of the Industrial Development Survey for the Third General Conference of UNIDO, New York 1979, S. 250–268 (II)

United Nations, Transnational Corporations in World Development: A Re-Examination, New York 1978

White, L. J., The Evidence on Appropriate Factor Proportions for Manufacturing in Less Developed Countries: A Survey, in: Economic Development and Cultural Change, Vol. 27. Oct. 1978, No. 1, S. 27–59

IV Handelsbeziehungen

Baron, St., Glismann, H. H., Stecher, B., Internationale Rohstoffpolitik, Ziele, Mittel, Kosten, Tübingen 1977

Bärtschi, W., Ausbeutung und Einkommensumverteilung in den internationalen Wirtschaftsbeziehungen, Berlin 1976

Bechler, E., Internationale Arbeitsteilung und Dritte Welt, Handelsbeziehungen auf Kosten oder im Dienste der Entwicklungsländer, Köln 1976

Borrmann, A., Borrmann, Ch., Stegger, M., Das allgemeine Zollpräferenzsystem der EG, Hamburg 1979

Borrmann, A., Vogelsang, D.W., Grimm, K., Künne, W., Schams, M. R., Zum Verhältnis von Außenwirtschafts- und Entwicklungspolitik, Hamburg 1975

Corden, W. M., The Theory of Protection, Oxford 1971

Donges, J. B., Fels, G., Neu, A. D., Protektion und Branchenstruktur der westdeutschen Wirtschaft, Tübingen 1973

Donges, J. B., Riedel, J., The Expansion of Manufactured Exports in Developing Countries: An Empirical Assessment of Supply and Demand Issues, in: Weltwirtschaftliches Archiv, Bd. 113, 1977, S. 58–87

Dorner, K., Probleme einer weltwirtschaftlichen Integration der Entwicklungsländer, Tübingen, Basel 1974

Giersch, H., Haas, H.-D. (Hrsg.), Probleme der weltwirtschaftlichen Arbeitsteilung, Schriften des Vereins für Socialpolitik, NF, Bd. 78, Berlin 1974

Hasenpflug, H. (Hrsg.), Die EG-Außenbeziehungen, Stand und Perspektiven, Hamburg 1979

Hasenpflug, H., Nicht-tarifäre Handelshemmnisse, Formen, Wirkungen und wirtschaftspolitische Beurteilung, Hamburg 1977

Helleiner, G. K., Structural Aspects of Third World Trade: Some Trends and Some Aspects, in: The Journal of Development Studies, Vol. 15, April 1979, No. 3, S. 70–88 (I)

Helleiner, G. K., Transnational Corporations and Trade Structure: The Role of Intra-Firm Trade, in: Giersch, H. (Ed.), On the Economics of Intra-Industry Trade, Tübingen 1979, S. 159–181 (II)

Helleiner, G. K., World Market Imperfections and the Developing Countries, in: Cline, W. R. (Ed.), Policy Alternatives for a New International Economic Order, New York, London, Sidney, Toronto 1979, S. 357–389 (III)

Hesse, H., Sautter, H., Entwicklungstheorie und -politik, Band 1: Entwicklungstheorie, Tübingen, Düsseldorf 1977, Kap. 4

Hirsch, S., Hypothesen über den Handel zwischen Entwicklungs- und Industrieländern, in: Giersch, H., Haas, H.-D. (Hrsg.), Probleme der weltwirtschaftlichen Arbeitsteilung, Schriften des Vereins für Socialpolitik, NF, Bd. 78, Berlin 1974, S. 69–88

Hirsch, S., Location of Industry and International Competitiveness, Oxford 1967

Kindleberger, Ch. P., The Terms of Trade. A European Case Study, New York, London 1956

Lemper, A., Handelstheorie als Erfahrungswissenschaft, Zur Kritik der orthodoxen Handelstheorie, München 1975

Little, I. M. D., Scitovsky, T., Scott, M. F. G., Industry and Trade in some Developing Countries: A Compartative Study, Oxford 1970

Love, J., Trade Concentration and Export Instability, in: The Journal of Development Studies, Vol. 15, April 1979, No. 3, S. 60–69

Mac Bean, A. I., Export Instability and Economic Development, London 1966

Murray, T., Trade Preferences for Developing Countries, London, Basingstoke 1977

National Bureau of Economic Research, Foreign Trade Regimes and Economic Development, New York, London 1975

Rose, K., Theorie der Außenwirtschaft, 3. erw. u. rev. Aufl., Berlin, Frankfurt am Main 1970

Sampson, G. P., Yeats, A. J., An Evaluation of the Common Agricultural Policy as a Barrier Facing Agricultural Exports to the European Economic Community, in: American Journal of Agricultural Economics, Vol. 59, Febr. 1977, No. 1. S. 99–106

Senghaas, D., Weltwirtschaftsordnung und Entwicklungspolitik, Plädoyer für Dissoziation, Frankfurt am Main 1977

Sieber, H., Die realen Austauschverhältnisse zwischen Entwicklungsländern und Industrieländern, Eine Verifizierung der These Prebischs, Tübingen, Zürich 1968

Stewart, F., Technology and Underdevelopment, London, Basingstoke 1977, S. 157– 184

Vernon, R., International Investment and International Trade in the Product Cycle, in: Quarterly Journal of Economics, Vol. 80, May 1966, S. 190–207

Wulf, H., Rüstungsimport als Technologietransfer, Die negativen Auswirkungen von Rüstungsimporten auf die Industrialisierung der Peripherieländer, München 1979

D Entwicklungspolitik der Industrieländer

I Grundzüge der Entwicklungspolitik

1. Begriff und Merkmale

Mit dem Begriff Entwicklungspolitik werden alle Maßnahmen bezeichnet, die darauf gerichtet sind, den wirtschaftlichen und sozialen Fortschritt der Entwicklungsländer zu fördern. Träger der Entwicklungspolitik sind entweder die Entwicklungsländer selbst oder ausländische Regierungen und internationale Institutionen. Im letzten Fall, auf den sich die folgenden Ausführungen beschränken werden, spricht man von internationaler Entwicklungspolitik. Es ist zweckmäßig, zwischen der internationalen Entwicklungspolitik i. e. S. – auch Entwicklungshilfe genannt – und der internationalen Entwicklungspolitik i. w. S. zu unterscheiden. Unter der Entwicklungspolitik i. e. S. wird die Finanzielle und Technische Zusammenarbeit mit den Entwicklungsländern verstanden. Die Entwicklungspolitik i. w. S. umfaßt darüber hinaus handels-, struktur-, rohstoff- und währungspolitische Maßnahmen. Im folgenden wird schwerpunktmäßig die Entwicklungshilfepolitik behandelt.

Als *Entwicklungshilfe* (official development assistance [ODA]) werden nach der amtlichen Definition des Entwicklungshilfeausschusses (DAC) der OECD nur solche finanziellen Leistungen an die Entwicklungsländer betrachtet, die

- von der öffentlichen Hand stammen,
- die Förderung der wirtschaftlichen Entwicklung und die Verbesserung der Lebensbedingungen in den Entwicklungsländern zum Ziel haben und
- im Vergleich zu kommerziellen Transaktionen mindestens ein Zuschußelement (grant element) von 25 v. H. aufweisen.

Von den gesamten finanziellen Leistungen an die Entwicklungsländer werden damit nicht zur Entwicklungshilfe gerechnet:

- die privaten Leistungen zu marktüblichen Bedingungen (Direktinvestitionen, Portofolioinvestitionen, private Exportkredite und internationale Bankkredite) sowie die Zuschüsse privater Hilfsorganisationen wie Kirchen, Stiftungen usw. (vgl. C I 1),
- öffentliche Exportkredite sowie
- öffentliche Leistungen, die nicht zu vergünstigten Bedingungen gegeben werden; hierzu zählen u. a. öffentliche Kredite an die Weltbank sowie währungspolitisch bedingte Ankäufe von Wertpapieren internationaler Entwicklungsbanken zu marktüblichen Bedingungen.

Die nicht zur Entwicklungshilfe zählenden öffentlichen Leistungen werden als sonstige öffentliche Leistungen (other official flows) bezeichnet (OECD 1978).

Sofern öffentliche Entwicklungskredite zu Vorzugsbedingungen mit öffentlichen oder privaten Exportkrediten zu einem einzigen Kredit mit einheitlicher Laufzeit und Verzinsung zusammengeführt werden (Mischkredit), so wird nach den Richtlinien des DAC der Mischkredit ungeachtet eines Zuschußelements von mindestens 25 v. H. nicht in voller Höhe, sondern nur in Höhe des in ihn eingegangenen Entwicklungskredits als ODA anerkannt. Werden dagegen öffentliche Entwicklungskredite mit langfristigen Marktkrediten (Krediten zu marktüblichen Bedingungen) zu einem Kredit mit einheitlichen Bedingungen verbunden (gestreckte Kapitalhilfe), so wird dieser Kredit, sofern er ein Zuschußelement von mindestens 25 v. H. aufweist, in voller Höhe auf die ODA angerechnet.

Die Anerkennung von Entwicklungskrediten als Entwicklungshilfe setzt u. a. voraus, daß sie ein *Zuschußelement* von 25 v. H. aufweisen. Das Zuschußelement gibt den Grad der Vergünstigung von Krediten an. Es zeigt, in welchem Maße die Geberländer bei Entwicklungskrediten auf Gegenleistungen verzichten, auf denen kommerziell orientierte Gläubiger bestehen würden. Das Ausmaß dieses Verzichts, das als Zuschußäquivalent bezeichnet wird, ergibt sich als Differenz zwischen den Zins- und Tilgungszahlungen, die aus einer Vergabe des Kredites zu marktüblichen Bedingungen resultieren würden, und den Zins- und Tilgungszahlungen, die die Entwicklungsländer tatsächlich für den Entwicklungskredit zu leisten haben. Bei Abzinsung der jeweiligen Zins- und Tilgungszahlungen mit dem marktüblichen Zinssatz erhält man das Zuschußäquivalent als Unterschied zwischen dem Nominalwert des Entwicklungskredits und dem Gegenwartswert seiner Zins- und Tilgungszahlungen. Der Gegenwartswert hängt zum einen von der Höhe des marktüblichen Zinses ab. Dieser ist von Land zu Land verschieden und schwankt im Zeitablauf. Als Näherungswert für den marktüblichen Zinssatz haben die DAC-Länder einen Satz von 10 v. H. vereinbart. Zum anderen wird der Gegenwartswert der Zins- und Tilgungszahlungen bestimmt durch den Zinssatz des Entwicklungskredits, seine Laufzeit (d. h. die Zeitspanne zwischen der Zusage des Kredits und der letzten Tilgungszahlung) und seine Freijahre (d. h. die Zeitspanne zwischen der Zusage des Kredits und der ersten Tilgungszahlung).

Das Zuschußäquivalent G errechnet sich als:

$$G = L - \sum_{i=1}^{T} \frac{Ai}{(1 + q)^i}$$

wobei L den Nominalwert des Kredites, T die Laufzeit, Ai die Zins- und Tilgungszahlungen im Jahre i und q den marktüblichen Zinssatz (Diskontierungsrate) bezeichnet. Das Zuschußäquivalent zeigt die Größe des Opfers des Geberlandes an, das mit der Vergabe von Entwicklungshilfe verbunden ist. Das Zuschußelement g wird definiert als Zuschußäquivalent, ausgedrückt als Prozentsatz des Nominalwertes des Kredits:

$$g = \frac{L - \sum_{i=1}^{T} \frac{Ai}{(1 + q)^i}}{L} 100$$

Bei einem Kredit mit einem Zinssatz von 5 v. H., einer Laufzeit von zehn Jahren und fünf tilgungsfreien Jahren sowie einer Diskontierungsrate von 10 v. H. beträgt

das Zuschußelement 26,1 v. H. Dieser Kredit wird somit – und zwar in voller Höhe – zur Entwicklungshilfe gerechnet. Neben den vergünstigten Krediten zählen selbstverständlich auch die nicht rückzahlbaren Zuwendungen (Zuschüsse) an die Entwicklungsländer, die ein Zuschußelement von 100 v. H. aufweisen, zu den Entwicklungshilfeleistungen.
Die *Erfassung* der Entwicklungshilfeleistungen erfolgt auf zwei Stufen: einmal als Zusagen (commitments) und zum anderen als Auszahlungen (disbursments). Bei einer Zusage handelt es sich um die vertragliche Verpflichtung eines Geberlandes, ein bestimmtes Volumen an Entwicklungshilfe für einen bestimmten Zweck zu bestimmten finanziellen Bedingungen einem Empfängerland oder einer multilateralen Stelle bereitzustellen. Auszahlungen (oder Leistungen) bezeichnen den tatsächlichen Transfer der finanziellen Mittel, durch den der Empfänger die Verfügungsgewalt über die Mittel erlangt. In den DAC-Statistiken werden in der Regel die Auszahlungen ausgewiesen, und zwar als Nettoauszahlungen. Dabei werden von den Bruttoauszahlungen, d. h. den im Berichtsjahr neu zur Verfügung gestellten finanziellen Mitteln (1978: DAC-Länder insgesamt 22,6 Mrd. US-$) die Tilgungszahlungen auf ausstehende Entwicklungskredite (2,7 Mrd. US-$) abgezogen. Der restliche Schuldendienst in Form von Zinszahlungen (1,1 Mrd. US-$) wird dagegen bei der Berechnung der Nettoauszahlungen nicht subtrahiert. Bringt man auch diesen in Abzug, so erhält man den Nettotransfer. Von seiten der Entwicklungsländer wird seit längerem gefordert, daß die DAC-Länder als Maßstab für ihre Entwicklungshilfeleistungen nicht die Nettoauszahlungen, sondern den Nettotransfer verwenden. Für die DAC-Länder hätte sich dadurch die ausgewiesene Entwicklungshilfe von 19,9 Mrd. US-$ auf 18,8 Mrd. US-$ vermindert (Wiesebach, S. 407ff.).

2. *Ziele der Entwicklungspolitik*

Die Entwicklungspolitik der Industrieländer setzte im Jahre 1949 mit der Verkündigung des »Point-Four-Program« durch den amerikanischen Präsidenten Truman ein. Mit diesem auf Südostasien gerichteten Entwicklungsprogramm wollten die Vereinigten Staaten der Ausdehnung des Kommunismus in dieser Region begegnen. Auf ihr Drängen hin entschlossen sich im Laufe der fünfziger Jahre auch die westeuropäischen Länder, Entwicklungshilfe zu leisten. Seitdem erhalten die Entwicklungsländer regelmäßig Kapitalhilfe und Technische Hilfe von den Industrieländern.
Mit der Vergabe von Entwicklungshilfe verfolgen die Industrieländer im wesentlichen drei Ziele: von Eigeninteressen bestimmte außenpolitische und wirtschaftliche Ziele sowie entwicklungspolitische Ziele. Die einzelnen Industrieländer maßen diesen Zielen in der Vergangenheit nicht immer die gleiche Bedeutung bei und interpretierten sie teilweise unterschiedlich (Ohlin, S. 13ff.). Daher lassen sich bei einer zusammenfassenden Darlegung der Zielsetzungen, welche die Industrieländer mit ihrer bilateralen Entwicklungshilfe verfolgt haben, Vereinfachungen nicht vermeiden.
Die Entwicklungspolitik der Industrieländer wird in starkem Maße von *außenpolitischen Zielsetzungen* geprägt. Über die Entwicklungspolitik versuchen die Geber-

länder, auf die Außenpolitik der Entwicklungsländer einzuwirken und gesellschaftspolitische Ziele (wie etwa die Einführung bzw. Sicherung marktwirtschaftlicher Ordnungsprinzipien oder die Einhaltung der Menschenrechte) in den Empfängerländern durchzusetzen. Die Verfolgung außenpolitischer Ziele kommt am deutlichsten in dem Bemühen der Industrieländer zum Ausdruck, mit Hilfe der Entwicklungspolitik die Ausdehnung des kommunistischen Einflusses in den Entwicklungsländern zu verhindern. Dahinter steht die Befürchtung, daß die Sowjetunion strategisch wichtige Postitionen in den Entwicklungsländern besetzen und damit die Sicherheit des Westens bedrohen könnte. Die antikommunistische Zielsetzung prägte die Entwicklungspolitik insbesondere in den fünfziger und sechziger Jahren. So vergaben die Vereinigten Staaten einen Großteil ihrer Entwicklungshilfe an asiatische und südeuropäische Grenzländer zum Ostblock. Nach Aufleben des »Castroismus« wurde zusätzlich Lateinamerika stärker berücksichtigt. Auch die Bundesrepublik Deutschland versuchte, neben ihrem deutschlandpolitischen Ziel der Nichtanerkennung der DDR durch die Entwicklungsländer (»Hallstein«-Doktrin) die Einbeziehung der Entwicklungsländer in die östliche Einflußsphäre zu verhindern. Die Entwicklungspolitik Großbritanniens und diejenige Frankreichs waren primär darauf gerichtet, ihre ehemaligen Kolonien politisch an sich zu binden. Die Geberländer versuchen, das politische Wohlverhalten der Entwicklungsländer gewöhnlich dadurch zu erreichen, daß sie politisch willfährige Länder durch die Vergabe von Entwicklungshilfe belohnen, unbotmäßige Länder dagegen durch den Entzug von Entwicklungshilfe bestrafen. Gelegentlich versuchen einige Industrieländer auch durch militärisches Eingreifen den politischen Status quo zu sichern.
Die antikommunistische Zielsetzung hat in den siebziger Jahren an Bedeutung verloren, auch wenn sie weiterhin die Entwicklungspolitik beeinflußt, wie das Beispiel der massiven Vergabe von Entwicklungshilfe an Pakistan und die Türkei nach dem Einmarsch sowjetischer Truppen in Afghanistan im Jahre 1979 zeigt. Für diesen Bedeutungsverlust sind mehrere Ursachen verantwortlich. Zum einen erwies sich die verfolgte Politik als weitgehend erfolglos. Durch die Androhung von Sanktionen im Fall der Einnahme einer prokommunistischen Haltung kann gegebenenfalls die Regierung des betroffenen Entwicklungslandes zu einem Wohlverhalten veranlaßt werden. Die sozialen Probleme, die die Grundlage für die Verbreitung kommunistischen Gedankengutes und spätere revolutionäre Veränderungen bilden, werden damit nicht gelöst. Mit der Ost-West-Entspannung während der siebziger Jahre und der fortschreitenden politischen Emanzipation der Entwicklungsländer von den beiden Weltmächten (Dritter Weg) verlor der Ost-West-Konflikt ebenfalls an Gewicht für die Entwicklungspolitik. Schließlich wurde zunehmend erkannt, daß die Sicherheit der Industrieländer weniger durch den Einfluß des Kommunismus in den Entwicklungsländern als vielmehr durch das Wohlstandsgefälle zwischen Industrie- und Entwicklungsländern und die ungerechten Wirtschafts- und Sozialstrukturen innerhalb der Entwicklungsländer bedroht wird. Da daraus Konflikte resultieren können, die zu ausufernden militärischen Auseinandersetzungen innerhalb der Entwicklungsländer und möglicherweise zu Störungen in der Versorgung der Industrieländer mit strategisch wichtigen Rohstoffen führen, werden Frieden und Sicherheit der Industrieländer be-

droht. Daher setzte sich zunehmend ein verändertes Verständnis von den außenpolitischen Zielsetzungen der Entwicklungspolitik durch. Entwicklungspolitik wurde – zumindest von einigen Industrieländern – als Bestandteil einer langfristig zu verfolgenden Friedens- und Sicherheitspolitik aufgefaßt.
Neben außenpolitischen Zielsetzungen verfolgen die Industrieländer mit ihrer Entwicklungspolitik *wirtschaftliche Eigeninteressen.* So soll die wirtschaftliche Zusammenarbeit mit den Entwicklungsländern die Ausweitung der Absatzmärkte für industrielle Produkte fördern, die Voraussetzungen für Direktinvestitionen in den Entwicklungsländern verbessern und die Versorgung der Industrieländer mit Rohstoffen aus Entwicklungsländern sichern. Zwischen der Vergabe von Entwicklungshilfe und der Höhe der Exporte in die Entwicklungsländer besteht ein direkter und ein indirekter Zusammenhang. Zur direkten Finanzierung von Warenexporten tragen die finanziellen Leistungen an die Entwicklungsländer dadurch bei, daß sie überwiegend für Käufe von Waren aus den Industrieländern verwendet werden. Das Ausmaß der Rückflüsse ist dann besonders groß, wenn die Kapitalhilfe liefer- und projektgebunden vergeben wird (vgl. D I 4). Als konjunkturpolitisches Steuerungsinstrument eignet sich die Entwicklungshilfe allerdings kaum, da zwischen der Zusage der Kapitalhilfe und der Auftragsvergabe erfahrungsgemäß ein Zeitraum von zwei bis vier Jahren liegt, Konjunkturprognosen aber nur für kürzere Zeiträume möglich sind. Einen indirekten, längerfristig wirksam werdenden Beitrag zur Exporterhöhung kann die Entwicklungshilfe dadurch leisten, daß sie den Entwicklungsprozeß in der Dritten Welt beschleunigt und damit die dortigen Absatzmärkte erweitert. Hieraus können sich insbesondere Exportmöglichkeiten für die Hersteller von Investitionsgütern ergeben.
Die Förderung von Direktinvestitionen heimischer Unternehmen in den Entwicklungsländern stellt ein weiteres Ziel der Entwicklungspolitik dar. Mit der Vergabe von Entwicklungshilfe tragen die Industrieländer dazu bei, in den Entwicklungsländern die infrastrukturellen Voraussetzungen für die Vornahme von Direktinvestitionen zu schaffen. Gleichzeitig halten sie die Zahlungsfähigkeit der Entwicklungsländer aufrecht und ermöglichen damit den Gewinntransfer der Multinationalen Konzerne aus den Entwicklungsländern (vgl. C I 3).
Schließlich verfolgen die Industrieländer mit der Entwicklungspolitik das Ziel, ihre Versorgung mit Rohstoffen aus der Dritten Welt (zu einem angemessenen Preis) sicherzustellen. Ein wichtiger Ansatzpunkt liegt dabei in der Unterstützung der Entwicklungsländer bei der Exploration und Erschließung von Rohstofflagerstätten, bei der mengenmäßigen Ausweitung und qualitativen Verbesserung der Rohstoffproduktion und bei der Veredlung und Weiterverarbeitung der Rohstoffe. Mit diesen Maßnahmen ist allerdings noch nicht gewährleistet, daß die Entwicklungsländer nicht aus politischen Gründen eine künstliche Verknappung auf den Rohstoffmärkten herbeiführen.
Das dritte Ziel der Entwicklungspolitik besteht darin, die Lebensbedingungen der Bevölkerung in den Entwicklungsländern zu verbessern. Die *entwicklungspolitische Zielsetzung* wird von humanitären Motiven getragen. In der Vergangenheit wurde dieses Ziel mit unterschiedlichen Entwicklungsstrategien verfolgt (Streeten). Während der fünfziger und sechziger Jahre versuchten die Industrieländer,

die Lebensbedingungen in den Entwicklungsländern über eine Förderung des wirtschaftlichen Wachstums zu verbessern. Dabei wurden verschiedene Annahmen über den Zusammenhang zwischen wirtschaftlichem Wachstum und der Anhebung des Lebensstandards der armen Bevölkerungsschichten gemacht. So wurde einerseits unterstellt, daß Wachstumsgewinne automatisch bis zu den Armen »durchsickern« würden, indem Marktkräfte sie über eine Ausdehnung der Arbeitskräftenachfrage, Lohnerhöhungen und Preissenkungen verteilen würden. Andere, die den einkommensnivellierenden Kräften des Marktes mißtrauten, nahmen an, daß der Staat über eine progressive Einkommensbesteuerung und hohe Sozialleistungen für Verteilungsgerechtigkeit sorgen würde. Wieder andere gingen davon aus, daß wirtschaftliches Wachstum zwar anfänglich mit zunehmender Ungleichheit verbunden sei, ab einem bestimmten Pro-Kopf-Einkommen aber verstärkt den Armen zugute käme (vgl. A IV 1). Seit Ende der sechziger Jahre wurde die wachstumsorientierte Strategie zunehmend in Frage gestellt, weil sie zwar ein rasches wirtschaftliches Wachstum hervorgebracht, in den meisten Ländern aber die absolute Armut großer Bevölkerungsteile nicht beseitigt hatte (Ul Haq, S. 3ff.). Aus dieser Erkenntnis heraus wurde die grundbedürfnisorientierte Entwicklungsstrategie formuliert. Ihr wesentlicher Inhalt ist darin zu sehen, daß sie die Befriedigung der Grundbedürfnisse nicht indirekt über die Steigerung des wirtschaftlichen Wachstums, sondern direkt über die Errichtung von Infrastruktureinrichtungen (einfache Gesundheitsdienste, Wasserzapfstellen, sanitäre Anlagen usw.), den Bau von Wohnungen und eine bessere Versorgung mit Nahrungsmitteln (u. a. durch Agrarreformen) erreichen will. Das Grundbedürfniskonzept hat in den letzten Jahren Eingang in die Entwicklungspolitik wichtiger Geberländer und auch der Weltbank gefunden (Addicks, Bünning, S. 9 ff. u. 107ff.).
Je nach der verfolgten Entwicklungshilfepolitik können die drei genannten Zielsetzungen miteinander konkurrieren oder in einer Komplementaritätsbeziehung zueinander stehen (andere Beziehungsarten werden hier ausgeklammert). Zielkonflikte treten überwiegend zwischen den von Eigeninteressen bestimmten außenpolitischen und wirtschaftlichen Zielen sowie den entwicklungspolitischen Zielen auf. So beeinträchtigt z.B. eine außenpolitisch motivierte Stützung eines reformfeindlichen Regimes die Realisierung entwicklungspolitischer Ziele. Eine den Exportinteressen des Geberlandes dienende Lieferbindung der Kapitalhilfe engt den Beschaffungsmarkt auf das Geberland ein und verhindert damit unter Umständen, daß das Empfängerland dem entwicklungspolitisch optimalen Projektangebot den Zuschlag erteilen kann. Eine Komplementarität der Ziele ist auf der anderen Seite dann gegeben, wenn eine langfristig konzipierte, entwicklungspolitisch orientierte Vergabe von Entwicklungshilfe zur Ausweitung von Märkten in den Entwicklungsländern und zu guten politischen Beziehungen mit den Empfängerländern führt (Eppler, S. 98ff.).

3. Formen der Entwicklungshilfe

Im Rahmen der staatlichen Entwicklungshilfe unterstützen die Industrieländer die Entwicklungsländer entweder direkt (bilateral) oder über internationale Institutionen (multilateral). Bilaterale wie multilaterale Entwicklungshilfe gliedert sich

in die Kapitalhilfe (Finanzielle Zusammenarbeit), die Technische Hilfe (Technische Zusammenarbeit) und die Nahrungsmittelhilfe. Die Kapitalhilfe wird grundsätzlich in Form von Krediten vergeben. Diese sind in der Regel mit sehr niedrigen Zinsen und langen Laufzeiten ausgestattet. Den am wenigsten entwikkelten Ländern werden in zunehmendem Maße auch nicht-rückzahlbare Zuwendungen gewährt. Die Kapitalhilfe dient zur Finanzierung von entwicklungspolitisch förderungswürdigen Investitionsvorhaben.
Gegenstand der Technischen Hilfe ist die Übertragung von Wissen an die Entwicklungsländer. Dies geschieht im wesentlichen durch die Entsendung von Entwicklungsexperten und Lehrern, die Gewährung von Stipendien für eine wissenschaftliche und technische Ausbildung und die Unterstützung von bestimmten Institutionen in den Entwicklungsländern (z.B. Selbsthilfeorganisationen) durch finanzielle und materielle Zuwendungen. Die Technische Hilfe wird durch Zuschüsse finanziert.
Durch die Nahrungsmittelhilfe werden den Entwicklungsländern Nahrungsmittel gegen Kredit, Bezahlung in Inlandswährung oder unentgeltlich zur Verfügung gestellt. Wichtigste Geber sind die USA (auf der Grundlage des Public Law 480 [PL 480]), die EG und das »World Food Programme«. Seit 1968 wird ein Teil der Nahrungsmittelhilfe durch die im Rahmen des Weltweizenabkommens abgeschlossene »Food Aid Convention« geregelt bzw. finanziert. Die Nahrungsmittelhilfe dient den Geberländern häufig zum Abbau ihrer Überschüsse an landwirtschaftlichen Erzeugnissen. Sie trägt auf der anderen Seite zur Deckung des ständig wachsenden Nahrungsmittelbedarfs in den Entwicklungsländern bei. Allerdings wirkt sie sich teilweise auf das Preisgefüge und damit auf die Nahrungsmittelproduktion in Entwicklungsländern negativ aus.
Von der *Verwendungsseite* her läßt sich die Entwicklungshilfe in folgende Formen einteilen: Projekthilfe, Programmhilfe, Warenhilfe, Finanzierung von Entwicklungsbanken, Budget- und Zahlungsbilanzhilfe sowie Schuldenerlaß und Umschuldung.
Die Projekthilfe knüpft an ein in sich geschlossenes, in seinen Auswirkungen überschaubares Investitionsvorhaben an, z. B. den Bau eines Staudammes oder die Errichtung einer Berufsschule.
Im Gegensatz dazu werden durch die Programmhilfe nicht klar abgrenzbare Einzelmaßnahmen, sondern umfassende Entwicklungsprogramme finanziert. Dabei wird zwischen integrierten Sektor- bzw. Regionalprogrammen und Parallelprogrammen unterschieden. Integrierte Sektor- und Regionalprogramme sind zeitlich und räumlich aufeinander abgestimmte und funktional voneinander abhängige Maßnahmen zur Förderung einzelner Sektoren oder Regionen (z.B. ländliche Entwicklungsprogramme). Parallelprogramme umfassen mehrere gleichartige Maßnahmen, die regional nicht begrenzt zu sein brauchen, in der Regel jedoch sektorale und technische Gemeinsamkeiten und gegebenenfalls organisatorische Zusammenhänge aufweisen (z. B. ländliche Gesundheitszentren). Im Rahmen des vereinbarten Programms bestimmt das Empfängerland den Einsatz der Mittel im einzelnen selbst.
Mit der Warenhilfe wird die Einfuhr von Gütern und Leistungen finanziert, die zur Aufrechterhaltung, besseren Nutzung und Erweiterung bestehender Produk-

tionskapazitäten des Entwicklungslandes erforderlich sind. Die Warenhilfe kann auch zur Ausrüstung wissenschaftlicher, technischer, medizinischer und ähnlicher sozialer Einrichtungen dienen. Auch die Finanzierung von Patent- und Lizenzgebühren ist möglich. Durch die Warenhilfe wird die Finanzierung einer breiten, nicht auf den Bedarf einzelner Sektoren oder Unternehmen beschränkten Auswahl von Gütern und Leistungen ermöglicht.

Die Finanzierung von Entwicklungsbanken erfolgt mit der Zielsetzung, daß die finanziellen Mittel als Kredit an kleine und mittlere Unternehmen im Agrar- und Industriesektor weitergegeben werden. Die Weiterleitungskonditionen richten sich nach Art und wirtschaftlicher Ertragskraft des zu fördernden Unternehmens sowie nach den Kapitalmarktverhältnissen im jeweiligen Entwicklungsland. Wenn der Weiterleitungszinssatz höher als der Transferzinssatz zwischen Geberland und Entwicklungsbank ist, verbleiben dem Entwicklungsland Zinsspaltungsgegenwertmittel in Inlandswährung. Bei Zuschüssen, die als Kredite weitergeleitet werden, fallen neben den Zinsen auch die Tilgungen in Landeswährung beim Entwicklungsland an. Solche Gegenwertmittel können zusätzlich für die Finanzierung von Unternehmen eingesetzt werden. Darüber hinaus eröffnen sich den Entwicklungsbanken weitere Finanzierungsmöglichkeiten dadurch, daß die Laufzeiten der Endkredite meist wesentlich kürzer sind als die Laufzeit der den Entwicklungsbanken gewährten Darlehen. Solange die Rückflüsse aus den Endkrediten nicht für die Tilgung der Darlehen benötigt werden, können sie erneut eingesetzt werden (Revolving-Verfahren).

Bei der Budget- und Zahlungsbilanzhilfe handelt es sich um finanzielle Leistungen, die zum Zweck der Finanzierung von Haushaltsausgaben bzw. zum Ausgleich der Zahlungsbilanz an Entwicklungsländer vergeben werden. Für das Empfängerland stellen diese Mittel frei verfügbare Devisenreserven dar, deren Verwendung an keine Bedingungen geknüpft ist.

Eine Form der Entwicklungshilfe, die in jüngster Zeit an Bedeutung gewonnen hat, bilden der Schuldenerlaß und die Umschuldung. Im Fall des Schuldenerlasses werden die noch ausstehenden Tilgungs- und Zinszahlungen erlassen. Bestehende Kredite werden damit in Zuschüsse umgewandelt. Umschuldung wird definiert als Minderung fälliger Tilgungs- und Zinszahlungen. Die Umschuldungstechniken bestehen in der Aufstellung eines neuen Schuldenplans oder einer Schuldenrefinanzierung. Bei einem neuen Schuldenplan wird der gesamte oder ein Teil des Schuldendienstes von dem fälligen auf einen späteren Termin verschoben. Bei der Schuldenrefinanzierung wird ein neuer Kredit gewährt, mit dem aus früheren Krediten resultierende Schuldendienstzahlungen finanziert werden (Kreditanstalt für Wiederaufbau 1980, S. 3ff.; OECD 1978).

Kapitalhilfe beruht auf dem Gedanken, daß der Import von Investitionsgütern eine wesentliche Voraussetzung für den Entwicklungsprozeß der Dritten Welt darstellt und – angesichts der Devisenknappheit der Entwicklungsländer – durch eine langgfristige Auslandsfinanzierung erleichert werden sollte. Sie erstreckt sich daher primär auf die mit der Durchführung von Projekten und Programmen verbundenen Investitionskosten und schließt die Finanzierung der Betriebs- und Unterhaltungskosten (laufende Kosten) in der Regel aus. Von den Investitionskosten werden häufig nur die Devisenkosten, nicht aber die Inlandskosten finanziert. Devisenkosten bezeichnen die Ausgaben für den Kauf ausländischer Güter und Dienstleistungen, wobei sich direkte und indirekte Devisenkosten unterscheiden lassen. Die direkten Devisenkosten resultieren aus Importen des Projektträgers; die eingeführten Güter und Dienstleistungen gehen unmittelbar in das Projekt ein. Indirekte Devisenkosten fallen an, wenn Projektinputs zwar von inländischen Produzenten bezogen werden, zu ihrer Herstellung jedoch Importe erforderlich sind. Im Gegensatz zu den Devisenkosten handelt es sich bei den Inlandskosten um Ausgaben für den Erwerb inländischer Güter und Dienstleistungen. Der den Inlandskosten entsprechende reale Beitrag zum Projekt kommt aus dem Inland. Inlandskosten, die aus der Durchführung von Projekten resultieren, werden auch *lokale Kosten* genannt. Die Bereitschaft der Geberländer, lokale Kosten zu finanzieren, ist, wie schon erwähnt wurde, nicht sehr groß, nimmt aber zu. Durch eine solche Finanzierung wird dem Empfängerland ein ungebundener Devisenbetrag bereitgestellt, den es zur Deckung seines allgemeinen Importbedarfs frei verwenden kann (Kreditanstalt für Wiederaufbau 1973).

Hinsichtlich der Finanzierung der *laufenden Kosten* von Entwicklungsprojekten vertreten die DAC-Länder die Meinung, daß diese Kosten grundsätzlich von den Empfängerländern getragen werden müssen. Häufig kommen jedoch diese für die Betriebs- und Unterhaltungskosten nur unzureichend auf mit dem Ergebnis einer suboptimalen Nutzung und Vernachlässigung der Projekte. Um der Unterfinanzierung von Projekten zu begegnen, ist vorgeschlagen worden, die laufenden Kosten für eine begrenzte Zeitdauer mit Entwicklungshilfe zu finanzieren. Eine solche Maßnahme würde u. a. sicherstellen, daß die laufenden Kosten in die Planung von Projekten einbezogen und ein angemessener Betrag für die laufende Finanzierung im Haushalt des Entwicklungslandes vorgesehen würden. Auch würde ein Projekt, wenn es erst einmal in vollem Umfang arbeitsfähig wäre, flexibel auf Kürzungen von Haushaltsmitteln reagieren können (Heller).

Innerhalb der entwicklungspolitischen Diskussion ist die Frage umstritten, ob die Kapitalhilfe als *Projekthilfe oder* als *Programmhilfe* vergeben werden sollte. Während die kapitalgebenden Länder eher für die Projekthilfe eintreten, plädieren die Entwicklungsländer für eine stärkere Ausweitung der Programmhilfe (und anderer Formen projektungebundener Kapitalhilfe).

Zugunsten der Projekthilfe werden im wesentlichen folgende Argumente angeführt:

– Durch die Bindung der Kapitalhilfe an bestimmte Projekte wird die Bereitschaft der Geberländer erhöht, die Kapitalhilfe auszudehnen. Mittel für die Entwicklungshilfe werden eher bewilligt, wenn ihre Verwendung bekannt, ihre Erträge abschätzbar und ihr Einsatz kontrollierbar sind. Auch steigern spektakuläre Projekte das Prestige der Geberländer.

– Darüber hinaus stellt die Projektbindung der Kapitalhilfe für das Geberland ein Mittel dar, die Entwicklungspolitik des Empfängerlandes zu beeinflussen. Sie ermöglicht es ihm, seine entwicklungspolitischen Grundsätze im Empfängerland durchzusetzen, indem es nur solche Projekte unterstützt, die den eigenen entwicklungspolitischen Prioritäten entsprechen. Diese Möglichkeit zur Einflußnahme ist allerdings nur dann von Bedeutung, wenn das Empfängerland andere entwicklungspolitische Kriterien als das Geberland bei der Verwendung der Kapitalhilfe zugrunde legt.

Hinsichtlich der Wirksamkeit der Projektbindung ist zwischen der formalen Verwendungsverpflichtung für das Empfängerland und der tatsächlichen Verwendung der Kapitalhilfe zu unterscheiden. Die formale Verpflichtung beinhaltet die Verwendung der Kapitalhilfe für ein bestimmtes Projekt. Ihre Einhaltung kann vom Geberland durch Kontrollen und Auszahlungsverfahren durchgesetzt werden. Aus der formalen Verwendungsverpflichtung folgt noch nicht, daß durch die Gewährung von Kapitalhilfe das vom Geberland vorgesehene Projekt und nicht ein anderes Projekt zusätzlich realisiert wird. Sofern das betreffende Projekt auch ohne Auslandshilfe durchgeführt worden wäre, werden durch die Kapitalhilfe finanzielle Mittel freigesetzt, die das Empfängerland einer anderen Verwendung zuführen kann. Die Kapitalhilfe dient in diesem Fall letztlich der Realisierung des alternativen »Grenzprojektes« und nicht der Durchführung jenes Projektes, an dessen Verwirklichung die Kapitalhilfe gebunden ist. Nur wenn das vorgesehene Projekt ohne Auslandshilfe nicht durchgeführt worden wäre, finanziert das Geberland tatsächlich ein Projekt seiner Wahl.

Diese Überlegungen lassen sich durch folgendes Beispiel erläutern. Es sei angenommen, daß im Empfängerland ein Entwicklungsplan mit den Projekten A, B, C und D existiert, wobei Projekt A in der Rangfolgeskala des Empfängerlandes an erster Stelle steht. Von diesen Projekten kann das Empfängerland ohne Auslandshilfe die Projekte A, B und C realisieren. Gewährt nun das Geberland Kapitalhilfe für das Projekt A, so spart das Empfängerland in Höhe der gewährten Hilfe eigene Mittel ein, die es für die Durchführung des Projektes D einsetzen kann (Freisetzungs- oder Switching-Effekt). Obwohl die Kapitalhilfe an das Projekt A gebunden ist, ermöglicht sie tatsächlich die Durchführung des Projektes D. Zum materiell gleichen Ergebnis führt die Bindung der Kapitalhilfe an die Projekte B, C und D. Nur wenn das Geberland seine Kapitalhilfe an ein Projekt X bindet, dem das Empfängerland geringe Priorität beimißt, setzt es seine entwicklungspolitischen Vorstellungen gegenüber denen des Empfängerlandes durch (Hemmer, S. 466f.; Singer).

- Auch wenn die Möglichkeit, über die Projektbindung eigene entwicklungspolitische Zielsetzungen gegenüber den Entwicklungsländern durchzusetzen, begrenzt ist, so hat die Projektbindung – so lautet ein weiteres Argument – doch den Vorteil, daß die betreffenden Projekte genau untersucht und nur dann finanziert werden, wenn sie ein günstiges Nutzen-Kosten-Verhältnis aufweisen. Von einer guten Projektvorbereitung gehen außerdem Demonstrationseffekte für die Planung anderer Projekte aus.
- Die Projektbindung erleichert es des weiteren, Kapitalhilfe mit Technischer Hilfe zu kombinieren und somit die Erfolgsaussichten der Entwicklungshilfe zu erhöhen.

Gegenüber der Projekthilfe werden vor allem folgende Kritikpunkte geltend gemacht:

- Der (nur teilweise erfolgreiche) Versuch der Geberländer, über die Projekthilfe ihre eigenen entwicklungspolitischen Vorstellungen durchzusetzen, schränkt die Souveränität der Entwicklungsländer ein.

- Auch besteht die Gefahr, daß das Empfängerland Projekte, denen es eine geringe Priorität beimißt, nur unzureichend unterstützt und damit deren Erfolg in Frage stellt.
- Dem Vorteil projektgebundener Kapitalhilfe, sorgfältig geplant zu werden, steht der Nachteil einer zeitaufwendigen Projektvorbereitung gegenüber. Vom Einsetzen der Projektvorbereitung bis zur Auszahlung der Projektkredite liegt ein längerer Zeitraum als er bei der Gewährung von Programmhilfe üblich ist.
- Da die Projekthilfe häufig auf die Finanzierung von Devisenkosten beschränkt ist, werden die Empfängerländer bei dieser Vergabeform veranlaßt, ständig neue Projekte in Angriff zu nehmen, um in den Genuß der Entwicklungshilfe zu gelangen. Gleichzeitig sind sie gezwungen, eigene Mittel für die Finanzierung der lokalen Kosten dieser Projekte bereitzustellen, die sie unter Umständen den Fonds für die Finanzierung laufender Kosten entziehen müssen. Die Folge ist eine Unterauslastung bestehender Projekte. Bei der Programmhilfe, die in stärkerem Maße auch die Finanzierung der lokalen Kosten umfaßt, ist diese Gefahr weniger gegeben.
- Projekthilfe bevorzugt aus administrativen Gründen in der Regel größere gegenüber kleineren Projekten. In der Praxis handelt es sich hierbei um Infrastrukturprojekte, während direkt produktive Investitionsvorhaben vernachlässigt werden. Programmhilfe kann demgegenüber über geeignete Trägerorganisationen in den Entwicklungsländern (wie z. B. Entwicklungsbanken) an kleine Agrar- und Industriebetriebe weitergeleitet werden.
- Im Gegensatz zur Programmhilfe erlaubt die Projekthilfe keine flexible Verwendung der finanziellen Mittel durch das Empfängerland.
- Die Gewährung von Projekthilfe ist schließlich mit Kosten für das Empfängerland verbunden, die bei anderen Formen ungebundener Kapitalhilfe entweder gar nicht oder – so ist zu vermuten – in geringerer Höhe anfallen. So macht die Projektbindung der Kapitalhilfe ausgiebige Verhandlungen zwischen Geber- und Empfängerland erforderlich (Verhandlungskosten). Die verbreitete Praxis, lediglich den Devisenkostenanteil der Projekte zu finanzieren, hat zur Folge, daß die Entwicklungsländer kapitalintensive Projekte mit hohem Devisenkostenanteil anstelle von Projekten mit volkswirtschaftlich optimaler Kapital- und Importintensität bevorzugen (volkswirtschaftliche Zusatzkosten). Da eine Bindung der Kapitalhilfe an den Bezug von Waren aus dem Geberland (Lieferbindung) bei der Projekthilfe eher als bei der Programmhilfe durchgesetzt werden kann (vgl. D I 4), entstehen dem Empfängerland bei der Projekthilfe möglicherweise höhere Beschaffungskosten als bei der Programmhilfe (Verteuerungseffekt).

Wenn auch nach unserem Ermessen mehr Argumente dafür sprechen, Kapitalhilfe in Form der Programmhilfe, also nicht projektgebunden zu gewähren, so soll hieraus nicht der Schluß gezogen werden, daß die Projekthilfe aufzugeben wäre. Beide Formen der Kapitalhilfe haben ihre Berechtigung. Die Projekthilfe sollte jedoch eingeschränkt, die Programmhilfe ebenso wie andere Formen projektgebundener Kapitalhilfe ausgebaut werden.

4. Lieferbindung der Entwicklungshilfe

Seit die Industrieländer Entwicklungshilfe vergeben, binden sie einen Teil der finanziellen Leistungen an die Auflage, diese für Käufe von Gütern und Dienstleistungen im Geberland (oder Drittländern) zu verwenden. Diese als Lieferbindung bezeichnete Praxis umfaßt alle Maßnahmen, die dem Empfängerland die Bezugsquellen der mit öffentlicher Entwicklungshilfe finanzierten Güter- und Dienstleistungskäufe vorschreiben. Die Lieferbindung ist zu unterscheiden von der Projektbindung. Hierbei werden die Entwicklungshilfeleistungen – wie gesagt – an ein in sich geschlossenes, in seinen Auswirkungen überschaubares Investitionsvorhaben gebunden, ohne daß die Bezugsquellen für die im Projekt eingesetzten Güter und Dienstleistungen festgelegt sein müssen. Sofern Lieferbindung und Projektbindung zusammenfallen, spricht man von Doppelbindung. In einem dritten Sinne kann Entwicklungshilfe dahingehend gebunden sein, daß sie nur zur Finanzierung des Devisenkostenanteils von Projekten und Programmen verwendet werden darf, während das Empfängerland die Inlandskosten selbst tragen muß. Damit allein ist noch nichts über den Status der Lieferbindung ausgesagt. Vielfach jedoch sind die drei Formen der Bindung (Liefer- und Projektbindung sowie Bindung an den Devisenkostenanteil) aneinander gekoppelt.
Es lassen sich zwei *Formen* der Lieferbindung unterscheiden. Bei der formellen Lieferbindung wird vertraglich festgelegt, daß das Empfängerland die Entwicklungshilfeleistungen nur für Käufe im bezeichneten Lieferland zu verwenden hat. Sofern die Leistungen nur im Geberland verausgabt werden dürfen, spricht man auch von Geberlieferbindung. Bei der informellen Lieferbindung versucht das Geberland – unter Verzicht auf vertragliche Regelungen – durch gezielte Maßnahmen zu erreichen, daß die gewährte Hilfe für Käufe im Geberland verwendet wird. Eine informelle Lieferbindung läßt sich im wesentlichen durch folgende Maßnahmen erreichen:

- Bevorzugte Finanzierung von Projekten, bei denen das Geberland internationale Wettbewerbsvorteile hat;
- vorrangige Gewährung der Kapitalhilfe an Länder, die mit dem Geberland traditionell enge Wirtschaftsbeziehungen unterhalten;
- Verbund von Kapitalhilfe und Technischer Hilfe; hierbei beraten Consultings des Geberlandes das Empfängerland bei der Verwendung der Kapitalhilfe;
- Gewährung von Mischkrediten; Kapitalhilfe und (öffentliche und private) Exportkredite werden derart miteinander verbunden, daß gegenüber dem Empfängerland ein einziger Kredit mit einheitlicher Laufzeit und Verzinsung in Erscheinung tritt; da Exportkredite auf inländische Exportgeschäfte beschränkt sind, bewirkt der Mischkredit notwendigerweise eine Lieferbindung der betreffenden Kapitalhilfe;
- vorweggenommene Ausschreibung; die Kapitalhilfe wird erst gewährt, nachdem das Empfängerland – im Rahmen einer internationalen Ausschreibung – einem Unternehmen des Geberlandes den Lieferzuschlag erteilt hat;
- unmittelbare Einflußnahme (Druck) auf das Empfängerland;
- Festlegung von Ausschreibungsbedingungen, die von international üblichen Gepflogenheiten abweichen und das Geberland einseitig bevorzugen.

Die einzelnen Formen der informellen Lieferbindung sind in ihrer Wirksamkeit nicht gleichwertig. Eine absolut sichere Lieferbindung läßt sich durch den Mischkredit und die vorweggenommene Ausschreibung erreichen, da in diesen Fällen das Geberland die Hilfe erst vergibt, nachdem eine inländische Firma den Lieferzuschlag erhalten hat. Eine Mitwirkung des Empfängerlandes ist hierbei nicht erforderlich, vielmehr wird die Lieferbindung allein durch das Handeln des Geberlandes sichergestellt. Demgegenüber setzen die anderen Formen der informellen Bindung das Mitwirken des Empfängerlandes voraus, um wirksam zu werden.

Das *Ausmaß* der formellen Lieferbindung der öffentlichen Entwicklungshilfe wird vom DAC erfaßt. Quantitative Angaben zur informellen Lieferbindung liegen demgegenüber nicht vor. Das DAC unterscheidet hinsichtlich ihrer formellen Lieferbindung drei Kategorien von Entwicklungshilfeleistungen: die gebundenen, die teilweise gebundenen und die ungebundenen Leistungen. Gebundene Entwicklungshilfeleistungen sind nur für Käufe im Geberland zu verwenden. Teilweise gebundene finanzielle Mittel können nur im Geberland und in bestimmten anderen Ländern ausgegeben werden. Zum Kreis der anderen Länder können dabei – je nach dem Grad der Aufbindung – das Empfängerland, spezielle Entwicklungsländer, alle Entwicklungsländer und/oder spezielle Industrieländer gehören. Ungebundene Leistungen können im wesentlichen in allen Ländern für die Beschaffung von Gütern verwendet werden. Im Jahre 1978 vergaben die DAC-Länder 34,0 v.H. ihrer gesamten ODA (einschließlich multilaterale ODA) gebunden, 13,5 v.H. teilweise gebunden und 52,5 v.H. ungebunden. Während die multilaterale Hilfe weitgehend ungebunden gewährt wird, werden die bilaterale Kapitalhilfe und insbesondere die bilaterale Technische Hilfe in stärkerem Maße gebunden vergeben. Im Verlauf der siebziger Jahre ist der Anteil der gebundenen an der gesamten ODA zurückgegangen. Der Grad der Lieferbindung ist von Land zu Land sehr unterschiedlich. Während z. B. die Entwicklungshilfeleistungen der Bundesrepublik Deutschland weitgehend ungebunden gewährt werden, unterliegen die Leistungen der übrigen großen Geberländer (USA, Großbritannien, Frankreich, Japan) in starkem Maße der Lieferbindung (Helmschrott, Ochel).

Mit der Lieferbindung verfolgen die Geberländer eine Reihe von *Zielen:*

- Reduzierung der eigenen Zahlungsbilanzdefizite;
- Sicherung von Aufträgen für Wirtschaftszweige, die unter unausgelasteten Produktionskapazitäten leiden, und damit Erhaltung von Arbeitsplätzen;
- Schutz vor wettbewerbsverzerrenden Maßnahmen anderer Geberländer;
- Schaffung und Erhaltung einer positiven Einstellung zur Entwicklungshilfe in der Öffentlichkeit mit dem Ziel, ein hohes Volumen an Entwicklungshilfe zu sichern;
- Demonstration der eigenen industriellen Leistungsfähigkeit in den Entwicklungsländern, die nur durch eine Realisierung, nicht aber die bloße Finanzierung von Projekten gezeigt werden kann.

Unter den genannten Rechtfertigungsgründen messen die Geberländer den positiven *Auswirkungen* der Lieferbindung auf die Höhe der eigenen Warenexporte die größte Bedeutung bei. Dieser Zusammenhang soll im folgenden für ein Geberland untersucht werden, das seine bilaterale Kapitalhilfe bisher ungebunden vergeben hat und nun vollständig an Käufe aus dem eigenen Land bindet. Es wird dabei unterstellt, daß die anderen Geberländer ihren bisherigen Lieferbindungsstatus beibehalten.

Während ungebundene Kapitalhilfe entsprechend der länderspezifischen Importquote des Empfängerlandes (Ann.: 20 v. H.) zu Exporten des Geberlandes führt, wird die liefergebundene Kapitalhilfe prima facie zu 100 v. H. für Aufträge an das Geberland verwendet. Aus einer Lieferbindung der Kapitalhilfe in Höhe von 100 US-$ würde somit eine Zunahme der Exporte im Geberland von 80 US-$ resultieren. Mit einer solchen »prima facie«-Betrachtung lassen sich die Auswirkungen einer Lieferbindung der Kapitalhilfe auf die Exporte des Geberlandes aber nicht angemessen erfassen, da einige Effekte vernachlässigt werden. Hierzu zählen u. a.:

- der Switching-Effekt,
- der Shifting-Effekt und
- der Drittländerexporteffekt.

Der Switching-Effekt bezeichnet die Tatsache, daß das Empfängerland die gebundenen Kapitalhilfeleistungen für die Finanzierung von Importen aus dem Geberland verwendet, die im Fall ungebundener Kapitalhilfe auch dort getätigt worden wären. Oder anders ausgedrückt: Warenimporte aus dem Geberland, die das Empfängerland sonst mit frei verfügbaren Devisen (eigene Devisen und ungebundene Kapitalhilfe) finanziert hätte, werden um die liefergebundenen Bezüge gekürzt. Durch das Switching werden somit die Exporte des Geberlandes in das Empfängerland reduziert. Andererseits werden in Höhe des Switching Devisen im Empfängerland »freigesetzt«, die für zusätzliche Importe, sei es aus dem Geberland, sei es aus Drittländern verwendet werden können. Betrüge in unserem Zahlenbeispiel der Switching-Effekt z. B. 40 US-$ und würden von den dadurch freigesetzten 40 US-$ wiederum 20 v. H. für Käufe im Geberland verwendet, so würden durch die liefergebundene Kapitalhilfe Exporte des Geberlandes in Höhe von 68 US-$ (100 − 40 + 8) induziert (ohne Drittländerexporteffekt). Unter diesen Bedingungen würde eine vollkommene Lieferbindung der Kapitalhilfe die Exporte des Geberlandes nur um 48 US-$ erhöhen.

Ein Shifting-Effekt ist dann gegeben, wenn das Empfängerland Waren, die es im Fall ungebundener Kapitalhilfe in Drittländern gekauft hätte, mit den liefergebundenen finanziellen Mitteln aus dem Geberland bezieht. Durch das Shifting werden Devisen im Empfängerland »freigesetzt«, die es für zusätzliche Importe entweder aus dem Geberland oder aus Drittländern verwenden kann. Betrüge in unserem Beispiel der Shifting-Effekt 10 US-$, so würden aus den dadurch »freigesetzten« Devisen 2 US-$ direkt für Importe aus dem Geberland verwendet. Unter Berücksichtigung des Switching- und des Shifting-Effekts würde eine Lieferbindung der Kapitalhilfe die Exporte des Geberlandes um 50 US-$ erhöhen.

Der Drittländerexporteffekt besteht darin, daß Importe des Empfängerlandes aus Drittländern Importe der Drittländer aus dem Geberland induzieren. Bei ungebundener Kapitalhilfe sind die Importe des Empfängerlandes aus Drittländern höher als bei gebundener Kapitalhilfe, die Drittländerexporte des Geberlandes entsprechend größer. Daher führt eine Lieferbindung der bilateralen Kapital-

hilfe zu geringeren Exporterhöhungen im Geberland als in den bisherigen Ausführungen angenommen wurde.
Die vorstehenden Ausführungen führen zu dem Ergebnis, daß die Lieferbindung der Kapitalhilfe eine Erhöhung der Exporte des Geberlandes zur Folge hat. Das Ausmaß der Erhöhung ist jedoch geringer als die liefergebundene Kapitalhilfe. Dabei sind bei den bisherigen Überlegungen Reaktionen anderer Geberländer auf die Lieferbindung im betrachteten Geberland ebenso wie Aufwertungseffekte unberücksichtigt geblieben, durch welche die Ausdehnung der Exporte in unserem Geberland weiter gemindert würde.
Während das Geberland somit von einer Lieferbindung der Kapitalhilfe profitieren kann, ergeben sich für das Empfängerland Nachteile aus der Lieferbindung. So führt die Lieferbindung insbesondere zu einer Wertminderung der Entwicklungshilfe, als es dem Empfängerland damit häufig verwehrt ist, die Leistungen von den Anbietern zu beziehen, die hinsichtlich Preis und Qualität am günstigsten liefern können. Der damit verbundene Verteuerungseffekt kann in einem engeren und in einem weiteren Sinne erfaßt werden. Der Verteuerungseffekt i. e. S. wird definiert als das Verhältnis von tatsächlichen minus »optimalem« Beschaffungspreis zu »optimalem« Beschaffungspreis. Er kann sich auf ein einzelnes oder auf mehrere liefergebundene Vorhaben beziehen (durchschnittlicher Verteuerungseffekt). Der durchschnittliche Verteuerungseffekt i. e. S. beträgt erfahrungsgemäß zwischen 15 v. H. und 30 v. H. Bei der Ermittlung des Verteuerungseffektes i. w. S. werden für ein Empfängerland die durch die Lieferbindung bedingten zusätzlichen Beschaffungskosten geschätzt und zur gesamten Kapitalhilfe (liefergebundene und lieferungebundene) in Beziehung gesetzt. Der Verteuerungseffekt i. w. S. zeigt an, inwieweit die gesamte Kapitalhilfe an ein Empfängerland durch die Lieferbindung in ihrem realen Wert verringert wurde. Oder anders ausgedrückt: wie stark bei einem Verzicht auf jegliche Lieferbindung die an ein Empfängerland geleistete Kapitalhilfe reduziert werden könnte, ohne den Gütertransfer an das betreffende Empfängerland zu beeinträchtigen. Der Verteuerungseffekt i. w. S. wird von zwei Komponenten beeinflußt: dem Verteuerungseffekt i. e. S. und dem Anteil der liefergebundenen an der gesamten Kapitalhilfe. Schätzungen für einzelne Entwicklungsländer kommen zum Ergebnis, daß der Verteuerungseffekt i. w. S. zwischen 12. v. H. und 24 v. H. betrug (Helmschrott, Ochel).
Angesichts des Verteuerungseffekts liefergebundener Kapitalhilfe stellt sich für die Entwicklungsländer die Frage, ob die Inanspruchnahme von Kapitalhilfe in jedem Fall günstiger ist als die Aufnahme von Krediten auf dem Kapitalmarkt. Dies gilt insbesondere für Kapitalhilfe, die sowohl liefer-, projekt- als auch an den Devisenkostenanteil gebunden ist. Außer höheren Beschaffungskosten können dem Empfängerland in diesem Fall zusätzliche Verhandlungskosten sowie volkswirtschaftliche, aus der Auswahl von Projekten mit hohem Devisenkostenanteil resultierende Kosten entstehen. Nur wenn das Zuschußelement der Kapitalhilfe größer ist als die mit der Kapitalhilfe zusätzlich verbundenen Kosten, lohnt sich ihre Inanspruchnahme, es sei denn, dieser Unterschied wird durch einen besonders niedrigen Zinssatz der Kapitalmarktkredite kompensiert (White, S. 170ff.).

5. *Bilaterale und multilaterale Entwicklungshilfe*

Die Entwicklungshilfe setzt sich aus bilateralen und multilateralen Leistungen zusammen. Bilaterale Entwicklungshilfe wird direkt vom Geberland an das Empfängerland vergeben. Auch die durch mehrere Geberländer gemeinsam gewährte Entwicklungshilfe an ein Empfängerland zählt zu den bilateralen Leistungen. Im Gegensatz dazu sind bei der Vergabe der multilateralen Hilfe internationale Organisationen eingeschaltet. Sie erhalten finanzielle Mittel von den Geberländern und leiten sie an die Empfängerländer weiter. Nur in Ausnahmefällen setzen internationale Organisationen Eigenmittel ein (z. B. die Weltbank).

Obwohl der größte Teil der Entwicklungshilfe in Form von bilateralen Leistungen gewährt wird, ist die *Vorteilhaftigkeit* dieser Vergabeform gegenüber multilateralen Leistungen umstritten. Gegen die Vergabe von Entwicklungshilfe auf bilateraler Grundlage sprechen vor allem folgende Gründe:

- Die bilaterale Entwicklungshilfe läßt sich von den Geberländern für außenpolitische Ziele einsetzen. Damit ist die Gefahr verbunden, daß sich die bilaterale Entwicklungspolitik zu sehr von außenpolitischen und zu wenig von entwicklungspolitischen Gesichtspunkten leiten läßt. Internationale Organisationen lassen sich dagegen von den Geberländern relativ schwer politisch instrumentalisieren. Daher bietet die multilaterale Hilfe eine größere Gewähr, daß entwicklungspolitische Kriterien bei ihrer Vergabe zur Anwendung gelangen.
- Aus ökonomischem Eigeninteresse heraus binden die Geberländer einen Teil der bilateralen Kapitalhilfe an Käufe im eigenen Land. Die Lieferbindung hat zur Folge, daß sich die Beschaffungskosten für die Entwicklungsländer erhöhen. Multilaterale Entwicklungshilfe wird demgegenüber – auch aufgrund eines Beschlusses der DAC-Länder aus dem Jahre 1973 – äußerst selten liefergebunden vergeben. Der reale Wert multilateraler Entwicklungshilfe wird somit durch Verteuerungseffekte nur geringfügig gemindert.
- Die bilateralen Leistungen unterliegen je nach der Haushaltslage der Geberländer stärkeren Schwankungen als die Beiträge an internationale Organisationen, die zumeist aufgrund langfristiger Zusagen entrichtet werden. Etwaige Schwankungen der Beiträge einzelner Mitgliedsländer gleichen sich bei den internationalen Organisationen zudem teilweise aus. Die multilaterale Hilfe kann daher eine größere Kontinuität aufweisen als die bilaterale Entwicklungshilfe.
- Die Inanspruchnahme bilateraler Entwicklungshilfe bedeutet für die Empfängerländer, daß sie sich auf eine Vielzahl von Geberländern mit unterschiedlichen Zielvorstellungen einstellen müssen. Demgegenüber werden die multilateralen Leistungen von wenigen großen internationalen Organisationen nach zum Teil vereinheitlichten Vergabekriterien abgewickelt.
- Geberländer neigen eher dazu, mit der bilateralen Hilfe Prestigeobjekte zu fördern, als internationale Organisationen.
- Für kleine Geberländer ist die bilaterale Entwicklungshilfe mit relativ hohen Verwaltungskosten verbunden. Auch sind sie manchmal nicht in der Lage, spezialisierte Experten bei der Abwicklung der Kapitalhilfe und im Rahmen der Technischen Hilfe einzusetzen. Aus diesem Grunde bevorzugen diese Länder die multilaterale Entwicklungshilfe.

Auf der anderen Seite weist die multilaterale Hilfe nicht nur Vorteile, sondern auch einige Nachteile auf:

- An erster Stelle sind die geringe Effizienz infolge langwieriger Entscheidungsprozesse und die hohen Verwaltungskosten zu nennen, welche die Abwicklung multilateraler Hilfe insbesondere durch die Organisationen der Vereinten Nationen kennzeichnen.
- Darüber hinaus lassen sich die internationalen Organisationen nur schwer einer demokratischen Kontrolle unterziehen.
- Schließlich ist zu berücksichtigen, daß eine Konzentration der Entwicklungshilfe auf multilaterale Leistungen vermutlich zu einem Rückgang der Entwicklungshilfe führen würde, da die multilaterale Hilfe in geringerem Maße als die bilaterale Entwicklungshilfe den Eigeninteressen der Geberländer dient (Balogh).

Während die Kompetenzen für die Durchführung der bilateralen Entwicklungshilfe in den einzelnen Geberländern äußerst unterschiedlich verteilt sind, ist die Zuständigkeit für die Vergabe multilateraler Entwicklungshilfe klar abgegrenzt. Die multilaterale Technische Hilfe wird im wesentlichen von den Sonderorganisationen der Vereinten Nationen geleistet. *Träger* der multilateralen Kapitalhilfe sind vor allem die Weltbankgruppe, die regionalen Entwicklungsbanken, die Europäische Investitionsbank sowie die Europäische Gemeinschaft (vgl. D II).

Seit ihrer Gründung im Jahre 1945, insbesondere aber seit dem starken Zuwachs an Mitgliedern aus der Reihe der Entwicklungsländer beschäftigen sich die Vereinten Nationen mit Fragen der Entwicklungspolitik. Durch die Abhaltung von Fachkonferenzen sowie durch Beschlüsse der Generalversammlung, der Konferenz der Vereinten Nationen für Handel und Entwicklung (United Nations Conference on Trade and Development – UNCTAD), des Wirtschafts- und Sozialrates (Economic and Social Council – ECOSOC) und des Ausschusses für Entwicklungsplanung (Committee on Development Planning – CDP) haben die Vereinten Nationen die entwicklungspolitische Diskussion stark geprägt. Zur Durchführung ihrer Entwicklungshilfe bedienen sie sich u. a. folgender Sonderorganisationen:

- Das Entwicklungsprogramm der Vereinten Nationen (United Nations Development Programme – UNDP) ist die zentrale Planungs-, Koordinierungs- und Finanzierungsorganisation für die Technische Hilfe der Vereinten Nationen. Die Mittel des UNDP stammen aus freiwilligen Zuwendungen sowie Sonderbeiträgen der Mitgliedsländer. Die Grundlage für die Vergabe Technischer Hilfe bilden mittelfristige Länderhilfeprogramme, die von den jeweiligen Empfängerländern mit Unterstützung der UNDP-Länderbüros und der Fachorganisationen der Vereinten Nationen ausgearbeitet werden.
- Die Ernährungs- und Landwirtschaftsorganisation der Vereinten Nationen (Food and Agriculture Organization – FAO) ist die für den Bereich Ernährung und Landwirtschaft zuständige Fachorganisation. Sie hat die Aufgabe, den Ernährungs- und Lebensstandard in der Welt anzuheben, die Agrarproduktion zu steigern und die Lebensbedingungen für die ländliche Bevölkerung zu verbessern.

- Die Organisation für industrielle Entwicklung (United Nations Industrial Development Organization – UNIDO) fördert die Industrialisierung der Entwicklungsländer und widmet sich insbesondere den Problemen kleiner und mittlerer Industriebetriebe.
- Das Internationale Arbeitsamt (International Labour Organization – ILO) verfolgt das Ziel, die Arbeits- und Lebensbedingungen der Menschen zu verbessern. Ihre Tätigkeit umfaßt die Forschung, die Ausarbeitung von Empfehlungen und die Gewährung Technischer Hilfe.
- Die Weltgesundheitsorganisation (World Health Organization – WHO) widmet sich der weltweiten Verbesserung des Gesundheitswesens, der Ausrottung von Krankheiten und der Förderung der medizinischen Forschung. Besonders erfolgreich war die WHO bisher auf dem Gebiet der Bekämpfung von Seuchen.
- Die Organisation für Erziehung, Wissenschaft und Kultur (United Nations Educational, Scientific and Cultural Organization – UNESCO) fördert die internationale Zusammenarbeit auf den Gebieten der Bildung, Wissenschaft, Technologie, Kultur, Kommunikation und Dokumentation.
- Das Kinderhilfswerk (United Nations Children's Fund – UNICEF) leistet Hilfe für notleidende Kinder und Jugendliche und unterstützt Hilfsprogramme für Mutter und Kind, für Gesundheitsvorsorge und für das Ernährungs- und Erziehungswesen.

Die Weltbankgruppe umfaßt drei internationale Finanzierungsinstitutionen: die Internationale Bank für Wiederaufbau und Entwicklung bzw. Weltbank (International Bank for Reconstruction and Development – IBRD), die Internationale Entwicklungsorganisation (International Development Association – IDA) und die Internationale Finanzierungsgesellschaft (International Finance Corporation – IFC). Das gemeinsame Ziel dieser drei Organisationen ist die Hebung des Lebensstandards in den Entwicklungsländern durch die Vergabe von finanziellen Mitteln. Im Rahmen dieser Aufgabenstellung erfüllen die Organisationen verschiedene Funktionen. Sie sind rechtlich und finanziell voneinander getrennt, jedoch personell miteinander verbunden.

Die Weltbank wurde 1945 gegründet. Die von ihr gewährten Kredite sind für wirtschaftlich fortgeschrittenere Entwicklungsländer bestimmt. Sie sind an relativ harte Bedingungen geknüpft: einen Zinssatz, der sich an den Kosten der Mittelbeschaffung orientiert, einen tilgungsfreien Zeitraum von fünf Jahren und eine Laufzeit von 20 Jahren. Die Weltbank finanziert ihre Kredite in erster Linie aus eigenen Mittelaufnahmen an den internationalen Kapitalmärkten.

Die Internationale Entwicklungsorganisation besteht seit 1960. Sie gewährt armen Entwicklungsländern Kredite zu günstigen Konditionen. Diese weisen einen tilgungsfreien Zeitraum von zehn Jahren und eine Laufzeit von 50 Jahren auf. Statt eines Zinses wird eine jährliche Verwaltungsgebühr von 0,75 v.H. erhoben. Die IDA finanziert primär Projekte im Bereich der ländlichen Entwicklung. Die von der IDA verwendeten Mittel stammen aus Subskriptionen, allgemeinen Wiederauffüllungen ihres Kapitals durch ihre stärker industrialisierten und entwickelten Mitgliedsländer, Sonderbeiträgen ihrer reicheren Mitgliedsländer und Übertragungen aus den Nettoeinnahmen der Weltbank.

Die Internationale Finanzierungsgesellschaft fördert den privaten Sektor der Entwicklungsländer, indem sie diesen bei der Mobilisierung von Inlands- und Auslandskapital unterstützt (Weltbank, S. 3).
Die Tätigkeit der weltweit operierenden Weltbankgruppe wird auf regionaler Ebene durch eine Reihe von Entwicklungsbanken ergänzt. Ihre Aufgabenstellung entspricht der der Weltbankgruppe. Es handelt sich hierbei um die Interamerikanische Entwicklungsbank, die Afrikanische Entwicklungsbank und die Asiatische Entwicklungsbank (Deutsche Bundesbank, S. 61 ff.). Darüber hinaus haben die OPEC-Länder seit Mitte der siebziger Jahre eine Reihe von multilateralen Finanzierungsinstitutionen gegründet (Scharf). Eine gemeinschaftlich von Industrieländern und OPEC-Ländern finanzierte Institution ist der seit 1976 bestehende »International Fund for Agricultural Development« (IFAD).

6. Umfang und Konditionen der Entwicklungshilfe

Im Jahre 1978 erreichte die Weltentwicklungshilfe ein Volumen von knapp 25 Mrd. US-$. Sie wurde im wesentlichen von den 17 dem DAC angehörenden Industrieländern, den Staatshandelsländern und China sowie den OPEC-Ländern aufgebracht. Daneben leisteten noch Irland, Israel, Jugoslawien, Luxemburg und Spanien in geringem Umfang Entwicklungshilfe.
Die *DAC-Länder* tragen am stärksten zur Entwicklungshilfe bei. Mit einem Volumen von 19,9 Mrd. US-$ erreichten sie im Jahre 1978 einen Anteil von über 80 v. H. an der Weltentwicklungshilfe. Gleichwohl blieben ihre Leistungen gemessen an ihrem Bruttosozialprodukt mit 0,35 v. H. weit hinter dem von den Vereinten Nationen aufgestellten und von den meisten Geberländern akzeptierten Richtsatz von 0,7 v. H. des Bruttosozialprodukts für die öffentliche Entwicklungshilfe zurück. Dabei ist zu berücksichtigen, daß nicht die gesamten 0,35 v. H., sondern nur das Zuschußäquivalent der Entwicklungshilfeleistungen das Opfer anzeigen, das mit der Vergabe von Entwicklungshilfe verbunden ist. Dieses Opfer wird darüber hinaus noch dadurch gemildert, daß ein erheblicher Teil der Entwicklungshilfe in Form von Aufträgen an die eigene Wirtschaft zurückfließt. Seit Anfang der sechziger Jahre hat der Umfang der öffentlichen Entwicklungshilfe nominal erheblich zugenommen, real gesehen jedoch stagnierten die Entwicklungshilfeleistungen (vgl. Schaubild 6). Der prozentuale Anteil der öffentlichen Entwicklungshilfe am Bruttosozialprodukt ging von 0,51 v. H. im Jahre 1960 auf 0,32 v. H. im Jahre 1978 zurück (berechnet nach dem alten Verfahren zur Erfassung der Nettoauszahlungen). Hinter diesen Durchschnittszahlen verbergen sich sehr unterschiedliche Anstrengungen einzelner Länder, die von einem sehr hohen Hilfsniveau Norwegens, Schwedens und der Niederlande bis hin zu sehr niedrigen Werten bei der Schweiz, Finnland und Italien reichen (vgl. Tabelle 34).
Während das Niveau der öffentlichen Entwicklungshilfe gemessen am Bruttosozialprodukt rückläufig war (bzw. in den letzten Jahren stagnierte), haben sich ihre finanziellen Bedingungen gegenüber den sechziger Jahren erheblich verbessert. Das globale Zuschußelement der den Entwicklungsländern und multilateralen Stellen zugesagten öffentlichen Entwicklungshilfe erreichte im Jahre 1978

Schaubild 6:
Öffentliche Entwicklungshilfe der DAC-Länder, nominal und real, in Mrd. US-$ und als Prozentsatz des BSP, 1960 – 1978

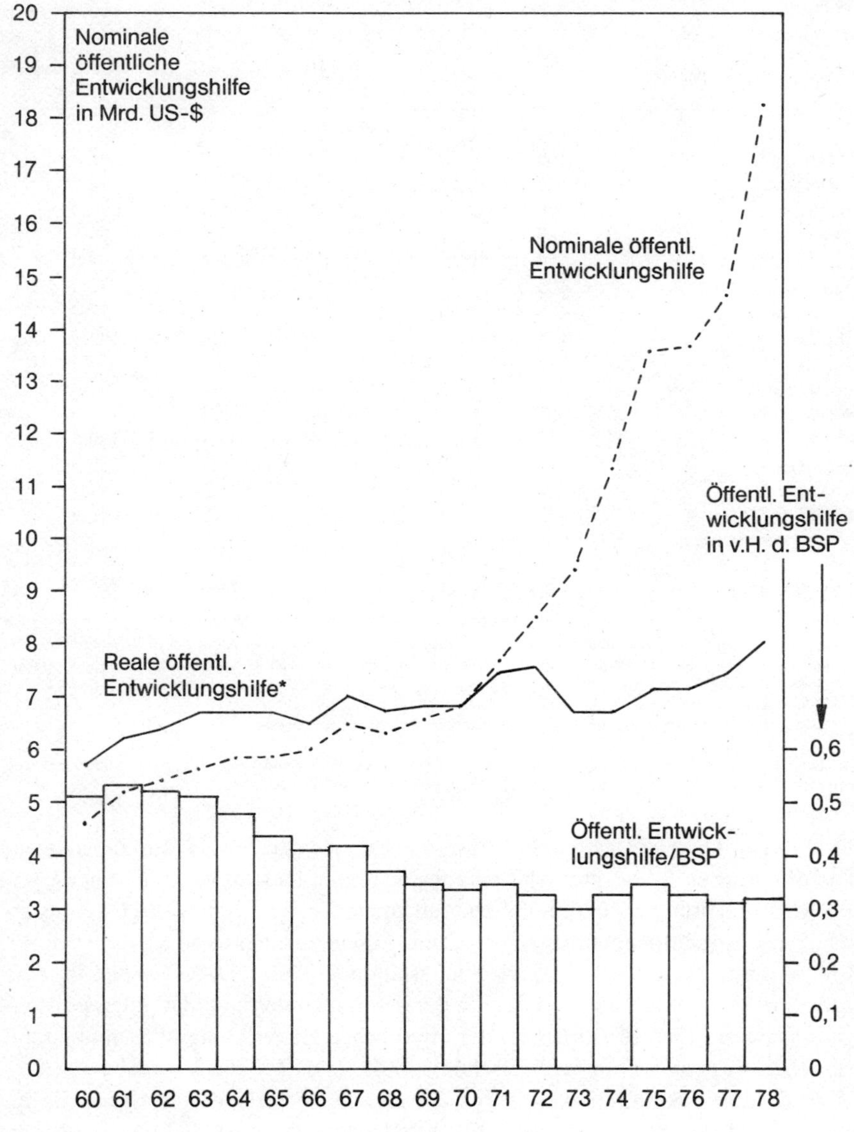

* Die nominalen Zahlen sind auf der Basis der Preisindices für öffentliche Entwicklungshilfe des DAC in Preise von 1970 umgerechnet worden.

Quelle:
OECD, DAC, Zusammenarbeit im Dienste der Entwicklung, Politik und Leistungen der Mitglieder des Ausschusses für Entwicklungshilfe, Jahresprüfung 1973, S. 335, und Jahresprüfung 1979, S. 420, 509 u. 510.

Tabelle 34:
Die öffentliche Entwicklungshilfe der DAC-Länder an die Entwicklungsländer und multilateralen Stellen, 1978

Länder	Nettoauszahlungen[1]			Anteil multilateraler Leistungen in v. H.	Zuschußelement der Zusagen an öffentlicher Entwicklungshilfe in v. H.
	Mill. US-$	in v. H. des BSP			
Australien	588	0,54	(0,45)	28,6	100,0
Österreich	166	0,29	(0,27)	32,0	65,8
Belgien	536	0,55	(0,55)	42,1	98,6
Kanada	1 060	0,52	(0,52)	38,8	96,0
Dänemark	388	0,75	(0,74)	43,9	94,5
Finnland	55	0,17	(0,17)	58,2	99,0
Frankreich	2 705	0,57	(0,57)	13,1	92,4
Deutschland	2 418	0,38	(0,31)	35,5	87,4
Italien	175	0,07	(0,07)	87,3	99,8
Japan	2 215	0,23	(0,23)	30,9	75,3
Niederlande	1 074	0,82	(0,79)	26,5	92,4
Neuseeland	55	0,34	(0,34)	18,2	100,0
Norwegen	355	0,90	(0,90)	45,8	100,0
Schweden	783	0,90	(0,90)	39,6	99,9
Schweiz	173	0,20	(0,20)	41,8	93,1
Großbritannien	1 472	0,48	(0,39)	42,1	92,9
Vereinigte Staaten	5 664	0,27	(0,23)	38,7	89,5
DAC-Länder insgesamt	19 882	0,35	(0,32)	34,0	89,6

1 Seit 1978 werden die Kapitalzeichnungen bei multilateralen Stellen in Form von auf Abruf fälligen Schuldscheinen für alle Länder einheitlich zum Ausgabedatum erfaßt. In den Vorjahren wurden diese Kapitalzeichnungen in Australien, Dänemark, Deutschland, Großbritannien, Niederlande, Österreich und den Vereinigten Staaten zum Einlösungstermin und nur in den übrigen Ländern zum Ausgabedatum erfaßt.
Die Angaben in Klammern sind nach dem ursprünglichen Verfahren berechnet worden.

Quelle: OECD (DAC), Zusammenarbeit im Dienst der Entwicklung, Politik und Leistungen der Mitglieder des Ausschusses für Entwicklungshilfe, Jahresprüfung 1979, Paris 1979, S. 174, 415 und 449.

fast 90 v. H. Die Entwicklungshilfezusagen bestanden zu 73 v. H. aus Zuschüssen. Die öffentlichen Entwicklungshilfekredite waren im Durchschnitt mit einer Laufzeit von 32 Jahren bei 10,8 Freijahren und einem Zinssatz von 2,7 v. H. ausgestattet. Diese Konditionen entsprechen einem Zuschußelement von 62 v. H.
Ein weiteres Merkmal der Entwicklungshilfepolitik der DAC-Länder ist eine zunehmende Verlagerung von den bilateralen hin zu den multilateralen Leistungen. Während 1965/66 nur 6 v. H. der öffentlichen Entwicklungshilfe multilateral vergeben wurden, waren es 1978 schon 34 v. H. (vgl. Tabelle 34).
Über die Entwicklungshilfeleistungen der *Staatshandelsländer und Chinas* liegen keine zuverlässigen Statistiken vor. Die Schätzungen des DAC-Sekretariats lassen aber erkennen, daß die Nettoauszahlungen dieser Ländergruppe in den letzten Jahren zurückgegangen sind. Im Jahre 1978 beliefen sie sich noch auf 0,8 Mrd. US-$, das sind gut 3 v. H. der Weltentwicklungshilfe. Hiervon entfielen auf die Staatshandelsländer 0,67 Mrd. US-$. Der BSP-Anteil der Nettoauszahlungen betrug damit lediglich 0,04 v. H. Die Konditionen der Zusagen der Staatshandelsländer wurden in den letzten Jahren gelockert, sind aber nach wie vor härter als

die Bedingungen der anderen Geberländer. Zu den wichtigsten Empfängerländern von Entwicklungshilfe zählen Algerien, Afghanistan, Irak, Kuba, Syrien, Türkei und insbesondere Vietnam.
Die Entwicklungshilfe Chinas ist seit 1974 rückläufig. Die Nettoauszahlungen sanken 1978 auf schätzungsweise 0,25 Mrd. US-$. Ihr Anteil am Bruttosozialprodukt belief sich damit auf lediglich 0,06 v.H., das heißt die Hälfte des Durchschnitts der Jahre 1972 bis 1976. Angesichts seiner politischen Rückschläge in Albanien und Vietnam und im Zuge seines neuen innenpolitischen Kurses nimmt China gegenwärtig eine Überprüfung seiner Auslandshilfe vor.
Nach den Ölpreiserhöhungen Ende 1973 stieg die Entwicklungshilfe der *OPEC-Länder* sprunghaft an und erreichte in den Jahren 1975 bis 1977 ein Niveau von über 5,5 Mrd. US-$ pro Jahr. 1978 sanken die Leistungen auf 3,7 Mrd. US-$. Damit brachten die OPEC-Länder etwa 15 v.H. der Weltentwicklungshilfe auf. Der Anteil der öffentlichen Entwicklungshilfe am Bruttosozialprodukt belief sich auf 1,1 v.H. Hauptgeberländer sind Saudi-Arabien, Kuwait und die Vereinigten Arabischen Emirate, die im Jahre 1978 2,3 v.H., 4,5 v.H. bzw. 5,4 v.H. ihres Bruttosozialproduktes für die Entwicklungshilfe einsetzten. Die OPEC-Länder vergeben ihre Entwicklungshilfe überwiegend bilateral. Für ihre multilaterale Hilfe haben sie eine Reihe eigener Finanzierungsinstitutionen geschaffen. Wegen des Überwiegens arabischer Geberländer konzentriert sich die Hilfe auf den islamischen Raum. Sie wird hier weitgehend projektungebunden gewährt. Die durchschnittlichen Konditionen der OPEC-Länder sind etwas härter als die Durchschnittsbedingungen der DAC-Länder. Andererseits wird die Hilfe der OPEC-Länder weitgehend ohne Lieferbindung vergeben (OECD 1979, S. 180ff. u. 289ff.).

II Entwicklungspolitik der Europäischen Gemeinschaft

1. Einführung

Seit der Gründung der EG im Jahre 1957 bildet die Entwicklungspolitik einen Bestandteil der gemeinschaftlichen Politik. Im Vertrag von Rom kamen die Mitgliedsstaaten der EG auf Druck Frankreichs überein, die belgischen, französischen, italienischen und niederländischen Kolonien und Überseegebiete mit der Gemeinschaft zu assoziieren. Ziel der Assoziation war die Förderung der wirtschaftlichen und sozialen Entwicklung dieser Gebiete und die Herstellung enger Wirtschaftsbeziehungen zwischen ihnen und der Gemeinschaft. Zur Durchführung der Finanziellen und Technischen Zusammenarbeit mit den assoziierten Ländern wurde der Europäische Entwicklungsfonds (EEF) gegründet.
Nachdem die Mehrzahl der Kolonien um 1960 die Unabhängigkeit erlangt hatte, konnte die von den ehemaligen Kolonialherren vorgenommene Assoziation mit der EG nicht länger Bestand haben, sondern mußte durch Assoziationsabkommen mit den neuen souveränen Staaten ersetzt werden. So schloß die EG im Jahre 1963 mit 17 (assoziierten) afrikanischen Staaten und Madagaskar (AASM) das Assoziierungsabkommen von Jaundé ab. Es wurde 1969 durch das zweite Abkommen

Tabelle 35:
Instrumente der entwicklungspolitischen Zusammenarbeit der EG mit Entwicklungsländern[1]

Begünstigte EL-Gruppen	Instrumente					
	Handelspolitik	Rohstofferlöspolitik	Finanzielle und Technische Zusammenarbeit	Industrielle Kooperation	Sonstiges (1) Förderung regionaler Zusammenarbeit (2) Katastrophenhilfe	Nahrungsmittelhilfe
AKP-Länder: Lomé II-Abkommen (1980 bis 1985)	1. Unbeschränkter Marktzugang (wenige Ausnahmen: Agrarmarktordnungsprodukte) 2. Vorteilhafte Sonderregelungen insbesondere für Rindfleisch, Zucker, Rum, Bananen 3. Absatzförderung	1. Stabilisierung der Exporterlöse für agrarische Rohstoffe 550 Mill. ERE 2. Mineralienfonds 280 Mill. ERE	1. Finanzmittel aus dem EEF; Darlehen der EIB ca. 5,6 Mill. ERE[2] 2. Schwerpunkte – ländliche Entwicklung – Infrastruktur – Energie	1. Zentrum für industrielle Entwicklung: Förderung von joint ventures 2. Finanzmittel EIB und EEF; insbesondere haftendes Kapital 3. Meistbegünstigung bei Investitionsschutz	Sondertranche für (1) 600 Mill. ERE (2) 200 Mill. ERE	fallweise nach Kriterien – Bedarf (für EL mit Pro-Kopf-Einkommen unter 300 US-$ negativer Zahlungsbilanz) – Katastrophen
Mittelmeerländer: umfassende Einzel-Kooperations-Abkommen mit – Maghreb: Algerien, Marokko, Tunesien – Maschrek: Ägypten, Jordanien, Libanon, Syrien – Türkei	1. Unbeschränkter Marktzugang für Industrieprodukte, Ausnahme: sensible Produkte 2. Zollsenkungen für wichtige Agrarprodukte 3. Absatzförderung		1. Zuschüsse, Sonderdarlehen, Darlehen der EIB aus Eigenmitteln, festgelegt in Finanzprotokollen 2. Schwerpunkte – ländliche Entwicklung – Handelsförderung – industrielle Entwicklung	1. Finanzmittel insbesondere der EIB 2. Ausbildung und Information	(1) Möglichkeit der Finanzierung regionaler Vorhaben (2) fallweise	

Tabelle 35 (Fortsetzung):
Instrumente der entwicklungspolitischen Zusammenarbeit der EG mit Entwicklungsländern[1]

Begünstigte EL-Gruppen	Instrumente					
	Handelspolitik	Rohstofferlöspolitik	Finanzielle und Technische Zusammenarbeit	Industrielle Kooperation	Sonstiges (1) Förderung regionaler Zusammenarbeit (2) Katastrophenhilfe	Nahrungsmittelhilfe
Nichtassoziierte EL: weltweite bzw. länderbezogene Regelungen	1. Allgemeines Zollpräferenzsystem für Industrieprodukte und einige Agrarerzeugnisse: mengen- und ländermäßig beschränkter, zollbegünstigter Marktzugang 2. Nicht-präferentielle Handelsabkommen mit 8 EL 3. Einzelne Produkt-Abkommen (z. B. Jute; Bangladesh, Indien, Pakistan)		1. Hilfe für Nichtassoziierte, 1979: 110 Mill. ERE Schwerpunkt: ländliche Entwicklung bei LLDC 2. Zusammenarbeit mit NRO 1979: 12 Mill. ERE Schwerpunkt: Grundbedürfnisse 3. EG-Sonderaktionen (Cheysson-Fonds, KIWZ)	1. Informationsveranstaltungen	(1) – weltweit und im Rahmen der Hilfe für Nichtassoziierte – Einrichtung von Dialogen (2) fallweise	fallweise nach Kriterien – Bedarf (für EL mit Pro-Kopf-Einkommen unter 300 US-$ negativer Zahlungsbilanz) – Katastrophen

1 Zu den Abkürzungen siehe das allgemeine Abkürzungsverzeichnis.
2 Unter Einschluß der Mittel für die Rohstofferlöspolitik und die sonstige Zusammenarbeit.

Quelle: Bundesministerium für wirtschaftliche Zusammenarbeit, Vierter Bericht zur Entwicklungspolitik der Bundesregierung, Bonn 1980, S. 44ff. (gekürzte Fassung).

von Jaundé fortgeschrieben. Parallel dazu schloß die EG Assoziierungsabkommen mit der Ostafrikanischen Gemeinschaft ab (Abkommen von Arusha I und II). Am 1. Januar 1973 traten Großbritannien, Dänemark und Irland der EG bei. In dem Beitrittsvertrag wurde festgelegt, die von Großbritannien abhängigen überseeischen Länder und Gebiete sowie die Commonwealthstaaten mit der EG zu assoziieren. Es wurde beschlossen, ein gemeinsames Assoziierungsabkommen mit den bisher schon assoziierten afrikanischen Staaten und Madagaskar sowie den unabhängigen Commonwealthstaaten in Afrika, im Karibischen Raum und im Pazifischen Ozean abzuschließen. Die Verhandlungen der EG mit 46 Staaten Afrikas, der Karibik und des Pazifiks (AKP-Staaten) führten 1975 zum Abkommen von Lomé. Das Lomé I-Abkommen wurde am 1. März 1980 durch das Lomé II-Abkommen, das im Jahre 1979 mit 58 AKP-Ländern abgeschlossen wurde, ersetzt (Becker, S. 17ff.).
Die Zusammenarbeit mit den AKP-Ländern bildet das Kernstück der Entwicklungspolitik der EG. Sie wird ergänzt durch die Kooperationsabkommen mit den Mittelmeerländern und durch die weltweite Zusammenarbeit der EG mit Entwicklungsländern. Hierzu zählen insbesondere die Gewährung von Nahrungsmittelhilfe, das Allgemeine Zollpräferenzsystem der EG und die Finanzielle und Technische Zusammenarbeit mit Asien und Lateinamerika (vgl. Tabelle 35).

2. Zusammenarbeit der Europäischen Gemeinschaft mit den AKP-Ländern

Die Grundlage für die entwicklungspolitische Zusammenarbeit der EG mit den AKP-Ländern bildet das Lomé II-Abkommen. Es stellt eine Erweiterung und Verbesserung der ersten Konvention von Lomé dar. Seine wesentlichen Bestandteile sind die handelspolitische Zusammenarbeit, das System zur Stabilisierung der Exporterlöse für Agrarerzeugnisse (STABEX), der Mineralienfonds, die Finanzielle und Technische Zusammenarbeit, der Investitionsschutz sowie die industrielle und landwirtschaftliche Kooperation.
Die *handelspolitische Zusammenarbeit* ist dadurch gekennzeichnet, daß die EG den AKP-Ländern – sieht man von den Agrarmarktordnungsprodukten ab – freien Zugang zum Markt der Gemeinschaft einräumt (vgl. C IV 5) und die Exporte der AKP-Länder durch gezielte Maßnahmen fördert. Damit gewährt die EG den AKP-Ländern die günstigsten Bedingungen, die Entwicklungsländer heute beim Zugang zu den Märkten der Industrieländer haben, auch wenn durch den Ausbau des Allgemeinen Zollpräferenzsystems der EG und durch den Abschluß spezieller Präferenzabkommen mit den Maghreb- und Maschrekstaaten in der zweiten Hälfte der siebziger Jahre sich die Präferenzmarge der AKP-Länder gegenüber den anderen Entwicklungsländern verringert hat. Die Ausnutzung dieser handelspolitischen Zugeständnisse wird allerdings durch komplizierte Ursprungsregeln und durch Schutzmaßnahmen, die die Gemeinschaft bei »ernsten Störungen eines Wirtschaftsbereiches« ergreifen kann, behindert. Vor allem aber läßt die geringe Wettbewerbsfähigkeit der AKP-Staaten insbesondere im industriellen Bereich eine Ausdehnung der Exporte kaum zu.

Das *System zur Stabilisierung der Exporterlöse für Agrarerzeugnisse (STABEX)* wird häufig als ein Modell für eine partnerschaftliche Zusammenarbeit zwischen Industrie- und Entwicklungsländern bezeichnet. Zusammen mit dem IMF-System stellt es das einzige, bisher angewandte System zur kompensatorischen Finanzierung von Exporterlösschwankungen dar. Es beruht auf den Prinzipien des produktbezogenen Erlösausgleichs, der automatischen Anspruchsgewährung, der nichtgebundenen Verwendung der Ausgleichszahlungen durch das Empfängerland und der Rückzahlung bei sich verbessernder Absatzlage.

Das STABEX-System wird durch folgende Elemente charakterisiert:

- Kompensationsgegenstand sind die einzelnen Exporterlöse von 44 Waren, bei denen es sich, mit Ausnahme von Eisenerz, das 1985 in den Mineralienkrisenfonds überführt werden soll, um Agrarerzeugnisse handelt. Die Stabilisierung der Exporterlöse bezieht sich grundsätzlich nur auf die Exporte in die EG. Bei einigen AKP-Ländern werden jedoch die gesamten Exporte (unabhängig vom Bestimmungsland) bei der Berechnung von Ausgleichszahlungen berücksichtigt. Die Gewährung von Ausgleichszahlungen ist an die Bedingung geknüpft, daß das antragstellende AKP-Land in besonderem Maße von den Ausfuhren des betreffenden Produktes abhängig ist. Die Abhängigkeitsschwelle ist dann erreicht, wenn die Erlöse aus der Ausfuhr dieses Produktes in dem dem Antragsjahr vorangehenden Jahr mindestens 6,5 v.H. (Sisal 5 v.H.) der Gesamtexporterlöse betragen haben. Für die AKP-Staaten, die am wenigsten entwickelt sind, die keinen Zugang zum Meer haben oder Inselstaaten sind, beträgt dieser Mindestprozentsatz 2 v.H.
- Die Kompensation ist an folgende Voraussetzungen gebunden: Im Jahr vor der Antragstellung müssen die tatsächlichen Erlöse aus dem Export des fraglichen Produktes mindestens 6,5 v.H. (bzw. 2 v.H. für die drei oben genannten Ländergruppen) unter dem Bezugsniveau liegen (Auslöseschwelle). Der Erlösrückgang darf nicht durch handelspolitische Maßnahmen des Antragstellers hervorgerufen worden sein. Außerdem muß er statistisch nachgewiesen werden.
- Das Bezugsniveau ist als Durchschnitt der Ausfuhrerlöse während der vier Jahre vor dem Anwendungsjahr definiert.
- Das STABEX-System sieht einen vollen finanziellen Ausgleich der Differenz zwischen Bezugsniveau und dem tatsächlichen Exporterlös im Anwendungsjahr aus EG-Mitteln vor. Der Gesamtumfang der dem Stabilisierungsfonds zur Verfügung stehenden Mittel beträgt 550 Mill. ERE, das heißt 110 Mill. ERE pro Jahr.
- Die Ausgleichszahlungen werden in Form unverzinslicher Kredite vergeben. Der Rückzahlungszeitraum beträgt sieben Jahre. Eine Rückzahlungsverpflichtung entsteht erst dann, wenn
  - der Erlös pro Einheit der betreffenden Ware höher ist als der durchschnittliche Einheitswert während der vier vorangegangenen Jahre;
  - die ausgeführte Menge mindestens gleich der Durchschnittsmenge in den vier vorangegangenen Jahren ist und
  - die Erlöse in dem betreffenden Jahr mindestens 106,5 v.H. der Durchschnittserlöse der vier vorangegangenen Jahre betragen.

Die Höhe der Rückzahlungsverpflichtung ergibt sich aus der Differenz zwischen den in dem betreffenden Jahr tatsächlich erzielten Erlösen und den durchschnittlichen Erlösen in den vier Vorjahren. Nach zwei tilgungsfreien Jahren wird dieser Betrag in fünf gleichen Jahresraten zurückgezahlt. Dieses Verfahren wird in den folgenden sieben Jahren auch auf die noch nicht zur Rückzahlung fälligen Teile der Ausgleichszahlung angewandt. Die am wenigsten entwickelten Staaten sind von der Rückzahlung befreit (Baron, Glismann, Stecher, S. 81ff.; BMZ, S. 20ff. u. 50ff.).

Das STABEX-System stellt einen funktionsfähigen Mechanismus zur Stabilisierung der Ausfuhrerlöse für Agrarerzeugnisse dar. Es ist auf den Ausgleich kurzfristiger Erlösschwankungen, nicht dagegen auf die Anhebung der nominalen Exporterlöse oder die Aufrechterhaltung der realen Kaufkraft der Exporterlöse gerichtet. Seine Vorzüge liegen in der vollkommenen Kompensierung des auszugleichenden Exporterlösausfalls, in der Leistung ungebundener Ausgleichszahlungen, in der Verknüpfung der Rückzahlungspflicht mit einer verbesserten Exporterlösentwicklung und in der differenzierenden Behandlung der AKP-Länder. Diesen Vorzügen stehen jedoch eine Reihe von Nachteilen gegenüber. Das STABEX-System beschränkt sich auf einige ausgewählte Agrarerzeugnisse. Mit der Stabilisierung der Exporterlöse dieser Produkte ist keineswegs die Stabilisierung der gesamten Exporterlöse eines Landes gesichert. Darüber hinaus verfestigt der produktbezogene Erlösausgleich die gegenwärtigen Produktionsstrukturen der AKP-Länder, da er die bestehenden landwirtschaftlichen Exportsektoren zu Lasten der Industrieproduktion subventioniert. Da im allgemeinen nur der Exporterlösausfall im Handel zwischen den AKP-Ländern und der EG Grundlage möglicher Ausgleichszahlungen ist, wird des weiteren die Ausrichtung des AKP-Handels auf die EG gefördert. Ein zusätzlicher Nachteil des STABEX-Systems resultiert aus der Tatsache, daß die Ausgleichszahlungen nicht in Form von Krediten zu marktüblichen Zinssätzen, sondern zum Teil als Zuschüsse geleistet werden. Der Ausgleich von Exporterlösschwankungen wird also mit einem Ressourcentransfer verbunden. Das Ausmaß von Exporterlösschwankungen stellt jedoch kein geeignetes Kriterium für die Vergabe von Entwicklungshilfeleistungen dar. Ausgleichszahlungen mit einem Zuschußelement sollten deshalb auf die am wenigsten entwickelten Länder, deren entwicklungspolitische Förderungswürdigkeit unbestritten ist, beschränkt werden. Zu kritisieren ist auch, daß bei der Ermittlung des Bezugsniveaus nur die vergangenen, nicht aber die erwarteten Exporterlöse berücksichtigt werden. Bei wachsenden Exporterlösen in der Vergangenheit gleichen – wie sich zeigen läßt – etwaige Transferzahlungen den eingetretenen Exporterlösrückgang nur unzureichend aus. Schließlich ist es fraglich, ob die an die AKP-Staaten geleisteten Ausgleichszahlungen auch an die einzelnen Produzenten weitergeleitet werden (Kebschull, Künne, Menck, S. 123ff.; Hasse, Weitz; Wuppermann).

Noch aus dem ersten Lomé-Abkommen resultiert die Verpflichtung der EG, von 13 AKP-Ländern jährlich 1,3 Mill. t Zucker zum EG-Interventionspreis abzunehmen. Dieses sogenannte *Zuckerabkommen* ist heute mit erheblichen Problemen verbunden. Seit 1975 haben sich Weltmarkt- und EG-Interventionspreis stark auseinanderbewegt. Da gleichzeitig die Produktion in der EG anstieg und der

Verbrauch stagnierte, sind in der EG erhebliche Zuckerüberschüsse entstanden. Für den Absatz dieser Überschüsse auf dem Weltmarkt muß die EG erhebliche Ausfuhrsubventionen leisten. Gleichzeitig trägt der Export des Zuckerüberschusses zum Verfall der Weltmarktpreise bei. Das Zuckerabkommen kann nicht vor 1982 gekündigt werden.
Die Einrichtung eines Fonds für bestimmte Bergbauproduktionen *(Mineralienfonds)* durch das Lomé II-Abkommen trägt der besonderen Abhängigkeit einiger AKP-Staaten vom Export mineralischer Rohstoffe und den Versorgungsinteressen der EG Rechnung. Ziel ist die Aufrechterhaltung einer an sich rentablen Bergbauproduktion in den AKP-Staaten, wenn diese infolge von Katastrophen, schwerwiegenden politischen Ereignissen oder Erlösverfall gefährdet ist. Berücksichtigt werden folgende Bergbauerzeugnisse: Kupfer einschließlich Kobalt, Phosphate, Mangan, Bauxit und Aluminiumoxyd, Zinn, Schwefelkiesabbrände sowie Eisenerz. Der Fonds ist mit 280 Mill. ERE dotiert. Er vergibt projektgebundene Kredite zu vergünstigten Bedingungen.
Für die *Finanzielle und Technische Zusammenarbeit* mit den AKP-Ländern stehen im Zeitraum von 1980 bis 1985 5,6 Mrd. ERE zur Verfügung. Hiervon entfallen auf den Europäischen Entwicklungsfonds (EEF) 4,5 Mrd. ERE, auf die Europäische Investitionsbank (EIB) 0,9 Mrd. ERE und für Kosten von EG-Delegationen in den AKP-Ländern 0,2 Mrd. ERE.
In den 4,5 Mrd. ERE des Europäischen Entwicklungsfonds sind die Mittel für das STABEX-System und den Mineralienfonds enthalten. Von den verbleibenden Mitteln sind außerdem 0,6 Mrd. ERE für die Förderung der regionalen Zusammenarbeit der AKP-Länder und 0,2 Mrd. ERE für die Katastrophenhilfe reserviert. Mit den restlichen Mitteln wird vor allem die ländliche Entwicklung gefördert. Besondere Berücksichtigung finden dabei die am wenigsten entwickelten AKP-Länder. Die Mittel des Europäischen Entwicklungsfonds werden zu 28 v. H. von der Bundesrepublik Deutschland aufgebracht.
Die Europäische Investitionsbank vergibt zinsvergünstigte Darlehen in Höhe von 0,7 Mrd. ERE für produktive Investitionen vor allem im Industriebereich und Darlehen zum Marktzins in Höhe von 0,2 Mrd. ERE für den Energie- und Bergbausektor. Die Kapitalhilfe der EG ist an Lieferungen aus den EG-Mitgliedsländern und den AKP-Ländern gebunden.
Das Lomé-Abkommen betont die Bedeutung von Privatinvestitionen für die Industrialisierung der AKP-Länder. Konkrete *Investitionsschutz*klauseln sind in dem Abkommen jedoch nicht enthalten. Hingegen haben die AKP-Länder das von den kleineren EG-Ländern geforderte Meistbegünstigungsprinzip akzeptiert. Dieses Meistbegünstigungsprinzip besagt, daß, wenn ein bilaterales Investitionsschutzabkommen zwischen einem Mitgliedsland der EG und einem AKP-Land besteht, Investitionen aus allen anderen Mitgliedsländern der Gemeinschaft in den Genuß der gleichen Behandlung kommen.
Gemessen an der geringen Industrialisierung der AKP-Länder beinhalten die industriepolitischen Zielsetzungen des Lomé-Abkommens ein ehrgeiziges Programm. Für die Förderung der *Industrialisierung* stehen Mittel des Europäischen Entwicklungsfonds und der Europäischen Investitionsbank zur Verfügung. Außerdem soll das bisher wenig leistungsfähige AKP-EG-Zentrum zur Förderung

der Zusammenarbeit zwischen AKP- und EG-Unternehmen seine Tätigkeit fortsetzen. Der von den AKP-Ländern geforderte Industrialisierungsfonds wurde von der EG abgelehnt. Das Lomé-Abkommen betont des weiteren die Bedeutung der *landwirtschaftlichen* Entwicklung für die AKP-Länder. Wie bisher konzentriert die EG ihre Hilfe auf diesen Bereich. Außerdem soll ein »Technisches Zentrum für Zusammenarbeit in der Landwirtschaft und im ländlichen Bereich« errichtet werden (BMZ, S. 23ff. u. 57ff.).

3. Mittelmeerpolitik der Europäischen Gemeinschaft

Seit Beginn ihres Bestehens hat die EG dem Mittelmeerraum ein besonderes Interesse gewidmet. Schon Anfang der sechziger Jahre schloß die Gemeinschaft Assoziierungsabkommen mit Griechenland und der Türkei, die einen schrittweisen Abbau der Zölle und schließlich die Mitgliedschaft in der EG vorsahen. Handels- und Assoziierungsabkommen mit weiteren Ländern folgten (Loch, Hasenpflug). Ein *globales Konzept* für ihre Mittelmeerpolitik entwickelte die EG jedoch erst im Jahre 1972. Danach ist die Gemeinschaft bereit, mit allen Anliegerstaaten des Mittelmeers (sowie Jordanien und Portugal) Abkommen zu schließen, die eine vollständige Öffnung des Marktes der Gemeinschaft für Industrieprodukte, wesentliche Zollpräferenzen für Agrarerzeugnisse, eine wirtschaftliche Kooperation und gegebenenfalls Kapital- und Technische Hilfe von seiten der Gemeinschaft vorsehen (Andresen, S. 91). Mit ihrer globalen Mittelmeerpolitik verfolgt die EG nicht nur eine Verbesserung der wirtschaftlichen Beziehungen mit ihren Nachbarländern, sondern zugleich eine Förderung der wirtschaftlichen und politischen Stabilität im Mittelmeerraum.
Die Richtlinien der globalen Mittelmeerpolitik haben u. a. die Kooperationsabkommen der EG mit den Maghrebländern (Algerien, Marokko und Tunesien) und den Maschrekländern (Ägypten, Jordanien, Libanon und Syrien) bestimmt. Von den übrigen Entwicklungsländern im Mittelmeerraum ist die Türkei durch ein Assoziierungsabkommen mit der EG verbunden. Nur mit Libyen unterhält die EG keine vertraglichen Beziehungen. Die *Kooperationsabkommen mit den Maghreb- und den Maschrekländern* wurden in den Jahren 1976 und 1977 abgeschlossen. Die Abkommen sind unbefristet, sollen jedoch in bestimmten Abständen überprüft werden. Gegenstand der Abkommen ist die Regelung der Handelsbeziehungen, die Finanzielle und Technische Zusammenarbeit und die Vereinbarung über die in der Gemeinschaft lebenden Gastarbeiter (nur im Maghrebabkommen). Bei der Einräumung von Handelspräferenzen zugunsten der Maghreb- und Maschrekländer (vgl. C IV 5) verzichtet die Gemeinschaft auf die Reziprozität und begnügt sich mit der Meistbegünstigung (mit Ausnahmen zugunsten anderer Entwicklungsländer). Die Handelszugeständnisse gehen nicht so weit wie beim Lomé II-Abkommen. Darin spiegelt sich die Tatsache wider, daß die Agrarstruktur einiger EG-Mittelmeerländer der der nordafrikanischen Länder ähnlich ist und somit Interessenkonflikte auftreten. Damit der von der Gemeinschaft gewährte Marktzugang genutzt werden kann und Entwicklungsrückstände gemindert werden, sind in Finanzprotokollen zu den jeweiligen Abkommen Finanz-

hilfen vorgesehen, die im Zeitraum von 1977 bis 1981 für die Maghrebländer insgesamt 339 Mill. ERE und für die Maschrekländer 300 Mill. ERE betragen. Sie setzen sich zusammen aus Darlehen der Europäischen Investitionsbank, vergünstigten Krediten und Zuschüssen. Die Vereinbarungen über Gastarbeiter sind auf eine Verbesserung der sozialen Stellung der ausländischen Arbeitskräfte in der EG gerichtet (Vogel).
Mit der Einrichtung des *Europäisch-Arabischen Dialogs* zwischen der EG und den Mitgliedsstaaten der Arabischen Liga im Jahre 1974 wurde die regionale Begrenzung der EG-Politik auf den Mittelmeerraum aufgegeben. Die Notwendigkeit, den gesamten Nahen Osten in die EG-Politik einzubeziehen, wurde durch die Ereignisse des Jahres 1973 verdeutlicht. Der Oktober-Krieg 1973 ließ den Zusammenhang der Sicherheit beider Regionen voneinander erkennen. Die Ölpreiserhöhungen zeigten die Abhängigkeit der europäischen Wirtschaft von der Ölpolitik der arabischen Länder auf. Mit dem Europäisch-Arabischen Dialog versucht die EG, die Grundlagen für eine sichere und kostengünstige Erdöl- und Erdgasversorgung, für die Ausdehnung der Exporte in die arabischen Länder und für den Investitionsschutz zu verbessern. Die arabischen Länder verfolgen – abgesehen von politischen – folgende wirtschaftliche Ziele: Verstärkung des Technologietransfers aus Europa, freien Marktzugang für Industrieprodukte aus arabischen Ländern zum EG-Markt sowie den Schutz des in Europa angelegten arabischen Kapitals vor Inflation, Wechselkursveränderungen und nicht-kommerziellen Risiken (Lerche, S. 1). Die angesprochenen Problembereiche sind in den letzten Jahren in gemeinsamen Kommissionen, Arbeitsgruppen und Fachausschüssen diskutiert worden (Schüssler). Gegenseitige Fehleinschätzungen und Meinungsverschiedenheiten konnten abgebaut, konkrete Ergebnisse dagegen bisher kaum erzielt werden.

4. Weltweite Zusammenarbeit der Europäischen Gemeinschaft mit Entwicklungsländern

Die regionale Ausrichtung der Zusammenarbeit der EG mit Entwicklungsländern ist in den siebziger Jahren durch Elemente einer weltweiten Kooperation ergänzt worden. Hierzu zählen insbesondere die Nahrungsmittelhilfe, das Allgemeine Zollpräferenzsystem für Entwicklungsländer sowie die Finanzielle und Technische Zusammenarbeit mit Asien und Lateinamerika.
Einer der Hauptbestandteile des Entwicklungshilfeprogramms der EG ist die *Nahrungsmittelhilfe.* Im Jahre 1979 stellte die EG 1,3 Mill. t Getreide, 0,15 Mill. t Magermilchpulver sowie weitere Grundnahrungsmittel den Entwicklungsländern kostenlos zur Verfügung. In der Regel werden die Nahrungsmittel von den Regierungen der Entwicklungsländer – zum Schutz der örtlichen Bauern – zu landesüblichen Preisen an die Bevölkerung verkauft. Mit den Einnahmen werden lokale Entwicklungsprojekte finanziert.
Durch das *Allgemeine Zollpräferenzsystem* erleichtert die EG 115 Staaten sowie 27 Ländern und Gebieten den Zugang zum europäischen Markt (vgl. C IV 5). Sie räumt jedoch den (ausschließlich) hierdurch begünstigten Ländern im Vergleich

zu den AKP-Ländern sowie den Maghreb- und Maschrekländern eine relativ schwache Präferenzposition ein. Über das Allgemeine Zollpräferenzsystem hinaus hat die EG nicht-präferenzielle Handelsabkommen mit Argentinien, Brasilien, Mexiko, Uruguay, Bangladesh, Indien, Pakistan und Sri Lanka abgeschlossen. Des weiteren regelt die EG den Handel mit bestimmten Produkten durch spezielle Handelsabkommen mit den jeweiligen Handelspartnern. Ein solches Abkommen ist das Juteabkommen mit Bangladesh, Indien und Pakistan (Borrmann, Borrmann, Stegger, S. 160f.).

Für die *Finanzielle und Technische Zusammenarbeit* mit den »nicht-assoziierten« Entwicklungsländern stellte die EG im Jahre 1979, sieht man von Sonderaktionen (Cheysson-Fonds, KIWZ) ab, 110 Mill. ERE zur Verfügung. Diese Mittel wurden vor allem für die Förderung der ländlichen Entwicklung in den am wenigsten entwickelten Ländern Asiens eingesetzt. Für die entwicklungspolitische Zusammenarbeit mit privaten Trägerorganisationen brachte die EG 12 Mill. ERE auf (Kommission, S. 271ff.).

Trotz der zunehmenden Einbeziehung Lateinamerikas und Asiens ist die EG von einer globalen Zusammenarbeit mit den Entwicklungsländern noch weit entfernt. Nach wie vor bilden die AKP- und die Mittelmeerländer den Schwerpunkt der europäischen Entwicklungspolitik. Wenn auch diese historisch begründete Ausrichtung auf den afrikanischen Kontinent entwicklungspolitischen Kriterien insofern genügt, als sich unter diesen Ländern viele der am wenigsten entwickelten Länder befinden, so beinhaltet sie doch die Gefahr einer Spaltung der Entwicklungsländer.

III Entwicklungspolitik der Bundesrepublik Deutschland

1. Entstehung, Ziele und Grundzüge

Die Entwicklungspolitik der Bundesrepublik Deutschland reicht in das Jahr 1952 zurück. Damals stellte die Bundesregierung aus den Gegenwertmitteln des Marshallplans 500 000 DM für die Technische Hilfe der Vereinten Nationen bereit. Seit Mitte der fünfziger Jahre wurden – auf Initiative der SPD-Fraktion im Deutschen Bundestag – regelmäßig Mittel für die Entwicklungshilfe im Haushalt ausgewiesen. Die Zuständigkeit für die Entwicklungshilfe lag anfänglich beim Auswärtigen Amt und beim Bundeswirtschaftsministerium. Im Jahre 1961 wurde das Bundesministerium für wirtschaftliche Zusammenarbeit (BMZ) gegründet. Es hatte zunächst nur koordinierende Aufgaben. Die Zuständigkeit für die Technische Hilfe ging 1964 auf das BMZ über. Seit der Übertragung der Zuständigkeit für die Kapitalhilfe vom Wirtschaftsministerium auf das BMZ im Jahre 1973 ist das BMZ für den gesamten Entwicklungshilfebereich verantwortlich (Dennert).

In den sechziger Jahren war die Entwicklungspolitik der Bundesrepublik Deutschland in starkem Maße von außenpolitischen Zielen bestimmt. Mit Hilfe der Entwicklungspolitik sollte zum einen der Ausdehnung des sowjetischen Einflusses in den Entwicklungsländern entgegengewirkt und zum anderen der Anspruch auf Wiedervereinigung in der Welt durchgesetzt werden. Die Entwicklungsländer sollten den deutschlandpolitischen Standpunkt der Bundesrepublik übernehmen und der DDR die Anerkennung versagen (Hallstein-Doktrin). Die Instrumentalisierung der Entwicklungspolitik als Mittel westlicher Block- und bundesrepublikanischer Deutschlandpolitik schlug sich nieder in einer breiten Streuung der Entwicklungshilfe (Gießkannenprinzip), in der Verhängung von Sanktionen bei »unfreundlichen Akten« (z. B. der Aufnahme diplomatischer Beziehungen mit der DDR) sowie in der Bevorzugung antikommunistisch ausgerichteter Länder. Hinter den außenpolitischen Zielen traten wirtschaftpolitische Eigeninteressen (wie die Ausdehnung der Absatzmärkte und die Sicherung der Rohstoffversorgung) und insbesondere entwicklungspolitische Zielsetzungen an Bedeutung zurück.

Ende der sechziger Jahre veränderten sich die Zielsetzungen, die mit der Entwicklungspolitik verfolgt wurden. Es hatte sich gezeigt, daß deutschlandpolitisches Wohlverhalten der Entwicklungsländer über die Entwicklungshilfe nicht zu erreichen war. Auch hatte sich die Deutschlandpolitik selbst als wenig erfolgreich erwiesen und wurde durch die neue Ostpolitik der sozialliberalen Koalition ersetzt. Des weiteren setzte sich die Erkenntnis durch, daß Sicherheit und Frieden der Industrieländer weniger durch ein Vordringen des Kommunismus in den Entwicklungsländern als durch das Wohlstandsgefälle zwischen Industrie- und Entwicklungsländern und die in den Entwicklungsländern vorherrschenden Wirtschafts- und Sozialstrukturen gefährdet waren. Als vorrangiges Ziel der Entwicklungspolitik wurden deshalb der Abbau dieses Wohlstandsgefälles und die Veränderung der wirtschaftlichen und sozialen Strukturen in den Entwicklungsländern proklamiert. In einer solchen langfristig konzipierten, an entwicklungspolitischen Zielen ausgerichteten Politik sah man gleichzeitig ein geeignetes Mittel zur Durchsetzung außenpolitischer Ziele. Ihren Ausdruck fand diese Politik in dem Ausbau der multilateralen Hilfe, dem Abbau der Lieferbindung, der Verbesserung der finanziellen Konditionen, der Erhöhung der nichtrückzahlbaren Technischen Hilfe und dem Übergang zu integrierten Länderhilfeprogrammen (Bodemer).

Während die wirtschaftlichen Eigeninteressen Anfang der siebziger Jahre in den Hintergrund traten, wurden sie seit 1974 in zunehmendem Maße bei der Legitimation und Ausgestaltung der Entwicklungspolitik herangezogen. Hierfür sind verschiedene Ursachen verantwortlich:

- Mit der in der ersten Hälfte der siebziger Jahre einsetzenden Weltwirtschaftskrise, die auch die Bundesrepublik Deutschland erfaßte und zu einem starken Anstieg der Arbeitslosigkeit führte, nahm der Druck zu, die Entwicklungspolitik in den Dienst der Bekämpfung der Arbeitslosigkeit zu stellen.
- Der rasche Anstieg der Importe arbeitsintensiver Industriegüter aus Entwicklungsländern und die dadurch hervorgerufene Gefährdung von Arbeitsplätzen in einigen Branchen setzte die Entwicklungspolitik der Kritik aus, durch die Förderung des Aufbaus exportorientierter Industrien in den Entwicklungsländern Arbeitsplätze in der Bundesrepublik Deutschland zu vernichten.
- Durch die »Energiekrise« Ende 1973 und den partiellen Lieferboykott der OPEC-Länder wurde der Bundesrepublik Deutschland bewußt, wie sehr sie bei ihrer Rohstoffversorgung von den Entwicklungsländern abhängig ist.

- Seit der Durchsetzung der Ölpreiserhöhungen durch die OPEC-Länder und dem Einsetzen des kollektiven Emanzipationsprozesses in der Dritten Welt, der sich in den Nord-Süd-Verhandlungen ausdrückte, wurden die Entwicklungsländer zunehmend als Bedrohung empfunden. Die von Solidarität mit der Dritten Welt getragenen partnerschaftlichen Beziehungen, auf denen die fürsorgliche Gewährung von Entwicklungshilfe beruhte, wurden teilweise ersetzt durch das Bild einander gegenüberstehender souveräner Verhandlungsmächte, die ihre jeweiligen Interessen durchsetzen wollen.

Die stärkere Berücksichtigung wirtschaftlicher Eigeninteressen bei der Vergabe von Entwicklungshilfe fand ihren Ausdruck in der seit 1976 zunehmenden formellen und informellen Lieferbindung der bilateralen Kapitalhilfe, in der – auch politisch motivierten – Konzentration der deutschen Hilfe auf Nordafrika und den Nahen Osten, in der besonderen Förderung des Energie- und Rohstoffsektors in den Entwicklungsländern und in der öffentlichen Förderung kommerzieller Finanzierungen (z. B. Ausdehnung der Mischfinanzierung). Auf der europäischen, nur indirekt von der Bundesrepublik Deutschland zu beeinflussenden Ebene schlug sich die Verfolgung wirtschaftlicher Eigeninteressen darin nieder, daß einzelnen Entwicklungsländern unter Berufung auf bestehende Schutzklauseln Selbstbeschränkungsabkommen für bestimmte sensible Produkte abverlangt oder Anti-Dumping-Verfahren angestrengt wurden. Die stärkere Berücksichtigung wirtschaftlicher Eigeninteressen bedeutet nicht, daß die Entwicklungspolitik nicht gleichzeitig außen- und entwicklungspolitische Ziele anstrebt. So heben die im Jahre 1980 vom Bundeskabinett verabschiedeten »Entwicklungspolitischen Grundlinien der Bundesregierung« die Bekämpfung der absoluten Armut in den Entwicklungsländern als vorrangige Aufgabe der deutschen Entwicklungspolitik hervor (vgl. D III 3).

Die Entwicklungspolitik der Bundesrepublik Deutschland umfaßt die Entwicklungshilfepolitik sowie eine Reihe von entwicklungspolitischen Maßnahmen i. w. S. Die Entwicklungshilfepolitik setzt sich aus der bilateralen Entwicklungshilfe und den Beiträgen an multilaterale Institutionen zusammen. Für die Durchführung der Entwicklungshilfe stehen eine Reihe staatlicher Trägerorganisationen zur Verfügung. Daneben arbeitet die Bundesregierung mit nichtstaatlichen Organisationen zusammen (vgl. D III 2). Über die Vergabe von Entwicklungshilfe hinaus fördert die Bundesregierung private Direktinvestitionen in Entwicklungsländern (vgl. D III 5). Zu den entwicklungspolitischen Maßnahmen i. w. S. zählt darüber hinaus die Handelspolitik einschließlich der Strukturanpassungspolitik. Die Zuständigkeit für die Handelspolitik ist – im Gegensatz zur Strukturpolitik – weitgehend auf die EG übertragen, so daß die Bundesrepublik sie nur indirekt beeinflussen kann (vgl. C IV 5). Einen weiteren Bereich der Entwicklungspolitik bildet die Energie- und Rohstoffpolitik. Das Instrumentarium reicht von der Förderung der Rohstoffproduktion durch die bilaterale Entwicklungshilfe (vgl. D III 3) bis hin zum Abschluß internationaler Rohstoffabkommen (vgl. E II 2). Zunehmende Bedeutung kommt schließlich der Währungspolitik zu, die die Entwicklungsländer in ihrem Interesse zu beeinflussen versuchen (vgl. E I 2).

2. Träger der Entwicklungspolitik

Mit der Durchführung der öffentlichen Entwicklungshilfe sind eine Reihe *staatlicher und halbstaatlicher Organisationen* befaßt. Das für die öffentliche Entwicklungshilfe verantwortliche Ressort ist das Bundesministerium für wirtschaftliche Zusammenarbeit. Das Schwergewicht seiner Tätigkeit liegt in der Planung und Koordinierung der entwicklungspolitischen Maßnahmen. Dabei stimmt es sich mit Auswärtigem Amt, dem Bundesministerium für Wirtschaft, dem Bundesministerium der Finanzen und den jeweils zuständigen Fachressorts ab.

Bei der Durchführung der Entwicklungshilfe wird das BMZ von einer Reihe von Institutionen unterstützt. Vergabe und Abwicklung der Kapitalhilfe erfolgen durch die Kreditanstalt für Wiederaufbau (KfW). Sie prüft im Auftrage des BMZ, ob die von den Entwicklungsländern beantragten Projekte wirtschaftlich und technisch sinnvoll und entwicklungspolitisch förderungswürdig sind. Des weiteren übernimmt sie die bankmäßige Abwicklung der Kapitalhilfe, die den Entwicklungsländern von der Bundesregierung zugesagt wurde. Die KfW ist eine Körperschaft des öffentlichen Rechts, die neben der Abwicklung der Kapitalhilfe vielfältige Aufgaben im In- und Ausland wahrnimmt.

Die wichtigste Organisation bei der Durchführung der Technischen Hilfe ist die Deutsche Gesellschaft für Technische Zusammenarbeit (GTZ) GmbH. Die GTZ ist im Jahre 1975 aus der Deutschen Förderungsgesellschaft für Entwicklungsländer (GAWI) GmbH und der Bundesstelle für Entwicklungshilfe (BfE) hervorgegangen. Die GTZ ist eine private Gesellschaft, die für die Bundesregierung aufgrund eines mit dem BMZ abgeschlossenen Generalvertrages tätig wird. Die wichtigsten Aufgaben der GTZ liegen in der Planung, Steuerung und Überwachung von Projekten und Programmen der Technischen Zusammenarbeit, in der Auswahl, Vorbereitung und Betreuung von Fachkräften während ihres Einsatzes in Entwicklungsländern, in der Bereitstellung von Sachleistungen und in der Beratung anderer Stellen, die ebenfalls Entwicklungsmaßnahmen durchführen.

Neben der GTZ sind weitere Institutionen mit der Durchführung der Technischen Hilfe befaßt. Die Deutsche Stiftung für Internationale Entwicklung (DSE) führt Aus- und Fortbildungsprogramme für Fach- und Führungskräfte aus Entwicklungsländern durch, bereitet deutsche Fachkräfte auf einen Aufenthalt in Entwicklungsländern vor und organisiert Tagungen, Seminare und Expertengespräche für Persönlichkeiten aus Entwicklungsländern.

Die Carl-Duisberg-Gesellschaft (CDG), eine von Bund, Ländern und der deutschen Wirtschaft geförderte Organisation, führt praxisnahe Fortbildungsprogramme für Stipendiaten aus Entwicklungsländern in der Bundesrepublik Deutschland oder in den Heimatländern (»sur place«) durch und bereitet Mitarbeiter deutscher Unternehmen auf Auslandsaufgaben vor. Das vom Bund und vom Land Berlin gegründete Deutsche Institut für Entwicklungspolitik (DIE) bildet deutsche Nachwuchskräfte für Aufgaben im Bereich der Entwicklungspolitik aus und berät die Bundesregierung auf der Grundlage unabhängiger Forschung. Der von der Bundesregierung und dem Arbeitskreis »Lernen und Helfen in Übersee« getragene Deutsche Entwicklungsdienst (DED) entsendet freiwillige Helfer in die Entwicklungsländer.

Neben den staatlichen und halbstaatlichen Organisationen gibt es eine Reihe *privater Einrichtungen,* die mit den Entwicklungsländern zusammenarbeiten und von der Bundesregierung bei der Durchführung von Entwicklungshilfeaufgaben unterstützt werden. Die bedeutendsten Träger nichtstaatlicher Entwicklungspolitik in der Bundesrepublik Deutschland sind die beiden großen christlichen Kirchen. Ihre Partner in Entwicklungsländern sind neben kirchlichen Stellen Selbsthilfebewegungen sowie andere private und staatliche Institutionen. Sektorale Schwerpunkte liegen im Bildungs- und Gesundheitswesen, im landwirtschaftlichen Bereich, im sozialen Sektor sowie in regionalen Entwicklungsprogrammen. Die Organisationen der Kirchen sind auf katholischer Seite die Zentralstelle für Entwicklungshilfe und Misereor, und auf evangelischer Seite die Evangelische Zentralstelle für Entwicklungshilfe, Brot für die Welt und der kirchliche Entwicklungsdienst.

Die politischen Stiftungen (Friedrich-Ebert-Stiftung, Konrad-Adenauer-Stiftung, Friedrich-Naumann-Stiftung und Hanns-Seidel-Stiftung) arbeiten eng mit Gewerkschaften, Parteien, Genossenschaften und ähnlichen sozialen und politischen Gruppen in Entwicklungsländern zusammen. Schwerpunkte ihrer entwicklungspolitischen Tätigkeit bilden die Stärkung von Gewerkschaften und Parteien, die Förderung von Selbsthilfeorganisationen, die Erwachsenenbildung sowie die Ausweitung der Forschungskapazitäten in Entwicklungsländern.

Entwicklungshelfer werden von vier nach dem Entwicklungshelfergesetz anerkannten privaten Trägerorganisationen entsandt: der Arbeitsgemeinschaft für Entwicklungshilfe (AGEH), den Diensten in Übersee (DÜ), dem Internationalen Christlichen Friedensdienst (EIRENE) und dem Weltfriedensdienst. Darüber hinaus gibt es noch zahlreiche sonstige private Träger, die ein differenziertes entwicklungspolitisches Programm durchführen (Handbuch, Teil II A: 12, 50 03, 60 10, 60 11, 9; Schloz).

3. Entwicklungspolitische Strategien

Die entwicklungspolitische Strategie der Bundesrepublik Deutschland unterlag in den letzten beiden Jahrzehnten mehreren Veränderungen. In den sechziger Jahren war die Entwicklungspolitik der Bundesrepublik wie die der meisten anderen Geberländer auf eine Steigerung des wirtschaftlichen Wachstums in den Entwicklungsländern gerichtet. Entsprechend der damals vorherrschenden Entwicklungstheorie, die im Kapitalmangel der Entwicklungsländer das entscheidende Wachstumshindernis sah (vgl. B I 1), versuchte sie, dieses Ziel durch die (bilaterale) Gewährung von Kapitalhilfe zu erreichen. Eine Differenzierung der Leistungen nach Ländern aus entwicklungspolitischen Überlegungen heraus erfolgte nicht. Die Bedeutung der weltwirtschaftlichen Rahmenbedingungen für die Entwicklung der Dritten Welt wurde kaum erkannt.

Die wachstumsorientierte Entwicklungsstrategie wurde Anfang der siebziger Jahre mit der Verabschiedung der *ersten entwicklungspolitischen Konzeption* der Bundesrepublik Deutschland aufgegeben. Neben der Verbesserung der Lebensbedingungen der Bevölkerung strebte die Bundesrepublik seitdem die Verände-

rung entwicklungshemmender sozio-ökonomischer Strukturen in den Entwicklungsländern an. Besondere Aufmerksamkeit wollte sie folgenden Bereichen widmen: der Bekämpfung von Arbeitslosigkeit und Unterbeschäftigung, der Schaffung eines arbeits- und umweltorientierten Bildungssystems, der Strukturverbesserung in ländlichen Regionen, der Ausweitung und Diversifizierung des gewerblichen Sektors sowie der Stärkung der Planungs- und Organisationsfähigkeit der Entwicklungsländer. Die bilaterale Kapitalhilfe sollte zugunsten der bilateralen Technischen Hilfe und der multilateralen Hilfe eingeschränkt werden. Eine Ausweitung des entwicklungspolitischen Instrumentariums über die klassische Entwicklungshilfe hinaus erfolgte noch nicht. Eine nach Ländergruppen unterschiedliche Ausgestaltung der Entwicklungspolitik wurde ebenfalls nicht vorgesehen. Gleichwohl sollten länderbezogene Hilfeprogramme, die die Besonderheiten der einzelnen Entwicklungsländer berücksichtigen, die Grundlage für die Entwicklungspolitik bilden (BMZ 1971).
Angesichts der in der ersten Hälfte der siebziger Jahre artikulierten Forderung der Entwicklungsländer nach einer neuen Weltwirtschaftsordnung und der durch die Ölpreiserhöhung von 1973 ausgelösten Erkenntnis der Industrieländer, von den Rohstoffen der Entwicklungsländer abhängig zu sein, erwies sich eine Ausweitung des entwicklungspolitischen Instrumentariums über die Entwicklungshilfe hinaus als notwendig. Die *entwicklungspolitische Konzeption* der Bundesrepublik Deutschland von *1975* schloß deshalb Überlegungen zur Handels-, Struktur- und Rohstoffpolitik ein. Danach befürwortete die Bundesregierung eine zunehmende Integration der Entwicklungsländer in die internationale Arbeitsteilung. Diese sollte durch den Abbau der tarifären und nicht-tarifären Handelshemmnisse sowie Maßnahmen der Strukturanpassung in der Bundesrepublik gefördert werden. Im Bereich der Rohstoffpolitik unterstützte die Bundesregierung internationale Rohstoffabkommen zur Beseitigung von Preisschwankungen und Systeme zur Stabilisierung von Exporterlösen (Handbuch, II A 30 14).
Auch die entwicklungspolitische Konzeption von 1975 erwies sich bald als änderungsbedürftig. Sie widmete zum einen dem Problem der absoluten Armut, deren gezielte Bekämpfung als immer dringlicher empfunden wurde, nicht genügend Aufmerksamkeit. Des weiteren trug das entwicklungspolitische Instrumentarium der wachsenden Differenzierung der Entwicklungsländer untereinander kaum Rechnung. Schließlich war die Liste der sektoralen Schwerpunktbereiche zu umfangreich, als daß sie wirkliche Prioritäten für die Vergabe von Entwicklungshilfe gesetzt hätte (Wissenschaftlicher Beirat, S. 195 ff.). Die entwicklungspolitische Konzeption von 1975 wurde deshalb im Jahre *1980* durch die *entwicklungspolitischen Grundlinien* der Bundesregierung ersetzt.
Vorrangiges Ziel der deutschen Entwicklungspolitik ist seitdem die Bekämpfung der absoluten Armut. Dabei geht es zuallererst darum, die Grundbedürfnisse der Menschen nach Nahrung, sauberem Trinkwasser, Gesundheit, Kleidung, Wohnung und Bildung zu befriedigen. Eine bessere Befriedigung der Grundbedürfnisse steigert mittelbar die Leistungsfähigkeit und damit die Arbeitsproduktivität.
Die Armut in den Entwicklungsländern soll mit zwei unterschiedlichen, den Entwicklungsstand berücksichtigenden Strategien bekämpft werden. Dabei wird zwischen den sogenannten Schwellenländern und den sonstigen Entwicklungslän-

dern differenziert. Schwellenländer sind wirtschaftlich fortgeschrittene Entwicklungsländer mit einem hohen Pro-Kopf-Einkommen und einer diversifizierten Wirtschaftsstruktur (vgl. A III 2). Ihre Entwicklung soll durch eine verstärkte Integration in die Weltwirtschaft gefördert werden. Zu diesem Zwecke sollen die tarifären und nicht-tarifären Handelshemmnisse auf seiten der Industrieländer abgebaut werden (bei zunehmender Einführung des Prinzips der Gegenseitigkeit). Darüber hinaus wird der privatwirtschaftlichen Zusammenarbeit, insbesondere den Direktinvestitionen, sowie dem Verbund von privatwirtschaftlicher und öffentlicher Zusammenarbeit (z. B. der Mischfinanzierung) besondere Bedeutung beigemessen. Entwicklungshilfe soll den Schwellenländern nur noch in geringem Umfang gewährt werden. Sie soll auf Bereiche wie Sozialentwicklung, Stadtentwicklung, Umweltschutz konzentriert werden und dadurch Problemen entgegenwirken, die der Wachstumsprozeß in den Schwellenländern hervorruft. Es muß allerdings bezweifelt werden, daß die vorgesehenen Maßnahmen zu einem Abbau der absoluten Armut in den Schwellenländern beitragen. Sie sind primär auf eine Förderung des modernen Sektors gerichtet, mit dessen Ausdehnung aber nur geringe Beschäftigungseffekte verbunden sind. Auf der anderen Seite behindert die von außen induzierte Entfaltung des modernen Sektors die Entwicklung der übrigen Wirtschaftsbereiche und trägt damit zur Marginalisierung eines Teiles der Bevölkerung bei (vgl. B II 3 und C I 1). Diesen – vom BMZ erkannten – negativen sozialen Auswirkungen kann die deutsche Entwicklungshilfe wegen der für Schwellenländer nur beschränkt verfügbaren Mittel kaum entgegenwirken.
Für die übrigen Entwicklungsländer halten die entwicklungspolitischen Grundlinien zu Recht eine binnenmarktorientierte Entwicklungsstrategie für erfolgversprechender. Die privatwirtschaftliche Zusammenarbeit tritt hinter der Gewährung von Entwicklungshilfe eindeutig zurück. Die Entwicklungshilfeleistungen sollen dazu beitragen, die Mindestversorgung der armen Bevölkerungsschichten mit lebensnotwendigen Gütern und Leistungen zu sichern. Der Förderung der Selbsthilfefähigkeit wird dabei besondere Bedeutung beigemessen. Den regionalen Schwerpunkt der Finanziellen und Technischen Zusammenarbeit bilden die am wenigsten entwickelten Länder.
Die sektorale Ausrichtung der deutschen Entwicklungspolitik ist entscheidend vom Ziel der Bekämpfung der absoluten Armut bestimmt. Priorität wird der ländlichen Entwicklung, dem Energiesektor und dem Schutz der natürlichen Ressourcen beigemessen. Strukturverbesserungen in ländlichen Regionen sollen die Nahrungsmittelversorgung steigern und zusätzliche Arbeitsplätze schaffen. Die Erschließung des Energiepotentials (konventionelle und nicht-erschöpfliche Energiequellen) dient der Sicherung der Energieversorgung in den Entwicklungsländern und der Verringerung der Abhängigkeit von Erdölimporten. Die Erhaltung natürlicher Ökosysteme bildet schließlich in einer Reihe von Entwicklungsländern eine Voraussetzung für das Überleben der Bevölkerung.
Die entwicklungspolitischen Grundlinien knüpfen den Erfolg der grundbedarfsorientierten Entwicklungspolitik an einige Bedingungen, die in den Entwicklungsländern erfüllt sein müssen. Hierzu zählen der Abbau von Entwicklungshemmnissen (ungleiche Einkommensverteilung, ungerechte Bodenbesitzstruktur usw.), die Beteiligung der betroffenen Bevölkerungsgruppen an Planung und Durchfüh-

rung der entwicklungspolitischen Maßnahmen sowie die Schaffung von Planungs- und Verwaltungskapazitäten. Länder, die sich die Verwirklichung der sozialen Gerechtigkeit, die Durchführung von Strukturreformen und die Wahrung der Menschenrechte zum Ziel gesetzt haben, werden in besonderem Maße unterstützt (andererseits soll die entwicklungspolitische Zusammenarbeit grundsätzlich unabhängig von den politischen Verhältnissen in den Partnerländern erfolgen). Darüber hinaus werden solche Aktivitäten von Befreiungsbewegungen gefördert, die auf eine friedliche und demokratische Verwirklichung des Selbstbestimmungsrechtes abzielen.

Die Bundesrepublik Deutschland erkennt wie bisher das von den Vereinten Nationen aufgestellte Ziel, 0,7 v. H. des Bruttosozialprodukts in Form öffentlicher Leistungen für Entwicklungsländer aufzubringen, an. Auf einen Zeitplan für die Erfüllung dieses Zieles legt sie sich nicht fest. Sie läßt auch keine Bereitschaft erkennen, den öffentlichen Ressourcentransfer stärker zu automatisieren. Bezüglich der weltwirtschaftlichen Rahmenbedingungen hält sie an ihren Vorstellungen von einer liberalen, marktwirtschaftlichen Weltwirtschaftsordnung fest (BMZ 1980 II; Bohnet; Handbuch, II A 40 41, II A 40 61).

4. Umfang, Struktur und Konditionen der Entwicklungshilfe

Die Entwicklungshilfeleistungen der Bundesrepublik Deutschland erreichten im Jahre 1978 einen *Umfang* von knapp 2 Mrd. US-$. Mit einem Anteil von 0,31 v. H. am Bruttosozialprodukt entsprachen ihre Leistungen dem Durchschnitt der DAC-Länder. Seit Anfang der sechziger Jahre haben die Entwicklungshilfeleistungen nominal erheblich, real gesehen jedoch nur geringfügig zugenommen. Ihr Anteil am Bruttosozialprodukt ging zurück (vgl. Schaubild 7). Die vom Bundeskabinett im Juli 1979 beschlossene mittelfristige Finanzplanung läßt jedoch für die nächsten Jahre einen Anstieg des BSP-Anteils der öffentlichen Entwicklungshilfe erwarten.

Der Anteil der bilateralen Hilfe an der gesamten Entwicklungshilfe betrug im Durchschnitt der Jahre 1976 bis 1978 76 v. H., der der multilateralen Hilfe 24 v. H. Im gleichen Zeitraum wurden 45 v. H. der bilateralen Leistungen als Technische Hilfe vergeben. Im Durchschnitt der Jahre 1960 bis 1965 machte dieser Anteil erst 17 v. H. aus (BMZ 1980 III, S. 24 u. 119ff.).

Die regionale *Struktur* der deutschen Entwicklungshilfe ist dadurch gekennzeichnet, daß eine große Zahl von Entwicklungsländern Leistungen empfängt. Im Jahre 1978 erhielten 121 Länder Auszahlungen im Rahmen der bilateralen Zusammenarbeit. Andererseits wiesen die bilateralen Entwicklungshilfeleistungen eine regionale Konzentration auf. Etwa 50 v. H. der Leistungen gingen an nur 11 Länder. Hauptempfänger deutscher Entwicklungshilfe waren Indien, Türkei, Pakistan, Israel, Ägypten, Bangladesh, Tunesien, Tansania, Brasilien, Peru und Indonesien (BMZ 1980 III, S. 125). Faßt man die Entwicklungsländer nach Gruppen entsprechend ihrem Entwicklungsstand zusammen, so ergibt sich folgende regionale Aufteilung der Entwicklungshilfe: Im Jahre 1977 erhielten die Länder mit mittlerem Entwicklungsniveau 47 v. H., die LLDC 24 v. H., die europäischen

Schaubild 7:
Öffentliche Entwicklungshilfe der Bundesrepublik Deutschland, nominal und real, in Mill. US-$ und als Prozentsatz des BSP, 1960 – 1978

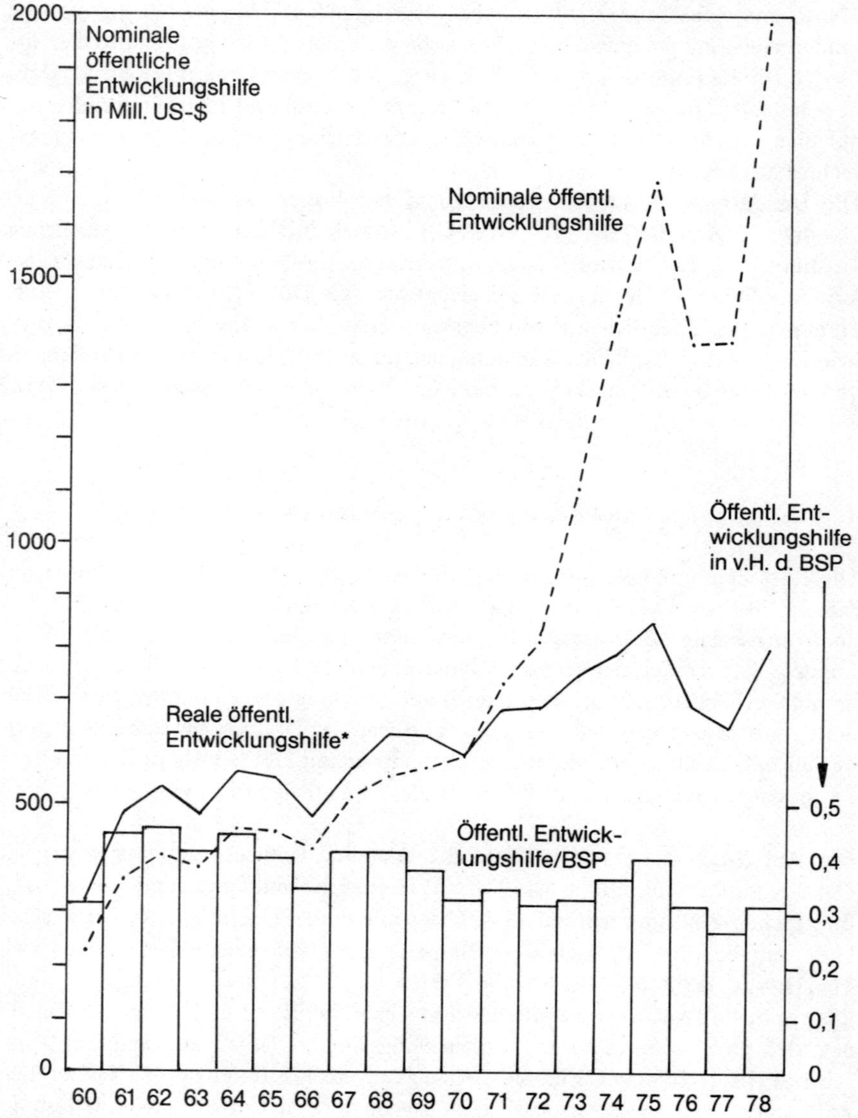

* Die nominalen Zahlen sind auf der Basis der Preisindices für öffentliche Entwicklungshilfe des DAC in Preise von 1970 umgerechnet worden.

Quelle:
OECD, DAC, Zusammenarbeit im Dienste der Entwicklung, Politik und Leistungen der Mitglieder des Ausschusses für Entwicklungshilfe, Jahresprüfung 1973, S. 335, und Jahresprüfung 1979, S. 420, 509 u. 510.

und außereuropäischen Schwellenländer je 11 v. H. und die OPEC-Länder 7 v. H. der bilateralen Leistungen. Gegenüber Mitte der sechziger Jahre konnten die LLDC ihren Anteil an der deutschen Entwicklungshilfe mehr als verdoppeln, während der Anteil der außereuropäischen Schwellenländer auf weniger als die Hälfte sank. Damit wurde die in den entwicklungspolitischen Grundlinien vorgesehene Verlagerung des regionalen Schwerpunktes der Entwicklungshilfe teilweise schon vorweggenommen. Verglichen mit dem Durchschnitt der DAC-Länder mißt die Bundesrepublik Deutschland der öffentlichen Zusammenarbeit mit den LLDC und insbesondere mit den europäischen Entwicklungsländern (Türkei!) einen hohen Stellenwert bei (vgl. Tabelle 36).

Tabelle 36:
Die bilaterale Entwicklungshilfe (Nettoauszahlungen) der Bundesrepublik Deutschland nach Empfängerländern

		Entwicklungsländer insgesamt	Europäische Entwicklungsländer	Außereuropäische Entwicklungsländer ohne OPEC			OPEC
				Schwellenländer	Mittlere Länder	LLDC	
Gesamte ODA in v. H.	1965[1]	100	9,9	25,5	46,3	11,0	7,3
	1970	100	9,3	22,2	46,9	10,2	11,3
	1977	100	10,7	10,7	47,3	23,9	7,4
Leistungen je Einwohner in DM[1]	1965	1,0	1,6	2,0	0,9	0,9	0,5
	1970	1,1	3,0	1,6	0,8	0,8	1,0
	1977	1,1	1,8	1,5	1,0	2,0	0,4
Leistungen in v. H. des BPS[1]	1965	0,12	0,06	0,12	0,18	0,30	0,05
	1970	0,09	0,08	0,07	0,13	0,24	0,06
	1977	0,08	0,04	0,05	0,14	0,57	0,02
Zum Vergleich: Bilaterale ODA der DAC-Länder in v. H.	1977	100	1,7	11,8	61,6	17,1	7,7

1 Öffentliche Entwicklungshilfe und sonstige öffentliche Leistungen.

Quelle: S. Schultz, D. Schumacher, H. Wilkens, Wirtschaftliche Verflechtung der Bundesrepublik Deutschland mit den Entwicklungsländern, Baden-Baden 1980, S. 108 u. 110.

Den sektoralen Schwerpunkt der bilateralen Kapitalhilfe bilden das Verkehrswesen, die Energieversorgung sowie Industrie und Bergbau. Sie vereinigten in den Jahren 1975 bis 1978 71 v. H. der projektgebundenen Kapitalhilfezusagen auf sich. Die Konzentration der Kapitalhilfe auf die genannten Sektoren läßt erkennen, in welch starkem Maße deutsche Lieferinteressen sowie das Interesse der Entwicklungsländer an deutschem Know-how die Vergabe von Kapitalhilfe bestimmen. Demgegenüber werden die Landwirtschaft sowie die »sozialen« Sektoren, denen für die Befriedigung von Grundbedürfnissen entscheidende Bedeutung zukommt, kaum unterstützt. Im Gegensatz zur Kapitalhilfe orientiert sich die Technische Hilfe stärker an den sozialen Bedürfnissen der Entwicklungsländer. Schwerpunkte der Technischen Hilfe sind die Bereiche Bildung und Ausbildung sowie die

Tabelle 37:
Die bilaterale Entwicklungshilfe (Zusagen) der Bundesrepublik Deutschland nach Sektoren, 1975 bis 1978

Sektoren	Finanzielle Zusammenarbeit		Technische Zusammenarbeit	
	Mill. DM	v. H.	Mill. DM	v. H.
Planung und öffentliche Verwaltung	10	0,1	265	4,7
Materielle Infrastruktur (Verkehrswesen, Energieversorgung usw.)	3 710	53,4	459	8,1
Land- und Forstwirtschaft, Fischerei	526	7,6	1 048	18,5
Industrie, Bergbau, Bauwirtschaft	1 247	18,0	335	5,9
Dienstleistungen	1 017	14,6	90	1,6
Bildung, Ausbildung	—	—	2 532	44,6
Gesundheitswesen	41	0,6	185	3,3
Soziale Infrastruktur und Sozialfürsorge	169	2,4	124	2,2
Mehrzweckprojekte	231	3,3	214	3,8
Sonstige Maßnahmen	—	—	415	7,3
Insgesamt	6 951	100,0	5 667	100,0

Quelle: BMZ, Vierter Bericht zur Entwicklungspolitik der Bundesregierung, Bonn 1980, S. 29 u. 30.

Landwirtschaft. Aber auch hier ist eine Vernachlässigung des Gesundheitswesens, der Bevölkerungsplanung und des Ausbaus der sozialen Infrastruktur festzustellen (vgl. Tabelle 37).

Die *Konditionen* der deutschen Entwicklungshilfe haben sich gegenüber den sechziger Jahren erheblich verbessert. Das globale Zuschußelement der den Entwicklungsländern und multilateralen Stellen zugesagten öffentlichen Entwicklungshilfe erreichte im Jahre 1978 87 v. H. und übertraf damit die vom DAC aufgestellte Norm von 84 v. H. Ende der sechziger Jahre hatte es noch bei 77 v. H. gelegen. Im Jahre 1978 bestanden die Entwicklungshilfezusagen zu 60 v. H. aus Zuschüssen. Seit diesem Jahr erhalten die LLDC ausschließlich nicht-rückzahlbare Zuwendungen von der Bundesrepublik. Auch die bilateral gewährten Kredite sind günstig ausgestattet. Bei den 1978 neu zugesagten Krediten belief sich der Zinssatz im Durchschnitt auf 1,8 v. H., die Laufzeit auf 37,9 Jahre und die Zahl der tilgungsfreien Jahre auf 9,1. Hinter diesen Durchschnittskonditionen verbergen sich drei Kategorien von Darlehen:

- Die MSAC, die nicht gleichzeitig LLDC sind, erhalten Darlehen zu 0,75 v. H. Zinsen bei 50 Jahren Laufzeit, davon die ersten zehn Jahre tilgungsfrei.
- Länder im mittleren Entwicklungsstadium erhalten Darlehen zu 2 v. H. Zinsen bei 30 Jahren Laufzeit, davon zehn Jahre tilgungsfrei.
- Länder im fortgeschrittenen Entwicklungsstadium oder mit hohen Devisenerlösen erhalten Darlehen zu 4,5 v. H. Zinsen bei 20 Jahren Laufzeit, davon fünf Jahre tilgungsfrei (BMZ 1980 III, S. 24 u. 128).

Im Gegensatz zu den wichtigen Geberländern geht die Bundesrepublik Deutschland bei ihrer Finanziellen und Technischen Zusammenarbeit mit den Entwicklungsländern vom Grundsatz der Lieferungebundenheit aus. Es gelten jedoch zwei Ausnahmen. Kredite für Schiffslieferungen werden in jedem Fall gemäß Beschluß des Bundeskabinetts vom 9. Januar 1963 an deutsche Lieferungen gebunden. Bei Lieferungen und Leistungen aus anderen »sensiblen Wirtschaftszweigen« (Lokomotivbau, Kernenergie-Industrie, Ingenieurberatungswesen) kann der Kredit je nach Lage des Falles an deutsche Lieferungen gebunden werden. In der heutigen Praxis bedeutet dies, daß gebunden wird, sofern nicht anerkennenswerte Interessen des Empfängerlandes oder besondere entwicklungspolitische Gründe dem entgegenstehen. Während der Anteil der formell liefergebundenen an der gesamten bilateralen Kapitalhilfe in der ersten Hälfte der siebziger Jahre von 28 v. H. (1970) auf 1 v. H. (1976) zurückgegangen war, erhöhte er sich in den letzten Jahren wiederum auf 10 v. H. (1977) und 18 v. H. (1978). Im Interesse der Sicherung von Arbeitsplätzen in der Bundesrepublik wird die Kapitalhilfe in zunehmendem Maße auch informell gebunden (z. B. durch Ausdehnung der Mischfinanzierung) (BMZ 1980 III, S. 128).

5. Förderung privater Direktinvestitionen in Entwicklungsländern

Einen wichtigen Bestandteil der Entwicklungspolitik der Bundesrepublik Deutschland bildet die Förderung privater Direktinvestitionen in Entwicklungsländern. Direktinvestitionen leisten nach Meinung der Bundesregierung einen wertvollen Beitrag zum wirtschaftlichen und sozialen Fortschritt der Entwicklungsländer. Das in der Bundesrepublik zur Verfügung stehende *Förderungsinstrumentarium* umfaßt den Investitionsschutz, steuerliche Maßnahmen, Finanzierungshilfen sowie Informations- und Beratungsleistungen.
Zur Absicherung von Investitionen deutscher Unternehmen in Entwicklungsländern hat die Bundesrepublik mit 39 Entwicklungsländern Investitionsförderungsverträge abgeschlossen. Neben dem Schutz vor Diskriminierung und entschädigungsloser Enteignung gewährleisten diese Verträge einen freien Kapitaltransfer. Darüber hinaus besteht für den einzelnen Investor die Möglichkeit, sich über Bundesgarantien gegen politische Risiken abzusichern. Für ein geringes Entgelt decken die Bundesgarantien Enteignungs-, Kriegs-, Aufruhr-, Moratoriums-, Konvertierungs- und Transferrisiken ab. Die Höhe der Entschädigung beträgt in der Regel 95 v. H. des Zeitwertes, höchstens jedoch des Einbringungswertes der Kapitalanlage. Der Investor muß eine Selbstbeteiligung von mindestens 5 v. H. tragen. Voraussetzung für die Erteilung einer Bundesgarantie ist ein ausreichender Rechtsschutz, der durch die Existenz bilateraler Investitionsverträge, entsprechende Gesetze im Anlageland oder ad-hoc-Erklärungen der Regierung des Anlagelandes gewährleistet erscheint. Mit der Bearbeitung der Garantien sind die Treuarbeit AG und die Hermes Kreditversicherungs-AG beauftragt.
Neben der Minderung des Investitionsrisikos begünstigen steuerliche Erleichterungen die Vornahme von Investitionen in Entwicklungsländern. Außer dem Auslandsinvestitionsgesetz von 1969 und dem Außensteuergesetz von 1972 bilden insbesondere das Entwicklungsländer-Steuergesetz und die Doppelbesteuerungsabkommen die gesetzliche Grundlage für die Förderung von Kapitalanlagen in Entwicklungsländern. Das 1979 novellierte Entwicklungsländer-Steuergesetz

gestattet deutschen Unternehmen, die in einem Entwicklungsland investieren, zu Lasten des Gewinns im Inland eine Rücklage zu bilden und damit Ertrags- und Liquiditätsvorteile zu erzielen. Die Rücklage beläuft sich bei Investitionen in den LLDC auf 100 v.H. des investierten Betrages, in den übrigen Entwicklungsländern auf 40 v.H. und bei Kapitalanlagen im Rohstoff- und Energiebereich auf 60 v.H. Die Rücklage kann für sechs Jahre gebildet werden. Sie ist danach innerhalb von sechs Jahren gewinnerhöhend aufzulösen. Bei Investitionen in den LLDC, für besonders beschäftigungswirksame Investitionen und für Investitionen im Rohstoff- und Energiebereich beträgt der Auflösungszeitraum zwölf Jahre. Von den steuerlichen Vergünstigungen sind Investitionen im Bereich des Fremdenverkehrs, der Handelsschiffahrt, des Luftverkehrs sowie des Kredit- und Versicherungswesens ausgenommen. Neben dem Entwicklungsländer-Steuergesetz sind noch die Doppelbesteuerungsabkommen von Bedeutung, die die Bundesregierung mit 26 Entwicklungsländern abgeschlossen hat. Sie verhindern, daß sich die steuerlichen Belastungen im Entwicklungsland und in der Bundesrepublik kumulieren und damit die Wirtschaftlichkeit von Auslandsinvestitionen beeinträchtigen. Darüber hinaus tragen sie durch die Anwendung der Technik des fiktiven Steuerkredits dafür Sorge, daß steuerliche Erleichterungen im Anlageland dem investierenden Unternehmen zugute kommen und nicht das Aufkommen des deutschen Fiskus erhöhen.
Des weiteren fördert die Bundesregierung private Direktinvestitionen durch die Gewährung von Finanzierungshilfen. Die bundeseigene Deutsche Gesellschaft für wirtschaftliche Zusammenarbeit (Entwicklungsgesellschaft) mbH (DEG) übernimmt Beteiligungen an Unternehmen in Entwicklungsländern oder gewährt beteiligungsähnliche Darlehen. Als deutsche Partner der DEG kommen in erster Linie kleine und mittlere Unternehmen in Betracht. Lokale Partner können private oder staatliche Unternehmen in Entwicklungsländern sein. Die Beteiligungen der DEG sind zeitlich begrenzt. Wenn der jeweilige Investitionspartner das betreffende Vorhaben eigenständig weiterführen kann, sollen die von der DEG eingebrachten Mittel von ihm abgelöst werden. Das Engagement der DEG erstreckt sich nicht auf die laufende Geschäftsführung, sondern beschränkt sich auf eine Kontrolle der Projektgesellschaften. Ein weiteres Instrument zur Förderung von Direktinvestitionen sind die Niederlassungskredite. Anstelle der 1978 ausgelaufenen ERP-Darlehen gewährt die Bundesregierung seit 1979 kleinen und mittleren Unternehmen, die sich in Entwicklungsländern niederlassen wollen, Kredite zu vergünstigten Bedingungen.
Direktinvestitionen werden schließlich durch die Information, Beratung und organisatorische Unterstützung von investitionswilligen Unternehmen gefördert. Diese Aufgaben werden von verschiedenen Organisationen wahrgenommen. Die DEG berät deutsche Unternehmen, führt Investoren aus der Bundesrepublik und aus Entwicklungsländern zusammen und vermittelt Finanzierungsmöglichkeiten. Die Veröffentlichungen der Bundesstelle für Außenhandelsinformationen (BfA) informieren über die Investitionsbedingungen in Entwicklungsländern. Industrieberater der GTZ fördern die industrielle Kooperation zwischen Industrie- und Entwicklungsländern (BMZ 1980 I; Goltz).
Angesichts der im internationalen Vergleich umfangreichen Förderung von

Direktinvestitionen in der Bundesrepublik Deutschland stellt sich die Frage, ob der damit verbundene hohe finanzielle Aufwand *gerechtfertigt* ist. Zur Beantwortung dieser Frage lassen sich zwei Kriterien heranziehen. Zum einen muß die Förderung effizient sein, das heißt sie muß neue Investitionen und damit einen zusätzlichen Transfer von Ressourcen initiieren. Wie sich aus Unternehmensbefragungen ergibt, bilden Vergünstigungen steuerlicher und finanzieller Art seitens der Bundesrepublik nur in seltenen Fällen das entscheidende Motiv für Investitionen in Entwicklungsländern. Die meisten Investitionen werden aus spezifisch unternehmenspolitischen Überlegungen (Erschließung neuer Märkte, Umgehung von Importrestriktionen usw.) heraus getätigt. In diesen Fällen werden die staatlichen Vergünstigungen lediglich »mitgenommen«. Über die Wirksamkeit des Instrumentariums hinaus müssen die induzierten Investitionen entwicklungspolitisch förderungswürdig sein. Wie die Ausführungen in C I 1 gezeigt haben, gehen von Direktinvestitionen – je nach Investitionsprojekt unterschiedlich – neben positiven eine Reihe von entwicklungspolitisch negativen Wirkungen aus. Insbesondere ist fraglich, ob Direktinvestitionen einen Beitrag zur Verminderung der absoluten Armut, dem primären Ziel deutscher Entwicklungspolitik, leisten. Es wäre daher zu überlegen, ob im Interesse der Bekämpfung der absoluten Armut die zur Förderung von Direktinvestitionen aufgewandten Mittel nicht besser als Entwicklungshilfe vergeben werden sollten.
Wird an der Förderung von Direktinvestitionen dennoch festgehalten, so stellt sich die Frage, ob das derzeitige Förderungskonzept geeignet ist. Unter Effizienzgesichtspunkten sollten Fördermittel so eingesetzt werden, daß sie ein Maximum an zusätzlichen Direktinvestitionen initiieren. Mitnahmeeffekte müßten so weit wie möglich ausgeschlossen werden. Besonders ausgeprägt dürften die Mitnahmeeffekte bei Direktinvestitionen in Schwellenländern sein. Die Investitionshemmnisse sind dort niedriger als in anderen Entwicklungsländern. Ein relativ großer Teil der Direktinvestitionen in diesen Ländern dürfte deshalb durchgeführt werden, ohne von den (in Anspruch genommenen) Fördermitteln entscheidend beeinflußt worden zu sein. Relativ umfangreiche Mitnahmeeffekte dürften des weiteren bei Direktinvestitionen von Großunternehmen auftreten. Sie sind besser informiert über die Investitionsbedingungen in Entwicklungsländern und haben größere Erfahrungen mit Auslandsinvestitionen als kleine und mittlere Unternehmen. Für sie ist es auch leichter, das Risiko eines Engagements in einem Entwicklungsland zu tragen, da, bedingt durch den größeren Gesamtgeschäftsumfang, eine breitere Risikostreuung möglich ist. Auf die Mehrzahl der Investitionsentscheidungen dieser Unternehmen dürften Subventionen und Steuervergünstigungen seitens der Bundesrepublik keinen merklichen Einfluß haben. Demgegenüber dürften die Direktinvestitionen kleiner und mittlerer Unternehmen in relativ starkem Maße durch Finanzierungshilfen, Steuererleichterungen sowie Informations- und Beratungsleistungen induziert werden. Unter Effizienzgesichtspunkten wären daher Direktinvestitionen, die entweder in Schwellenländern oder von Großunternehmen durchgeführt werden (zumindest aber Investitionen von Großunternehmen in Schwellenländern), von der staatlichen Förderung auszunehmen. Ausnahmen wären beim Investitionsschutz und bestimmten Informations- und Beratungsleistungen zu machen.

Neben Effizienzüberlegungen müßte das Förderungskonzept in stärkerem Maße entwicklungspolitische Kriterien berücksichtigen. Das derzeitige Förderungsinstrumentarium differenziert seine Leistungen nur teilweise nach entwicklungspolitischen Gesichtspunkten. Die stärkste entwicklungspolitische Ausrichtung hat noch das Entwicklungsländer-Steuergesetz erfahren, das einerseits Investitionen in LLDC und beschäftigungswirksame Investitionen steuerlich besonders begünstigt, andererseits bestimmte Branchen von der Förderung ausnimmt. Es sind drei Vorschläge für eine stärker entwicklungspolitisch orientierte Förderung von Direktinvestitionen gemacht worden, die jedoch alle nicht voll befriedigen. Der erste Vorschlag beinhaltet, die Förderung von Direktinvestitionen von den Wirkungen der einzelnen Investitionsvorhaben auf Beschäftigung, Einkommen, Zahlungsbilanz usw. abhängig zu machen. Als Bemessungsgrundlage für den Förderungsbetrag würde z. B. die Zahl der durch die Investition neu geschaffenen Arbeitsplätze, die Entgelte an inländische Produktionsfaktoren und die zusätzlichen Exporte gelten (Agarwal). Dieser Vorschlag trägt entwicklungspolitischen Gesichtspunkten in hohem Maße Rechnung, dürfte jedoch mit erheblichen Schwierigkeiten bei der Erfassung der Wirkungen der Investitionsvorhaben und mit einem im Vergleich zu den Fördermitteln zu hohen Evaluierungs- und Kontrollaufwand verbunden sein. Nach einem anderen Vorschlag soll sich die Höhe des Förderungsbetrages je investierte Kapitaleinheit nicht nach den entwicklungspolitischen Auswirkungen des einzelnen Investitionsvorhabens, sondern danach bemessen, welchen Beitrag Direktinvestitionen in Entwicklungsländern im Durchschnitt des jeweiligen Wirtschaftszweiges zu den einzelnen entwicklungspolitischen Zielen leisten. Für jedes Investitionsvorhaben werden somit die durchschnittlichen ökonomischen Auswirkungen aller Direktinvestitionen des betreffenden Wirtschaftszweiges unterstellt. Die Differenzierung des Förderungsbetrages nach Wirtschaftszweigen könnte mit einer Differenzierung nach Anlageländern kombiniert werden (Schumacher). Das vorgeschlagene Verfahren ist praktikabel, würde jedoch bei in sich heterogenen Wirtschaftszweigen zu ungerechtfertigten Ergebnissen führen. Auch trüge es den unterschiedlichen sektoralen Prioritäten der einzelnen Anlageländer nicht Rechnung. Diesen Prioritäten ließe sich nur dann entsprechen – so lautet der dritte Vorschlag –, wenn die Fördermaßnahmen der Bundesrepublik je nach Anlageland unterschiedlich ausgestaltet und dabei die entwicklungspolitischen Prioritäten der jeweiligen Gastländer übernommen würden (Helmschrott, Pollak, S. 132). Angesichts der Vielzahl von Entwicklungsländern, der Schwierigkeit, die entwicklungspolitischen Prioritäten eindeutig zu identifizieren, und der häufigen Prioritätsänderungen wäre jedoch auch dies kein praktikables Verfahren.
Aus den bisherigen Überlegungen folgt, daß das Förderungsinstrumentarium der Bundesrepublik Deutschland zwar effizienter gestaltet werden könnte, eine im Grundansatz stärkere entwicklungspolitische Orientierung jedoch auf Schwierigkeiten stößt, es sei denn, man beschränkt sich auf die Verhinderung bestimmter negativer Wirkungen von Direktinvestitionen, indem man die Förderung an die Einhaltung von internationalen Verhaltensregeln für Multinationale Unternehmen (z. B. den Verhaltenskodex der OECD) bindet.

IV Möglichkeiten und Grenzen der Entwicklungshilfe

1. Beitrag der Entwicklungshilfe zur Entwicklung der Dritten Welt

Angesichts der Zunahme der absoluten Armut in der Dritten Welt und der Vertiefung des Entwicklungsgefälles zwischen Industrie- und Entwicklungsländern wird häufig von einem Versagen der Entwicklungspolitik gesprochen. Dieser Vorwurf unterstellt, daß die Entwicklungspolitik der Industrieländer ein so weitreichendes Ziel wie die Überwindung der Unterentwicklung hätte erreichen können. Damit aber wird der Einfluß der Entwicklungspolitik überschätzt. Die öffentliche Entwicklungshilfe erreichte mit einem Anteil von etwa 1,5 v. H. am Bruttosozialprodukt der Entwicklungsländer ein Volumen, das den Entwicklungsprozeß der Dritten Welt nur geringfügig beeinflussen konnte. Auch die entwicklungspolitischen Maßnahmen i. w. S. (Handelspolitik, Strukturpolitik usw.) dürften die Wirkungen, die von den Kapitalbewegungen, den Wanderungen, dem Technologietransfer und dem Handel zwischen Industrie- und Entwicklungsländern auf die Entwicklung der Dritten Welt ausgehen, nur in begrenztem Maße hervorgerufen bzw. modifiziert haben. Wenn somit der globale Vorwurf eines Mißerfolges der Entwicklungspolitik unberechtigt ist, so stellt sich gleichwohl die Frage nach dem Beitrag der Entwicklungspolitik zur Entwicklung der Dritten Welt. Die folgenden Ausführungen beschränken sich auf die Entwicklungshilfe. Überlegungen zum Beitrag der Entwicklungspolitik i. w. S. finden sich in C, D II 2, D III 5 und E II–IV.

Die Diskussion um den Beitrag der Entwicklungshilfe der Industrieländer zur Entwicklung der Dritten Welt ist durch zwei Merkmale gekennzeichnet. Zum einen ist eine starke Diskrepanz in der Bewertung der Entwicklungshilfe festzustellen. Je nach den angelegten Vergleichsmaßstäben und den unterstellten Wirkungszusammenhängen leistet die Entwicklungshilfe entweder einen Beitrag zur Überwindung der Armut oder sie verstärkt die Unterentwicklung der Dritten Welt. Zum anderen wird die Entwicklungshilfe überwiegend in ihrer Gesamtheit bewertet. Eine solche globale Einschätzung der Entwicklungshilfe verkennt jedoch, daß mit der Vergabe von Entwicklungshilfe zwar einige allgemeine Konsequenzen für die Entwicklung der Dritten Welt verbunden sind, die Wirkungen aber je nach Empfänger- und Geberland höchst unterschiedlich sein können.

Die *generellen Wirkungen* der Entwicklungshilfe lassen sich wie folgt zusammenfassen:

- Die Vergabe von Entwicklungshilfe stellt einen Ressourcentransfer dar, der das Entwicklungspotential der Entwicklungsländer erhöht.
- Da diese Ressourcen primär den Regierungen der Entwicklungsländer zur Verfügung gestellt werden, tragen sie zur Erhaltung des gesellschaftlichen Status quo in diesen Ländern bei. Regierungen verwenden die Entwicklungshilfeleistungen primär für solche Projekte und Programme, die ihre Stellung stabilisieren, sie zumindest nicht zu gefährden drohen. Dies schließt allerdings nicht aus, daß die Entwicklungshilfe unvorhergesehene Wirkungen erzeugt, die sich gegen die bestehenden Herrschaftsverhältnisse richten.

- Die Bereitstellung von Entwicklungshilfe ist mit einer Verstärkung des Einflusses außenpolitischer und außenwirtschaftlicher Faktoren auf den Entwicklungsprozeß der Empfängerländer verbunden. Über die Vergabe von Entwicklungshilfe greifen die Industrieländer in den internen Entscheidungsprozeß der Entwicklungsländer ein. Dabei haben es die Entwicklungsländer in der Regel mit einer Vielzahl von Geberländern zu tun, die unterschiedliche Ziele verfolgen. Hinzu kommt, daß die Entwicklungshilfe in der Regel ohne längerfristige Zusagen vergeben wird. Dadurch fließt in die Planungen der Empfängerländer ein Unsicherheitsmoment ein.
- Darüber hinaus wird die Entwicklung der Dritten Welt dadurch beeinflußt, daß die als Entwicklungshilfe zur Verfügung gestellten Devisen dem Import von Gütern und Dienstleistungen aus den Industrieländern dienen. Mit dem Ressourcentransfer ist damit häufig zugleich die Übertragung ungeeigneter Technologien sowie eurozentrischer Entwicklungs- und Wertvorstellungen verbunden. Durch diesen Transfer werden dualistische Entwicklungsprozesse verstärkt (vgl. C III 3).

Abgesehen von diesen generellen Konsequenzen können von der Entwicklungshilfe je nach Vergabebedingung und Verwendungszweck *unterschiedliche Wirkungen* ausgehen. Die entwicklungspolitischen Effekte hängen insbesondere von folgenden *Determinanten* ab:

- der Aufteilung der Entwicklungshilfe nach Empfängerländern (regionale Verwendungsstruktur);
- dem Verwendungszweck der Entwicklungshilfe (sektorale Verwendungsstruktur);
- den Wirtschafts- und Sozialstrukturen in dem jeweiligen Empfängerland und
- der Qualität der Entwicklungshilfe.

Die Aufteilung der Entwicklungshilfe nach Empfängerländern wird von entwicklungspolitischen, außenpolitischen und außenwirtschaftlichen Zielsetzungen der Geberländer bestimmt. Abweichungen von der entwicklungspolitisch optimalen Verwendungsstruktur, die aus Bedürftigkeits- oder Performancekriterien abgeleitet werden kann (Petersen), ergeben sich in dem Maße, wie außenpolitische Ziele und wirtschaftliche Eigeninteressen die Vergabe von Entwicklungshilfe bestimmen. Für die Bevorzugung bestimmter Entwicklungsländer aus politischen (antikommunistischen, militärstrategischen usw.) und wirtschaftlichen Gründen (Exportsicherung, Rohstoffversorgung, Ausweitung des Operationsfeldes für das Privatkapital) ließen sich viele Beispiele anführen (vgl. auch D I 2).

Über die regionale Aufteilung hinaus hängen die entwicklungspolitischen Effekte der Entwicklungshilfe von der Verwendung der Mittel in den einzelnen Empfängerländern ab. Die Entscheidung über die Verwendung der Entwicklungshilfe liegt primär bei den Empfängerländern. Es treten jedoch auch Fälle ein, in denen das Geberland seine Prioritäten abweichend von denen des Empfängerlandes durchsetzt. Wird die Entwicklungshilfe projektungebunden als Budget- und Zahlungsbilanzhilfe, zur Finanzierung lokaler Kosten usw. vergeben, so entscheidet das Empfängerland allein über die Verwendung der bereitgestellten Devisen. Im Fall projektgebundener Hilfe müssen sich das Geber- und das Empfängerland über die zu fördernden Projekte einigen. Hier bestehen drei Möglichkeiten (vgl. auch D I 3):

- Die Prioritäten des Geberlandes und die des Empfängerlandes decken sich;
- das Geberland bevorzugt andere Projekte als das Empfängerland, beugt sich aber aus dem Souveränitätsprinzip und dem Gebot der Nichteinmischung in die inneren Angelegenheiten anderer Staaten heraus den Wünschen des Entwicklungslandes;
- bei voneinander abweichenden Prioritäten setzt das Geberland seine ressourcenbedingte Machtposition ein, um seine Projektvorstellungen durchzusetzen. Dies kann eine stärkere Bedürfnisorientierung oder eine stärkere Ausrichtung der Projekte an den Eigeninteressen des Geberlandes zur Folge haben (von Änderungen der Prioritäten, die sich im Verlauf der Verhandlungen zwischen Geber- und Empfängerland einstellen, wird hier abgesehen).

Mit Ausnahme des zuletzt genannten Falles werden mit der projektgebundenen Hilfe Projekte gefördert, denen das Empfängerland Priorität beimißt und die es, falls es keine Entwicklungshilfe erhalten hätte, überwiegend aus eigenen Devisenbeständen finanziert hätte. Durch die Entwicklungshilfe werden somit Devisen freigesetzt, die das Empfängerland frei verwenden kann. Die entwicklungspolitischen Effekte projektgebundener Entwicklungshilfe hängen deshalb nicht davon ab, welchen Entwicklungsbeitrag die geförderten Projekte leisten, sondern welchem Zweck die frei gewordenen Devisen zugeführt werden.

Die freigesetzten Devisen können ebenso wie die projektungebundene Entwicklungshilfe für den Import von Gütern des privaten Konsums, von Militärgütern oder von Investitionsgütern verwendet werden. Die eingeführten Investitionsgüter wiederum können der Errichtung von Prestigeobjekten, der Erstellung von Infrastruktureinrichtungen für eine exportorientierte Industrialisierung, dem Aufbau binnenmarktorientierter Investitionsgüterindustrien, der Bereitstellung grundbedürfnisorientierter Basiseinrichtungen in ländlichen Regionen usw. dienen. Welcher Verwendung die Entwicklungshilfeleistungen zugeführt werden, ist abhängig von der Art des politischen Systems, der gesellschaftlichen Verhältnisse und Klassenstrukturen sowie der favorisierten Entwicklungsstrategie des jeweiligen Empfängerlandes. Je nach Verwendung leistet die Entwicklungshilfe einen unterschiedlichen Beitrag zur Entwicklung der einzelnen Empfängerländer.

Eine weitere Determinante der entwicklungspolitischen Effekte der Entwicklungshilfe bilden die Wirtschafts- und Sozialstrukturen in den Empfängerländern. In Abhängigkeit von den vorherrschenden Besitzverhältnissen kommen Infrastrukturinvestitionen in ländlichen Regionen wenigen Großgrundbesitzern oder einer Vielzahl von Kleinbauern zugute. Industrieförderungsprogramme rufen je nach Industriestruktur (wenige große ausländische Unternehmen oder viele kleine inländische Betriebe) unterschiedliche Verteilungswirkungen hervor.

Der entwicklungspolitische Beitrag der Entwicklungshilfe hängt schließlich auch von der Qualität der erbrachten Leistungen ab. Kredite, die zu harten Konditionen gewährt werden, belasten die Empfängerländer mit einem hohen Schuldendienst. Leistungen, welche für nur kurze Zeiträume zugesichert werden, vermindern die Planungsfähigkeit der Empfängerländer. Kapitalhilfe, die auf die Finanzierung des Devisenkostenanteils von Projekten und Programmen beschränkt ist, begünstigt Projekte mit hohem »import content«, schafft jedoch keinen Anreiz zur Aktivierung inländischer Ressourcen. Liefergebundene Entwicklungshilfe ist schließlich mit einer Wertminderung des Ressourcentransfers verbunden (vgl. D I 3; D I 4; Nord-Süd-Kommission, S. 277ff.).

Diese Ausführungen zeigen, daß Entwicklungshilfe nicht pauschal befürwortet oder abgelehnt werden kann. Ihr Entwicklungsbeitrag hängt – abgesehen von ihren generellen Wirkungen – von den jeweiligen Bedingungen ab, unter denen sie vergeben und verwendet wird. Hieraus folgt für die Entwicklungshilfepolitik, daß sie ihre Leistungen weiter erhöhen, sich aber gleichzeitig in stärkerem Maße an entwicklungspolitischen Kriterien ausrichten muß. So sollten solche Länder vermehrt Entwicklungshilfe erhalten, die besonders arm sind, ihre Eigenanstrengungen gezielt auf die Befriedigung der Grundbedürfnisse der Bevölkerung sowie die Schaffung von Arbeitsplätzen richten und durch Wirtschafts- und Sozialreformen (Landreformen, Maßnahmen zur Einkommensverteilung usw.) interne Entwicklungshemmnisse abbauen. Darüber hinaus sollte die Qualität der Entwicklungshilfe weiter verbessert werden.

2. Grenzen einer Erhöhung der Entwicklungshilfe

Einer Erhöhung der Entwicklungshilfeleistungen können Grenzen gesetzt sein durch die unzureichende Absorptionsfähigkeit der Entwicklungsländer oder durch die Leistungsfähigkeit und Leistungsbereitschaft der Geberländer.

Die *Absorptionsfähigkeit* eines Landes für Kapitalhilfe wird als jenes Investitionsvolumen definiert, das in einem vorgegebenen Zeitraum volkswirtschaftlich effizient eingesetzt werden kann, das heißt ein bestimmtes Kosten-Ertrags-Verhältnis nicht unterschreitet. Die Absorptionsfähigkeit kann im wesentlichen durch folgende Faktoren beschränkt sein: durch eine unzureichende Planungs- und Verwaltungskapazität, durch eine ungenügende Infrastrukturausstattung und das Fehlen komplementärer Produktionsfaktoren in den Empfängerländern, durch Niveau und Struktur der potentiellen Nachfrage und durch Form und Qualität der Kapitalhilfe.

Ein Engpaß für die Aufnahme von finanziellen Leistungen kann in der begrenzten Planungs- und Verwaltungskapazität des jeweiligen Empfängerlandes liegen. Eine effiziente Verwendung der Kapitalhilfe setzt voraus, daß Projekte identifiziert und vorbereitet, Programme geplant werden. Auch müssen geeignete Trägerorganisationen vorhanden sein, um die Durchführung der Projekte und Programme sicherzustellen.

Die Absorptionsfähigkeit kann des weiteren durch eine unzureichende Infrastrukturausstattung und das Fehlen komplementärer Produktionsfaktoren begrenzt sein. Die Verkehrs- und Transporteinrichtungen können dem Import von Ausrüstungsgütern und anderen Erzeugnissen nicht gewachsen sein. Programme zur Förderung ländlicher Regionen können durch mangelnde Transport- und Lagerkapazitäten sowie durch eine ungenügende Energie- und Wasserversorgung beeinträchtigt werden. Schließlich kann die volkswirtschaftliche Effizienz der Kapitalhilfe durch ein unzureichendes Angebot an Rohstoffen, an inländischem Geld-

und Sachkapital, an Fachkräften und an Arbeitskräften, die Unternehmerfunktionen ausüben können, gemindert werden.
Eine Begrenzung der Absorptionsfähigkeit durch Niveau und Struktur der Nachfrage kann insbesondere dann eintreten, wenn die Kapitalhilfe der Industrialisierung dient, sei es, daß sie direkt produktiv investiert wird, sei es, daß sie den Industrialisierungsprozeß indirekt fördert. In bestimmten Produktionsbereichen kann die technisch bestimmte Mindestbetriebsgröße die inländische Nachfrage übertreffen. Ein Ausweichen auf die Auslandsmärkte kann sich gleichzeitig wegen der geringen internationalen Wettbewerbsfähigkeit oder protektionistischer Hemmnisse als unmöglich erweisen (Stevens, S. 53ff.).
Neben diesen, im wesentlichen in den Entwicklungsländern selbst liegenden Gründen, können Form und Qualität der Kapitalhilfe die Absorptionsfähigkeit begrenzen. Die Planungs- und Verwaltungskapazitäten der Empfängerländer werden durch projektgebundene stärker als durch projektungebundene Kapitalhilfe, durch eine Vielzahl kleiner Projekte stärker als durch Großprojekte beansprucht. Kapitalhilfe, die sich auf die Finanzierung des Devisenkostenanteils von Projekten und Programmen beschränkt, stellt höhere Anforderungen an die Ausstattung mit komplementären Faktoren auf seiten der Empfängerländer als Kapitalhilfe, welche die Finanzierung lokaler und laufender Kosten miteinschließt. Kapitalhilfe mit einem hohen Zuschußelement gewährleistet ein günstigeres Kosten-Ertrags-Verhältnis als Kapitalhilfe mit einem niedrigen Zuschußelement.
Die Absorptionsfähigkeit hat eine zeitliche Dimension. Sie kann kurzfristig begrenzt sein, mittel- und langfristig jedoch ausgeweitet werden und dadurch die Aufnahme zusätzlicher Kapitalhilfe gestatten. Neben Eigenanstrengungen der Entwicklungsländer kann die Entwicklungshilfe selbst zur Ausweitung der Absorptionsfähigkeit beitragen. Ansatzpunkte sind die Finanzierung von Infrastrukturinvestitionen, die Entsendung von Planungs- und Verwaltungsexperten, die Förderung der allgemeinen und der beruflichen Ausbildung, die Übertragung technischen Wissens usw. Darüber hinaus kann die Absorptionsfähigkeit durch eine entsprechende Gestaltung der Kapitalhilfe erweitert werden. Einer Erhöhung der Entwicklungshilfe sind somit – zumindest auf mittlere Sicht – keine (wirtschaftlichen) Grenzen durch eine unzureichende Absorptionsfähigkeit der Entwicklungsländer gesetzt (Deutscher Bundestag, S. 139, 155, 171, 181, 187).
Es stellt sich deshalb die Frage, ob die Leistungsfähigkeit und die Leistungsbereitschaft der Geberländer einer Ausweitung der Entwicklungshilfe entgegenstehen.
Den gebräuchlichsten Maßstab für die wirtschaftliche *Leistungsfähigkeit* eines Landes bildet das Bruttosozialprodukt. Man kann davon ausgehen, daß ein Land einen um so höheren Prozentsatz seines Bruttosozialprodukts für Entwicklungshilfe aufwenden kann, je höher sein Pro-Kopf-Einkommen ist. Ein wachsender prozentualer Anteil der Entwicklungshilfe am Bruttosozialprodukt braucht keine stärkere Belastung darzustellen. Eine Erhöhung dieses Anteils von 0,32 v.H. im Jahre 1978 auf 0,7 v.H. im Jahre 1985 hätte bei einem Wachstum des Bruttosozialprodukts von durchschnittlich 3,0 v.H. pro Jahr für die DAC-Länder insgesamt zur Folge, daß die Zuwachsrate der für andere Verwendungszwecke zur Verfügung stehenden Ressourcen nicht 3,0 v.H. (bei gleichbleibendem Anteil), son-

dern nur 2,95 v. H. pro Jahr betrüge. Oder anders ausgedrückt: Die DAC-Länder müßten gut 2 v. H. des Zuwachses ihres Sozialprodukts zusätzlich für die Entwicklungshilfe bereitstellen, um das 0,7 v. H.-Ziel bis 1985 zu erreichen. Ein solcher Beitrag dürfte die Leistungsfähigkeit dieser Länder nicht übersteigen.

Wenn die Entwicklungshilfeleistungen bisher nicht nachhaltig erhöht worden sind, so kann dies somit nur auf die mangelnde *Leistungsbereitschaft* der Industrieländer zurückgeführt werden. Die öffentliche Entwicklungshilfe wird gewöhnlich aus Haushaltsmitteln finanziert. Es stellt sich die Frage, warum die Regierungen und die Parlamente nicht bereit sind, andere Ausgabenbereiche wie die staatlichen Investitionen, die Verteidigungsausgaben, die Subventionen oder die Sozialleistungen zugunsten der Entwicklungshilfe zu kürzen oder die Steuern zu erhöhen. Ein Grund für dieses Verhalten dürfte darin liegen, daß in Zeiten relativ hoher Arbeitslosigkeit die staatliche Ausgabenpolitik die Beschäftigungswirkungen der miteinander konkurrierenden Ausgabenarten in Rechnung stellt. Zwar fließen nach Erhebungen der Kreditanstalt für Wiederaufbau rund 60 v. H. der deutschen Kapitalhilfe in Form von Aufträgen an die deutsche Wirtschaft zurück und rufen damit nicht unerhebliche Beschäftigungswirkungen im Inland hervor (Deutsches Institut für Entwicklungspolitik). Gleichwohl dürften die Beschäftigungswirkungen anderer Ausgabenbereiche höher sein. Dies gilt insbesondere für die staatlichen Investitionsausgaben, die in vollem Umfang zu Aufträgen an die heimische Wirtschaft führen.

Eine weitere Erklärung für die geringe Bereitschaft, Entwicklungshilfe zu leisten, liefert die sogenannte neue politische Ökonomie. Danach konkurrieren die Regierungs- und Oppositionsparteien durch ihre Politik bzw. ihre programmatischen Angebote um die Gunst der Wähler. Die Bereitschaft der Wähler, die Partei zu wechseln, ist dann besonders groß, wenn durch die Politik der Regierungsparteien die eigenen Interessen negativ berührt werden. Daher wird die Regierung ihre finanziellen Mittel so einsetzen, daß möglichst viele Wähler kurzfristig möglichst spürbare Vorteile erlangen. Mit der Vergabe von Entwicklungshilfe sind keine kurzfristigen, sondern bestenfalls mittel- oder langfristige Vorteile für die Wähler der Geberländer verbunden. Andererseits mindert die Entwicklungshilfe den finanziellen Spielraum für solche staatlichen Maßnahmen, die die Regierung zur Sicherung ihres Fortbestandes für notwendig erachtet. Daher wird die Regierung die Entwicklungshilfeleistungen nur ungern ausdehnen (Zohlnhöfer). Eine Erhöhung der Entwicklungshilfe setzt voraus, daß die Bevölkerung der Geberländer der Entwicklungshilfe eine größere Priorität beimißt. Dies läßt sich am ehesten dadurch erreichen, daß die bereitgestellten Mittel entwicklungswirksam eingesetzt, der Informationsstand der Bevölkerung durch eine gezielte Öffentlichkeitsarbeit erhöht und die Bedeutung der Entwicklungshilfe für die Verwirklichung von Eigeninteressen in stärkerem Maße herausgestellt werden (OECD, S. 209ff.).

3. Automatisierung des öffentlichen Ressourcentransfers

Angesichts der Schwierigkeiten, im Rahmen des gegenwärtigen Entwicklungshilfesystems die öffentlichen Leistungen an die Entwicklungsländer zu erhöhen, sind in den letzten Jahren Überlegungen zu einer Neuordnung des internationalen Ressourcentransfers angestellt worden. Sie zielen auf eine Automatisierung des öffentlichen Ressourcentransfers ab. Damit würde das gegenwärtige Entwicklungshilfesystem eine grundlegende Veränderung erfahren. Derzeit wird Entwicklungshilfe völlig freiwillig geleistet. Eine vertragliche Grundlage für den Ressourcentransfer gibt es nicht. Umfang und Konditionen werden meist jährlich festgelegt. Längerfristige Zusagen sind die Ausnahme. Es überwiegen die bilateralen Leistungen. Indem die Entwicklungshilfe allein vom politischen Willen der Geberländer abhängt, sind ihrer Erhöhung, wie gezeigt wurde, Grenzen gesetzt. Aus der kurzfristigen Vergabe resultieren Schwankungen im Entwicklungshilfeaufkommen, welche die Planungsfähigkeit der Empfängerländer und damit die Wirksamkeit des Mitteleinsatzes beeinträchtigen. Bilaterale Leistungen unterliegen in starkem Maße den Eigeninteressen der Geberländer (Ul Haq).

Ausgehend von den Mängeln des gegenwärtigen Entwicklungshilfesystems sind eine Reihe von Vorschlägen zur Automatisierung des öffentlichen Ressourcentransfers entwickelt worden (Steinbach; Steinberg, Yager, Brannon). Sie beziehen sich primär auf die Aufbringung der Mittel, die von den jährlichen Haushaltsentscheidungen der Parlamente unabhängig gemacht werden soll. Der Verteilung dieser Mittel widmen sie dagegen nur geringe Aufmerksamkeit. Die Vorschläge beinhalten im einzelnen:

- die Einführung nationaler Entwicklungshilfesteuern bzw. die Zweckbindung der Erträge bestehender Steuern für die Entwicklungshilfe;
- die Koppelung des Entwicklungshilfebudgets an die Entwicklung des Bruttosozialprodukts in den einzelnen Geberländern sowie
- die Erschließung internationaler Finanzierungsquellen (internationale Steuern usw.).

Die Finanzierung von Entwicklungshilfeleistungen durch spezielle Steuern bzw. durch die Zweckbindung eines Teiles der Erträge gewisser allgemeiner Steuern ist bisher nur in wenigen Industrieländern praktiziert worden. Norwegen erhob zeitweise eine spezielle Einkommensteuer, Dänemark führte einen Teil seiner Einnahmen aus dem Kaffeezoll an die Entwicklungsländer ab und Belgien widmet bis heute 10 v. H. der Gewinne seiner staatlichen Lotterie der Entwicklungshilfe. Die Erfahrungen, die mit diesen Finanzierungsformen gemacht wurden, waren nicht ermutigend. Gegen eine verstärkte Finanzierung der Leistungen an Entwicklungsländer durch nationale *Entwicklungshilfesteuern* sprechen vor allem folgende Gründe: Die Entwicklungshilfesteuern würden in den einzelnen DAC-Ländern in Einklang mit dem jeweiligen historisch gewachsenen Steuersystem unterschiedliche Merkmale aufweisen und sich von ihrem Aufkommen und ihrer Verteilungswirkung stark voneinander unterscheiden. Eine Verstetigung der Leistungen an die Entwicklungsländer wäre kaum zu erwarten. Vermutlich würde auch die Einstellung der Öffentlichkeit zur Entwicklungshilfe durch eine zweckgebundene Steuer negativ berührt. Die Leistungsbereitschaft würde abnehmen (Wiesebach, S. 11 ff.).

Einen zweiten Ansatzpunkt für eine Automatisierung des Ressourcentransfers bildet die Veränderung der *Budgetplanung* der einzelnen Geberländer in dem Sinne, daß die Höhe des Entwicklungshilfebudgets nicht Gegenstand der jährlichen Haushaltsberatungen ist, sondern unmittelbar von der Entwicklung des Bruttosozialprodukts als dem gängigsten Indikator für die Leistungskraft der Geberländer abhängt. Die Verknüpfung kann derart erfolgen, daß ein bestimmter Prozentsatz des Sozialproduktzuwachses jedes Jahr zusätzlich für die Entwicklungshilfe bereitgestellt wird. Das Entwicklungshilfevolumen kann aber auch direkt mit der Höhe des Bruttosozialprodukts in Beziehung gesetzt werden. In dem Fall wird entweder ein konstanter oder ein mit steigendem Pro-Kopf-Einkommen zunehmender Prozentsatz des Sozialprodukts dem Entwicklungshilfebudget zugewiesen. Diese Form der Budgetplanung findet in den skandinavischen Ländern und den Niederlanden Anwendung. Sie trug dazu bei, daß diese Länder ihr Entwicklungshilfevolumen nachhaltig erhöhen konnten.

Der weitestgehende Vorschlag zur Automatisierung des öffentlichen Ressourcentransfers in die Entwicklungsländer beinhaltet die Erschließung internationaler Finanzierungsquellen, das heißt insbesondere die Erhebung *internationaler Steuern.* Die Steuern würden nach international verbindlichen Steuersätzen von den nationalen Steuerbehörden erhoben und an eine internationale Organisation, z. B. an ein Weltschatzamt, wie es der Rio-Bericht vorgeschlagen hat, weitergeleitet. Dieses würde die Mittel nach einem festen Zuweisungsschlüssel oder entsprechend den Ansätzen eines Weltentwicklungshaushaltes an die Entwicklungsländer verteilen. Es sind eine Reihe von Steuern vorgeschlagen worden, die international erhoben werden könnten: Zuschläge auf die allgemeine Einkommensteuer, die Besteuerung der Einkünfte qualifizierter Auswanderer aus Entwicklungsländern, die Besteuerung der Direktinvestitionen multinationaler Konzerne, Steuern auf/oder Gewinnbeteiligungen an der Nutzung internationaler gemeinschaftlicher Güter wie der Ozeane, des Weltraums und der Polargebiete, Steuern auf grenzüberschreitende Umweltschädigungen, Verbrauchssteuern auf Luxusgüter, Umsatzsteuer auf den internationalen Handel, Besteuerung des Verbrauchs nichterneuerbarer Ressourcen (Energie, mineralische Rohstoffe) sowie die Besteuerung der Rüstungsausgaben und des internationalen Waffenhandels. Unter den Gesichtspunkten der Ergiebigkeit, der Steuergerechtigkeit, der administrativen Durchführbarkeit und der ökonomischen Auswirkungen würden sich insbesondere die Umsatzsteuer auf den internationalen Handel und die Besteuerung des Energieverbrauchs für eine internationale Besteuerung eignen (Wiesebach, S. 11ff.). Die Chancen für eine Einführung internationaler Steuern als Grundlage der Entwicklungsfinanzierung dürften zur Zeit noch gering sein. Sofern dieses Transfersystem die traditionelle bilaterale Entwicklungshilfe ablösen und nicht bloß ergänzen würde, könnten die Geberländer ihre Eigeninteressen nicht mehr durch die Vergabe von Entwicklungshilfe verfolgen. Hinzu kommt, daß mit der Konzentration der Mittelvergabe auf eine internationale Organisation die Gefahr einer geringen Effizienz und einer unzureichenden demokratischen Kontrolle der Mittelverwendung verbunden wäre (Klein, S. 175ff.).

Literatur zum Kapitel D

(Die Literaturhinweise beziehen sich auf die in den einzelnen Abschnitten angegebene Literatur)

I Grundzüge der Entwicklungspolitik

Addicks, G., Bünning, H.-H., Ökonomische Strategie der Entwicklungspolitik, Stuttgart, Berlin, Köln, Mainz 1979

Balogh, Th., Multilateral versus Bilateral Aid, in: Oxford Economic Papers, Vol. 19, 1967, No. 3, S. 328–344

Betz, J., Die Internationalisierung der Entwicklungshilfe, Baden-Baden 1978

Deutsche Bundesbank, Internationale Organisationen und Abkommen im Bereich von Währung und Wirtschaft, Frankfurt am Main 1978

Eppler, E., Wenig Zeit für die Dritte Welt, 5. Aufl., Stuttgart 1972

Heller, P., Die Unterfinanzierung laufender Kosten, in: Finanzierung und Entwicklung, 16. Jg., 1979, Nr. 1, S. 38–41

Helmschrott, H. X., Ochel, W., Begründung der Lieferbindung, ihr Umfang und ihre Auswirkungen bei einigen ausgewählten DAC-Geberländern, München 1981

Hemmer, H.-R., Wirtschaftsprobleme der Entwicklungsländer, Eine Einführung, München 1978

Kebschull, D., Fasbender, K., Naini, A., Entwicklungspolitik, Eine Einführung, 2. überarbeitete und erweiterte Auflage, Opladen 1975

Klein, H.-G., Entwicklungshilfe: Spezifische Äußerungsform internationaler Politik, Eine Analyse des Kontextes, der Merkmale und Wirkungen praktizierter Entwicklungshilfepolitik und Skizzierung der Möglichkeiten und Grundvoraussetzungen autonomiefördernder entwicklungshilfepolitischer Zusammenarbeit, Baden-Baden 1977

Kreditanstalt für Wiederaufbau, Erläuterungen zum Verfahren der Finanziellen Zusammenarbeit der Bundesrepublik Deutschland, Frankfurt am Main 1980

Kreditanstalt für Wiederaufbau, Inlandskostenfinanzierung im Rahmen der Kapitalhilfe, Frankfurt am Main 1973

Mikesell, R. F., The Economics of Foreign Aid, Chicago 1968

OECD, DAC, Statistical Reporting Directives, (DAC [78] 1), Paris 1978

OECD, DAC, Zusammenarbeit im Dienste der Entwicklung, Politik und Leistungen der Mitglieder des Ausschusses für Entwicklungshilfe, Jahresprüfung 1979, Paris 1979

Ohlin, G., Réévaluation des politiques d'aide à l'étranger, Paris 1966

Scharf, T. (Ed.), Trilateral Co-operation, Vol. 1 + 2, Paris 1978

Singer, H. W., External Aid: For Plans or Projects?, in: Economic Journal, Vo. 75, 1965, S. 539–545

Streeten, P., Vom Wachstum zu den Grundbedürfnissen, in: Finanzierung und Entwicklung, 16. Jg., 1979, Nr. 3, S. 28–31

Ul Haq, M., The Poverty Curtain: Choices for the Third World, New York 1976

Weltbank, Jahresbericht 1979, Washington 1979

White, J., The Politics of Foreign Aid, London 1974

Wiesebach, H. P., Entwicklungspolitik II: Entwicklungshilfe, in: Handwörterbuch der Wirtschaftswissenschaft (HdWW), 20. Lfg., Stuttgart, Tübingen, Göttingen 1979, S. 407–421

II Entwicklungspolitik der Europäischen Gemeinschaft

Alting von Geusau, F. A. M. (Ed.), The Lomé Convention and a New International Economic Order, Leyden 1977

Andresen, H., Zur Konzeption einer gemeinschaftlichen Mittelmeerpolitik, in: Hasenpflug, H. (Hrsg.), Europäische Gemeinschaft und Dritte Welt, Hamburg 1975, S. 85–100

Baron, St., Glismann, H. H., Stecher, B., Internationale Rohstoffpolitik - Ziele, Mittel, Kosten, Tübingen 1977, S. 81–92

Becker, J., Die Partnerschaft von Lomé, Eine neue zwischenstaatliche Kooperationsform des Entwicklungsvölkerrechts, Baden-Baden 1979

Bundesministerium für wirtschaftliche Zusammenarbeit (BMZ), Materialien Nr. 66: Lomé II, Mai 1980

Borrmann, A., Borrmann, Ch., Stegger, M., Das allgemeine Zollpräferenzsystem der EG, Hamburg 1979

Gerth-Wellmann, H., Das AKP / EG-Abkommen von Lomé, Bilanz und Perspektiven, München, London 1979

Hasse, R., Weitz, R., Lomé II: Tendency to an »Orderly« Development Policy, in: Intereconomics, Nov./Dec. 1979, S. 304–308

Kebschull, D., Künne, W., Menck, K. W., Das integrierte Rohstoffprogramm, Prüfung entwicklungspolitischer Ansätze im Rohstoffvorschlag der UNCTAD, Hamburg 1977, S. 123–147

Kommission der Europäischen Gemeinschaften, Dreizehnter Gesamtbericht über die Tätigkeit der Europäischen Gemeinschaften, Brüssel, Luxemburg 1980

Lerche, D., Grundlagen und Perspektiven des Euro-Arabischen Dialogs, Berlin 1977

Loch, Th. M., Hasenpflug, H., Die Assoziierungs- und Präferenzpolitik der EG, Bonn 1974

Schüssler, H., Der Europäisch-Arabische Dialog (I + II+ III), in: BfA / NfA vom 19./20./ 21. 1.1976

Tetzlaff, R., Das Abkommen von Lomé: ein Durchbruch in der europäisch-afrikanischen Zusammenarbeit?, in: Bley, H., Tetzlaff, R. (Hrsg.), Afrika und Bonn, Versäumnisse und Zwänge deutscher Afrika-Politik, Hamburg 1978, S. 254–290

Vogel, W., Die Maghreb- und Maschrek-Staaten im Rahmen der Europäischen Mittelmeerpolitik, in: Hasenpflug, H. (Hrsg.), Die EG-Außenbeziehungen, Stand und Perspektiven, Hamburg 1979, S. 289–304

Wuppermann, B., Exporterlösstabilisierung: Konzeptionen im Vergleich: UNCTAD IV, Abkommen von Lomé, Internationaler Währungsfonds, Berlin 1979

III Entwicklungspolitik der Bundesrepublik Deutschland

Agarwal, J. P., Entwicklungspolitische Orientierung des Entwicklungshilfe-Steuergesetzes – Ein praktikabler Vorschlag –, Kieler Diskussionsbeiträge, Nr. 22, Juli 1972

Bundesministerium für wirtschaftliche Zusammenarbeit (BMZ), Deutsche Unternehmen und Entwicklungsländer, Bonn 1980 (I)

Bundesministerium für wirtschaftliche Zusammenarbeit (BMZ), Die entwicklungspolitische Konzeption der Bundesrepublik Deutschland und die Internationale Strategie für die zweite Entwicklungsdekade, Bonn 1971

Bundesministerium für wirtschaftliche Zusammenarbeit (BMZ), Die entwicklungspolitischen Grundlinien der Bundesregierung unter Berücksichtigung der Empfehlungen der »Unabhängigen Kommission für Internationale Entwicklungsfragen«, Bonn 1980 (II)

Bundesministerium für wirtschaftliche Zusammenarbeit (BMZ), Vierter Bericht zur Entwicklungspolitik der Bundesregierung, Bonn 1980 (III)

Bodemer, K., Entwicklungshilfe – Politik für wen? Ideologie und Vergabepraxis der deutschen Entwicklungshilfe in der ersten Dekade, München 1974

Bohnet, M., Schwerpunkte der deutschen Nord-Süd-Politik, in: Entwicklung und Zusammenarbeit, 21. Jg., Sept. 1980, S. 13–15

Dennert, J., Entwicklungshilfe – Geplant oder verwaltet? Entstehung und Konzeption des BMZ, Gütersloh 1968

Goltz, H., Förderung privater Kapitalanlagen (Direktinvestitionen) in Entwicklungsländern, Köln 1975

Helmschrott, H. X., Pollak, Ch., Instrumente und Praxis anderer Geber im Grenzbereich zwischen öffentlicher und privater Zusammenarbeit mit den Entwicklungsländern, München 1979

Hofmeier, R., Möglichkeiten und Grenzen deutscher Entwicklungspolitik gegenüber Afrika, in: Bley, H., Tetzlaff, R. (Hrsg.), Afrika und Bonn, Versäumnisse und Zwänge deutscher Afrika-Politik, Hamburg 1978, S. 192–253

Informationszentrum Dritte Welt (Hrsg.), Entwicklungspolitik – Hilfe oder Ausbeutung? Die entwicklungspolitische Praxis der BRD und ihre wirtschaftlichen Hintergründe, Freiburg 1978

Nitsch, M., Rich Country Interests and Third World Development, The Federal Republic of Germany, Berlin 1979

Nuscheler, F., Partnerschaft oder Ausbeutung? Die Entwicklungspolitik der sozial-liberalen Koalition, in: Grube, E., Richter, G. (Hrsg.), Der SPD-Staat, München 1977, S. 324–349

Schloz, R., Deutsche Entwicklungspolitik, Eine Bilanz nach 25 Jahren, München, Wien 1979

Schumacher, D., Überlegungen zu einer entwicklungspolitisch orientierten Förderung von Direktinvestitionen in Entwicklungsländern, in: DIW-Wochenbericht, Nr. 46, 1972, S. 397–400

Sohn, K. H., Entwicklungspolitik, Theorie und Praxis der deutschen Entwicklungshilfe, München 1972

Vereinigung für internationale Zusammenarbeit (Hrsg.), Handbuch für internationale Zusammenarbeit, Baden-Baden, lfd. Jgg. (Handbuch)

Wissenschaftlicher Beirat beim Bundesministerium für wirtschaftliche Zusammenarbeit, Auf dem Wege zu einer neuen Weltwirtschaftsordnung, Stuttgart 1978

IV Möglichkeiten und Grenzen der Entwicklungshilfe

Adler, J. H., Absorptive Capacity – The Concept and its Determinants, Washington, D. C. 1965

Büttner, F., Sozialer Fortschritt durch Entwicklungshilfe? Kritische Beiträge zur Praxis westlicher Entwicklungspolitik, München 1972

Dams, Th., (Hrsg.), Entwicklungshilfe – Hilfe zur Unterentwicklung?, München 1974

Deutscher Bundestag, Ausschuß für wirtschaftliche Zusammenarbeit, Stenographisches Protokoll der 50. und 52. Sitzung des Ausschusses für wirtschaftliche Zusammenarbeit; öffentliche Anhörung von Sachverständigen zum Thema: »Nord-Süd-Verflechtung, Auswirkungen verstärkter Förderung der Länder der Dritten Welt durch öffentlichen und privaten Kapitaltransfer auf die Entwicklungsländer und auf die Industrieländer«, Bonn 1979

Deutsches Institut für Entwicklungspolitik, Binnenwirtschaftliche Wirkungen der deutschen Entwicklungspolitik, 2. Aufl., Berlin 1978

Frank, Ch. R., Baird, M., Foreign Aid: its Spreckled Past and Future Prospects, in: Bergsten, C. F., Krause, L. B. (Eds.), World Politics and International Economics, Washington 1975, S. 133–167

Hayter, T., Aid as Imperialism, Harmondsworth 1971

Klein, H. G., Entwicklungshilfe: Spezifische Äußerungsform internationaler Politik, Eine Analyse des Kontextes, der Merkmale und Wirkungen praktizierter Entwicklungshilfepolitik und Skizzierung der Möglichkeiten und Grundvoraussetzungen autonomiefördernder entwicklungshilfepolitischer Zusammenarbeit, Baden-Baden 1977

Kratochwil, G., Entwicklungshilfe und Abhängigkeit in Lateinamerika, Hamburg 1973

Leminsky, G., Otto, B. (Hrsg.), Gewerkschaften und Entwicklungspolitik, Köln 1975

Mende, T., Überfluß und Armut, Entwicklungspolitik vor der Entscheidung, Düsseldorf, Köln 1972

Nord-Süd-Kommission, Bericht der unabhängigen Kommission für internationale Entwicklungsfragen: Das Überleben sichern, Gemeinsame Interessen der Industrie- und Entwicklungsländer, Köln 1980

OECD, DAC, Zusammenarbeit im Dienst der Entwicklung, Politik und Leistungen der Mitglieder des Ausschusses für Entwicklungshilfe, Jahresprüfung 1975, Paris 1975

Pearson, L. B. (Vorsitzender), Bericht der Kommission für internationale Entwicklung. Der Pearson-Bericht. Bestandsaufnahme und Vorschläge zur Entwicklungspolitik, Wien, München, Zürich 1959

Petersen, H. J., Verteilung von Entwicklungshilfe nach Empfängerländern: Probleme der Formulierung operationaler entwicklungsbezogener Strategien, Berlin 1975

Richards, L., The Context of Foreign Aid: Modern Imperialism, in: The Review of Political Economics, Vol. 9, No. 4, S. 43–75

Steinbach, B., Automatic Transfer Payments to Developing Countries. Building Block for a New International Economic Order?, in: Intereconomics, January/February 1980, S. 34–38

Steinberg, E., Yager, J. A., Brannon, G. M., New Means of Financing International Needs, Washington / D. C. 1978

Stevens, W., Capital Absorptive Capacity in Developing Countries, Leiden 1971

Tetzlaff, R., Die Weltbank: Machtinstrument der USA oder Hilfe für die Entwicklungsländer? Zur Geschichte und Struktur der modernen Weltgesellschaft, München 1980

Ul Haq, M., Neuregelung des internationalen Transfers von Ressourcen, in: Jonas, R., Tietzel, M. (Hrsg.), Die Neuordnung der Weltwirtschaft, Bonn-Bad Godesberg 1976, S. 72–81

Wiesebach, H. P., Mobilization of Development Finance, Promises and Problems of Automaticity, Berlin 1979

Zohlnhöfer, W., Kann unser politisches und wirtschaftliches System die Interessen der Entwicklungsländer angemessen berücksichtigen? Die Forderungen der Dritten Welt als Problem der Wirtschaftspolitik der westlichen Industriestaaten, in: Dams, Th. (Hrsg.), Entwicklungshilfe – Hilfe zur Unterentwicklung?, München 1974, S. 141–164

E Neue Weltwirtschaftsordnung

I Entstehung und Inhalt der Forderungen der Entwicklungsländer nach einer Neuen Weltwirtschaftsordnung

1. Entstehung der Forderungen

Die nach dem Zweiten Weltkrieg entstandene Weltwirtschaftsordnung beruhte auf zwei Elementen: dem allgemeinen Zoll- und Handelsabkommen (General Agreement on Tariffs and Trade – GATT) und dem Abkommen von Bretton Woods. Im GATT einigten sich die Industrieländer auf eine dem Freihandelspostulat verpflichtete Welthandelsordnung. Auf die Herstellung eines möglichst freien internationalen Handels zielen folgende Prinzipien des GATT ab: der Meistbegünstigungsgrundsatz, das Reziprozitätsprinzip, die Bereitschaft zum Zollabbau und das Verbot der mengenmäßigen Einfuhrbeschränkungen. Ausnahmen vom Freihandelsgrundsatz wurden bei Altpräferenzen, der Bildung von Zollunionen und Freihandelszonen usw. zugelassen (Heiduk, S. 78ff.). Als Pendant zur liberalen Welthandelsordnung wurde mit dem Abkommen von Bretton Woods ein internationales Währungssystem geschaffen, das auf (grundsätzlich) festen Wechselkursen und dem sogenannten Dollarstandard beruhte. Der Dollar diente hierbei als internationales Zahlungsmittel und als Reservewährung. Anfang der siebziger Jahre brach das Bretton-Woods-System zusammen und wurde von einem Währungssystem mit flexiblen Wechselkursen abgelöst (Glastetter, S. 256ff.). Die Grundzüge der »alten« Weltwirtschaftsordnung wurden von den Industrieländern unter Führung der USA bestimmt. Die Interessen und besonderen sozio-ökonomischen Bedingungen der Entwicklungsländer, von denen viele damals noch Kolonien waren, blieben weitgehend unberücksichtigt.

Die Entwicklungsländer begannen ihre Vorstellungen von einer gerechten Weltwirtschaftsordnung zu artikulieren, als die meisten von ihnen Anfang der sechziger Jahre im Gefolge der Dekolonisation ihre politische Souveränität erlangt hatten. Sie trugen ihre Forderungen im Rahmen der Vereinten Nationen und hier insbesondere auf den Konferenzen der UNCTAD (United Nations Conference on Trade and Development) vor. Dank des Prinzips »Ein Staat – eine Stimme« konnten die Entwicklungsländer ihre zahlenmäßige Überlegenheit dahingehend geltend machen, daß Fragen der Nord-Süd-Beziehungen in den Debatten der Vereinten Nationen eine zunehmende Bedeutung erlangten. Die politische Handlungsfähigkeit und die Verhandlungsposition der Entwicklungsländer verbesserten sich im Verlauf der sechziger Jahre mit der zunehmenden politischen Bewußtseinswerdung und der quasi-gewerkschaftlichen Organisierung in der Bewegung der »Blockfreien« und der »Gruppe der 77«. Die seit den fünfziger Jahren bestehende Bewegung der Blockfreien wandelte sich von einer lockeren, in dem Ost-West-Konflikt der Machtblöcke weitgehend neutralen Gruppierung von Ländern der Dritten Welt zu einer weit fester organisierten ökonomischen Interessengruppe der Entwicklungsländer im Rahmen des Nord-Süd-Konflikts. Die »Gruppe der 77«, deren Mitglieder zum Teil mit denen der Blockfreien identisch sind, war auf der ersten Welthandelskonferenz in Genf 1964 als Sammelbecken der mit der Haltung der Industrieländer unzufriedenen Entwicklungsländer entstanden. Sie tritt seitdem den Industrieländern insbesondere auf den UNCTAD-Konferenzen in Handels- und Entwicklungsfragen entgegen.

Mit der zunehmenden politischen Bewußtseinswerdung und der stärkeren Organisierung der Entwicklungsländer waren wichtige Voraussetzungen dafür geschaffen, daß die Länder der Dritten Welt im Jahre 1974 zum ersten Mal einen umfassenden Katalog von Forderungen zur Schaffung einer Neuen Weltwirtschaftsordnung vorlegten und die Industrieländer zu einer Auseinandersetzung mit diesen Forderungen zwangen. Diese Voraussetzungen erklären jedoch nur teilweise, weshalb die Forderung nach einer Neuen Weltwirtschaftsordnung seit diesem Zeitpunkt erhoben wurde. Hierfür sind weitere Gründe verantwortlich:

- Zu Beginn der siebziger Jahre war zu erkennen, daß der Entwicklungsrückstand der Dritten Welt gegenüber den Industrieländern sich während der Ersten Entwicklungsdekade nicht verringert hatte. Eine relativ große Bevölkerungsgruppe in den Entwicklungsländern lebte weiterhin in absoluter Armut.
- Angesichts der anhaltenden Armut in der Dritten Welt erwies sich die Entwicklungshilfe der Industrieländer quantitativ und qualitativ als unzulänglich. Real gesehen hatte sich die Entwicklungshilfe der DAC-Länder in den sechziger Jahren kaum erhöht. Eine nachhaltige Steigerung der Entwicklungshilfeleistungen war nicht zu erwarten. Die Entwicklungsländer werteten die Entwicklungshilfe als Mißerfolg, die sie zudem auf den Status von Almosenempfängern herabwürdigte. Um ihre Abhängigkeit von der Entwicklungshilfe zu lösen, wollten die Entwicklungsländer die weltwirtschaftlichen Rahmenbedingungen zu ihren Gunsten verändern.
- Anfang der siebziger Jahre begann die »alte« Weltwirtschaftsordnung sich aufzulösen. Das Weltwährungssystem von Bretton Woods brach zusammen. Der mit der wirtschaftlichen Rezession in den Industrieländern aufkommende Protektionismus stellte den Freihandel in Frage. Angesichts der Auflösungserscheinigungen der »alten« Ordnung war es konsequent, sich Gedanken über eine Neue Weltwirtschaftsordnung zu machen.
- Als der eigentliche, auslösende Faktor für die Forderung der Entwicklungsländer nach einer Neuen Weltwirtschaftsordnung muß die von den OPEC-Ländern im Herbst 1973 durchgesetzte Erhöhung der Rohölpreise angesehen werden. Erstmals hatte eine Gruppe von Entwicklungsländern erfolgreich wirtschaftliche Macht gegen die Industrieländer angewandt. Die Aktion der OPEC-Länder wirkte sich positiv auf die psychologische und politische Situation der Dritten Welt aus. Sie demonstrierte den Entwicklungsländern, daß durch solidarisches Handeln und den Einsatz wirtschaftlicher und politischer Macht die internationalen Beziehungen zum eigenen Vorteil gestaltet werden können (Langhammer, Stecher, S. 36ff.; Matthies, S. 12ff.).

Auf der 6. Sondergeneralversammlung der Vereinten Nationen im Frühjahr 1974 legten die Entwicklungsländer einen umfassenden Forderungskatalog zur Schaffung einer Neuen Weltwirtschaftsordnung vor. Trotz der Vorbehalte wichtiger

Industrieländer nahm die Generalversammlung eine Erklärung und ein Aktionsprogramm über die Errichtung einer Neuen Weltwirtschaftsordnung an. Dieser (nicht weiter verbindliche) Beschluß enthält zusammen mit der Ende 1974 von der 29. Ordentlichen Vollversammlung der Vereinten Nationen (gegen die Stimmen der Bundesrepublik Deutschland und fünf weiterer Industrieländer) verabschiedeten »Charta der wirtschaftlichen Rechte und Pflichten der Staaten« die grundlegenden Forderungen der Entwicklungsländer nach einer Neuen Weltwirtschaftsordnung (BMZ, S. 61ff.).

2. Die Forderungen im Überblick

Mit ihrer Forderung nach Errichtung einer Neuen Weltwirtschaftsordnung verfolgen die Entwicklungsländer im wesentlichen drei *Ziele:*

- Nach Erlangung der politisch-völkerrechtlichen Souveränität streben die Entwicklungsländer die nationale Souveränität in wirtschaftlichen Fragen an. Diese beinhaltet das Recht auf Selbstbestimmung des Wirtschafts- und Sozialsystems, die volle Verfügbarkeit über die eigenen natürlichen Ressourcen, die Verstaatlichung ausländischen Besitzes nach nationalem Recht sowie die Kontrolle der Tätigkeit Multinationaler Konzerne.
- Die Entwicklungsländer fordern des weiteren eine stärkere Teilhabe an den Entscheidungen internationaler Organisationen. Sie verlangen insbesondere eine Ausweitung ihrer Mitbestimmungsrechte im Internationalen Währungsfonds. Dadurch wollen sie erreichen, daß ihre Interessen bei der angestrebten Reform des Weltwährungssystems berücksichtigt werden.
- Neben diesen primär politischen Zielen verfolgen die Entwicklungsländer das ökonomische Ziel, einen größeren Nutzen aus ihren wirtschaftlichen Beziehungen mit den Industrieländern zu ziehen. Durch eine Veränderung des Weltwirtschaftssystems zu ihren Gunsten wollen sie erreichen, daß ihnen ein höherer Anteil am Welteinkommen zufließt.

Um dieses ökonomische Ziel zu realisieren, schlagen die Entwicklungsländer eine Vielzahl von Einzelmaßnahmen vor, mit denen die weltwirtschaftlichen Beziehungen zu ihrem Vorteil beeinflußt werden sollen. Diese *Maßnahmen* lassen sich den folgenden Bereichen internationaler Wirtschaftspolitik zuordnen (vgl. Schaubild 8). Im Mittelpunkt der Forderungen steht die internationale Rohstoffpolitik. Die Vorschläge im Rohstoffbereich zielen auf eine Stabilisierung der Rohstoffpreise und -erlöse und auf eine Erhöhung der Rohstoffpreise ab. Das Kernstück der rohstoffpolitischen Forderungen der Entwicklungsländer bildet das integrierte Rohstoffprogramm, das unter Leitung des Generalsekretärs der UNCTAD Corea erarbeitet und der vierten UN-Konferenz für Handel und Entwicklung (UNCTAD IV, 1976) in Nairobi vorgelegt wurde. Das integrierte Rohstoffprogramm stellt ein umfassendes System von Rohstoffmarktregelungen dar, das nach den Vorstellungen der Entwicklungsländer als Ganzes verabschiedet und realisiert werden soll. Seine wesentlichen Bestandteile sind

- die Bildung eines gemeinsamen Fonds zur Finanzierung von Ausgleichslagern für Rohstoffe und zur Förderung der Weiterverarbeitung von Rohstoffen in den Entwicklungsländern,

Schaubild 8:
Die Forderungen der Entwicklungsländer nach einer Neuen Weltwirtschaftsordnung

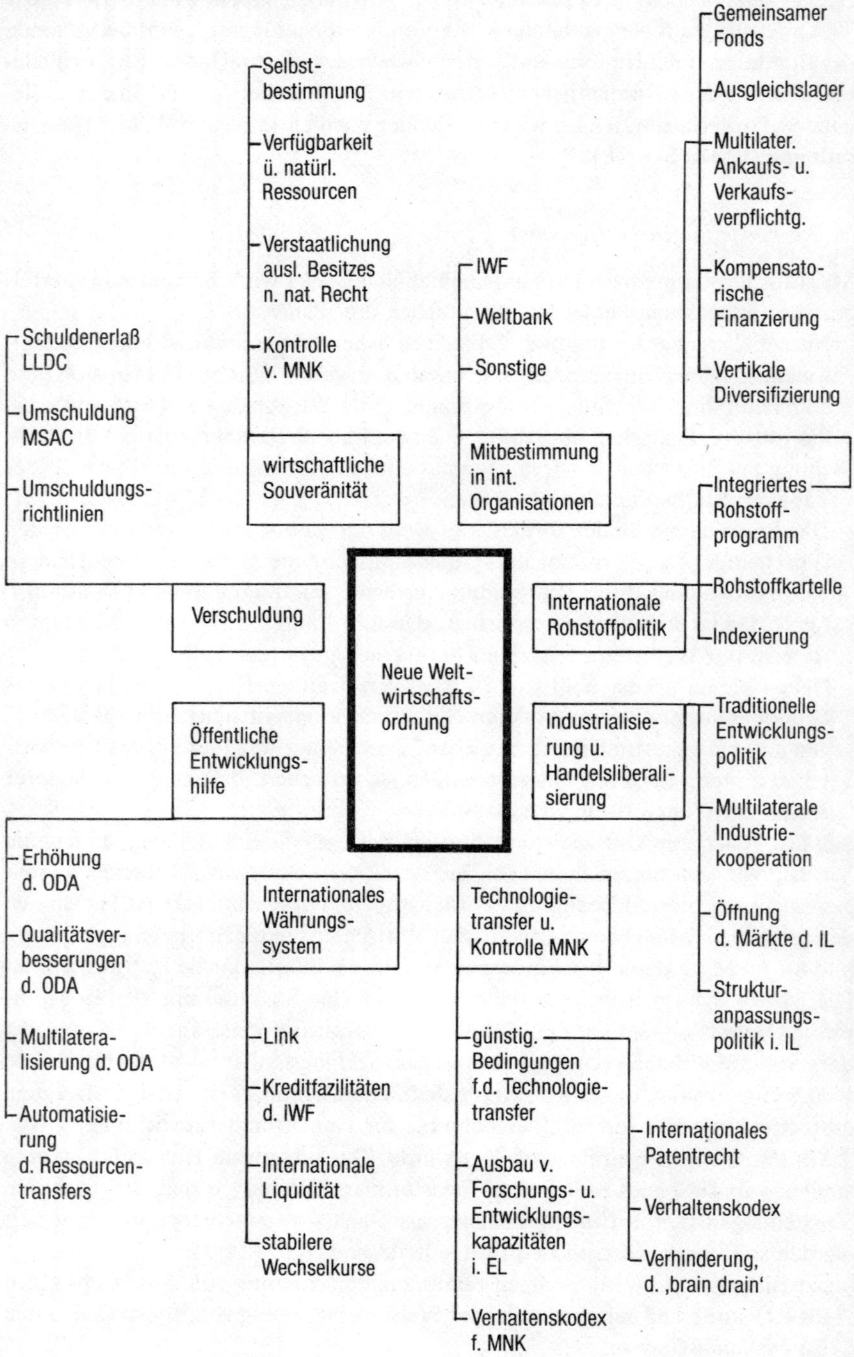

- die Errichtung von Ausgleichslagern (Buffer-Stocks) für 18 Rohstoffe,
- ein System multilateraler Ankaufs- und Verkaufsverpflichtungen im Rahmen internationaler Rohstoffabkommen,
- ein Schema zur Ausgleichsfinanzierung bei Exporterlösschwankungen sowie
- die Förderung der Weiterverarbeitung von Rohstoffen in den Entwicklungsländern (vertikale Diversifizierung).

Über die Forderungen des integrierten Rohstoffprogramms hinaus streben die Entwicklungsländer die Bildung von Rohstoffkartellen und die Koppelung ihrer Ausfuhrpreise an ihre Einfuhrpreise (Indexierung) an (vgl. E II).

Einen weiteren Schwerpunkt der Forderungen bildet der Bereich Industrialisierung und Liberalisierung des Handels mit industriellen Erzeugnissen. Die Entwicklungsländer streben eine Erhöhung ihres Anteils an der Weltindustrieproduktion von 8 v. H. im Jahre 1979 auf 25 v. H. im Jahre 2000 an. Die Umverteilung der Weltindustrieproduktion soll durch verschiedene Maßnahmen erreicht werden. Hierzu zählen insbesondere

- die Förderung der Industrialisierung der Entwicklungsländer im Rahmen der traditionellen Entwicklungspolitik (Kapitalhilfe, Technische Hilfe, Direktinvestitionen),
- die Einrichtung eines Systems multilateraler Industriekooperation; Konsultationen zwischen Regierungs- und Industrievertretern aus Industrie- und Entwicklungsländern sollen Empfehlungen für die Verlagerung von Industrien aus den Industrie- in die Entwicklungsländer und Vorschläge für Strukturanpassungsmaßnahmen in den Industrieländern erarbeiten,
- die Öffnung der Märkte der Industrieländer für industrielle Erzeugnisse aus Entwicklungsländern und
- die Einführung einer vorausschauenden entwicklungsländerbezogenen Politik der Strukturanpassung in den Industrieländern (vgl. E III).

Weitere Forderungen der Entwicklungsländer beziehen sich auf den Technologietransfer und die Kontrolle Multinationaler Konzerne. Die Entwicklungsländer streben günstigere Bedingungen für die Übertragung von Technologien aus den Industrieländern an. Zu diesem Zweck soll das internationale Patentrecht revidiert und ein internationaler Verhaltenskodex für den Technologietransfer verabschiedet werden. Auch ist vorgesehen, den »umgekehrten« Technologietransfer, der in Form des »brain drain« zugunsten der Industrieländer stattfindet, zu verhindern. Des weiteren fordern die Entwicklungsländer, daß die Industrieländer sie beim Ausbau von Forschungs- und Entwicklungskapazitäten unterstützen. Die Kontrolle Multinationaler Konzerne soll ähnlich der des Technologietransfers durch einen internationalen Verhaltenskodex erfolgen. Durch ihn sollen restriktive Geschäftspraktiken unterbunden und die Übertragung von Technologie und Managementkenntnissen zu günstigen Bedingungen gesichert werden. Darüber hinaus wird eine Regelung des Gewinntransfers angestrebt (vgl. E IV).

Zu den notwendigen Bestandteilen einer Neuen Weltwirtschaftsordnung zählen die Entwicklungsländer des weiteren ein reformiertes Weltwährungssystem. Die währungspolitischen Forderungen beinhalten die Einführung eines Link zwischen Sonderziehungsrechten und Entwicklungshilfe, die Erweiterung und Liberalisierung der Kreditfazilitäten des Internationalen Währungsfonds, eine effizientere

Kontrolle bei der Schaffung und Verteilung der internationalen Liquidität, stabilere Wechselkurse der Haupthandelsländer und – wie schon oben erwähnt – eine umfassendere Beteiligung der Entwicklungsländer am Entscheidungsprozeß des Internationalen Währungsfonds (Bird; Boeck; Helleiner; Taake).

Obwohl die Entwicklungsländer in den letzten Jahren immer wieder betont haben, daß die öffentliche Entwicklungshilfe als Instrument nicht ausreicht, um das Nord-Süd-Gefälle zu vermindern, zieht sich die Forderung nach einer Erhöhung des öffentlichen Ressourcentransfers doch wie ein roter Faden durch die Resolutionen der internationalen Konferenzen. Neben einer Steigerung des Entwicklungshilfevolumens fordern die Entwicklungsländer qualitative Verbesserungen der öffentlichen Hilfe (günstigere Konditionen, verstärkte Programmhilfe, Abbau der Lieferbindung), eine stärkere Multilateralisierung der Hilfe, eine zunehmende Automatisierung der Entwicklungsfinanzierung sowie eine vermehrte Mitbestimmung und Autonomie bei der Mittelverwendung (Kampffmeyer sowie D I und D IV).

Angesichts der kritischen Entwicklung der Verschuldung der Entwicklungsländer in den letzten Jahren stellt die Lösung des Verschuldungsproblems eine wichtige Voraussetzung für den wirtschaftlichen Fortschritt der Dritten Welt dar. Die im Jahre 1976 in Manila erhobenen Forderungen der Entwicklungsländer zielen auf einen generellen Schuldenerlaß für die öffentlichen Schulden der LLDC, auf eine fünfjährige Stundung der öffentlichen Schulden für die MSAC sowie auf die Aufstellung von allgemeinverbindlichen Richtlinien für künftige Umschuldungsverhandlungen ab (Bittermann; Kenen; Petersen; Schäfer; Smith).

Über die genannten Forderungen hinaus streben die Entwicklungsländer ein stärkeres Engagement der Industrieländer bei der Verbesserung ihrer Nahrungsmittelversorgung und beim Ausbau ihres Dienstleistungssektors an. Des weiteren verfolgen sie eine Reform des internationalen Seerechts, die Erleichterung des Zugangs zu den internationalen Kapitalmärkten usw.

Die Forderungen der Entwicklungsländer nach einer Neuen Weltwirtschaftsordnung bilden – wie schon der erste Eindruck bestätigt – kein konsistentes Programm, das in sich abgestimmt und auf seine Realisierbarkeit hin geprüft worden ist. Auch läßt der Forderungskatalog keine klare Prioritätenskala erkennen. Er stellt eine Zusammenfassung von Forderungen verschiedener Entwicklungsländergruppen dar, deren Berücksichtigung im Interesse der Einigkeit geboten war.

Bei aller Vielfalt weisen die Forderungen jedoch auch Gemeinsamkeiten auf. Sie sind auf eine stärkere Eingliederung der Entwicklungsländer in die Weltwirtschaft gerichtet. Die internationale Arbeitsteilung soll intensiviert werden. Der Zusammenarbeit der Entwicklungsländer untereinander (Self-Reliance) wird primär die Funktion beigemessen, die Position der Entwicklungsländer in einer interdependenten Weltwirtschaft zu stärken. Des weiteren verfolgen die Entwicklungsländer mit ihren Forderungen das Ziel, einen größeren Nutzen aus dem System der arbeitsteiligen Weltwirtschaft zu ziehen:

- Ein Teil der Forderungen stellt auf eine Veränderung der internationalen Arbeitsteilung zugunsten der Entwicklungsländer ab. Die alte Arbeitsteilung, die vom Handel mit komplementären Produkten beherrscht war (tropische Agrarerzeugnisse und Rohstoffe im Austausch gegen Industriewaren) soll abgelöst werden von einer substitutiven Arbeitsteilung, bei der auch die Entwicklungsländer industrielle Halb- und Fertigwaren auf dem Weltmarkt anbieten. Gleichzeitig soll die technologische Abhängigkeit der Entwicklungsländer von den Industrieländern durch den Aufbau von Forschungs- und Entwicklungskapazitäten in der Dritten Welt reduziert werden.

- Neben einer neuen internationalen Arbeitsteilung streben die Entwicklungsländer vorteilhaftere Austauschbeziehungen mit den Industrieländern an. Abgesehen von einer Stabilisierung der Preise und Erlöse im Rohstoffhandel sind die Forderungen der Entwicklungsländer darauf gerichtet, höhere Preise für ihre Rohstoffe zu erzielen und niedrigere Preise für ihre Importe zahlen zu müssen. Eine Anhebung der Rohstoffpreise (über das Marktpreisniveau hinaus) wollen sie durch die Bildung von Rohstoffkartellen, das integrierte Rohstoffprogramm bzw. die direkte Indexierung erreichen. Eine Reduzierung der Importpreise wird insbesondere auf den Kapital- und Technologiemärkten angestrebt. Mit Hilfe des Verhaltenskodex für Multinationale Konzerne soll der Gewinntransfer aus den Entwicklungsländern reduziert werden. Die Revision des internationalen Patentrechts und ein internationaler Verhaltenskodex sollen zur Senkung der Kosten des Technologietransfers beitragen.
- Dieser sogenannte indirekte Ressourcentransfer soll schließlich durch eine Erhöhung des direkten Ressourcentransfers ergänzt werden. Hierauf stellen die Forderungen nach einer Erhöhung der »klassischen« Entwicklungshilfe, einer Automatisierung des öffentlichen Ressourcentransfers, einem Schuldenerlaß sowie nach der Einführung eines Link zwischen Sonderziehungsrechten und Entwicklungshilfe ab (Lorenz).

Die Forderung der Entwicklungsländer nach einer Neuen Weltwirtschaftsordnung lautet somit im Kern: Durch einen vermehrten Ressourcentransfer in die Entwicklungsländer sollen die Voraussetzungen für eine primär exportorientierte Industrialisierung und damit für eine neue internationale Arbeitsteilung geschaffen werden.

3. Ordnungspolitische Vorstellungen der Entwicklungsländer

Die derzeitige Weltwirtschaftsordnung basiert weitgehend auf dezentralen, über den Markt koordinierten Entscheidungen von Produzenten und Nachfragern. Dabei kommt den Multinationalen Konzernen als Produzenten und Nachfragern eine relativ große Bedeutung zu. In den marktwirtschaftlichen Prozeß greifen die Regierungen der einzelnen Länder durch Zölle, mengenmäßige Beschränkungen usw. ein. Sie verfolgen dabei nationale Zielsetzungen.

Die Entwicklungsländer halten eine Veränderung der bestehenden Weltwirtschaftsordnung für notwendig, weil diese sie gegenüber den Industrieländern benachteiligt. Die *Kritik* der Entwicklungsländer an der bestehenden Weltwirtschaftsordnung enthält die folgenden, im Kern richtigen Punkte:

- Angesichts der Ungleichheit der internationalen Einkommensverteilung hat eine marktwirtschaftliche Lenkung zur Folge, daß die Güterproduktion weitgehend auf die Befriedigung der Bedürfnisse der Menschen in den Industrieländern ausgerichtet ist, die wegen ihrer vergleichsweise hohen Einkommen eine umfangreiche Nachfrage entfalten können.

- Dank ihrer Marktmacht können die Multinationalen Konzerne die Preisbildung auf den Weltmärkten zu ihren Gunsten und damit indirekt zum Vorteil der Industrieländer beeinflussen. Teilweise setzen sie den Marktmechanismus ganz außer Kraft (Intra-Unternehmens-Handel). Mengen und Preise der gehandelten Waren werden dann allein von diesen Unternehmen im eigenen Interesse festgelegt.
- Die derzeitige Welthandelsordnung geht von der Fiktion wirtschaftlich gleich entwickelter Länder aus. Nach den GATT-Regeln (Reziprozitätsprinzip) müssen Handelszugeständnisse, die ein Land einem anderen einräumt (z. B. Senken der Zölle auf Importe aus dem Partnerland), mit gleichwertigen Gegenleistungen des Handelspartners beantwortet werden. Die Bereitschaft zu derartigen Zollsenkungen besteht nur dann, wenn die beteiligten Länder in gleicher Weise von der Liberalisierung profitieren. Diese Bedingung ist für den Handel zwischen Industrieländern, die sich auf einem vergleichbaren Einkommensniveau befinden, nicht aber für den Handel zwischen Industrie- und Entwicklungsländern gegeben. Einer Marktöffnung in den Industrieländern können die Entwicklungsländer mit ihren begrenzten Absatzmärkten kaum eine gleichwertige Leistung entgegensetzen. Aus den GATT-Regeln heraus besteht für die auf ihre nationalen Interessen bedachten Industrieländer kein Anreiz, die Handelshemmnisse gegenüber den Entwicklungsländern abzubauen.
- Schließlich ist die bestehende Weltwirtschaftsordnung dadurch gekennzeichnet, daß auf nationaler Ebene Einkommensumverteilungsmechanismen geschaffen worden sind (Preisstützungen und Subventionen zur Einkommenssicherung der landwirtschaftlichen Bevölkerung, progressive Einkommenssteuern usw.), auf internationaler Ebene aber solche Mechanismen weitgehend fehlen.

Aus ihrer Kritik an der bestehenden Weltwirtschaftsordnung ziehen die Entwicklungsländer Schlußfolgerungen, die in unterschiedliche Richtungen weisen. Zum einen soll der Welthandel durch den Abbau der Handelshemmnisse in den Industrieländern weiter liberalisiert und die Wettbewerbsbedingungen auf den Weltmärkten durch internationale Verhaltenskodices verbessert werden. Zum anderen soll der marktwirtschaftliche Lenkungsmechanismus teilweise durch institutionelle Regelungen ergänzt bzw. ersetzt werden, die den Einfluß des Staates auf den Wirtschaftsablauf stärken. Die Wirtschaftspolitik der einzelnen Länder soll stärker auf internationale Zielsetzungen ausgerichtet werden. Gleichzeitig sollen Kompetenzen von den Nationalstaaten auf internationale Organisationen übertragen werden. Die zuletzt genannten ordnungspolitischen Forderungen der Entwicklungsländer beinhalten unterschiedliche *institutionelle Regelungen* der internationalen Wirtschaftsbeziehungen. Einige Forderungen sind auf die Übertragung von Souveränitätsrechten nationalstaatlicher Regierungen auf internationale, demokratisch gelenkte Organisationen gerichtet. So soll die Schaffung und Verteilung internationaler Liquididät dem Internationalen Währungsfonds oder auch einer internationalen Zentralbank überantwortet werden. Die Vereinten Nationen sollen die Einhaltung der Verhaltenskodices für Multinationale Konzerne und für den Technologietransfer überwachen. Zum Zweck einer Automati-

sierung des öffentlichen Ressourcentransfers wird die Übertragung der Steuerhoheit für bestimmte Steuern auf ein internationales Schatzamt angestrebt.
Andere Forderungen der Entwicklungsländer zielen auf den Abschluß von internationalen Verträgen zwischen den Regierungen der Industrieländer und denen der Entwicklungsländer ab, welche die Vertragsparteien in ihrer Wirtschaftspolitik an bestimmte Regeln binden. Die Verträge sollen einklagbar sein und ihre Einhaltung international überwacht werden. Durch Vertrag sollen z. B. die Preise der Ausfuhrwaren der Entwicklungsländer an die Preise ihrer Einfuhrwaren gekoppelt werden (Indexierung). Der Abschluß des integrierten Rohstoffprogramms soll die Vertragsparteien zu Interventionen in die Rohstoffmärkte veranlassen. Das multilaterale Konsultationssystem der UNIDO strebt auf längere Sicht vertragliche Vereinbarungen auf Regierungsebene an, mit dem Ziel, die Verlagerung von Industrien in die Entwicklungsländer zu fördern. Allgemeinverbindliche Richtlinien sollen ein einheitliches Vorgehen der Industrieländer bei Umschuldungsverhandlungen sicherstellen.
Schließlich fordern die Entwicklungsländer die Einrichtung eines Systems gegenseitiger Information und Konsultation. Die Regierungen der einzelnen Länder sollen sich gegenseitig über ihre wirtschaftlichen Probleme informieren und vor dem Ergreifen von Maßnahmen, die weltwirtschaftliche Auswirkungen haben, konsultieren. Im Rahmen dieses kontinuierlichen Dialogs sollen Empfehlungen für die Wirtschaftspolitik der beteiligten Industrie- und Entwicklungsländer erarbeitet werden. Konkrete Vorschläge in dieser Richtung sind für den Bereich der industriellen Kooperation mit dem Konsultationssystem der UNIDO entwickelt worden (Hesse).
In den folgenden Abschnitten sollen die wichtigsten Forderungen der Entwicklungsländer im einzelnen dargestellt und bewertet werden. Dabei sind mehrere *Beurteilungskriterien* heranzuziehen. Neben der Funktionsfähigkeit ist zu prüfen, inwieweit die vorgeschlagenen Regelungen geeignet sind, die internationale Arbeitsteilung zugunsten der Entwicklungsländer zu verändern und den Ressourcentransfer in diese Länder zu intensivieren (zusätzlich zu den Verteilungswirkungen werden in manchen Untersuchungen die Wohlfahrtseffekte mit Hilfe des Konzepts der Konsumenten- und Produzentenrente bestimmt; zu den Wohlfahrtseffekten von Rohstoffabkommen vgl. Baron, Glismann, Stecher). Darüber hinaus stellt sich die Frage, inwieweit die Vorschläge dem Effizienzkriterium genügen. Eine Effizienzminderung bei der Nutzung knapper Ressourcen kann durch Marktinterventionen oder die Aufhebung des Marktmechanismus, wie sie einige Forderungen vorsehen, eintreten. Angesichts der Unvollkommenheit vieler Weltmärkte braucht dies jedoch nicht der Fall zu sein. Nach der Theorie des »second best« können Markteingriffe gerechtfertigt sein, wenn eine der Bedingungen des sozialökonomischen Optimums (u. a. vollkommene Konkurrenz auf allen Märkten) nicht erfüllt ist. Eine etwaige Beeinträchtigung der globalen Effizienz reicht allein zur Ablehnung bestimmter Vorschläge nicht aus. Da auf internationaler Ebene nur wenige Umverteilungsmechanismen existieren und diese in ihrer Wirkung nicht ausreichen dürften, die vom Markt hervorgerufenen Verteilungswirkungen zugunsten der Entwicklungsländer zu korrigieren, kann eine Umverteilung von Einkommen häufig nur über die vorgeschlagenen Markteingriffe erreicht werden.

Effizienz- und Distributionswirkungen sind deshalb gegeneinander abzuwägen. In eine Bewertung der Forderungen der Entwicklungsländer sind des weiteren die mit den vorgeschlagenen Regelungen verbundenen Kosten (z. B. Zins- und Lagerhaltungskosten bei Ausgleichslagern) ebenso einzubeziehen wie die Folgen, die eine Ablehnung der Forderungen durch die Industrieländer auf die politischen Beziehungen zwischen beiden Ländergruppen hätte. Von zentraler Bedeutung ist schließlich die Frage, ob die Errichtung einer Neuen Weltwirtschaftsordnung ein geeigneter Ansatz ist, die Entwicklungsprobleme der Dritten Welt zu lösen.

II Internationale Rohstoffpolitik

1. Rohstoffkartelle

Angesichts des Erfolges der OPEC-Länder scheint vielen Entwicklungsländern die Bildung von Produzentenkartellen einen geeigneten Ansatz darzustellen, über höhere Rohstoffpreise die Exporterlöse zu steigern. Produzentenkartelle sind vertragliche Vereinbarungen zwischen rechtlich selbständig bleibenden Unternehmen mit dem Ziel, den Wettbewerb auf den jeweils relevanten Märkten durch Beschränkung der Handlungsfreiheit der Beteiligten zu verringern und dadurch die Verkaufserlöse zu erhöhen. Je nachdem, welche Aktionsparameter einer vertraglichen Bindung unterliegen, unterscheidet man u. a. Preis- und Mengenkartelle. Bei Preiskartellen werden die Verkaufspreise verbindlich vorgeschrieben oder zumindest als Richtpreise fixiert. Beim Mengenkartell (Quotenkartell) werden die Produktions- und/oder Absatzmengen festgelegt. Teilweise werden Preis- und Mengenkartelle kombiniert.
Die erfolgreiche Bildung von Produzentenkartellen ist an eine Reihe von *Bedingungen* geknüpft. Hierzu zählen die Kartellfähigkeit des Rohstoffs sowie bestimmte Voraussetzungen auf der Anbieter- und der Nachfrageseite. Die Kartellfähigkeit eines Rohstoffs hängt von seiner Homogenität und seiner Lagerfähigkeit ab. Rohstoffe sind dann homogen, wenn sie von der Nachfrage als wirtschaftlich identisch aufgefaßt werden, was standardisierbare Qualitäten voraussetzt. Fehlt die Homogenität, so treten Schwierigkeiten bei der Festsetzung der Preise sowie der Produktions- und Absatzmengen auf (Beispiele: Kaffee, Wolfram). Die Lagerfähigkeit ist die zweite Voraussetzung zur Kartellfähigkeit eines Rohstoffs, da bei Nachfrage- und Produktionsschwankungen eine Lagerhaltungspolitik erforderlich wird, wenn der Kartellpreis über die angebotene Menge reguliert werden soll. Die Lagerfähigkeit wird durch produktspezifische Faktoren (Verderblichkeit agrarischer Rohstoffe) und die Lagerkosten bestimmt.
Der Erfolg eines Kartells hängt des weiteren von folgenden Voraussetzungen auf der Anbieterseite ab, welche die Verhandlungsmacht und die Kontrollmöglichkeit des Kartells beinflussen:
- Eine Kontrolle des Marktablaufs durch Preisfestsetzungen und Mengenregulierungen ist nur bei einem hohen Monopolisierungsgrad des Angebots, das heißt einem hohen Anteil des Anbieterzusammenschlusses an Weltproduktion, Welthandel und – im Fall nicht-regenerierbarer Rohstoffe – an den Weltreserven möglich.

- Des weiteren ist es erforderlich, daß die Förderländer die volle Verfügungsmacht über die Rohstoffvorkommen haben, damit sie und nicht, wie es häufig der Fall ist, ausländische Unternehmen die Produktions- und Absatzmengen festlegen.
- Auch dürfen die mit der Kartellierung verbundenen Informations- und Marktregulierungskosten nicht höher sein als die aus einer Angebotsverknappung resultierende Erlössteigerung.
- Darüber hinaus muß der Zusammenhalt der Produzenten so stark sein, daß verschleierte Preisunterbietungen unmöglich werden und einzelne Mitglieder darauf verzichten, offen das Kartell zu sprengen. Inwieweit sich diese Bedingung erfüllen läßt, hängt unter anderem von den politischen und wirtschaftlichen Zielsetzungen der Mitgliedsländer, von den Unterschieden in der Effizienz der Produktion, vom inländischen Beschäftigungsgrad, vom Devisenbedarf und von der Wirksamkeit von Vergeltungsmaßnahmen seitens der Importländer ab.
- Schließlich muß die Preiselastizität des Rohstoffangebots von Außenseitern, das heißt Anbietern, die nicht dem Kartell beitreten wollen, niedrig sein.

Auch auf der Nachfrageseite müssen bestimmte Voraussetzungen erfüllt sein, damit Entwicklungsländer erfolgreich Produzentenkartelle bilden können:
- Die Weltnachfrage nach dem betreffenden Rohstoff muß preisunelastisch sein. Nur wenn die Preiselastizität der Nachfrage kleiner als Eins ist, steigen bei einer Preiserhöhung auch die Exporterlöse. Wie verschiedene Untersuchungen zeigen, ist die Preiselastizität der Nachfrage für die meisten Rohstoffe kurzfristig unelastisch, langfristig dagegen elastisch. Dies erklärt sich aus den langfristigen Möglichkeiten, Rohstoffe zu substituieren, rohstoffsparende Produktionstechniken einzuführen, das Recycling der Rohstoffe zu fördern und die Rohstoffproduktion in Ländern, die nicht dem Kartell angehören, zu erhöhen.
- Darüber hinaus bildet eine hohe Einkommenselastizität der Nachfrage nach Rohstoffen eine günstige, wenn auch keine unabdingbare Voraussetzung für die Errichtung von Produzentenkartellen (Kebschull, Künne, Menck, S. 204ff.; Tietzel, S. 40ff.).

Für die Bildung von Produzentenkartellen ist jede dieser Bedingungen notwendig, keine allein jedoch ausreichend. Sieht man von Erdöl ab, so sind bei den meisten Rohstoffen diese Erfolgsbedingungen auf mittlere und längere Sicht nicht gegeben. Die günstigsten Aussichten scheinen noch bei Bauxit, Kupfer, Zinn, Eisenerz und Phosphat zu bestehen. Doch auch hier hat es sich für die jeweiligen Entwicklungsländer bisher als unmöglich erwiesen, eine gemeinsame Preis- und Angebotspolitik zu vereinbaren und durchzuführen. Der Grund hierfür dürfte letztlich in der hohen Preiselastizität des Angebots von Außenseitern liegen, aus der mittelfristig eine Preiselastizität der Nachfrage nach dem kartellierten Rohstoff resultiert, die größer als Eins ist (Donges, S. 191ff.).

Wenn auch die Erfolgsaussichten für die Bildung von Rohstoffkartellen gering sind, so stellt sich doch die Frage, welche *Verteilungs- und Allokationswirkungen* von erfolgreichen Kartellen ausgehen. Sofern die Entwicklungsländer die Hauptanbieter der betreffenden Rohstoffe sind, vermindern Rohstoffkartelle die Einkommensunterschiede zwischen den rohstoffproduzierenden Entwicklungsländern und den Industrieländern. Gleichzeitig vergrößern sie die Einkommensunterschiede innerhalb der Entwicklungsländer. Das Einkommen der Erzeugerländer steigt, während das Realeinkommen der übrigen Entwicklungsländer wegen der direkten Preiserhöhungen im Rohstoffbereich und der indirekten Preiserhöhungen der Fertigwarenimporte sinkt. Neben Verteilungswirkungen rufen Rohstoffkartelle Allokationswirkungen hervor. Steigende Rohstoffpreise beeinträchtigen das weltwirtschaftliche Wachstum. Da sie gleichzeitig den Verbrauch und (bei funktionsfähigen Kartellen) die Erzeugung von Rohstoffen reduzieren, wird die Ausbeutung nicht-regenerierbarer Rohstoffvorkommen verlangsamt. Heutigen Wachstumsverlusten steht somit eine Streckung der Rohstoffvorräte für künftige Generationen gegenüber. Darüber hinaus rufen Rohstoffkartelle Veränderungen der Produktionsstrukturen in Industrie- und Entwicklungsländern hervor. Die Industrieländer beuten verstärkt ihre eigenen Rohstoffvorkommen (zu relativ hohen Produktionskosten) aus und substituieren die Einfuhr von Rohstoffen durch die Herstellung von Kunststoffen. Rohstoffintensive Produktionsbereiche schränken demgegenüber ihre Produktion ein. In den rohstoffproduzierenden Entwicklungsländern setzt die Einschränkung der Rohstoffproduktion Ressourcen frei bei gleichzeitiger Verbesserung oder zumindest Erhaltung des Devisenzuflusses. Diese können ebenso wie die zusätzlichen Exporterlöse für die Industrialisierung eingesetzt werden. Für einige der übrigen Entwicklungsländer wird es lohnend, Rohstoffe zu erzeugen (Glismann, Juhl, Stecher, S. 44ff.).

2. *Integriertes Rohstoffprogramm: Gemeinsamer Fonds, Ausgleichslager, multilaterale An- und Verkaufsverpflichtungen*

Angesichts der geringen Realisierungschancen von Rohstoffkartellen rückte in den letzten Jahren der Plan eines integrierten Rohstoffprogramms ins Zentrum der rohstoffpolitischen Forderungen der Entwicklungsländer. Das 1976 von der UNCTAD vorgelegte integrierte Rohstoffprogramm sieht in seinem Kern den Abschluß einer Vielzahl von internationalen Rohstoffabkommen mit Ausgleichslagern vor, die aus einem gemeinsamen Fonds finanziert werden sollen. Rohstoffabkommen stellen vertragliche Vereinbarungen zwischen Produzenten- und Verbraucherländern dar, welche die Regulierung der internationalen Rohstoffmärkte zum Gegenstand haben. Nach den Vorstellungen der Entwicklungsländer sollen die Produzenten- und Verbraucherländer den gemeinsamen Fonds (2 Mrd. US-$ Eigenkapital, 4 Mrd. US-$ in Form einer Ermächtigung zur Kreditaufnahme) vor der Verabschiedung einzelner Rohstoffabkommen einrichten. Angesichts der Finanzierungsschwierigkeiten früherer Rohstoffabkommen würde der Fonds die Verhandlungen über Rohstoffabkommen erleichtern und damit die Funktion eines Katalysators übernehmen.

Das integrierte Rohstoffprogramm umfaßt folgende *Bestandteile:*

- die Bildung eines gemeinsamen Fonds zur Finanzierung von Ausgleichslagern für Rohstoffe (sogenanntes »erstes Fenster«) und zur Förderung der Weiterverarbeitung von Rohstoffen in den Entwicklungsländern (sogenanntes »zweites Fenster«),

- die Errichtung von Ausgleichslagern (Buffer-Stocks) für 18 Rohstoffe im Rahmen von internationalen Rohstoffabkommen,
- multilaterale Ankaufs- und Verkaufsverpflichtungen für einzelne Rohstoffe, für die keine Ausgleichslager gebildet werden, sowie internationale Exportquotenabkommen,
- ein System zur Ausgleichsfinanzierung von Exporterlösschwankungen (vgl. E II 4) sowie
- die Förderung der Weiterverarbeitung von Rohstoffen in Entwicklungsländern (vertikale Diversifizierung) (vgl. E II 5).

Auf der 4. Welthandelskonferenz in Nairobi wurden 18 Rohstoffe festgelegt, für die Ausgleichslager im Rahmen von internationalen Rohstoffabkommen geschaffen werden sollen. Diese sogenannten Nairobi-Rohstoffe sind: Baumwolle, Hartfasern, Jute, Kaffee, Kakao, Kautschuk, Kupfer, Tee, Zinn, Zucker sowie Bauxit, Bananen, Eisenerz, Fleisch, Phosphate, Tropische Hölzer, Mangan und Pflanzenöle. Die ersten zehn werden »Kern«-Rohstoffe genannt. Hierbei handelt es sich um Rohstoffe, bei denen die Entwicklungsländer die wichtigsten Anbieter auf dem Weltmarkt sind.

Mit dem Abschluß von Rohstoffabkommen verfolgen die Entwicklungsländer zwei *Ziele:* die Stabilisierung der Rohstoffmärkte und die Erhöhung der Rohstoffpreise. Unter dem Begriff der Stabilisierung wird sowohl das Glätten von Preisschwankungen als auch eine Verstetigung der Exporterlöse im Zeitablauf verstanden. Maßstab für eine Erhöhung der Rohstoffpreise sind die langfristigen Preistrends der einzelnen Rohstoffe, so wie sie sich ohne Marktintervention ergeben würden. Während aus stabileren Rohstoffpreisen auch die Verbraucher Nutzen ziehen, läuft eine Erhöhung der Rohstoffpreise ihren Interessen zuwider.

Das integrierte Rohstoffprogramm sieht im wesentlichen drei *Instrumente* vor, mit denen die rohstoffpolitischen Ziele verfolgt werden sollen: Buffer-Stock-Systeme, multilaterale Ankaufs- und Verkaufsverpflichtungen zwischen Verbraucher- und Produzentenländern sowie Exportquotenabkommen.

Buffer-Stock-Systeme bestehen aus einem Ausgleichslager, das bei bestimmten Mindest- oder Höchstpreisen den betreffenden Rohstoff kauft bzw. verkauft, um auf diese Weise die Preisschwankungen zu dämpfen. Der Buffer-Stock ist mit finanziellen Mitteln, die er zum Kauf des Rohstoffs benötigt, und mit einem Rohstofflager, das er zum Verkauf des Rohstoffs braucht, ausgestattet. Die Verwaltung des Buffer-Stocks führt ihre Käufe und Verkäufe in eigener Verantwortung durch. Die Funktionsweise von Buffer-Stock-Systemen verdeutlicht Schaubild 9. Hier stellen $A_1 A_1'$ und $A_2 A_2'$ die Angebotskurven und NN′ die Nachfragekurve nach einem Rohstoff auf dem Weltmarkt in zwei unterschiedlichen Perioden dar, die sich ohne die Marktintervention durch den Buffer-Stock ergeben. In der ersten Periode droht der festgesetzte Mindestpreis P_m aufgrund des bestehenden Angebotsüberhangs unterschritten zu werden. Indem der Buffer-Stock als zusätzlicher Nachfrager auftritt und den Angebotsüberhang DE aufnimmt, verhindert er ein Absinken des Preises unter den Mindestpreis. Das Marktgleichgewicht liegt in E. Aufgrund des Angebotsrückgangs würde in der zweiten Periode der Rohstoffpreis ohne Marktintervention über den festgesetzten Höchstpreis ansteigen. Der Buffer-Stock tritt jedoch als zusätzlicher Anbieter auf

Schaubild 9:
Die Funktionsweise von Buffer-Stock-Systemen

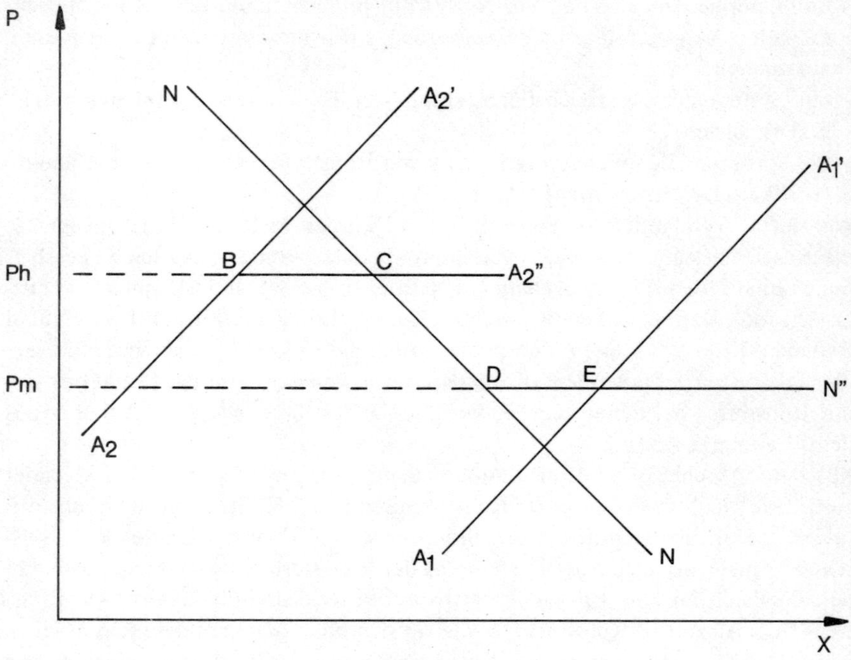

und bietet zum Höchstpreis P_h die Menge BC an. Das Marktgleichgewicht bildet sich in C. Buffer-Stock-Systeme haben den Vorteil, daß den Rohstoffproduzenten keine quantitativen Restriktionen auferlegt werden, welche die effizientesten Anbieter gegenüber Grenzanbietern diskriminieren würden. Eine Fehlallokation von Ressourcen wird somit vermieden.

Multilaterale Kontrakte zwischen Verbraucher- und Produzentenländern verpflichten die Verbraucherländer, vereinbarte Mengen des betreffenden Rohstoffs zu einem vorher festgesetzten Mindestpreis von den Produzentenländern zu kaufen, sofern der Weltmarktpreis unter dieses Niveau sinkt. Sie verpflichten analog die Produzentenländer, bestimmte Mengen des Rohstoffs zu einem garantierten Höchstpreis an die Verbraucherländer zu verkaufen, sofern der Weltmarktpreis über diese Preisobergrenze steigt. Die Einhaltung der Mindest- und Höchstpreise hängt davon ab, ob die zusätzlich nachgefragte bzw. angebotene Menge ausreicht, den beim Mindestpreis bestehenden Angebotsüberhang aufzunehmen bzw. den beim Höchstpreis bestehenden Nachfrageüberhang zu decken. Diese Form der Rohstoffabkommen kommt ohne eine gemeinsame Lagerhaltung der Beteiligten und ohne Produktions- und Exportrestriktionen aus. Diesen Vorteilen steht jedoch als Nachteil gegenüber, daß die Instabilität des freien Weltmarktpreises auf dem nicht-kontrollierten Residualmarkt vergrößert wird, und zwar um so mehr, je enger der Residualmarkt ist. Infolgedessen ist der

Weltmarktpreis nicht mit Sicherheit ein Gleichgewichtspreis, an dem sich Allokationsentscheidungen und die Festlegung der Mindest- und Höchstpreise orientieren könnten.
Im Gegensatz zu den beiden beschriebenen Verfahren dienen Exportquotenabkommen (Kontingentsysteme) weniger der Stabilisierung der Rohstoffmärkte als der Erhöhung der Rohstoffpreise. Sie verpflichten die beteiligten Produzentenländer, ihre Rohstoffexporte entsprechend den festgelegten Ausfuhrquoten zu reduzieren, sofern bei einem vorgegebenen Preis ein Überangebot auf dem Weltmarkt besteht. Solche Abkommen erfordern die Teilnahme aller wichtigen Erzeugerländer, da sonst Außenseiter die Absprache entweder unwirksam machen oder aus ihr einen Nutzen ziehen können, ohne an den Kosten beteiligt zu sein. Exportquotenabkommen unterscheiden sich von Erzeugerkartellen dadurch, daß die Verbraucherländer an den Abkommen beteiligt sind. Durch ihr Nachfrageverhalten können sie die Produzentenländer zur Einhaltung des Abkommens veranlassen. Der Vorteil von Exportquotenabkommen liegt darin, daß Lager- und Interventionskosten nicht anfallen. Außerdem sind die Abkommen auch im Fall leicht verderblicher Güter praktizierbar. Auf der anderen Seite besteht die Gefahr, daß in den Erzeugerländern unausgenutzte Kapazitäten entstehen und die Exportquoten den sich ändernden Produktions- und Kostenbedingungen in den einzelnen Produzentenländern nicht genügend Rechnung tragen. Mit der Bevorzugung von Grenzanbietern zu Lasten der effizienten Anbieter ist eine internationale Fehlallokation von Ressourcen verbunden (Glismann, Juhl, Stecher, S. 18ff.; Johnson 1967, S. 144ff.; Radetzki, S. 60ff.).

Unter den aufgeführten Instrumenten bildet die Errichtung von Ausgleichslagern im Rahmen von internationalen Rohstoffabkommen den Kern des integrierten Rohstoffprogramms. Es stellt sich die Frage, ob *Buffer-Stock-Abkommen* geeignet sind, eine *Stabilisierung der Rohstoffmärkte* oder gar eine Erhöhung der Rohstoffpreise herbeizuführen. Im Hinblick auf das Stabilisierungsziel soll geprüft werden, ob Buffer-Stocks eine Stabilisierung der Preise überhaupt erreichen können, ob mit einer erfolgreichen Preisstabilisierung auch eine Stabilisierung der Erlöse verbunden ist und welche Vor- und Nachteile für die beteiligten Länder aus einer Preisstabilisierung resultieren.
Die Funktionsfähigkeit von Buffer-Stocks zur Stabilisierung von Rohstoffpreisen ist an eine Reihe von Voraussetzungen geknüpft. Zum einen können Vorratslager nur für solche Rohstoffe eingerichtet werden, die längere Zeit ohne Qualitätseinbußen gelagert werden können. Während mineralische Rohstoffe sowie die Rohstoffe für die Textilindustrie ohne Schwierigkeiten gelagert werden können, sind einige agrarische Rohstoffe wie Kaffee, Kakao, Tee, Zucker und Kautschuk in tropischen Gebieten nur kurzfristig und in Regionen mit gemäßigtem Klima nur wenige Jahre lagerfähig. Außerdem unterliegen diese Rohstoffe bei der Lagerung häufig einem Qualitätsverlust. Abgesehen von der Lagerfähigkeit der Rohstoffe darf die Lagerhaltung auch nicht zu teuer sein.
Buffer-Stock-Systeme funktionieren des weiteren nur dann, wenn die vereinbarten Preismargen nicht von dem künftigen Gleichgewicht aus Rohstoffangebot und -nachfrage abweichen. Werden Mindest- und Höchstpreis zu niedrig angesetzt, so

muß der Buffer-Stock per Saldo Rohstoffe verkaufen, um die Nachfrage zu befriedigen. Auf Dauer werden sich die Lagerbestände erschöpfen. Werden die Preise dagegen zu hoch angesetzt, so muß der Buffer-Stock Rohstoffe aufkaufen. Dabei kann er rasch an finanzielle Grenzen stoßen. Nach den vorliegenden Erfahrungen lassen sich marktgerechte Preise nicht hinreichend genau schätzen. In einem System administrierter Preise können die Beobachtungswerte vergangener Preise, welche die Grundlage der Preisprognose bilden, von den Gleichgewichtspreisen abweichen und damit die Gefahr von Fehlprognosen erheblich vergrößern. Darüber hinaus ist es äußerst schwierig, die zukünftige Produktivitäts- und Nachfrageentwicklung und deren Auswirkungen auf die Rohstoffpreise vorherzusehen. Angesichts dieses Prognoseproblems läßt sich die Funktionsfähigkeit von Buffer-Stocks nur durch eine in kurzen Abständen erfolgende Anpassung der Interventionspreise an die Gleichgewichtspreise sicherstellen. Bei nachhaltigen Bestandsveränderungen im Buffer-Stock wären die Interventionspreise nach oben (bei Lagerabbau) bzw. nach unten (bei Lageraufstockung) zu verschieben.

Die Wirksamkeit von Buffer-Stocks kann schließlich durch Rohstoffspekulation zunichte gemacht werden. Erwarten Spekulanten zum Beispiel, daß die Rohstoffvorräte des Buffer-Stocks nicht ausreichen, um ein Überschreiten des Höchstpreises zu verhindern, so werden sie Rohstoffe zu diesem Preis kaufen, den Zu-

Schaubild 10:
Preisstabilisierung bei angebotsbedingten Preisschwankungen

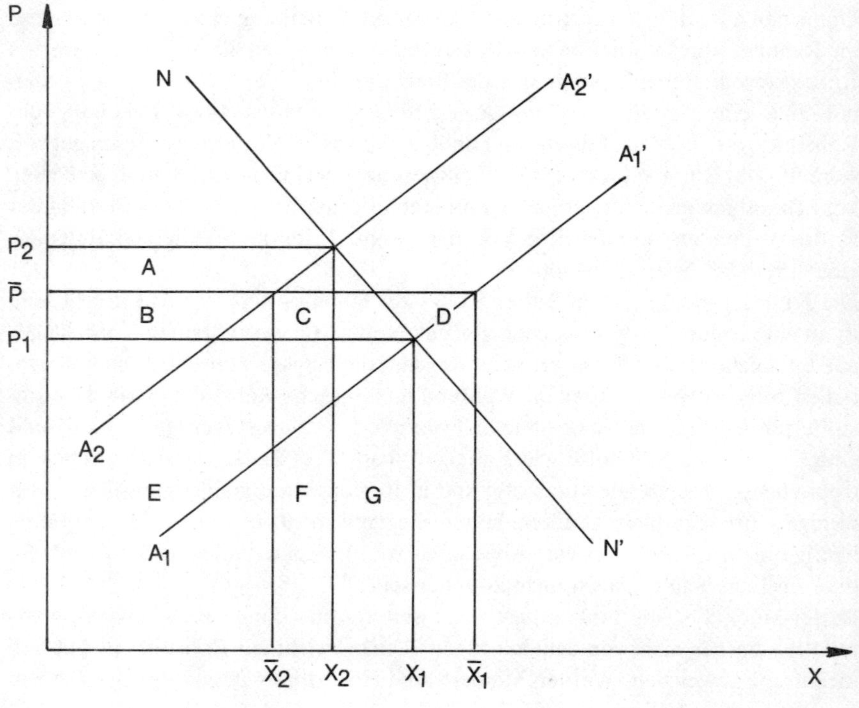

sammenbruch des Vorratslagers herbeiführen und anschließend die Rohstoffe zu einem höheren Preis weiterverkaufen.
In engem Zusammenhang mit der Funktionsfähigkeit steht die Frage, ob mit einer *Preisstabilisierung* auch eine *Erlösstabilisierung* verbunden ist. Von entscheidender Bedeutung für die Beantwortung dieser Frage ist die Kenntnis der Ursachen der Preisschwankungen. Beruhen die Preisschwankungen von Rohstoffen auf Schwankungen des Angebots, so nehmen bei einer erfolgreichen Stabilisierung der Rohstoffpreise in der Regel die Schwankungen der Exporterlöse der Entwicklungsländer zu. Diesen Zusammenhang verdeutlicht Schaubild 10. Hier stellen $A_1 A_1'$ und $A_2 A_2'$ die Angebotskurven und NN′ die Nachfragekurve nach einem Rohstoff auf dem Weltmarkt in zwei unterschiedlichen Perioden dar. Ohne Stabilisierung der Preise erzielen die Anbieter in Periode I einen Erlös von E+F+G und in Periode II einen Erlös von A+B+C+E+F. Werden die Preise stabilisiert, so ergibt sich in Periode I ein Erlös von B+C+D+E+F+G und in Periode II ein Erlös von B+E. Bezeichnet man die Relation der Exporterlöse in beiden Perioden als Erlösschwankung (ES), so ist diese Schwankung in einem System flexibler Preise:

$$ES_1 = \frac{E + F + G}{A + B + C + E + F}$$

Bei stabilisierten Preisen ergibt sich eine Erlösschwankung von:

$$ES_2 = \frac{B + C + D + E + F + G}{B + E}$$

Da nun B+C+D+E+F+G größer ist als E+F+G und außerdem B+E kleiner ist als A+B+C+E+F, so gilt $ES_1 < ES_2$. Eine Preisstabilisierung führt somit zu einer Verstärkung der Erlösschwankungen. Eine Ausnahme ergibt sich nur dann, wenn zu einem unelastischen Angebot eine extrem unelastische Nachfrage tritt. In diesem Fall führt eine Preisstabilisierung bei angebotsbestimmten Preisfluktuationen zu einer Erlösstabilisierung (Baron).
Die mit einer Stabilisierung der Preise einhergehende Zunahme der Erlösschwankungen wird allerdings durch eine Erhöhung des Niveaus der Erlöse kompensiert. Im System flexibler Preise ergeben sich die gesamten Erlöse aus Rohstoffverkäufen in den Perioden I und II als A+B+C+E+F+E+F+G. In einem System stabilisierter Preise sind die gesamten Erlöse B+E+B+C+D+E+F+G. Streicht man die identischen Flächen, so bleibt eine Erlösdifferenz zwischen den Systemen stabilisierter und flexibler Preise von D- (C+F). Da D größer ist als (C+F), wird mit der Preisstabilisierung auch das Niveau der Exporterlöse der Anbieter erhöht.
Sofern die Preisschwankungen von Rohstoffen auf Schwankungen der Nachfrage zurückgehen, führt eine erfolgreiche Stabilisierung der Rohstoffpreise immer, d. h. unabhängig von den Preiselastizitäten des Angebots und der Nachfrage, zu einer Stabilisierung der Exporterlöse der Entwicklungsländer. Dieser Zusammen-

hang wird aus Schaubild 11 ersichtlich. In einem System flexibler Preise ergibt sich eine Erlösschwankung von:

$$ES_1 = \frac{A + B + C + D + E + F + G}{E}$$

Diese Relation ist größer als Eins. Bei stabilisierten Preisen beträgt die Erlösschwankung:

$$ES_2 = \frac{C + E + F}{C + E + F}$$

Diese Relation ist gleich Eins.

Schaubild 11:
Preisstabilisierung bei nachfragebedingten Preisschwankungen

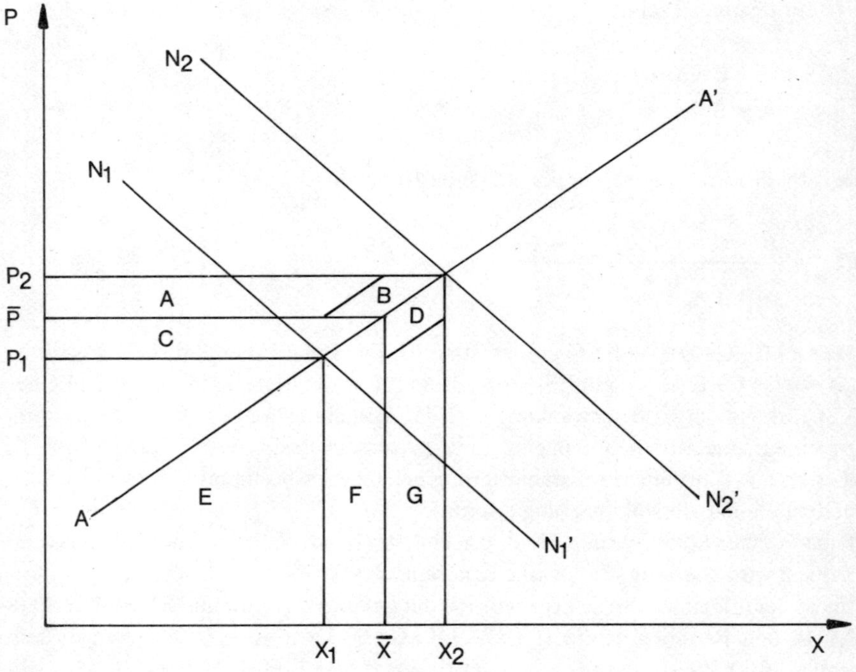

Der Stabilisierung der Exporterlöse steht allerdings eine Senkung des Niveaus der Exporterlöse gegenüber. Bei flexiblen Preisen betragen die gesamten Erlöse aus Rohstoffverkäufen in den Perioden I und II A+B+C+D+E+F+G+E. Bei stabilisierten Preisen ergeben sich Erlöse von C+E+F+C+E+F. Streicht man die identischen Flächen (unter Berücksichtigung, daß A = C und F = G), so bleibt eine Erlösdifferenz zwischen den Systemen flexibler und stabilisierter Preise von B+D.

Die vorangegangene Analyse zeigt, daß mit einer Stabilisierung der Preise nur dann eine Erlösstabilisierung einhergeht, wenn die Rohstoffpreise nachfragebedingten Schwankungen unterliegen. Das ist der Fall bei Eisenerz, Bauxit, Kupfer, Kautschuk und Tee. Für die Mehrzahl der Nairobi-Rohstoffe sind jedoch angebotsdeterminierte Preisschwankungen charakteristisch (vgl. C IV 4). Eine Stabilisierung der Preise führt bei diesen Rohstoffen zu einer Erhöhung der Exporterlösschwankungen (allerdings bei Steigerung des Niveaus der Exporterlöse). Eine Preisstabilisierung mit Hilfe von Buffer-Stocks müßte deshalb durch eine kompensatorische Finanzierung ergänzt werden (vgl. E II 4).
Grundlage der vorliegenden Analyse ist ein einfaches Marktmodell, das auf folgenden Annahmen basiert: normal verlaufenden, linearen Angebots- und Nachfragekurven, parallelen Verschiebungen der Angebots- und Nachfragekurven von einer Periode zur anderen sowie einer Preisstabilisierung auf dem Niveau des Mittels der Preise, die sich ohne Intervention der Buffer-Stocks ergeben hätten. Diese Annahmen entsprechen kaum der Realität einzelner Rohstoffmärkte. In Wirklichkeit können sich deshalb andere als die unterstellten Wirkungszusammenhänge ergeben (Baron; Behrmann, S. 72ff.; IBRD; Johnson 1977).
Mit der Diskussion des »trade-off« zwischen Preis- und Erlösstabilisierung ist eine wichtige Grundlage für eine Beurteilung von Buffer-Stock-Abkommen gelegt worden. Im folgenden sollen die mit einer erfolgreichen Stabilisierung der Rohstoffpreise verbundenen *Vor- und Nachteile* erörtert werden. Für die rohstoffexportierenden Entwicklungsländer bedeuten stabile Rohstoffpreise, daß die Planung und Durchführung von Investitionen erleichtert wird. Auch dürften stabile Preise die Wettbewerbsfähigkeit natürlicher Rohstoffe gegenüber synthetischen Produkten stärken. Des weiteren führt eine Preisstabilisierung bei der Mehrzahl der Nairobi-Rohstoffe, deren Preise angebotsbedingten Schwankungen unterliegen, zu einer Erhöhung der Exporterlöse und einer Ausdehnung der Beschäftigung. Dem steht allerdings der Nachteil zunehmender Exporterlösschwankungen gegenüber (sofern diese nicht durch eine kompensatorische Finanzierung ausgeglichen werden).
Auch für die rohstoffimportierenden Industrieländer überwiegen die Vorteile stabiler Rohstoffpreise. Die Kalkulationsgrundlagen der rohstoffverarbeitenden Industrie werden verbessert. Stabile Rohstoffpreise tragen ferner zur Erhaltung der Preisstabilität in den Verbraucherländern bei. In der Vergangenheit konnte beobachtet werden, daß die Güterpreise bei steigenden Rohstoffpreisen angehoben, bei fallenden Rohstoffpreisen aber nicht entsprechend gesenkt wurden (»ratchet-effect«). Darüber hinaus kann die Anlage von Buffer-Stocks dazu beitragen, eine kontinuierliche Versorgung mit Rohstoffen sicherzustellen. Diesen Vorteilen steht der Nachteil gegenüber, daß die Verbraucherländer als Folge der Preisstabilisierung für den Import von Rohstoffen per Saldo mehr Devisen aufbringen müssen.
Bei der Abwägung der Vor- und Nachteile einer Stabilisierung der Rohstoffpreise mit Hilfe von Buffer-Stocks sind schließlich die Zins- und Lagerhaltungskosten zu berücksichtigen, die aus der Ausstattung des Buffer-Stocks mit finanziellen Mitteln und Rohstoffen resultieren. Diese Kosten werden allerdings aufgrund der

Clearingfunktion des gemeinsamen Fonds – verglichen mit individuellen Rohstoffabkommen – erheblich reduziert, da die Preisinstabilitäten bei den Rohstoffen in der Regel nicht gleichzeitig und gleichgerichtet auftreten dürften.

Neben einer Stabilisierung der Rohstoffmärkte streben die Entwicklungsländer eine *Erhöhung der Rohstoffpreise* über das Gleichgewichtsniveau hinaus an. Bestanden schon Bedenken hinsichtlich der Funktionsfähigkeit von Buffer-Stocks bei der Stabilisierung von Preisen, so muß eine Erhöhung der Rohstoffpreise als weitgehend aussichtslos erscheinen (es sei denn, daß die Buffer-Stock-Abkommen durch Produktionsbegrenzungen abgesichert werden). Werden mit Hilfe internationaler Rohstoffabkommen Preiserhöhungen durchgesetzt, so werden die Erzeugerländer ihre Rohstoffproduktion ausdehnen und die Verbraucherländer eine geringere Menge an Rohstoffen nachfragen. Um einen Preisverfall zu verhindern, muß der Buffer-Stock die so entstehenden Produktionsüberschüsse aufkaufen und sie durch Denaturierungen oder Vernichten vom Weltmarkt fernhalten. Je nach dem Grad der Überhöhung der Rohstoffpreise werden sich die finanziellen Mittel der Buffer-Stocks mehr oder weniger schnell erschöpfen, und es kommt zu einem Preisverfall.
Abgesehen von den Schwierigkeiten, eine Erhöhung der Rohstoffpreise mit Hilfe von Buffer-Stock-Abkommen durchzusetzen, stellt sich die Frage, welche weltwirtschaftlichen Konsequenzen mit einer erfolgreichen Preiserhöhung verbunden wären. Wie Schaubild 12 zeigt, würden als Folge einer Preiserhöhung von P_1 auf P_2 die Devisenerlöse der rohstoffexportierenden Entwicklungsländer zunehmen, und zwar um die Fläche A+B. Gleichzeitig würden sich die Deviseneinnahmen der Entwicklungsländer dadurch vermindern, daß sie einen Teil der finanziellen Lasten des Buffer-Stocks zu tragen hätten. Bezeichnet man diesen Anteil mit a, so beliefen sich die von den Entwicklungsländern aufzubringenden Mittel auf a (B+D). Per Saldo würden die Entwicklungsländer zusätzliche Deviseneinnahmen in Höhe von A+B−a (B+D) erzielen. Die rohstoffimportierenden Länder hätten für ihre Rohstoffimporte Devisen in Höhe von A+C anstelle von C+D aufzuwenden. Des weiteren hätten sie für die Buffer-Stocks finanzielle Mittel in Höhe von (1−a) (B+D) bereitzustellen. Per Saldo müßten die rohstoffimportierenden Länder zusätzliche Deviseneinbußen in Höhe von (A+C) – (C+D) + (1−a) (B+D) hinnehmen. Sieht man von Ausnahmesituationen ab, so führt eine Erhöhung der Rohstoffpreise mit Hilfe von Buffer-Stock-Abkommen zu einer internationalen Einkommensumverteilung zugunsten der rohstoffexportierenden Entwicklungsländer. Diese Einkommenserhöhung kommt primär den rohstoffproduzierenden (inländischen oder ausländischen) Unternehmen zugute. Bei einer effizienten Besteuerung dieser Unternehmen können jedoch breitere Bevölkerungskreise teil an dem Einkommenszuwachs haben. Neben Verteilungswirkungen rufen Preiserhöhungen durch Rohstoffabkommen Allokationswirkungen hervor. Anders als im Falle eines Rohstoffkartells, werden die Entwicklungsländer zusätzliche Ressourcen in der Produktion von Rohstoffen einsetzen, deren Bestimmung es letztendlich ist, vernichtet zu werden. Diese Ressourcen gehen einem möglichen Einsatz in der auf Dauer vorteilhafteren Produktion industrieller Waren verloren. Andererseits stehen den Entwicklungsländern zusätzliche Devisenein-

Schaubild 12:
Preiserhöhung durch Buffer-Stock-Abkommen

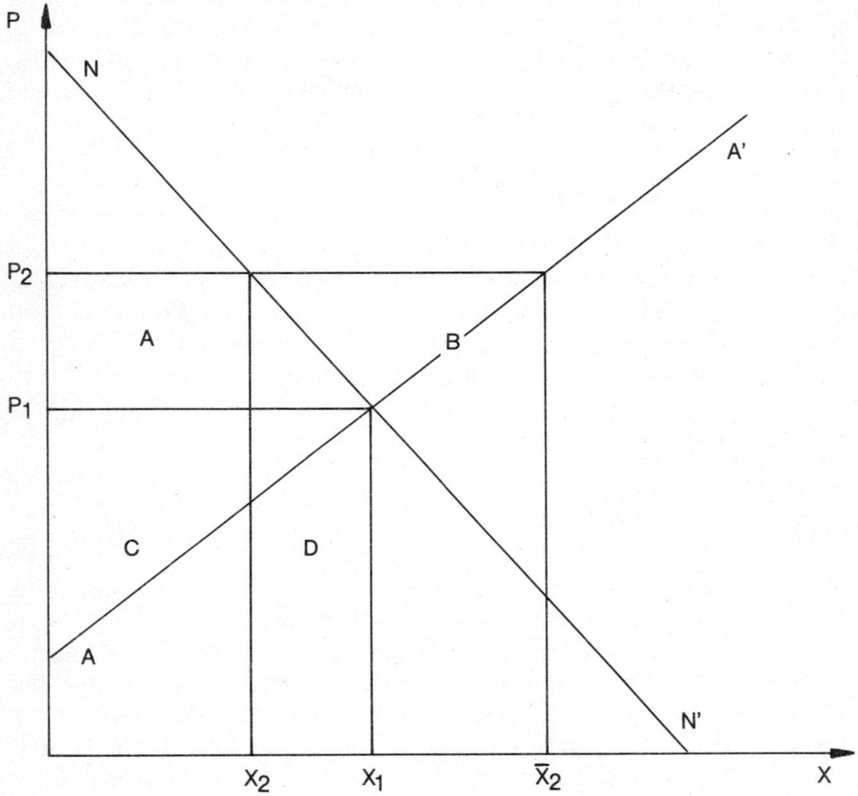

nahmen zur Verfügung, die sie zur Finanzierung von Investitionsvorhaben (auch im industriellen Sektor) verwenden können. In den Verbraucherländern schaffen überhöhte Rohstoffpreise verstärkte Anreize zur Rohstoffeinsparung und zur Substitution von natürlichen durch künstliche Rohstoffe (Baron, Glismann, Stecher).

Von den Forderungen des integrierten Rohstoffprogramms wurde bisher nur wenig *realisiert.* Im März 1979 einigten sich Industrie- und Entwicklungsländer über die Grundelemente des gemeinsamen Fonds. Der gemeinsame Fonds wird eine Finanzierungsinstitution darstellen, die selbst nicht direkt in die Rohstoffmärkte interveniert. Zur Finanzierung von Ausgleichslagern sollen 400 Mill. US-$ Eigenkapital zur Verfügung gestellt werden (»erstes Fenster«). Weitere 350 Mill. US-$ sind für die Förderung der Weiterverarbeitung von Rohstoffen in Entwicklungsländern vorgesehen (»zweites Fenster«). Verglichen mit den geforderten 1,5 Mrd. US-$ Eigenkapital ist das »erste Fenster« finanziell unzureichend ausgestattet worden. Ein großer Teil der für die Preisstabilisierung erforderlichen Mittel muß deshalb von den einzelnen Rohstoffabkommen selbst aufgebracht werden.

Der Fonds wird die von den Entwicklungsländern angestrebte Katalysatorfunktion kaum wahrnehmen können. Weitgehend durchgesetzt hat sich das von den Industrieländern favorisierte »Pooling«-System. Dabei wird das Hauptgewicht auf die Institution einzelner Rohstoffabkommen gelegt. Die Mitglieder des jeweiligen Abkommens bringen die benötigten finanziellen Mittel selbst auf. Die Abkommen wiederum deponieren ihre finanziellen Mittel in dem gemeinsamen Fonds und fordern sie bei Bedarf ab (Seitz; UNCTAD 1979).
Hinter den Erwartungen der Entwicklungsländer blieben auch die Verhandlungen über neue Rohstoffabkommen zurück. Ende 1980 existierten internationale Rohstoffabkommen mit Ausgleichslagern für Kakao, Kautschuk, Zinn und Zucker sowie ein Exportquotenabkommen für Kaffee. Von diesen wurden nach der Nairobi-Konferenz von 1976 nur das Zucker- und das Kautschukabkommen abgeschlossen. Alle fünf Abkommen sollen dem integrierten Programm angeschlossen werden. Eine Chance für den Abschluß weiterer Rohstoffabkommen ist bei Tee und bei Kupfer gegeben. Für die sonstigen Nairobi-Rohstoffe bestehen zur Zeit kaum Aussichten, zu einem internationalen Rohstoffabkommen zu gelangen (Radke).

3. Indexierung der Rohstoffpreise

Angesichts des sinkenden Trends der Commodity Terms of Trade für einige ihrer wichtigen Rohstoffe fordern die Entwicklungsländer eine Indexierung der Rohstoffpreise. Mit der Indexierung soll zum einen erreicht werden, daß die Commodity Terms of Trade, d. h. die realen Austauschverhältnisse, zwischen Rohstoffen und Industriewaren bzw. den Importgütern insgesamt sich nicht verschlechtern (direkte Indexierung). Zum anderen streben die Entwicklungsländer die Aufrechterhaltung ihrer Importkapazität, die ihren Ausdruck in den Income Terms of Trade findet, an. Auf dieses Ziel ist die indirekte Indexierung gerichtet.
Die *direkte Indexierung* versucht, die Rohstoffpreise durch ein internationales Abkommen an den Preisindex für Industriewaren bzw. für Importgüter insgesamt zu binden, d. h. die Rohstoffpreise sollen sich mit der gleichen Rate ändern, mit der sich der ausgewählte Preisindex ändert. Mit der direkten Indexierung sind eine Reihe von technischen Problemen verbunden. So stellt sich die Frage, ob die Indexierung länder- oder güterspezifisch erfolgen sollte. Bei der länderspezifischen Indexierung werden die Rohstoffpreise eines Landes mit den Preisen seiner Importgüter verknüpft. Angesichts der unterschiedlichen Importstrukturen einzelner Länder hätte dieses Verfahren zur Folge, daß sich für denselben Rohstoff in verschiedenen Ländern unterschiedliche Exportpreisanhebungen ergäben. Damit würden Nachfrageverschiebungen zugunsten der billigeren Anbieter ausgelöst. Die künstliche Verzerrung der Preise ließe sich auf Dauer nicht aufrechterhalten. Dieses Problem wird bei der gütermäßigen Indexierung vermieden, bei der die Rohstoffpreise einheitlich an einen internationalen Preisindex gebunden werden. Über die Entscheidung zwischen länder- und gütermäßiger Indexierung hinaus ist zu klären, welche Rohstoffe in eine Indexierung einbezogen werden sollten. Es läßt sich zeigen, daß eine Indexierung nicht bei allen Rohstoffen zu einer Verbes-

serung der Terms of Trade (verglichen mit der hypothetischen Marktpreisentwicklung) führen würde. Ferner muß ein geeigneter Preisindex (Index der Exportpreise aller gehandelten Industriewaren, Index der Industriewarenimporte bzw. der gesamten Warenimporte der Entwicklungsländer, allgemeiner Inflationsindex der Industrieländer) gefunden werden. Problematisch sind schließlich die Wahl des Referenzzeitraums für die Preisindexierung und die Beschaffung der erforderlichen Daten über die Preisentwicklung (Baron, Glismann, Stecher, S. 66ff.; Cuddy).

Mit der Indexierung der Rohstoffpreise erfolgt lediglich eine Zielkonkretisierung der angestrebten Rohstoffpreisentwicklung. Zur Durchsetzung der indexierten Rohstoffpreise müssen entweder Rohstoffkartelle gebildet oder Rohstoffabkommen abgeschlossen werden. Da die Entwicklungsländer nur solche Rohstoffe in eine Indexierung einbeziehen werden, bei denen diese zu einer Erhöhung der Rohstoffpreise über die zu erwartenden Gleichgewichtspreise führt – ansonsten wären die Entwicklungsländer an einer Indexierung nicht interessiert –, kommen neben Abnahmegarantien der Verbraucherländer nur angebotsbeschränkende Maßnahmen zur Aufrechterhaltung der indexierten Rohstoffpreise in Frage. Angesichts der Schwierigkeiten, Rohstoffkartelle zu errichten oder Exportquotenabkommen durchzusetzen (vgl. E II 1 und E II 2), müssen die Realisierungschancen für eine Indexierung der Rohstoffpreise gering eingeschätzt werden.

Abgesehen davon, wäre eine Indexierung der Rohstoffpreise aus verschiedenen Gründen bedenklich. Bei einer Indexierung wird die Preisbildung auf den betreffenden Rohstoffmärkten von den dort herrschenden Angebots- und Nachfrageverhältnissen losgelöst und der Entwicklung der Industriegüterpreise unterworfen. Bei einer solchen Preisfestsetzung bleiben die Auswirkungen auf die Rohstoffexporterlöse völlig unberücksichtigt. Darüber hinaus verlieren die Preise ihre Lenkungsfunktion. Produktivitätserhöhungen und Verschiebungen der Nachfragestruktur schlagen sich nicht in Veränderungen der relativen Preise und damit nicht in den Produktions- und Investitionsentscheidungen der Erzeuger- und Verbraucherländer nieder. Inwieweit schließlich die Indexierung der Rohstoffpreise die Weltinflation beschleunigen würde, läßt sich mangels Erfahrungen nicht abschließend beurteilen. In einem System fester Wechselkurse dürften die befürchteten Inflationswirkungen jedoch eher eintreten als bei flexiblen Wechselkursen und einer auf Geldwertstabilisierung gerichteten Geldpolitik (Jägeler).

Aus der Konstanz der Commodity Terms of Trade, auf welche die direkte Indexierung abzielt, läßt sich nicht ableiten, ob ein Land einen gleichbleibenden Nutzen aus dem internationalen Handel zieht oder nicht. Erst wenn bekannt ist, wie sich die Exportmengen entwickelt haben, läßt sich eine Aussage über die Veränderung der Realeinkommenssituation, d. h. die Importkapazität, machen. Auf die Aufrechterhaltung der Importkapazität ist die *indirekte Indexierung* (Ergänzungsfinanzierung) gerichtet. Sie beinhaltet, daß die rohstoffexportierenden Entwicklungsländer Transferzahlungen von den Importländern erhalten. Das Ausmaß dieser Zahlungen richtet sich dabei nach der Differenz zwischen den tatsächlichen Exporterlösen eines Entwicklungslandes und einem bestimmten Referenzniveau. Die Höhe dieser Erlösnorm ergibt sich für jeden Rohstoff eines Entwicklungslandes aus der Multiplikation einer festgelegten Exportmenge und

einem »indirekt« indexierten Referenzpreis. Abweichungen im Erlös verschiedener Rohstoffe von der Norm sind gegenseitig aufrechenbar. Die indirekte Indexierung unterscheidet sich vom System der »kompensatorischen Finanzierung« des Internationalen Währungsfonds (vgl. E II 4) insofern, als dort das Indexierungselement fehlt und nur auf kurzfristige Unterstützung in Form rückzahlpflichtiger, zinsbelasteter Darlehen abgestellt wird.
Die indirekte Indexierung weist gegenüber der direkten Indexierung Vorteile auf. Sie ist vom Ansatz her sinnvoller, da sie auf die Aufrechterhaltung der Income Terms of Trade und nicht die der Commodity Terms of Trade abzielt. Sie hebt die Preisbildung auf den internationalen Rohstoffmärkten nicht auf. Die Allokationsfunktion der Preise bleibt somit erhalten. Die Gefahr, daß überhöhte Rohstoffpreise zur Überproduktion führen, wird vermieden. Eine indirekte Benachteiligung rohstoffarmer Länder durch höhere Rohstoffpreise als auch durch höhere Industriegüterpreise tritt nicht ein. Schließlich können die Transferzahlungen auf die Entwicklungsländer beschränkt werden. Rohstoffreiche Industrieländer würden damit aus der indirekten Indexierung keine Vorteile erlangen. Der Nachteil der indirekten Indexierung ist darin zu sehen, daß sie einen Transfer finanzieller Ressourcen zur Folge hat, der ausschließlich den rohstoffexportierenden Ländern zugute kommt, unabhängig davon, ob sie zu den bedürftigsten Ländern zählen oder nicht. Die damit verbundene Benachteiligung der rohstoffarmen Länder wird unter Umständen noch dadurch erhöht, daß die Entwicklungshilfeleistungen an diese Länder zugunsten der Ergänzungsfinanzierung eingeschränkt werden (Glismann, Juhl, Stecher, S. 35ff.).

4. Kompensatorische Finanzierung

Während die indirekte Indexierung dadurch gekennzeichnet ist, daß Transferzahlungen an die Entwicklungsländer geleistet werden, dient die kompensatorische Finanzierung dem Ausgleich von Erlösschwankungen. Die Ausgleichsfinanzierung sieht vor, daß ein Entwicklungsland finanzielle Zuwendungen erhält, wenn seine Exporterlöse unter ein vorher vereinbartes Referenzniveau fallen, und daß es diese Zuwendungen zurückerstattet, wenn seine Exporterlöse über dem Referenzniveau liegen. Zwei Systeme kompensatorischer Finanzierung werden zur Zeit angewandt: das im Rahmen des Lomé-Abkommens vereinbarte STABEX-System (vgl. D II 2) und das 1963 geschaffene, seitdem aber mehrfach modifizierte IMF-System. Darüber hinaus sind zahlreiche Konzepte zur kompensatorischen Finanzierung – u. a. auch von der Bundesrepublik Deutschland (Glaubitt, Lütkenhorst, S. 28ff.) – entwickelt worden. Besonderes Interesse fand dabei der von der UNCTAD im Rahmen des integrierten Rohstoffprogramms vorgelegte Vorschlag.
Das IMF-System wird durch folgende Elemente charakterisiert:
- Kompensationsgegenstand sind die nominalen Erlöse aus den gesamten Exporten eines Mitgliedslandes des IMF.
- Die Kompensation ist an folgende Voraussetzungen gebunden: Die tatsächlichen Exporterlöse des der Antragstellung vorangehenden Jahres müssen von

einem vorgegebenen Referenzniveau abweichen. Dabei werden nur Abweichungen kurzfristiger Natur berücksichtigt, die außerhalb der Kontrolle des Antragstellers liegen. Der Antragsteller muß zudem bei der Lösung seiner Zahlungsbilanzprobleme mit dem IMF kooperieren. Der Erlösrückgang muß statistisch nachgewiesen werden.

- Das Referenzniveau ist als Durchschnitt der Ausfuhrerlöse folgender Jahre definiert:

$$E_B = \frac{E_{t-2} + E_{t-1} + E_t + E_{t+1} + E_{t+1}}{5}$$

Die Exporterlöse der dem Vergleichsjahr folgenden Jahre werden entweder durch Gewichtung der bekannten Werte gewonnen, wobei

$$E_{t+1} = E_{t+2} = \frac{E_{t-2}}{4} + \frac{E_{t-1}}{4} + \frac{E_t}{2} \qquad \text{(statistische Methode),}$$

oder durch Experten des IMF geschätzt (qualitative Methode). Dabei hat die qualitative Methode eindeutig Priorität.

- Das IMF-System sieht die volle Kompensation des eingetretenen Exporterlösrückgangs bis zur Höhe von 75 v. H. der Landesquote beim Fonds (jährlich bis zu 50 v. H.) vor. Sofern die Beanspruchung des Fonds in einem Jahr 1,5 Mrd. SZR überschreitet oder die ausstehenden Kredite 3 Mrd. SZR übersteigen, soll die bestehende Regelung überprüft werden.
- Die Kompensationszahlungen erfolgen in Form niedrig verzinslicher Kredite (die Regelung schließt somit einen Ressourcentransfer, der sich aus der Differenz zwischen Marktzins und Finanzierungszins ergibt, ein). Die Rückzahlung muß innerhalb von fünf Jahren erfolgen. Der IMF empfiehlt, in den ersten vier Jahren jährlich die Hälfte der positiven Differenz zwischen tatsächlichem Exporterlös und Referenzniveau zur Tilgung zu verwenden.

Verglichen mit dem STABEX-System weist das IMF-System sowohl Vorteile als auch Nachteile auf. Ein wesentlicher Vorteil liegt in der Stabilisierung der Erlöse aus den gesamten Exporten. Dadurch wird vermieden, daß rohstoffarme Länder benachteiligt werden, daß die Rohstoff- zu Lasten der Industrieproduktion begünstigt wird und daß durch eine Stabilisierung der Rohstofferlöse möglicherweise neue Schwankungen der gesamten Exporterlöse verursacht werden. Weitere Vorteile sind mit der Ausdehnung des Kreises der begünstigten Länder, mit der Berücksichtigung zukünftiger Erlöse bei der Ermittlung des Referenzniveaus und mit der Erhebung eines Zinses für die gewährten Kredite verbunden. Seine Nachteile liegen in der quotenabhängigen Begrenzung der Kompensationszahlungen, in der Bindung der Ausgleichszahlungen an die Erfüllung wirtschaftspolitischer Auflagen des IMF, in den restriktiven Rückzahlungsbedingungen und in dem Verzicht auf Sonderbestimmungen für die LLDC.
Das von der *UNCTAD* im Rahmen des integrierten Rohstoffprogramms vorgeschlagene System von Ausgleichszahlungen bei Exporterlösschwankungen baut auf dem bestehenden IMF-System auf, versucht aber dessen Unzulänglichkeiten

zu vermeiden. Aus der Sicht der UNCTAD weist das IMF-System neben den schon genannten zwei weitere Mängel auf. Diese bestehen in dem diskretionären Charakter des Systems und in der Bestimmung des Exporterlösausfalls auf der Basis nominaler Exporterlöse.
Das UNCTAD-System wird durch folgende Elemente charakterisiert:

- Kompensationsgegenstand sind die realen Erlöse aus den gesamten Exporten (oder den Rohstoffexporten) der Entwicklungsländer (ohne OPEC-Länder).
- Die Kompensationszahlungen erfolgen automatisch, es sei denn, das betreffende Entwicklungsland hat den Exporterlösrückgang bewußt herbeigeführt.
- Das Referenzniveau, von dem die tatsächlichen Exporterlöse des vergangenen Jahres abweichen müssen, ist als Durchschnitt der Exporterlöse dreier Jahre definiert:

$$E_B = \frac{E_{t-1} + E_t + E_{t+1}}{3}$$

  Die zukünftige Exportentwicklung wird geschätzt.
- Das UNCTAD-System sieht die volle Kompensation des eingetretenen Exporterlösrückgangs ohne quotenabhängige Beschränkung vor. Allerdings dürfen die Rückzahlungsverpflichtungen eines Landes einen bestimmten Anteil (z. B. 50 v. H.) seiner Exporterlöse in den letzten drei Jahren nicht übersteigen. Die kumulierten Zuschüsse dürfen nicht größer sein als ein bestimmter Prozentsatz (z. B. 15 v. H.) des Fondskapitals.
- Die Kompensationszahlungen erfolgen auf Kreditbasis. Nur die LLDC erhalten Zuschüsse. Die Ausgleichszahlungen werden in Abhängigkeit von der Exporterlösentwicklung zurückgezahlt (Baron, Glismann, Stecher, S. 88ff.; Kebschull, Künne, Menck, S. 123ff.; Wupperman).

Das von der UNCTAD vorgeschlagene System stellt ein realisierbares, entwicklungspolitisch sinnvolles Konzept zur Ausgleichsfinanzierung dar. Es vermeidet weitgehend die Nachteile der zur Zeit angewandten Systeme. Seine besonderen Vorteile liegen in der Möglichkeit der automatischen Inanspruchnahme von Ausgleichszahlungen und in der Kompensation der realen Exporterlösausfälle. Indem das UNCTAD-Konzept auf die Stabilisierung der Importkapazität abstellt, treten allerdings dieselben technischen Indexierungsprobleme auf wie bei der direkten und indirekten Indexierung.
Die kompensatorische Finanzierung weist gegenüber internationalen Rohstoffprogrammen, die ebenfalls eine Stabilisierung der Exporterlöse anstreben, den Vorteil auf, daß sie nicht die Preise auf den Rohstoffmärkten, sondern nur die Höhe der Zahlungsströme stabilisieren muß. Ihre Funktionsfähigkeit und Wirksamkeit hängt damit nicht von der Vorausschätzung marktgerechter Interventionspreise ab und wird nicht durch einen »trade-off« zwischen Preis- und Erlösstabilisierung behindert (vgl. E II 2). Gleichwohl kann die kompensatorische Finanzierung internationale Rohstoffabkommen nicht ersetzen, sondern nur ergänzen, da sie zu einer Stabilisierung der Rohstoffpreise nicht beitragen kann.

5. Vertikale Diversifizierung der Produktion im Rohstoffbereich

Ein weiteres Element des integrierten Rohstoffprogramms bildet die vertikale Diversifizierung der Produktion im Rohstoffbereich. Unter dem Begriff der Diversifizierung wird allgemein eine strukturelle Veränderung der Produktion in quantitativer und qualitativer Hinsicht verstanden mit der Absicht, eine größere Vielfalt der wirtschaftlichen Aktivitäten zu erreichen. Mit ihrer Forderung nach vertikaler Diversifizierung streben die Entwicklungsländer eine Weiterverarbeitung von Rohstoffen in den rohstoffproduzierenden Ländern an, um damit unabhängig von den Gefahren der Monokultur zu werden und um ihre Deviseneinnahmen zu erhöhen.

Der Ausschöpfung des nicht unerheblichen Potentials der Entwicklungsländer bei der Weiterverarbeitung von Rohstoffen (Hoffmeyer, Neu) stehen nach Meinung der Entwicklungsländer vor allem drei Hindernisse entgegen:

- die Außenwirtschaftspolitik der Einfuhrländer (tarifäre und nicht-tarifäre Handelshemmnisse),
- die restriktiven Geschäftspraktiken der Multinationalen Konzerne sowie
- ökonomische und technologische Beschränkungen auf seiten der Entwicklungsländer, die in einem Mangel an Kapital, ausgebildeten Arbeitskräften, technischem Wissen und Infrastruktur zum Ausdruck kommen (UNCTAD 1975).

Die vorgeschlagenen Maßnahmen zur Förderung der vertikalen Diversifizierung sind auf eine Beseitigung dieser Hindernisse gerichtet. Sie beinhalten den Abbau tarifärer und nicht-tarifärer Handelshemmnisse in den Industrieländern (vgl. E III 3), die Verabschiedung von Verhaltenskodices für den Technologietransfer und für Multinationale Konzerne (vgl. E IV 2 und E IV 4) sowie die Überwindung interner Engpässe beim Aufbau rohstoffverarbeitender Industrien. Die für das »zweite Fenster« des gemeinsamen Fonds bereitgestellten Mittel in Höhe von 350 Mill. US-$ sind der letzten Aufgabe gewidmet. Sie dürften bei weitem nicht ausreichen, den Aufbau einer rohstoffverarbeitenden Industrie in der Dritten Welt nachhaltig zu fördern.

Die Analyse der rohstoffpolitischen Forderungen der Entwicklungsländer läßt sich folgendermaßen *zusammenfassen:* Rohstoffabkommen mit Ausgleichslagern und die kompensatorische Finanzierung stellen realisierbare und wünschenswerte Instrumente zur Stabilisierung der Rohstoffpreise und der Erlöse dar. Buffer-Stocks lassen sich allerdings nur für lagerfähige Rohstoffe einrichten. Sie sind ferner nur dann funktionsfähig, wenn die Interventionspreise flexibel festgelegt werden. Starke Ausschläge der Rohstoffpreise lassen sich durch sie nicht vermeiden. Zunehmende Erlösschwankungen als Folge der Preisstabilisierung müßten durch die Gewährung von Krediten ausgeglichen werden. Eine solche kompensatorische Finanzierung sollte aber nicht nur auf eine Stabilisierung der Erlöse aus Rohstoffexporten, sondern auf eine Stabilisierung der gesamten Exporterlöse gerichtet sein. Über die Stabilisierung der Rohstoffpreise und -erlöse hinaus streben die Entwicklungsländer eine Erhöhung der Rohstoffpreise und die Aufrechterhaltung der Importkapazität an. Eine Anhebung der Rohstoffpreise über das Gleichgewichtsniveau hinaus dürfte sich mit den vorgeschlagenen Instrumenten nur schwer erreichen lassen. Als hierfür ungeeignet erweisen sich Rohstoff-

abkommen mit Ausgleichslagern und multilateralen Ankaufs- und Verkaufsverpflichtungen sowie die direkte Indexierung. Erfolgversprechender wäre die Bildung von Rohstoffkartellen und Exportquotenabkommen. Ihre Realisierungschancen sind jedoch gering. Die Importkapazität der Entwicklungsländer ließe sich mit Hilfe der indirekten Indexierung (Ergänzungsfinanzierung) zumindest teilweise aufrechterhalten. Gegenüber der klassischen Entwicklungshilfe weist die indirekte Indexierung jedoch den Nachteil auf, daß die Bedürftigkeit der Empfängerländer kein Kriterium für die Gewährung von Transferleistungen ist.
Von den erfolgversprechenden Ansätzen zur Neuordnung der internationalen Beziehungen im Rohstoffbereich sind bisher nur der gemeinsame Fonds (mit unzureichender finanzieller Ausstattung) und zwei Rohstoffabkommen realisiert worden. Eine Ausweitung der kompensatorischen Finanzierung über das STABEX-Abkommen und das IMF-System hinaus erfolgte bisher nicht. Die Weiterverarbeitung von Rohstoffen in den Entwicklungsländern wird nur unzulänglich gefördert. Eine Neue Weltwirtschaftsordnung wurde im Rohstoffbereich bisher nicht verwirklicht.

III Industrialisierung und Handelsliberalisierung

1. Industriepolitische Zielvorstellungen der Entwicklungsländer

In der Diskussion um eine Neue Weltwirtschaftsordnung hat die von den Entwicklungsländern angestrebte Umverteilung der Weltindustrieproduktion eine geringere Aufmerksamkeit erlangt als die Forderung nach einem integrierten Rohstoffprogramm. Gleichwohl messen die Entwicklungsländer der Industrialisierung große Bedeutung für ihre wirtschaftliche Entwicklung bei. Auf der UNIDO-Generalkonferenz in Lima im Jahre 1975 legten sie ihre industriepolitischen Zielsetzungen fest. Danach wollen die Entwicklungsländer ihren Anteil an der Weltindustrieproduktion von 8 v.H. im Jahre 1975 auf 25 v.H. im Jahre 2000 steigern. Neben einer binnenmarktorientierten Industrialisierung sollen insbesondere Ausdehnung und Deversifizierung der Industriegüterexporte die Realisierung dieses Zieles ermöglichen.
Die Chancen, das 25 v.H.-Ziel zu erreichen, müssen als gering erachtet werden. Zwar lassen internationale Querschnittsanalysen über den Zusammenhang zwischen dem Beitrag der Industrie zum Bruttoinlandsprodukt und dem jeweiligen Pro-Kopf-Einkommen erwarten, daß der Anteil der Entwicklungsländer an der Weltindustrieproduktion sich in Zukunft erhöhen wird. In den Industrieländern wird danach bei weiterhin steigendem realen Pro-Kopf-Einkommen der Anteil des Industriesektors am Bruttoinlandsprodukt zugunsten des Dienstleistungssektors abnehmen. In den Entwicklungsländern hat das Pro-Kopf-Einkommen dagegen erst ein Niveau erreicht, bei dem ein steigendes Einkommen zu einer Erhöhung des Anteils der Industrieproduktion an der gesamten Wertschöpfung führt. Der industrielle Strukturwandel wird sich jedoch vermutlich langsamer vollziehen, als es die UNIDO unterstellt. Die der Zielprojektion zugrundeliegenden Wachstumsraten des realen Bruttoinlandsproduktes und der industriellen

Wertschöpfung von jahresdurchschnittlich 4,6 v. H. bzw. 4,9 v. H. in den Industrieländern (die UNIDO folgt dem aus Querschnittsanalysen gewonnenen Muster des Strukturwandels nicht) und 8,8 v. H. bzw. 10,5 v. H. in den Entwicklungsländern (UNIDO 1979, S. 54) scheinen insgesamt überhöht zu sein und insbesondere die Industrialisierungsaussichten der Entwicklungsländer zu günstig zu beurteilen. Realistischer dürften Schätzungen sein, nach denen der Anteil der Entwicklungsländer an der Weltindustrieproduktion im Jahre 2000 bei etwa 15 v. H. liegt (Donges).

Wie auch immer das Industrialisierungsziel quantifiziert wird, fest steht, daß die Entwicklungsländer ihre Industrialisierung beschleunigen wollen. Die Mehrzahl von ihnen strebt dabei eine stärkere Ausrichtung des Industrialisierungsprozesses auf die Exportmärkte an. Im Rahmen einer solchen exportorientierten Industrialisierung wollen (und müssen) sich die Entwicklungsländer auf diejenigen Güter spezialisieren, bei deren Produktion sie komparative Kostenvorteile gegenüber den Industrieländern besitzen. Angesichts der relativ reichlichen Ausstattung mit ungelernten Arbeitskräften und Rohstoffen sind solche Kostenvorteile bei der Herstellung von relativ arbeitsintensiven und technisch einfachen Produkten und bei der Weiterverarbeitung von Rohstoffen gegeben.

Sieht man von der Vergabe von Entwicklungshilfe, der Förderung des Technologietransfers (vgl. E IV 2) und der Einführung eines Verhaltenskodex zur Verhinderung restriktiver Geschäftspraktiken von Multinationalen Konzernen (vgl. E IV 4) ab, so soll die exportorientierte Industrialisierung der Entwicklungsländer durch drei Maßnahmenkomplexe gefördert werden:

- die Einrichtung eines Systems multilateraler Industriekooperation,
- die Öffnung der Märkte der Industrieländer für industrielle Erzeugnisse aus Entwicklungsländern und
- die Einführung einer vorausschauenden, entwicklungsländerbezogenen Strukturanpassungspolitik in den Industrieländern.

2. *Multilaterale Industriekooperation*

Unter dem Begriff der Industriekooperation werden üblicherweise solche wirtschaftlichen Beziehungen zwischen Industrieunternehmen verstanden, die über reine Liefer- und Abnahmebeziehungen hinausgehen. Zu den wichtigsten Formen der Industriekooperation zählen dabei »joint ventures«, die Errichtung schlüsselfertiger Industriebetriebe und das Subcontracting (private Industriekooperation oder Industriekooperation im engeren Sinne). Die zunehmende Verknüpfung staatlicher und privater Aktivitäten im Rahmen der industriellen Zusammenarbeit macht es erforderlich, den Begriff der industriellen (Nord-Süd-)Kooperation so zu erweitern, daß sowohl die staatliche Förderung der unternehmerischen Kooperation als auch Initiativen und Vereinbarungen auf Regierungsebene zur allgemeinen Förderung der Industrialisierung eingeschlossen sind (Industriekooperation im weiteren Sinne). Die multilaterale Industriekooperation wiederum unterscheidet sich von der bilateralen dadurch, daß Träger der staatlichen Förderung der Industriekooperation im engeren Sinne internationale Organisationen und nicht einzelne Regierungen sind und daß die industriepolitischen Initiativen und Regierungsvereinbarungen auf multilateraler und nicht auf bilateraler Ebene angesiedelt sind (Riedel, S. 6).

Auf der UNIDO-Konferenz in Lima forderten die Entwicklungsländer die Einführung einer solchen multilateralen Industriekooperation. Als besonders dringlich wurde die Einrichtung eines kontinuierlichen industriepolitischen Dialogs, eines Systems von Konsultationen, zwischen den Regierungen der Industrie- und Entwicklungsländer erachtet. Die Konsultationen sollen dem Informationsaustausch dienen, Richtlinien für die Verlagerung von Industrien aus den Industrie- in die Entwicklungsländer entwerfen und Vorschläge für die Handels- und Strukturpolitik der Industrieländer erarbeiten. Dabei erwarteten die Entwicklungsländer ursprünglich, daß die Konsultationen nicht nur zu Empfehlungen, sondern auch zu multilateralen Regierungsvereinbarungen führen. Der multilateralen Industriekooperation liegt die Vorstellung zugrunde, daß die internationale Verteilung der industriellen Produktionskapazitäten nicht dem freien Spiel der Marktkräfte allein überlassen bleiben, sondern auch durch ein kooperatives Zusammenwirken der offiziellen Vertreter aus Industrie- und Entwicklungsländern erreicht werden soll, um so die politischen und wirtschaftlichen Interessen der Beteiligten angemessen zu berücksichtigen.

Die Konsultationen der *UNIDO* waren ursprünglich als ein umfassendes System der industrie-, handels- und strukturpolitischen Beratung mit gewissen Entscheidungskompetenzen konzipiert worden. Es sollte auf globaler, regionaler und sektoraler Ebene errichtet werden. Auf Intervention der Industrieländer hin wurde das Konzept jedoch modifiziert. Es wurde beschlossen, in einer Experimentierphase Konsultationstreffen für ausgewählte Industriesektoren durchzuführen. An diesen sollen nicht nur Regierungsbeamte, sondern auch Vertreter der Industrie-, Gewerkschafts- und Verbraucherverbände teilnehmen. Darüber hinaus wurde vereinbart, daß die Konsultationen lediglich Empfehlungen aussprechen, die Regierungen jedoch nicht zum Abschluß multilateraler Abkommen verpflichten können. Bisher wurden Konsultationen für fünf Industriesektoren durchgeführt. Diese Treffen trugen zum Informationsaustausch und zur Kontaktanbahnung bei. Inwieweit die Beteiligten die Beratungsergebnisse bei ihren wirtschaftspolitischen bzw. unternehmerischen Entscheidungen berücksichtigt haben, läßt sich nicht abschätzen (Bokermann, Petersen, Schultz, Schumacher; Riedel).

Neben der UNIDO hat die *Europäische Gemeinschaft* Ansätze zur multilateralen Industriekooperation entwickelt. So sieht das Lomé-Abkommen vor, die industrielle Zusammenarbeit zwischen der EG und den AKP-Staaten zu intensivieren. Zu diesem Zweck wurde ein Ausschuß für industrielle Zusammenarbeit gebildet und ein Zentrum für industrielle Entwicklung errichtet. Des weiteren strebt die EG eine engere industrielle Zusammenarbeit mit den Staaten der Arabischen Liga an. Initiativen zur Förderung der Industriekooperation wurden im Rahmen des Euro-Arabischen Dialogs entwickelt. Auch die Abkommen der EG mit den Maghreb- und Maschrekstaaten enthalten Ansätze zur industriellen Zusammenarbeit (Riedel, S. 206ff.; Warnecke).

Aufgrund des kurzen Erfahrungshorizonts können die bisherigen Ansätze zur multilateralen Industriekooperation nicht abschließend beurteilt werden. Dennoch lassen sich schon jetzt einige Schlußfolgerungen ziehen. Die multilaterale Industriekooperation wird kein dirigistisches Instrument einer am Reißbrett entworfenen internationalen Arbeitsteilung im industriellen Bereich sein können. Dem stehen die Wirtschaftsordnung der Industrieländer, die staatlich angeordnete Industrieverlagerungen verbietet, aber auch der Umstand entgegen, daß die an den Konsultationen teilnehmenden Staaten politisch souverän sind und sich keine Art von Verlagerung aufzwingen lassen müssen. Gleichwohl kann die multilaterale Industriekooperation wichtige Aufgaben erfüllen. Internationale Konsultationen tragen zum gegenseitigen Informationsaustausch über die bestehenden Industrialisierungsvorstellungen und -programme bei. Sie schaffen Kontaktmöglichkeiten für Unternehmen, die zu einer Industriekooperation im engeren Sinne führen können. Darüber hinaus bilden sie ein Forum, auf dem die Industrie- und Entwicklungsländer ihre Industrie-, Handels- und Strukturpolitik aufeinander abstimmen können.

3. Öffnung der Märkte der Industrieländer für industrielle Erzeugnisse aus Entwicklungsländern

Ein bedeutendes Hindernis für die exportorientierte Industrialisierung der Entwicklungsländer bilden die tarifären und nicht-tarifären Handelshemmnisse auf seiten der Industrieländer (vgl. C IV 5). Während die Industrieländer in den fünfziger und sechziger Jahren ihre Handelshemmnisse stufenweise abbauten, behindern sie seit der ersten Hälfte der siebziger Jahre mit Hilfe von mengenmäßigen Einfuhrbeschränkungen und sogenannten Selbstbeschränkungsabkommen zunehmend den Zugang zu ihren Märkten. Von diesen protektionistischen Tendenzen sind die Entwicklungsländer besonders betroffen. Angesichts der Größe des Absatzmarktes bildet die Öffnung der Märkte der Industrieländer für die Industriegüterexporte der Entwicklungsländer eine entscheidende Voraussetzung für deren exportorientierte Industrialisierung.
Im Interesse eines unbehinderten Zugangs zu den Märkten der Industrieländer *fordern* die Entwicklungsländer eine umfassende Liberalisierung des Handels zu ihren Gunsten:

- An die multilateralen Verhandlungen im GATT wendet sich die Forderung nach Aufrechterhaltung der präferenziellen Behandlung der Entwicklungsländer ohne Gegenpräferenzen. Das Prinzip der bevorzugten Behandlung der Entwicklungsländer ohne Reziprozität ist mit der Aufnahme des Teils IV im GATT 1965 zum ersten Mal völkerrechtlich verankert und mit der Gewährung von Zollpräferenzen durch die Industrieländer seit 1971 in handelspolitische Praxis umgesetzt worden. Es droht jedoch durch das Verlangen der Industrieländer nach handelspolitischen Zugeständnissen der leistungsfähigeren Entwicklungsländer (Graduierungskonzept) ausgehöhlt zu werden.
- Die (Nicht-AKP-)Entwicklungsländer fordern des weiteren eine Verlängerung, Erweiterung und Verbesserung der allgemeinen Zollpräferenzsysteme. Diese Forderung beinhaltet die Ausdehnung der Präferenzen auf weitere, insbesondere agrarische Produkte, die Gewährung zollfreien Marktzugangs ohne Kon-

tingentierungen (zumindest aber eine Erhöhung der Plafonds) und eine administrative Vereinfachung der Regelungen. Das würde allerdings die Position der AKP-Länder relativ verschlechtern.

- Darüber hinaus sollen die Interessen der Entwicklungsländer bei multilateralen Zollsenkungen stärker berücksichtigt werden. Das heißt, es sollen Zollsenkungen für diejenigen Produkte erfolgen, deren Exporte in die Industrieländer durch die bestehende Zollstruktur besonders stark behindert werden.
- Auch verlangen die Entwicklungsländer, von der Anwendung nicht-tarifärer Handelshemmnisse wie den quantitativen Einfuhrbeschränkungen, den Ausgleichszöllen auf Subventionen und den Selbstbeschränkungsabkommen ausgenommen zu werden.
- Schließlich drängen sie darauf, daß sich die Industrieländer an die wiederholt bekräftigte Stillhalteverpflichtung halten, das heißt keine neuen protektionistischen Maßnahmen gegen sie ergreifen (Wiemann).

Die Industrieländer stehen dem Verlangen der Entwicklungsländer nach Öffnung ihrer Märkte verbal geneigt, de facto aber weitgehend ablehnend gegenüber. Hierauf deutet zumindest der in den letzten Jahren zunehmende Protektionismus gegenüber den Industriegüterexporten aus Entwicklungsländern hin. Dabei würden die Industrieländer aus einer Öffnung ihrer Märkte und der damit einhergehenden Intensivierung der internationalen Arbeitsteilung durchaus *Vorteile* ziehen. Diese Vorteile liegen zum einen darin, daß billige Fertigwarenimporte aus Entwicklungsländern dazu beitragen, den Preisauftrieb in den Industrieländern zu dämpfen und dadurch die Kaufkraft der Verbraucher zu erhöhen. Von gewerkschaftlicher Seite wird allerdings zu Recht darauf hingewiesen, daß die Vorteile für die Verbraucher in den Industrieländern nicht durch Kinderarbeit, gesundheitsgefährdende Arbeitsbedingungen und eine »Überausbeutung« der Arbeitskraft in den Entwicklungsländern erkauft werden dürften (BMZ). Der zweite Vorteil einer Ausweitung des Handels mit Entwicklungsländern ist darin zu sehen, daß sie zu produktivitätssteigernden Veränderungen der Branchenstruktur in den Industrieländern führt. Wirtschaftszweige mit niedriger Arbeitsproduktivität wie insbesondere rohstoffabhängige oder arbeitsintensive Verbrauchsgüterindustrien werden einem stärkeren Konkurrenzdruck aus Entwicklungsländern ausgesetzt. Andererseits eröffnen sich Wirtschaftszweigen mit hoher Arbeitsproduktivität wie insbesondere bestimmten Investitionsgüterindustrien als Folge höherer Exporterlöse und eines schnelleren Industrialisierungstempos in den Entwicklungsländern zusätzliche Exportmöglichkeiten in diese Länder. Den durch Einfuhren aus Entwicklungsländern »freigesetzten« Arbeitskräften können (teilweise) besserbezahlte Arbeitsplätze in den Exportindustrien angeboten werden. Dieser Strukturwandlungsprozeß vollzieht sich allerdings mit zeitlichen Verzögerungen. Er weist darüber hinaus länderspezifische Unterschiede auf. Wettbewerbsstarke Länder wie die Bundesrepublik Deutschland und Japan dürften ihre Exporte in die Entwicklungsländer in stärkerem Maße ausweiten können als wettbewerbsschwache Länder wie Großbritannien und Italien.

Den Vorteilen einer verstärkten Arbeitsteilung mit Entwicklungsländern stehen *nachteilige Beschäftigungseffekte* gegenüber. Sie bilden die wesentliche Ursache für den Protektionismus der Industrieländer. Die Beschäftigungseinbußen werden allerdings – zumindest was ihr gesamtwirtschaftliches Ausmaß angeht – häufig überschätzt. Empirische Untersuchungen zeigen, daß zwischen 1962 und 1975 in der Bundesrepublik Deutschland insgesamt 133 000 Arbeitsplätze durch Industriegüterimporte aus den Entwicklungsländern verlorengingen. Das sind jährlich weniger als 0,2 v.H. der Industriebeschäftigten. Weitaus mehr Arbeitsplätze sind dem Produktivitätsfortschritt, Veränderungen der Nachfragestruktur und den Industriegüterimporten aus anderen Industrieländern zum Opfer gefallen (Wolter). Auch wenn eine Intensivierung der industriellen Arbeitsteilung mit den Entwicklungsländern unterstellt wird, ergeben sich nur relativ geringe Beschäftigungseinbußen. Prognosen für den Zeitraum von 1973 bis 1985 zeigen, daß je nach zugrunde gelegtem Szenario insgesamt 340 000 bis 850 000 Arbeitsplätze als Folge von Importen aus Entwicklungsländern verlorengehen könnten. Dem stehen jedoch positive Beschäftigungseffekte in Höhe von 200 000 bis 400 000 Arbeitsplätzen durch vermehrte Industriegüterexporte in die Entwicklungsländer gegenüber. Per Saldo ergibt sich ein Verlust von 140 000 bis 450 000 Arbeitsplätzen. Dies entspricht einer jährlichen Freisetzung von 11 800 bis 37 500 Arbeitskräften bzw. von 0,15 v.H. bis 0,46 v.H. der Industriebeschäftigten (Dicke, Glismann, Horn, Neu, S. 96; Glaubitt, Lütkenhorst, S. 177ff.; UNIDO, 1978; Wolter, S. 129).

Anlaß für die Protektionsmaßnahmen gegenüber Entwicklungsländern geben weniger die gesamtwirtschaftlichen als vielmehr die strukturellen Beschäftigungseffekte, die aus einer Ausweitung des Industriewarenhandels mit den Entwicklungsländern resultieren:

- Dem stärksten Konkurrenzdruck aus Entwicklungsländern sind rohstoffabhängige bzw. arbeitsintensive Verbrauchsgüterindustrien wie die Nahrungs- und Genußmittelindustrie, die Holzbearbeitung, die Ledererzeugung bzw. die Textilindustrie, die Bekleidungsindustrie, die Lederverarbeitung, die Schuhindustrie, die Elektrotechnik und die Musikinstrumente-, Spiel- und Sportwarenindustrie ausgesetzt. Sie tragen die Hauptlast einer verstärkten Arbeitsteilung mit den Entwicklungsländern. Die Vorteile aus vermehrten Exporten in die Entwicklungsländer fließen vor allem den Investitionsgüterindustrien wie dem Maschinenbau, dem Straßenfahrzeugbau und der Chemischen Industrie zu. Diese Gegenüberstellung zeigt, daß im Industriegüterhandel mit den Entwicklungsländern die interindustrielle Spezialisierung und nicht, wie im Handel der Industrieländer untereinander, der intraindustrielle Warenaustausch dominiert. Die Ausweitung des Handels mit den Entwicklungsländern macht somit einen intersektoralen Strukturwandel erforderlich, der die Betroffenen vor erheblich größere Probleme stellt als der intrasektorale Strukturwandel und durch marktwirtschaftliche Anpassungsprozesse allein nicht zu bewältigen sein dürfte.
- Die vom Strukturwandel benachteiligten Branchen sind regional oft stark konzentriert und dies zu einem erheblichen Teil in peripheren Regionen, in denen die Beschäftigungs- und Einkommenschancen ohnedies wesentlich ungünstiger sind als im Durchschnitt der betrachteten Industrieländer.
- Durch die Importe aus Entwicklungsländern werden in starkem Maße Arbeitnehmer ohne Berufsausbildung, vor allem Frauen, arbeitslos. Sie können in den Exportgüterindustrien, die vor allem Arbeitnehmer mit qualifiziertem Berufs-

abschluß benötigen, nur bei zusätzlicher Aus- und Weiterbildung eine Beschäftigung finden.

Die bisherigen Ausführungen haben gezeigt, daß eine Öffnung der Märkte gegenüber den Entwicklungsländern für die Industrieländer mit asymmetrisch anfallenden Vor- und Nachteilen verbunden ist. Während die Vorteile der Handelsliberalisierung in Form von Kaufkraft- und Wachstumsgewinnen der Allgemeinheit (und der Exportindustrie) zugute kommen, gehen die Nachteile in Form von Betriebsstillegungen und Arbeitsplatzverlusten zu Lasten der Unternehmer und Arbeitnehmer bestimmter Wirtschaftssektoren. Wie die überwiegend protektionistische Haltung der Regierungen der Industrieländer zeigt, können die benachteiligten Gruppen ihr Interesse an Schutzmaßnahmen gegenüber dem Interesse der Allgemeinheit an einer Liberalisierung des Handels mit den Entwicklungsländern durchsetzen. Hierfür sind eine Reihe von Gründen maßgeblich:

- Die Vorteile einer Handelsliberalisierung sind für den einzelnen kaum spürbar. Sie treten zudem, was die Ausweitung der Exporte in die Entwicklungsländer angeht, mit einer zeitlichen Verzögerung ein. Auch ist ihr Ausmaß unsicher. Die Nachteile sind demgegenüber unmittelbar spürbar, sie treten sofort ein und ihre Größenordnung ist in etwa vorhersehbar. Daher ist die Bereitschaft der Betroffenen, für Schutzmaßnahmen einzutreten, weitaus größer als die der Allgemeinheit, sich für eine Handelsliberalisierung einzusetzen.
- Eine alternative Strategie, auf den Importdruck aus Entwicklungsländern anders als durch Protektionsmaßnahmen zu reagieren, bieten sich aus der Sicht der betroffenen Arbeitnehmer kaum. Maßnahmen zur »Rationalisierung« der Produktion führen ebenso wie eine Verlagerung der Betriebe in die Entwicklungsländer zum Verlust von Arbeitsplätzen. Anpassungen des Produktionssortiments sind häufig nur in begrenztem Maße durchführbar.
- Im Gegensatz zu den Verbrauchern verfügen die betroffenen Unternehmer und Arbeitnehmer über wirkungsvolle Vertretungen zur Durchsetzung ihrer Interessen. Für eine Handelsliberalisierung setzen sich dagegen allenfalls die exportorientierte Industrie und diejenigen Multinationalen Konzerne ein, die Betriebe in die Entwicklungsländer verlagert haben, um von dort die Industrieländermärkte zu beliefern.
- Die Regierungen der Industrieländer geben dem Druck nach Einführung protektionistischer Maßnahmen deshalb nach, weil sie ansonsten den Verlust von Wählerstimmen befürchten müssen. Ein solcher Verlust droht nur bei solchen Wählern einzutreten, die ihren Arbeitsplatz verloren haben, ohne daß die Regierung Schutzmaßnahmen ergriffen hätte, träte dagegen nicht bei der Gesamtheit der Wähler auf, die als Folge einer Protektion höhere Verbraucherpreise bzw. höhere Steuern (bei Subventionszahlungen an die gefährdeten Wirtschaftszweige) hinnehmen müßten.
- Protektionsmaßnahmen haben darüber hinaus den Vorteil, daß sie relativ einfach zu handhaben sind, die öffentlichen Haushalte mit Ausnahme der Subventionszahlungen nicht belasten und mit großer Wahrscheinlichkeit zur (kurzfristigen) Sicherung der Arbeitsplätze beitragen. Demgegenüber macht eine Handelsliberalisierung eine Strukturanpassungspolitik erforderlich, die die Steuerungsfähigkeit des politischen Systems stark (wenn nicht über-)be-

ansprucht, die öffentlichen Haushalte belastet und deren Ergebnisse unsicher sind (Esters, Treydte).

Abgesehen von den genannten Gründen hängt die Neigung der Regierungen, Protektionsmaßnahmen zu ergreifen, von der gesamtwirtschaftlichen Beschäftigungslage ab. In Zeiten hoher Arbeitlosigkeit ist diese Neigung größer als in Zeiten niedriger Arbeitslosigkeit. Eine wirksame Beschäftigungspolitik schafft daher günstigere Voraussetzungen für eine Handesliberalisierung. Unabhängig davon dürfte sich eine Öffnung der Märkte gegenüber den Entwicklungsländern nur dann durchsetzen lassen, wenn die Kosten des damit verbundenen Strukturwandels von der Allgemeinheit getragen werden. Als Nutznießer der Handelsliberalisierung müßte die Allgemeinheit Kompensationszahlungen an diejenigen Unternehmer und Arbeitnehmer leisten, die als Folge des Konkurrenzdrucks aus Entwicklungsländern ihre Anlagen vorzeitig abschreiben müssen bzw. ihren Arbeitsplatz verlieren. Diese Aufgabe ist Gegenstand der Strukturanpassungspolitik.

4. Strukturanpassungspolitik in den Industrieländern

Aus der Erkenntnis heraus, daß sich eine Öffnung der Märkte der Industrieländer nur durchsetzen läßt, wenn sie von wirksamen Anpassungsmaßnahmen begleitet ist, fordern die Entwicklungsländer die Einführung einer vorausschauenden entwicklungsländerbezogenen Strukturanpassungspolitik in den Industrieländern. Die Strukturanpassungspolitik ist auf eine Erleichterung der Anpassung von Wirtschaftszweigen an veränderte Marktbedingungen (Strukturwandel) gerichtet. Im Gegensatz dazu zielt die Strukturerhaltungspolitik darauf ab, Wirtschaftszweige trotz veränderter Marktbedingungen zu erhalten. Ziel der entwicklungsländerbezogenen Strukturanpassungspolitik ist die Förderung des Marktzugangs für Industrieprodukte aus Entwicklungsländern durch Anpassung bzw. Abbau konkurrierender heimischer Produktionseinrichtungen. Vorausschauend ist diese Politik dann, wenn sie auf eine Ausdehnung der Importe aus Entwicklungsländern nicht reagiert, sondern voraussehbare Entwicklungen vorwegnimmt.

Eine entwicklungsländerbezogene Strukturanpassungspolitik ist in den Industrieländern bisher kaum entwickelt worden. Die Strukturpolitik der meisten Länder ist auf eine Erhaltung der Produktionsstrukturen gerichtet. Dies gilt im Kern auch für die Strukturpolitik der Bundesrepublik Deutschland. Lediglich Japan und die Niederlande praktizieren eine entwicklungsländerbezogene Strukturanpassungspolitik (Dicke, Glismann, Horn, Neu, S. 120ff.; Körner, Grünewald, Plathottathil; OECD).

Von seiten der UNCTAD und anderer internationaler Organisationen sind eine Reihe von Anforderungen an eine Strukturanpassungspolitik der Industrieländer formuliert worden:

- Die Strukturanpassungspolitik soll den Strukturwandel in den Industrieländern im Interesse einer Intensivierung der industriellen Arbeitsteilung zwischen Industrie- und Entwicklungsländern fördern. Die Produktionskapazitäten der dem Konkurrenzdruck aus Entwicklungsländern ausgesetzten Industriebereiche

sollen abgebaut, international wettbewerbsfähige Industrien dagegen erweitert werden.
- Die Strukturanpassungspolitik soll des weiteren antizipatorisch sein, das heißt, die Produktionsstrukturen sollen frühzeitig den zu erwartenden strukturellen Veränderungen des Industriegüterhandels mit den Entwicklungsländern angepaßt werden. Nicht die Reaktion auf Anpassungskrisen, sondern deren Vermeidung ist das Ziel der zukunftsorientierten Anpassungspolitik.
- Die dynamischen Anpassungsprozesse sollen vor allem durch Erhöhung der Mobilität von Arbeit und Kapital in den Industrieländern gefördert werden. Die Inanspruchnahme von Schutzklauseln soll nur ausnahmsweise möglich sein und an die Durchführung konkreter Anpassungsprogramme geknüpft werden.
- Mit der Strukturanpassungspolitik soll eine Verlagerung der im Inland nicht wettbewerbsfähigen Industrien in die Entwicklungsländer einhergehen.
- Darüber hinaus wird eine Koordination der Strukturanpassungspolitiken der einzelnen Industrieländer als erforderlich erachtet. Dadurch soll verhindert werden, daß andere Industrieländer und nicht die Entwicklungsländer von vorübergehend entstehenden Marktlücken profitieren.
- Schließlich soll die Strukturanpassungspolitik in eine gesellschaftspolitische Strategie eingebettet sein, die die Notwendigkeit des Strukturwandels allen Bürgern einsichtig macht.

Zur Förderung des Stukturanpassungsprozesses sind eine Reihe von *Instrumenten* vorgeschlagen worden:
- Der Kapazitätsabbau von Industrien, die unter Anpassungssdruck stehen, sollte durch Globalkompensationen (»Abwrackprämien«) erleichtert werden. Dementsprechend ist der Abbau der Belegschaften durch Branchensozialpläne zu unterstützen.
- Die Verlagerung nicht wettbewerbsfähiger Industrien in die Entwicklungsländer kann grundsätzlich durch das bestehende Instrumentarium gefördert werden (vgl. D III 5). Art und Ausmaß der Förderung müßten jedoch modifiziert werden und eine Differenzierung nach Sektoren zulassen.
- Der Aufbau neuer, wettbewerbsfähiger Industrien sollte im Rahmen eines koordinierten Programms durch gewinnbezogene Steuersatzermäßigungen und Abschreibungserleichterungen (oder Zinssubventionen und -bürgschaften), durch Lohnkostensubventionen sowie durch den Ausbau von Dienstleistungsbetrieben (Forschung und Entwicklung, elektronische Daten- und Informationsverarbeitung) und der materiellen und institutionellen Infrastruktur gefördert werden.
- Zur Förderung der Mobilität und der Qualität der unselbständig Beschäftigten sollten neben den konventionellen Mobilitätszuschüssen Kapitalentschädigungen als Kompensation von entgangenen Ansprüchen der betroffenen Arbeitnehmer aus betrieblicher Sicherung wie auch aus privatrechtlichen Bindungen (Haus- und Grundbesitz) vorgesehen werden. Des weiteren sind möglichst frühzeitig Umschulungs- und Berufsfortbildungsmaßnahmen durchzuführen.
- Die Strukturanpassungspolitik sollte schließlich in eine mittelfristige Politik zur Gewinnung der Vollbeschäftigung eingebettet sein (Körner, Grünewald, Plathottathil).

Die Durchführung einer vorausschauenden Strukturanpassungspolitik wirft eine Reihe von *Problemen* auf. Eine Schwierigkeit resultiert aus der begrenzten Fähigkeit, den zukünftigen Strukturwandel zu prognostizieren. Nur wenn im voraus bekannt ist, welche Produktionsbereiche unter den Importdruck aus Entwicklungsländern geraten und welche expandieren werden, können konkrete Ansatzpunkte für strukturpolitische Maßnahmen identifiziert werden. Die Fähigkeit, den zukünftigen Strukturwandel zu prognostizieren, ist je nach der Richtung dieses Prozesses unterschiedlich entwickelt. Es ist relativ eindeutig vorherzusagen, welche Produktionsbereiche unter einen zunehmenden Druck der Importkonkurrenz aus Entwicklungsländern geraten werden. Hierbei handelt es sich um solche Produktionen, die mit standardisierten Techniken sowie unter Einsatz einfacher Arbeit und wenig differenziertem Sachkapital hergestellt werden. Diese Merkmale treffen insbesondere auf die in E III 3 aufgeführten Wirtschaftszweige zu. Nur in begrenztem Maße lassen sich dagegen diejenigen Produktionsbereiche angeben, in denen ein Land wie die Bundesrepublik Deutschland in Zukunft besonders wettbewerbsfähig sein wird. Zwar dürfte es sich hierbei um Branchen handeln, die die neuesten Produktionstechniken verwenden und sich auf den Einsatz von qualifizierten Arbeitskräften und differenziertem Sachkapital stützen. Welche Produktionsbereiche dies konkret sein werden, läßt sich jedoch kaum vorhersagen, zumal bei einem hochentwickelten Land wie der Bundesrepublik Deutschland kaum noch Möglichkeiten bestehen, durch Querschnittsvergleiche mit weiter fortgeschrittenen Ländern künftige Wachstumsbereiche zu identifizieren.
Das Prognoseproblem wird noch dadurch erschwert, daß die Informationsgrundlagen über strukturelle Entwicklungen unzureichend sind. So wurde in der Bundesrepublik Deutschland erst Ende der siebziger Jahre mit der Erstellung einer Strukturberichterstattung begonnen. Eine auf der ex-post-Analyse aufbauende Vorausschätzung der Strukturentwicklung ist nicht vorgesehen. Auch wurde der Vorschlag der Gewerkschaften, paritätisch besetzte Regional- und Branchenausschüsse zu errichten, bisher nicht verwirklicht. Solche Ausschüsse können dazu beitragen, daß Branchenstrukturveränderungen frühzeitig erkannt und in den Investitionsplanungen sowie in der Personalpolitik der Unternehmen berücksichtigt werden (Vetter).
Ein weiteres Hindernis für eine vorausschauende Strukturanpassungspolitik bildet die geringe regionale Mobilität insbesondere von weiblichen Arbeitskräften. Deren Arbeitsplätze sind erfahrungsgemäß von der Importkonkurrenz aus Entwicklungsländern besonders stark betroffen. Es besteht somit die Gefahr, daß durch die Strukturanpassungspolitik die ohnehin hohe Arbeitslosigkeit noch verstärkt wird. Eine wesentliche Voraussetzung für eine erfolgreiche Strukturanpassungspolitik dürfte deshalb in der Ansiedlung zukunftsträchtiger Industrien in den betroffenen strukturschwachen Regionen zu sehen sein.
Schließlich besteht die Notwendigkeit, daß alle wichtigen Industrieländer Strukturanpassungsmaßnahmen durchführen und sie miteinander koordinieren. Bei isolierten nationalen Ansätzen besteht die Gefahr, daß durch Anpassungsprozesse einzelner Branchen Marktlücken entstehen, die durch vermehrte Importe aus anderen Industrieländern geschlossen werden. Umstrukturierungsprogramme

eines Industrielandes würden somit zur Strukturerhaltung in anderen Industrieländern beitragen. Die Chancen für eine breite Einführung einer entwicklungsländerbezogenen Strukturanpassungspolitik müssen als gering erachtet werden. Diejenigen Industrieländer, deren internationale Wettbewerbsfähigkeit vergleichsweise gering ist, werden sich kaum bereit erklären, ihre Märkte für Importe aus Entwicklungsländer zu öffnen, da sie mit einer entsprechenden Ausweitung ihrer Exporte in diese Länder kaum rechnen können (Glaubitt, Lütkenhorst, S. 140ff.; Scheid).

IV Technologietransfer und Kontrolle Multinationaler Konzerne

1. Revision des internationalen Patentrechts

Die technologiepolitischen Forderungen der Entwicklungsländer sind auf zwei Ziele gerichtet. Zum einen streben die Entwicklungsländer eine Verbesserung der Bedingungen an, unter denen Technologien aus den Industrieländern übertragen werden. Dadurch sollen das Ausmaß des Technologietransfers erhöht und dessen Kosten gesenkt werden. Zu diesem Zweck fordern die Entwicklungsländer eine Revision des internationalen Patentrechts, die Einführung eines Verhaltenskodex für den Technologietransfer (vgl. E IV 2) und eine Drosselung des »brain drain« (vgl. C II 2). Zum anderen verfolgen die Entwicklungsländer das Ziel, ihre technologische Abhängigkeit von den Industrieländern zu vermindern. Hierzu soll der Ausbau der Forschungs- und Entwicklungskapazitäten in den Entwicklungsländern beitragen (vgl. E IV 3).
Schon seit längerem fordern die Entwicklungsländer eine Revision des internationalen Patentrechts, das in der Pariser Verbandsübereinkunft zum Schutz des gewerblichen Eigentums von 1883 geregelt ist. Das internationale Patentrecht schützt Erfindungen im Ausland. Es sichert dem Patentinhaber das alleinige Recht zu, seine Erfindung durch Produktion, Lizenzvergabe oder den Export der patentgeschützten Ware auch im Ausland zu verwerten. Das internationale Patentrecht geht dabei von zwei Prinzipien aus. Der Grundsatz der Inländerbehandlung verpflichtet die Verbandsstaaten, ausländischen Verbandsangehörigen in bezug auf den Schutz des gewerblichen Eigentums mindestens die Vergünstigungen einzuräumen, welche die Inländer aufgrund des nationalen Rechts genießen. Der Grundsatz der Unionspriorität ist für Patente eine Prioritätsgarantie und gewährt eine Neuheitsschutzfrist von einem Jahr. Der Neuheitsschutz gilt ab der ersten Anmeldung in einem Land während eines Jahres für nachfolgende Patentanmeldungen in allen Mitgliedsländern der Union.
Die von den Entwicklungsländern geforderte Revision des internationalen Patentrechts zielt zum einen auf eine präferenzielle Behandlung der Entwicklungsländer im Bereich des gewerblichen Eigentumsrechts ab. Es sollen die rechtlichen Möglichkeiten dafür geschaffen werden, daß – abweichend vom Grundsatz der Inländerbehandlung – Angehörige aus Industrieländern in den Entwicklungsländern in bezug auf die Höhe der Patentgebühren und die Länge der Unionspriorität diskriminiert werden dürfen, während andererseits Angehörige aus Entwick-

lungsländern insoweit bevorzugt werden sollen. Die Entwicklungsländer fordern zum anderen eine Verbesserung der rechtlichen Voraussetzungen, die inländische Ausübung erteilter Patente zu erzwingen. Die schon vorhandenen Möglichkeiten, Zwangslizenzen zu vergeben und den Patentverfall anzuordnen, sollen erweitert werden. Darüber hinaus soll als Ausübung von Patenten nur noch die Herstellung patentierter Güter bzw. die Verwendung patentierter Verfahren durch den Patentinhaber im Entwicklungsland sowie die Übertragung oder Lizenzierung des Patents an wirtschaftlich nicht verbundene Unternehmen gelten. Demgegenüber soll die Nutzung von Patenten zum Zwecke des Importschutzes – durch das Ausschließlichkeitsrecht aus dem Patent ist nur der Patent- oder Lizenzinhaber berechtigt, die patentierte Ware zu importieren – nicht mehr als Ausübung angesehen und damit der Nichtbenutzung des Patents gleichgestellt werden (Kunz-Hallstein).

Die Forderung nach Verstärkung des Ausübungszwangs wird auf dem Hintergrund erhoben, daß etwa 80 bis 85 v. H. der Patente in Entwicklungsländern im Besitz von Ausländern sind und davon etwa 90 bis 95 v. H. nicht ausgeübt, d. h. entweder nicht genutzt oder als Importschutz verwandt werden. Damit aber erfüllt der internationale Patentschutz nach Auffassung der Entwicklungsländer kaum die ihm zugedachte Rolle, den Technologietransfer zu fördern, sondern stellt primär ein Instrument zur Sicherung von Absatzmärkten dar (UNCTAD 1975 II). Diese Einschätzung ist im Kern richtig. Gleichwohl wird übersehen, daß mit dem Import patentgeschützter Güter ein Technologietransfer verbunden ist. In den Gütern ist technisches Wissen inkorporiert, das beim Gebrauch der Güter genutzt wird. Die in den Gütern vorhandene Technologie trägt zur Lösung technischer Probleme bei. Darüber hinaus wird durch den Gebrauch der Güter ein Lernprozeß ausgelöst, der das technische Wissen in den Entwicklungsländern erhöht (Greif). Andererseits ist eine Herstellung der patentgeschützten Erzeugnisse in den Entwicklungsländern sowohl unter dem Aspekt des Technologietransfers als auch unter Einkommens- und Beschäftigungsgesichtspunkten grundsätzlich einer Einfuhr dieser Güter vorzuziehen.

Es stellt sich jedoch die Frage, ob eine Verstärkung des Ausübungszwangs zu einer Zunahme des Technologietransfers führen würde. Die Erteilung einer Zwangslizenz erlaubt dem Lizenznehmer häufig noch nicht, das patentgeschützte Verfahren anzuwenden, da ihm das zur industriellen Verwertung der Patente notwendige verfahrenstechnische und organisatorische Know-how nicht zugänglich ist. Ein eventuell eintretender Rückgang der Importe patentgeschützter Güter (und damit des Technologietransfers) als Folge des Wegfalls des Importschutzes würde somit unter Umständen nicht durch eine Herstellung der patentgeschützten Erzeugnisse im Entwicklungsland ausgeglichen. Der Wegfall des Importschutzes kann darüber hinaus zu einer Einschränkung der Forschungs- und Entwicklungstätigkeit bei denjenigen Unternehmen in den Industrieländern führen, deren Produktion auf den Markt der Entwicklungsländer ausgerichtet ist (Agrochemie, Pharmaindustrie, usw.) und damit eine Verringerung des Technologieaufkommens wie auch des Technologietransfers zur Folge haben. Eine solche Reaktion der betroffenen Unternehmen muß jedoch nicht eintreten (Penrose). Insgesamt gesehen, erscheinen Zweifel angebracht, ob eine Revision des internationalen

Patentrechts, wie die Entwicklungsländer sie fordern, zu einer Zunahme des Technologietransfers in diese Länder führen würde. Angesichts dieser Zweifel, aber auch wegen der geringen Bedeutung des patentgeschützten Technologietransfers wären die Entwicklungsländer gut beraten, wenn sie anderen Aspekten des Technologietransfers größere Aufmerksamkeit als dem internationalen Patentschutz widmen würden.

2. *Verhaltenskodex für den Technologietransfer*

Einen zweiten, umfassenden Ansatz zur Regelung des Technologietransfers stellt der geforderte Verhaltenskodex für den Technologietransfer dar. Mit der Verabschiedung eines solchen Verhaltenskodex verfolgen die Entwicklungsländer im wesentlichen drei Ziele:

- Der Verhaltenskodex soll eine Richtlinie für den Technologietransfer bilden und insbesondere die restriktiven Geschäftspraktiken Multinationaler Konzerne verhindern. Er soll günstigere Bedingungen für den Technologietransfer schaffen und zur Senkung der Kosten des Technologietransfers für die Entwicklungsländer beitragen.
- Darüber hinaus soll der Verhaltenskodex die schwache Verhandlungsposition der Entwicklungsländer beim Technologietransfer stärken und die Verabschiedung nationaler Technologiegesetze legitimieren.
- Schließlich soll der Verhaltenskodex eine vertragliche Grundlage für die Erhebung von Daten über den Technologietransfer und die dabei verfolgten Geschäftspraktiken liefern (Fikentscher; Nagao; UNCTAD 1975 I).

Es muß bezweifelt werden, daß mit Hilfe eines internationalen Verhaltenskodex die Bedingungen, unter denen Technologien in die Entwicklungsländer transferiert werden, nachhaltig zugunsten der Entwicklungsländer verändert werden können. Ein Verhaltenskodex ist zwangsläufig allgemein abgefaßt. Wie die bestehenden Entwürfe zeigen, werden die Besonderheiten der einzelnen Technologiemärkte nicht hinreichend berücksichtigt. Daraus ergeben sich zahlreiche Möglichkeiten, die Richtlinien des Verhaltenskodex zu umgehen. Darüber hinaus ist ein Kodex kaum in der Lage, das Verhalten Multinationaler Konzerne zu reglementieren. Insbesondere lassen sich die Bedingungen des innerhalb dieser Unternehmen erfolgenden Technologietransfers (Transferpreise usw.) sowie die vielen Beschränkungen, welche die Konzerne ihrem Technologietransfer auferlegen, nicht erfassen. Auch dürften die wirtschaftlichen, gesetzlichen und politischen Rahmenbedingungen, unter denen die Multinationalen Konzerne ihre Entscheidungen über ihr Produktionsprogramm, die eingesetzten Produktionstechniken und die Standorte ihrer Betriebe treffen, durch einen Verhaltenskodex kaum zu beeinflussen sein.

Aber selbst wenn diese Probleme gelöst werden könnten, wäre ein Verhaltenskodex nur dann wirksam, wenn er rechtsverbindlich wäre und seine Einhaltung auch institutionell durchgesetzt werden könnte. Es muß bezweifelt werden, daß die Industrieländer ihren Widerstand gegen einen gesetzlich bindenden Kodex aufgeben werden, da er ihren Interessen widerspricht und den herrschenden

ordnungspolitischen Rahmenbedingungen zuwiderläuft. Ebenso unwahrscheinlich dürfte es sein, daß allgemein akzeptable Methoden und Institutionen zur Beilegung von Rechtsstreitigkeiten geschaffen werden (Ernst).
Schließlich könnte die Einführung eines (wirksamen) Verhaltenskodex zur Folge haben, daß die Bereitschaft der Unternehmen der Industrieländer, Technologien in die Entwicklungsländer zu übertragen, wegen der zunehmenden Kontrolle dieser Transfers abnimmt. Eine solche Konsequenz kann nicht ausgeschlossen werden. Angesichts der hohen Verdienstspannen, die bei der Übertragung von Technologien in die Entwicklungsländer erzielt werden, sollte diese Möglichkeit aber nicht überschätzt werden (Helleiner).
Wenn somit ein rechtsverbindlicher, die Bedingungen des Technologietransfers wirksam kontrollierender Verhaltenskodex kaum durchgesetzt werden kann, so sollte dennoch auf die Verabschiedung eines unverbindlichen Verhaltenskodex nicht verzichtet werden. Ein solcher Verhaltenskodex könnte die Position der Entwicklungsländer bei ihren Verhandlungen mit den Multinationalen Konzernen über die Bedingungen des Technologietransfers stärken. Er könnte des weiteren eine rechtliche Grundlage für die Erhebung von Daten über den Technologietransfer und für eine Berichterstattung über restriktive Geschäftspraktiken bilden. Weitaus wichtigere Ansatzpunkte zur Regelung des Technologietransfers liegen aber auf anderen Ebenen. Zum einen müßte das Verhandlungs-Know-how von Ingenieuren und Technikern aus Entwicklungsländern beim Kauf von Technologien weiter gestärkt werden. Zum anderen müßten die rechtlichen Rahmenbedingungen (Investitionsgesetzgebung, nationales Wettbewerbsrecht, bilaterale Kooperationsabkommen usw.) in den einzelnen Entwicklungsländern so ausgestaltet werden, daß eine bessere Kontrolle und Steuerung des Technologieimportes möglich wird (Hillebrand, S. 47ff.).

3. Ausbau der Forschungs- und Entwicklungskapazitäten in den Entwicklungsländern

Zu einer Intensivierung des Technologietransfers kann auch der von den Entwicklungsländern geforderte Ausbau ihrer Forschungs- und Entwicklungskapazitäten beitragen. Der Mangel an technischem Wissen wird dadurch verringert. Die importierten Technologien können sachkundiger ausgewählt und wirksamer eingesetzt werden. Die wesentlichen Aufgaben von Forschung und Entwicklung in der Dritten Welt liegen aber in zwei anderen Bereichen: in der Anpassung der aus den Industrieländern eingeführten Technologien an die Bedingungen der Entwicklungsländer sowie in der Entwicklung eigener Technologien (Singer; Tinbergen, S. 283ff.).
Ein Programm zum Ausbau der Forschungs- und Entwicklungskapazitäten in Entwicklungsländern besteht im wesentlichen aus drei Elementen: der Formulierung einer langfristigen Technologiepolitik, dem Bau von Forschungs- und Entwicklungseinrichtungen sowie der Bereitstellung von finanziellen Mitteln für die technische Ausbildung, für Forschung und Entwicklung und für die technische Beratung von Agrar- und Industriebetrieben.

Grundlage für den Ausbau der Forschungs- und Entwicklungskapazitäten sollte eine langfristig angelegte Technologieplanung sein, welche die Ausrichtung und Steuerung der Forschungs- und Entwicklungsanstrengungen bestimmt. Damit Forschung und Entwicklung auf die Bedürfnisse der Bevölkerung ausgerichtet werden, sollte die Technologieplanung in die nationale Wirtschafts- und Sozialplanung integriert werden. Dabei ist eine Abstimmung der Technologiepolitik mit dem Technologiebedarf der einzelnen Produktionsbereiche herbeizuführen. Des weiteren muß die Technologiepolitik mit anderen Politikbereichen wie der Agrar-, der Industrie-, der Außenhandels- und der Bildungspolitik koordiniert werden (Wionczek).
Der Ausbau von Forschungs- und Entwicklungseinrichtungen umfaßt unter anderem die Errichtung von Universitäten, Ausbildungsstätten für Ingenieure und Techniker, Forschungsinstituten, Informations- und Dokumentationsdiensten, Materialprüfungsstellen, technischen Beratungsdiensten, nationalen Patentämtern sowie Technologietransferzentren. Darüber hinaus kommt dem Aufbau von Investitionsgüterindustrien große Bedeutung für die Entwicklung und Anwendung von Technologien zu.
Zu den wichtigen Bestandteilen solcher Programme gehören die Erweiterung der allgemeinen technischen Ausbildung sowie die Förderung von Forschungs- und Entwicklungsaktivitäten. Letztere sind entweder in staatlichen Forschungsinstituten angesiedelt und umfassen neben der angewandten Forschung auch Grundlagenforschung, oder sie werden in Investitionsgüterindustrien durchgeführt und konzentrieren sich auf die Anwendung von Forschungsergebnissen. Daneben kommt der Errichtung von technischen Service-Zentren und Beratungsdiensten als Bindeglied zwischen den Forschungs- und Entwicklungseinrichtungen und den die Technologie einsetzenden Produktionsbetrieben große Bedeutung zu. Durch ihre Vermittlung soll gewährleistet werden, daß Forschung und Entwicklung sich an dem Technologiebedarf dieser Betriebe orientieren.
Neben den Eigenanstrengungen der Entwicklungsländer können die Industrieländer zum Ausbau der Forschungs- und Entwicklungskapazitäten in der Dritten Welt beitragen. Einen wichtigen Ansatzpunkt bildete bisher schon die bilaterale und multilaterale Bildungs- und Wissenschaftshilfe, die den Aufbau von Institutionen, die Ausbildung von Wissenschaftlern und Technikern sowie die technische Beratung umfaßt. Ein größeres Gewicht könnte in Zukunft einer staatlich geförderten Zusamenarbeit zwischen Forschungseinrichtungen und Unternehmen aus Industrie- und Entwicklungsländern zukommen (Havemann, Rady; Menck).

4. Verhaltenskodex für Multinationale Konzerne

Während bis weit in die sechziger Jahre hinein die Tätigkeit der Multinationalen Konzerne in den Entwicklungsländern weitgehend positiv bewertet wurde, nahm seitdem das Unbehagen an ihnen zu. Daraus entwickelte sich insbesondere in den Entwicklungsländern ein starkes Interesse, die Multinationalen Konzerne einer Kontrolle zu unterziehen. Entsprechende Initiativen wurden von gewerkschaftlicher und staatlicher Seite ergriffen. Kontrollstrategien wurden für die nationale, die regionale und die internationale Ebene konzipiert und teilweise auch verwirklicht. Ein Ansatzpunkt zur internationalen Kontrolle der Multinationalen Konzerne bildet die Aufstellung eines Verhaltenskodex. Neben der OECD, der ILO, der Internationalen Handelskammer und der Gruppe der Blockfreien arbeitet insbesondere der Wirtschafts- und Sozialrat (ECOSOC) der Vereinten Nationen an dem Entwurf eines internationalen Verhaltenskodex für Multinationale Konzerne (Sauvant; Schlupp).

Gemäß dem 1974 verabschiedeten Aktionsprogramm sollen durch einen internationalen Verhaltenskodex folgende Ziele erreicht werden:

- Nichteinmischung der Multinationalen Konzerne in die inneren Angelegenheiten der Entwicklungsländer,
- Verhinderung von restriktiven Geschäftspraktiken und Vermeidung von Konflikten mit den nationalen Zielsetzungen und Entwicklungsplänen,
- Förderung des Technologietransfers zu günstigen Bedingungen,
- Berücksichtigung der legitimen Interessen aller Partner beim Gewinntransfer sowie
- Förderung der Reinvestition von Gewinnen in den Entwicklungsländern.

Mit der Nichteinmischung in die inneren Angelegenheiten sind die Achtung der nationalen Souveränität und des nationalen Rechts, die Rücksichtnahme auf Wirtschafts- und Entwicklungsziele, der Respekt vor soziokulturellen Zielen und Werten, die Anerkennung von Menschenrechten und Grundfreiheiten sowie die Nichteinmischung in zwischenstaatliche Beziehungen gefordert. Über die genannten Punkte hinaus sollen folgende Bereiche einer Regelung unterzogen werden: unternehmensinterne Transaktionen, Besteuerung, Beschäftigungs- und Arbeitnehmerfragen, Verbraucher- und Umweltschutz, Publizitätsvorschriften wie Rechnungslegung und Unternehmensberichterstattung sowie Fragen der Nationalisierung ausländischer Unternehmen und der Entschädigung. Der potentielle Regelungsbereich umfaßt somit alles das, was als Wirtschaftsrecht im weitesten Sinne bezeichnet wird. Es ist strittig, ob mit dem Kodex nur das Verhalten der Multinationalen Konzerne oder auch – wie es die Industrieländer fordern – der Handlungsspielraum der Gastländer geregelt werden soll.

Bezüglich der Möglichkeit, das Verhalten der Multinationalen Konzerne mit Hilfe eines Verhaltenskodex wirksam zu kontrollieren, müssen die gleichen Bedenken angemeldet werden, die hinsichtlich der Effizienz eines Verhaltenskodex für den Technologietransfer geäußert wurden (vgl. E IV 2). Ein Verhaltenskodex dürfte kaum in der Lage sein, die Vielzahl der Aktionsparameter der Multinationalen Konzerne zu erfassen und dabei die Besonderheiten der einzelnen Sektoren sowie die spezifischen Gegebenheiten und Interessenlagen der einzelnen Entwicklungsländer zu berücksichtigen. Insbesondere dürften sich die konzerninternen Transaktionen und die restriktiven Geschäftspraktiken der Multinationalen Konzerne kaum kontrollieren lassen. Da zudem das Verhalten der Multinationalen Konzerne und die daraus resultierenden Konflikte mit den Entwicklungsländern laufenden Veränderungen unterliegen, müßte der Verhaltenskodex ständig revidiert werden. Darüber hinaus wäre ein Verhaltenskodex nur dann wirksam, wenn er rechtsverbindlich wäre und geeignete Streitschlichtungs- und Sanktionsmecha-

nismen vorhanden wären. Einem rechtsverbindlichen Verhaltenskodex dürften aber die Industrieländer kaum zustimmen.
Unter den gegenwärtigen Bedingungen dürfte in nächster Zeit allenfalls ein unverbindlicher, sich auf allgemeine Grundsätze und Richtlinien beschränkender Verhaltenskodex verabschiedet werden. Ein solcher Verhaltenskodex wäre nicht nutzlos, sondern könnte durchaus einige Funktionen erfüllen. Er könnte konkrete Normen schaffen, die Anhaltspunkte zur Beurteilung der Verhaltensweisen der Multinationalen Konzerne böten. Verstöße gegen den Verhaltenskodex würden zur Diskreditierung des jeweiligen Unternehmens in der öffentlichen Meinung führen. Darüber hinaus könnte ein internationaler Verhaltenskodex dazu beitragen, daß die Entwicklungsländer ihre Investitionsgesetzgebung und die Behandlung Multinationaler Konzerne vereinheitlichen. Dadurch könnte verhindert werden, daß die Multinationalen Konzerne die Regelungsunterschiede zwischen verschiedenen Entwicklungsländern zu ihren Gunsten und zum Nachteil einzelner Entwicklungsländer ausnutzen. Des weiteren könnte ein internationaler Verhaltenskodex die Multinationalen Konzerne veranlassen, mehr Imformationen über ihre Tätigkeit bereitzustellen. Ein Informationszentrum für Multinationale Konzerne könnte die Datensammlung übernehmen. Durch die Verbesserung des Informationsstandes wären die Regierungen der Entwicklungsländer in der Lage, die Konzerne besser zu kontrollieren. Gegebenenfalls könnte das Informationszentrum auch Ausbildungs- und Beratungsfunktionen in den Entwicklungsländern übernehmen (Koopmann). Schließlich könnte ein solcher Verhaltenskodex den ersten Schritt in Richtung auf ein Weltwirtschaftsrecht – quasi ein GATT für internationale Investitionen – darstellen. Angesichts der Internationalisierung der Wirtschaftsbeziehungen wird ein solcher rechtlicher Ordnungsrahmen zunehmend für notwendig erachtet (Goldberg, Kindleberger; Holtz, S. 134ff.).

V Stand, Perspektiven und entwicklungspolitische Bedeutung der Neuen Weltwirtschaftsordnung

1. Zwischenbilanz der Auseinandersetzung um eine Neue Weltwirtschaftsordnung

Seitdem die Entwicklungsländer im Jahre 1974 ihren Forderungskatalog zur Schaffung einer Neuen Weltwirtschaftsordnung vorlegten, sind sieben Jahre vergangen. Dieser Zeitraum ist lang genug, um eine erste *Zwischenbilanz* zu ziehen. Von den damals aufgestellten Forderungen ist bis Ende 1980 kaum eine verwirklicht worden. Im Rohstoffbereich sind bisher nur der gemeinsame Fonds (mit unzureichender finanzieller Ausstattung) und zwei Rohstoffabkommen realisiert worden. Die wünschenswerte Erweiterung der kompensatorischen Finanzierung über das STABEX-Abkommen und das IMF-System hinaus erfolgte bisher nicht. Auch wird die Weiterverarbeitung von Rohstoffen in den Entwicklungsländern nach wie vor nur unzulänglich gefördert. Ebensowenig wie den rohstoff- wurde den industriepolitischen Forderungen der Entwicklungsländern bisher entsprochen. Im Bereich der multilateralen Industriekooperation konnte lediglich ein System sektoraler Konsultationen zur Verbesserung des Informationsaustausches

eingerichtet werden. Eine Öffnung der Märkte der Industrieländer für industrielle Erzeugnisse aus Entwicklungsländern konnte dagegen ebensowenig durchgesetzt werden wie die Einführung einer Strukturanpassungspolitik in den Industrieländern.
Einen Erfolg konnten die Entwicklungsländer auch im Bereich des Technologietransfers und der Kontrolle Multinationaler Konzerne bisher nicht erzielen. Es wurde weder das internationale Patentrecht revidiert, noch erfolgte eine Einigung über die Verhaltenskodices für den Technologietransfer bzw. für Multinationale Konzerne. Ebensowenig wurden die Forschungs- und Entwicklungskapazitäten in den Entwicklungsländern im erforderlichen Maße ausgebaut. Schließlich erhöhten die Industrieländer die Entwicklungshilfe nicht im gewünschten Umfang. Sie bauten die Lieferbindung nicht ab und widersetzten sich der geforderten Automatisierung der Entwicklungsfinanzierung. Auch in den Währungsfragen konnte keine Einigung erzielt werden. Lediglich in der Frage des Schuldenerlasses machten die Industrieländer Zugeständnisse gegenüber den LLDC. Insgesamt gesehen muß festgestellt werden, daß die Verwirklichung einer Neuen Weltwirtschaftsordnung bisher kaum Fortschritte gemacht hat. Durch die bislang erzielten Ergebnisse wurde die alte Ordnung allenfalls modifiziert.
Für die aus der Sicht der Entwicklungsländer überwiegend negative Zwischenbilanz der Auseinandersetzung um eine Neue Weltwirtschaftsordnung lassen sich sowohl *allgemeine Gründe* als auch Gründe, die entweder die Entwicklungsländer oder die Industrieländer betreffen, anführen. Ein wichtiges Hindernis für die Durchsetzung der Forderungen der Entwicklungsländer dürfte darin gelegen haben, daß Mitte der siebziger Jahre eine bis heute andauernde Weltwirtschaftskrise einsetzte. Diese lenkte die Entwicklungsländer von der Verfolgung ihrer Forderungen ab und minderte die Bereitschaft der Industrieländer, den Forderungen nachzugeben. Die Realisierung der Forderungen wurde des weiteren dadurch erschwert, daß diese sich an die Regierungen der Industrieländer wenden, jene aber nicht in jedem Fall über die erforderlichen Aktionsparameter verfügen, um den Forderungen der Entwicklungsländer entsprechen zu können. So können die Regierungen der Industrieländer aufgrund der bestehenden Wirtschaftsordnung die Verlagerung von Industrien in die Entwicklungsländer oder die Bedingungen, unter denen der Technologietransfer stattfindet, nur indirekt beeinflussen, nicht aber direkt steuern. Eine formale Schwierigkeit, zu einer Einigung über die Forderungen der Entwicklungsländer zu gelangen, liegt darin begründet, daß sowohl auf seiten der Entwicklungsländer als auch auf seiten der Industrieländer eine Vielzahl von Ländern den beabsichtigten Regelungen zustimmen müssen. Die Größe der hierfür erforderlichen Konferenzen führt zu schwerfälligen Verhandlungsprozessen, welche die Meinungsbildung und Entscheidungsfindung erschweren.
Über die allgemeinen Gründe hinaus ist das unbefriedigende Ergebnis des Nord-Süd-Dialogs auf *Ursachen* zurückzuführen, die bei den *Entwicklungsländern* liegen. Hier ist zum einen die mangelnde Kohärenz und Prioritätensetzung des Forderungskatalogs der Entwicklungsländer zu nennen, durch welche die Verhandlungsfähigkeit der Forderungen erschwert wurde. Des weiteren standen Interessendivergenzen innerhalb der Gruppe der Entwicklungsländer in wichtigen

Fragen einer einheitlichen Durchsetzungsstrategie entgegen. So zeigte sich bei den Auseinandersetzungen um das integrierte Rohstoffprogramm, daß die Eigeninteressen wichtiger Rohstoffproduzenten (u. a. bei Bauxit, Kupfer, Phosphat) nicht mit den Vorstellungen der UNCTAD harmonierten. Ähnliche Differenzen gab es in der Frage der Kontrolle und Verstaatlichung von Multinationalen Konzernen. Schwellenländer, die bevorzugte Standorte für diese Unternehmen bilden, standen diesen Forderungen skeptischer gegenüber als Länder, die als Anlagegebiete für Auslandsinvestitionen ohnehin kaum in Frage kommen.

Die entscheidende Ursache für das unzureichende Ergebnis des Nord-Süd-Dialogs ist aber darin zu sehen, daß die Entwicklungsländer nicht die Macht haben, die Industrieländer zu veranlassen, ihren Forderungen zuzustimmen. Weder können die Entwicklungsländer ihre zahlenmäßige Mehrheit dazu einsetzen, die Industrieländer in entscheidenden Fragen zu überstimmen und dadurch die realen Machtverhältnisse umzukehren. Noch verfügen sie über die wirtschaftliche Macht, ihre Forderungen durchzusetzen. Mit Ausnahme der Erdölproduzenten sind die Möglichkeiten der rohstoffexportierenden Länder, durch Angebotsverknappungen ihren Forderungen Nachdruck zu verleihen, äußerst begrenzt. Entweder sind die Rohstoffe nicht kartellfähig oder die erforderlichen Voraussetzungen auf der Anbieter- und der Nachfrageseite sind nicht gegeben (vgl. E II 1). Die OPEC-Länder aber haben die »Ölwaffe« zur Durchsetzung der Neuen Weltwirtschaftsordnung bisher nicht eingesetzt, sei es, weil sie damit die ärmsten Entwicklungsländer am stärksten treffen, sei es, weil sie ihren eigenen Interessen schaden würden. Auch das Obstruktionspotential (»Chaosmacht«) der Dritten Welt, Regelungen auf dem Gebiet der Währungspolitik, des Luftfahrtwesens, des Seerechts oder die Bekämpfung des internationalen Terrorismus zu torpedieren, ist bisher im Rahmen der Auseinandersetzung um die Neue Weltwirtschaftsordnung nicht eingesetzt worden und darf in seinen möglichen Wirkungen nicht überschätzt werden (Musto).

Neben den genannten Gründen hat schließlich die fehlende Bereitschaft der *Industrieländer,* die Weltwirtschaftsordnung zu reformieren und die Strukturen ihrer Wirtschaft zu verändern, die Verwirklichung der Forderungen der Entwicklungsländer verhindert. Für die weitgehend ablehnende Haltung der Industrieländer, die von den wenig kompromißbereiten Ländern wie den USA und der Bundesrepublik Deutschland geprägt wurde, sind verschiedene Determinanten verantwortlich. So werden die Ursachen der Unterentwicklung der Dritten Welt häufig primär in endogenen Faktoren gesehen. Daher bestehe für eine Reform des internationalen Wirtschaftssystems kaum Anlaß. Bestimmte Forderungen werden des weiteren aus ordnungspolitischen Erwägungen heraus abgelehnt. Während diese Haltung gegenüber Buffer-Stock-Abkommen zur Erhöhung der Rohstoffpreise und der direkten Indexierung – um Beispiele zu nennen – gerechtfertigt ist, besteht kein Grund, Rohstoffkartelle und Exportquotenabkommen (als Gegenmacht zu den marktbeherrschenden Konzernen) sowie die multilaterale Industriekooperation aus ordnungspolitischen Gründen abzulehnen, zumal die Industrieländer ihre Binnenwirtschaften ebenfalls durch Marktinterventionen steuern. Ein weiterer Grund für die ablehnende Haltung der Industrieländer ist darin zu sehen, daß sie ihre wirtschaftlichen Interessen durch die Forderungen der Entwicklungsländer bedroht sehen. Diese Befürchtung ist berechtigt, zumindest wenn ein kurz- und mittelfristiger Betrachtungszeitraum zugrundegelegt wird. Das Ausmaß möglicher wirtschaftlicher Einbußen dürfte allerdings häufig überschätzt werden (Cline, S. 44ff.). Auch sind wirtschaftliche Nachteile nicht mit allen Forderungen verbunden. So dürften z. B. die geforderte Stabilisierung der Rohstoffpreise sowie die Intensivierung der internationalen Arbeitsteilung im Industriebereich durchaus Vorteile für die Industrieländer bringen. Schließlich dürfte die ablehnende Haltung der Industrieländer damit zusammenhängen, daß sie die wirtschaftliche Macht der Entwicklungsländer heute geringer als noch 1974 einschätzen.

In der Auseinandersetzung mit den Entwicklungsländern verfolgten die Industrieländer folgende Strategie: Sie verzögerten die Verhandlungen durch eine Zerlegung der Verhandlungsgegenstände, durch eine Diskussion von Detailfragen und durch eine Ablehnung verbindlicher Zeitpläne. Sie versuchten darüber hinaus die Entwicklungsländer zu spalten, indem sie Druck auf einzelne Entwicklungsländer ausübten (Androhung der Einstellung von Weizenlieferungen), die rohstoffarmen Länder gegen die rohstoffpolitischen Forderungen aufwiegelten und Überlegungen anstellten, Brasilien, Mexiko und Iran in die OECD sowie Saudi-Arabien in den Zehnerklub des Internationalen Währungsfonds aufzunehmen. Sie wehrten schließlich die Forderungen der Entwicklungsländer mit dem grundsätzlich richtigen, hier aber nur taktischen Hinweis ab, daß vor Reformen der internationalen Wirtschaftsbeziehungen die Entwicklungsländer ihre internen Verteilungsstrukturen im Interesse einer Befriedigung der Grundbedürfnisse ändern müßten. Die Betonung des Grundbedürfniskonzeptes diente somit der Verschleierung der mangelnden eigenen Konzessionsbereitschaft (Hansen).

Die Industrieländer haben bisher kein eigenes Konzept zur Reform der internationalen Wirtschaftsordnung entwickelt. Ein solches Konzept könnte u. a. folgende Bestandteile enthalten:

- Im Rohstoffbereich: Rohstoffabkommen zur Stabilisierung der Rohstoffpreise, ein System der kompensatorischen Finanzierung zur Stabilisierung der Exporterlöse, Förderung der Weiterverarbeitung von Rohstoffen in Entwicklungsländern;
- im industriellen Bereich: Öffnung der Märkte der Industrieländer für Industriegüter aus Entwicklungsländern, entwicklungsländerbezogene Strukturanpassungspolitik in den Industrieländern, multilaterale Industriekooperation;
- im Technologiebereich: Förderung des Ausbaus von Forschungs- und Entwicklungskapazitäten in Entwicklungsländern, Kontrolle Multinationaler Konzerne;
- im Bereich des öffentlichen Ressourcentransfers: Erhöhung der Leistungen, Automatisierung des Ressourcentransfers, Einrichtung eines Sonderfonds für die Schuldenablösung (der aus den Zins- und Tilgungszahlungen der zahlungskräftigeren Schuldner gespeist werden könnte), Abbau der Lieferbindung.

Darüber hinaus müßte den Entwicklungsländern – abgesehen von währungspolitischen Zugeständnissen – eine stärkere Teilhabe an den Entscheidungen internationaler Organisationen ermöglicht werden.

Ein solches Konzept würde nicht nur den Forderungen der Entwicklungsländer entsprechen, sondern auch den langfristigen wirtschaftlichen und politischen

Eigeninteressen der Industrieländer dienen. Die Förderung der wirtschaftlichen Entwicklung der Dritten Welt ist für die Industrieländer deshalb vorteilhaft, weil die Entwicklungsländer wichtige Absatzmärkte für die Exporte der Industrieländer bilden, Direktinvestitionen in Entwicklungsländern mit einem hohen Gewinntransfer in die Industrieländer verbunden sind und weil die Entwicklungsländer bedeutende Rohstoff- und Energielieferanten sind. Eine den Forderungen der Entwicklungsländer entgegenkommende Haltung würde auch die politischen Beziehungen zu den Entwicklungsländern verbessern. Die internationale Wirtschaftsordnung würde nicht mehr als das zu Kolonialzeiten errichtete Werk der Industrieländer, sondern als eine Regelung angesehen werden, auf die Industrie- und Entwicklungsländer sich geeinigt haben. Mit einer solchen verbreiterten und vertieften Anerkennung der Elemente eines mehr partnerschaftlich ausgerichteten internationalen Wirtschaftssystems wären stabilere Beziehungen zwischen Industrie- und Entwicklungsländern geschaffen (Esters).

2. Die Neue Weltwirtschaftsordnung – ein Instrument zur Überwindung der Unterentwicklung der Dritten Welt?

Wenn auch bisher kaum eine der von den Entwicklungsländern aufgestellten Forderungen verwirklicht worden ist, so stellt sich doch die Frage, welchen Beitrag die Neue Weltwirtschaftsordnung, sollte sie realisiert werden, zur Überwindung der Unterentwicklung der Dritten Welt leisten würde. Die geforderte Neue Weltwirtschaftsordnung beinhaltet eine stärkere Eingliederung der Entwicklungsländer in die Weltwirtschaft. Zwei Ziele stehen dabei im Vordergrund: die Erhöhung des direkten und indirekten Ressourcentransfers aus den Industrieländern in die Entwicklungsländer sowie eine neue internationale Arbeitsteilung im industriellen Bereich (vgl. E I 2).
Der Beitrag des *finanziellen Ressourcentransfers* zur Überwindung der Unterentwicklung der Dritten Welt ist – eingeengt auf die Entwicklungshilfe – in D IV 1 diskutiert worden. Die dort angestellten Überlegungen führten zu dem Ergebnis, daß der Ressourcentransfer das Entwicklungspotential der Dritten Welt erhöht. Inwieweit aber dieses Entwicklungspotential zur Überwindung der Armut und zur Beseitigung der Arbeitslosigkeit beiträgt, hängt von der Verwendung der finanziellen Mittel und von den Wirtschafts- und Sozialstrukturen in den jeweiligen Entwicklungsländern ab. Diese beiden Aspekte klammert die Neue Weltwirtschaftsordnung aus. Sie ist auf eine Regelung der außenwirtschaftlichen Beziehungen gerichtet, ohne diese mit Vorstellungen über den internen Entwicklungsprozeß zu verknüpfen. Weder werden Aussagen über die geplante Verwendung der erhöhten Deviseneinnahmen gemacht, noch ist eine Reform der Wirtschafts- und Sozialstrukturen, die in vielen Ländern den Entwicklungsprozeß behindern, vorgesehen. Es hat den Anschein, daß die herrschenden Schichten der Entwicklungsländer, die das Konzept der Neuen Weltwirtschaftsordnung entwickelt haben, einen gesellschaftlichen Strukturwandel in ihren Ländern vermeiden wollen. Ohne eine Veränderung des gesellschaftlichen Status quo dürfte aber in vielen Entwicklungsländern eine Befriedigung der Grundbedürfnisse und eine Lösung

des Arbeitslosenproblems trotz eines erhöhten Ressourcentransfers nicht zu erreichen sein (Elsenhans).

Die entwicklungspolitische Beurteilung der (primär) *exportorientierten Industrialisierungsstrategie* und der damit verbundenen Veränderung der internationalen Arbeitsteilung im industriellen Bereich setzt die Kenntnis dieser Strategie voraus. Im Rahmen der exportorientierten Industrialisierung streben die Entwicklungsländer eine Spezialisierung auf diejenigen Güter an, bei deren Produktion sie komparative Kostenvorteile gegenüber den Industrieländern besitzen. Angesichts der relativ reichlichen Ausstattung mit ungelernten Arbeitskräften und Rohstoffen sind solche Kostenvorteile vor allem bei bestimmten arbeits- und rohstoffintensiven Produktionsbereichen der Verbrauchsgüterindustrien gegeben (vgl. E III 3). Die Industrieländer würden sich demgegenüber auf technologisch anspruchsvolle Produktionsbereiche mit einem hohen Einsatz an qualifizierten Arbeitskräften spezialisieren. Hierzu zählen insbesondere die Investitionsgüterindustrien. Die horizontale Arbeitsteilung zwischen den verschiedenen industriellen Produktionsbereichen würde überlagert von einer vertikalen Arbeitsteilung innerhalb der einzelnen Produktionsbereiche, bei der die technologisch anspruchslosen Teilfertigungen in die Entwicklungsländer verlagert würden, die anspruchsvollen Produktionsstufen (einschließlich der Forschungs- und Entwicklungsabteilungen) dagegen in den Industrieländern verblieben (vgl. B III 2). Die Ausrichtung des Industrialisierungsprozesses auf die Märkte der Industrieländer beinhaltet, daß die Exportprodukte dem Konsumstandard der Industrieländer entsprechen. Ihre Herstellung erfordert in der Regel den Einsatz moderner Technologien aus den Industrieländern.

Der Erfolg der exportorientierten Industrialisierungsstrategie der Entwicklungsländer ist an mehrere Voraussetzungen gebunden: an eine (anfängliche) Spezialisierung der Entwicklungsländer auf arbeits- und rohstoffintensive Produktionsbereiche, an eine geeignete staatliche Exportförderungspolitik der Entwicklungsländer und an eine ausreichende Absorptionsfähigkeit der Industrieländermärkte. Die Entwicklung der Nachfrage der Industrieländer nach industriellen Erzeugnissen aus Entwicklungsländern hängt von drei Faktoren ab: von der Einkommenselastizität der Nachfrage nach diesen Gütern, von der Preiselastizität der Nachfrage und von der Fähigkeit der Entwicklungsländer, das konkurrierende Angebot aus den Industrieländern zu verdrängen. Wie empirische Untersuchungen gezeigt haben, ist die Einkommenselastizität der Nachfrage nach technologisch einfachen industriellen Konsumgütern, wie sie die Entwicklungsländer vermehrt anbieten wollen, zwar größer als die von Primärgütern, jedoch geringer als die von dauerhaften Konsumgütern und die von Investitionsgütern (Dorner, S. 77ff.). Sieht man von den Preiselastizitäten der Nachfrage ab, so stoßen die Entwicklungsländer mit ihren Industrieerzeugnissen auf einen nur unterdurchschnittlich expandierenden Markt. Diese relative Marktenge bedeutet jedoch nicht, daß die Entwicklungsländer ihre Industriegüterexporte nicht erheblich ausweiten können. Sie müssen allerdings, um dieses Ziel zu erreichen, die Konkurrenten aus den Industrieländern vom Markt verdrängen. Dabei stehen ihnen zwei Hindernisse im Wege: die Reaktionen der dem Konkurrenzdruck aus Entwicklungsländern ausgesetzten Unternehmen der Industrieländer, durch Steigerungen der Produktionseffizienz die Lohnkostenvorteile der Produzenten in Entwicklungsländern auszugleichen, sowie die tarifären und nicht-tarifären Handelshemmnisse auf seiten der Industrieländer. Wie die Entwicklung der Industriegüterexporte einiger Entwicklungsländer in die Industrieländer in den letzten beiden Jahrzehnten zeigt, bestehen berechtigte Aussichten, diese Hindernisse zu überwinden und die Industriewarenausfuhr beträchtlich auszuweiten (Donges, Riedel).

Aus der Existenz eines erheblichen Exportpotentials der Entwicklungsländer folgt jedoch noch nicht, daß die exportorientierte Industrialisierung auch entscheidend zur Überwindung der Unterentwicklung der Dritten Welt beitragen kann. Die Bewertung des entwicklungspolitischen Beitrags dieser Industrialisierungsstrategie hängt von dem zugrunde gelegten Referenzsystem ab. Als Vergleichsmaßstab lassen sich zum einen die Ergebnisse der in vielen Entwicklungsländern verfolgten Importsubstitutionspolitik heranziehen. Diese Politik ist darauf gerichtet, die Einfuhr von industriellen Verbrauchsgütern und technologisch einfachen Produktionsmitteln (wie Stahl und Düngemittel) durch Herstellung im eigenen Lande zu substituieren. Technologisch anspruchsvolle Produkte wie insbesondere Investitionsgüter werden weiterhin aus den Industrieländern bezogen. Als Referenzsystem kann zum anderen die Strategie der autozentrierten Entwicklung herangezogen werden. Sie ist wie die Importsubstitutionspolitik binnenmarktorientiert, sieht aber den gleichzeitigen Aufbau aller Produktionsbereiche einschließlich der Investitionsgüterindustrien vor. Durch die Errichtung kohärenter Wirtschaftsstrukturen sollen die wirtschaftliche und technologische Abhängigkeit von den Industrieländern aufgehoben werden. Letztendliches Ziel ist die Überwindung der Arbeitslosigkeit und die Befriedigung der Grundbedürfnisse. Sieht man von China, Nordkorea und Kuba ab, so ist diese Strategie bisher nur ansatzweise erprobt worden (vgl. E VI).

Gegenüber der Importsubstitutionspolitik weist die exportorientierte Industrialisierung eine Reihe von Vorteilen auf. Sie führt – zumindest langfristig – zu einem höheren wirtschaftlichen Wachstum. Die bei der Importsubstitutionspolitik auftretenden Zahlungsbilanzprobleme werden durch die Exportdiversifizierung vermieden. Gleichzeitig wird die Abhängigkeit von den Erlösen aus Rohstoffexporten verringert. Schließlich leistet die exportorientierte Industrialisierung einen weitaus größeren Beitrag zur Bekämpfung der Arbeitslosigkeit als die Importsubstitutionspolitik. Arbeitsintensiven Produktionszweigen kommt ein stärkeres Gewicht innerhalb des Produktionssortiments zu als bei der Importsubstitutionspolitik. Gleichzeitig werden kapitalintensive Produktionstechniken durch die staatliche Wirtschaftspolitik in geringerem Maße begünstigt, als es für die Importsubstitutionspolitik kennzeichnend ist (Giersch, Haas, S. 136ff.; Hiemenz, Schatz). Wenn auch die exportorientierte Industrialisierung einen höheren Entwicklungsbeitrag leistet als die Importsubstitutionspolitik, so dürfte sie doch weder das Entwicklungsgefälle gegenüber den Industrieländern verringern, noch in absehbarer Zeit Armut und Arbeitslosigkeit in den Entwicklungsländern überwinden können. Die exportorientierte Industrialisierung impliziert eine internationale Arbeitsteilung, bei der die Entwicklungsländer (über die Rohstoffe hinaus) vor allem industrielle Konsumgüter auf dem Weltmarkt anbieten, die Herstellung von Investitionsgütern aber ebenso wie die Entwicklung neuer Produkte und Produktionstechniken weitgehend den Industrieländern vorbehalten bleibt. Das bisherige System der ungleichen internationalen Arbeitsteilung wird damit – so die Vertreter der autozentrierten Entwicklungsstrategie – nur auf ein »höheres Niveau« angehoben. Indem die Entwicklungsländer sich auf Produktionsbereiche mit niedriger Arbeitsproduktivität und die Industrieländer sich auf Bereiche mit hoher Arbeitsproduktivität spezialisieren, wird das internationale Entwicklungsgefälle nicht abgebaut (Wohlmuth).

Darüber hinaus dürfte die exportorientierte Industrialisierung auch das Beschäftigungs- und Armutsproblem in den Entwicklungsländern nicht lösen können. Nur eine relativ kleine Zahl von Entwicklungsländern hat überhaupt eine Chance, in wachsendem Maße Industriegüter auf dem Weltmarkt abzusetzen. Aber auch für diese Länder bietet die exportorientierte Industrialisierung kein Allheilmittel, Arbeitslosigkeit und Unterbeschäftigung in einem überschaubaren Zeitraum zu beseitigen. Dies gilt insbesondere für bevölkerungsreiche Länder wie Brasilien, Mexiko und Indien. Lediglich kleine Entwicklungsländer wie Hongkong, Süd-Korea und Taiwan scheinen in der Lage zu sein, ihr Arbeitskräftepotential in den Exportindustrien zu beschäftigen (Tyler). Die relativ geringen Beschäftigungseffekte der exportorientierten Industrialisierung – und hierauf verweisen insbesondere wieder die Vertreter des autozentrierten Entwicklungskonzepts – sind darauf zurückzuführen, daß die Entwicklungsländer aufgrund der ungleichen internationalen Arbeitsteilung gezwungen sind, relativ kapitalintensive Technologien aus den Industrieländern zu verwenden (vgl. C III 2). Der Einsatz dieser Technologien ist mit relativ geringen primären Beschäftigungseffekten verbunden. Er hat zudem eine Einkommensverteilung und Nachfragestruktur des Exportsektors zur Folge, der die Wirtschaft der Entwicklungsländer aufgrund der geringen Kohärenz ihres Produktionsapparates (Fehlen eines Investitionsgütersektors und eines Sektors für langlebige Konsumgüter) nur teilweise entsprechen kann. Es ergeben sich somit nur geringe sekundäre Beschäftigungswirkungen aufgrund von Multiplikator- und Linkage-Effekten (vgl. B II 2, 3).

Auch dürfte die exportorientierte Industrialisierung zur Befriedigung der Grundbedürfnisse der ärmsten Bevölkerungsschichten nur unzureichend beitragen. In vielen Entwicklungsländern bildet die Exportindustrie eine Wirtschaftsenklave, von der nur geringe Ausbreitungseffekte ausgehen, die aber andererseits die übrigen Wirtschaftsbereiche, die den ärmsten Bevölkerungsschichten Arbeits- und Verdienstmöglichkeiten bieten könnten, durch Kontereffekte (Entzug von jüngeren und besser qualifizierten Arbeitskräften und von Kapital) in ihrer Entwicklung behindert (vgl. B II 3). Hinzu kommt, daß die staatliche Wirtschaftspolitik häufig ihre finanziellen Mittel bevorzugt zur Förderung der Exportindustrien einsetzt und die übrigen Wirtschaftsbereiche ebenso wie die zurückgebliebenen ländlichen Regionen vernachlässigt. Nur selten wird die exportorientierte Industrialisierung von Reformen der Wirtschafts- und Sozialstrukturen begleitet, welche die Lebensbedingungen der ärmsten Bevölkerungsschichten verbessern könnten. Eher noch wird der gesellschaftliche Status quo durch einen starken Polizei- und Militärapparat aufrechterhalten (Simonis). Erfahrungen, die in einem Land wie Brasilien gemacht werden, lassen Zweifel aufkommen, daß die export-

orientierte Industrialisierung das Armutsproblem in den Entwicklungsländern lösen kann.
Des weiteren ist die exportorientierte Industrialisierung vielfach nur mit geringen Ausbildungseffekten verbunden. Dies gilt insbesondere für die Errichtung von Weltmarktfabriken, die bestimmte Teilfertigungen eines in seine Elementarbestandteile zerlegten Produktionsprozesses durchführen. Von den Elementartätigkeiten gehen kaum Qualifikationswirkungen aus. Komplette Produkt- und Prozeßtechnologien werden nicht transferiert. Forschung und Entwicklung, der wichtigste Bereich moderner Produkt- und Prozeßtechnologie, bleibt den Industrieländern vorbehalten (vgl. B III 2).
Schließlich ruft die exportorientierte Industrialisierung zwar positive und insgesamt günstigere Zahlungsbilanzeffekte als die Importsubstitutionspolitik hervor, gleichwohl wird die Zunahme der Nettodeviseneinnahmen durch mehrere Faktoren begrenzt. Den Deviseneinnahmen aus der Exportproduktion stehen Devisenausgaben für den Import von Vorleistungen, für die Erstellung der (industriellen) Infrastrukturen und als Folge des Gewinntransfers der Multinationalen Konzerne, die die exportorientierte Industrialisierung überwiegend tragen, gegenüber.
Zusammenfassend läßt sich feststellen, daß die exportorientierte Industrialisierung für eine begrenzte Zahl kleiner Entwicklungsländer eine geeignete Entwicklungsstrategie darstellt. Für die meisten Entwicklungsländer bietet diese Strategie aber keinen erfolgversprechenden Ansatz, in absehbarer Zeit Armut und Arbeitslosigkeit zu überwinden und damit ein – zugegebenermaßen – weitgestecktes Ziel zu erreichen.

VI Eine Alternative: die autozentrierte Entwicklung

1. Konzept der autozentrierten Entwicklung

Der Forderung der Entwicklungsländer nach einer stärkeren Eingliederung in die Weltwirtschaft steht als Alternative das Konzept einer autozentrierten Entwicklung gegenüber. Dieses Konzept verlangt eine weitreichende Ausgliederung der Entwicklungsländer aus der Weltwirtschaft. Während bisher nur wenige Entwicklungsländer (u. a. China, Nordkorea, Kuba) eine autozentrierte Entwicklungsstrategie verfolgt haben, hat das Konzept in wissenschaftlichen Kreisen eine erhebliche Verbreitung gefunden (Amin; Destanne de Bernis; Erklärung von Cocoyoc [1974]; Senghaas 1977; The 1975 Dag Hammarskjöld Report).
Der Begriff der autozentrierten Entwicklung (oder Self-Reliance) bezeichnet eine eigenständige, auf Mobilisierung und Nutzung der nationalen Ressourcen angelegte, binnenmarktorientierte Entwicklung. Zu den konstitutiven Elementen der autozentrierten Entwicklung zählen die Fähigkeit, sich autonom zu entwickeln, die Selbstbestimmung des Entwicklungsprozesses und die Teilhabe der Bevölkerung an den entwicklungspolitischen Entscheidungen. Die autozentrierte Entwicklungsstrategie verfolgt das Ziel, die Grundbedürfnisse der Bevölkerung zu befriedigen. Sie stellt damit eine der in den letzten Jahren entwickelten grundbedürfnisorientierten Strategien dar (Addicks, Bünning, S. 107ff.).

Nach Senghaas (1980) wird das Konzept der autozentrierten Entwicklung durch drei Elemente gekennzeichnet: die Dissoziation aus der Weltwirtschaft, eine innere Umstrukturierung der Volkswirtschaften der einzelnen Entwicklungsländer (nationale Self-Reliance) und die Herausbildung neuer Formen von Arbeitsteilung zwischen den Ökonomien der Dritten Welt (kollektive Self-Reliance).
Eine unabdingbare Voraussetzung für den Aufbau eigenständiger und lebensfähiger Wirtschaftssysteme bildet nach Auffassung der autozentrierten Entwicklungsstrategie die *Dissoziation* der Entwicklungsländer aus der Weltwirtschaft. Diese Schlußfolgerung wird aus der historischen Erfahrung kapitalistischer und sozialistischer Entwicklungsprozesse gewonnen, die zu einer umfassenden und ausgeglichenen Entwicklung der Produktivkraft in den betreffenden Volkswirtschaften geführt haben. Mit der geforderten Ausgliederung ist keine völlige Abkapselung von der Weltwirtschaft (Autarkie) gemeint. Vielmehr wird eine selektive Dissoziation angestrebt. Wirtschaftliche Beziehungen zu den Industrieländern sollen insoweit aufrechterhalten werden, als sie dem Aufbau eigenständiger Wirtschaftssysteme dienen und die auf Befriedigung der Grundbedürfnisse abzielende nationale Entwicklungspolitik unterstützen. Die selektive Dissoziation bezieht sich auf alle Arten wirtschaftlicher Beziehungen mit den Industrieländern: auf den öffentlichen und privaten Kapitalverkehr, die Direktinvestitionen, die Arbeitskräftewanderungen, den »brain-drain«, den Technologietransfer und den Handel. Besondere Bedeutung mißt die autozentrierte Entwicklungsstrategie der Kontrolle des Außenhandels bei, dem anders als bei der exportorientierten Entwicklung nur noch eine ergänzende Funktion (als Devisenlieferant aus Rohstoffverkäufen oder als Ventil für Überproduktion) zukommt. Die Ausgliederung der Entwicklungsländer aus der Weltwirtschaft soll nicht auf Dauer, sondern nur auf Zeit stattfinden. Nach dem Aufbau kohärenter Produktionsstrukturen können die Beziehungen zu den Industrieländern wieder intensiviert werden.
Mit der Ausgliederung aus der Weltwirtschaft soll eine Mobilisierung der lokalen Ressourcen für eigene Zwecke einhergehen. Im Mittelpunkt der *nationalen Self-Reliance* steht der Aufbau kohärenter Produktionsstrukturen. Dieser umfaßt die Prospektierung und Förderung von Bodenschätzen, die Errichtung von Grundstoffindustrien, die industrielle Produktion von Massenkonsumgütern, die zur Befriedigung der Grundbedürfnisse geeignet sind, sowie den Aufbau einer Investitionsgüterindustrie zur Herstellung von Produktionsmitteln für Industrie und Landwirtschaft. Darüber hinaus sollen Forschungs- und Entwicklungskapazitäten aufgebaut werden, die vorhandene Technologien an die lokalen Bedingungen anpassen und neue Technologien entwickeln. Aufgrund der Ausgeglichenheit der Industriestruktur kommen interindustrielle Nachfrageeffekte inländischen Industrien und nicht den Industrieländern zugute. Die Herstellung angepaßter Produktionsmittel und Technologien erlaubt eine zunehmende Eingliederung der arbeitslosen und unterbeschäftigten Bevölkerung in den Produktionsprozeß. Damit werden die negativen Effekte vermieden, die mit einer weltmarktabhängigen Reproduktion der Wirtschaften der Entwicklungsländer verbunden sind (vgl. B II 2).
Besondere Bedeutung mißt die autozentrierte Entwicklungsstrategie der Verbindung von Industrie und Landwirtschaft bei. Die Investitionsgüterindustrien sollen

geeignete Produktionsmittel für die Landwirtschaft und für die mit der Landwirtschaft eng verbundenen ländlichen Industrien (Agroindustrie, Produktionsgüterindustrie, Konsumgüterindustrie) herstellen. Dadurch soll eine Produktivitätssteigerung in der Landwirtschaft herbeigeführt werden (Senghaas 1977, S. 265 ff.); Sigurdson). Da in vielen Entwicklungsländern die bestehenden Agrarstrukturen die landwirtschaftliche Entwicklung behindern, bilden Landreformen, die eine Veränderung der Bodenbesitzverhältnisse einschließen, ein weiteres Element der autozentrierten Entwicklungsstrategie. Landreformen sollen nicht nur zu einer Steigerung der landwirtschaftlichen Produktion beitragen, sondern auch zu einer Einkommensumverteilung innerhalb des Agrarsektors führen. Darüber hinaus soll das Angebot an staatlichen Infrastruktur- und Dienstleistungen im Bildungs-, Gesundheits- und Wohnungsbereich, in der Wasserversorgung und in der Abwässerbeseitigung in den ländlichen Regionen ausgeweitet werden. Da dieses Angebot zur Befriedigung der Grundbedürfnisse beiträgt, erhöht es gleichzeitig die Arbeitsproduktivität der Menschen. Schließlich sollen geeignete agrarpolitische Maßnahmen (Agrarpreispolitik, Agrarkredite usw.) die ländliche Entwicklung fördern (Fischer, Britsch, Krishnan, Mühlenberg, Schönherr, Werth; Hanisch, Tetzlaff).

Mit der Ausdehnung der industriellen und landwirtschaftlichen Produktion erhöht sich das auf den Massenkonsum ausgerichtete Güterangebot. Gleichzeitig entstehen mit der Produktionsausdehnung zusätzliche Einkommen. Aufgrund des Einsatzes arbeitsintensiver Produktionstechniken, der damit verbundenen Ausdehnung der Beschäftigung und der Begünstigung der ländlichen Entwicklung sind die Einkommen relativ gleichmäßig verteilt. Dem erhöhten Güterangebot steht somit eine ausreichende Nachfrage gegenüber. Als Folge der sektoral ausgeglichenen Wirtschaftsentwicklung entstehen zusammenhängende Wirtschaftskreisläufe.

Die Frage, ob das Konzept der autozentrierten Entwicklung nur im Rahmen sozialistischer oder auch unter kapitalistischen Produktions- und Gesellschaftsverhältnissen realisiert werden kann, ist umstritten. In jedem Fall muß ein starker staatlicher Sektor vorhanden sein, um die notwendigen politischen Weichenstellungen durchzusetzen. Die Aufgaben des Staates bestehen darin, bestimmte Produktionsleistungen (insbesondere im Bereich der Grundstoff- und Investitionsgüterindustrien) zu erbringen, die Forschungs- und Entwicklungskapazitäten auszubauen, Infrastruktureinrichtungen und staatliche Dienstleistungen (insbesondere in ländlichen Regionen) bereitzustellen und den Entwicklungsprozeß zu planen und zu steuern. Damit der Staat diese Aufgaben im Interesse einer Befriedigung der Grundbedürfnisse erfüllen kann, müssen die herrschenden Klassen, soweit sie bisher eine bedürfnisorientierte Entwicklung verhindert haben, politisch entmachtet werden. Eine wesentliche Bedingung für die Durchsetzung von Machtverlagerungen ist die politische Mobilisierung der Bevölkerung.

Eine solche Mobilisierung ist darüber hinaus eine Voraussetzung dafür, daß die Bevölkerung ihre Bedürfnisse artikuliert und daß sie an den politischen Entscheidungen auf den verschiedenen Ebenen beteiligt wird (Elsenhans).

Das dritte Element der autozentrierten Entwicklungsstrategie bildet die *kollektive Self-Reliance*. Hierunter wird die wirtschaftliche Zusammenarbeit zwischen ein-

zelnen Entwicklungsländern verstanden. Der Begriff der kollektiven Self-Reliance ist weitergefaßt als der der Wirtschaftsintegration. Er sieht nicht nur eine Regelung der Handelsbeziehungen und eine Koordination der Wirtschaftspolitiken, sondern eine wirtschaftliche Zusammenarbeit im weitesten Sinne vor. Mit der kollektiven Self-Reliance werden zwei Ziele verfolgt. Durch die wirtschaftliche Zusammenarbeit mehrerer Länder sollen die der nationalen Self-Reliance durch die jeweilige Faktorausstattung und Marktenge gesetzten Grenzen überwunden werden. Die kollektive Self-Reliance soll eine gemeinsame Nutzung der natürlichen Ressourcen und vorhandenen Technologien gewährleisten. Sie soll die industrielle Arbeitsteilung verstärken und somit die Nutzung von Skaleneffekten ermöglichen. Sie soll schließlich den Wettbewerb unter den beteiligten Ländern erhöhen und dadurch zusätzliche Entwicklungsimpulse auslösen.
Darüber hinaus verfolgt die kollektive Self-Reliance das Ziel, ein wirtschaftliches Gegengewicht zu den Industrieländern zu schaffen. Dadurch würde sich die Verhandlungsposition gegenüber den Industrieländern verbessern. Auch könnten Prozesse nationaler Self-Reliance eher gegenüber möglichen Gefährdungen von außen abgesichert werden (Lemper; Matthies 1978).
Die Programme der Entwicklungsländer zur Förderung der kollektiven Self-Reliance schließen u. a. folgende Aktivitäten ein:

- Intensivierung des Süd-Süd-Handels durch die Schaffung eines globalen Systems von Handelspräferenzen zwischen den Entwicklungsländern und durch die Zusammenarbeit zwischen den staatlichen Außenhandelsgesellschaften;
- Kooperation auf dem Gebiet der Währungs- und Finanzpolitik;
- Errichtung von Gemeinschaftsunternehmen im Industrie- und Dienstleistungsbereich;
- Technische Zusammenarbeit, Gründung gemeinsamer Ausbildungsstätten;
- Ausbau der die Entwicklungsländer verbindenden Infrastruktureinrichtungen im Verkehrs- und Kommunikationsbereich (Glaubitt, Lütkenhorst, S. 90ff.; Khan, Matthies, S. 55ff.).

2. Möglichkeiten und Grenzen der autozentrierten Entwicklung

Mit dem Konzept der autozentrierten Entwicklung ist eine Strategie entwickelt worden, die viele wünschenswerte Elemente aufweist. Sie ist auf eine direkte Befriedigung der Grundbedürfnisse gerichtet, mißt der ländlichen Entwicklung zentrale Bedeutung bei, schließt notwendige Reformen der Wirtschafts- und Sozialstrukturen ein, sieht eine Umlenkung des staatlichen Infrastruktur- und Dienstleistungsangebots zugunsten der ärmsten Bevölkerungsschichten in den ländlichen Regionen vor, strebt die Aufhebung der technologischen Abhängigkeit von den Industrieländern durch den Aufbau eigener Investitionsgüterindustrien und Technologiezentren an, zielt auf die Beseitigung von negativen Effekten ab, die aus den wirtschaftlichen Beziehungen mit den Industrieländern resultieren, und intensiviert statt dessen die wirtschaftliche Zusammenarbeit zwischen den Entwicklungsländern. Die autozentrierte Entwicklung stellt ein idealtypisches Entwicklungskonzept dar. Die Mängel dieses Konzepts sind darin begründet, daß weder die einzelnen Schritte dieser Strategie präzisiert werden noch hinreichend geprüft wird, ob die wirtschaftlichen und politischen Voraussetzungen gegeben sind, die Strategie durchzusetzen. Zu jedem der drei Elemente der autozentrierten Entwicklungsstrategie lassen sich mehrere Einwände vorbringen.

Hinsichtlich der geforderten *Dissoziation* der Entwicklungsländer aus der Weltwirtschaft stellt sich die Frage, ob eine solche Ausgliederung mit dem Ziel des Aufbaus kohärenter Produktionsstrukturen und der Ausweitung des Infrastruktur- und Dienstleistungsangebots in ländlichen Regionen kompatibel ist. Dies muß bezweifelt werden, da diese Aktivitäten – zumindest in der Anfangsphase – mit einem hohen Importbedarf verbunden sein dürften. Über diesen Zielkonflikt hinaus scheinen Art und Ausmaß der selektiven Dissoziation nicht hinreichend präzisiert zu sein. Sollen alle Arten von wirtschaftlichen Beziehungen (Direktinvestitionen, Entwicklungshilfe, Handel, Technologietransfer usw.) in gleichem Maße eingeschränkt werden oder nicht? Bis zu welchem Grad soll eine Kooperation mit den Industrieländern noch stattfinden und welchen Bedingungen hat diese Kooperation zu genügen? Unterscheidet sich die Art der Kooperation je nach den sozio-ökonomischen Bedingungen, die in den einzelnen Entwicklungsländern vorherrschen? Mit welchen außenwirtschaftlichen Instrumenten soll die selektive Dissoziation erreicht werden? Wie lange soll sie andauern? Auf welche Weise soll die Wiedereingliederung in die Weltwirtschaft erfolgen? Die Beantwortung jeder einzelnen dieser Fragen macht eine Vielzahl von Überlegungen erforderlich, wie Diaz-Alejandro am Beispiel der Errichtung selektiver Handelsbeziehungen dargelegt hat. Eine weitere Schwäche der autozentrierten Entwicklungsstrategie liegt darin begründet, daß nicht dargelegt wird, wer die Träger der Dissoziation sein könnten. Kämen hierfür die herrschenden Eliten in Frage, sofern der politische Druck von unten hinreichend groß wäre? Oder sind revolutionäre Veränderungen notwendig, und wenn ja, unter welchen Bedingungen sind diese zu erwarten? Darüber hinaus wäre zu klären, ob der erforderliche außenwirtschaftliche und außenpolitische Handlungsspielraum überhaupt gegeben ist, eine selektive Dissoziation zu betreiben. Verfügen die Entwicklungsländer über genügend Macht, den zu erwartenden Gegenmaßnahmen der Industriestaaten und der betroffenen Multinationalen Konzerne zu begegnen? Ist eine selektive Dissoziation ohne eine Anlehnung an die Sowjetunion und ohne die damit verbundene Einbeziehung in deren Großmachtinteressen möglich? (Matthies 1980, S. 49ff.)

Gegenüber der Wünschbarkeit und Realisierbarkeit der *nationalen Self-Reliance* müssen ebenfalls Bedenken angemeldet werden. Im Rahmen der autozentrierten Entwicklungsstrategie sollen die Entwicklungsländer kohärente Produktionsstrukturen aufbauen und insbesondere auch eigene Investitionsgüterindustrien errichten. Nur so – und dies ist unbestritten – würden sie die Fähigkeit erwerben, Produktionsmittel herzustellen bzw. anzupassen und neue Technologien zu entwickeln. Nun dürfte die Herstellung von Investitionsgütern in den Entwicklungsländern höhere Kosten verursachen als ihre Fertigung in den Industrieländern (Pack). Dies bedeutet, daß die inländischen Abnehmer der Investitionsgüter höhere Preise zahlen müssen, als wenn sie die Produktionsmittel aus dem Ausland beziehen würden. Die wirtschaftliche Entwicklung der dem Investitionsgüter-

sektor nachgelagerten Wirtschaftszweige (Landwirtschaft, ländliche Industrien, städtische Konsumgüterindustrien) wird dadurch nicht – wie es beabsichtigt ist – gefördert, sondern behindert (es sei denn, der Verteuerungseffekt wird durch die besonderen Eigenschaften der im Inland hergestellten Produktionsmittel kompensiert). Volkswirtschaftlich bedeutet die kostspielige Herstellung von Investitionsgütern, daß Ressourcen gebunden werden, die der Ausdehnung des staatlichen Infrastruktur- und Dienstleistungsangebots bzw. dem Konsum der Bevölkerung verlorengehen. Widerstände der Bevölkerung gegen die autozentrierte Entwicklungsstrategie können die Folge sein. Die mit dem Aufbau des Investitionsgütersektors und der Erweiterung der eigenen technologischen Fähigkeit verbundenen Kosten ließen sich dadurch minimieren, daß anfänglich nur handwerkliche Geräte und einfache Maschinen im Inland hergestellt werden und erst im Laufe der Zeit der Investitionsgütersektor zunehmend diversifiziert wird.
Neben der Wünschbarkeit stellt sich die Frage nach der Realisierbarkeit der nationalen Self-Reliance. Es muß bezweifelt werden, daß viele der kleinen, bevölkerungs- und ressourcenarmen Entwicklungsländer überhaupt die Voraussetzungen für eine nationale Self-Reliance bieten. Einerseits verfügen sie weder über die natürlichen Ressourcen noch über die finanziellen Mittel, um eine autozentrierte Entwicklung zu verwirklichen. Andererseits begrenzt die geringe Bevölkerungszahl die Größe des Marktes und verhindert damit eine Intensivierung der Arbeitsteilung bei gleichzeitiger Nutzung von Skaleneffekten. Auch stehen technisch bedingte Mindestbetriebsgrößen dem Aufbau bestimmter Grundstoff- und Investitionsgüterindustrien in diesen Ländern entgegen (Harborth). Einen weiteren Engpaß für eine nationale Self-Reliance bildet der in vielen Entwicklungsländern unzureichende Ausbildungsstand der Arbeitskräfte und insbesondere die geringe Planungserfahrung. Dieser Engpaß dürfte vor allem in der Anfangsphase der autozentrierten Entwicklung spürbar sein, im Laufe der Zeit jedoch durch das »learning by doing« überwunden werden. Sofern dem betreffenden Entwicklungsland keine reformorientierte Regierung vorsteht, setzt die nationale Self-Reliance schließlich eine Mobilisierung der Bevölkerung zur Veränderung der bestehenden Herrschaftsverhältnisse und zur Ablösung der Regierung voraus. Die Voraussetzungen für derartige revolutionäre Prozesse dürften nur selten gegeben sein.
Einige der der nationalen Self-Reliance gesetzten Grenzen können durch die *kollektive Self-Reliance* überwunden werden. Doch auch der wirtschaftlichen Zusammenarbeit der Entwicklungsländer stehen eine Reihe von Hindernissen entgegen. So stellt sich die Frage, ob die politische Solidarität der Entwicklungsländer ausreicht, um miteinander eng zu kooperieren. Viele der räumlich benachbarten Entwicklungsländer, die aufgrund der geographischen Nähe noch am ehesten zusammenarbeiten können, hängen unterschiedlichen Ideologien an, weisen unterschiedliche politische Systeme auf oder verfolgen unterschiedliche entwicklungspolitische Strategien (nicht alle Unterschiede würden vermutlich im Rahmen der autozentrierten Entwicklung aufgehoben werden). Auch erschweren teilweise andersartige religiöse und kulturelle Wertvorstellungen eine Kooperation. Schließlich bestehen zwischen manchen Ländern wirtschaftliche Konkurrenzbeziehungen auf den Auslandsmärkten. Ein weiteres Problem resultiert aus

der Tatsache, daß die Verkehrs- und Kommunikationsverbindungen zwischen den Entwicklungsländern schlecht ausgebaut sind, da die Wirtschaften vieler Entwicklungsländer auf die Industrieländer ausgerichtet worden sind. Der Ausbau dieser Infrastruktureinrichtungen bindet erhebliche finanzielle Mittel. Diese Investitionen werden erst langfristig volkswirtschaftlich wirksam. Da die politischen Entscheidungsträger meist kurzfristig ausgerichtete Zielvorstellungen verfolgen, besteht die Gefahr, daß kollektive Self-Reliance-Ansätze wegen dieser »Fehlinvestitionen« abgebrochen werden.

Einer kollektiven Self-Reliance dürfte des weiteren nur dann Erfolg beschieden sein, wenn die volkswirtschaftlichen Kosten und Nutzen der Kooperation in etwa gleichmäßig zwischen den beteiligten Ländern verteilt sind. Die mit regionalen Integrationsbestrebungen (Freihandelszone, Zollunion, Wirtschaftsgemeinschaft) in den Entwicklungsländern gemachten Erfahrungen, die wegen des Einwirkens Multinationaler Konzerne und ausländischer Regierungen aber nur bedingt auf eine kollektive Self-Reliance übertragen werden können, lassen erkennen, daß in der Regel die wirtschaftlich stärkeren Länder größere Vorteile erzielen als die wirtschaftlich schwächeren Länder. Es gelang dabei nicht, die wirtschaftlichen Ungleichgewichte durch Ausgleichsmechanismen abzubauen. Aufgrund der von Zoll- und Wirtschaftsunionen ausgehenden Desintegrationstendenzen empfiehlt Vaitsos den Entwicklungsländern, das Hauptgewicht der kollektiven Self-Reliance auf die Errichtung von Gemeinschaftsunternehmen, auf die technische Zusammenarbeit und auf ein gemeinsames Auftreten gegenüber den Industrieländern zu legen (Matthies 1980; Vaitsos).

Zusammenfassend läßt sich sagen, daß die autozentrierte Entwicklungsstrategie einige wesentliche Elemente einer Politik zur Überwindung der Unterentwicklung benennt, auf der anderen Seite aber die politischen und wirtschaftlichen Realisierungsmöglichkeiten dieser Strategie vernachlässigt. Sie weist zu Recht darauf hin, daß Arbeitslosigkeit und absolute Armut in den meisten Entwicklungsländern ohne tiefgreifende Reformen der Wirtschafts- und Sozialstrukturen und ohne eine Konzentration der Mittel auf die ländliche Entwicklung nicht überwunden werden können. Dagegen verkennt sie, daß nur wenige Entwicklungsländer in der Lage sind, sich von der Weltwirtschaft abzukoppeln und kohärente Produktionsstrukturen aufzubauen. Die meisten Entwicklungsländer sind auf eine mehr oder weniger starke Eingliederung in die weltwirtschaftliche Arbeitsteilung angewiesen. Sie müssen, wie es einige Länder schon heute praktizieren, eine Strategie verfolgen, die entsprechend den jeweiligen Besonderheiten des Landes Elemente der binnenmarktorientierten Entwicklung mit einer (begrenzten) Kooperation mit den Industrieländern kombiniert. Auf eine allgemeine Formel gebracht ist dies ein Plädoyer dafür, daß die Entwicklungsländer – soweit es geht – auf die eigenen Kräfte vertrauen, der Befriedigung der Grundbedürfnisse auf der Grundlage einer zielbewußten Entwicklungsplanung Priorität beimessen und mit den Industrieländern kontrolliert zusammenarbeiten. Eine solche, für die einzelnen Entwicklungsländer zu konkretisierende Ausrichtung des Entwicklungsprozesses verspricht noch am ehesten, Armut und Arbeitslosigkeit zu überwinden (Adler-Karlsson).

Literatur zum Kapitel E

(Die Literaturhinweise beziehen sich auf die in den einzelnen Abschnitten angegebene Literatur.)

I Entstehung und Inhalt der Forderungen der Entwicklungsländer nach einer Neuen Weltwirtschaftsordnung

Baron, St., Glismann, H. H., Stecher, B., Internationale Rohstoffpolitik - Ziele, Mittel, Kosten, Tübingen 1977

Bird, G., The International Monetary System and the Less Developed Countries, London, Basingstoke 1978

Bitterman, H. J., The Refunding of International Debt, Durham 1973

Bundesministerium für wirtschaftliche Zusammenarbeit (BMZ), Zweiter Bericht zur Entwicklungspolitik der Bundesregierung, Bonn 1975

Boeck, K., Die währungspolitischen Forderungen der Entwicklungsländer zur Schaffung einer neuen Weltwirtschaftsordnung, Hamburg 1978

Dams, Th., Weltwirtschaft im Umbruch, Würzburg 1978

Glastetter, W., Außenwirtschaftspolitik, Eine problemorientierte Einführung mit einem Kompendium außenwirtschaftlicher Fachbegriffe, 2., völlig überarbeitete Auflage, Köln 1979

Heiduk, G., Die weltwirtschaftlichen Ordnungsprinzipien von GATT und UNCTAD, Baden-Baden 1973

Helleiner, G. K., The Less Developed Countries and the International Monetary System, in: The Journal of Development Studies, Vol. 10, April/July 1974, Nos. 3a. 4, S. 347–373

Hesse, H., Konsequenzen aus einer Neuordnung der Weltwirtschaft für die Entwicklungspolitik, in: Tinbergen, J. (Hrsg.), Der Dialog Nord-Süd, Informationen zur Entwicklungspolitik, Frankfurt am Main, Köln 1977, S. 72–101

Kampffmeyer, Th., Ressourcentransfer, in: Hillebrand, W., Kampffmeyer, Th., Radke, D., Taake, H.-H., Wiemann, J., Nord-Süd-Dialog: Eine Zwischenbilanz, Berlin 1979, S. 79–97

Kenen, P. B., Debt Relief as Development Assistance, in: Bhagwati, J. N. (Ed.), The New International Economic Order - The North-South-Debate, Cambridge, London 1977, S. 50–77

Langhammer, R. J., Stecher, B., Der Nord-Süd-Konflikt, Würzburg-Wien 1980

Lorenz, D., Weltwirtschaft zwischen Arbeitsteilung und Abkoppelung, in: Konjunkturpolitik, Jg. 14, 1977, S. 196–215

Matthies, V., Neue Weltwirtschaftsordnung, Hintergründe, Positionen, Argumente, Opladen 1980

Nitsch, M., Zur ordnungspolitischen Diskussion über die »Neue Weltwirtschaftsordnung« nach UNCTAD IV, Ebenhausen 1976

Petersen, H. J., Die Verschuldung der Entwicklungsländer als Problem der Nord-Süd-Beziehungen, in: Europa-Archiv, Folge 21, 1978, S. 693–702

Sauvant, K. P., Hasenpflug, H. (Eds.), The New International Economic Order, Confrontation or Cooperation between North and South, Frankfurt 1977

Schäfer, H. B., Der Abbau der Auslandsverschuldung in Entwicklungsländern und die deutsche Entwicklungspolitik, in: Esters, G. (Hrsg.), Nord-Süd-Politik, Überlegungen zu aktuellen weltwirtschaftlichen Problemen, Bonn-Bad Godesberg 1977, S. 69–94

Smith, G. W., The External Debt Prospects of the Non-Oil-Exporting Countries, in: Cline, W. R. (Ed.), Policy Alternatives for a New International Economic Order, An Economic Analysis, New York, London, Sidney, Toronto 1979, S. 287–329

Taake, H.-H., Die währungspolitischen Auseinandersetzungen zwischen Entwicklungs- und Industrieländern – eine Zwischenbilanz, in: Außenwirtschaft, 34. Jg., Heft II, Juni 1979, S. 143–157

Baron, St., Preisstabilisierung als Instrument der Erlösstabilisierung – eine modelltheoretische und empirische Kritik am »Integrierten Rohstoffprogramm«, in: Die Weltwirtschaft, 1977, H. 1, S. 175–190

Baron, St., Glismann, H. H., Stecher, B., Internationale Rohstoffpolitik – Ziele, Mittel, Kosten, Tübingen 1977

Behrman, J. R., International Commodity Agreements: An Evaluation of the UNCTAD Integrated Commodity Programme, in: Cline, W. R. (Ed.), Policy Alternatives for a New International Economic Order, An Economic Analysis, New York, London, Sidney, Toronto 1979, S. 61–153

Cuddy, J. A., International Price Indexation, Farnborough, Lexington 1976

Dams, Th., Grohs, G. (Hrsg.), Kontroversen in der internationalen Rohstoffpolitik, München 1977

Donges, J. B., Probleme einer neuen Weltwirtschaftsordnung, in: Urff v., W. (Hrsg.), Integration der Entwicklungsländer in eine instabile Weltwirtschaft – Probleme, Chancen, Gefahren, Schriften des Vereins für Socialpolitik, NF, Bd. 90, Berlin 1976, S. 185–209

Glaubitt, K., Lütkenhorst, W., Elemente einer neuen Weltwirtschaftsordnung, Verhandlungsstand zu UNCTAD V, Tübingen, Basel 1979

Glismann, H. H., Juhl, P., Stecher, B., Ökonomische Implikationen der »Neuen Weltwirtschaftsordnung«, Kiel 1976

Hoffmeyer, M., Neu, A. D., Vertikales Diversifizierungspotential der Entwicklungsländer bei der Weiterverarbeitung von Rohstoffen, Kiel 1978

International Bank for Reconstruction and Development (IBRD), Commodity Stabilization and the LDCs: The Problem of Choice, World Bank Staff Working Paper, Washington, D. C. 1976

Jägeler, F. J., Indexierung als Mittel zur Erlössteigerung, in: Kebschull, D., Michalski, W., Scharrer, H.-E. (Hrsg.), Die neue Weltwirtschaftsordnung, Hamburg 1977, S. 115–129

Johnson, H. G., Commodities: Less Developed Countries' Demands and Developed Countries' Response, in: Bhagwati, J. N. (Ed.), The New International Economic Order: The North-South-Debate, Cambridge, London 1977, S. 240–251

Johnson, H. G., Economic Policies Toward Less Developed Countries, Washington, D. C. 1967

Kebschull, D., Künne, W., Menck, K. W., Das integrierte Rohstoffprogramm, Prüfung entwicklungspolitischer Ansätze im Rohstoffvorschlag der UNCTAD, Hamburg 1977

Radetzki, M., International Commodity Market Arrangements. A Study of Post-War Commodity Agreements and Compensatory Finance Schemes, London 1970

Radke, D., Überblick über bestehende und mögliche multilaterale Rohstoffvereinbarungen, in: Brandt, H., Kampffmeyer, Th., Lembke, H. H., Radke, D. (Hrsg.), Das integrierte Rohstoffprogramm, Probleme und Perspektiven zwei Jahre nach Nairobi, Berlin 1978, S. 37–50

Schams, M. R., Die Bedeutung der kompensatorischen Finanzierung für die Entwicklungsländer, Hamburg 1974

Seitz, K., Die Verhandlungen über einen gemeinsamen Rohstoff-Fonds, in: Wirtschaftsdienst 1978, II, S. 93–97

Tietzel, M., Internationale Rohstoffpolitik, Bonn-Bad Godesberg 1977

UNCTAD, An Integrated Programme for Commodities, Measures to Expand Processing of Primary Commodities in Developing Countries, Geneva 1975, TD/B/C. 1/197

UNCTAD, Report on the United Nations Negotiating Conference on a Common Fund under the Integrated Programme for Commodities on its Third Session (12 to 19 March 1979), TD/IPC/CONF/19

Wuppermann, B., Exporterlösstabilisierung: Konzeptionen im Vergleich – UNCTAD IV, Abkommen von Lomé, Internationaler Währungsfonds, Berlin 1979

Bundesministerium für wirtschaftliche Zusammenarbeit (BMZ) (Hrsg.), Gewerkschaften und Entwicklungspolitik, Materialien Nr. 60, Bonn 1978

Bokermann, H., Petersen, H. J., Schultz, S., Schumacher, D., Mechanismen für eine intensivierte Zusammenarbeit zwischen Industrie- und Entwicklungsländern bei unterschiedlichen Wirtschaftssystemen, Berlin 1977

Dicke, H., Glismann, H. H., Horn, E.-J., Neu, A. D., Beschäftigungswirkungen einer verstärkten Arbeitsteilung zwischen der Bundesrepublik und den Entwicklungsländern, Tübingen 1976

Donges, J. B., Industrialisierung in Entwicklungsländern unter dem Aspekt der neuen Weltwirtschaftsordnung, Einige kritische Bemerkungen zur Industrialisierungsprojektion der UNIDO, in: Internationale Entwicklung, 1975, Nr. 1, S. 17–23

Esters, G., Treydte, K. P., Handelsliberalisierung und Industrialisierung, in: Esters, G. (Hrsg.), Nord-Süd-Politik. Überlegungen zu aktuellen weltwirtschaftlichen Problemen, Bonn-Bad Godesberg 1977, S. 51–59

Frank, Ch. R., Foreign Trade and Domestic Aid, Washington 1977

Glaubitt, K., Lütkenhorst, W., Elemente einer neuen Weltwirtschaftsordnung, Verhandlungsstand zu UNCTAD V, Tübingen, Basel 1979

Kebschull, D., Naini, A., Stegger, M., Industrialisierung im Nord-Süd-Dialog, Vorschläge zur dritten Generalkonferenz von UNIDO und Bewertung des Verlaufs, München, Köln, London 1980

Körner, H., Grünewald, K.-H., Plathottathil, J., Industrielle Arbeitsteilung zwischen Industrie- und Entwicklungsländern und die sich daraus ergebenden Konsequenzen für die Strukturpolitik in der Bundesrepublik Deutschland, München, Köln, London 1981

OECD, Inventory of the Adjustment Measures in the Industrial Sector taken by Member Governments since 1974, Paris 1979

Riedel, J. unter Mitarbeit von Ebert, G., Osterkamp, R., Seibert, T., Multilaterale Industriekooperation, Die Initiativen der UNIDO und weitere Ansätze, München, London 1980

Scheid, R., Die Exportnotwendigkeiten der Entwicklungsländer und der Anpassungsbedarf in den Industrieländern, Alternativen vorausgreifender Strukturanpassung, in: Giersch, H., Haas, H.-D. (Hrsg.), Probleme der weltwirtschaftlichen Arbeitsteilung, Schriften des Vereins für Socialpolitik, NF. Bd. 78, Berlin 1974, S. 169–192

UNIDO, The Impact of Trade with Developing Countries on Employment in Developed Countries, Empirical Evidence from Recent Research, UNIDO/ICIS 85, Vienna 1978

UNIDO, World Industry since 1960: Progress and Prospects, Special Issue of the Industrial Development Survey for the Third General Conference of UNIDO, New York 1979

Vetter, H. O., Die Haltung der Arbeiterschaft zu den Problemen der Entwicklungsländer, in: Tinbergen, J. (Hrsg.), Der Dialog Nord-Süd, Informationen zur Entwicklungspolitik, Frankfurt am Main, Köln 1977, S. 129–139

Warnecke, St. J., The Lomé Convention and Industrial Cooperation: A New Relationship Between the European and the ACP States?, in: Sauvant, K. P., Hasenpflug, H. (Eds.), The New International Economic Order, Confrontation or Cooperation between North and South?, Frankfurt 1977, S. 330–355

Wiemann, J., Handelspolitik, in: Hillebrand, W., Kampffmeyer, Th., Radke, D., Taake, H.-H., Wiemann, J., Nord-Süd-Dialog: Eine Zwischenbilanz, Berlin 1979, S. 11–28

Wolter, F., Adjusting to Imports from Developing Countries – The Evidence from a Human Capital Rich-Resource Poor Country, in: Giersch, H. (Ed.), Reshaping the World Economic Order, Tübingen 1977, S. 97–130

Ernst, D., A Code of Conduct for the Transfer of Technology: Establishing New Rules or Codifying the Status Quo?, in: Sauvant, K. P., Hasenpflug, H. (Eds.), The New International Economic Order, Confrontation or Cooperation between North and South?, Frankfurt 1977, S. 297–314

Fikentscher, W., The Draft International Code of Conduct on the Transfer of Technology – A Study in Third World Development, Weinheim 1980

Goldberg, A., Kindleberger, C. P., Toward a GATT for Investment: A Proposal for Supervision of the International Corporations, in: Law and Policy in International Business, 1970, Vol. 2, S. 295–303

Greif, S., Volkswirtschaftliche Aspekte eines verschärften Ausübungszwangs für Patente in Entwicklungsländern, in: Gewerblicher Rechtsschutz und Urheberrecht, Internationaler Teil, 1980, H. 8/9, S. 451–455

Havemann, H. A., Rady, H. M., Technologiehilfe für die Dritte Welt: Die Evolution der Entwicklungstechnik, Systematik, Forschung, Beratung, Beispiele, Baden-Baden 1979

Helleiner, G. K., International Technology Issues: Southern Needs and Northern Responses, in: Bhagwati, J. N. (Ed.), The New International Economic Order: The North-South-Debate, Cambridge Mass., London 1977, S. 295–316

Hillebrand, W., Technologietransfer, in: Hillebrand, W., Kampffmeyer, Th., Radke, D., Taake, H.-H., Wiemann, J., Nord-Süd-Dialog: Eine Zwischenbilanz, Berlin 1979, S. 39–59

Holtz, U., Europa und die Multis, Chance für die Dritte Welt?, Baden-Baden 1978

Koopmann, G., Wohlverhaltenskodex und Ordnungsrahmen für multinationale Unternehmen in Entwicklungsländern, in: Wissenschaftlicher Beirat beim Bundesministerium für wirtschaftliche Zusammenarbeit, Auf dem Weg zu einer neuen Weltwirtschaftsordnung, Stuttgart 1978, S. 120–126

Kunz-Hallstein, H. P., Die Reform des internationalen Patentschutzes im Interesse der Entwicklungsländer, in: Gewerblicher Rechtsschutz und Urheberrecht, Internationaler Teil, 1979, H. 8/9, S. 369–436

Menck, K. W., Wissenschafts- und Technologieförderung als Teil der Entwicklungszusammenarbeit, Ziele, Instrumente, Probleme, Hamburg 1979

Nagao, M., Conditions for Improving the Transfer of Technology: UNCTAD's Approach, in: Giersch, H. (Ed.), Reshaping the World Economic Order, Tübingen 1977, S. 231–247

Penrose, E., International Patenting and the Less-developed Countries, in: The Economic Journal, Vol. 83, Nr. 331, Sept. 1973, S. 768–786

Sauvant, K. P., Controlling Transnational Enterprises: A Review and some Further Thoughts, in: Sauvant, K. P., Hasenpflug, H. (Eds.), The New International Economic Order, Confrontation or Cooperation between North and South?, Frankfurt 1977, S. 356–433

Schlupp, F., Konzeptionen und Konsequenzen administrativer Maßnahmen zur Überwachung und Kontrolle Multinationaler Konzerne, in: Senghaas, D., Menzel, U. (Hrsg.), Multinationale Konzerne und Dritte Welt, Opladen 1976, S. 181–231

Singer, H., Technologies for Basic Needs, Geneva 1977

Tinbergen, J., Der RIO-Bericht an den Club of Rome, Wir haben nur eine Zukunft, Reform der internationalen Ordnung, Opladen 1977

UNCTAD, An International Code of Conduct on Transfer of Technology, New York 1975, TD/B/C. 6/AC. 1/2/Supp. 1/Rev. 1 (I)

UNCTAD, The Role of the Patent System in the Transfer of Technology to Developing Countries, New York 1975, TD/B/AC. 11/19/Rev. 1 (II)

Vaitsos, C. V., The Revision of the International Patent System: Legal Consideration for a Third World Position, in: World Development, 1976, Vol. 4, No. 2, S. 85–102

Wionczek, M. S., Science and Technology Planning in Less Developed Countries, in: Ernst, D. (Ed.), The New International Division of Labour, Technology and Underdevelopment, Consequences for the Third World, Frankfurt, New York 1980, S. 360–373

V Stand, Perspektiven und entwicklungspolitische Bedeutung der Neuen Weltwirtschaftsordnung

Cline, W. R., Policy Alternatives for a New International Economic Order, An Economic Analysis, New York, London, Sidney, Toronto 1979

Donges, J. B., Riedel, J., The Expansion of Manufactured Exports in Developing Countries: An Empirical Assessment of Supply and Demand Issues, in: Weltwirtschaftliches Archiv, Bd. 113, 1977, S. 58–87

Dorner, K., Probleme einer weltwirtschaftlichen Integration der Entwicklungsländer, Tübingen, Basel 1974

Elsenhans, H., Die Neue Internationale Wirtschaftsordnung – Chance für die Überwindung von Unterentwicklung oder die letzte Karte im Kampf um die Aufrechterhaltung der ungleichen Spezialisierung? Das Beispiel des Integrierten Rohstoffprogramms und der exportorientierten Industrialisierung, in: Internationale Entwicklung, 1976, II, S. 13–27

Esters, G., Neuordnung der Weltwirtschaft, Nord-Süd-Dialog und die Orientierung der Entwicklungspolitik: Die Notwendigkeit einer einheitlichen Perspektive, in: Esters, G. (Hrsg.), Nord-Süd-Politik, Überlegungen zu aktuellen weltwirtschaftlichen Problemen, Bonn-Bad Godesberg 1977, S. 9–14

Giersch, H., Haas, H.-D. (Hrsg.), Probleme der weltwirtschaftlichen Arbeitsteilung, Schriften des Vereins für Socialpolitik, NF, Bd. 78, Berlin 1974

Hansen, R.-D., North-South-Policy – What's the Problem?, in: Foreign Affairs, No. 5, Summer 1980, S. 1104–1128

Hiemenz, U., Schatz, K.-W., Erfolgschancen und Grenzen einer weltwirtschaftlichen Integration als Entwicklungsstrategie, in: Schmidt, A. (Hrsg.), Strategien gegen Unterentwicklung, Zwischen Weltmarkt und Eigenständigkeit, 2. Aufl., Frankfurt, New York 1978, S. 72–100

Musto, St. A., Die Macht der Entwicklungsländer: Realität oder Illusion?, in: Vierteljahresberichte, Nr. 63, 1976, S. 23–38

Simonis, G., Die »Neue Weltwirtschaftsordnung« – Eine Chance für die Entwicklungsländer, in: Vierteljahresberichte, Nr. 71, 1978, S. 5–27

Tyler, W. G., Die Schaffung von Arbeitsplätzen und die Förderung des Fertigwarenexports in weniger entwickelten Ländern: Einige Diskussionsanregungen, in: Giersch, H., Haas, H.-D. (Hrsg.), Probleme der weltwirtschaftlichen Arbeitsteilung, Schriften des Vereins für Socialpolitik, NF, Bd. 78, Berlin 1974, S. 409–450

Wohlmuth, K., Ungleiche Arbeitsteilung und abhängige Reproduktion, in: Schmidt, A. (Hrsg.), Strategien gegen Unterentwicklung, Zwischen Weltmarkt und Eigenständigkeit, Frankfurt, New York 1978, S. 101–131

VI Eine Alternative: die autozentrierte Entwicklung

Addicks, G., Bünning, H.-H., Ökonomische Strategien der Entwicklungspolitik, Stuttgart, Berlin, Köln, Mainz 1979

Adler-Karlsson, G., The Political Economy of East-West-South Co-operation, Wien, New York 1976

Amin, S., Zur Theorie von Akkumulation und Entwicklung in der gegenwärtigen Weltgesellschaft, in: Senghaas, D. (Hrsg.), Peripherer Kapitalismus, Analysen über Abhängigkeit und Unterentwicklung, Frankfurt am Main 1974, S. 71–97

Destanne de Bernis, G., Industries industrialisantes et contenu d'une politique d'intégration régionale, in: Economie appliquée, Bd. 19, 1966, Nr. 3/4, S. 415–473

Diaz-Alejandro, C. F., Delinking North and South: Unshackled or Unhinged?, in: Fishlow, A., Diaz-Alejandro, C. F., Fagen, R. F., Hansen, R. D., Rich and Poor Nations in the World Economy, New York 1980, S. 85–162

Elsenhans, H., Die Überwindung von Unterentwicklung, in: Nohlen, D., Nuscheler, F. (Hrsg.), Handbuch der Dritten Welt, Bd. 1, Hamburg 1974, S. 162–189
Fischer, K. M., Britsch, W., Krishnan, R., Mühlenberg, F., Schönherr, S., Werth, M., Ländliche Entwicklung, ein Leitfaden zur Konzeption, Planung und Durchführung armutsorientierter Entwicklungsprojekte, Hamburg 1978
Glaubitt, K., Lütkenhorst, W., Elemente einer neuen Weltwirtschaftsordnung, Verhandlungsstand zu UNCTAD V, Tübingen, Basel 1979
Hanisch, R., Tetzlaff, R. (Hrsg.), Die Überwindung der ländlichen Armut in der Dritten Welt, Probleme und Perspektiven kleinbäuerlicher Entwicklungsstrategien, Frankfurt am Main 1979
Harborth, H.-J., Demographic Implications of Autocentric Development, in: Intereconomics, 1978, No. 3/4, S. 68–72
Herrera, A. O., Scolnik, H. D. u. a., Grenzen des Elends, Das Bariloche-Modell: So kann die Menschheit überleben, Frankfurt am Main 1977
Khan, K. M., Matthies, V., Collective Self-Reliance: Programme und Perspektiven der Dritten Welt, Einführung und Dokumente, München, London 1978
Kuitenbrouwer, J. B. W., Towards Self-Reliant Integrated Development, ISS Occasional Papers, No. 55, The Hague 1975
Lemper, A., Collective Self-Reliance – A Development Strategy of Promise?, in: Intereconomics, 1977, Nr. 5/6, S. 115–120
Lipton, M., Why Poor People Stay Poor, Urban Bias in World Development, London 1976
Matthies, V., »Collective Self-reliance«: Konzept und Realität, in: Khan, K. M., Matthies, V. (Hrsg.), Collective Self-Reliance: Programme und Perspektiven der Dritten Welt, Einführung und Dokumente, München, London 1978, S. 27–53
Matthies, V., Neue Weltwirtschaftsordnung, Hintergründe, Positionen, Argumente, Opladen 1980
Pack, H., Fostering the Capital-Goods Sector in LDCS: A Survey of Evidence and Requirements, World Bank Staff Working Paper No. 376, Washington 1980
Senghaas, D., Gibt es eine entwicklungspolitische Alternative für die Dritte Welt?, in: Simmert, D. B. (Hrsg.), Wirtschaftspolitik kontrovers, Köln 1980, S. 565–589
Senghaas, D., Weltwirtschaftsordnung und Entwicklungspolitik, Plädoyer für Dissoziation, Frankfurt am Main 1977
Sigurdson, J., Rural Industry and the Internal Transfer of Technology, in: Schramm, St. (Ed.), Authority, Participation and Cultural Change in China, Cambridge 1973, S. 199–232
The 1975 Dag Hammarskjöld Report, What now? Another Development, Motala 1975
Ul Haq, M., The Poverty Curtain: Choices for the Third World, New York 1976
Vaitsos, C. V., Crisis in Regional Economic Cooperation (Integration) among Developing Countries: A Survey, in: World Development, 1978, Vol. 6, S. 719–769
World Bank, The Assault of World Poverty, Problems of Rural Development, Education and Health, Baltimore, London 1975

Kompendium entwicklungstheoretischer und -politischer Begriffe

Abhängigkeit (wirtschaftliche): Zustand, in dem die Fähigkeit und/oder die Macht nationaler Institutionen (Staat, Unternehmen usw.), wirtschaftliche Entscheidungen zu treffen, durch frühere und/oder heutige Einflüsse von außen eingeschränkt sind.

Abschöpfungen: Im Rahmen der EG-Marktordnungen werden landwirtschaftliche Grunderzeugnisse aus Drittländern einer Abschöpfung unterworfen. Durch die Abschöpfung, die sich als Differenz zwischen dem von der EG festgesetzten Schwellenpreis und dem (niedrigeren) Weltmarktpreis ergibt, werden alle Marktordnungsgüter aus Drittländern auf das Preisniveau der EG angehoben.

Absorptionsfähigkeit: Die A. eines Landes für Kapitalhilfe bezeichnet jenes Investitionsvolumen, das in einem vorgegebenen Zeitraum volkswirtschaftlich effizient eingesetzt werden kann, d. h. ein bestimmtes Kosten-Ertrags-Verhältnis nicht unterschreitet.

AKP-Länder: Entwicklungsländer Afrikas, der Karibik und des Pazifiks.

Allgemeine Zollpräferenzen: Einseitige Zollsenkungen der Industrieländer für Halb- und Fertigwarenimporte bzw. einige landwirtschaftliche Produkte aus Entwicklungsländern. Jedes Industrieland hat sein eigenes System von Zollpräferenzen. 1971 führte zuerst die EG ihr System ein.

Arbeitsteilung: Zerlegung eines komplexen Arbeitsprozesses in verschiedene Teilvorrichtungen, die dann von spezialisierten Arbeitern ausgeführt werden können.

Assoziierter Sektor: Produktionsbereich in Entwicklungsländern, der seine Wachstumsimpulse aus der Reproduktionsdynamik der Industrieländer erhält; hierzu zählen die exportorientierte Landwirtschaft, der Bergbau, der »Luxus«konsumgütersektor, die weltmarktorientierte Industrie und Teile des Banken-, Versicherungs- und Handelssektors.

Ausbildungskapital: → Humankapital.

Ausgleichslager: → Buffer-Stock.

Autozentrierte Entwicklung: Eigenständige selbstbestimmte Entwicklung.

Basic needs: → Grundbedürfnisse.

Blockfreie: Entwicklungsländer, die sich in den fünfziger Jahren als eine im Ost-West-Konflikt der Machtblöcke weitgehend neutrale Gruppierung zusammengeschlossen hatten, die aber zunehmend zu einer relativ fest organisierten Interessengruppe im Nord-Süd-Konflikt wurden.

»Brain drain«: → Wanderungen von hochqualifizierten Arbeitskräften aus den Entwicklungsländern in die Industrieländer.

Buffer-Stock: Ausgleichslager, das bei bestimmten Mindest- und Höchstpreisen den betreffenden Rohstoff kauft bzw. verkauft, um auf diese Weise Preisschwankungen zu dämpfen. Der Buffer-Stock ist mit finanziellen Mitteln, die er zum Kauf des Rohstoffs benötigt, und mit einem Rohstofflager, das er zum Verkauf des Rohstoffs braucht, ausgestattet.

Circulus vitiosus: Ursachenkonstellation, die nach dem Prinzip der zirkulären Verursachung wirkt. Zirkuläre Verursachung bedeutet, daß bestimmte Größen sich in wechselseitiger Abhängigkeit derart beeinflussen, daß das Ergebnis der Verursachung auf die Ursachen zurückwirkt. Bestimmte Theorien führen die Unterentwicklung der Dritten Welt auf »circuli vitiosi« zurück.

Code of Conduct: → Verhaltenskodex.

Commodity Terms of Trade: Verhältnis aus dem Index der Exportgüterpreise und dem Index der Importgüterpreise.

DAC: Entwicklungshilfeausschuß der OECD. Mitglieder des Ausschusses sind: Australien, Belgien, Dänemark, Bundesrepublik Deutschland, Finnland, Frankreich, Italien, Japan, Kanada, Neuseeland, Niederlande, Norwegen, Österreich, Schweden, Schweiz, Vereinigtes Königreich von Großbritannien und Nordirland, Vereinigte Staaten und die Kommission der Europäischen Gemeinschaften.

Dependenztheorie: Theorie, welche die Unterentwicklung der Dritten Welt auf den historischen Prozeß der Eingliederung der Entwicklungsländer in das kapitalistische Weltwirtschaftssystem zurückführt. Diese Eingliederung hatte zur Folge, daß sich in den Entwicklungsländern einseitige Produktionsstrukturen und strukturell heterogene Gesellschaftsformationen herausbildeten. Diese wiederum begründen die wirtschaftliche Abhängikeit von den Industrieländern und sind verantwortlich für die spezifischen Ausprägungen der abhängigen Entwicklung in der Dritten Welt.

Direktinvestitionen: Kapitalanlagen, die vom Investor in der Absicht vorgenommen werden, einen unmittelbaren Einfluß auf die Geschäftstätigkeit des kapitalnehmenden Unternehmens zu gewinnen oder einem Unternehmen, an dem der Investor bereits maßgebend beteiligt ist, neue Mittel zuzuführen.

Dissoziation: Abkoppelung eines Entwicklungslandes vom Weltmarkt mit der Zielsetzung, eine funktionsfähige Wirtschaft zu schaffen.

Diversifizierung: Strukturelle Veränderung der Produktion in quantitativer und qualitativer Hinsicht mit der Absicht, eine größere Vielfalt der wirtschaftlichen Aktivitäten zu erreichen. Die Bemühungen der Entwicklungsländer zielen darauf ab, ihre einseitigen Produktionsstrukturen, die auf die Erzeugung landwirtschaftlicher und bergbaulicher Güter ausgerichtet sind, durch den Aufbau einer heimischen Industrie zu verbreitern.

Double Factoral Terms of Trade: Indikator, der die Commodity Terms of Trade mit der Produktivitätsentwicklung im inländischen und der im ausländischen Exportgütersektor verknüpft. Er gibt an, ob mit einer im inländischen Exportsektor eingesetzten Faktoreinheit mehr oder weniger ausländische, in den Importgütern enthaltene Faktoreinheiten getauscht werden als in der Vorperiode.

Dualismus: Nebeneinander eines traditionellen und eines modernen Sozialsystems in den Entwicklungsländern. Die Dualismustheorien führen die Unterentwicklung der Dritten Welt auf die dort zu beobachtenden dualistischen Wirtschafts- und Gesellschaftsstrukturen zurück.

Dumping: Form der regionalen Preisdifferenzierung zwischen Inlands- und Auslandsmärkten. Dumping liegt vor, wenn der Preis einer von einem Land in ein anderes Land ausgeführten Ware niedriger ist als der Preis einer gleichartigen Ware, die zur Verwendung im Ausfuhrland bestimmt ist.

Entwicklung: Sozio-ökonomischer Prozeß, der auf die Verwirklichung mehrerer Ziele gerichtet ist: wirtschaftliches Wachstum, gerechte Einkommensverteilung, Befriedigung der Grundbedürfnisse, Verwirklichung des Rechts auf Arbeit, Partizipation und wirtschaftliche Unabhängigkeit.

Entwicklungshilfe: Nach der amtlichen Definition des Entwicklungshilfeausschusses der OECD zählen hierzu finanzielle Leistungen der Industrieländer an die Entwicklungsländer, die von der öffentlichen Hand stammen, die Förderung der wirtschaftlichen Entwicklung und die Verbesserung der Lebensbedingungen in den Entwicklungsländern zum Ziel haben und im Vergleich zu kommerziellen Transaktionen mindestens ein Zuschußelement von 25 v. H. aufweisen.

Entwicklungsländer: Nach der Definition der Vereinten Nationen zählen hierzu Lateinamerika, Afrika (ohne Südafrika), der Nahe Osten (einschließlich Türkei, ohne Israel) sowie Ost- und Südostasien (ohne Japan und ohne Volksrepublik China, Demokratische Republik Korea, Mongolei, Sozialistische Republik Vietnam; einschließlich Ozeanien [Ausn.: Australien, Neuseeland]).

Entwicklungspolitik: Alle Maßnahmen, die darauf gerichtet sind, den wirtschaftlichen und sozialen Fortschritt der Entwicklungsländer zu fördern. Träger der E. sind entweder die Entwicklungsländer selbst oder ausländische Regierungen und internationale Organisationen. Im letzten Fall spricht man von internationaler E. Diese besteht aus der →Entwicklungshilfe, d. h. der Finanziellen und Technischen Zusammenarbeit mit den Entwicklungsländern sowie handels-, struktur-, rohstoff- und währungspolitischen Maßnahmen.

Ergänzungsfinanzierung (oder indirekte Indexierung): Transferzahlungen rohstoffimportierender Länder an rohstoffexportierende Entwicklungsländer. Das Ausmaß dieser Zahlungen richtet sich nach der Differenz zwischen den tatsächlichen Exporterlösen eines Entwicklungslandes und einem bestimmten Referenzniveau.

Exporterlösschwankungen: Durchschnittliche prozentuale Abweichung der Exporterlöse von ihrem Trend.

Exportkredite: Kredite, die im Zusammenhang mit internationalen Handelsgeschäften vergeben werden.

Exportquotenabkommen (im Rohstoffbereich): Verträge zwischen Produzenten- und Verbraucherländern, welche die Produzentenländer verpflichten, ihre Rohstoffexporte entsprechend den festgelegten Ausfuhrquoten zu reduzieren, sofern bei einem vorgegebenen Preis ein Überangebot auf dem Weltmarkt besteht.

Gemeinsamer Fonds: Gemeinsame Kasse zur Finanzierung der Grundausstattung und des Managements von Ausgleichslagern für die Nairobi-Rohstoffe.

Gewinntransfer: Es ist zu unterscheiden zwischen dem Transfer ausgewiesener Gewinne und dem indirekten (oder versteckten) G. Multinationaler Konzerne. Der indirekte G. erfolgt derart, daß die Multinationalen Konzerne die Transferpreise (Verrechnungspreise) für den Waren- und Dienstleistungsaustausch zwischen ihren Filialen (abweichend von den Marktpreisen) so festlegen, daß die Gewinne nicht in den Entwicklungsländern, sondern in den Industrieländern anfallen (oder auch umgekehrt).

Grundbedürfnisse: Zu den G. werden u. a. Nahrung, Kleidung, Wohnung, Gesundheit und Bildung gerechnet. In jüngster Zeit sind verschiedene Entwicklungsstrategien entwickelt worden, die auf eine Befriedigung der Grundbedürfnisse gerichtet sind.

Gruppe der 77: Gruppierung von Entwicklungsländern, die als wirtschaftspolitische Interessenvertretung der Entwicklungsländer auftritt. Die Gruppe trat zum ersten Mal 1964 auf der ersten Welthandelskonferenz in Erscheinung.

Handelsliberalisierung: Befreiung der Exporte und Importe von staatlichen Hemmnissen wie Zöllen, mengenmäßigen Beschränkungen usw.

Humankapital: Menschliches Wissen, das im Produktionsprozeß eingesetzt wird.

Imperialismus: Direkte als auch indirekte politische oder ökonomische Herrschaft bzw. Kontrolle einer Nation über eine andere.

Imperialismustheorien: Theorien, die den →Imperialismus zu erklären versuchen. Während sich die klassischen Imperialismustheorien (Hilferding, Hobson, Lenin, Luxemburg) mit der Expansion des europäischen Kapitalismus zwischen 1880 und 1914/18 beschäftigen, beziehen sich die modernen marxistischen I. auf bestimmte Erscheinungen des modernen Kapitalismus: die von den Multinationalen Konzernen getragene neue internationale Arbeitsteilung, die Ausbeutung der Entwicklungsländer durch das ausländische Kapital und den →ungleichen Tausch.

Importsubstitution: Ersatz importierter Produkte durch heimische Erzeugnisse; die Importsubstitutionspolitik beinhaltet eine Förderung des eigenen Industrialisierungsprozesses mit dem Ziel, Industriegüterimporte zu substituieren.

Income Terms of Trade: Verhältnis aus dem Index der Exporterlöse und dem Index der Importpreise. Die Income Terms of Trade geben an, wie sich die Importkapazität eines Landes verändert hat.

Indexierung (direkte): Bindung der Rohstoffpreise an den Preisindex für Industriewaren bzw. für Importgüter insgesamt durch ein internationales Abkommen.

Industriekooperation: Unter der (privaten) I. werden solche wirtschaftlichen Beziehungen zwischen Industrieunternehmen verstanden, die über reine Liefer- und Abnahmebeziehungen hinausgehen. Zu den wichtigsten Formen der Industriekooperation zählen dabei »joint-ventures«, die Errichtung schlüsselfertiger Industriebetriebe und das Subcontracting.

Industrieländer: Nach der Definition der Vereinten Nationen zählen hierzu Nordamerika, Westeuropa, Japan, Australien, Neuseeland, Israel und Südafrika.

Internationale Arbeitsteilung: Aufteilung von Produktionsaktivitäten auf verschiedene Länder.

Integriertes Rohstoffprogramm: Forderungen der UNCTAD zur Regulierung der internationalen Rohstoffmärkte. Zu den wesentlichen Bestandteilen des I. R. gehören internationale Ausgleichslager für 18 Rohstoffe, ein →gemeinsamer Fonds zu ihrer Finanzierung, ein System multilateraler Ankaufs- und Verkaufsverpflichtungen, ein Exporterlösstabilisierungssystem und Weiterverarbeitungshilfen für Rohstoffe.

Internationalisierung der Produktion: Erwerb oder Errichtung von Produktionsstätten durch ein Unternehmen in mehr als einem Land.

Intra-Unternehmens-Handel: Handel zwischen den Filialen →Multinationaler Konzerne.

Investitionsförderungsverträge: Verträge zwischen Industrie- und Entwicklungsländern, die Auslandsinvestitionen vor Diskriminierung sowie entschädigungsloser Enteignung schützen und einen freien Kapitaltransfer gewährleisten.

Joint ventures: Unternehmen, an denen einheimische und ausländische Kapitalgeber beteiligt sind.

Kapitalhilfe: Gewährung von Darlehen und nicht-rückzahlbaren Zuwendungen im Rahmen der Entwicklungshilfe.

Kapitalistische Entwicklung: Entwicklungsprozeß, der von der Verwertung und Akkumulation des Kapitals bestimmt wird.

Kohärente Wirtschaftsstruktur: »Gleichgewichtige« Abstimmung der Wirtschaftssektoren aufeinander.

Kompensatorische Finanzierung (oder Ausgleichsfinanzierung): Die K.F. dient dem Ausgleich von Erlösschwankungen. Sie sieht vor, daß ein Entwicklungsland finanzielle Zuwendungen erhält, wenn seine Exporterlöse unter ein vorher vereinbartes Referenzniveau fallen und daß es diese Zuwendungen zurückerstattet, wenn seine Exporterlöse über dem Referenzniveau liegen.

Least developed countries: Gruppe von 30 der am wenigsten entwickelten Länder. Die Ländergruppe wurde 1971 von den Vereinten Nationen gebildet und wird bei der Vergabe von Entwicklungshilfe begünstigt.

Lieferbindung: Bindung der Kapitalhilfe an die Auflage, sie für Käufe von Gütern und Dienstleistungen im Geberland (oder Drittländern) zu verwenden.

Maghreb-Länder: Algerien, Marokko, Tunesien.

Marginalität: Bezeichnet diejenigen Arbeitskräfte, die, bezogen auf den Arbeitskräftebedarf des →assoziierten Sektors, überflüssig sind. Nach einer anderen Begriffsbestimmung bezeichnet M. diejenigen Bevölkerungsgruppen, die infolge ihrer Armut ihre →Grundbedürfnisse nicht befriedigen können und von der Nutzung der Infrastruktureinrichtungen faktisch ausgeschlossen sind.

Maschrek-Länder: Ägypten, Jordanien, Libanon, Syrien.

Most seriously affected countries: Gruppe von 45 Entwicklungsländern, die von der 1974 einsetzenden Wirtschaftskrise am stärksten betroffen wurden. Sie werden von den Vereinten Nationen im Rahmen eines Sonderprogramms unterstützt.

Multilaterale An- und Verkaufsverpflichtungen im Rohstoffbereich: Verträge zwischen Verbraucher- und Produzentenländern, welche die Verbraucherländer verpflichten, vereinbarte Mengen des betreffenden Rohstoffs zu einem vorher festgesetzten Mindestpreis von den Produzentenländern zu kaufen, sofern der Weltmarktpreis unter dieses Niveau sinkt. Sie verpflichten analog die Produzentenländer, bestimmte Mengen des Rohstoffs zu einem garantierten Höchstpreis an die Verbraucherländer zu verkaufen, sofern der Weltmarktpreis über diese Preisobergrenze steigt.

Multinationale Konzerne: Unternehmen, die Produktionsstätten und/oder Verkaufsniederlassungen in mehr als einem Land kontrollieren.

Nicht-tarifäre Handelshemmnisse: Gesetze, Verwaltungsvorschriften und -praktiken, welche (neben den Zöllen) die Einfuhr beeinträchtigen. Hierzu zählen mengenmäßige Einfuhrbeschränkungen, Subventionszahlungen an heimische Unternehmen, Bevorzugung einheimischer Bewerber bei der Vergabe öffentlicher Aufträge, Gesundheitsnormen usw.

Portofolioinvestitionen: Erwerb fungibler (d. h. börsengängiger) ausländischer Wertpapiere.

Produktzyklus: Zyklus, den Produkte von ihrer Neueinführung bis zur Ausreifung durchlaufen. Dieser Zyklus ist durch eine zunehmende Standardisierung der Produkte gekennzeichnet.

Produzentenkartelle: Vertragliche Vereinbarungen zwischen rechtlich selbständig bleibenden Unternehmen mit dem Ziel, den Wettbewerb auf den jeweils relevanten Märkten durch Beschränkung der Handlungsfreiheit der Beteiligten zu verringern und dadurch die Verkaufserlöse zu erhöhen.

Programmhilfe: Entwicklungshilfe, die zur Finanzierung von Entwicklungsprogrammen vergeben wird.

Projekthilfe: Entwicklungshilfe, die für ein in sich geschlossenes, in seinen Auswirkungen überschaubares Investitionsvorhaben vergeben wird.

Protektionismus: Staatliche Politik mit dem Ziel, heimische Wirtschaftsbereiche vor ausländischer Konkurrenz zu schützen. Die wichtigsten Instrumente sind: Belastung der Importe mit Zöllen, quantitative Beschränkungen und die Subventionierung der heimischen Unternehmen.

Reales Austauschverhältnis: → Commodity Terms of Trade.

Reproduktion: Wiederherstellung von normalen Produktionsbedingungen.

Ressourcentransfer: Sammelbegriff für die Überführung von Arbeit und Kapital jeglicher Art aus den Industrieländern in die Entwicklungsländer.

Rohstoffabkommen: Vertragliche Vereinbarungen zwischen Produzenten- und Verbraucherländern, welche die Regulierung der internationalen Rohstoffmärkte zum Gegenstand haben.

Schwellenländer: Wirtschaftlich fortgeschrittene Entwicklungsländer mit einem hohen Pro-Kopf-Einkommen und einer diversifizierten Wirtschaftsstruktur.

Self-Reliance: Eigenständige, auf Mobilisierung und Nutzung der nationalen Ressourcen angelegte, binnenmarktorientierte Entwicklung. Der Begriff der S.R. entspricht dem der → autozentrierten Entwicklung.

Single Factoral Terms of Trade: Indikator, der sich aus einer multiplikativen Verknüpfung der → Commodity Terms of Trade mit einem Produktivitätsindex für die im inländischen Exportgütersektor eingesetzten Produktionsfaktoren ergibt. Er gibt an, inwieweit ein Land seine Außenhandelssituation durch eine Steigerung der Faktorproduktivität im Exportgütersektor verbessert hat.

Strukturalistische Theorie: Theorie, welche die Unterentwicklung der Dritten Welt auf eine Reihe externer und interner struktureller Entwicklungshemmnisse zurückführt.

Strukturelle Heterogenität: Bezeichnet die Existenz kapitalistischer und nichtkapitalistischer Produktionsweisen innerhalb einer Gesellschaft.

Stufentheorien: Heterogene wirtschaftshistorisch orientierte Ansätze zur Gliederung und begrifflichen Erfassung der wirtschaftlichen Entwicklung; eine wichtige Stufentheorie wurde von Rostow entwikkelt.

Subsistenzwirtschaft: Form des Wirtschaftens, die nicht arbeitsteilig angelegt ist, sondern bei der jeder überwiegend das erzeugt, was er verbraucht und umgekehrt.

Süd-Süd-Handel: Handel zwischen Entwicklungsländern.

Take-off: Phase des wirtschaftlichen Aufstiegs in der Stufentheorie von Rostow.

Technische Hilfe: Übertragung von Wissen an die Entwicklungsländer im Rahmen der Entwicklungshilfe. Dies geschieht im wesentlichen durch die Entsendung von Entwicklungsexperten und Lehrern sowie die Gewährung von Ausbildungsstipendien.

Technologietransfer: Übertragung von technischem Wissen aus den Industrieländern in die Entwicklungsländer.

Terms of Trade: In der gängigsten Version bezeichnen die Terms of Trade das Verhältnis aus dem Index der Exportgüterpreise und dem Index der Importgüterpreise. Dieser Terms of Trade-Begriff wird auch →Commodity Terms of Trade genannt.

Ungleicher Tausch: Ein U.T. ist dann gegeben, wenn Waren nicht entsprechend der Menge gesellschaftlich notwendiger Arbeit, die in ihnen enthalten ist, ausgetauscht werden.

Verhaltenskodex: Kodifizierung von Verhaltensweisen.

Wanderungen (internationale): Tatbestand, daß Arbeitskräfte ihren Wohnsitz in ein anderes Land verlegen, um dort vorübergehend oder auf Dauer ihren Lebensunterhalt zu verdienen.

Warenhilfe: Kapitalhilfe für die Einfuhr von Gütern und Leistungen, die zur Aufrechterhaltung, besseren Nutzung und Erweiterung bestehender Produktionskapazitäten der Entwicklungsländer erforderlich sind.

Weltsystemansatz: Neuer marxistischer Theorieansatz, der die langfristigen Entwicklungstendenzen der kapitalistischen Weltökonomie zu erklären beabsichtigt.

Zentralverwaltungswirtschaften: UdSSR, Polen, DDR, Tschechoslowakei, Ungarn, Rumänien, Bulgarien, Jugoslawien, Albanien.

Zuschußelement: Indikator, der angibt, in welchem Maße die Geberländer bei Entwicklungskrediten auf Gegenleistungen verzichten, auf denen kommerziell orientierte Gläubiger bestehen würden. Das Z. gibt den Grad der Vergünstigung von Krediten an.

Personenregister

Sachregister